增訂漢魏叢書

漢魏遺書鈔

第五册

增訂漢魏叢書

顏氏家訓序

昔我皇祖廸哲垂範立訓有典有則以貽子孫子孫克遵厥訓明徵定保至於今有成法予小子欽念哉粤我皇祖邁種德在齊有黃門侍郎公在唐有魯國常山公在宋有潭州安撫

公文章節義昭回於天壤揚耿光而垂休裕用大庇於我後人而黃門公所著家訓廸我後人德業尤切子孫靈承厥志曰惟我祖之德是彝是訓罔敢過佚前人光茲予其永保哉自時厥後寖微寖以子孫有弗若厥訓

亦弗克保厥家則訓敎之不立也凡民性非有恒善惡罔不在厥初圖惟厥初莫先敎訓詩曰螟蛉有子果蠃負之敎誨爾子式穀似之言子必用敎敎必用善也敎之以善猶懼弗率況導之以不軌不物俾惟慆淫是即

其何善之有故子之在敎也猶金之有鉶水之有源也鉶正則正源清則清弗可改也已我黃門祖恭立厥訓佑啓後人後人有弗獲覩厥訓以闕於有家若瞽之無相倀倀乎其曷所底止哉邦大懼祖德之克宣子孫之

弗廸也爰求家訓善本重鋟諸梓俾子孫守焉是本乃宗人如環同知蘇州時所刻婁江王太史蔿書閣所藏而出以示余維時余輯家譜未獲家訓全書竊以爲憾玆得之如獲拱璧厥惟我顏氏之文獻乎子孫如是乎有徵焉罔或失墜則我顏氏忠義之家風與家訓俱存而不泯玆刻也維清熈迄用有成惟我顏氏之貞祥也豈曰小補之哉萬歷戊寅季冬茶陵平原泒三十四代孫顏志邦書

顏氏家訓目錄

顏氏家訓目錄終

顏氏家訓卷上

北齊 顏之推著　宜黃余寅止校

序致篇第一

夫聖賢之書教人誠孝慎言檢迹立身揚名亦已備矣魏晉以來所著諸子理重事複遞相模斆猶屋下架屋牀上施牀耳吾今所以復爲此者非敢軌物範世也業以整齊門內提撕子孫夫同言而信信其所親同命而行行其所服禁童子之暴謔則師友之誡不如傅婢之指揮止凡人之鬬鬩則堯舜之道不如

寡妻之誨諭吾望此書爲汝曹之所信猶賢於傅婢寡妻耳　吾家風教素爲整密昔在齠齔便蒙誘誨每從兩兄曉夕溫凊規行矩步安辭定色鏘鏘翼翼若朝嚴君焉賜以優言問所好尚勵短引長莫不懇篤年始九歲便丁荼蓼家徒離散百口索然慈兄鞠養苦辛備至有仁無威導示不切雖讀禮傳微愛屬文頗爲凡人之所陶染肆欲輕言不備邊幅年十八九少知砥礪習若自然卒難洗盪二十以後大過稀鮮每常心共口敵性與情競夜覺曉非今悔昨失自

憐無教以至於斯追思平昔之指銘肌鏤骨非徒古書之誡經目過耳故留此二十篇以爲汝曹後範耳

教子篇第二

上智不教而成下愚雖教無益中庸之人不教不知也古者聖王有胎教之法懷子三月出居別宮目不邪視耳不妄聽音聲滋味以禮節之書之玉版藏諸金櫃子生咳㖒師保固明仁智禮義導習之矣凡庶縱不能爾當撫嬰稚識人顏色知人喜怒便加教誨使爲則爲使止則止比及數歲可省笞罰父母威嚴

而有慈則子女畏愼而生孝矣吾見世間無教而有愛每不能然飲食運爲恣其所欲宜誡翻奬應訶反笑至有識知謂法當爾驕慢已習方復制之捶撻至死而無威忿怒日隆而增怨逮于成長終爲敗德孔子云少成若天性習慣如自然是也俗諺曰教婦初來教兒嬰孩誠哉斯語　凡人不能教子女者亦非欲陷其罪惡但重於訶怒傷其顏色不忍楚撻慘其肌膚耳當以疾病爲諭安得不用湯藥針艾救之哉又宜思勤督訓者可願苛虐於骨肉乎誠不得已也

王大司馬母魏夫人性甚嚴正王在湓城時爲三千人將年踰四十少不如意猶捶撻之故能成其勳業梁元帝時有一學士聰敏有才爲父所寵失於教義一言之是徧於行路終年譽之一行之非揜藏文飾冀其自改年登婚宦暴慢日滋竟以言語不擇爲周逖抽腸釁鼓云　父子之嚴不可以狎骨肉之愛不可以簡簡則慈孝不接狎則怠慢生焉由命士以上父子異宮此不狎之道也抑搔癢痛懸衾篋枕此不簡之教也或問曰陳亢喜聞君子之遠其子何謂

也對曰有是也蓋君子之不親教其子也詩有諷刺之詞禮有嫌疑之誡書有悖亂之事春秋有衺僻之譏易有備物之象皆非父子之可通言故不親授耳其意見白虎通　齊武成帝子琅邪王太子母弟也生而聰慧帝及后並篤愛之衣服飲食與東宮相準帝每面稱之曰此黠兒也當有所成及太子卽位王居別宮禮數優僭不與諸王等太后猶謂不足常以爲言年十許歲驕恣無節器服玩好必擬乘輿常朝南殿見典御進新冰鉤盾獻早李還索不得遂大怒詢曰至

尊已有我何意無不知分齊率皆如此識者多有叔段州吁之譏後嫌宰相遂矯詔斬之又懼有救乃勒麾下軍士防守殿門既無反心受勞而罷後竟坐此幽斃

人之愛子罕亦能均自古及今此弊多矣賢俊者自可賞愛頑魯者亦當矜憐有偏寵者雖欲以厚之更所以禍之共叔之死母實為之趙王之戮父實使之劉表之傾宗覆族袁紹之地裂兵亡可為靈龜明鑒也

齊朝有一士大夫嘗謂吾曰我有一兒年已十七頗曉書疏教其鮮卑語及彈琵琶稍欲通

解以此伏事公卿無不寵愛亦要事也吾時俛而不答異哉此人之教子也若由此業自致卿相亦不願汝曹為之

兄弟篇第三

夫有人民而後有夫婦有夫婦而後有父子有父子而後有兄弟一家之親此三而已矣自茲以往至于九族皆本於三親焉故於人倫為重者也不可不篤兄弟者分形連氣之人也方其幼也父母左提右挈前襟後裾食則同案衣則傳服學則連業遊則共方雖有悖亂之人不能不相愛也及其壯也各妻其妻各子其子雖有篤厚之人不能不少衰也娣姒之比兄弟則疎薄矣今使疎薄之人而節量親厚之恩猶方底而圓蓋必不合矣唯友悌深至不為傍人之所移者免夫

二親既殁兄弟相顧當如形之與影聲之與響愛先人之遺體惜己身之分氣非兄弟何念哉兄弟之際異於他人望深則易怨地親則易弭譬猶居室一穴則塞之一隙則塗之則無頹毀之慮如雀鼠之不䘏風雨之不防壁陷楹淪無可救矣僕妾

之為雀鼠妻子之為風雨甚哉

兄弟不睦則子姪不愛子姪不愛則群從疎薄群從疎薄則僮僕為讎敵矣如此則行路皆踖其面而蹈其心誰救之哉人或交天下之士皆有歡愛而失敬於兄者何其能多而不能少也人或將數萬之師得其死力而失恩於弟者何其能疎而不能親也

娣姒者多爭之地也使骨肉居之亦不若各歸四海感霜露而相思佇日月之相望也况以行路之人處多爭之地能無間者鮮矣所以然者以其當公務而執私情處重責而懷

薄義也若能恕己而行換子而撫則此患不生矣人之事兄不可同於事父何爲愛弟不及愛子乎是反照而不明也沛國劉璡嘗與兄瓛連棟隔壁瓛呼之數聲不應良久方荅瓛怪問之乃云向來未著衣帽故也以此事兄可以免矣　江陵王玄紹弟孝英子敏兄弟三人特相愛友所得甘旨新異非共聚食必不先嘗孜孜色貌相見如不足者及西臺陷沒玄紹以形體魁梧爲兵所圍二弟爭共抱持各求代死終不得解遂并命爾

後娶篇第四

吉甫賢父也伯奇孝子也賢父御孝子合得終於天性而後妻間之伯奇遂放曾參婦死謂其子曰吾不及吉甫汝不及伯奇王駿喪妻亦謂人曰我不及曾參子不如華元並終身不娶此等足以爲誡其後假繼慘虐孤遺離間骨肉傷心斷腸者何可勝數愼之哉愼之哉　江右不諱庶孽喪室之後多以妾媵終家事疥癬蚊虻或未能免限以大分故稀鬪鬩之耻河北鄙於側出不預人流是以必須重娶至于三四母年有少於子者後母之弟與前婦之兄衣服飲食爰及婚宦至於士庶貴賤之隔俗以爲常身沒之後辭訟盈公門謗辱彰道路子誣母爲妾弟黜兄爲傭播揚先人之辭迹暴露祖考之長短以求直己者往往而有悲夫自古姦臣佞妾以一言陷人者衆矣況夫婦之義曉夕移之婢僕求容助相說引積年累月安有孝子乎此不可不畏　凡庸之性後夫多寵前夫之孤後妻必虐前妻之子非唯婦人懷嫉妬之情丈夫有沉惑之僻亦事勢使之然也前夫之孤不敢

與我子爭家提携鞠養積習生愛故寵之前妻之子每居己生之上宦學婚嫁莫不爲防焉故虐之異姓寵則父母被怨繼親虐則兄弟爲讐家有此者皆門戶之禍也　思魯等從舅殷外臣博達之士也有子基諶皆已成立而再娶王氏基每拜見後母感慕嗚咽不能自持家人莫忍仰視王亦悽愴不知所容旬月求退便以禮遣此亦悔事也　後漢書曰安帝時汝南薛包字孟嘗好學篤行喪母以至孝聞及父娶後妻而憎包分出之包日夜號泣不能去至被毆杖

不得已廬於舍外且入而洒掃父怒又逐之乃廬於
里門昏晨不廢積歲餘父母慙而還之後行六年服
喪過乎哀既而弟子求分財異居包不能止乃中分
其財奴婢引其老者曰與我共事久若不能使也田
廬取其荒頓者曰吾少時所理意所戀也器物取其
朽敗者曰我素所服食身口所安也弟子數破其産
還復賑給建光中公車特徵至拜侍中包性恬虛稱
疾不起以死自乞有詔賜告歸也

治家篇第五

夫風化者自上而行於下者也自先而施於後者也
是以父不慈則子不孝兄不友則弟不恭夫不義則
婦不順矣父慈而子逆兄友而弟傲夫義而婦陵則
天之凶民乃刑戮之所攝非訓導之所移也笞怒廢
於家則豎子之過立見刑罰不中則民無所措手足
治家之寬猛亦猶國焉孔子曰奢則不遜儉則固與
其不遜也寧固又云雖有周公之才之美使驕且吝
其餘不足觀也已然則可儉而不可吝也儉者省約
爲禮之謂也吝者窮急不恤之謂也今有奢則施儉

則吝如能施而不奢儉而不吝可矣　生民之本要
當稼穡而食桑麻以衣蔬果之畜園場之所産鷄豚
之善塒圈之所生爰及棟宇器械樵蘇脂燭莫非種
殖之物也至能守其業者閉門而爲生之具以足但
家無鹽井耳今北土風俗率能躬儉節用以贍衣食
江南奢侈多不逮焉　梁孝元世有中書舍人治家
失度而過嚴刻妻妾遂共貨刺客伺醉而殺之　世
間名士但務寬仁至於飲食饟饋僮僕減損施惠然
諾妻子節量狎侮賓客侵耗鄉黨此亦爲家之巨蠹

矣　齊吏部侍郎房文烈未嘗嗔怒經霖雨絕糧遣
婢糴米因爾逃竄三四許日方復擒之房徐曰舉家
無食汝何處來竟無捶撻嘗寄人宅奴婢徹屋爲薪
略盡聞之顰蹙卒無一言　裴子野有疏親故屬饑
寒不能自濟者皆收養之家素清貧時逢水旱二石
米爲薄粥僅得遍焉躬自同之常無厭色鄴下有一
領軍貪積已甚家童八百誓滿一千朝夕肴膳以十
五錢爲率遇有客旅更無以兼後坐事伏法籍其家
産麻鞋一屋弊衣數庫其餘財寶不可勝言　南陽有

人爲生奧博性殊儉吝冬至後女壻謁之乃設一銅甌酒數臠麞肉壻恨其單率一舉盡之主人愕然俛仰命益如此者再退而責其女曰某郎好酒故汝常貧及其死後諸子爭財兄遂殺弟　婦主中饋唯事酒食衣服之禮耳國不可使預政家不可使幹蠱如有聰明才智識達古今正當輔佐君子助其不足必無牝雞晨鳴以致禍也　江東婦女略無交遊其婚姻之家或十數年間未相識者唯以信命贈遺致慇勤焉鄴下風俗專以姑持門戶爭訟曲直造請逢迎

車乘塡街衢綺羅盈府寺代子求官爲夫訴屈此乃恒代之遺風乎南間貧素皆事外飾車乘衣服必貴齊整家人妻子不免饑寒河北人事多由內政綺羅金翠不可廢闕羸馬顇奴僅充而已唱和之禮或爾汝之　河北婦人織絍組紃之事黼黻錦繡羅綺之工大優於江東也太公曰養女太多一費也陳蕃云盜不過五女之門女之爲累亦以深矣然天生蒸民先人傳體其如之何世人多不舉女賊行骨肉豈當如此而望福於天乎吾有疎親家饒妓媵誕育將及

使遣婚豎守之體有不安窺窻倚戶若生女者輒持將去母隨號泣莫敢救之使人不忍聞也　婦人之性率寵子壻而虐兒婦寵壻則兄弟之怨生焉虐婦則姊妹之讒行焉然則女之行留皆得罪於其家者母實爲之至有諺云落索阿姑飡此其相報也家之常弊可不誡哉　婚姻素對靖侯成規近世嫁娶遂有賣女納財買婦輸絹比量父祖計校錙銖責多還少市井無異或猥壻在門或傲婦擅室貪榮求利反招羞恥可不愼歟　借人典籍皆須愛護先有缺壞

就爲補治此亦士大夫百行之一也濟陽江祿讀書未竟雖有急速必待卷束整齊然後得起故無損敗人不厭其求假焉或有狼籍几案分散部帙多爲童幼婢妾之所點汙風雨犬鼠之所毀傷實爲累德吾每讀聖人之書未嘗不肅敬對之其故紙有五經詞義及賢達姓名不敢穢用也　吾家巫覡禱請絕於言議符書章醮亦無所爲並汝曹所見也勿妖妄之費

風操篇第六

吾觀禮經聖人之教箕帚匕箸咳唾唯諾執燭沃盥
皆有節度亦爲至矣但旣殘缺非復全書其有所不
載及世事變改者學達君子自爲節度相承行之故
世號士大夫風操而家門頗有不同所見互稱長短
然其阡陌亦自可知昔在江南目能視而見之耳能
聽而聞之蓬生麻中不勞翰墨汝曹生於戎馬之間
視聽之所不曉故聊記錄以傳示子孫 禮云見似
目瞿聞名心瞿有所感觸惻愴心眼若在從容平常
之地幸須申其情耳必不可避亦當忍之猶如伯叔

兄弟酷類先人可得終身腸斷與之絕耶又臨文不
諱廟中不諱君所無私諱蓋知聞名須有消息不必
期於顛沛而走也梁世謝舉甚有聲譽聞諱必哭爲
世所譏又臧逢世臧嚴之子也篤學修行不墜門風
孝元經牧江州遣往建昌督事郡縣民庶競修牋書
朝夕輻輳几案盈積書有稱嚴寒者必對之流涕不
省取記多廢公事物情怨駭竟以不辦而還此並過
事也近在揚都有一士人諱審而與沈氏交結周厚
沈與其書名而不姓此非人情也凡避諱者皆須得

其同訓以代換之桓公名白博有五皓之稱厲王名
長琴有修短之目不聞謂布帛爲布皓呼腎腸爲腎
修也梁武小名阿練子孫皆呼練爲絹乃謂銷鍊物
爲銷絹物恐乖其義或有諱雲者呼紛紜爲紛烟有
諱桐者呼梧桐樹爲白鐵樹便似戲笑耳周公名子
曰禽孔子名兒曰鯉止在其身自可無禁至若衛侯
魏公子楚太子皆名蟣虱長卿名犬子王修名狗子
上有連及理未爲通古之所行今之所笑也北土多
有名兒爲驢駒豚子者使其自稱及兄弟所名亦何

忍哉前漢有尹翁歸後漢有鄭翁歸梁家亦有孔翁
歸又有顧翁寵晉代有許思妣孟少孤如此名字幸
當避之今人避諱更急於古名子者當爲孫地吾親
識中有諱襄諱友諱同諱清諱和諱禹交疏造次一
座百犯聞者辛苦無憀賴焉昔司馬長卿慕藺相如
故名相如顧元歎慕蔡邕故名雍而後漢有朱張字
孫卿許暹字顏回梁世有庾晏嬰祖孫登連古人姓
爲名字亦鄙事也昔劉文饒不忍罵奴爲畜產今世
愚人遂以相戲或有指名爲豚犢者有識傍觀猶欲

捲耳、況名之者乎、近在議曹共平章、百官秩祿有一
顯貴、當世名臣、意嫌所議過厚、齊朝有一兩士族文
學之人、謂此貴曰、今日天下大同、須爲百代典式、豈
得尚作關中舊意乎。明公定是陶朱公大兒耳、彼此
歡笑、不以爲嫌、　昔侯霸之子孫、稱其祖父曰家公、
陳思王稱其父爲家父、母爲家母、潘尼稱其祖曰家
祖、古人之所行、今人之所笑也、及南北風俗、言其祖
及二親、無云家者。田里猥人、方有此言耳、凡與人言、
言已世父、以次第稱之、不云家者、以尊於父、不敢家

也、凡言姑姊妹女子子、已嫁則以夫氏稱之、在室則
以次第稱之、言禮成他族、不得云家也。子孫不得稱
家者、輕畧之也。蔡邕書集、呼其姑姊爲家姑家姊、班
固書集亦云家孫、今並不行也、凡與人言、稱彼祖父
母、世父母、父母及長姑、皆加尊字、自叔父已下、則加
賢字、尊卑之差也。王羲之書、稱彼之母與自稱己母
同、不云尊字、今所非也、　南人冬至歲首、不詣喪家。
若不修書、則過節束帶以申慰、北人至歲之日、重行
弔禮。禮無明文、則吾不取、南人賓至不迎、相見捧手

而不揖、送客下席而已、北人迎送並至門、相見則揖、
古之道也。吾善其迎揖、　昔者王侯自稱孤寡不穀。
自茲以降、雖孔子聖師、與門人言皆稱名也、後雖有
臣僕之稱。行者蓋亦寡焉。江南輕重、各有謂號、具諸
書儀。北人多稱名者、乃古之遺風。吾善其稱名焉。
言及先人、理當感慕、古者之所易、今人之所難。江南
事不獲已、乃陳文墨。憒憒無言者、須言閥閱、必以文
翰、罕有面論者、北人無何便爾話說。及相訪問、如此
之事、不可加於人也、人加諸己、則當避之、名位未高、

如爲勳貴所逼。隱忍方便。速報取了。勿取煩重。感辱
祖父、若沒言須及者、則斂容肅坐、稱大門中、世父叔
父則稱從、兄弟門中、兄弟則稱亡者子某門中、各以
其尊卑輕重爲容色之節、皆變於常、若與君言、雖變
於色。猶云亡祖亡伯亡叔也。吾見名士、亦有呼其亡
兄弟爲兄子弟子門中者、亦未爲安貼也、北土都不
行此、太山羊偘、梁初入南、吾近至鄴、其兄子肅訪偘
委曲、吾答之云、卿從門中在梁、如此如此、肅曰、是我
親第七亡叔、非從也、祖孝徵在坐、先知江南風俗、乃

謂之云賢從弟門中、何故不解、古人皆呼伯父叔父、而今世多單呼伯叔、從兄弟姊妹已孤、而對其前呼其母爲伯叔母、此不可避者也、兄弟之子已孤、與他人言、對孤者前呼爲兄子弟子、頗爲不忍、北土多呼爲姪、案爾雅喪服經左傳、姪名雖通男女、並是對姑之稱、晉世已來、始呼叔姪、今呼爲姪、於理爲勝也。別易會難、古人所重、江南餞送、下泣言離。有王子侯、梁武帝弟、出爲東郡、與武帝別、帝曰、我年已老、與汝分張、甚以惻愴、數行淚下、侯遂密雲、赧然而出、坐此被

責、飄颻舟渚、一百許日、卒不得去、北間風俗、不屑此事、岐路言離、歡笑分首、然人性自有少涕淚者、腸雖欲絕、目猶爛然、如此之人、不可強責。　凡親屬名稱、皆須粉墨、不可濫也。無風教者、其父已孤、呼外祖父母與祖父母同、使人爲其不喜聞也、雖質於面、皆當加外以別之、父母之世叔父、皆當加其次第以別之、父母之世叔母、皆當加其姓以別之、父母之群從世叔父母及從祖父母、皆當加其爵位若姓以別之、河北士人、皆呼外祖父母爲家公家母、江南田里間亦

言之、以家代外、非吾所識、凡宗親世數、有從父、有從祖、有族祖、江南風俗、自茲已往、高秩者、通呼爲尊、同昭穆者、雖百世猶稱兄弟、若對他人、稱之皆云族人。河北士人、雖三二十世、猶呼爲從伯從叔、梁武帝嘗問一中土人曰、卿北人、何故不知有族、答云、骨肉易疎、不忍言族耳、當時雖爲敏對、於禮未通、吾嘗問周宏讓曰、父母中外姊妹、何以稱之、周曰、亦呼爲丈人、自古未見丈人之稱施於婦人也、吾親表所行、若父黨者爲某姓姑、母黨者爲某姓姨。中外丈人之婦、猥

俗呼爲丈母。士大夫謂之王母謝母云、而陸機集有與長沙顧母書、乃其從叔母也、今所不行、齊朝士子皆呼祖僕射爲祖公、全不嫌有所涉也、乃有對面以相戲者、　古者名以正體、字以表德、名終則諱之、字乃可以爲孫氏、孔子弟子記事者、皆稱仲尼、呂后微時嘗字高祖爲季、至漢爰種、字其叔父曰絲、王丹與侯霸子語、字霸爲君房、江南至今不諱字也、河北士人全不辨之、名亦呼爲字、字固因呼爲字、尚書王元之兄弟、皆號名人、其父名雲、字羅漢、一皆諱之、其餘

不足怪也 禮閒傳云斬縗之哭若往而不反齊縗之哭若往而反大功之哭三哭而哀小功緦麻哀容可也此哀之發於聲音也孝經云哭不哀皆論哭有輕重質文之聲也禮以哭有言者爲號然則哭亦有辭也江南喪哭時有哀訴之言耳山東重喪則唯呼蒼天朞功以下則唯呼痛深便是號而不哭 江南凡遭重喪若相知者同在城邑三日不弔則絕之除喪雖相遇則避之怨其不已憫也有故及道遙者致書可也無書亦如之北俗則不爾江南凡弔者主人

之外不識者不執手識輕服而不識主人則不於會所而弔他日修名詣其家 陰陽說云辰爲水墓又爲土墓故不得哭王充論衡云辰日不哭哭則重喪今無教者辰日有喪不問輕重舉家清謐不敢發聲以辭弔客道書又曰晦歌朔哭皆當有罪天奪之算喪家朔望哀感彌深寧當惜壽又不哭也亦不諭偏傍之書死有歸殺子孫逃竄莫肯在家畫瓦書符作諸厭勝喪出之日門前然火戶外列灰祓送家鬼章斷注連凡如此比不近有情乃儒雅之罪人彈議

所當加也 已孤而履歲及長至之節無父拜母祖父母世叔父母姑兄姊則皆泣無母拜父外祖父母舅姨兄姊亦如之此人情也 江左朝臣子孫初釋服朝見二宮皆當泣涕二宮爲之改容頗有膚色充澤無哀感者梁武薄其爲人多被抑退裴政出服問訊武帝貶瘦枯槁涕泗滂沱武帝目送之曰裴之禮不死也 二親既沒所居齋寢子與婦弗忍入焉北朝頓丘李構母劉氏夫人亡後所住之堂終身鏁閉弗忍開入也夫人宋廣州刺史纂之孫女故構猶染

江南風教其父奬爲揚州刺史鎮壽春遇害構嘗與王松年祖孝徵數人同集談讌孝徵善畫遇有紙筆圖寫爲人頃之因割鹿尾戲截畫人以示構而無他意構愴然動色便起就馬而去舉坐驚駭莫測其情祖君尋悟方深反側當時罕有能感此者吳郡陸襄父閑被刑襄終身布衣蔬飯雖薑菜有切割皆不忍食居家惟以掐摘供廚江陵姚子篤母以燒死終身不忍噉炙豫章熊康父以醉而爲奴所殺終身不復嘗酒然禮緣人情恩由義斷親以噎死亦當不可絕

食　禮經父之遺書母之杯圈感其手口之澤不忍讀用。政爲常所講習讐校繕寫及偏加服用有迹可思者耳若尋常墳典爲生什物安可悉廢之乎既不讀用無容散逸唯當緘保以留後世耳思魯等第四舅母親吳郡張建女也有第五妹三歲喪母靈牀上屏風平生舊物屋漏沾濕出曝曬之女子一見伏牀流涕家人怪其不起乃往抱持薦席淹漬精神傷怛不能飲食將以問醫醫診脉云腸斷矣因爾便吐血數日而亡中外憐之莫不悲歎　禮云忌日不樂正

以感慕罔極惻愴無聊故不接外賓不理衆務耳必能悲慘自居何限於深藏也世人或端坐奧室不妨言笑盛營甘美厚供齋食迫有急卒密戚至交盡無相見之理蓋不知禮意乎魏世王修母以社日亡來歲社修感念哀甚鄰里聞之爲之罷社今二親喪亡偶值伏臘分至之節及月小晦後忌之外所經此日猶應感慕異於餘辰不預飲讌聞聲樂及行遊也劉縚緩綏兄弟並爲名器其父名昭一生不爲照字惟依爾雅火傍作召耳然凡文與正諱相犯當自可

避其有同音異字不可悉然劉字之下即有昭音呂尚之兒如不爲上趙壹之子儻不作一便是下筆即妨是書皆觸也嘗有甲設讌席請乙爲賓而且於公庭見乙之子問之曰尊侯早晚顧宅乙子稱其父已往時以爲笑如此比例觸類慎之不可陷於輕脱江南風俗兒生一朞爲製新衣盥浴裝飾男則用弓矢紙筆女則刀尺鍼縷並加飲食之物及珍寶服玩置之兒前觀其發意所取以驗貪廉愚智名之爲試兒親表聚集致讌享焉自兹已後二親若在每至此

日嘗有酒食之事耳無教之徒雖已孤露其日皆爲供頓酣暢聲樂不知有所感傷梁孝元年少之時每八月六日載誕之辰常設齋講自阮修容薨殁之後此事亦絕　人有憂疾則呼天地父母自古而然今世諱避觸途急切而江東士庶痛則稱禰禰是父之廟號父在無容稱廟父歿何容輒呼蒼頡篇有倄下交切痛聲也字訓詁云痛而謼也謼人故反音羽罪反今北人痛則呼之聲類音于耒反今南人痛或呼之此二音隨其鄉俗並可行也　梁世被繫劾者子孫弟姪皆詣

闕三日露跣陳謝子孫有官自陳解職子則草屩麤衣蓬頭垢面周章道路要候執事叩頭流血申訴寃枉若配徒隸諸子竝立草菴於所署門不敢廻宅動經旬日官司驅遣然後始退江南諸憲司彈人事事雖不重而以教義見辱者或被輕繫而身死獄戶者皆爲怨讎子孫三世不交通矣到洽爲御史中丞初欲彈劉孝綽其兄溉先與劉善苦諫不得乃詣劉涕泣告別而去　兵凶戰危非安全之道古者天子喪服以臨師將軍鑿凶門而出父祖伯叔若在軍陣貶

損自居不宜奏樂讌會及婚冠吉慶事也若居圍城之中憔悴容色除去飾玩常爲臨深履薄之狀焉父母疾篤醫雖賤雖少則涕泣而拜之以求哀也梁孝元在江州嘗有不豫世子方等親拜中兵參軍李猷

四海之人結爲兄弟亦何容易必有志均義敵令終如始者方可議之一爾之後命子拜伏呼爲丈人申父友之敬身事彼親亦宜加禮比見北人甚輕此節行路相逢便定昆季望年觀貌不擇是非至有結父爲兄託子爲弟者　昔者周公一沐三握髮一飯三吐餐以接白屋之士一日所見七十餘人晉文公以沐辭豎頭須致有圖反之誚門不停賓古所貴也失教之家閽寺無禮或以主君寢食嗔怒拒客未通江南深以爲恥黃門侍郎裴之禮號善爲士大夫有如此輩對賓杖之其門生僮僕接於他人折旋俯仰辭色應對莫不肅敬與主無別也

慕賢篇第七

古人云千載一聖猶旦暮也五百年一賢猶比髆也言聖賢之難得疏闊如此儻遭不世明達君子安可

不攀附景仰之乎吾生於亂世長於戎馬流離播越聞見已多所值名賢未嘗不心醉魂迷向慕之也人在少年神情未定所與款狎熏漬陶染言笑舉動無心於學潛移暗化自然似之何況操履藝能較明易習者也是以與善人居如入芝蘭之室久而自芳也與惡人居如入鮑魚之肆久而自臭也墨翟悲於染絲是之謂矣君子必愼交遊焉孔子曰無友不如己者顏閔之徒何可世得但優於我便足貴之世人多蔽貴耳賤目重遙輕近少長周旋如有賢哲每相狎

侮不加禮敬他鄉異縣微藉風聲延頸企踵甚於飢渴校長短覈精麤或彼不能如此矣所以魯人謂孔子爲東家丘昔虞國宮之奇少長於君君狎之不納其諫以至亡國不可不留心也用其言棄其身古人所恥凡有一言一行取於人者皆顯稱之不可竊人之美以爲已力雖輕雖賤者必歸功焉竊人之財刑辟之所處竊人之美鬼神之所責梁孝元前在荆州有丁覘者洪亭民耳頗善屬文殊工草隸孝元書記一皆使之軍府輕賤多未之重恥令子弟以爲楷法

時云丁君十紙不敵王褒數字吾雅愛其手迹常所寶持孝元嘗遣典籤惠編送文章示蕭祭酒祭酒問云君王比賜書翰及寫詩筆殊爲佳手姓名爲誰那得都無聲問編以實答子雲歎曰此人後生無比遂不爲世所稱亦是奇事於是聞者少復刮目稍仕至尚書儀曹郎末爲晉安王侍讀隨王東下及西臺陷殁簡牘湮散丁亦尋卒於揚州前所輕者後思一紙不可得矣侯景初入建業臺門雖閉公私草擾各不自全太子左衛率羊侃坐東掖門部分經畧一宿不辦遂得百餘日抗拒兇逆于時城內四萬許人王公朝士不下一百便是恃侃一人安之其相去如此古人云巢父許由讓於天下市道小人爭一錢之利亦已懸矣 齊文宣帝卽位數年便沈湎縱恣畧無綱紀尚能委政尚書令楊遵彥內外清謐朝野晏如各得其所物無異議終天保之朝遵彥後爲孝昭所戮刑政於是衰矣斛律明月齊朝折衝之臣無罪被誅將士解體周人始有吞齊之志關中至今譽之此人用兵豈止萬夫之望而已也國之存亡係其生死

張延雋之爲晉州行臺左丞匡維主將鎭撫疆埸儲積器用愛活黎民隱若敵國矣郡小不得行志同力遷之既代之後公私擾亂周師一舉此鎭先平齊亡之迹啓於是矣

勉學篇第八

自古明王聖帝猶須勤學況凡庶乎此事遍於經史吾亦不能鄭重聊舉近世切要以終寤汝耳士大夫子弟數歲已上莫不被教多者或至禮傳少者不失詩論及至冠婚體性稍定因此天機倍須訓誘有志

尚者遂能磨礪以就素業無履立者自茲墮慢便爲凡人人生在世會當有業農民則計量耕稼商賈則計論貨賄工巧則致精器用伎藝則深思法術武夫則慣習弓馬文士則講議經書多見士大夫耻涉農商羞務工伎射既不能穿札筆則纔記姓名飽食醉酒忽忽無事以此銷日以此終年或因家世餘緒得一階半級便謂爲足安能自苦及有吉凶大事議論得失蒙然張口如坐雲霧公私宴集談古賦詩塞默低頭欠伸而已有識傍觀代其入地何惜數年勤學

長受一生愧辱哉梁朝全盛之時貴遊子弟多無學術至於諺云上車不落則著作體中何如則秘書無不熏衣剃面傅粉施朱駕長簷車跟高齒屐坐棊子方褥憑斑絲隱囊列器玩於左右從容出入望若神仙明經求第則顧人答策三九公讌則假手賦詩當爾之時亦快士也及離亂之後朝市遷革銓衡選舉非復曩者之親當路秉權不見昔時之黨求諸身而無所得施之世而無所用被褐而喪珠失皮而露質兀若枯木泊若窮流孤獨戎馬之間轉死溝壑之際

當爾之時誠駑材也有學藝者觸地而安自荒亂巳來諸見俘虜雖百世小人知讀論語孝經者尚爲人師雖千載冠冕不曉書記者莫不耕田養馬以此觀之安可不自勉耶若能常保數百卷書千載終不爲小人也夫明六經之指涉百家之書縱不能增益德行敦厲風俗猶爲一藝得以自資父兄不可常依鄉國不可常保一旦流離無人庇廕當自求諸身耳諺曰積財千萬不如薄伎在身伎之易習而可貴者無過讀書也世人不問愚智皆欲識人之多見事之廣

而不肯讀書是猶求飽而懶營饌欲暖而惰裁衣也夫讀書之人自羲農巳來宇宙之下凡識幾人凡見幾事生民之成敗好惡固不足論天地所不能藏鬼神所不能隱也有客難主人曰吾見強弩長戟誅罪安民以取公侯者有矣文義習吏匡時富國以取卿相者有矣學備古今才兼文武身無祿位妻子饑寒者不可勝數安足貴學乎主人對曰夫命之窮達猶金玉木石也修以學藝猶磨瑩雕刻也金玉之磨瑩自美其鑛璞木石之段塊自醜其雕刻安可言木石

之雕刻乃勝金玉之鏤璞哉、不得以有學之貧賤、比於無學之富貴也、且負甲爲兵、咋筆爲吏、身死名滅者如牛毛、角立傑出者如芝草、握素披黃、吟道詠德。苦辛無益者如日蝕、逸樂名利者如秋荼、豈得同年而語矣、且又聞之、生而知之者上、學而知之者次、所以學者、欲其多智明達耳。必有天才、拔群出類、爲將則闇與孫武吳起同術。執政則懸得管仲子產之教、雖未讀書、吾亦謂之學矣、今子即不能然、不師古之蹤跡、猶蒙被而臥耳、人見鄰里親戚有佳快者、使子弟慕而學之。不知使學古人。何其蔽也哉、世人但知跨馬被甲。長矟強弓、便云我能爲將、不知明乎天道、辯乎地利、比量逆順、鑒達興亡之妙也。但知承上接下。積財聚穀。便云我能爲相、不知敬鬼事神、移風易俗、調節陰陽、薦舉賢聖之至也、但知私財不入、公事夙辦。便云我能治民、不知誠己型物、執轡如組。反風滅火。化鴟爲鳳之術也、但知抱令守律。早刑晚舍、便云我能平獄、不知同轅觀罪。分劍追財、假言而奸露。不問而情得之察也、爰及農商工賈、廝役奴隸、釣魚

屠肉、飯牛牧羊、皆有先達、可爲師表、博學求之、無不利於事也、夫所以讀書學問、本欲開心明目、利於行耳。未知養親者、欲其觀古人之先意承顏、怡聲下氣。不憚劬勞。以致甘腝、惕然慚懼、起而行之也、未知事君者、欲其觀古人之守職無侵。見危受命、不忘誠諫。以利社稷。惻然自念、思欲效之也、素驕奢者、欲其觀古人之恭儉節用、卑以自牧、禮爲教本、敬者身基。瞿然自失、斂容抑志也、素鄙吝者。欲其觀古人之貴義輕財。少私寡慾、忌盈惡滿、賙窮卹匱。赧然悔恥、積而能散也。素暴悍者、欲其觀古人之小心黜己。齒弊舌存。含垢藏疾。尊賢容衆。薾然沮喪。若不勝衣也。素怯懦者、欲觀古人之達生委命。強毅正直、立言必信。求福不回。勃然奮厲、不可恐懾也。歷茲以往、百行皆然。縱不能淳、去泰去甚、學之所知。施無不達、世人讀書者、但能言之、不能行之、忠孝無聞、仁義不足、加以斷一條訟、不必得其理、宰千戶縣。不必理其民、問其造屋、不必知楣橫而梲豎也、問其爲田、不必知稷早而黍遲也、吟嘯談謔、諷詠辭賦。事既優閑、材增迂誕、軍

國經綸畧無施用故爲武人俗吏所共嗤詆良由是乎夫學者所以求益爾見人讀數十卷書便自高大凌忽長者輕慢同列人疾之如讐敵惡之如鴟梟如此以學自損不如無學也古之學者爲己以補不足也今之學者爲人但能說之也古之學者爲人行道以利世也今之學者爲己脩身以求進也夫學者猶種樹也春玩其華秋登其實講論文章春華也脩身利行秋實也人生小幼精神專利長成已後思慮散逸固須早教勿失機也吾七歲時誦靈光殿賦至于

今日十年一理猶不遺忘二十之外所誦經書一月廢置便至荒蕪矣然人有坎壈失於盛年猶當晚學不可自棄孔子云五十以學易可以無大過矣魏武袁遺老而彌篤此皆少學而至老不倦也曾子七十乃學名聞天下荀卿五十始來遊學猶爲碩儒公孫宏四十餘方讀春秋以此遂登丞相朱雲亦四十始學易論語皇甫謐二十始授孝經論語皆終成大儒此並早迷而晚寤也世人婚冠未學便稱遲暮因循面牆亦爲愚爾幼而學者如日出之光老而學者如秉燭夜行猶賢乎瞑目而無見者也學之興廢隨世輕重漢時賢俊皆以一經弘聖人之道上明天時下該人事用此致卿相者多矣末俗已來不復爾空守章句但誦師言施之世務殆無一可故士大夫子弟皆以博涉爲貴不肯專儒梁朝皇孫已下總丱之年必先入學觀其志尚出身已後便從文史畧無卒業者冠冕爲此者則有何允劉瓛明山賓周捨朱异周宏正賀琛賀革蕭子政劉縚等兼通文史不徒講說也洛陽亦聞崔浩張偉劉芳鄴下又見邢子才四儒

者雖好經術亦以才博擅名如此諸賢故爲上品以外率多田里閒人音辭鄙陋風操蚩拙相與專固無所堪能問一言輒酬數百責其指歸或無要會鄴下諺云博士買驢書券三紙未有驢字使汝以此爲師令人氣塞孔子曰學也祿在其中矣今勤無益之事恐非業也夫聖人之書所以設教但明練經文粗通注義常使言行有得亦足爲人何必仲尼居即須兩紙疏義燕寢講堂亦復何在以此得勝寧有益乎光陰可惜譬諸逝水當博覽機要以濟功業必能兼美

吾無間焉。俗間儒士，不涉羣書，經緯之外，義疏而已。吾初入鄴，與博陵崔文彥交遊，嘗說王粲集中難鄭玄尚書事。崔轉為諸儒道之，始將發口，懸見排蹙，云：文集止有詩賦銘誄，豈當論經書事乎？且先儒之中，未聞有王粲也。崔笑而退，竟不以粲集示之。魏收之在議曹，與諸博士議宗廟事，引據漢書，博士笑曰：未聞漢書得證經術。收便忿怒，都不復言，取韋玄成傳，擲之而起。博士一夜共披尋之，達明，乃來謝曰：不謂玄成如此學也。

夫老莊之書，蓋全真養性，不肯以物累巳也。故藏名柱石，終蹈流沙；匿跡漆園，卒辭楚相。此任縱之徒耳。何晏、王弼，祖述玄宗，遞相誇尚，景附草靡，皆以農黃之化，在乎巳身，周孔之業，棄之度外。而平叔以黨曹爽見誅，觸死權之網也；輔嗣以多笑人被疾，陷好勝之穽也；山巨源以蓄積取譏，背多藏厚亡之文也；夏侯玄以才望被戮，無支離擁腫之鑒也；荀奉倩喪妻，神傷而卒，非鼓缶之情也；王夷甫悼子，悲不自勝，異東門之達也；嵇叔夜排俗取禍，豈和光同塵之流也；郭子玄以傾動權勢，寧後身外巳

之風也；阮嗣宗沈酒荒迷，乖畏途相誡之譬也；謝幼輿贓賄黜削，違棄其餘魚之旨也。彼諸人者，並其領袖，玄宗所歸。其餘桎梏塵滓之中，顛仆名利之下者，豈可備言乎！直取其清談雅論，剖玄析微，賓主往復，娛心悅耳，非濟世成俗之要也。洎于梁世，茲風復闡，莊、老、周易，總謂三玄。武皇、簡文，躬自講論。周弘正奉贊大猷，化行都邑，學徒千餘，實為盛美。元帝在江荊間，復所愛習，召置學生，親為教授，廢寢忘食，以夜繼朝，至乃倦劇愁憤，輒以講自釋。吾時頗預末筵，親承音旨，性既頑魯，亦所不好云。

齊孝昭帝侍婁太后疾，容色顦顇，服膳減損。徐之才為灸兩穴，帝握拳代痛，爪入掌心，血流滿手。后既痊愈，帝尋疾崩，遺詔恨不見太后山陵之事。其天性至孝如彼，不識忌諱如此，良由無學所為。若見古人之譏欲母早死而悲哭之，則不發此言也。孝為百行之首，猶須學以修飾之，況餘事乎！

梁元帝嘗為吾說：昔在會稽，年始十一，便已好學。時又患疥，手不得拳，膝不得屈。閑齋張葛幃避蠅獨坐，銀甌貯山陰甜酒，時復進之，以自寬痛。

率意自讀史書一日二十卷既未師受或不識一字或不解一語要自重之不知厭倦帝子之尊童稚之逸尚能如此況其庶士冀以自達者哉古人勤學有握錐投斧照雪聚螢鋤則帶經牧則編簡亦為勤篤梁世彭城劉綺交州刺史勃之孫早孤家貧燈燭難辦常買荻尺寸折之然明夜讀孝元初出會稽精選寮寀綺以才華為國常侍兼記室殊蒙禮遇終於金紫光祿義陽朱詹世居江陵後出揚都好學家貧無資累日不爨乃時吞紙以實腹寒無氈被抱犬而臥

犬亦饑虛起行盜食呼之不至哀聲動鄰猶不廢業卒成學士官至鎮南錄事參軍為孝元所禮此乃不可為之事亦是勤學之一人東莞臧逢世年二十餘欲讀班固漢書苦假借不久乃就姊夫劉緩乞丐客刺書翰紙末手寫一本軍府服其志尚卒以漢書聞齊有宦者內參田鵬鸞本蠻人也年十四五初為閽寺便知好學懷袖握書曉夕諷誦所居卑末使役苦辛時伺閒隙周章詢請每至文林館氣喘汗流問書之外不暇他語及覩古人節義之事未嘗不感激沈

吟久之吾甚憐愛倍加開獎後被賞遇賜名敬宣位至侍中開府後主之奔青州遣其西出參伺動靜為周軍所獲問齊主何在紿云已去計當出境疑其不信歐捶服之每折一支辭色愈厲竟斷四體而卒蠻夷童丱猶能以學成忠齊之將相比敬宣之奴不若也

鄴平之後見徙入關思魯嘗謂吾曰朝無祿位家無積財當肆筋力以申供養每被課篤勤勞經史未知為子可得安乎吾命之曰子當以養為心父當以學為教使汝棄學徇財豐吾衣食食之安得甘衣之安得暖若務先王之道紹家世之業藜羹縕褐我

自欲之

書曰好問則裕禮云獨學而無友則孤陋而寡聞蓋須切磋相起明也見有閉門讀書師心自是稠人廣坐謬誤差失者多矣穀梁傳稱公子友與莒挐相搏左右呼曰孟勞孟勞者魯之寶刀名亦見廣雅近在齊時有姜仲岳謂公子左右姓孟名勞多力之人為國所寶與吾苦諍時清河郡守邢峙當世碩儒助吾證之赧然而伏又三輔決錄云靈帝殿柱題曰堂堂乎張京兆田郎蓋引論語偶以四言目京

兆人田鳳也有一才士乃言時張京兆及田郎二人
皆堂堂耳聞吾此說初大驚駭其後尋愧悔焉江南
有一權貴讀誤本蜀都賦注解蹲鴟芋也乃爲羊字
人饋羊肉答書云損惠蹲鴟舉朝驚駭不解事義久
後尋迹方知如此元氏之世在洛京時有一才學重
臣新得史記音而頗紕繆誤反顓頊字頊當爲許錄
反錯作許緣反遂一一謂言從來謬音專旭當音專
翾耳此人先有高名翕然信行期年之後更有碩儒
苦相究討方知誤焉漢書王莽贊云紫色蠅聲餘分

閏位謂以僞亂眞爾昔吾嘗共人談書言及王莽形
狀有一俊士自許史學名價甚高乃云王莽非直鴟
目虎吻亦紫色蛙聲又禮樂志云給太官挏馬酒李
奇注以馬乳爲酒也揰挏乃成二字並從手揰都孔反
挏達孔反此謂撞擣挺挏之今爲酪酒亦然向學士又
以爲種桐時大官釀馬酒乃熟其孤陋遂至於此太
山羊肅亦稱學問讀潘岳賦周文弱枝之棗爲杖策
之杖世本容成造歷以歷爲碓磨之磨談說與文援
引古音必須眼學勿信耳受江南閭里間士大夫或

不學問羞爲鄙朴道聽塗說強事飾辭呼徵質爲周
鄭謂霍亂爲博陸上荊州必稱陝西下揚都言去海
郡言食則餬口道錢則孔方問移則楚丘論婚則宴
爾及王則無不仲宣語劉則無不公幹凡有一二百
件傳相祖述尋問莫知源由施安時復失於莊生有
乘時鵲起之說故謝朓詩曰鵲起登吳臺吾有一親
表作七夕詩云今夜吳臺鵲亦共往塡河羅浮山記
云望平地樹如薺故戴暠詩云長安樹如薺又鄴下
有一人詠樹詩云遙望長安薺又嘗見謂矜誕爲夸

毗呼高年爲富有春秋皆耳學之過也夫文字者墳
籍根本世之學徒多不曉字讀五經者是徐邈而非
許愼習賦誦者信褚詮而忽呂忱明史記者專皮鄒
而廢篆籀學漢書者悅應蘇而略蒼雅不知書音是
其枝葉小學乃其宗系至見服虔張揖音義則貴之
得通俗廣雅而不屑一手之中向背如此況異代各
人乎世人皆以通俗文爲服虔造未知非服虔而輕之猶謂是服虔而輕之故此論從俗也
夫學者貴能博聞也郡國山川官位姓族衣服飲食
器皿制度皆欲根尋得其原本至於文字忽不經懷

已身姓名多或乖舛縱得不誤亦未知所由近世有人為子制名兄弟皆山傍立字而有名峙者兄弟皆木傍立字而有名機者兄弟皆水傍立字而有名凝者名儒碩學此例甚多若有知吾之鐘不調一何可笑吾嘗從齊王幸并州自井陘關入上艾縣東數十里有獵閭村後百官受馬糧在晉陽東百餘里亢仇城側並不識二所本是何地博求古今皆未能曉及檢字林韻集乃知獵閭是舊䝁餘聚（䝁音獵也）亢仇舊是[illegible][illegible]亭（上音武安反下音仇）悉屬上艾時太原王劭欲撰鄉邑

記注因此二名聞之大喜吾初讀莊子螝二首韓非子曰蟲有螝者一身兩口爭食相齕遂相殺也茫然不識此字何音逢人輒問了無解者案爾雅諸書蠶蛹名螝（音潰）又非二首兩口貪害之物後見古今字詁此亦古之虺字積年凝滯豁然霧解嘗遊趙州見柏人城北有一小水土人亦不知名後讀城西門徐整碑云酒流東指衆皆不識吾案說文此字古魄字也酒淺水貌此水漢來本無名矣直以淺貌目之或當即以酒為名乎世中書翰多稱勿勿相承如此不知

所由或有妄言此忽忽之殘缺耳案說文勿者州里所建之旗也象其柄及三遊之形所以趣民事故忽遽者稱為勿勿吾在益州與數人同坐初晴日明見地上小光問左右此是何物有一蜀豎就視答云是豆逼耳相顧愕然不知所謂命取將來乃小豆也窮訪蜀土呼粒為逼時莫之解吾云三蒼說文此字白下為七皆訓粒通俗文音方力反衆皆歡悟愍楚友壻竇如同從河州來得一青鳥馴養愛翫舉族呼之為鶡吾曰鶡出上黨數曾見之色並黃黑無駁雜也

故陳思王鶡賦云揚毛黃之勁羽試檢說文鳻（音分）雀似鶡而青出羌中韻集音分此疑頓釋梁世有蔡朗諱純既不涉學遂呼蓴為露葵面牆之徒遞相倣傚承聖中遣一士大夫聘齊齊主客郎李恕問梁使曰江南有露葵否答曰露葵是蓴水鄉所出卿今食者綠葵菜耳李亦學問但不測彼之深淺乍聞無以覆究思魯等姨夫彭城劉靈嘗與吾坐諸子侍焉吾問儒行敏行曰凡字與諮議名同音者其數多少能盡識乎答曰未之究也請導示之吾曰凡如此例不預

研檢忽見不識誤以問人反為無賴所欺不容易也
因為說之得五十許字諸劉歎曰不意乃爾若遂不
知亦為異事校定書籍亦何容易自揚雄劉向方稱
此職耳觀天下書未徧不得妄下雌黃或彼以為非
此以為是或本同末異或兩文皆欠不可偏信一隅
也

文章篇第九

夫文章者原出五經詔命策檄生於書者也序述論
議生於易者也歌詠賦頌生於詩者也祭祀哀誄生

顏氏家訓　一八　卷上　四十

於禮者也書奏箴銘生於春秋者也朝廷憲章軍旅
誓誥敷顯仁義發明功德牧民建國施用多途至於
陶冶性靈從容諷諫入其滋味亦樂事也行有餘力
則可習之然而自古文人多陷輕薄屈原露才揚己
顯暴君過宋玉體貌容冶見遇俳優東方曼倩滑稽
不雅司馬長卿竊貲無操王褒過章童約揚雄德敗
美新李陵降辱夷虜劉歆反覆莽世傅毅黨附權門
班固盜竊父史趙元叔抗竦過度馮敬通浮華擯壓
馬季長佞媚獲誚蔡伯喈同惡受誅吳質詆訶鄉里

曹植悖慢犯法杜篤乞假無厭路粹隘狹已甚陳琳
實號麤疏繁欽性無檢格劉楨屈強輸作王粲率躁
見嫌孔融禰衡誕傲致殞楊修丁廙扇動取斃阮籍
無禮敗俗嵇康凌物凶終傅玄忿鬬免官孫楚矜誇
凌上陸機犯順履險潘岳乾沒取危顏延年負氣摧
黜謝靈運空疏亂紀王元長凶賊自貽謝玄暉侮慢
見及凡此諸人皆其翹秀者不能悉紀大較如此至
于帝王亦或未免自昔天子而有才華者唯漢武魏
太祖文帝明帝宋孝武帝皆負世議非懿德之君也

顏氏家訓　一八　卷上　四十一

自子游子夏荀況孟軻枚乘賈誼蘇武張衡左思之
儔有盛名而免過患者時復聞之但其損敗居多耳
每嘗思之原其所積文章之體標舉興會發引性靈
使人矜伐故忽於持操果於進取今世文士此患彌
切一事愜當一句清巧神厲九霄志凌千載自吟自
賞不覺更有傍人加以砂礫所傷慘於矛戟諷刺之
禍速乎風塵深宜防慮以保元吉　學問有利鈍文
章有巧拙鈍學累功不妨精熟拙文研思終歸蚩鄙
但成學士自足為人必乏天才勿強操筆吾見世人

至於無才思自謂清華流布醜拙亦以衆矣江南號爲詅力正反癡符近在并州有一士族好爲可笑詩賦誂擎邢魏諸公衆共嘲弄虛相讚說便擊牛釃酒招延聲譽其妻明鑒婦人也泣而諫之此人歎曰才華不爲妻子所容何況行路至死不覺自見之謂明此誠難也　學爲文章先謀親友得其評論者然後出手愼勿師心自任取笑旁人也自古執筆爲文者何可勝言然至於宏麗精華不過數十篇耳但使不失體裁辭意可觀遂稱才士要須動俗蓋世亦俟河之

清乎　不屈二姓夷齊之節也何事非君伊箕之義也自春秋已來家有奔亡國有吞滅君臣固無常分矣然而君子之交絕無惡聲一旦屈膝而事人豈以存亡而改慮陳孔璋居袁裁書則呼操爲豺狼在魏製檄則目紹爲虵虺在時君所命不得自專然亦文人之巨患也當務從容消息之　或問揚雄曰吾子少而好賦雄曰然童子雕蟲篆刻壯夫不爲也余竊非之曰虞舜歌南風之詩周公作鴟鴞之詠吉甫史克雅頌之美者未聞皆在幼年累德也孔子曰不學詩無以言自衛返魯樂正雅頌各得其所大明孝道引詩證之揚雄安敢忽之也若論詩人之賦麗以則辭人之賦麗以淫但知變之而已又未知雄自爲壯夫何如也著劇秦美新妄投於閣周章怖慴不達天命童子之爲耳桓譚以勝老子葛洪以方仲尼使人歎息此人直以曉算術解陰陽故著太玄經爲數子所惑耳其遺言餘行孫卿屈原之不及安敢望大聖之清塵且太玄今竟何用乎不啻覆醬瓿而已　齊世有辛毗者淸幹之士官至行臺尚書嗤鄙文學嘲

劉逖云君輩辭藻譬若榮華須臾之翫非宏才也豈比吾徒十丈松樹常有風霜不可凋悴矣劉應之曰旣有寒木又發春華何如也辛笑曰可矣凡爲文章猶人乘騏驥雖有逸氣當以銜勒制之勿使流亂軌躅放意塡坑岸也文章當以理致爲心腎氣調爲筋骨事義爲皮膚華麗爲冠冕今世相承趨末棄本率多浮豔辭與理競辭勝而理伏事與才爭事繁而才損放逸者流宕而忘歸穿鑿者補綴而不足時俗如此安能獨違但務去泰去甚耳必有盛才重譽改革

體裁者實吾所希古人之文宏材逸氣體度風格去今實遠但緝綴疏朴未爲密緻耳今世音律諧靡章句偶對諱避精詳賢於往昔多矣宜以古之製裁爲本今之辭調爲末並須兩存不可偏棄也　吾家世文章甚爲典正不從流俗梁孝元在蕃邸時撰西府新文史記無一篇見錄者亦以不偶於世無鄭衛之音故也有詩賦銘誄書表啓疏二十卷吾兄弟始在草土並未得編次便遭火盪盡竟不傳於世銜酷茹恨徹於心髓操行見於梁史文士傳及孝元懷舊志

沈隱侯曰文章當從三易易見事一也易識字二也易讀誦三也邢子才常曰沈侯文章用事不使人覺若胸臆語也深以此服之祖孝徵亦嘗謂吾曰沈詩云崖傾護石髓此豈似用事耶邢子才魏收俱有重名時俗準的以爲師匠邢賞服沈約而輕任昉魏愛慕任昉而毀沈約每於談讌辭色以之鄴下紛紜各有朋黨祖孝徵嘗謂吾曰任沈之是非乃邢魏之優劣也　吳均集有破鏡賦昔者邑號朝歌顏淵不舍里名勝母曾參斂襟蓋忌夫惡名之傷實也破鏡乃凶逆之獸事見漢書爲文幸避此名也比世往往見有和人詩者題云敬同孝經云資於事父以事君而敬同不可輕言也梁世費旭詩云不知是耶非殷澐詩云飄颻雲母舟簡文曰旭既不識其父澐又飄颻其母此雖悉古事不可用也世人或有文章引詩伐鼓淵淵者宋書已有屢遊之誚如此流比幸須避之北面事親別舅摛渭陽之詠堂上養老送兄賦桓山之悲皆大失也舉此一隅觸塗宜慎　江南文制欲人彈射知有病累隨即改之陳王得之於丁廙也

山東風俗不通擊難吾初入鄴遂嘗以此忤人至今爲悔汝曹必無輕議也　凡代人爲文皆作彼語理宜然矣至於哀傷凶禍之辭不可輒代蔡邕爲胡金盈作母靈表頌曰悲母氏之不永然委我而夙喪又爲胡顥作其父銘曰葬我考議郎君袁三公頌曰猗歟我祖出自有嬀王粲爲潘文則思親詩云躬此勞瘁鞠予小人庶我顯妣克保遐年而並載乎邕粲之集此例甚衆古人之所行今世以爲諱陳思王武帝誄遂深永蟄之思潘岳悼亡賦乃愴手澤之遺是方

父於虫匹婦於考也蔡邕楊秉碑云統大麓之重潘尼贈盧景宣詩云九五思飛龍孫楚王驃騎誄云奄忽登遐陸機又誄云億兆宅心敦叙百揆姊誄云俔天之和今爲此言則朝廷之罪人也王粲贈楊德祖詩云我君餞之其樂泄泄不可妄施人子況儲君乎挽歌辭者或云古者虞殯之歌或云出自田横之客皆爲生者悼往苦哀之意陸平原多爲死人自歎之言詩格既無此例又乖製作本意　凡詩人之作刺箴美頌各有源流未嘗混雜善惡同篇也陸機爲齊

謳篇前叙山川物產風教之盛後章忽鄙山川之情踈失厥體其爲吳趨行何不陳子光夫差乎京洛行祠不述赧王靈帝乎　自古宏才博學用事誤者有矣百家雜說或有不同書儻湮滅後人不見故未敢輕議之今指知決紕繆者畧舉一兩端以爲誡詩云有鷕雉鳴又曰雉鳴求其牡毛傳亦曰鷕雌雉聲又云雉之朝雊尚求其雌鄭玄注月令亦云雊雄雉鳴潘岳賦曰雉鷕鷕以朝雊是則混雜其雄雌矣詩云孔懷兄弟孔甚也懷思也言甚可思也陸機與長沙

顧母書述從祖弟士璜死乃言痛心拔腦有如孔懷心既痛矣即爲甚思何故言有如也觀其此意當謂親兄弟爲孔懷詩云父母孔邇而呼二親爲孔邇於義通乎異物志云擁劒狀如蟹但一螯偏大爾何遜詩云躍魚如擁劒是不分魚蟹也漢書御史府中列柏樹常有野烏數千棲宿其上晨去暮來號朝夕烏而文士往往誤作烏鳶用之抱朴子說項曼都詐稱得仙自云仙人以流霞一杯與我飲之輒不饑渴而簡文詩云霞流抱朴椀亦猶郭象以惠施之辨爲莊

周言也後漢書囚司徒崔烈以銀鐺鏁上音狼下音當銀鐺大鏁也世間多誤作金銀字武烈太子亦是數千卷學士嘗作詩云銀鏁三公腳刀撞僕射頭爲俗所誤　文章地理必須愜當梁簡文鴈門太守行乃云鵞軍攻日逐燕騎蕩康居大宛歸善馬小月送降書蕭子暉隴頭水云天寒隴水急散漫俱分瀉北注徂黃龍東流會白馬此亦明珠之纇美玉之瑕宜慎之　王籍入若耶溪詩云蟬噪林逾靜鳥鳴山更幽江南以爲文外斷絕物無異議簡文吟詠不能忘之孝元諷

詠以爲不可復得至懷舊志載於籍傳范陽盧詢鄴下才俊乃言此不成語何事於能魏收亦然其論詩云蕭蕭馬鳴悠悠旆旌毛傳曰言不讙譁也吾每歎此解有情致籍詩生於此意耳　蘭陵蕭愨梁室上黃侯之子工於篇什嘗有秋詩云芙蓉露下落楊柳月中疏時人未之賞也吾愛其蕭散宛然在目潁川荀仲舉瑯琊諸葛漢亦以爲爾而盧思道之徒雅所不愜　何遜詩實爲清巧多形似之言揚都論者恨其每病苦辛饒貧寒氣不及劉孝綽之雍容也雖然

劉甚忌之平生誦何詩云蘧居響北闕懫懫平麥反不道車又撰詩苑止取何兩篇時人譏其不廣劉孝綽當時既有重名無所與讓唯服謝朓常以謝詩置几案間動靜輒諷味簡文愛陶淵明文亦復如此江南語曰梁有三何子朗最多三何者遜及思澄子朗也子朗信饒清巧思澄遊廬山每有佳篇並爲冠絕

名實篇第十

名之與實猶形之與影也德藝周厚則名必善焉容色姝麗則影必美焉今不修身而求令名於世者猶貌甚惡而責妍影於鏡也上士忘名中士立名下士竊名忘名者體道合德享鬼神之福祐非所以求名也立名者修身慎行懼榮觀之不顯非所以讓名也竊名者厚貌深姦干浮華之虛稱非所以得名也

人足所履不過數寸然而咫尺之途必顛蹶於崖岸拱抱之梁每沈溺於川谷者何哉爲其傍無餘地故也君子之立已抑亦如之至誠之言人未能信至潔之行物或致疑皆由言行聲名無餘地也吾每爲人所毀常以此自責若能開方軌之路廣造舟之航則

仲由之言信重於登壇之盟趙熹之降城賢於折衝之將矣　吾見世人清名登而金貝入信譽顯而然諾虧不知後之矛戟毀前之干櫓也宓子賤云誠於此者形於彼人之虛實真僞在乎心無不見乎迹但察之未熟耳一爲察之所鑒巧僞不如拙誠承之以羞大矣伯石讓卿王莽辭政當于爾時自以巧密後人書之留傳萬代可爲骨寒毛竪也近有大貴孝悌著聲前後居喪哀毀踰制亦足以高於人矣而嘗以苫塊之中以巴豆塗臉遂使成瘡表哭泣之過左右

童豎不能掩之蓋使外人謂其居處飲食皆爲不信以一僞喪百誠者乃貪名不已故也有一士族讀書不過二三百卷天才鈍拙而家世殷厚雅自矜持多以酒犢珍玩交諸名士甘其餌者遞相吹噓朝廷以爲文華亦嘗出境聘東萊王韓晉明篤好文學疑彼製作多非機杼遂設讌言面相討試竟日歡諧辭人滿席屬音賦韻命筆爲詩彼造次卽成了非向韻衆客各自沈吟遂無覺者韓退歎曰果如所量韓又嘗問曰王珽杼上終葵首當作何形乃答云珽頭曲圜

勢如葵葉耳韓既有學忍笑爲吾說之　治點子弟文章以爲聲價大弊事也一則不可常繼終露其情二則學者有憑益不精勵鄴下有一少年出爲襄國令頗自勉篤公事經懷每加撫䘏以求聲譽凡遣兵役握手送離或齎梨棗餅餌人人贈別云上命相煩情所不忍道路饑渴以此見思民庶稱之不容於口及遷爲泗洲別駕此費日廣不可常周一有僞情觸塗難繼功績遂敗損矣　或問曰夫神滅形消遺聲餘價亦猶蟬殼蛇皮獸迒鳥迹耳何預於死者而聖人以爲教乎對曰勸也勸其立名則獲其實且勸一伯夷而千萬人立清風矣勸一季札而千萬人立仁風矣勸一柳下惠而千萬人立貞風矣勸一史魚而千萬人立直風矣故聖人欲其魚鱗鳳翼雜沓參差不絶於世豈不弘哉四海悠悠皆慕名者蓋因其情而致其善耳抑又論之祖考之嘉名美譽亦子孫之冕服牆宇也自古及今獲其庇廕者衆矣夫修善立名者亦猶築室樹果生則獲其利死則遺其澤世人汲汲者不達此意若其與魂爽俱昇松柏偕茂惑矣

顏氏家訓卷下

涉務篇第十一

夫君子之處世，貴能有益於物耳，不徒高談虛論，左琴右書，以費人君祿位也。國之用材，大較不過六事：一則朝廷之臣，取其鑒達治體，經綸博雅；二則文史之臣，取其著述憲章，不忘前古；三則軍旅之臣，取其斷決有謀，強幹習事；四則藩屏之臣，取其明練風俗，清白愛民；五則使命之臣，取其識變從宜，不辱君命；六則興造之臣，取其程功節費，開略有術：此則皆勤

學守行者所能辨也。人性有長短，豈責具美於六塗哉？但當皆曉指趣，能守一職，便無媿耳。吾見世中文學之士，品藻古今，若指諸掌，及有試用，多無所堪。居承平之世，不知有喪亂之禍；處廟堂之下，不知有戰陣之急；保俸祿之資，不知有耕稼之苦；肆吏民之上，不知有勞役之勤：故難可以應世經務也。晉朝南渡，優借士族，故江南冠帶有才幹者，擢為令僕以下、尚書郎中書舍人已上，典掌機要。其餘文義之士，多迂誕浮華，不涉世務，纖微過失，又惜行捶楚，所以處

於清名，益護其短也。至於臺閣令史、主書監帥、諸王籤省，並曉習吏用，濟辦時須，縱有小人之態，皆可鞭杖肅督，故多見委使，蓋用其長也。人每不自量，舉世怨梁武帝父子愛小人而疏士大夫，此亦眼不能見其睫耳。梁世士大夫，皆尚褒衣博帶，大冠高履，出則車輿，入則扶侍，郊郭之內，無乘馬者。周弘正為宣城王所愛，給一果下馬，常服御之，舉朝以為放達。至乃尚書郎乘馬，則糾劾之。及侯景之亂，膚脆骨柔，不堪行步，體羸氣弱，不耐寒暑，坐死倉猝者，往往而然。

古人欲知稼穡之艱難，斯蓋貴穀務本之道也。夫食為民天，民非食不生矣，三日不粒，父子不能相存。耕種之，茠鉏之，刈穫之，載積之，打拂之，簸揚之，凡幾涉手，而入倉廩，安可輕農事而貴末業哉？江南朝士，因晉中興，南渡江，卒為羈旅，至今八九世，未有力田，悉資俸祿而食耳。假令有者，皆信僮僕為之，未嘗目觀起一撥土，耘一株苗；不知幾月當下，幾月當收，安識世間餘務乎？故治官則不了，營家則不辨，皆優閑之過也。

省事篇第十二

銘金人云無多言多言多敗無多事多事多患至哉斯戒也能走者奪其翼善飛者減其指有角者無上齒豐後者無前足蓋天道不使物有兼焉也古人云多為少善不如執一鼫鼠五能不成伎術近世有兩人朗悟士也性多營綜略無成名經不足以待問史不足以討論文章無可傳於集錄書迹未堪以留愛翫卜筮射六得三醫藥治十差五音樂在數十人下弓矢在千百人中天文畫繪棊博鮮卑語煎胡桃油

鍊錫為銀如此之類略得梗槩皆不通熟惜乎以彼神明若省其異端當精妙也

上書陳事起自戰國逮於兩漢風流彌廣原其體度攻人主之長短諫諍之徒也訐羣臣之得失訟訴之類也陳國家之利害對策之伍也帶私情之與奪遊說之儔也總此四塗賈誠以求位鬻言以干祿或無絲毫之益而有不省之困幸而感悟人主為時所納初獲不貲之賞終陷不測之誅則嚴助朱買臣吾丘壽王主父偃之類甚衆良史所書蓋取其狂狷一介論政得失耳非士君子守法度者所為也今世所覩懷瑾瑜而握蘭桂者悉恥為之守門詣闕獻書言計率多空薄高自矜夸無經略之大體咸糠粃之微事十條之中一不足採縱合時務已漏先覺非謂不知但患知而不行耳或被發姦私而相酬證事途迴冗翻懼懲尤人主外護聲教脫加含養此乃僥倖之徒不足與比肩也

諫諍之徒以正人君之失爾必在得言之地當盡匡贊之規不容苟免偷安垂頭塞耳至於就養有方思不出位干非其任斯則罪人故表記云事君遠而諫則

諂也近而不諫則尸利也論語曰未信而諫人以為謗己也

君子當守道崇德蓄價待時爵祿不登信由天命須求趨競不顧羞慙比較材能斟量功伐厲色揚聲東怨西怒或有劫持宰相瑕疵而獲酬謝或有諠聒時人視聽求見發遣以此得官謂為才力何異盜食致飽竊衣取溫哉世見躁競得官者便為弗索何獲不知時運之來不求亦至也見靜退未遇者便為弗為胡成不知風雲不與徒求無益也凡不求而自得求而不得者焉可勝算乎

齊之季世多以

財貨託附外家諠動女謁拜守宰者印組光華車騎
輝赫榮兼九族取貴一時而爲執政所患隨而伺察
既以得利必以利治微染風塵便乖肅正坑穽殊深
瘡痏未復縱得免死莫不破家然後噬臍亦復何及
吾自南及北未嘗一言與時人論身分也不能通達
亦無尤焉　王子晉云佐饔得嘗佐鬬得傷此言爲
善則預爲惡則去不欲黨人非義之事也凡損於物
皆無與焉然而窮鳥入懷仁人所憫況死士歸我當
棄之乎伍員之託漁舟季布之入廣柳孔融之藏張

儉孫嵩之匿趙岐前代之所貴而吾之所行也以此
得辠甘心瞑目至如郭解之代人報讎灌夫之橫怒
求地游俠之徒非君子之所爲也如有逆亂之行得
辠於君親者又不足卹焉親友之迫危難也家財己
力當無所吝若橫生圖計無理請謁非吾教也墨翟
之徒世謂熱腹楊朱之侶世謂冷腸腸不可冷腹不
可熱當以仁義爲節文爾　前在修文令曹有山東
學士與關中太史競歷凡十餘人紛紜累歲內史牒
付議官平之吾執論曰大抵諸儒所爭四分并減分

兩家爾歷象之要可以晷景測之今驗其分至薄蝕
則四分疏而減分密疏者則稱政令有寬猛運行致
盈縮非算之失也密者則云日月有遲速以術求之
預知其度無災祥也用疏則藏姦而不信用密則任
數而違經且議官所知不能精於訟者以淺裁深安
有肯服既非格令所司幸勿當也舉曹貴賤咸以爲
然有一禮官恥爲此讓苦欲留連強加考覈機杼既
薄無以測量還復採訪訟人窺望長短朝夕聚議寒
暑煩勞背春涉冬竟無予奪怨誚滋生赧然而退終
爲內史所迫此好名好事之辱也

止足篇第十三

禮云欲不可縱志不可滿宇宙可臻其極情性不知
其窮唯在少欲知足爲立涯限爾先祖靖侯戒子姪
曰汝家書生門戶世無富貴自今仕宦不可過二千
石婚姻勿貪勢家吾終身服膺以爲名言也　天地
鬼神之道皆惡滿盈謙虛沖損可以免害人生衣取
以覆寒露食取以充飢乏爾形骸之內尚不得奢靡
己身之外而欲窮驕泰邪周穆王秦始皇漢武帝富

有四海貴爲天子不知紀極猶自敗累況士庶乎常以爲二十口家奴婢盛多不可出二十人良田十頃堂室纔蔽風雨車馬僅代杖策蓄財數萬以擬吉凶急速不啻此者以義散之不至此者勿非道求之仕宦稱泰不過處在中品前望五十人後顧五十人足以免恥辱無傾危也高此者便當罷謝偃仰私庭吾近爲黃門郎已可收退當時羇旅懼罹謗讟思爲此計僅未暇爾自喪亂已來見因託風雲徼倖富貴旦執機權夜塡坑谷朔歡卓鄭晦泣顏原者非十人五人也愼之哉愼之哉

誡兵篇第十四

顏氏之先本乎鄒魯或分入齊世以儒雅爲業徧在書記仲尼門徒升堂者七十有二顏氏居八人焉秦漢魏晉下逮齊梁未有用兵以取達者春秋之世顏高顏鳴顏羽之徒皆一鬬夫爾齊有顏涿聚趙有顏冣（或作聚）漢末有顏良宋有顏延之並處將軍之任竟以顚覆漢郎顏駟自稱好武更無事迹顏忠以黨楚王受誅顏俊以據武威見殺得姓以來無淸操者唯此二人皆罹禍敗頃世亂離衣冠之士雖無身手或聚徒衆違棄素業徼倖戰功吾旣羸薄仰惟前代故寘心於此子孫誌之孔子力翹門關不以力聞此聖證也吾見今世士大夫纔有氣幹便倚賴之不能被甲執兵以衛社稷但微行險服逞弄拳腿大則陷危亾小則貽恥辱遂無免者國之興亾兵之勝敗博學所至幸討論之入帷幄之中參廟堂之上不能爲主盡規以謀社稷君子所恥也然而每見文士頗讀兵書微有經略若承平之世睥睨宮閫幸災樂禍首爲逆亂詿誤善良如在兵革之時構扇反覆縱橫說誘不識存亾强相扶戴此皆陷身滅族之本也誡之哉誡之哉習五兵便乘騎上可稱武夫爾今世士大夫但不讀書即稱武夫兒乃飯囊酒甕也

養生篇第十五

神仙之事未可全誣但性命在天或難種植人生居世觸途牽縶幼少之日旣有供養之勤成立之年便增妻孥之累衣食資須公私勞役而望遁跡山林超然塵滓千萬不過一爾加以金玉之費鑪器所須益

非貧士所辦學如牛毛成如麟角華山之下白骨如莽何有可遂之理考之內教縱使得仙終當有死不能出世不願汝曹專精於此若其愛養神明調護氣息慎節起臥均適寒暄禁忌食飲將餌藥物遂其所稟不爲夭折者吾無間然諸藥餌法不廢世務也庾肩吾常服槐實年七十餘目看細字鬚髮猶黑鄴中朝士有單服杏仁枸杞黃精朮車前得益者甚多不能一一說爾吾嘗患齒搖動欲落飲食熱冷皆苦疼痛見抱朴子牢齒之法早朝叩齒三百下爲良行之

顏氏家訓 八 卷下 九

數日即平愈今恒持之此輩小術無損於事亦可修也凡欲餌藥陶隱居太清方中總錄甚備但須精審不可輕服近有王愛州在鄴學服松脂不得節度腸塞而死爲藥所誤者甚多　夫養生先須慮禍全身保性有此生然後養之勿徒養其無生也單豹養於內而喪外張毅養於外而喪內前賢所戒也嵇康著養生之論而以傲物受刑石崇冀服餌之徵而以貪溺取禍往世之所迷也　夫生不可不惜不可苟惜涉險畏之途干禍難之事貪欲以傷生讒慝而致死

此君子之所惜哉行誠孝而見賊履仁義而得罪喪身以全家泯軀而濟國君子不咎也自亂離已來吾見名臣賢士臨難求生終爲不救徒取窘辱令人憤懣侯景之亂王公將相多被戮辱妃主姬妾略無全者唯吳郡太守張嵊建義不捷爲賊所害辭色不撓及鄱陽王世子謝夫人登屋詬怒見射而斃夫人謝遵女也何賢智操行若此之難婢妾引決若此之易悲夫

歸心篇第十六

顏氏家訓 八 卷下 十

三世之事信而有徵家業歸心勿輕慢也其間妙旨具諸經論不復於此少能讚述但懼汝曹猶未牢固略重勸誘爾原夫四塵五蔭剖析形有六舟三駕運載群生萬行歸空千門入善辯才智惠豈徒七經百氏之博哉明非堯舜周孔所及也內外兩教本爲一體漸極爲異深淺不同內典初門設五種禁外典仁義禮智信皆與之符仁者不殺之禁也義者不盜之禁也禮者不邪之禁也智者不淫之禁也信者不妄之禁也至如畋狩軍旅燕享刑罰因民之性不可卒

除就爲之節使不淫濫爾歸周孔而背釋宗何其迷也、俗之謗者大抵有五、其一以世界外事及神化無方爲迂誕也、其二以吉凶禍福或未報應爲欺誑也、其三以僧尼行業多不精純爲姦慝也、其四以糜費金寶減耗課役爲損國也、其五以縱有因緣如報善惡安能辛苦今日之甲、利後世之乙乎、爲異人也、今並釋之于下云、

釋一曰、夫遥大之物、寧可度量、今人所知、莫若天地、天爲積氣、地爲積塊、日爲陽精、月爲陰精、星爲萬物之精、儒家所安也、星有墜落、乃爲

石矣、精若是石、不得有光、性又質重、何所繫屬、一星之徑、大者百里、一宿首尾、相去數萬、百里之物、數萬相連、闊狹從斜、常不盈縮、又星與日月形色同爾、但以大小爲其等差、然而日月又當石也、石既牢密、烏兎焉容、石在氣中、豈能獨運、日月星辰若皆是氣、氣體輕浮、當與天合、往來環轉、不得錯違、其間遲疾、理宜一等、何故日月五星二十八宿各有度數、移動不均、寧當氣墜忽變爲石、地既滓濁、法應沉厚、鑿土得泉、乃浮水上、積水之下、復何有物、江河百谷、從何處生、東流到海、何爲不溢、歸塘尾閭、渫何所到、沃焦之石、何氣所然、潮汐去還、誰所節度、天漢懸指、那不散落、水性就下、何故上騰、天地初開、便有星宿、九州未劃、列國未分、翦疆區野、若爲躔次、封建已來、誰所制割、國有增減、星無進退、災祥禍福、就中不差、乾象之大、列星之夥、何爲分野、止繫中國、昴爲旄頭、匈奴之次、西胡東越、彫題交阯、獨棄之乎、以此而求、迄無了者、豈得以人事尋常、抑必宇宙外也、凡人之信、唯耳與目、耳目之外、咸致疑焉、儒家說天、自有數義、或渾

或蓋、乍宣乍安、斗極所周、管維所屬、若所親見、不容不同、若所測量、寧足依據、何故信凡人之臆說、迷大聖之妙旨、而欲必無恒沙世界、微塵數劫也、而鄒衍亦有九州之談、山中人不信有魚大如木、海上人不信有木大如魚、漢武不信弦膠、魏文不信火布、胡人見錦、不信有虫食樹吐絲所成、昔在江南、不信有千人氊帳、及來河北、不信有二萬斛船、皆實驗也、世有祝師及諸幻術、猶能履火蹈刃、種瓜移井、倏忽之間十變五化、人力所爲、尚能如此、何況神通感應、不可

思䓁千里寶幢百由旬座化成淨土踊出妙塔乎

釋二曰夫信謗之徵有如影響耳聞眼見其事已多或乃精誠不深業緣未感時儻差闌終當獲報耳善惡之行禍福所歸九流百氏皆同此論豈獨釋典爲虛妄乎項橐顏回之短折原憲伯夷之凍餒盜跖莊蹻之福壽齊景桓魋之富强若引之先業冀以後生更爲通耳如以行善而偶鍾禍報爲惡而儻值福徵便可怨尤即爲欺詭則亦堯舜之云虛周孔之不實也又欲安所依信而立身乎

釋三曰開闢已來不善人多而善人少何由悉責其精潔乎見有名僧高行棄而不說若覩凡僧流俗便生非毁且學者之不勤豈教者之爲過俗僧之學經律何異士人之學詩禮以詩禮之教格朝廷之人略無全行者以經律之禁格出家之輩而獨責無犯哉且闕行之臣猶求祿位毁禁之侶何慚供養乎其於戒行自當有犯一披法服已墮僧數歲中所計齋講誦持比諸白衣猶不啻山海也

釋四曰內教多途出家自是其一法耳若能誠孝在心仁惠爲本須達流水不必剃落鬚髮豈令罄井田而起塔廟窮編戶以爲僧尼也皆由爲政不能節之遂使非法之寺妨民稼穡無業之僧空國賦算非大覺之本旨也抑又論之求道者身計也惜費者國謀也身計國謀不可兩遂誠臣徇主而棄親孝子安家而忘國各有行也儒有不屈王侯高尚其事隱有讓王辭相避世山林安可計其賦役以爲罪人若能偕化黔首悉入道場如妙樂之世穰佉之國則有自然稻米無盡寶藏安求田蠶之利乎

釋五曰形體雖死精神猶存人生在世望於後身似不

相屬及其歿後則與前身似猶老少朝夕耳世有魂神示現夢想或降童妾或感妻孥求索飲食徵須福祐亦爲不少矣今人貧賤疾苦莫不怨尤前世不修功業以此而論安可不爲之作地乎夫有子孫自是天地間一蒼生耳何預身事而乃愛護遺其基址況於己之神爽頓欲棄之哉凡夫蒙蔽不見未來故言彼生與今非一體耳若有天眼鑒其念念隨滅生生不斷豈可不怖畏邪又君子處世貴能克己復禮濟時益物治家者欲一家之慶治國者欲一國之良僕

妾臣民與身竟何親也、而爲勤苦修德乎、亦是堯舜周孔虛失愉樂耳、一人修道、濟度幾許蒼生、免脫幾身罪累、幸熟思之、汝曹若觀俗計、樹立門戶、不棄妻子、未能出家、但當兼修戒行、留心誦讀、以爲來世津梁、人身難得、勿虛過也、儒家君子、尚離庖廚、見其生不忍其死、聞其聲不食其肉、高柴折像、未知內教、皆能不殺、此乃仁者自然用心、含生之徒、莫不愛命、去殺之事、必勉行之、好殺之人、臨死報驗、子孫殃禍、其數甚多、不能悉錄耳、且示數條於末、梁世有人常以

雞卵白和沐、云使髮光、每沐輒破二三十枚、臨死、髮中但聞啾啾數千雞雛聲　江陵劉氏以賣鱓羹爲業、後生一兒頭是鱓、自頸以下方爲人耳、　王克爲永嘉郡守、有人餉羊、集賓欲讌、而羊繩解、來投一客、先跪兩拜、便入衣中、此客竟不言之、固無救請、須臾宰羊爲炙、先行至客、一臠入口、便下皮內、周行遍體、痛楚號叫、方復說之、遂作羊鳴而死、　梁孝元在江州時、有人爲望蔡縣令、經劉敬躬亂、縣廨被焚、寄寺而住、民將牛酒作禮、縣令以牛繫刹柱、屏除形像、鋪設牀坐於堂上、接賓、未殺之頃、牛解、徑來至階而拜、縣令大笑、命左右宰之、飲噉醉飽、便臥簷下、稍醒而覺體痒、爬搔隱疹、因爾成癩、十許年死、　楊思達爲西陽郡守、值侯景亂、時復旱儉、饑民盜田中麥、思達遣一部曲守視、所得盜者、輒截手腕、凡戮十餘人、部曲後生一男、自然無手、　齊有一奉朝請、家甚豪侈、非手殺牛噉之不美、年三十許、病篤、大見牛來、舉體如被刀刺、叫呼而終、　江陵高偉隨吾入齊、凡數年、向幽州淀中捕魚、後病每見群魚齧之而死、　世有

癡人、不識仁義、不知富貴並由天命、爲子娶婦、恨其生資不足、倚作舅姑之尊、虺蜴其性、毒口加誣、不識忌諱、罵辱婦之父母、却云教以婦道、不孝已身、不顧他恨、但憐己之子女、不愛己之兒婦、如此之人、陰紀其過、鬼奪其算、愼不可與爲鄰、仍不可與爲援、宜遠之哉

書證篇第十七

詩云、參差荇菜、爾雅云、荇、接余也、字或爲莕、先儒解荇菜云、水草、圓葉細莖、隨水淺深、今是水悉有之、黃

花似蓴江南俗亦呼爲猪蓴、或呼爲荇菜、劉芳具有注釋、而河北俗人多不識之、博士皆以參差者是莧菜、呼人莧爲人荇、亦可笑之甚、 詩云誰謂荼苦、爾雅毛傳並以荼苦菜也、又禮云苦菜秀、案易統通卦驗玄圖曰、苦菜生於寒秋。更冬歷春。得夏乃成、今中原苦菜則如此也、一名游冬、葉似苦苣而細、摘斷有白汁、花黃似菊、江南別有苦菜、葉似酸漿、其花或紫或白、子大如珠、熟時或赤或黑、此菜可以釋勞、案郭璞注爾雅、此乃蘵黃蒢也、今河北謂之龍葵、梁世講

禮者、以此當苦菜、既無宿根、至春子方生耳、亦大誤也、又高誘注呂氏春秋曰、榮而不實曰英、苦菜當言英、益知非龍葵也、 詩云有杕之杜、江南本並木傍施太傅曰、杕獨皃也。徐仙民音徒計反、說文曰、杕樹皃也、在木部、韻集音次第之第、而河北本皆爲夷狄之狄、讀亦如字、此大誤也、 詩云駉駉牡馬、江南書皆作牝牡之牡、河北本悉爲放牧之牧、鄴下博士見難云、駉頌既美僖公牧于坰野之事、何限騲騭乎、余答曰、案毛詩云、駉駉良馬、腹幹肥張也、其下又云諸

侯六閑四種、有良馬戎馬田馬駑馬、若作放牧之意、通於牝牡、則不容限在良馬獨得駉駉之稱、良馬天子以駕玉輅、諸侯以充朝聘郊祀、必無騲也、周禮圉人職良馬匹一人、駑馬麗一人、圉人所養亦非騲也、一人舉其強駿者言之、於義爲得也、易云良馬逐、左傳云、以其良馬二、亦精駿之稱、非通語也、今以詩傳良馬、通於牧騲、恐失毛生之意、且不見劉芳義證乎、

禮月令云荔挺出、鄭玄注云、荔挺馬薤也、說文云荔似蒲而小、根可爲刷、廣雅云、馬薤荔也、通俗文亦

云馬藺、易統通卦驗玄圖云、荔挺不出、則國多火災、蔡邕月令章句云、荔似挺、高誘注呂氏春秋云、荔草挺出也、然則月令注荔挺爲草名、誤矣、河北平澤率生之、江東頗有此物、人或種於階庭、但呼爲旱蒲、故不識馬薤、講禮者乃以爲馬莧、堪食、亦名豚耳、俗曰馬齒、江陵嘗有一僧、面形上廣下狹、劉緩幼子民譽年始數歲、俊悟善體物、見此僧云、面似馬莧、其伯父劉縚因呼爲荔挺法師、縚親講禮名儒、尚誤如此、

詩云將其來施施、毛傳云、施施難進之意、鄭箋云、施

旐舒行皃也、韓詩亦重爲施、施河北毛詩、皆云施施、江南舊本悉單爲施、俗遂是之、恐有少誤、

詩云、有渰萋萋、興雲祁祁、毛傳云、渰陰雲皃、萋萋雲行皃、祁祁徐皃也、箋云、古者陰陽和、風雨時、其來祁祁然、不暴疾也、案渰巳是陰雲、何勞復云興雲祁祁耶、雲當爲雨、俗寫誤耳、班固靈臺詩云、三光宣精、五行布序、習習祥風、祁祁甘雨、此其證也、

禮云、定猶豫、決嫌疑、離騷曰、心猶豫而狐疑、先儒未有釋者、案尸子曰、五尺犬爲猶、說文云、隴西謂犬子爲猶、吾以爲人將

犬行、犬好豫在人前、待人不得、又來迎候、如此往還、至于終日、斯乃豫之所以爲未定也、故稱猶豫、或以爾雅曰、猶如麂、善登木、猶獸名也、旣聞人聲、乃豫緣木、如此上下、故稱猶豫、狐之爲獸、又多猜疑、故聽河氷無流水聲、然後渡、今俗云、狐疑虎卜、則其義也、

左傳曰、齊侯痎遂痁、說文云、痎一日一發之瘧、痁有熱虐也、案齊侯之病、本是閒日一發、漸加重乎、故爲諸侯憂也、今北方猶呼痎虐、音皆、而世閒傳本、多以痎爲疥、杜征南亦無解釋、徐仙民音介、俗儒就爲通云、病疥令人惡寒、變而成瘧、此臆說也、疥癬小疾、何足可論、寧有患疥轉作瘧乎、

尚書曰、惟影響、周禮云、土圭測影、影朝影夕、孟子曰、圖影失形、莊子云、罔兩問影、如此等字、皆當爲光景之景、凡陰景者、因光而生、故卽謂爲景、淮南子呼爲景柱、廣雅云、晷柱挂景、並是也、至晉世葛洪字苑、傍始加彡音杉、音於景反、而世閒輒改治尚書周禮莊孟從葛洪字、甚爲失矣、

太公六韜、有天陳地陳人陳雲鳥之陳、論語曰、衞靈公問陳於孔子、左傳爲魚麗之陳、俗本多作阜傍

車乘之車、按諸陳字並作陳、鄭之陳、夫行陳之義、取於陳列耳、此六書爲假借也、蒼雅及近世字書、皆無別字、唯王羲之小學章、獨阜傍作車、縱復俗行、不宜追改六韜論語左傳也、

詩云、黃鳥于飛、集於灌木、傳云、灌木叢木也、此乃爾雅之文、故李巡注曰、木叢生曰灌、爾雅末章又云、木族生爲灌、族亦叢聚也、所以江南詩古本皆爲藂聚之藂、而古叢字似冣字、近世儒生因改爲冣、解云、木之冣高長者、案衆家爾雅及解詩無言此者、唯周續之毛詩注、音爲徂會反、劉昌

宗詩注衿為在公反、又祖會反、皆為穿鑿、失爾雅訓
也、 也是語已及助句之辭、文籍備有之矣、河北經
傳悉略此字、其間字有不可得無者、至如伯也執殳、
於旅也語、回也屢空、風風也、教也、及詩傳云不戢戢
也、不儺儺也、不多多也、如斯之類、儻削此文、頗成廢
闕、詩言青青子衿、傳曰青衿青領也、學子之服、按古
者斜領下連於衿、故謂領為衿、孫炎郭璞注爾雅、曹
大家注烈女傳、並云衿交領也、鄴下詩本既無也字、
群儒因謬說云青衿青領是衣兩處之名、皆以青為

飾、用釋青青二字、其失大矣、又有俗學聞經傳中時
須也字、輒以意加之、每不得所益、誠可笑、 易有蜀
才注、江南學士、遂不知是何人、王儉四部目錄不言
姓名、題云王弼後人、謝炅夏侯該、並讀數千卷書、皆
疑是譙周、而李蜀書一名漢之書、云姓范名長生、自
稱蜀才、南方以晉渡江後、北間傳記、皆名為僞書、不
貴省讀、故不見也、 禮王制云、羸股肱、鄭注云、謂揎
衣出其臂脛、今書皆作擐甲之擐、國子博士蕭該云
擐當作揎、音宣、擐是穿著之名、非出臂之義、案字林

蕭讀是徐爰音患非也、 漢書田肯賀上、江南本皆
作宵字、沛國劉顯博覽經籍、偏精班漢、梁代謂之漢
聖、顯子臻、不墜家業、讀班史呼為田肯、梁元帝嘗問
之、答曰、此無義可求、但臣家舊本、以雌黃改宵字為
肯、元帝無以難之、吾至江北、見本為肯、 漢書王莽
贊云、紫色蛙聲、餘分閏位、蓋謂非正色之色、不中律
呂之音也、近有學士、名問甚高、遂云王莽非直鳶髆
虎視、復紫色蛙聲、亦為誤矣、 簡策字、竹下施朿、七賜
反、末代隸書、似杞宋之宋、亦有竹下遂為夾者、猶如

刺字之傍應為朿、今亦作夾、徐仙民春秋禮音、遂以
筴為正字、以策為音、殊為顛倒、史記又作悉字、誤而
為述、作妬字、誤而為妬、 徐鄒皆以悉字音述、以妬
字音妬、既爾亦可以亥為豕字音、以帝為虎字音乎、
張揖云、宓今伏也、孟康漢書古文注亦云、宓
今伏、而皇甫謐云、伏羲或謂之宓羲、按諸經史緯候、
遂無宓羲之號、虙字從虍、音呼、宓字從宀、音綿、下俱為必、
末世傳寫、遂誤以虙為宓、而帝王世紀因誤更立名
耳、何以驗之、孔子弟子虙子賤為單父宰、即虙羲之

後俗字亦爲宓或復加山今兗州永昌郡城舊單父
地也東門有子賤碑漢世所立乃云濟南伏生即子
賤之後是知虙之與伏古來通字誤以爲宓較可知
矣 太史公記曰寧爲鷄口無爲牛後此是删戰國
策耳按延篤戰國策音義曰尸雞中之主從牛子然
則口當爲尸後當爲從俗寫誤也 應劭風俗通云
太史公記高漸離變名易姓爲人庸保匿作於宋子
久之作苦聞其家堂上有客擊筑伎癢不能無出言
案伎癢者懷其伎而腹癢也是以潘岳射雉賦亦云

徒心煩而伎癢今史記並作徘徊或作徬徨不能無
出言是爲俗傳寫誤爾 太史公論英布曰禍之興
自愛姬生於妒媢以至滅國又漢書外戚傳亦云成
結寵妾妒媢之誅此二媢並當作娼娼亦妒也義見
禮記三蒼且五宗世家亦云常山憲王后妒娼王充
論衡云妒夫娼婦生則忿怒鬬訟益知娼是妒之別
名原英布之誅爲意賁赫耳不得言媢 史記始皇
本紀二十八年丞相隗林丞相王綰等議於海上諸
本皆作山林之林開皇二年五月長安民掘得秦時

鐵稱權旁有銅塗鐫銘二所其一所曰廿六年皇帝
盡并兼天下諸侯黔首大安立號爲皇帝乃詔丞相
狀綰法度量則不壹歉疑者皆壹明之凡四十字其
一所曰元年制詔丞相斯去疾法度量盡始皇帝爲
之皆刻辭焉今襲號而刻辭不稱始皇帝其於久遠
也如後嗣爲之者不稱成功盛德刻此詔於左使毋
疑凡五十八字一字磨滅見有五十七字了了分明
其書兼爲古隸余被勅寫讀之與內史令李德林對
見此稱權今在官庫其丞相狀字乃爲狀貌之狀爿

旁作犬則知俗作隗林非也當爲隗狀耳 漢書云
中外禔福字當從示禔安也音匙匕之匙義見蒼雅
方言河北學士皆云如此而江南書本多誤從手屬
文者對耦並爲提挈之意恐爲誤 或問漢書注爲
元后父名禁改禁中爲省中何故以省代禁荅曰案
周禮宮正掌王宮之戒令糾禁鄭注云糾猶割也察
也李登云省察也張揖云省今省詧也然則小井所
領二反並得訓察其處既常有禁衛省察故以省代
禁詧古察字也 漢明帝紀爲四姓小侯立學按桓

帝加元服、又賜四姓及梁鄧小侯帛、是知皆外戚也、明帝時外戚有樊氏、郭氏、陰氏、馬氏、為四姓、謂之小侯、者或以年小獲封、故須立學耳、或以侍祠猥朝侯非列侯、故曰小侯、禮云、庶方小侯、則其義也、　後漢書云、鸛雀銜三鱓音善魚、多假借為鱣鮪之鱣、俗之學士因謂之為鱣魚、案魏武四時食制、鱣魚大如五斗、奩長一丈、郭璞注爾雅、鱣長二三丈、安有鸛雀能勝一者、況三頭乎、鱣又純灰色、無文章也、鱓魚長者不過三尺、大者不過三指、黃地黑文、故都講云、蛇鱓卿大

夫服之象也、續漢書及搜神記亦說此事、皆作鱓字、孫卿云、魚鼈鰌鱣、及韓非說苑皆曰、鱣似蛇、蠶似蠋、並作鱣字、假鱣為鱓、其來久矣、　後漢書酷吏樊曄為天水郡守、涼州為之歌曰、寧見乳虎穴、不入冀城寺、而江南書本穴皆誤作六、學士因循、迷而不寤、夫虎豹穴居、事之較者、所以班超云、不探虎穴、安得虎子、寧當論其六七乎、　後漢書楊由傳云、風吹削肺、此是削札牘之柿耳、古者書誤則削之、故左傳云、削而投之、是也、或即謂札為削、王褒童約曰、書削代牘、蘇竟書云、昔以摩研編削之才、皆其證也、詩云、伐木滸滸、毛詩云、滸滸、柿貌也、史家假借為肝肺字、俗本悉作脯腊之脯、或為反哺之哺、學士因解云、削哺是屏障之名、既無證據、亦為妄矣、此是風角占候耳、風角書曰、庶人風者、拂地揚塵轉削、若是屏障、何由可轉也、　三輔決錄云、前隊大夫范仲公、鹽豉蒜果共一筩、果當作魏顆之顆、北土通呼物一由、改為一顆、蒜顆是俗間常語耳、故陳思王鷂雀賦曰、頭如果蒜。目似花椒、又道經云、合口誦經聲璅璅、眼中淚出珠

子碟。其字雖異、其音與義頗同、江南但呼為蒜符、不知謂為顆、學士相承、讀為裹結之裹、言鹽與蒜共苞一裹、內筩中耳、正史削繁音義又音蒜顆為苦戈反、皆失也、　有人訪吾曰、魏志蔣濟上書云、弊劫之民、何字也、余應之曰、意為劫即是𢾝倦之𢾝耳、要用字苑云𢾝音九僞反、字見廣雅及陳思王集也張揖呂忱並云、支傍作刀劍之刀、亦是剞字、不知蔣氏自造支傍作筋力之力、或借剞字、終當音九僞反、　晉中興書太山羊曼常頹縱任俠、飲酒誕節、兗州號為濌伯、此字更無音訓、梁孝元

帝嘗謂吾曰、由來不識、唯張簡憲見教、呼為䁅羹之䁅、自爾便遵承之、亦不知所出、簡憲是湖州刺史張纘謚也、江南號為碩學、案法盛世代殊近、當是耆老相傳、俗間又有䁅䁅語、蓋無所不施無所不容之意也、顧野王玉篇誤為黑傍沓、顧雖博物、猶出簡憲孝元之下、而二人皆云重遝、吾所見數本、並無作黑者、重沓是多饒積厚之意、從黑更無義旨、

古樂府歌詞、先述三子、次及三婦、婦是對舅姑之稱、其末章云、丈人且安坐、調絃未遽央、古者子婦供事舅姑、旦夕

在側、與兒女無異、故有此言、丈人亦長老之目、今世俗猶呼其祖考為先亡丈人、又疑丈當作大、北間風俗、婦呼舅為大人公、丈之與大、易為誤耳、近代文士、頗作三婦詩、乃為匹嫡並耦己之羣妻之意、又加鄭衛之辭、大雅君子、何其謬乎、

古樂府歌百里奚詞曰、百里奚、五羊皮、憶別時、烹伏雌、吹扊扅、今日富貴忘我為、吹當作炊煮之炊、案蔡邕月令章句曰、鍵關牡也、所以止扉、或謂之剡移、然則當時貧困、并以門牡木作薪炊耳、聲類作扊、又或作扂、

通俗文世間題云、河南服虔字子慎造、虔既是漢人、其叙乃引蘇林張揖、蘇張皆是魏人、且鄭玄以前、全不解反語、通俗反音、甚為近俗、阮孝緒又云、李虔所造、河北此書、家藏一本、遂無作李虔者、晉中經簿及七志、並無其目、竟不得知誰制、然其文義允愜、實是高才、殷仲堪常用字訓、亦引服虔俗說、今復無此書、未知即是通俗文、為當有異、近代或更有服虔乎、不能明也、

或問山海經、夏禹及益所記、而有長沙零陵桂陽諸暨、如此郡縣不少、以為何也、荅曰、史之闕文、為日久矣、

加復秦人滅學、董卓焚書、典籍錯亂、非止於此、譬猶本草神農所述、而有豫章朱崖趙國常山奉高真定臨淄馮翊等郡縣名、出諸藥物、爾雅周公所作、而云張仲孝友、仲尼脩春秋、而經書孔丘卒、世本左丘明所書此說出皇甫謐帝王世紀而有燕王喜、漢高祖、汲冢瑣語、乃載秦望碑、蒼頡篇李斯所造、而云漢兼天下、海內并廁、豨黥韓覆、畔討滅殘、列仙傳劉向所造、而贊云七十四人出佛經、列女傳亦向所造、其子歆又作頌、終于趙悼后、而傳有更始韓夫人、明德馬后、及梁夫人

嫗、皆由後人所羼、非本文也、　或問曰、東宮舊事何以呼鴟尾爲祠尾、荅曰、張敞者吳人、不甚稽古、隨宜記注、逐鄉俗訛謬、造作書字耳、吳人呼祠祀爲鴟祀、故以祠代鴟、呼紺爲禁、故以糸旁作禁代紺字、呼盞爲竹簡反、故以木傍作展以代盞字、呼鑊字爲霍字、故以金傍作霍代鑊字、又金傍作患爲鐶字、木傍作鬼爲槐字、火傍作庶爲炙字、既下作毛爲髻字、金花則金傍作華、窗扇則木傍作扇、諸如此類、專輒不少、又問東宮舊事六色罽緅是何等物、當作何音、荅曰、

按說文云、莙牛藻也、讀若威、音隱塢瑰反、卽陸璣所謂聚藻葉如蓬者也、郭璞注三蒼亦云蘊藻之類也、細葉蓬茸生、然今水中有此物、一節長數寸、細茸如絲、圓繞可愛、長者二三十節、猶呼爲莙、又寸斷五色絲、橫著線股間繩之、以象莙草、用以飾物、卽名爲莙、于時當紺六色罽、作此莙以飾緄帶、張敞因造絲旁畏耳、宜作隈、　栢人城東北有一孤山、古書無載者、唯闞駰十三州志、以爲舜納于大麓、卽謂此山、其上今猶有堯祠焉、世俗或呼爲宣務山、或呼爲虛無山、莫知所出、趙郡士族有李穆叔季節兄弟李普濟、亦爲學問、並不能定鄉邑、此山余嘗爲趙州佐、共太原王邵讀柏人城西門內碑、碑是漢桓帝時栢人縣民、爲縣令徐整所立、銘云、土有巏務山、王喬所仙、方知此巏務山也、巏字遂無所出、務字依諸子書、卽旄丘之旄也、旄字字林一音亡付反、今依附俗名、當音權務耳、入鄴爲魏收說之、收大嘉歎、值其爲趙州莊嚴寺碑銘曰、權務之精、卽用此也、　或問一夜何故五更、更何所訓、荅曰、漢魏以來、謂爲甲夜乙夜丙夜丁

夜戊夜、又云鼓一鼓二鼓三鼓四鼓五鼓、亦云一更二更三更四更五更、皆以五爲節、西都賦亦云、衛以嚴更之署、所以爾者、假令正月建寅、斗柄夕則指寅、曉則指午矣、自寅至午、凡歷五辰、冬夏之月、雖復長短參差、然辰間遼闊、盈不至六、縮不至四、進退常在五者之間、更歷也經也、故曰五更爾、　廣雅云、朮山薊也、郭璞注云、今朮似薊而生山中、案朮葉其體似薊、近世文士遂讀薊爲筋肉之筋、以耦地骨用之、恐失其義、　或問俗名傀儡子爲郭禿、有故實乎、荅曰、

風俗通云、諸郭皆諱禿、當是前代人有姓郭而病禿者、滑稽戲調、故後人爲其象呼爲郭禿、猶文康象庾亮耳、 或問曰、何故名治獄參軍爲長流乎、荅曰、帝王世紀云、帝少昊崩、其神降于長流之山、（此事本出山海經、流作留）於祀主秋、（此說本於月令）按周禮秋官司寇主刑罰、長流之職、漢魏捕賊掾耳、晉宋以來、始爲參軍、上屬司寇、故取秋帝所居爲嘉名焉、 客有難主人曰、今之經典、子皆謂非、說文所言、子皆云是、然則許慎勝孔子乎、主人撫掌大笑、應之曰、今之經典、皆孔子手迹耶、

客曰、今之說文、皆許慎手迹乎、荅曰、許慎檢以六文、貫以部分、使不得誤、誤則覺之、孔子存其義而不論其文也、先儒尚得臨文從意、何況書寫流傳耶、必如左傳止戈爲武、反正爲乏、皿蟲爲蠱、亥有二首六身之類、後人自不得輒改也、安敢以說文校其是非哉、且余亦不專以說文爲是也、其有援引經傳與今乖者、未之敢從、 又相如封禪書曰、導一莖六穗於庖、犧雙觡共抵之獸、此導訓擇、光武詔云、非徒有豫養導擇之勞、是也、而說文云、導是禾名、引封禪書爲證、

無妨自當有禾名導、非相如所用也、禾一莖六穗於庖、豈成文乎、縱使相如天才鄙拙、强爲此語、則下句當云麟雙觡共抵之獸、不得云犧也、吾嘗笑許純儒、不達文章之體、如此之流、不足憑信、大抵服其爲書、隱括有條例、剖析窮根源、鄭玄注書、往往引其爲證、若不信其說、則冥冥不知一點一畫、有何意焉、世間小學者不通古今、必依小篆是正書記、凡爾雅三蒼說文、豈能悉得蒼頡本指哉、亦是隨代損益、各有同異、西晉已往字書、何可全非、但令體例成就、不爲專

輒耳、考校是非、特須消息、至如仲尼居三字之中、兩字非體、三蒼尼旁益丘、說文居下施几、如此之類、何由可從、古無二字、又多假借、以中爲仲、以說爲悅、以召爲邵、以閒爲閑、如此之徒、亦不勞改、自有訛謬、過成鄙俗、亂旁爲舌、揖右無口、黿鼉從龜、奮奪從雚、（音館）席中加帶、惡上安西、鼓外設皮、鑿頭生毀、離則配禹、壑乃施谿、巫混經旁、皋分澤片、獵化爲獦、（音葛獸名出山海經）寵變成竉、（竉音郎動反、孔也、故從穴）業左益　靈底著器、率字自有律音、强改爲別、單字自有善音、輒析成異、如此之

類，不可不治。吾昔初看說文，蚩薄世字，從正則懼人不識，隨俗則意嫌其非，略是不得下筆也。所見漸廣，更知通變，救前之執，將欲半焉。若文章著述，猶擇微相影響者行之；官曹文書，世間尺牘，幸不違俗也。案彌亘字從二間舟，詩云「亘之秬秠」是也。今之隸書，轉舟為日；而何法盛中興書乃以舟在二間為舟航字，謬也。春秋說以人十四心為德，詩說以二在天下為酉，漢書以貨泉為白水真人，新論以金昆為銀，國志以天上有口為吳，晉書以黃頭小人為恭，宋書以召

力為劭，參同契以人負告為造，如此之例，蓋數術謬語，假借依附，雜以戲笑耳。如猶轉頁字為項，以叱為七，安可用此定文字音讀乎？潘陸諸子離合詩賦，拭卜破字經及鮑昭謎字，皆取會流俗，不足以形聲論之也。河間邢芳語吾云：「賈誼傳云『日中必熭』，注：『熭，暴也。』曾見人解云：此是暴疾之意，正言日中不須臾卒然便昃耳。此釋為當乎？」吾謂邢曰：「此語本出太公六韜，案字書，古者暴曬字與暴疾字相似，唯下少異，後人專輒加傍日耳。言日中時必須暴曬，不爾者失其時也。晉灼已有詳釋。」芳笑服而退。

音辭篇第十八

夫九州之人，言語不同，生民已來，固常然矣。自春秋標齊言之傳，離騷目楚詞之經，此蓋其較明之初也。後有揚雄著方言，其書大備。然皆考名物之同異，不顯聲讀之是非也。逮鄭玄注六經，高誘解呂覽、淮南，許慎造說文，劉熹製釋名，始有譬況假借以證音字耳。而古語與今殊別，其間輕重清濁，猶未可曉；加以外言、內言、急言、徐言、讀若之類，益使人疑。孫叔言創

爾雅音義，是漢末人獨知反語。至於魏世，此事大行。高貴鄉公不解反語，以為怪異。自茲厥後，音韻鋒出，各有土風，遞相非笑，指馬之諭，未知孰是。共以帝王都邑，參校方俗，考覈古今，為之折衷。榷而量之，獨金陵與洛下耳。南方水土和柔，其音清舉而切詣，失在浮淺，其辭多鄙俗。北方山川深厚，其音沉濁而鈋鈍，得其質直，其辭多古語。然冠冕君子，南方為優；閭里小人，北方為愈。易服而與之談，南方士庶，數言可辯；隔垣而聽其語，北方朝野，終日難分。而南染吳越，北

雜夷虜，皆有深弊，不可具論。其謬失輕微者，則南人以錢爲涎，以石爲射，以賤爲羨，以是爲舐。北人以庶爲戍，以如爲儒，以紫爲姊，以洽爲狎。如此之例，兩失甚多。至鄴已來，唯見崔子約、崔瞻叔姪，李祖仁、李蔚兄弟，頗事言詞，少爲切正。李季節著音韻決疑，時有錯失。陽休之造切韻，殊爲踈野。吾見兒女，雖在孩稚，便漸督正之。一言訛替，以爲己罪矣。云爲品物，未可書記者，不敢輒名，汝曹所知也。古今言語，時俗不同。著述之人，楚夏各異。蒼頡訓詁，反稗爲逋賣，反娃爲

於乖。戰國策音刎爲免，穆天子傳音諫爲間，說文音戛爲棘，讀皿爲猛，字林音看爲口甘反，音伸爲辛，韻集以成仍宏登合成兩韻，爲奇益石分作四章，李登聲類以系音羿，劉昌宗周官音讀乘若承，此例甚廣，必須考校。前世反語，又多不切，徐仙民毛詩音反驟爲在遘，左傳音切椽爲徒緣，不可依信，亦爲衆矣。今之學士，語亦不正，古獨何人，必應隨其訛僻乎？通俗文曰：入室求曰搜，反爲兄侯。然則兄當音所榮反。今北俗通行此音，亦古語之不可用者。璵璠，魯之寶玉，當音餘煩，江南皆音藩屏之藩。岐山當音爲奇，江南皆呼爲神祇之祇。江陵陷沒，此音被於關中，不知二者何所承案。以吾淺學，未之前聞也。北人之音，多以舉莒爲矩，唯李季節云：齊桓公與管仲於臺上謀伐莒，東郭牙望桓公口開而不閉，故知所言者莒也。然則莒矩必不同呼，此爲知音矣。夫物體自有精麤，精麤謂之好惡；人心有所去取，去取謂之好惡。上呼號下烏故反此音見於葛洪、徐邈，而河北學士讀尚書云好呼號反生惡殺。於谷反是爲一論物體，一就人情，殊不通矣。

甫者，男子之美稱，古書多假借爲父字，北人遂無一人呼爲甫者，亦所未喻。唯管仲、范增之號，須依字讀耳。管仲號仲父范增號亞父　案諸字書，焉者鳥名，或云語詞，皆音於愆反。自葛洪要用字苑分焉字音訓，若訓何訓安，當音於愆反，於焉逍遙，於焉嘉客，焉用佞，焉得仁之類是也；若送句及助詞，當音矣愆反，故稱龍焉，故稱血焉，有民人焉，有社稷焉，託始焉爾，晉鄭焉依之類是也。江南至今行此分別，昭然易曉；而河北混同一音，雖依古讀，不可行於今也。邪者，音耶未定之詞。左

傳曰、不知天之棄魯邪、抑魯君有罪於鬼神邪、莊子云天邪地邪、漢書云是邪非邪、之類是也、而北人即呼爲也字、亦爲誤矣、難者曰、繫辭云乾坤易之門戶邪、此又未爲定辭乎、答曰、何爲不爾、上先標問、下方列德以折之耳、江南學士讀左傳、口相傳述、自爲凡例、軍自敗曰敗、打破人軍曰敗、（補敗反）諸記傳未見補敗反、徐仙民讀左傳、唯一處有此音、又不言自敗敗人之別、此爲穿鑿耳、

古人云、膏粱難整、以其爲驕奢自足、不能尅勵也。吾見王侯外戚、語多不正、亦由

內染賤保傅、外無賢師友故耳、梁世有一侯、嘗對元帝飲謔、自陳癡鈍、乃成颸段、元帝答之云、颸異涼風、段非干木、謂郢州爲永州、元帝啓報簡文、簡文云、庚辰吳入、遂成司隸、如此之類、舉口皆然、元帝手教諸子侍讀、以此爲誡、河北切攻字爲古琮、與工公功三字不同、殊爲僻也、北世有人名暹、自稱爲纖、名琨、自稱爲衮、名洸、自稱爲汪、名勦（音藥）自稱爲獡（音爍）非唯音韻舛錯、亦使其兒孫避諱紛紜矣、

雜藝篇第十九

眞草書迹、微須留意、江南諺云、尺牘書疏、千里面目也、承晉宋餘俗、相與事之、故無頓狼狽者、吾幼承門業、加性愛重、所見法書亦多、而翫習功夫頗至、遂不能佳者、良由無分故也、然而此藝不須過精、夫巧者勞而智者憂、常爲人所役使、更覺爲累、韋仲將遺戒深有以也、

王逸少風流才士、蕭散名人、舉世惟知其書、翻以能自蔽也。蕭子雲每歎曰、吾著齊書、勒成一典、文章弘義、自謂可觀、唯以筆迹得名、亦異事也、王褒地胄清華、才學優敏、後雖入關、亦被禮遇、猶以

書工、崎嶇碑碣之間、辛苦筆硯之役、嘗悔恨曰、假使吾不知書。可不至今日邪、以此觀之、愼勿以書自命。雖然、廝猥之人、以能書拔擢者多矣、故道不同不相爲謀也、梁氏祕閣散逸以來、吾見二王眞草多矣、宋中嘗得十卷、方知陶隱居阮交州蕭祭酒諸書、莫不得羲之之體、故是書之淵源、蕭晚節所變、乃是右軍年少時法也、晉宋以來、多能書者、故其時俗遞相染尚、所有部帙、楷正可觀、不無俗字、非爲大損、至梁天監之間、斯風未變、大同之末、訛替滋生、蕭子雲改易

字體邵陵王頗行僞字前上爲草能傍作長之類是也朝野翕然以爲楷式畫虎不成多所傷敗至爲一字唯見數點或妄斟酌遂便轉移爾後墳籍畧不可看北朝喪亂之餘書迹鄙陋加以專輒造字猥拙甚於江南乃以百念爲憂言反爲變不用爲罷追來爲歸更生爲蘇先人爲老如此非一徧滿經傳唯有姚元標工於楷隸留心小學後生師之者衆洎于齊末祕書繕寫賢於往日多矣江南閭里間有畫書賦此乃陶隱居弟子杜道士所爲其人未甚識字輕爲軌

則托名貴師世俗傳信後生頗爲所誤也　畫繪之工亦爲妙矣自古名士多或能之吾家常有梁元帝手書蟬雀白團扇及馬圖亦難及也武烈太子偏能寫真坐上賓客隨宜點染即成數人以問童孺皆知姓名矣蕭賁劉孝先劉靈並文學已外復佳此法翫閱古今特可寶愛若官未通顯每被公私使令亦爲猥役吳郡顧士端出身湘東國侍郎後爲鎭南府刑獄參軍有子曰庭西朝中書舍人父子並有琴書之藝尤妙丹青常被元帝所使每懷羞恨彭城劉岳槖

之寺也任爲驃騎府管記平氏縣令才學快士而畫絕倫後隨武陵王入蜀下牢之敗遂爲陸護軍畫支江寺壁與諸工巧雜處向使三賢都不曉畫直運素業豈見此恥乎　弧矢之利以威天下先王所以觀德擇賢亦濟身之急務也江南爲世之常射以爲兵射冠冕儒生多不習此別有博射弱弓長箭施於準的揖讓昇降以行禮焉防禦寇難了無所益亂離之後此術遂亡河北文士率曉兵射非直葛洪一箭已解追兵三九讌集常縻榮賜雖然要輕禽截狡獸不

願汝輩爲之　卜筮者聖人之業也但近世無復佳師多不能中古者卜以決疑今人生疑於卜何者守道信謀欲行一事卜得惡卦反令忧忧（音敕惕也）此之謂乎且十中六七以爲上手粗知大意又不委曲凡射奇偶自然半收何足賴也世傳云解陰陽者爲鬼所嫉坎壈貧窮多不通泰吾觀近古以來尤精妙者唯京房管輅郭璞耳皆無官位多或罹災此言令人益信儻値世網嚴密強負此名便有詿誤亦禍源也及星文風氣率不勞爲之吾嘗學六壬式亦値世間好

匠聚得龍首金匱玉燮玉歷十許種書、討求無驗、尋亦悔罷。凡陰陽之術、與天地俱生、其吉凶德刑、不可不信。但去聖既遠、世傳術書、皆出流俗、言辭鄙淺、驗少妄多。至如反支不行、竟以遇害。歸忌寄宿、不免凶終。拘而多忌、亦無益也。

算術亦是六藝要事。自古儒士論天道、定律歷者、皆學通之。然可以兼明、不可以專業。江南此學殊少、唯范陽祖暅精之、位至南康太守。河北多曉此術。暅音豆

醫方之事、取妙極難。不勸汝曹以自命也。微解藥性、小小和合、居家得以救

急、亦為勝事。皇甫謐、殷仲堪則其人也。

禮曰、君子無故不徹琴瑟。古來名士、多所愛好。洎於梁初、衣冠子孫、不知琴者、號有所闕。大同以末、斯風頓盡。然而此樂愔愔雅致、有深味哉。今世曲解、雖變於古、猶足以暢神情也。唯不可令有稱譽、見役勳貴、處之下坐、以取殘杯冷炙之辱。戴安道猶遭之、況爾曹乎。

家語曰、君子不博、為其兼行惡道故也。論語云、不有博奕者乎。為之猶賢乎已。然則聖人不用博奕為教。但以學者不可常精、時有疲倦、則儻為之、猶勝飽食昏睡、兀然端坐耳。至如吳太子以為無益、命韋昭論之。王肅、葛洪、陶侃之徒、不許目觀手執、此並勤篤之志也。能爾為佳。古為大博則六箸、小博則二焭、今無曉者。此世所行、一焭十二棊、數術淺短、不足可翫。圍棊有手談、坐隱之目、頗為雅戲。但令人耽憒、廢喪實多、不可常也。

投壺之禮、近世愈精。古者實以小豆、為其矢之躍也。今則唯欲其驍、益多益喜。乃有倚竿、帶劍、狼壺、豹尾、龍首之名。其尤妙者、有蓮花驍。汝南周璝、宏正之子、會稽賀徽、賀革之子、並能一箭四十餘

驍。賀又嘗為小障。置壺其外。隔障投之。無所失也。至鄴以來、亦見廣寧、蘭陵諸王、有此校具、舉國遂無投得一驍者。彈棊亦近世雅戲、消愁釋憒、時可為之。

終制篇第二十

死者、人之常分、不可免也。吾年十九、值梁家喪亂、其間與白刃為伍者、亦常數輩。幸承餘福、得至於今。古人云、五十不為夭。吾已六十餘、故心坦然、不以殘年為念。先有風氣之疾、常疑奄然、聊書素懷、以為汝誡。先君先夫人皆未還建鄴舊山、旅葬江陵東郭。承聖

未、啓求揚都、欲營遷厝、蒙詔賜銀百兩、已於揚州小
郊北地燒磚、便值本朝淪沒、流離如此、數十年間、絕
於還望、今雖混一、家道罄窮、何由辦此奉營資費、且
揚都汙　無復孑遺、還被下濕、未爲得計、自咎自責、
貫心刻髓、計吾兄弟不當仕進、但以門衰、骨肉單弱、
五服之內、傍無一人、播越他鄉。無復資蔭、使汝等沉
淪厮役、以爲先世之恥。故靦冒人間、不敢墜失、兼以
北方政教嚴切、全無隱退者故也、今年老疾侵、儻然
奄忽。豈求備禮乎。一日放臂、沐浴而已。不勞復魄、殮

以常衣。先夫人棄背之時、屬世荒饉、家塗空迫、兄弟
幼弱。棺器率薄、藏內無塼。吾當松棺二寸、衣帽已外、
一不得自隨、床上唯施七星板、至如蠟弩牙玉豚錫
人之屬、並須停省、糧甖明器、故不得營、碑誌旒旐、彌
在言外、載以鱉甲車、襯土而下、平地無墳、若懼拜掃
不知兆域。當築一堵低牆於左右前後、隨爲私記。靈
筵勿設枕几。朔望祥禫、唯下白粥清水乾棗、不得有
酒肉餅果之祭。親友來餟酹者、一皆拒之、汝曹若違
吾心、有加先妣、則陷父不孝、在汝安乎。其內典功德

隨力所至。勿刳竭生資、使凍餒也。四時祭祀、周孔所
教、欲人勿死其親、不忘孝道也。求諸內典、則無益焉。
殺生爲之、翻增罪累、若報罔極之德、霜露之悲、有時
齋供、及盡忠信不辱其親。所望於汝也。孔子之葬親
也、云古者墓而不墳、丘東西南北之人也、不可以弗
識也、於是封之崇四尺、然則君子應世行道、亦有不
守墳墓之時、況爲事際所逼也。吾今羈旅、身若浮雲、
竟未知何鄉是吾葬地。唯當氣絕便埋之耳、汝曹宜
以傳業揚名爲務、不可顧戀朽壤、以取湮沒也。

叅同契序

夫道一而已矣、而言道者、大宗三、曰羲文、曰黃、曰老、易言天契人、老言人契天、陰符言天人之契合、自仲尼繫生生存存、而易未嘗非元、自莊周寓南溟北溟、而元未嘗不易、易元之交

符在焉、古未有演其宗以一、故伯陽眞人紹十翼七篇而契作其文、著明八卦三才密藏、發機陰陽相勝、食時合符之自然、微而喻詳而妙、契一符也、同兩合也、叅三易化也、於經三宗、於造化三極、於身三物、三寶化得合、

合得符、符乃一得、一道畢、故謂易有太極、契行而其後方術之家、奉千禘祖大宗師然而多不得其解、以支傍流遁何道爲天下裂也、夫道一而已、而易之宗儁牽于理、簽人執于數符之宗詭於兵、淫於房、老之宗假於術、

引於法、衍於符籙、何者聖人以道之不可言、往往因象傳理迹事章化寄名宏法、故莊曰、弔詭曰寓言曰埃其知者旦暮遇之、不知者無蝕吾道已矣、而後人緣不知以希神泥事象以証眞執名以習道、不大鑿乎、嗚呼、安

在於名非名有畫而無字乎故自周易道德以下皆寓也筏筌也假以入而非其所以入又況執其入而岐之魚將終不得河將終不渡沉一生於情波慾海沒不出爾矣而瞥然命曰是道是契是易將䟫之安息而市之

海夢之化城果且眞乎哉非耶夫曰周易參同契、同契易也、易自宓羲後有三、連山歸藏周易、寅統人用其交止作始丑統地用其合歸育元子統天用其復周環而化三義承循三才運周周而易備矣、上古之人樸、用先

天無爲、中古之人、澆用後天、有以合無爲、入無爲、周于天之元、而生於人之復、生生不息、則參符以契人何一息不在易中哉、故人天地之德陰陽之交函一麗兩苞內落外而方士左道動援契入彼家又岐外事至命曰

煉已煉彼煉外曰參同嗚呼賊先聖之道此說也禍天下萬世之爲道此說也、彼索其牝牡汞鉛交構烹煉而不得、則假而物於象、然則易之男女、老之母子將皆物與、長春入道二十年、始讀契、厭其有象、求之無已証無

而知有象一無象也、然後知契出于符、而叅于易、後世言道、亦用易十二卦止爾、攢歲月日時用有而脩之、不知四象應四正、八卦從八風、六陰六陽、消長爲一月先後天交錯爲十二令中而星紀之爲二十四氣通八卦

之變、而爲三百六十日二陛三道登沒繩鉤時而周符自然也乃易未嘗不契人有人不契耳、故曰動靜休息、常與人俱立天之道、以定人、予十四年辟穀十二年、絕房十年、與天通、則按易定關按至分候節晦朔弦望晝

夜晨夕時符功行以語人無有信聞爲發願欲著道演一合易老符契之旨而各通爲一解爲証入歲異未敢下今從直指鄭寰樞公談道山中點披是編以就正鄭君喜之因索序付梓云九洞天符道人朱長春撰

參同契總目

目錄終

參同契

漢　魏伯陽著　宜黃羅以豐校

乾坤者易之門戶。衆卦之父母。坎離匡廓。運轂正軸。牝牡四卦。以爲橐籥。覆冒陰陽之道。猶工御者準繩墨。執銜轡。正規矩。隨軌轍。處中以制外。數在律曆紀。月節有五六。經緯奉日使。兼幷爲六十。剛柔爲表[illegible]。朔旦屯直事。至暮蒙當受。晝夜各一卦。用之依次序。旣未至晦爽。終則復更始。日辰爲期度。動靜有早晚。春夏據內體。從子到辰巳。秋冬當外用。自午訖戌亥。

賞罰應春秋。昏明順寒暑。爻辭有仁義。隨時發喜怒。如是應四時。五行得其理。

乾坤設位章第一

天地設位。而易行乎中矣。天地者。乾坤之象也。故位者。列陰陽配合之位也。易謂坎離。坎離者。乾坤二用。二用無爻位。周流行六虛。往來旣不定。上下亦無常。幽潛淪匿。變化于中。包囊萬物。爲道紀綱。以無制有。器用者空。故推消息。坎離沒亡。言不苟造。論不虛生。引驗見效。校度神明。推類結字。原理爲證。坎戊月精。離己日光。日月爲易。剛柔相當。土旺四季。羅絡始終。青赤黑白。各居一方。皆稟中宮。戊己之功。

日月懸象章第二

易者象也。懸象著明。莫大乎日月。窮神以知化。陽往則陰來。輻輳而輪轉。出入更卷舒。易有三百八十四爻。據爻摘符。符謂六十四卦。晦至朔旦。震來受符。當斯之際。天地媾其精。日月相撢持。雄陽播元施。雌陰化黃包。混沌相交接。權輿樹根基。經營養鄞鄂。凝神以成軀。衆夫蹈以出。蠕動莫不由。

聖人上觀章第三

於是仲尼讚鴻濛。乾坤德洞虛。稽古當元皇。關雎建始初。冠婚氣相紐。元年乃芽滋。聖人不虛生。上觀顯天符。天符有進退。詘伸以應時。故易統天心。復卦建始蒙。長子繼父體。因母立兆基。消息應鍾律。升降據斗樞。三日出爲爽。震庚受西方。八日兌受下。上弦平如繩。十五乾體就。盛滿甲東方。（別本作東方甲）蟾蜍與兔魄。日月氣雙明。蟾蜍視卦節。兔者吐生光。七八道已訖。屈折低下降。十六轉受統。巽辛見平明。艮直于丙南。

下弦二十三坤乙三十日東北喪其朋節盡相禪與繼體復生龍壬癸配甲乙乾坤括始終七八數十五九六亦相應四者合三十陽氣索滅藏八卦布列曜運移不失中元精眇難覩推度效符証居則觀其象唯擬其形容立表以爲範占候定吉凶發號順時令勿失爻動時上察河圖文下序地形流中稽於人心參和考三才動則循卦節靜則因彖辭乾坤用施行天地然後治

君臣御政章第四

御政之首鼎新革故（他本缺此句）管括微密開舒布寶要道魁柄統化綱紐爻象內動吉凶外起五緯錯順應時感動四七乖戾誃離俯仰文昌統錄詰責台輔百官有司各典所部日合五行精月受六律紀五六三十度度竟復更始原始要終存亡之緒或君驕佚亢滿違道或臣邪佞行不順軌弦望盈縮乖變凶咎執法刺譏詰過貽主辰極受正優游任下明堂布政國無害道

煉己立基章第五

內以養己安靜虛無原本隱明內照形軀閉塞其兌築固靈株三光陸沉溫養子珠視之不見近而易求黃中漸通理潤澤達肌膚初正則終脩幹立末可持一者以掩蔽世人莫知之

明知兩竅章第六

上德無爲不以察求下德爲之其用不休上閉則稱有下閉則稱無無者以奉上上有神德居此兩孔穴法金氣亦相胥知白守黑神明自來白者金精黑者水基水者道樞其數名一陰陽之始元含黃芽五金

之主北方河車故鉛外黑內懷金華被褐懷玉外爲狂夫金爲水母母隱子胎水爲金子子藏母胞眞人至妙若有若無髣髴太淵乍沈乍浮退而分布各守境隅採之類白造之則朱煉爲表衛白裏貞居方圓徑寸混而相居先天地生巍巍尊高旁有垣闕狀似蓬壺環匝關閉四通踟躕守禦密固閼絕奸邪曲閣相通以戒不虞可以無思難以愁勞神氣滿室莫之能留守之者昌失之者亡動靜休息常與人俱

明辨邪正章第七

是非歷臟法內觀有所思履行步斗宿六甲以日辰陰道厭九一濁亂弄元胞食氣鳴腸胃吐正吸外邪晝夜不寢寐晦朔未嘗休身體日疲倦恍惚狀若癡百脈鼎沸馳不得清澄居累土立壇宇朝暮敬祭祀鬼物見形象夢寐感慨之心歡意悅喜自謂必延期遽以夭命死腐露其形骸舉錯輒有違悖逆失樞機諸術甚衆多千條有萬餘前却違黃老曲折戾九都明者省厥旨曠然知所由勤而行之夙夜不休伏食三載（作服食非）輕舉遠遊跨火不焦入水不濡能存能亡

長樂無憂道成德就潛伏俟時太乙乃召移居中洲功滿上昇膺籙受圖

龍虎兩弦章第八

火記不虛作演易以明之偃月法鼎爐白虎為熬樞汞日為流珠青龍與之俱舉東以合西魂魄自相拘上弦兌數八下弦艮亦八兩弦合其精乾坤體乃成二八應一斤易道正不傾

金返歸性章第九

金入於猛火色不奪精光自開闢以來日月不虧明金不失其重日月形如常金本從月生朔旦日受符金返復其母月晦日相包隱藏其匡廓沈淪於洞虛金復其故性威光鼎乃熺

二土全功章第十

子午數合三戊己號稱五三五既和諧八石正綱紀呼吸相含育佇思為夫婦黃土金之父流珠水之子（作孝字非）水以土為鬼土鎮水不起朱雀為火精執平調勝負水盛火消滅俱死歸厚土三性既合會本性共宗祖巨勝尚延年還丹可入口金性不敗朽故為萬

物寶術士伏食之（伏作服非）壽命得長久土遊於四季守界定規矩金砂入五內霧散若風雨薰蒸達四肢顏色悅懌好髮白皆變黑齒落生舊所老翁復丁壯老嫗成姹女改形免世厄號之曰真人

同類合體章第十一

胡粉投火中色壞還為鉛冰雪得溫湯解釋成太虛金以砂為主稟和於水銀變化由其真始終自相因欲作伏食仙宜以同類者植禾當以穀覆雞用其卵以類輔自然物成易陶冶魚目豈為珠蓬蒿不成檟

類同者相從事乖不成寶燕雀不生鳳狐兔不乳馬水流不炎上火動不潤下世間多學士高妙負良材邂逅不遭遇耗火亡貨財據按依文說妄以意爲之端緒無因緣度量失操持擣治羌石膽雲母及礬磁硫黃燒豫章泥汞相煉治鼓下五石銅以之爲輔樞雜性不同類安肯合體居千舉必萬敗欲黠反成癡僥倖訖不遇至人獨知之稚年至白首中道生狐疑背道守迷路出正入邪蹊管窺不廣見難以揆方來

三聖前識章第十二

若夫至聖不過伏羲始畫八卦效法天地文王帝之宗結體演爻辭夫子庶聖雄十翼以輔之三君天所挺迭興更御時優劣有步驟功德不相殊制作有所踵推度審分銖有形易忖量無兆難慮謀作事令可法爲世定時書素無前識資因師覺悟之皓若褰帷帳瞋目登高堂火記六百篇所趣等不殊作不迷非文字鄭重說世人不熟思尋度其源流幽明本共居竊爲賢者談曷敢輕爲書若遂結舌瘖絕道獲罪誅寫情著竹帛又恐泄天符猶豫增歎息俛仰綴斯愚陶冶

參同契　七

有法度未可悉陳敷略述其綱紀枝葉見扶疏

金丹刀圭章第十三

以金爲隄防水入乃優游金計有十五水數亦如之臨爐定銖兩五分水有餘二者以爲眞金重如本初其三遂不入火二與之俱三物相合受變化壯若神下有太陽氣伏蒸須臾間先液而後凝號曰黃輿焉歲月將欲訖毀性傷壽年形體爲灰土狀若明窗塵擣治并合之持入赤色門固塞其際會務令致完堅炎火張於下晝夜聲正勤始文使可修終竟武乃陳候視加謹愼審察調寒溫周旋十二節節盡更須親氣索命將絕休死亡魄魂色轉更爲紫赫然稱還丹粉提以一丸刀圭最爲神

參同契　八

水火情性章第十四

推演五行數較約而不繁舉水以激火奄然滅光明日月相薄蝕常在晦朔間一云朔望水盛坎侵陽火衰獨晝昏陰陽相飲食交感道自然名者以定情字者以性言金來歸性初乃得稱還丹吾不敢虛說倣傚聖人文古記題龍虎黃帝美金華淮南煉秋石玉陽加

黄芽賢者能持行。不肖毋與俱。古今道猶一。對談吐所謀。學者加勉力。留念深思惟。至要言甚露。昭昭不我欺。

陰陽精氣章第十五

乾剛坤柔。配合相包。陽稟陰受。雄雌相須。須以造化。精氣乃舒。坎離冠首。光耀垂敷。元冥難測。不可畫圖。聖人揆度。參序元基。四者混沌。徑入虛無。六十卦周。張布為輿。龍馬就駕。明君御時。和則隨從。路平不邪。邪道險阻。傾危國家。

君子居室章第十六

君子居其室。出其言善。則千里之外應之。謂萬乘之主。處九重之室。發號出令。順陰陽節。藏器俟時。勿違卦月。屯以子申。蒙用寅戌。餘六十卦。各自有日。聊陳兩象。未能究悉。立義設刑。當仁施德。逆之者凶。順之者吉。按歷法令。至誠專密。謹候日辰。審察消息。纖芥不正。悔吝為賊。二至改度。乖錯委曲。隆冬大暑。盛夏霜雪。二分縱橫。不應漏刻。水旱相代。風雨不節。蝗蟲湧沸。羣異旁出。天見其祅。山崩地裂。孝子用心。感動皇極。近出已口。速流殊域。或以招禍。或以致福。或興太平。或造兵革。四者之來。由乎胸臆。動靜有常。奉其繩墨。四時順宜。與氣相得。剛柔斷矣。不相涉入。五行守界。不妄盈縮。易行周流。屈伸反復。

晦朔合符章第十七

晦朔之間。合符行中。混沌鴻濛。牝牡相從。滋液潤澤。施化流通。天地神明。不可度量。利用安身。隱形而藏。始於東北。箕斗之鄉。旋而右轉。嘔輪吐明。潛潭見象。發散清光。昴畢之上。震出為徵。陽氣造端。初九潛龍。

陽以三立。陰以八道。三日震動。八日兌行。九二見龍。和平有明。三五德就。乾體乃成。九三夕惕。虧折神符。盛衰漸革。終還其初。巽繼其統。固濟操持。九四或躍。進退道危。艮主止進。不得踰時。二十三日。典守弦期。九五飛龍。天位加喜。六五坤承。結括終始。韞養眾子。世為類母。上九亢龍。戰德於野。用九翩翩。為道規矩。陽數已訖。訖則復起。推情合性。轉而相與。循環璇璣。升降上下。周流六爻。難可察覩。故無常位。為易宗祖。

爻象功用章第十八

朔旦爲復。陽氣始通。出入無疾。立表微剛。黃鍾建子。
兆乃滋彰。播施柔暖。黎烝得常。臨爐施條。開路正光。
光耀漸進。日以益長。丑之大呂。結正低昂。仰以成泰。
剛柔並隆。陰陽交接。小往大來。輻輳于寅。運而趨時。
漸歷大壯。俠列卯門。榆莢墮落。還歸本根。刑德相負。
晝夜始分。夬陰以退。陽升而前。洗濯羽翮。振索宿塵。
乾健盛明。廣被四鄰。陽終於巳。中而相干。姤始紀序。
履霜最先。井底寒泉。午爲蕤賓。賓服於陰。陰爲主人。
遯去世位。收斂其精。懷德俟時。棲遲昧冥。否塞不通。

萌者不生。陰伸陽屈。没陽（一作沒傷）姓名。觀其權量。察仲
秋情。任蓄微稚。老枯復榮。薺麥芽蘖。因冒以生。剝爛
肢體。消滅其形。化氣既竭。亡失至神。道窮則反。歸乎
坤元。恒順地理。承天布宣。元幽遠眇。隔閡相連。應度
育種。陰陽之元。寥廓恍惚。莫知其端。先迷失軌。後爲
主君。無平不陂。道之自然。變易更盛。消息相因。終坤
復始。如循連環。帝王承御。千載常存。

養性立命章第十九

將欲養性。延命却期。審思後末。當慮其先。人所稟軀。
體本一無。元精雲布。因氣託初。陰陽爲度。魂魄所居。
陽神日魂。陰神月魄。魂之與魄。互爲室宅。性主處內。
立置鄞鄂。情主營外。築垣城郭。城郭完全。人物乃安。
爰斯之時。情合乾坤。乾動而直。氣布精流。坤靜而翕。
爲道舍廬。剛施而退。柔化以滋。九還七返。八歸六居。
男白女赤。金火相拘。則水定火。五行之初。上善若水。
清而無瑕。道之形象。真一難圖。變而分布。各自獨居。
類如雞子。白黑相符。縱廣一寸。以爲始初。四肢五臟。
筋骨乃俱。彌歷十月。脫出其胞。骨弱可卷。肉滑若鉛。

二氣感化章第二十

陽燧以取火。非日不生光。方諸非星月。安能得水漿。
二氣元且遠。感化尚相通。何況近存身。切在於心胸。
陰陽配日月。水火爲效徵。

關鍵三寶章第二十一

耳目口三寶。閉塞勿發通。真人潛深淵。浮游守規中。
旋曲以視聽。開闔皆合同。爲己之樞轄。動靜不竭窮。
離氣內營衛。坎乃不用聰。兌合不以談。希言順鴻濛。
三者既關鍵。緩體處空房。委志歸虛無。無念以爲常。

證驗以推移。心專不縱橫。寢寐神相抱。覺寤候存亡。
顏色浸以潤。骨節益堅強。排却衆陰邪。然後立正陽。
修之不輟休。庶氣雲雨行。淫淫若春澤。液液象解氷。
從頭流達足。究竟復上昇。往來洞無極。沸沸彼谷中。
反者道之驗。弱者德之柄。耕耘宿汚穢。細微得調暢。
濁者清之路。昏久則昭明。

傍門無功章第二十二

世人好小術。不審道淺深。棄正從邪徑。欲速閼不通。
猶盲不任杖。聾者聽商宮。沒水捕雉兎。登山索魚龍。

參同契　八　十三

植麥欲獲黍。運規以求方。竭力勞精神。終年無見功。
欲知伏食法。事約而不繁。

流珠金華章第二十三

太陽流珠。常欲去人。卒得金華。轉而相因。化爲白液。
凝而至堅。金華先唱。有頃之間。解化爲水。馬齒闌干。
陽乃往和。情性自然。迫促時陰。拘畜禁門。慈母育養。
孝子報恩。嚴父施令。教勑子孫。五行錯王。相據以生。
火性銷金。金伐木榮。三五與一。天地至精。可以口訣。
難以書傳。子當右轉。午乃東旋。卯酉界隔。主各二名。

龍呼於虎。虎吸龍精。兩相飲食。俱相貪便。遂相啣嚥。
咄嚼相吞。熒惑守西。太白經天。殺氣所臨。何有不傾。
貍犬守鼠。鳥雀畏鸇。各得其功。何敢有聲。不得其理。
難以妄言。竭殫家產。妻子饑貧。自古及今。好者億人。
訖不諧遇。希有能成。廣求名藥。與道乖殊。

如審遭逢章第二十四

如審遭逢。覩其端緒。以類相況。揆物終始。五行相克。
更爲父母。母含滋液。父主稟與。凝精流形。金石不朽。
審專不泄。得爲成道。立竿見影。呼谷傳響。豈不靈哉。

參同契　八　十四

天地至象。若以野葛一寸。巴豆一兩。入喉輒僵。不得
俛仰。當此之時。周文揲蓍。孔子占象。扁鵲操鍼。巫咸
扣鼓。安能令甦。復起馳走。

姹女黃芽章第二十五

河上姹女。靈而最神。得火則飛。不見埃塵。鬼隱龍匿。
莫知所存。將欲制之。黃芽爲根。物無陰陽。違天背元。
牝雞自卵。其雛不全。夫何故乎。配合來連。三五不交。
剛柔離分。施化之精。天地自然。火動炎上。水流潤下。
非有師道。使其然也。資始統正。不可復改。觀夫雌雄

交媾之時剛柔相結而不可解得其節簝非有工巧以制御之男生而伏女偃其軀稟乎胞胎受氣元初非徒生時著而見之及其死也亦復效之此非父母教令其然本在交媾定置始先

男女相胥章第二十六

坎男爲月離女爲日日以耀德月以智光月受日化體不虧傷陽失其契陰侵其明晦朔薄蝕掩冒相傾陽消其形陰淩災生男女相胥含吐以滋雌雄錯雜以類相求金化爲水水性周章火化爲土水不得行

男動外施女靜內藏溢度過節爲女所拘魄以鈐魂不得淫奢不寒不暑進退合時各得其和俱吐証符

四者混沌章第二十七

丹砂木精得金乃幷金水合處木火爲侶四者混沌則爲龍虎龍陽數奇虎陰數偶肝青爲父肺白爲母腎黑爲子離赤爲女脾黃爲祖子五行始三物一家都歸戊巳

卯酉刑德章第二十八

剛柔迭興更歷分部龍西虎東建緯卯酉刑德並會相見歡喜刑主伏殺德主生起二月榆落魁臨於卯八月麥生天罡據酉子南午北互爲綱紀一九之數終而復始含元虛危播精於子

君子好逑章第二十九

關關雎鳩在河之洲窈窕淑女君子好逑雄不獨處雌不孤居元武龜蛇蟠糾相扶以明牝牡意當相須假使二女共室顏色甚姝蘇秦通言張儀合媒發辯利舌奮舒美辭推心調諧合爲夫妻弊髮腐齒終不相知若藥物非種名類不同分劑參差失其綱紀雖

黃帝臨爐太乙執火八公大煉淮南調合立宇崇壇玉爲階陛麟脯鳳脂把籍長跪禱祝神祇請哀諸鬼沐浴齋戒冀有所望亦猶和膠補釜以硇塗瘡去冷加冰除熱用湯飛龜舞蛇愈見乖張

聖賢伏煉章第三十

惟昔聖賢懷玄抱眞伏煉九鼎化迹隱淪含精養神通德三光津液腠理筋骨緻堅衆邪辟除正氣長存累積長久變形而仙憂憫後生好道之倫隨傍風采指畫古人著爲圖籍開示後昆露見枝條隱藏本根

託號諸名覆謬衆文學者得之韞匵終身子繼父業
孫紹祖先傳世迷惑竟無見聞遂使宦者不仕農夫
失耘商人棄貨志士家貧吾甚傷之定錄此文字約
易思事省不繁披列其條核實可覩分兩有數因而
相循故爲亂辭孔竅其門智者審思用意參焉

法象成功章第三十一

法象莫大乎天地兮元溝數萬里河鼓臨星紀兮人
民皆驚駭晷影妄前却兮九年被凶咎皇上覽視之
兮王者退自改（一作後）關鍵有低昂兮雲氣遂奔走江

淮之枯竭兮水流注於海天地之雌雄兮徘徊子與
午寅申陰陽祖兮出入復終始循斗而招搖兮執衡
定元紀化（一作升）熬于甑山兮炎火張設下白虎導唱
前兮蒼液（一作龍）和于後朱雀翱翔戲兮飛揚色五彩
遭遇羅網施兮壓之（一作止）不得舉嗷嗷聲甚悲兮嬰
兒之慕母顛倒就湯鑊兮摧折傷毛羽漏刻未過半
兮魚鱗狎鬣起五色象炫燿兮變化無常主潏潏鼎
沸馳兮暴湧不休止接連重疊累兮犬牙相錯距形
如仲冬冰兮闌干吐鍾乳崔嵬而雜厠兮交積相支
柱陰陽得其配兮淡薄而（一作泊自）相守青龍處房六兮
春華震東卯白虎在昴七兮秋芒兌西酉朱雀在張
二兮正陽離南午三者俱來朝兮家屬爲親侶本之
但二物兮末而爲三五三五并與一（一作危一）兮都集歸
一所治之如上科兮日數亦取晡（亦作甫）先白而後黃
兮赤黑達表裏名曰第一等（一作第一鼎）兮食如大黍米
自然之所爲兮非有邪僞道山澤氣相（一作若山澤氣）蒸兮
興雲而爲雨泥竭遂成塵兮火滅化爲土若蘗染爲
黃兮似藍成綠組皮革煑成膠兮麯蘖化爲酒同類

易施工兮非種難爲巧惟斯之妙術兮審諦不誑語
傳於億世後兮昭然自可考煥若星經漢兮昺如水
宗海思之務令熟兮反復視上下千周燦彬彬兮萬
遍將可覩神明或告人兮心靈本自悟探端索其緒
兮必得其門戶天道無適莫兮常傳於賢者

鼎器妙用章第三十二

圓三五寸一分口四八兩寸唇長尺二厚薄均腹齊
三（一作正）坐垂溫陰在上陽下奔首尾武中間文始七
十終三旬二百六善調勻陰火白黃芽銀（鉛一作）兩七

竅（一作聚）。輔翼人。贍理腦。定昇元。子處中。得安存。來去
遊。不出門。漸成大。情性純。却歸一。還本元。善愛敬。如
君臣。至一周。甚辛勤。密防護。莫迷昏。途路遠。復幽元。
若達此。會乾坤。刀圭霑。淨魄寬。得長生。居仙村。樂道
者。尋其根。審五行。定銖分。諦思之。不須論。深藏守。莫
傳文。御白鶴。駕龍鱗。遊太虛。謁仙君。錄天圖。號眞人。

補塞遺脫章第三十三

叅同契者。敷陳梗槩。不能純一。泛濫而說。纖微未備。
闊略髣髴。今更撰錄。補塞遺脫。潤色幽深。鈎援相逮。

旨意等齊。所趨不悖。故復作此。命三相類。則大易之
情自此盡矣。太易情性。各如其度。黃老用究。較而可
御。爐火之事。眞有所據。三道由一。俱出逕路。枝莖花
葉。果實垂布。正在根株。不失其素。誠心所言。審而不
悞。象彼仲冬節。竹木皆摧傷。左陽詰賈旅。人君深自
藏。象時順節令。閉口不用談。天道甚浩廣。太元無形
容。虛寂不可覩。匡廓以消亡。謬誤失事緒。言還自敗
傷。別序斯四象。以曉後生盲。

自做故後章第三十四

會稽鄙夫。幽谷朽生。挾懷樸素。不樂權榮。栖遲僻陋
忽略利名。執守恬淡。希時安寧。晏然閑居。乃撰斯文。
歌敘大易。三聖遺言。察其旨趣。一統共倫。務在順理。
宣耀精神。神化流通。四海和平。表以為歷。萬世可循。
序以御政。行之不煩。引內養性。黃老自然。含德之厚。
歸根返元。近在我心。不離已身。抱一毋舍。可以長存。
配以伏食。雌雄設陳。挺除武都。八石棄捐。審類成物。
世俗所珍。羅列三條。枝莖相連。同出異名。皆由一門。
非徒累句。諧偶斯文。殆有其眞。礫硌可觀。使予敷偽。

却被贅愆。命叅同契。微覽其端。辭寡意大。後嗣宜遵。
委時去害。依托邱山。循遊寥廓。與鬼為鄰。化形而仙。
淪寂無聲。百世一下。遨遊人間。陳敷羽翮。東西南傾。
湯遭厄際。水旱隔并。柯葉萎黃。失其華榮。吉人相乘
負。安穩可長生。

叅同契終

陰符經序

所謂命者性也性能命通故聖人尊之以天命惡其人而智其聖故曰天機張而不死地機弛而不生觀乎陰符造化在乎手生死在乎人故聖人藏之於心所以陶甄天地聚散天下而不見其跡者天機也故黄帝得之以登天下湯武得之以王天下五霸得之以統諸侯夫臣易而主難不可以輕用太公九十非不遇蓋審其主焉若使哲士執而用之立石爲主刻木爲君亦可以亨天下夫臣盡其心而主反怖有之

不亦難乎嗚呼無賢君則義士自死而不仕莫若散志巖石以養其命待生於泰階世人以夫子爲不遇以秦儀爲得時不然志在立宇宙安能馳心下走哉丈夫所耻嗚呼後世英哲審而用之范蠡重而長文種輕而亡豈不爲泄天機天機泄者沉三劫宜然故聖人藏諸名山傳之同好隱之金匱恐小人竊而弄之

陰符經

上篇

漢　張良注　進賢馮來儀校

觀天之道執天之行盡矣故天有五賊見之者昌

太公曰其一賊命其次賊物其次賊時其次賊功其次賊神賊命以一消天下用之以味賊物以一急天下用之以利賊時以一信天下用之以反賊功以一恩天下用之以怨賊神以一驗天下用之以小大鬼谷子曰天之五賊莫若賊神此大而彼

小以小而取大天地莫之能神而況于人乎筌曰黄帝得賊命之機白日上昇殷周得賊神之驗以小滅大管仲得賊時之信九合諸侯范蠡得賊物之急而霸南越張良得賊功之恩而敗強楚

五賊在心施行於天宇宙在乎手萬化生乎身

太公曰聖人謂之五賊天下謂之五德人食五味而生食五味而死無有怨而棄之者也心之所味也亦然鬼谷子曰賊命可以長生不死黄帝以少女精炁感之時物亦然且經冬之草覆之而不死

露之即見傷草木植性尚猶如此況人萬物之靈其機則少女以時廣成子曰以爲積火焚五毒五毒即五味五味盡可以長生也筌曰人因五味而生五味而死五味各有所主順之則相生逆之則相勝久之則積炁薫蒸人腐五臟殆至滅亡後人所以不能終其天年者以其生生之厚矣是以至道淡然胎息无味神仙之術百數其要在抱一守中少女之術百數其要在還精採炁金丹之術百數其要在神水華池治國之術百數其要在清淨自化用兵之術百數其要在奇正權謀此五事者卷之藏于心隱于神施之彌于天給于地宇宙瞬息可在人之手萬物榮枯可生人之身黃帝得之先固三宮後治萬國鼎成而馭龍上昇於天也

天性人也人心機也立天之道以定人也

亮曰以爲立天定人其在于五賊

天發殺機龍蛇起陸人發殺機天地反覆

筌曰昔伊尹佐殷發天殺之機克夏之命盡而事應之故有東征西夷怨南征北狄怨太公曰不耕三年大旱不鑿十年地壞殺人過萬大風暴起亮曰按楚殺漢兵數萬大風杳冥晝晦有若天地反覆

天人合發萬變定基

良曰從此一信而萬信生故爲萬變定基矣筌曰大荒大亂兵水旱蝗是天殺機也虞舜陶甄夏禹拯骸殷繫夏臺周囚羑里漢祖亭長魏武乞丐俱非王者之位乘天殺之機也起陸而帝君子在野小人在位權臣擅威百姓思亂人殺機也成湯放桀周武伐紂項籍斬嬴嬰魏廢劉協是乘人殺之機也覆貴爲賤反賤爲貴有者天地反覆天人之機合發成敗之理宜然萬變千化聖人因之而定基業也

性有巧拙可以伏藏

良曰聖人見其巧拙彼此不利者其計在心彼此利者聖哲英雄道爲况用兵之務哉筌曰心欲不出謂之啓外邪不入謂之閉内啓是其機也難知如陰不動如山巧拙之性使人无間而得窺也

九竅之邪。在乎三要。可以動靜。

太公曰。三要者。耳目口也。耳可鑿而塞。目可穿而眩。口可利而訥。興師動衆。萬夫莫議。其奇在三者。或可動或可靜。之筌曰。兩葉掩目。不見泰山。雙豆塞耳。不聞雷霆。一椒掠舌。不能立言。九竅皆邪。不足以察機變。其在三者。神心志也。機動未朕。神以隨之。機兆將成。心以圖之。機發事行。志以斷之。其機動也。與陽同其波。五嶽不能鎮其隅。四瀆不能界其雍。其機靜也。與陰同其德。智士不能運其榮。深閩不能竅其謀。天地不能奪其時。而况於人乎。

火生于木。禍發必尅。奸生于國。時動必潰。知之修鍊。謂之聖人。

筌曰。火生于木。火發而木焚。奸生于國。奸成而國滅。木中藏火。火始于无形。國中藏奸。奸始于无象。非至聖不能修身鍊行。使奸火之不發。夫國有无軍之兵。无灾之禍矣。以箕子逃而縛裘牧。商容因而蹇叔哭。

中篇

天生天殺。道之理也。

良曰。機出乎心。如天之生。如天之殺。則生者自謂得其生。死者自謂得其死。

天地萬物之盜。萬物人之盜。人萬物之盜。三盜既宜。三才既安。

鬼谷子曰。三盜者。彼此不覺知。但謂之神明。此三者。况車馬金帛。棄之可以傾河填海。移山覆地。非命而動。然後應之。筌曰。天地與萬物生成。盜萬物以衰老。萬物與人之服御。盜人以驕奢。人與萬物之上器。盜萬物以毀敗。皆自然而往。三盜各得其宜。三才遞安其任。

故曰。食其時。百骸理。動其機。萬化安。

鬼谷子曰。不欲令後代人君廣斂珍寶。委積金帛。若能棄之。雖傾河填海。未足難也。食者所以治百骸。失其時而生百骸。動者所以安萬物。失其機而傷萬物。故曰。時之至間。不容瞬息。先之則太過。後之則不及。是以賢者守時。不肖者守命也。

人知其神之神。不知不神之所以神也。

筌曰人皆有聖人不貴聖人之愚既覩其聖又察其愚復覩其聖故書曰專用聰明則事不成專用晦昧則事皆悖一明一晦衆之所載伊尹酒保太公屠牛管仲作革百里奚賣粥當衰亂之時人皆謂之不神及乎逢成湯遭文王遇齊桓値秦穆道濟生靈功格宇宙人皆謂之至神

日月有數大小有定聖功生焉神明出焉

鬼谷子曰後代伏思之則明天地不足貴而況於人乎筌曰一歲三百六十五日日之有數月次十

二以積閏大小餘分有定皆稟精炁自有不爲聖功神明而生聖功神明亦稟精炁自有不爲日月而生是故成不貴乎天地敗不怨乎陰陽

其盜機也天下莫能見莫能知君子得之固躬小人得之輕命

諸葛亮曰夫子太公豈不賢於孫吳韓白所以君子小人異之四子之勇至于殺身固不得其主而見殺矣筌曰季主凌夷天下莫見凌夷之機而莫能知凌夷之源霸王開國之機而莫能知開國之源君子得其機應天順人乃固其躬小人得其機煩兵黷武乃輕其命易曰君子見機而作不俟終日又曰知機其神乎機者易見而難知見近知遠

下篇

瞽者善聽聾者善視絕利一源用師十倍三反晝夜用師萬倍

尹曰思之精所以盡其微良曰後代伏思之耳目之利絕其一源筌曰人之耳目皆分于心而竟于

神心分則機不精神竟則機不微是以師曠薰目而聰耳離朱漆耳而明目任一源之利而反用師於心舉事發機十全成也退思三反經晝歷夜思而後行舉事發機萬全成也太公曰目動而心應之見可則行見否則止

心生于物死于物機在於目

筌曰爲天下機者莫近乎心目心能發目目能見機秦始皇東遊會稽項羽目見其機心生于物謂項艮曰彼可取而伐之晉師畢至於淮淝苻堅目

見其機心死于物謂符融曰彼勍敵也胡爲少耶則知生死之心在乎物成敗之機見于目焉

天之无恩而大恩生迅雷烈風莫不蠢然

良曰熙熙哉太公曰誠懼致福筌曰天心无恩萬物有心歸恩于天老子曰天地不仁以萬物爲芻狗聖人不仁以百姓爲芻狗是以施而不求其報生而不有其功及至迅雷烈風威遠而懼邇萬物蠢然而懷懼天无威而懼萬物萬物有懼而歸威于天聖人行賞也无恩于有功行伐也無威于有

罪故賞罰自立于上威恩自行于下也

至樂性餘至靜性廉

良曰夫機在于是也筌曰樂則奢餘靜則貞廉性餘則神濁性廉則神清神者智之泉神清則智明智者心之府智公則心平人莫鑒于流水而鑒于澄水以其清且平神清意平乃能形物之情夫聖人者不淫于至樂不安于至靜能棲神靜樂之間謂之守中非此施利不能誘聲色不能蕩辯士不能說智者不能動勇者不能懼見禍于重開之外慮患于杳冥之內天且不違而况于兵之詭道者哉

天之至私用之至公

尹曰治極微良曰其機善雖不令天下而行之天下所不能知天下所不能違筌曰天道曲成萬物而不遺椿菌鵬鷃巨細修短各得其所至私也雲行雨施雷電霜霓生殺之均至公也聖人則天法地養萬民察勞苦至私也行正令施法象至公也孫武曰視卒如愛子可以俱死視卒如嬰兒可與

之赴深溪愛而不能令譬若驕子是故令之以文齊之以武

禽之制在炁

太公曰豈以小大而相制哉尹曰炁者天之機筌曰元龜食蟒鸇隼擊鵠黃腰啖虎飛鼠斷猿蜍蛭噬魚狼狖嚙鶴餘甘柔金河車服之無窮化玉雄黃變鐵有不灰之木浮水之石夫禽獸木石得其炁尚能以小制大况英雄得其炁而不能淨寰海而御宇宙也

生者死之根死者生之根恩生于害害生于恩
太公曰損已者物愛之厚已者物薄之筌曰謀生
者必先死而後生習死者必先生而後死鶡冠子
曰不死不生不斷不成孫武曰投之死地而後生
致之亡地而後存吳起曰兵戰之場立屍之地必
死則生幸生則死恩者害之源害者恩之源吳樹
恩于越而害生周立害于殷而恩生死之與生也
恩之與害相反紀纆也
愚人以天地文理聖我以時物文理哲

太公曰觀鳥獸之時察萬物之變筌曰景星見黃
龍下翔鳳至醴泉出嘉穀生河不滿溢海不揚波
日月薄蝕五星失行四時相錯晝冥宵光山崩川
涸冬雷夏霜愚人以此天地文理爲理亂之機文
思安安光被四表克明俊德以親九族六府三事
無相奪倫百穀用成兆民用康昏主邪臣法令不
一重賦苛政上下相蒙懿戚貴臣驕奢淫縱酣酒
嗜音峻宇雕墻百姓流亡思亂怨上我以此時物
文理爲理亂之機也

人以愚虞聖我以不愚虞聖人以奇期聖我以不奇
期聖
筌曰賢哲之心深妙難測由巢之跡人或窺之至
于應變無方自機轉而不窮之智人豈虞之以跡
度心乃爲愚者也
故曰沉水入火自取滅亡
良曰理人自死理軍亡兵無死則無不死無生則
無不生故知乎死生國家安寧
自然之道靜故天地萬物生

尹曰靜之至不知所以生
天地之道浸故陰陽勝
良曰天地之道浸微而推勝之
陰陽相推而變化順矣
良曰陰陽相推激至于變化在于目
是故聖人知自然之道不可違因而制之
良曰大人見之爲自然英哲見之爲制愚者見之
爲化尹曰知自然之道萬物不能違故利而行之
至靜之道律曆所不能契

良曰、觀鳥獸之時。察萬物之變。鳥獸至淨。律歷所不能契。從而機之。

爰有奇器是生萬象八卦甲子神機鬼藏

良曰、六癸爲天藏。可以伏藏也。

陰陽相勝之術。昭昭乎進乎象矣

亮曰、奇器者聖智也。天垂象。聖人則之。推甲子畫八卦。考蓍龜。稽律歷。則鬼神之情。陰陽之理。昭著乎象。無不盡矣。亮曰、八卦之象。申而用之。六十甲子。轉而用之。神出鬼入。萬明一矣。良曰、萬生萬象者心也。合藏陰陽之術。日月之數。昭昭乎在人心矣。廣成子曰、甲子合陽九之數也。卦象出師衆之法。出師以律動。合鬼神。順天應時。而用鬼神之道也。

陰符經終

風后握奇經

漢　公孫宏解　臨川戈　成校

宋高似孫曰馬隆本作握機敘云風后軒轅臣也幄者帳也大將所居言其事不可妄示人故云握機人稱諸子總有三本其一本三百六十字一本三百八十字蓋呂尚增字以發明之其一行簡有公孫宏等語或云武帝令霍光等習之於平樂館以輔少主傳天下之不廣今本行四字

經曰、八陣、四爲正。四爲奇。舊注奇讀如字後人說天地風雲爲四正龍虎鳥蛇爲四奇公孫宏曰世有入卦陣法其說不用奇正似非風后所傳未可參用 餘奇爲握奇舊作奇讀如奇耦之奇解云說奇正者多矣而握奇云者四爲正四爲奇餘奇爲握奇陣數有九中心零者大將握之以應赴八陣之急處 或總稱之、先出遊軍定兩端、天有衝、圓地有軸、前後有衝。一作有風雲 風附於天。雲附於地。衝有重列各四隊。前後之衝各三隊。風居四維。故以圓軸單列各三隊。前後之衝各三隊。風居四角。故以方天居兩端。地居中間。總爲八陣。陣訖。遊軍從後躡敵。或驚其左。或驚其右。驚一作警 聽音望麾以出四奇。天地之前衝爲虎翼。風爲蛇蟠。圍繞之義也。虎居於中張翼以進。蛇居兩端。向敵而蟠以應之。天地之後衝爲飛龍。雲爲鳥翔。突擊之義也。龍居其中。張翼以

進。鳥掖兩端向敵而翔以應之。虛實二壘。一作三軍皆逐

天文氣候向背山川利害隨時而行以正合以奇勝

天地以下八重以列或曰握機望敵即引其後以掎

角前列不動而前列先進以次之。公孫宏曰傳頌氏陣法依此今按而前列等八字舊文在依此非下誤也故遷次以成之或合而爲一因離而爲八

各隨師之多少觸類而長

天或圓而不動一作天或圓而不布前爲左後爲右天地四望

之屬是也。一本下有風象二字天居兩端其次風其次雲一作其次天衝其次地衝其次風衝其次雲衝左右相向是也地方布風雲各在

後衝之前天居兩端其次地居中間一作其次地其次天中間兩

地爲比是也公孫宏曰此爲地爲從天陣變爲地陣或即張弛布擊破敵攻圍不定其形故爲動也一本自公孫宏曰動靜二義皆雜出經文中縱布天一。一作兩天一無兩字而縱字上有雲象龍一句一作龍者象龍天二次之。天二一作兩天一縱布地四次於天

後。一作縱布四地四地次之一無下四地字縱布四風挾天地之左右。一無地字天地前衝居其右後衝居其左。一無二句一無天地字一無居其右後衝五字雲居兩端虛實二壘則此是也。一本下有此爲動也四字一無

虛實已下公孫宏曰人多傳韓信注釋天或圓布已十與此微有差異而遊蓋樂毅之說相雜今亦錯綜於其中其部隊或三五或三十或五十變通之理奇之明哲不復備載近古以來其文不滿尺多憑口訣以相傳授予今於難解之處增字發明之耳一本其部隊下上五十云陣圖如此變通由人以爲經文誤也按公孫氏稱與其異者天或圓布次遊軍定兩端下以爲正經而以天有衝止觸類而長列于續圖云爲翔鳥之下今馬本亦如此

握奇經續圖

角音二　初聲衆　末收衆

華音五

一持兵　二結陣　三行　四趨走

五急鬬

金音五

一緩鬬　二止鬬　三退　四背

五急背背一本作趨

麾法五

一玄　二黃　三白　四青青一作赤

五赤赤一作青

旗法八

一天玄　二地黃　三風赤　四雲白

五天前上玄下赤　六天後上玄下白

七地前上玄下青青一作赤　八地後上黃下赤赤一作青

陣勢八　天　地　風　雲

飛龍　翔鳥　虎翼　蛇蟠

二革二金爲天　三革三金爲地

二革三金爲風　三革二金爲雲

四革三金爲龍　三革四金爲虎

四革五金爲鳥　五革四金爲蛇

背注此八陣名用金鼓之制

其金革之間加一角音者。在天爲兼風。在地爲兼雲。在龍爲兼鳥。在虎爲兼蛇。加二角音者。全師進東。加三角音者全師進南。（一作西）加四角音者全師進西。（一作南）加五角音者全師進北。鼙音不止者。行伍不整。金革既息而角音不止者。師並旋。

[illegible]　三十二隊天衡　十六隊風

八隊天前衡　十二隊地前衡

十二隊地軸（一作二十四隊）　八隊天後衡

十二軸地後衡　十六隊雲

以天地前衝爲虎翼天地後衝爲飛龍風爲蛇蟠

雲爲翔鳥

雲附於地則知無

雲能晦冥。千變萬平太守封奉高侯加授東莞校尉

飛龍

天地後衝龍變其奇。信不可易。戰無常規。可握則握

動則無窮。陳形亦化。敵莫能知

翔鳥

鷙鳥擊搏必先翱。陳陳者陳列。戰則不盡。分苦均勞

下必有傷。一夫突。守後隊勿進。

蛇蟠

風爲蛇蟠。蛇吞天。圓四面風衝。其形象天爲陳之主

與虎爲鄰。後變常軍其形不偏

虎翼

天地前衝變爲虎。方雲生。四角衝軸相當。其體莫測

變化無極。垓下之。可配之於陽。

奇兵讚

古之奇兵。兵在陳。天變而爲蛇。其意漸元。風能鼓動。

形露必潰。番而爲繞。三軍懼焉。

合而爲一離（公范蠡以來風雲形所以附天地下）

八陣總述

形變爲翔鳥其狀乃成鳥能突擊。

晉平　護軍西化金華之辭

馬隆　述

治兵以信求聖以中有手有足有背有胸潛則不測。

可施則施千變萬然象名其龍

匹陳讚

動則爲奇靜則爲翔勢凌霄漢飛禽伏藏審而下之

伏輪輒定有兵前擊三軍莫當

天陳讚

天陳十六內方外真勢欲圓繞性能屈伸四季之中

爲兵之先潛用三山首尾相因

地陳讚

地陳十二其形正翼伏虎將搏盛其威力淮陰用之

動用無疆獨立不會。魯公莫測

風陳讚

風無正形。附之於內今人奇兵兵在陳外兵體無形

萬物驚焉蛇能圍之。百戰不昧

雲陳讚自太無正而爲八

合而爲一平川如城散而爲八逐地之形混混沌沌

如環無窮紛紛紜紜莫知所終合則天居兩端地居

其中散則一陰一陽兩兩相衡勿爲事先動而輒從

遊軍

遊軍之形乍動乍靜避實擊虛視贏撓盛結陳趨地

斷繞四徑後賢審之勢無常定。

金革

金有五革有五退則聽金進則聽鼓鼓以增氣金以

抑怒握其機關戰不失度

鞞鼓

紅塵戰深白刃相臨勝負未決人懷懼心乍奔乍背

或縱或擒行伍交錯整在鞞音。

麾角

麾法有五光目條流角音有五初驚末收麾者指揮

角者驚覺臨機變化慎勿交錯光目一作光自

兵體

上兵伐謀其下用師棄本逐末聖人不爲利物禁暴

隨時禁衰蓋不得已聖人用之英雄爲將夕惕乾乾

（舊闕四字）其形不偏、樂與身後。勞與身先。小人竊勝、君子兩全、爭者逆德、不有破軍、必有亡國。提幾爲陳、動則爲賊。後賢審之、勿以爲惑。夫樂殺人者、不得志於天下、聖人之言、以戒來者。（一作天下）

似孫曰、風后握奇經、三百八十四字、其妙本乎奇正相生、變化不測、蓋潛乎伏羲氏之畫。所謂天地風雲龍鳥蛇虎、則其爲八卦之象明矣。蓋注奇讀如奇耦之奇、則尢可與易準。諸儒多稱諸葛武侯八陣、唐李衛公六花、皆出乎此。唐裴緒之論、又以爲六十四卦

之變。其出也無窮、若此則所謂八陣者、特八卦之統爾、焦氏易學卦變至乎四千七十有六、奇正相錯變化無窮、是可以名數該之乎、然觀太公武韜、且言牧野之師、有天陣。有地陣、此固出於握奇。而又有人陣焉、此又出於天地陣之外者。非八陣六花所能盡也、獨孤及作風后八陣圖記、有曰黃帝順煞氣以作兵法、文昌以命將、風后握機制勝。作爲陣圖、故八其陣、所以定位、衡抗於外、軸布於內。風雲負其四維、所以備物也、虎張翼、以進蛇向敵而蟠、飛龍翔鳥、上下其勢、所以致用也、至若疑兵以固其餘地、遊軍以案其後、列門具將、發然後合戰。弛張則二廣迭舉、犄角則四奇皆出。圖成鑄鼎、帝用經略、北逐獯鬻、南平蚩尤。遺風冥寞。神機未昧。項籍得之、霸西楚。黥布得之、奄九江。孝武得之、攘匈奴、唐天寶中、客有得其遺制。於黃帝書之外篇。裂素而圖之。按魚復之圖、全本於握機。得其妙、窮其神者。武侯而已。獨孤乃以爲項黥武帝得之、未之思歟。

素書

原始章第一

漢　黃石公著　南豐趙秉裕校

夫道德仁義禮五者一體也。

離而用之則有五合而渾之則爲一一所以貫五。五所以衍一。

道者人之所蹈使萬物不知其所由。

道之衣被萬物廣矣大矣一動息一語默一出處一飲食大而八紘之表小而芒芥之內何適而非道也仁不足以名故仁者見之謂之仁智不足以盡故智者見之謂之智百姓不足以見故日用而不知也。

德者人之所得使萬物各得其所欲。

有求之謂欲欲而不得非德之至也求於規矩者得方圓而已矣求於權衡者得輕重而已矣求於德者無所欲而不得君臣父子得之以爲君臣父子昆蟲草木得之以爲昆蟲草木大得以成大小得以成小邇之一身遠之萬物無所欲而不得

也。

仁者人之所親有慈慧惻隱之心以遂其生成。

仁之爲體如天天無不覆如海海無不容如雨露雨露無不潤慈慧惻隱所以用仁者也非親於天下而天下自親之無一夫不獲其生書曰鳥獸魚鼈咸若詩曰敦彼行葦牛羊勿踐履其仁之至也夫。

義者人之所宜賞善罰惡以立功立事。

理之所在謂之義順理而決斷所以行義賞善罰惡義之理也立功立事義之斷也

禮者人之所履夙興夜寐以成人倫之序

禮履也朝夕之所履踐而不失其序者皆禮也言動視聽造次必於是放僻邪侈從何而生乎

夫欲爲人之本不可無一焉。

老子曰失道而後德失德而後仁失仁而後義失義而後禮失者散也道散而爲德德散而爲仁仁散而爲義義散而爲禮五者未嘗不相爲用而要其不散者道妙而已老子言其體故曰禮者忠信之薄而亂之首黃石公言其用故曰不可無一焉

賢人君子明於盛衰之道通乎成敗之數審乎治亂之勢達乎去就之理

盛衰有道成敗有數治亂有勢去就有理

故潛居抱道以待其時

道猶舟也時猶水也有舟楫之利而無江河以行之亦莫見其利涉也

若時至而行則能極人臣之位得機而動則能成絕代之功如其不遇沒身而已

蓋謂養之有素及時而動機不容髮豈容擬議者哉

是以其道足高而名重於後代

道高則名隨於後而重矣

右第一章言道不可以無始

正道章第二

德足以懷遠

懷者中心悅而誠服之謂也

信足以一異義足以得衆

有行有爲而衆人宜之則得乎衆人矣

才足以鑒古明足以照下此人之俊也

行足以爲儀表智足以決嫌疑

嫌疑之際非智不決

信可以使守約可以使分財此人之豪也

守職而不廢

孔子爲委吏乘田之職是也

處義而不回

迫於利害之際而確然守義者此不回也

見嫌而不苟免

周公不嫌於居攝召公則有所嫌也孔子不嫌於見南子子路則有所嫌也居嫌而不苟免其惟至明乎

見利而不苟得此人之傑也

俊者峻於人豪者高於人傑者桀於人有德有信有義有才有明者俊之事也有行有智有信有廉者豪之事也至於傑則才行足以名之矣然傑勝於豪豪勝於俊也

右第二章言道不可以非正

求人之志章第三

絕嗜禁欲所以除累

人性清靜本無係累嗜欲所牽捨己逐物

抑非損惡所以讓過

讓猶推讓而去之也非至於無抑惡至於無損過可以無讓爾

貶酒闕色所以無污

色敗精精耗則害神酒敗神神傷則害精

避嫌遠疑所以不悞

於迹無嫌於心無疑事乃不悞爾

博學切問所以廣知

有聖賢之質而不廣之以學問弗勉故也

高行微言所以修身

行欲高而不屈言欲微而不彰

恭儉謙約所以自守深計遠慮所以不窮

管仲之計可謂能九合諸侯矣而窮於王道商鞅之計可謂能强國矣而窮於仁義宋羊之計可謂

能聚財矣而窮於養民凡有窮者俱非計也

親仁友直所以扶顛

聞譽而喜者不可以得友直

近恕篤行所以接人

極高明而道中庸聖賢之所以接人也高明者聖人之所獨中庸者衆人之所同也

任材使能所以濟物

應變之謂材可用之謂能材者任之而不可使能者使之而不可任此用人之術也

癉惡斥讒所以止亂

讒言惡行亂之根也

推古驗今所以不惑

因古人之迹推古人之心以驗方今之事豈有惑哉

先揆後度所以應卒

執一尺之度而天下之長短盡在是矣倉卒事物之來而應之無窮者揆度有數也

設變致權所以解結

有正有變有權有經方其正有所不能行則變而歸之於正也方其經有所不能用則權而歸之於經也

括囊順會所以無咎

君子語默以時出處以道括囊而不見其美順會而不發其機所以免咎

橛橛梗梗所以立功孜孜淑淑所以保終

橛橛者有所恃而不可搖梗梗者有所立而不可撓孜孜者勤之又勤淑淑者善之又善立功莫如

有守保終莫如無過也

右第三章言志不可以妄求

本德宗道章第四

夫志心篤行之術長莫長於博謀

謀之欲博

安莫安於忍辱

至道曠夷何辱之有

先莫先於修德

外以成物內以成已修德也

樂莫樂於好善神莫神於至誠

無所不通之謂神人之神與天地參而不能神於天地者以其不至誠也

明莫明於體物

記云清明在躬志氣如神如是則萬物之來其能逃吾之照乎

吉莫吉於知足

知足之吉吉之又吉

苦莫苦於多願

聖人之道泊然無欲其於物也來則應之去則無係未嘗有願也古之多願者莫如秦皇漢武國則願富兵則願強功則願高名則願貴宮室則願華麗姬嬪則願美豔四夷則願服神仙則願致然而國愈貧兵愈弱功愈卑名愈鈍卒至於所求不獲而遺恨狼狽者多願之所苦也夫治國者固可不多願至於賢人養身之方所守其可以不約乎

悲莫悲於精散

道之所生之謂一純一之謂精精之所發之謂神其潛於無也則無生無死無先無後無陰無陽無動無靜其舍於形也則爲明爲哲爲智爲識血氣之品無不稟受正用之則聚而不散邪用之則散而不聚目淫於色則精散於色矣耳淫於聲則精散於聲矣口淫於味則精散於味矣鼻淫於臭則精散於臭矣散之不已其能久乎

病莫病於無常

天地所以能長久者以其有常也人而無常不其病乎

短莫短於苟得

以不義得之必以不義失之未有苟得而能長也

幽莫幽於貪鄙

以身徇物闇莫甚焉

孤莫孤於自恃

桀紂自恃其才智伯自恃其強項羽自恃其勇王莽自恃其智元載盧杞自恃其狡自恃則氣驕於外而善不入耳不聞善則孤而無助及其敗天下爭從而亡之

危莫危於任疑

漢疑韓信而任之而信幾叛唐疑李懷光而任之而懷光遂逆

敗莫敗於多私

賞不以功罰不以罪喜佞惡直黨親遠疏小則結匹夫之怨大則激天下之怒此私之所敗也

右第四章言本宗不可以離道德

遵義章第五

以明示下者闇

聖賢之道内明外晦惟不足於明者以明示下乃其所以闇也

有過不知者蔽

聖人無過而知賢人之過造形而悟有過不知其愚蔽甚矣

迷而不返者惑

迷於酒者不知其伐吾性也迷於色者不知其伐吾命也迷於利者不知其伐吾志也人本無迷惑者自迷之矣

以言取怨者禍

行而言之則機在我而禍在人言而不行則機在人而禍在我

令與心乖者廢

心以出令令以心行

後令繆前者毁

號令不一心無信而事毁棄矣

怒而無威者犯

文王不大聲以色四國畏之故孔子曰不怒而威

於鈇鉞

好衆辱人者殃

已欲沽直名而置人於有過之地取殃之道也

戮辱所任者危

人之云亡危亦隨之

慢其所敬者凶

以長幼而言則齒也以朝廷而言則爵也以賢愚而言則德也三者皆可能而外敬則齒也爵也内敬則德也

貌合心離者孤。親讒遠忠者亡。

讒者善揣摩人主之意而中之。忠者推逆人主之過而諫之。合意者多悅。逆意者多怒。此子胥殺而吳亡。屈原放而楚亡是也。

近色遠賢者惛。女謁公行者亂。

如太平公主韋庶人之禍是也。

私人以官者浮。

淺浮者不足以勝名器。如牛仙客爲宰相之類是也。

凌下取勝者侵。名不勝實者耗。

陸贄曰。名近於虛。於教爲重。利近於實。於義爲輕。然則實者所以致名。名者所以符實。名實相資。則不耗匱矣。

畧己而責人者不治。自厚而薄人者棄廢。

聖人常善救人而無棄人。常善救物而無棄物。自厚者自滿也。非仲尼所謂躬自厚之厚也。自厚而薄人。則人才將棄廢矣。

以過棄功者損。羣下外異者淪。

措置失宜。羣情隔息。阿諛並進。私徇並行。人人異心。求不淪亡。不可得也。

既用不任者疏。

用賢不任。則失士心。此管仲所謂害霸也。

行賞恡色者沮。

色有靳恡。有功者沮。項羽之刓印是也。

多許少與者怨。

失其本望。

既迎而拒者乖。

劉璋迎劉備而反拒之是也。

薄施厚望者不報。

天地不仁。以萬物爲芻狗。聖人不仁。以百姓爲芻狗。覆之載之。含之育之。豈責其報也。

貴而忘賤者不久。

道足於己者。貴賤不足以爲榮辱。貴亦固有。賤亦固有。惟小人驟而處貴。則忘其賤。此所以不久也。

念舊而棄新功者凶。

切齒於睚眦之怨。眷眷於一飯之恩者。匹夫之量。

有志於天下者雖仇必用以其才也雖怨必錄以
其功也漢高祖侯雍齒錄功也唐太宗相魏鄭公
用才也
用人不得正者殆彊用人者不畜
曹操彊用關羽而終歸劉備此不畜也
爲人擇官者亂失其所彊者弱
有以德彊者有以人彊者有以勢彊者有以兵彊
者堯舜有德而彊桀紂無德而弱湯武得人而彊
幽厲失人而弱周得諸侯之勢而彊失諸侯之勢

而弱唐得府兵而彊失府兵而弱其於人也善爲
彊惡爲弱其於身也性爲彊情爲弱
決策於不仁者險
不仁之人幸患樂禍
陰計外泄者敗厚斂薄施者削
剝削也文中子曰多斂之國其財必削
戰士貧游士富者衰
游士鼓其頰舌惟幸煙塵之會戰士奮其死力專
捍疆埸之虞富彼貧此兵勢衰矣

貨賂公行者昧
私昧公曲昧直也
聞善忽畧記過不忘者暴
暴而生怨
所任不可信所信不可任者濁
濁溷也
牧人以德者集繩人以刑者散
刑者原於道德之意而恕在其中是以先王以刑
輔德而非專用刑者也故曰牧之以德則集繩之

以刑則散也
小功不賞則大功不立小怨不赦則大怨必生賞不
服人罰不甘心者叛
人心不服則叛也
賞及無功罰及無罪者酷
非所宜加者酷也
聽讒而美聞諫而仇者亡能有其有者安貪人之有
者殘
有無之有則心逸而身安

右第五章言遵而行之者義也

安禮章第六

怨在不捨小過。患在不預定謀。福在積善。禍在積惡。

善積則致於福惡積則致於禍無善無惡則亦無禍無福矣

飢在賤農。寒在墮織。安在得人。危在失事。富在迎來。

唐堯之節儉李悝之盡地利越王勾踐之十年生聚漢之平準皆所以迎來之術也

貧在棄時。上無常操。下多疑心。

躁靜無常喜怒不節羣情猜疑莫能自安

輕上生罪。侮下無親。

輕上無禮侮下無恩

近臣不重。遠臣輕之。

淮南王言去平津侯如發蒙耳

自疑不信人。

暗也

自信不疑人。

明也

枉士無正友。

李逢吉之友則八關十六子之徒是也

曲上無直下。

元帝之臣則宏恭石顯是也

危國無賢人。亂政無善人。

非無賢人善人不能用故也

愛人深者求賢急。樂得賢者養人厚。

人不能自愛待賢而愛之人不能自養待賢而養之

國將霸者士皆歸。

趙殺鳴犢故夫子臨河而返

邦將亡者賢先避。

微子去商仲尼去魯是也

地薄者大物不產。水淺者大魚不游。樹禿者大禽不棲。林疏者大獸不居。

此四者以明人之淺則無道德國之淺則無忠賢也

山峭者崩。澤滿者溢。

此二者明過高過滿之戒也
棄玉取石者盲
有目與無目同
羊質虎皮者柔
有表無裏與無表同
衣不舉領者倒
當上而下
走不視地者顛
當下而上

柱弱者屋壞輔弱者國傾
才不勝任謂之弱
足寒傷心人怨傷國
夫冲和之氣生於足而流於四肢而心爲之君氣
和則天君樂氣乖則天君傷矣
山將崩者下先隳國將衰者人先弊
自古及今生齒富庶人民康樂而國衰者未之有
也
根枯枝朽人困國殘

長城之役興而秦國殘矣汴渠之役興而隋國殘
矣
與覆車同軌者傾與亡國同事者滅
漢武欲爲秦皇之事幾至於傾而能有終者末年
哀痛自悔也桀紂以女色亡而幽王之褒姒同之
漢以閹官亡而唐之中尉同之
見已生者慎將生惡其跡者須避之
已生者見而去之也將生者慎而消之也惡其跡
者急履而惡跡不若廢履而無行妄動而惡知不

若紬動而無爲
畏危者安畏亡者存夫人之所行有道則吉無道則
凶吉者百福所歸凶者百禍所攻非其神聖自然所
鍾
有道者非己求福而福自歸之無道者畏禍愈甚
而禍愈攻之豈其有神聖爲之主宰乃自然之理
也
務善策者無惡事無遠慮者有近憂同志相得
舜有八元八凱湯則伊尹孔子則顏回是也

同仁相憂
文王之閎散微子之父師少師周旦之召公管仲
之鮑叔也
同惡相黨
商紂之臣億萬盜蹠之徒九千是也
同愛相求
愛利則聚利之臣求之愛武則談兵之士求之愛
勇則樂傷之士求之愛仙則方術之士求之愛符
瑞則矯誣之士求之凡有愛者皆情之偏性之蔽

也
同美相妒
女則武后韋庶人蕭良娣是也男則趙高李斯是
也
同智相謀
劉備曹操翟讓李密是也
同貴相害
勢相軋也
同利相忌

害相刑也
同聲相應同氣相感
五行五氣五聲散於萬物自然相感應也
同類相依同義相親同難相濟
六國合從而拒秦諸葛通吳以敵魏非有仁義存
焉時同難爾
同道相成
漢承秦後海內殘弊蕭何以清靜涵養之何將亡
念諸將俱喜功好動不足以知治道時曹參在齊

嘗治蓋公黃老之術不務生事故引參以代相
同藝相規
李醯之賊扁鵲逄蒙之惡后羿是也規者非之也
同巧相勝
公輸子九攻墨子九拒是也
此乃數之所得不可與理違
自志同下皆所行所可預知智者知其如此順理
則行之逆理則違之
釋巳而教人者逆正巳而化人者順

教者以言化者以道老子曰法令滋彰盜賊多有教之逆者也我無爲而民自化我無欲而民自朴化之順者也

逆者難從順者易行難從則亂易行則理

天地之道簡易而已聖人之道簡易而已順日月而晝夜之順陰陽而生殺之順山川而高下之此天地之簡易也順夷狄而外之順中國而內之順君子而爵之順小人而役之順善惡而賞罰之順九土之宜而賦斂之順人倫而序之此聖人之簡

易也夫烏獲非不力也執牛之尾而使之卻行則終日不能步尋丈及以環桑之枝貫其鼻三尺之綯繫其頸童子服之風於大澤無所不至者蓋其勢順也

如此理身理家理國可也

小大不同其理則一

右第六章言安而履之之謂禮

素書終

心書總目

目錄終

漢　諸葛亮著　臨川雷體剛校

兵機第一

夫兵權者是三軍之司命主將之威勢將能執兵之權操兵之勢而臨羣下譬如猛虎加之羽翼而翱翔四海隨所遇而施之若將失權不操其勢亦如魚龍脫於江湖欲求游洋之勢奔濤戲浪何可得也

逐惡第二

夫軍國之弊有五害焉一曰結黨相連毀譖賢良二

曰侈其衣服異其冠帶三曰虛誇妖術詭言神道四曰專察是非私以動衆五曰伺候得失陰結敵人此所謂奸偽悖德之人可遠而不可親也

知人性第三

夫知人之性莫難察焉美惡既殊情貌不一有溫良而爲詐者有外恭而內欺者有外勇而內怯者有盡力而不忠者然知人之道有七焉一曰間之以是非而觀其志二曰窮之以詞辯而觀其變三曰咨之以計謀而觀其識四曰告之以禍難而觀其勇五曰醉之以酒而觀其性六曰臨之以利而觀其廉七曰期之以事而觀其信

將才第四

道之以德齊之以禮知其飢寒察其勞苦此謂之仁將事無苟免不爲利撓有死之榮無生之辱此謂之義將貴而不驕勝而不恃賢而能下剛而能忍此謂之禮將奇變莫測動應多端轉禍爲福臨危制勝此謂之智將進有厚賞退有嚴刑賞不逾時刑不擇貴此謂之信將足輕戎馬氣蓋千夫善固彊埸長於劍

戟此謂之步將陵高歷險馳射若飛進則先行退則後殿此謂之騎將氣凌三軍志輕強虜怯於小戰勇於大敵此謂之猛將見賢如不及從諫若順流寬而能剛勇而多計此謂之大將

將器第五

將之器其用大小不同若乃察其奸伺其禍爲衆所服此十夫之將夙興夜寐言詞密察此百夫之將直而有慮勇而能鬬此千夫之將外貌桓桓中情烈烈知人勤勞悉人飢寒此萬人之將近賢進能日愼一

日誠信寛大閑於理亂此十爲人之將仁愛洽於下信義服鄰國上曉天文中察人事下識地理四海之內視如家室此天下之將

將弊第六

夫爲將之道有八弊焉一曰貪而無厭二曰妬賢嫉能三曰信讒好佞四曰料彼不自料五曰猶豫不自決六曰荒淫於酒色七曰奸詐而自怯八曰狡之而不以禮

將志第七

兵者凶器將者危任是以器剛則缺任重則危故善將者不恃強不怙勢寵之而不喜辱之而不懼見利不貪見美不淫以身殉國一意而已

將善第八

將有五善四欲五善者所謂善知敵之形勢善知進退之道善知國之虛實善知天時人事善知山川險阻四欲者所謂戰欲奇謀欲密衆欲靜心欲一

將剛第九

善將者其剛不可折其柔不可卷故以弱制強以柔制剛純柔純弱其勢必削純剛純強其勢必亡不柔不剛合道之常

將驕第十

將不可驕驕則失禮失禮則人離人離則衆叛將不可悋悋則賞不行賞不行則士不致命不致命則無功軍無功則國虛國虛則寇實矣子曰如有周公之才之美使驕且吝其餘不足觀也巳

將強第十一

將有五強八惡高節可以厲俗孝悌可以揚名信義

可以交友沉慮可以容衆力行可以建功此將之五強也謀不能料是非禮不能任賢良政不能正刑法富不能濟窮厄知不能備未形慮不能防微密達不能舉所知敗不能無怨謗此謂之八惡也

出師第十二

古者國有危難君簡賢能而任之齋三日入太廟南面而立將北面太師進鉞於君君持鉞柄以授將曰從此至軍將軍其裁之復命曰見其虛則進見其實則退勿以身貴而賤人勿以獨見而違衆勿恃功能

勿失忠信士未坐勿坐士未食勿食同寒暑等勞逸
齊甘苦均危患如此則士必盡死敵必可亾將授詞
鑿凶門引軍而出君送之跪而推轂曰進退惟時軍
中事不由君命皆由將出若此則無天於上無地於
下無敵於前無主於後是以智者爲之慮勇者爲之
鬬故能戰勝於外功成於內揚名於後世福流於子
孫矣

擇材第十三

夫師之行也有好鬬樂戰獨取強敵者聚爲一徒名

曰報國之士有氣冠三軍才力勇捷者聚爲一徒名
曰突陣之士有輕足善步走如奔馬者聚爲一徒名
曰搴旗之士有騎射若飛發無不中者聚爲一徒名
曰爭鋒之士有射必中中必死者聚爲一徒名曰飛
馳之士有善發強弩遠而必中者聚爲一徒名曰摧
鋒之士此六軍之善士各因其能而用之

智用第十四

夫爲將之道必順天因時依人以立勝也故天作時
不作而人作是謂逆時時作天不作而人作是謂逆
天天作時作而人不作是謂逆人智者不逆天亦不
逆時亦不逆人也

不陣第十五

古之善理者不師善師者不陣善陣者不戰善戰者
不敗善敗者不亾昔者聖人之致理也安其居樂其
業人至老不相攻伐可謂善理者不師舜修典刑皐
陶作士師人不干令行無可施可謂善師者不陣若
禹伐有苗舜舞干羽而苗民格可謂善陣者不戰齊
桓南服強楚北伐山戎可謂善戰者不敗楚昭遭禍

奔秦請救卒能返國可謂善敗者不亾矣

將誡第十六

書曰狎侮君子罔以盡人心狎侮小人罔以盡人力
故用兵之要務攬英雄之心嚴賞罰之科總文武之
道操剛柔之術說禮樂而敦詩書先仁義而後智勇
靜若魚潛動若奔獺散其所連而折其所強耀以旌
旗戒以金鼓退若山移進如風雨擊崩若摧合戰如
虎迫而容之利而誘之亂而取之卑而驕之親而離
之強而弱之有危者安之有懼者悅之有叛者懷之

有窺者伸之有強者抑之有弱者扶之有謀者親之有讒者覆之獲財者與之不倍兵以攻弱不恃衆以輕敵不傲才以驕人不以寵而作威先計而後動知勝而始戰得其財帛不自寶得其子女不自使將能若此嚴號申令而人願鬭則兵和刃接而人樂死矣

戒備第十七

國之大務莫先於戒備若乃失之毫釐則差若千里覆軍殺將勢不踰息可不懼哉故有患難君臣旰食而謀之擇賢而任之若乃安居而不思危寇至而不

知拒此謂燕巢於幕魚遊於鼎亡不俟夕傳曰不備不虞不可以師又曰預備而虞古之善政又曰蜂蠆尚有毒而況國乎無備雖衆不可恃也故曰有備無患故三軍之行不可無備

習練第十八

夫軍不習練百不當一習而用之一可當百故仲尼曰以不教民戰是謂棄之又曰善人教民七年亦可以即戎矣然則即戎之士不可不教教之以禮義誨之以忠信戒之以典刑威之以賞罰故人知勸然後習之或陣而分之坐而起之行而止之走而卻之別而合之散而聚之一人可教十人十人可教百人百人可教千人千人可教萬人萬人可教三軍然後教練而敵可勝矣

軍蠹第十九

夫三軍之行有探候不審烽火失度後期犯令不應時機阻亂師徒乍前乍後不合金鼓上不恤下歛削無度營私徇已不恤饑寒非言妖詞妄陳禍福無事喧雜驚惑將吏勇不受制專而陵上輕竭府庫擅給

其財此九者三軍之蠹有之必敗也

腹心第二十

夫爲將者必有腹心耳目爪牙無腹心者如人夜行無所措手足無耳目者如冥然而居不知運動無爪牙者如飢人食毒物無不死矣故善將者必有博聞多智者爲腹心沉審謹密者爲耳目勇悍善敵者爲爪牙

謹候第二十一

夫敗軍喪師未有不因輕敵而致禍者故師出以律失律則凶律有十五焉一曰慮間諜明也二曰詰詐

候謹也三曰勇敵衆不撓也四曰廉見利思義也五曰平賞罰均也六曰忍善含恥也七曰寬能容衆也八曰信重然諾也九曰敬禮賢能也十曰明不納讒也十一曰謹不違理也十二曰仁善養士卒也十三曰忠以身徇國也十四曰分知止足也十五曰謀自料知他也

機形第二十二

夫以愚克智命也以智克愚順也以智克智機也其道有三一曰事二曰勢三曰情事機作而不能應非

智也勢機動而不能制非賢也情機發而不能行非勇也善將者必因機而立勝

重刑第二十三

吳起曰鼓鼙金鐸所以威耳旌旗所以威目禁令刑罰所以威心耳威以聲不可不淸目威以容不可不明心威以刑不可不嚴三者不立士可怠也故曰將之所麾莫不心移將之所指莫不前死矣

譱將第二十四

古之善將者有四示之以進退故人知禁誘之以仁義故人知禮重之以是非故人知勸決之以賞罰故人知信禁禮勸信師之大經也未有綱直而目不舒也故能戰必勝攻必取庸將不然退則不能止進則不能禁故與軍同亡無誡勸則賞罰失度人不知信故賢良退伏頑諂登用是以戰必敗散

審因第二十五

夫因人之勢以伐惡則黃帝不能與爭威矣因人之力以決勝則湯武不能與爭功矣若能審因而加之威勝則萬夫之雄將可圖四海之英豪受制矣

天勢第二十六

夫行兵之勢有三焉一曰天二曰地三曰人天勢者日月淸明五星合度彗孛不殃風氣調和地勢者城峻重崖洪波千里石門幽洞羊腸曲沃人勢者主聖將賢三軍由禮士卒用命糧甲堅備善將者因天之時就地之勢依人之利則所向者無敵所擊者萬全矣

勝敗第二十七

賢才居上不肖居下三軍悅樂士卒畏懼相議以勇

鬬相望以威武相勸以刑賞此必勝之徵也三軍數驚士卒惰慢下無禮信人不畏法相恐以敵相語以利相囑以禍福相惑以妖言此必敗之徵也

假權第二十八

夫將者人命之所懸也成敗之所繫也禍福之所倚也而上不假之以賞罰亦猶束猿猱之手而責之以騰捷膠離婁之目而使之辯青黃不可得也若賞移在權臣罰不由主將人苟自利誰懷鬬心雖伊呂之謀韓白之功而不能自衛也故孫武曰將之出君命

有所不受周亞夫曰軍中聞將軍之命不聞有天子之詔

哀死第二十九

古之善將者養人如養己子有難則以身先之有功則以身後之死者哀而葬之傷者泣而撫之飢者捨食而食之寒者解衣而衣之智者禮而祿之勇者賞而勸之將能若此所向必捷矣

三賓第三十

三軍之行也必有賓客群議得失以資將用有詞若懸流奇謀不測博聞廣見多藝多才此萬夫之望可引爲上賓有猛如熊虎捷若騰猿剛如鐵石利若龍泉此一時之雄可引爲中賓有多言或中薄技小才此常人之能可引爲下賓

後應第三十一

若乃圖難於易爲大於細先動後用刑於無刑此用兵之智也師徒已列戎馬交馳強弩纔臨短兵又接乘威布信敵人告急此用兵之能也身衝矢石爭勝一時成敗未分我傷彼死此乃用兵之下也

使利第三十二

夫草木叢集利以遊逸重塞山林利以不意前林無隱利以潛伏以少擊衆利以日暮以衆擊寡利以淸晨強弩長兵利以捷次踰淵隔水風大暗昧利以搏前擒後

應機第三十三

夫必勝之術合變之形在於機也非智者孰能見機而作見機之道莫先於不意故猛獸失險童子持戟以追之蜂蠆發毒壯士徬徨而失色以其禍出不圖

變速非慮。

揣能第三十四

古之善用兵者揣其能而料其勝負主孰聖也將孰賢也吏孰能也糧餉孰豐也士卒孰練也軍容孰整也戎馬孰逸也形勢孰險也賓客孰智也鄰國孰懼也財貨孰多也百姓孰安也由此觀之強弱之形可以決矣。

輕戰第三十五

螫蟲之觸負其毒也戰士能勇恃其備也是以鋒銳

甲堅則人輕戰故甲不堅密與肉袒同射不能中與無矢同衆不能入與無鏃同探候不謹與無目同將帥不勇與無將同。

地勢第三十六

夫地勢者兵之助也不知戰地而求勝者未之有也。山林土陵邱阜大川此步兵之地土高山狹蔓衍相屬此車騎之地依山附澗高林深谷此弓弩之地草淺土平可前可後此長戟之地蘆葦相參竹樹交映。此鎗矛之地也。

情勢第三十七

夫將有勇而輕死者有急而心速者有貪而喜利者。有仁而不忍者有智而心怯者有謀而情緩者是故勇而輕死者可暴也急而心速者可久也貪而喜利者可遺也仁而不忍者可勞也智而心怯者可窘也謀而情緩者可襲也

擊勢第三十八

古之善鬬者必先探敵情而後圖之凡師老糧絕百姓愁怨軍令不習器械不修計不先設外救不至將

吏刻剝賞罰輕懈營陣失次戰勝而驕可以攻之若用賢授能糧食羨餘甲兵堅利四鄰和睦大國應援敵有此者計而避之。

整師第三十九

夫出師行軍以整為勝若賞罰不明法令不信金之不止鼓之不進雖有百萬之師無益於用所謂整師者居則有禮動則有威進不可當退不可逼前後應接左右應旄與之安而不與之危其衆可合而不可離可用而不可疲矣。

勵士第四十

夫用兵之道尊之以爵贍之以財則士無不至矣接之以禮勵之以信則士無不死矣畜恩不倦法若畫一則士無不服矣先之以身後之以人則士無不勇矣小善必錄小功必賞則士無不勸矣

自勉第四十一

聖人則天賢者法地智者則古驕者招毀妄者稔禍多語者寡信自奉者少恩賞於無功者離罰加無罪者怨喜怒不當者滅

戰道第四十二

夫林戰之道晝廣旌旗夜多金鼓利用短兵巧在設伏或攻於前或發於後叢戰之道利用劍楯將欲圖之先度其路十里一場五里一應偃戢旌旗特嚴金鼓令賊人無措手足谷戰之道巧於設伏利以勇鬬輕足之士淩其高必死之士殿其後列強弩而衝之持短兵而繼之彼不得前我不得往水戰之道利在舟楫練習士卒以乘之多張旗幟以惑之嚴弓弩以中之持短兵以捍之設堅柵以衛之順其流而擊之夜戰之道利在機密或潛師以衝之以出其不意或多火鼓以亂耳目而攻之可以勝矣

和人第四十三

夫用兵之道在於人和和則不勸而自戰矣若將吏相猜士卒不服忠謀不用羣下謗議讒慝互生雖有湯武之智而不取勝於匹夫況衆人乎

察情第四十四

夫兵起而靜者恃其險也迫而挑戰者欲人之進也衆樹動者車來也塵土卑而廣者徒來也辭強而進

驅者退也半進而半退者誘也杖而行者饑也見利而不進者勞也鳥集者虛也夜呼者恐也軍擾者將不重也旌旗動者亂也吏怒者倦也數賞者窘也數罰者困也來委謝者休息也幣重而言甘者誘也

將情第四十五

夫為將之道軍井未汲將不言渴軍食未熟將不言飢軍火未燃將不言寒軍幕未施將不言困夏不操扇冬不服裘雨不張蓋與衆同也

威令第四十六

夫一人之身百萬之衆束肩斂息踵足俯聽莫敢仰視法制使然也若乃上無刑罰下無禮義雖貴有天下富有四海而不能自免者桀紂之類也夫以匹夫之刑令之以賞罰而人不能逆其命者孫武穰苴之類也故令不可輕勢不可逆

心書終

古今注總目

目録終

古今注卷上

輿服第一

晉　崔豹著　[redacted]南昌黄中模校

大駕指南車起黄帝與蚩尤戰於涿鹿之野蚩尤作大霧兵士皆迷於是作指南車以示四方遂擒蚩尤而即帝位故後常建焉舊說周公所作也周公治致太平越裳氏重譯來貢白雉一黒雉二象牙一使者迷其歸路周公錫以文錦二疋輧車五乘皆爲司南之制使越裳氏載之以南緣扶南林邑海際朞年而

至其國使大夫宴將送至國而還亦乘司南而背其所指亦朞年而還至始制車轄轊皆以鐵還至鐵亦銷盡以屬巾車氏收而載之常爲先導示服遠人而正四方車灋具在尚方故事漢末喪亂其灋中絶馬先生紹而作焉今指南車馬先生之遺灋也馬鈞曹魏時人

大章車所以識道里也起於西京亦曰記里車車上爲二層皆有木人行一里下層擊鼓行十里上層擊鐲尚方故事有作車灋

辟惡車秦制也桃弓葦矢所以祓除不祥也

豹尾車周制也所以象君子豹變尾言謙也古軍正建之今唯乘輿得建焉

金斧黄鉞也鐵斧元鉞也三代通用之以斷斬今以金斧黄鉞爲乘輿之飾元鉞諸王公得建之武王以黄鉞斬紂故王者以爲戒太公以元鉞斬妲己故婦人以爲戒漢制諸公亦建元鉞以太公秉之助武王斷斬故爲諸公之飾焉大將軍出征特加黄鉞者以銅爲之黄金塗刃及柄不得純金也得賜黄鉞則斬持節將也

鍠秦改鐵鉞作鍠始皇制也一本云鍠秦制也今乘輿諸公王妃主通建之也

麾所以指麾武王右執白旄以麾是也乘輿以黄諸公以朱刺史二千石以纁

五輅衡上金爵者朱雀也口衘鈴鈴謂鑾所謂和鑾也禮記云行前朱鳥鸞也前有鸞鳥故謂之鸞鸞口衘鈴故謂之鑾鈴今或爲鑾或爲鸞事一而義異也

車輻棒也漢朝執金吾金吾亦棒也以銅爲之黄金塗兩末謂爲金吾御史大夫司隸校尉亦得執焉御

史校尉郡守都尉縣長之類，皆以木爲吾焉，用以夾車，故謂之車輻，一曰形似輻，故謂之車輻也。

棨戟，殳之遺象也，詩所謂伯也執殳，爲王前驅，殳，前驅之器也，以木爲之，後世滋僞，無復典刑，以赤油韜之，亦謂之油戟，亦謂之棨戟，公王以下通用之以前驅。

信幡，古之徽號也，所以題表官號，以爲符信，故謂爲信幡也，乘輿則畫爲白虎，取其義而有威信之德也，魏朝有青龍幡，朱鳥幡，元武幡，白虎幡，黃龍幡，五而以詔四方，東方郡國以青龍幡，南方郡國以朱鳥

幡，西方郡國以白虎幡，北方郡國以元武幡，朝廷畿内以黃龍幡，亦以騏驎幡，高貴鄉公詩晉文王自乘黃龍幡以麾是也，今晉朝唯用白虎幡，信幡用鳥書，取其飛騰輕疾也，一曰以鴻鴈燕鳦者，去來之信也。

重耳，古重較也，文官青耳，武官赤耳，或曰重較在車車轖上，重起如牛角，故云重較耳。

穰衣，厮役之服也，取其便於用耳，乘輿進食者服穰衣，前漢董偃緑幘青韝，加穰衣以見武帝，厨人之服也。

伍伯，一伍之伯也，五人曰伍，五長爲伯，故稱伍伯，一曰戶伯，漢制兵吏五人一戶，竈置一伯，故戶伯亦曰火伯，以爲一竈之主也，漢諸公行則戶伯率其伍以導引也，古兵士服韋弁，今戶伯服赤幘縹衣素韎，弁之遺法也。

唱上，所以促行徒也，上鼓而行節也。

警蹕，所以戒行徒也，周禮蹕而不警，秦制出警入蹕，謂出軍者皆警戒，入國者皆蹕止也，故云出警入蹕也，至漢朝梁孝王出稱警，入稱蹕，降天子一等焉，

一曰蹕路也，謂行者皆警於塗路也。

華蓋，黃帝所作也，與蚩尤戰於涿鹿之野，常有五色雲氣，金枝玉葉，止於帝上，有花葩之象，故因而作華蓋也。

曲蓋，太公所作也，武王伐紂，大風折蓋，太公因折蓋之形而制曲蓋焉，戰國常以賜將帥，自漢朝乘輿用四，謂爲轓輗、蓋有軍號者，賜其一也。

伺風烏，夏禹所作也。

雉尾扇，起於殷世，高宗時有雊雉之祥，服章多用翟

羽周制以爲王后夫人之車服輿車有翣即緝雉羽爲扇翣以障翳風塵也漢朝乘輿服之後以賜梁孝王魏晉以來無常惟諸王皆得用之

障扇長扇也漢世多豪俠象雉尾扇而制長扇也

金根車秦制也秦并天下閱三代之輿服謂殷得瑞山車一曰金根車故因作金根之車秦乃增飾而乘御焉漢因而不改

漢舊制乘輿黃赤綬四采黃赤縹紺淳黃爲圭長二丈九尺九寸五百首諸侯王赤綬四采赤黃縹紺淳

赤圭長二丈一尺三百首太皇太后皇太后皇后皆與乘輿同長公主天子貴人與諸侯王同綬者所加也諸國貴人相國皆綠綬三采綠紫紺淳綠圭長二丈一尺二百四十首公侯將軍紫綬二采紫白淳紫圭長一丈七尺百八十首公主封君服紫綬九卿中二千石二千石青綬三采青白紅淳青圭長一丈七尺百二十首自青綬以上縌皆長三尺二寸與綬同采而首半之

縌者古佩璲也佩綬相迎受故曰縌紫綬以上縌綬之間得施玉環玦云千石六百石黑綬三采青赤紺淳青圭長一丈六尺八十首四百石三百石長同四百石三百石二百石黃綬一采淳黃圭長一丈五尺六十首自黑綬以下縌皆長三尺與綬同采而首半之百石青紺綬一采婉轉繆織長一丈二尺凡先合單紡爲一系四系爲一扶五扶爲一首五首成一文文采淳爲一圭首多者系細首少者系麤皆廣一尺六寸也漢末喪亂玉佩之法絕而不傳魏侍中王粲識古佩法始更制焉

幰魏武帝所制初以章申服之輕便又作五色幰以表方面也

白筆古珥筆示君子有文武之備焉

兩漢京兆河南尹及執金吾司隸校尉皆使人導引傳呼使行者止坐者起四人皆持角弓違者則射之有乘高窺闕者亦射之魏晉設角弩而不用也

青囊所以盛印也奏劾者則以青布囊盛印於前示奉王法而行也非奏劾日則以青緗爲囊盛印於後謂奏劾尚質直故用布非奏劾日尚文明故用緗也

自晉朝以來、劾奏之官專以印居前、非劾奏之官專以印居後也、

文官冠進賢冠、古委貌之遺象也、武官冠惠文冠、古緇布冠之遺象、緇布冠上古之法、武人尚質、故取法焉、

舄、以木置履下、乾腊不畏泥濕也、天子赤舄、凡舄色皆象於裳、

履者、屨之不帶者也、

不借者、草履也、以其輕賤易得、故人人自有、不假借

於人、故名不借也、又漢文帝履不借視朝、

五明扇、舜所作也、既受堯禪、廣開視聽、求賢人以自輔、故作五明扇焉、秦漢公卿士大夫皆得用之、魏晉非乘輿不得用、

貂蟬、胡服也、貂者、取其有文采而不炳煥、外柔易而內剛勁也、蟬、取其清虛識變也、在位者有文而不自耀、有武而不示人、清虛自牧、識時而動也、

劍、漢世傳高祖斬白蛇劍、長七尺、漢高祖爲泗水亭長、送徒驪山所提劍、理應三尺耳、後富貴、即得七尺寶劍、拾舊劍而服之、後漢之世、唯聞高祖以所佩之劍斬白蛇、而高祖常佩此劍、便謂此劍即斬蛇之劍也、

吳大皇帝有寶刀三、寶劍六、一曰白虹、二曰紫電、三曰辟邪、四曰流星、五曰青冥、六曰百里、刀一曰百鍊、二曰青犢、三曰漏景、

孫文臺獲青玉馬鞍、其光照衢、

都邑第二

封疆畫界者、封土爲臺、以表識疆境也、畫界者、於二

封之間、又爲壝埒、以畫分界域也、

闤、市垣也、闠、市門也、

肆、所以陳貨鬻之物也、店、所以置貨鬻之物也、肆、陳也、店、置也、

罘罳、屏之遺象也、塾、門外之舍也、臣來朝君、至門外當就舍、更詳熟所應對之事也、塾之言熟也、行至門內屏外、復應思惟、罘罳、復思也、漢西京罘罳合板爲之、亦築土爲之、每門闕殿舍前皆有焉、于今郡國廳前亦樹之、

城門皆築土爲之累土曰臺故亦謂之臺門也

長安御溝謂之楊溝謂植高楊於其上也一曰羊溝謂羊喜牴觸垣牆故爲溝以隔之故曰羊溝也

闕觀也古每門樹兩觀於其前所以標表宮門也其上可居登之則可遠觀故謂之觀人臣將至此則思其所闕故謂之闕其上皆丹堊其下皆畫雲氣仙靈奇禽怪獸以昭示四方焉

蒼龍闕畫蒼龍白虎闕畫白虎元武闕畫元武朱雀闕上有朱雀二枚

城者盛也所以盛受人物也

廟者貌也所以髣髴先人之靈貌也

隍者城池之無水者也

紫塞秦築長城土色皆紫漢塞亦然故稱紫塞焉

丹徼南方徼色赤故稱丹徼爲南方之極也塞者塞也所以擁塞戎狄也徼者繞也所以繞遮蠻夷使不得侵中國也

枸欄漢成帝顧成廟有三玉鼎二眞金鑪槐樹悉爲扶老枸欄畫飛雲龍角於其上也

卷上終

古今注　卷中

音樂第三

雉朝飛者牧犢子所作也齊處士湣宣時人年五十無妻出薪於野見雉雄雌相隨而飛意動心悲乃作朝飛之操將以自傷焉其聲中絕魏武帝宮人有盧女者故冠軍將軍陰叔之妹年七歲入漢宮學鼓琴琴特鳴異於諸妓善爲新聲能傳此曲盧女至明帝崩後放出嫁爲尹更生之妻別鶴操商陵牧子所作也娶妻五年而無子父兄將爲之改娶妻聞之中夜

起倚戶而悲嘯牧子聞之愴然而悲乃歌曰將乖比翼隔天端山川悠遠路漫漫攬衣不寢食忘餐後人因爲樂章焉

走馬引樗里牧恭所作也爲父報冤殺人而亡藏於山谷之下有天馬夜降圍其室而鳴夜覺聞其聲以爲吏追乃奔而亡去明視之馬跡也乃惕然大悟曰豈吾所居之處將危乎遂荷衣糧而去入于沂澤援琴鼓之爲天馬之聲號曰走馬引焉

淮南王淮南小山之所作也淮南服食求仙遍禮方

士遂與八公相携俱去莫知所在小山之徒思戀不已乃作淮南王之曲焉

武溪深乃馬援南征之所作也援門生爰寄生善吹笛援作歌以和之名曰武溪深其曲曰滔滔武溪一何深鳥飛不度獸不能臨嗟哉武溪多毒淫

吳趨曲吳人以歌其地也

箜篌引朝鮮津卒霍里子高妻麗玉所作也子高晨起刺船而濯有一白首狂夫被髮提壺亂流而渡其妻隨呼止之不及遂墮河水死於是援箜篌而鼓之

作公無渡河之歌聲甚悽愴曲終自投河而死霍里子高還以其聲語妻麗玉玉傷之乃引箜篌而寫其聲聞者莫不墮淚飲泣焉麗玉以其聲傳鄰女麗容名曰箜篌引焉

平陵東翟義門人所作也王莽殺義義門人作歌以怨之

薤露蒿里並喪歌也出田橫門人橫自殺門人傷之爲之悲歌言人命如薤上之露易晞滅也亦謂人死魂魄歸乎蒿里故有二章一章曰薤上朝露何易晞露晞明朝還復滋人死一去何時歸其二曰蒿里誰家地聚斂魂魄無賢愚鬼伯一何相催促人命不得少踟蹰至孝武時李延年乃分爲二曲薤露送王公貴人蒿里送士大夫庶人使挽柩者歌之世呼爲挽歌

長歌短歌言人生壽命長短定分不可妄求也

陌上桑出秦氏女子秦氏邯鄲人有女名羅敷爲邑人千乘王仁妻王仁後爲趙王家令羅敷出採桑於陌上趙王登臺見而悅之因飲酒欲奪焉羅敷乃彈

箏乃作陌上歌以自明焉

杞梁妻杞植妻妹明月之所作也杞植戰死妻歎曰上則無父中則無夫下則無子生人之苦至矣乃抗聲長哭杞都城感之而頹遂投水而死其妹悲其姊之貞操乃爲作歌名曰杞梁妻焉梁植字也

釣竿伯常子妻所作也伯常子避仇河濱爲漁父其妻思之每至河側作釣竿之歌後司馬相如作釣竿之詩今傳爲古曲也

董逃歌後漢游童所作也後有董卓作亂卒以逃亡

後人習之、以爲歌章、樂府奏之、以爲炯戒、

短簫鐃歌、軍樂也、黃帝使岐伯所作也、所以建武揚德風勸戰士也、周禮所謂王大捷則令凱樂、軍大獻則令凱歌者也、漢樂有黃門鼓吹、天子所以宴樂羣臣、短簫鐃歌、鼓吹之一章耳、亦以賜有功諸侯、

上留田、地名也、其地人有父母死、兄不字其孤弟者、鄰人爲其弟作悲歌、以諷其兄、故曰上留田、

日重光、月重輪、羣臣爲漢明帝所作也、明帝爲太子、樂人作歌詩四章、以贊太子之德、其一曰日重光、其二曰月重輪、其三曰星重輝、其四曰海重潤、漢末喪亂、後其二章亡、舊說云、天子之德、光明如日、規輪如月、衆輝如星、霑潤如海、太子皆比德焉、故云重耳、

橫吹、胡樂也、張博望入西域、傳其法於西京、唯得摩訶兜勒二曲、李延年因胡曲更造新聲二十八解、乘輿以爲武樂、後漢以給邊將軍、和帝時萬人將軍得用之、魏晉以來、二十八解不復具存、世用者黃鵠、隴頭、出關、入關、出塞、入塞、折楊柳、黃華子、赤之陽、望行人等十曲、

後漢蔡邕益琴爲九絃、後還用七絃、

鳥獸第四

楊白、鷂也、似鷹、尾上白、

扶老、禿秋也、狀如鶴而大、大者頭高八尺、善與人鬬、好吹蛇、

鴈自河北渡江南、瘦瘠能高飛、不畏繒繳、江南沃饒、每至還河北、體肥不能高飛、恐爲虞人所獲、嘗銜蘆長數寸、以防繒繳焉、

鳧鴈在江邊沙上、食沙石、悉皆銷爛、唯食海蛤不消、隨其糞出、用以爲藥、倍勝餘者、

鶴千歲則變蒼、又二千歲則變黑、所謂元鶴也、

猿五百歲化爲玃、

鷓鴣出南方、鳴常自呼、常向日而飛、畏霜露、早晚希出、有時夜飛、夜飛則以樹葉覆其背上、

吐綬鳥、一名功曹、

驢爲牡、馬爲牝、生騾、騾爲牝、馬爲牡、生駏、

秦始皇有七名馬、追風、白兔、躡景、犇電、飛翮、銅爵、神鳧、

鵁鶄、水鳥鳧類也、雌雄未嘗相離、人得其一則一思而至死、故曰疋鳥、

兎口有缺、尻有九孔、

麞有牙而不能噬、鹿有角而不能觸、麞一名麕、青州人謂麕爲麞

雀一名嘉賓、言常棲集人家、如賓客也、

鷰一名天女、又名鷙鳥、

鵲一名神女、

鴝鵒一名鳲鳩、

古今注　卷中　六

烏一名孝鳥、一名元鳥、

鷄一名燭夜、

狗一名黄耳、

猿一名叅軍、

羊一名髯鬚主簿、

魚蟲第五

螢火、一名耀夜、一名景天、一名熠燿、一名丹良、一名燐、一名丹鳥、一名夜光、一名宵燭、（作燈）腐草爲之、食蚊蚋、

蟪蛄、一名天螻、一名螜、（胡卜切）一名碩鼠、有五能而不成伎術、一飛不能過屋、二緣不能窮木、三沒不能窮谷、四掘不能覆身、五走不能絶人、

蟋蟀、一名吟蛩、一名蛩、秋初生、得寒則鳴、一云濟南呼爲懶婦、

蝙蝠、一名仙鼠、一名飛鼠、五百歲則色白、腦重、集則頭垂、故謂之倒折、食之神仙、

蟛蜞、小蟹、生海邊、泥中食土、一名長卿、其一有螯偏大者名擁劍、一名執火、其螯赤、故謂之執火云、

古今注　卷中　七

長蚑、蠨蛸也、身小足長、故謂長蚑、

蠅虎、蠅狐也、形似蜘蛛、而色灰白、善捕蠅、一名蠅蝗、一名蠅豹、（一本作豹子）

莎雞、一名促織、一名絡緯、一名蟋蟀、促織謂鳴聲如急織、絡緯謂其鳴聲如紡績也、促織一曰促機、一名紡績、

蚯蚓、一名蜿蟺、一名曲蟺、善長吟於地中、江東謂之歌女、或謂之鳴砌、

飛蛾、善拂燈、一名火花、一名慕光、

蝘蜓一名龍子一曰守宮善上樹捕蟬食之其長細五色者名為蜥蜴短大者名蠑螈一曰蛇醫大者長三尺其色元紺者善螫人一名元螈一曰綠螈也

蜻蛉一名青亭一名胡蝶色青而大者是也小而黃者曰胡梨一曰胡離小而赤者曰赤卒一名絳騶一名赤衣使者好集水上亦名赤弁丈人

蛺蝶一名野蛾一名風蝶江東呼為撻末色白背青者是也其大如蝙蝠者或黑色或青斑名為鳳子一名鳳車名鬼車生江南柑橘園中

紺蝶一名蜻蛉似蜻蛉而色元紺遼東人呼為紺幡亦曰童幡亦曰天雞好以七月羣飛暗天海邊夷貊食之謂海中青蝦化為之也

魚子曰鮑亦曰鯤亦曰鮇言如散稍米也

鯉之大者曰鱣鱣之大者曰鮪

蜣蜋能以土苞糞推轉成丸圓正無斜角莊周曰蛣蜣之智在於轉丸一曰蛣蜣一曰轉丸一曰弄丸

蝸牛陵螺也形如蜆蝓殼如小螺熱則自懸於葉下野人結圓舍如蝸牛之殼故曰蝸舍亦曰蝸牛之舍也蝸殼宛轉有文章紋轉為結似螺殼文名曰螺髻童子結髮亦為螺髻亦謂其形似螺殼

白魚赤尾者曰魟音紅一曰魧或云雌者曰白魚雄者曰魟

魚子好羣泳水上者名曰白萍

蝦蟇子曰蝌蚪一曰元針一曰元魚形圓而尾大尾脫即腳生

烏賊魚一名河伯度事小吏本草作虫事小史

兗州人呼赤鯉為赤驥謂青鯉為青馬黑鯉為元駒白鯉為白騏黃鯉為黃雉

鯨魚者海魚也大者長千里小者數十丈一生數萬子常以五月六月就岸邊生子至七八月導從其子還大海中鼓浪成雷噴沫成雨水族驚畏皆逃匿莫敢當者其雌曰鯢大者亦長千里眼為明月珠

水君狀如人乘馬眾魚皆導從之一名魚伯大水乃有之漢末有人於河際見之人馬有鱗甲如大鯉魚但手足耳目鼻與人不異爾見人良久乃入水中

龜名元衣督郵鼈名河伯從事

江東呼青衣魚爲婢鯿，呼童子魚爲土父，呼鼈爲河伯使者。

結草蟲一名結葦，好於草末折屈草葉以爲巢窟，處處有之。

古今注卷中終

古今注卷下

草木第六

甘實形如石榴者，謂之壺甘。

六駮山中有木葉似豫章，皮多斑駁。

白楊葉圓，青楊葉長，柳葉亦長細。

移楊圓葉弱蒂，微風大搖，一名高飛，一名獨搖。

蒲柳生水邊，葉似青楊，一曰蒲楊。

移楊亦曰移柳，亦曰蒲移。

水楊，蒲楊也，枝勁韌，任大用。又有赤楊，霜降則葉赤，

材理亦赤也。

合歡樹似梧桐，枝葉繁，互相交結，每風來輒身相解，了不相牽綴。樹之階庭，使人不忿。嵇康種之舍前。

杜仲皮中有絲，折之則見。

木蜜生南方，合體皆甜，嫩枝及葉皆可生噉，味如蜜，解悶止渴。其老枝及根幹堅不可食，細破煮之，煎以爲蜜，味倍甜濃。糯棗葉如柳，實似柿而小，味亦甘美。

蘇枋木出扶南林邑外國，取細破煮之以染色。

翳或作蘙，翳木出交州，色黑而有文，亦謂之烏文木。

也

紫栴木出扶南色紫亦謂之紫檀

螢豆一名治螢葉似葛而實長尺餘可蒸食一名螢菽

貍豆一名貍沙一名獵沙葉似葛而實大如李核可啖食也

虎豆一名虎沙似貍豆而大實如小兒拳亦可食

馬豆一名馬沙似虎豆而小實大如指亦可食也

荊葵一名戎葵一名芘芣華似木槿而光色奪目有紅有紫有青有白有赤莖葉不殊但花色異耳一曰蜀葵

芙蓉一名荷華生池澤中實曰蓮花之最秀異者一名水芝一名水花色有赤白紅紫青黃紅白二色差多花大者至百葉

芡雞頭也一名鴈頭一名芰葉似荷而大葉上蹙皺如沸實有芒刺其中如米可以度饑也

萬連葉如烏翅一名烏羽一名鳳翼花大者其色多多紅綠紅者紫點綠者紺點俗呼爲仙人花一名連纈花

酒杯藤出西域藤大如臂葉似葛花實如梧桐實花堅皆可以酌酒自有文章映徹可愛實大如指味如荳蔲香美消酒士人提酒來至藤下摘花酌酒仍以實銷酲國人寶之不傳中土張騫出大宛得之事出張騫出關志

烏孫國有青田核莫測其樹實之形至中國者但得其核耳得清水則有酒味出如醇美好酒核大如六升瓠空之以盛水俄而成酒劉章得兩核集賓客設

之常供二十人之飲一核盡一核所盛以復飲飲盡隨更注水隨盡隨盛不可久置久置則苦不可飲名曰青田酒

枳椇子一名樹蜜一名木餳實形拳曲花在實外味甜美如餳蜜一名白石一名白實一名木石一名木實一名枳椇

棘實爲棗杼實爲橡桑實爲椹楮實爲任

匏瓠也壺盧瓠之無柄者也瓠有柄者懸瓠可以爲笙曲沃者尤善秋乃可用之則漆其裏瓢亦瓠也瓠

共總瓢共別也

羊躑躅花黄羊食之則死羊見之則躑躅分散故名羊躑躅

漆樹以剛斧斫其皮開以竹管承之汁滴管中即成漆也

稻之黏者爲黍亦謂稌爲黍

禾之黏者爲黍亦謂之稌亦曰黄黍

九穀黍稷稻粱三豆二麥

茶蓼也紫色者茶也青色者蓼也其味辛且苦食明

目或謂紫葉者爲香茶青者爲青茶亦謂紫色者爲紫蓼青色者爲青蓼其長大不苦者爲高蓼（高或作馬）

蒜卵蒜也俗人謂之小蒜胡國有蒜十許子共爲一株籜幕裹之名爲胡蒜尤辛於小蒜俗人亦呼之爲大蒜

揚州人謂蒻爲斑杖不知食之

荆揚人謂藿爲蕺

蘘荷似薦苴而白蘸苴色紫花生根中花未散時可食久置則銷爛不爲實矣葉似薑宜陰翳地種之常依陰而生

燕支葉似薊花似蒲公出西方土人以染名爲燕支中國人謂之紅藍以染粉爲面色謂爲燕支粉今人以重絳爲燕支非燕支花所染也燕支花所染自爲紅藍爾舊謂赤白之間爲紅即今所謂紅藍也

苦蔵一名苦蘵子有裹形如皮弁始生青熟則赤裹有實正圓如珠亦隨裹青赤長安兒童謂爲洛神珠一曰王母珠一曰皮弁草

沈釀者漢鄭宏爲靈文鄉嗇夫行官京洛未至宿一

埭埭名沈釀於埭逢故舊友人四顧荒郊村落絶遠酤酒無處情抱不伸乃以錢投水中依口而飲飲盡酣暢皆得大醉因更爲沈釀川明旦乃分首而去

雜注第七

孫亮作流離屏風鏤作瑞應圖凡一百二十種

魏武帝以馬瑙石爲馬勒硨磲爲酒埦

莫難珠一名木難色黄出東夷

陽燧以銅爲之形如鏡向日則火生以艾承之則得火也

長安婦人好爲盤桓髻、到于今其法不絶、墮馬髻、今無復作者、倭墮髻一云墮馬之餘形也、

盤龍釵、梁冀婦所制、

梁冀改驚翠眉爲愁眉、

魏宮人好畫長眉、令多作翠眉警鶴髻、

孫權時名舸爲赤馬、言如馬之走陸也、又以舟名馳馬、

驚帆、曹眞有駃馬名爲驚帆、言其馳驟如烈風之舉帆疾也、

魏文帝宮人絶所愛者有莫瓊樹、薛夜來、田尚衣、段巧笑、四人日夕在側、瓊樹乃制蟬鬢、縹眇如蟬、故曰蟬鬢、巧笑始以錦衣絲履作紫粉拂面、尚衣能歌舞、夜來善爲衣裳、一時冠絶、

問答釋義第八

程雅問董仲舒曰、自古何謂稱三皇五帝、對曰、三皇三才也、五帝五常也、三王三明也、五霸五嶽也、

牛亨問曰、將離別相贈以芍藥者何、答曰、芍藥一名可離、故將別以贈之、亦猶相招召贈之以文無、文無亦名當歸也、欲忘人之憂、則贈以丹棘、丹棘一名忘憂草、使人忘其憂也、欲蠲人之忿、則贈之青堂、青堂一名合懽、合懽則忘忿、

程雅問拾櫨木一名無患者、昔有神巫名曰寶（一本作寶）眊、能符劾百鬼、得鬼則以此爲棒殺之、世人相傳以此木爲衆鬼所畏、競取爲器用、以却厭邪鬼、故號曰無患也、

牛亨問曰、自古有書契已來、便應有筆、世稱蒙恬造筆何也、答曰、蒙恬始造、即秦筆耳、以枯木爲管、鹿毛

爲柱、羊毛爲被、所謂蒼毫、非兎毫竹管也、又問彤管何也、答曰、彤者赤漆耳、史官載事、故以彤管用赤心記事也、

孫興公問曰、世稱黃帝鍊丹於鑿硯山、乃得仙、乘龍上天、羣臣援龍鬚、鬚墮而生草、曰龍鬚、有之乎、答曰、無也、有龍鬚草、一名縉雲草、故世人爲之妄傳、至如今有虎鬚草、江東亦織以爲席、號曰西王母席、可復是西王母乘虎而墮其鬚也、

牛亨問曰、冕旒以繁露何也、答曰、綴珠垂下、重如繁

露也、
程雅問曰、堯設誹謗之木何也、答曰、今之華表木也、以横木交柱頭、狀若花也、形似桔槹、大路交衢悉施焉、或謂之表木、以表王者納諫也、亦以表識衢路也、秦乃除之、漢始復修焉、今西京謂之交午也
牛亨問曰、籍者何也、答曰、籍者尺二竹牒、記人之年名字物色、縣之宮門、案省相應、乃得入焉、
程雅問曰、凡傳者何也、答曰、凡傳皆以木爲之、長五寸、書符信於上、又以一板封之、皆封以御史印章、所

古今注　卷下　八

以爲信也、如今之過所也、
牛亨問曰、草木生類乎、答曰、生類也、又曰、有識乎、答曰、無識也、又曰、無識寧得爲生類也、答曰、物有生而有識者、有生而無識者、有不生而有識者、有不生而無識者、夫生而有識者、蟲類也、生而無識者、草木也、不生而無識者、水土也、不生而有識者、鬼神也、
牛亨問曰、蟻名元駒者、何也、答曰、河内人並河而見人馬數千萬、皆如黍米、遊動往來、從旦至暮、家人以火燒之、人皆是蚊蚋、馬皆是大蟻、故今人呼蚊蚋曰黍民、名蟻曰元駒也
牛亨問曰、蟬名齊女者何、答曰、齊王后忿而死、尸變爲蟬、登庭樹嘒唳而鳴、王悔恨、故世名蟬曰齊女也

古今注卷下終

古今注　卷下　九

博物志敘

史稱張華讀書三十車作博物志四百武帝以爲繁存十卷今讀其書雖多奇聞異事而簡略不成大觀豈書傳既久殘闕處多耶抑或繁非能博博不在繁耶辨龍鮓識劍氣定有一段不經人見之學問附于書以傳一讀再讀令人悔武帝之芟除而思有以覩其全也

錢塘唐琳玉林父識

博物志目錄

目錄終

博物志卷一

晉　張華　著　　南昌楊之湘校

余視山海經及禹貢爾雅說文地志雖曰悉備各有所不載者作略說出所不見粗言遠方陳山川位象吉凶有徵諸國境界犬牙相入春秋之後並相侵伐其土地不可具詳其山川地澤略而言之正國十二博物之士一覽而鑒焉

地理略自魏氏日已前夏禹治四方而制之

河圖括地象曰地南北三億三萬五千五百里地部之位起形高大者有崑崙山廣萬里高萬一千里神物之所生聖人仙人之所集也出五色雲氣五色流水其泉南流入中國名曰河也其山中應於天最居中八十城布繞之中國東南隅居其一分是好城也

中國之城左濱海右通流沙方而言之萬五千里東至蓬萊西至隴右右跨京北前及衡岳堯舜土萬里時七千里亦無常隨德劣優也

堯別九州舜爲十二

秦前有藍田之鎮後有胡苑之塞左阻函右隴蜀西通流沙險阻之國也

蜀漢之土與秦同域南跨邛笮北阻褒斜西即隈礙隔以劍閣窮險極峻獨守之國也

周在中樞西阻崤谷東望荊川南面少室北有太嶽三河之分雷風所起四險之國也

魏前枕黃河背漳水瞻王屋望梁山有藍田之寶浮池之淵

趙東臨九州西瞻恒嶽有沃瀑之流飛壺井陘之險至於頡陽涿鹿之野

燕却背沙漠進臨易水西至君都東至於遼長蛇帶塞險陸相乘也

齊南有長城巨防陽關之險北有河濟足以爲固越海而東通於九夷西界岱嶽配林之險坂固之國也

魯前有淮水後有岱嶽蒙羽之向洙泗之流大野廣土曲阜尼丘

宋北有泗水南迫睢濄有孟諸之澤碭山之塞也

楚後背方城前及衡嶽左則彭蠡右則九疑有江漢之流實險阻之國也

南越之國與楚爲鄰五嶺已前至于南海負海之邦交趾之土謂之南裔

吳左洞庭右彭蠡後濱長江南至豫章水戒險阻之國也

東越通海處南北尾閭之間三江流入南海通東治嵩海深險絕之國也

衛南跨於河北得洪水南過漢上左通魯澤右指黎山

賛曰

地理廣大四海八方遐遠別域略以難詳侯王設險守固保疆遠遮川塞近備城隍司察奸非禁禦不良勿恃危阸恣其淫荒無德則敗有德則昌安屋猶懼乃可不怠進用忠直社稷永康教民以孝舜化以彰

地

天地初不足故女媧氏練五色石以補其闕斷鼇足以立四極其後共工氏與顓頊爭帝而怒觸不周之山折天柱絕地維故天後傾西北日月星辰就焉地不滿東南故百川水注焉

崑崙山北地轉下三千六百里有八元幽都方二十萬里地下有四柱四柱廣十萬里地有三千六百軸犬牙相牽

泰山一曰天孫言爲天帝孫也主召人魂魄東方萬物始成知人生命之長短

考靈耀曰地有四遊冬至地上北而西三萬里夏至地下南而東三萬里春秋二分其中矣地常動不止譬如人在舟而坐舟行而人不覺七戎六蠻九夷八狄形類不同而總謂之四海言皆近海海之言晦昏無

所覩也

地以名山爲輔佐石爲之骨川爲之脉草木爲之毛土爲之肉三尺以上爲糞三尺以下爲地

山

五嶽華岱恒衡嵩

按北太行山而北去不知山所限極處亦如東海不知所窮盡也

水

石者金之根甲石流精以生水水生木木含火

漢北廣遠中國人尠有至北海者漢使驃騎將軍霍去病北伐單于至瀚海而還有北海明矣（周日用曰余聞北海言蘇武牧羊之所去年德甚邈祇一池號北海蘇武牧羊常在於是耳此地見有蘇武湖非北溟之涛）漢使張騫渡西海至大秦西海之濱有小崑崙高萬仞方八百里東海廣漫未聞有渡者

南海短狄未及西南夷以窮斷今渡南海至交趾者不絕也

史記封禪書云威宣燕昭遣人乘舟入海有蓬萊方丈瀛州三神山神人所集欲採仙藥蓋言先有至之

者其鳥獸皆白金銀為宮闕悉在渤海中去人不遠

四瀆河出崑崙墟江出岷山濟出王屋淮出桐栢八流亦出名山渭出鳥鼠漢出嶓冢洛出熊耳涇出少室汝出燕泉泗出涪尾沔出月台沃出太山水有五色有濁有清汝南有黄水華山有黑水浐水淵或生明珠而岸不枯山澤通氣以興雷雲氣觸石膚寸而合不崇朝以雨

江河水赤名曰泣血道路涉骸於河以處也

山水總論

五嶽視三公四瀆視諸侯諸侯賞封內名山者通靈助化位相亞也故地動臣叛名山崩王道訖川竭神去國隨已亡海投九仞之魚流水涸國之大誡也澤浮舟川水溢臣盛君衰百川沸騰山冢卒崩高岸為谷深谷為陵小人握命君子陵遲白黑不別大亂之徵也

援神契曰五嶽之神聖四瀆之精仁河者水之伯上應天漢太山天帝孫也主召人魂東方萬物始成故知人生命之長短

五方人民

東方少陽日月所出山谷清其人佼好

西方少陰日月所入其土窈冥其人高鼻深目多毛

南方太陽土下水淺其人大口多傲

北方太陰土平廣深其人廣面縮頸

中央四析風雨交山谷峻其人端正

東南之人食水產西北之人食陸畜食水產者龜蛤螺蚌以為珍味不覺其腥臊也食陸畜者狸兔鼠雀以為珍味不覺其膻也

有山者採、有水者漁、山氣多男、澤氣多女、平衍氣仁、高陵氣犯、叢林氣躄、故擇其所居、居在高中之平、下中之高、則產好人。

居無近絕溪羣冢狐蟲之所、近此則死氣陰匿之處也。

山居之民多癭腫疾、由於飲泉之不流者、今荊南諸山郡東多此疾瘇、由踐土之無鹵者、今江外諸山縣偏多此病也、盧氏曰不然也在山南人有之北人及吳楚無此病蓋南出黑水水土然也如是不流泉井界尤無此病也

博物志　卷一　七

物產

地性含水土山泉者、引地氣也、山有沙者生金、有穀者生玉、名山生神芝不死之草、上芝為車馬、中芝為人形、下芝為六畜、土山多雲、鐵山多石、五土所宜、黃白宜種禾、黑墳宜麥黍、蒼赤宜菽芋、下泉宜稻、得其宜、則利百倍。

和氣相感則生朱草、山出象車、澤出神馬、陵出黑丹、阜出土怪、江南大貝、海出明珠、仁主壽昌、民延壽命、天下太平。

名山大川、孔穴相內、和氣所出、則生石脂玉膏、食之不死、神龍靈龜行於穴中矣。

神宮在高石沼中、有神人、多麒麟、其芝神草、有英泉、飲之、服三百歲乃覺、不死、去瑯琊四萬五千里。

三珠樹生赤水之上。

員丘山上有不死樹、食之乃壽、有赤泉、飲之不老、多大蛇、為人害、不得居也。

博物志　卷一　八

博物志卷十終

博物志卷二

外國

夷海内西北有軒轅國在窮山之際其不壽者八百歲渚沃之野鸞自舞民食鳳卵飲甘露

白民國有乘黄狀如狐背上有角乘之壽三千歲

君子國人衣冠帶劒使兩虎民衣野絲好禮讓不爭土千里多薰華之草民多疾風氣故人不蕃息好讓故爲君子國

三苗國昔唐堯以天下讓於虞三苗之民非之帝殺

有苗之民叛浮入南海爲三苗國

驩兜國其民盡似仙人帝堯司徒驩兜民常捕海島中人面鳥口去南國萬六千里盡似仙人也

大人國其人孕三十六年生白頭其兒則長大能乘雲而不能走蓋龍類去會稽四萬六千里

厭光國民光出口中形盡似猨猴黑色

結胷國有滅蒙鳥奇肱民善爲拭扛以殺百禽能爲飛車從風遠行湯時西風至吹其車至豫州湯破其車不以視民十年東風至乃復作車遣返而其國去玉門關四萬里

羽民國民有翼飛不遠多鸞鳥民食其卵去九疑四萬三千里

穿胷國昔禹平天下會諸侯會稽之野防風氏後到殺之夏德之盛二龍降之禹使范成光御之行域外既周而還至南海經防風防風氏之二臣以塗山之戮見禹使怒而射之迅風雷雨二龍昇去二臣恐以刃自貫其心而死禹哀之乃拔其刃療以不死之草是爲穿胷民

交趾民在穿胷東

孟舒國民人首鳥身其先主爲霅氏訓百官夏后之世始食卵孟舒去之鳳凰隨焉

異人

河圖玉版云龍伯國人長三十丈生萬八千歲而死

大秦國人長十丈中秦國人長一丈臨洮人長三丈五尺

禹致羣臣於會稽防風氏後至戮而殺之其骨專車

長狄喬如身橫九畝長五丈四尺或長十丈

秦始皇二十六年、有大人十二、見於臨洮、長五丈、足迹六尺、東海之外大荒之中、有大人國、僬僥氏長三丈、時會神霧

日東北極人長九丈、

東方有螗螂、沃焦、防風氏長三丈、短人處九寸、遠夷之名雕題、黑齒、穿胸、儋耳、大竺、歧首

子利國人、一手二足、拳反曲

無脊民、居穴食土、無男女、死埋之、其心不朽、百年還化爲人、細民其肝不朽、百年而化爲人、皆穴居處、二

國同類也、

蒙雙民、昔高陽氏有同產而爲夫婦、帝放之此野、相抱而死、神鳥以不死草覆之、七年、男女皆活、同頸二頭、四手、是蒙雙民、

有一國亦在海中、純女無男、又說得一布衣、從海浮出、其身如中國人衣、兩袖長二丈、又得一破船、隨波出在海岸邊、有一人項中復有面、生得、與語不相通、不食而死、其地皆在沃沮東大海中

南海外有鮫人、水居如魚、不廢織績、其眼能泣珠、

嘔絲之野、有女子方跪、據樹而嘔絲、北海外也、

江陵有猛人、能化爲虎、俗又曰虎化爲人、好著紫葛、人足無踵、

日南有野女、羣行見丈夫、狀晶目、裸袒無衣襦、

異俗

越之東有駭沐之國、其長子生、則解而食之、謂之宜弟、父死、則負其母而棄之、言鬼妻不可與同居、周日用曰、旣其母爲鬼妻、則其子爲鬼子、亦合棄之矣、

楚之南有炎人之國、其親戚死、朽之肉而棄之、然後

埋其骨、乃爲孝也、

秦之西有義渠國、其親戚死、聚柴積而焚之、熏之即煙上、謂之登遐、然後爲孝、此上以爲政、下以爲俗、中國未足爲非也、此事見墨子、周日用曰、此事庶幾佛圖之法、止如是乎、中國之徒、亦如此也、

荆州極西南界至蜀、諸民曰獠子、婦人姙娠七月而產、臨水生兒、便置水中、浮則取養之、沈便棄之、然千百多浮、旣長、皆拔去上齒牙各一、以爲身飾、

毋丘儉遣王頎追高句麗王宮、盡沃沮東界、問其耆

老言國人常乘船捕魚、遭風吹數十日、東得一島、上有人言語不相曉、其俗常以七夕取童女沈海、

交州夷名曰俚子、俚子弓長數尺、箭長尺餘、以燋銅爲鏑、塗毒藥於鏑鋒、中人即死、不時斂藏、即膨脹沸爛、須臾燋煎都盡、唯骨耳、其俗誓不以此藥治語人、治之、飲婦人月水及糞汁、時有差者、唯射猪犬者無他、以其食糞故也、燋銅者、故燒器、其長老唯別燋銅聲、以物杵之、徐聽其聲、得燋毒者、偏鑿取以爲箭鏑、

景初中、蒼梧吏到京、云廣州西南接交州數郡、桂林

晉興寧浦間人有病將死、便有飛蟲大如小麥、或云有甲、在舍上、人氣絕、來食亡者、雖復撲殺、有斗斛而來者、如風雨前後相尋續、不可斷截、肌肉都盡、唯餘骨在、更去、盡貧家無相纏者、或殯殮不時、皆受此弊、有佛力者、則以衣服布帛五六重裹亡者、此蟲惡梓木氣、即以板鄣防左右、并以作器、此蟲便不敢近也、人交界更無轉近、郡亦有、但微少耳、

異產

漢武帝時、弱水西國有人乘毛車以渡弱水、來獻香者、帝謂是常香、非中國之所乏、不禮其使、留久之、帝幸上林苑、西使千乘輿聞、并奏其香、帝取之、看大如燕卵三枚、與棗相似、帝不悅、以付外庫、後長安中大疫、宮中皆疫病、帝不舉樂、西使乞見、請燒所貢香一枚、以辟疫氣、帝不得已聽之、宮中病者登日並差、長安中百里咸聞香氣、芳積九月餘日、香猶不歇、帝乃厚禮發遣餞送、

一說漢制獻香不滿斤、西使臨去、乃發香氣如大豆者、拭著宮門、香氣聞長安數十里、經數日乃歇、

漢武帝時、西海國有獻膠五兩者、帝以付外庫、餘膠半兩、西使佩以自隨、後從武帝射於甘泉宮、帝弓弦斷、從者欲更張弦、西使乃進、乞以所送餘香膠續之、座上左右莫不怪、西使乃以口濡膠、爲以任斷弦兩頭、相連注弦、遂相著、帝乃使力士各引其一頭、終不相離、西使曰、可以射、終日不斷、帝大怪、左右稱奇、因名曰續弦膠、

周書曰、西域獻火浣布、昆吾氏獻切玉刀、火浣布汙則燒之則潔、刀切玉如臈、布漢世有獻者、刀則未聞、

魏文帝黃初三年、武都西都尉王褒獻石膽二十斤、四年獻三斤、

臨邛火井一所、從廣五尺、深二三丈、井在縣南百里、昔時人以竹木投以取火、諸葛丞相往視之、後火轉盛熱、盆蓋井上煮鹽得鹽、入以家火即滅、訖今不復燃也、酒泉延壽縣南山名火泉、火出如炬、

徐公曰、西域使王暢說石流黃出足彌山、去高昌八百里、有石流黃數十丈、從廣五六十畝、有取流黃、晝視孔中上狀如煙、而高數尺、夜視皆如燈光明、高尺

餘、暢所親見之也、言時氣不和、皆往保此山、

博物志卷二終

博物志卷三

異獸

漢武帝時、大宛之北、胡人有獻一物、大如狗、然聲能驚人、雞犬聞之皆走、名曰猛獸、帝見之、怪其細小、及出苑中、欲使虎狼食之、虎見此獸、即低頭著地、帝為反觀、見虎如此、謂欲下頭作勢、起搏殺之、而此獸見虎甚喜、舐脣搖尾、徑往虎頭上立、因搦虎面、虎乃閉目低頭、匍匐不敢動、搦鼻下去、下去之後、虎尾下頭去、此獸顧之、虎輒閉目、

後魏武帝伐冒頓、經白狼山、逢師子、使人格之、殺傷甚衆、王乃自率常從軍數百擊之、師子哮吼奮起、左右咸驚、王忽見一物從林中出、如狸、起上王車軛、師子將至、此獸便跳起在師子頭上、即伏不敢起、於是遂殺之、得師子一、還來至洛陽、三十里雞犬皆伏、無鳴吠、

九真有神牛、乃生谿上、黑出時共鬭、即海沸、黃或出鬭岸上、家牛皆怖、人或遮則霹靂、號曰神牛、

昔日南貢四象、各有雌雄、其一雌死於九真、乃至南

海白有餘日、北雖塗土者、身不飲食客草、長史問其所以、聞之輒流涕、

越雋國有牛、稍割取肉、牛不死、經日肉生如故、

大宛國有汗血馬、天馬種、漢魏西域時有獻者、

文馬赤鬣、身白、似若黃金、名吉黃之乘、復薊之露犬也能飛食虎豹

蜀山南高山上、有物如獼猴、長七尺、能人行、健走名曰猴玃、一名化、或曰猳玃、同行道、婦女有好者、輒盜之以去、人不得知、行者或每過其旁、皆以長繩相引、

然故、不免此得男女氣、自死、故取男也、取去為室家其年少者、終身不得還、十年之後、形皆類之、意亦迷惑不復思歸、有子者輒俱送還其家、產子皆如人、有不食養者、其母輒死、故無不敢養也、及長與人無異、皆以楊為姓、故今蜀中西界多謂楊率、皆猳玃化之子孫、時時相有玃爪者也、

小山有獸其形如鼓、一足如蠡、澤有委蛇、狀如轂、長如轅、見之者霸、

猩猩若黃狗、人面能言、

異鳥

崇丘山有鳥、一足、一翼、一目、相得而飛、名曰䖅見則吉良乘之壽千歲、

比翼鳥、一青一赤、在參嵎山、

有鳥如烏、文首白喙赤足、曰精衛、故精衛常取西山之木石以填東海、

越地深山有鳥如鳩、青色、名曰冶鳥。穿大樹作巢如升器、其戶口徑數寸、周飾以土堊、赤白相次、狀如射侯、伐木見此樹即避之去、或夜冥人不見鳥、鳥亦知

人不見已也、鳴曰咄咄去、明日便宜急上樹去、咄咄下去、明日便宜急下、若使去、但言笑而不已者、可止伐也、若有穢惡及犯其止者、則虎通夕來守人、不知者即害人、此鳥白日見其形、鳥也、夜聽其鳴、人也、時觀樂便作人悲喜、形長三尺、澗中取石蟹、就人火間炙之、不可犯也、越人謂此鳥為越祝之祖、

異蟲

南方有落頭蟲、其頭能飛、其種人常有所祭祀、號曰蟲落、故因取之焉、以其飛因服便去、以耳為翼、將曉

還復著體。吳時往往得此人也。

江南山谿中水射工蟲，甲類也。長一二寸，口中有弩形，氣射人影，隨所著處發瘡，不治則殺人。今鷄螋蟲溺人影，亦隨所著處生瘡。盧氏曰：以雞腸草擣塗，經日即愈。周日用曰：爲物皆有所相感。愚聞以霹靂木擊鳥影，其鳥應時落地。雖未嘗試，以是類知必有之。

蝮蛇秋月毒盛，無所蜇螫，嚙草木以泄其氣，草木即死。人樵採設爲草木所傷刺者，亦殺人，毒治於蝮螫，謂之蛇迹也。

華山有蛇名肥遺，六足四翼，見則天下大旱。

常山之蛇名率然，有兩頭，觸其一頭，頭至；觸其中，則兩頭俱至。孫武以喻善用兵者。

異魚

南海有鱷魚，狀似鼉，斬其頭而乾之，去齒而更生，如此者三乃止。

東海有牛體魚，其形狀如牛，剝其皮懸之，潮水至則毛起，潮去則毛伏。

東海蛟錯魚生子，子驚，還入母腸，尋復出。

吳王江行食鱠，有餘，棄於中流，化爲魚。今魚中有名吳王鱠餘者，長數寸，大者如箸，猶有鱠形。

廣陵陳登食鱠作病，華佗下之，膾頭皆成蟲，尾猶是鱠。

東海有物，狀如凝血，從廣數尺，方員，名曰鮓魚。無頭目處所，內無藏，衆蝦附之，隨其東西。人煮食之。

異草木

太原晉陽以北生屏風草。

海上有草焉，名篩（篩音師），其實食之如大麥，七月稔熟，名曰自然谷，或曰禹餘糧。

堯時有屈佚草，生於庭，佞人入朝，則屈而指之。一名指佞草。

右詹山帝女化爲詹草，其葉鬱茂，其華黃，實如豆，服者媚於人。

止些山多竹，長千仞，鳳食其實。去九疑萬八千里。

江南諸山郡中大樹斷倒者，經春夏生菌，謂之椹。食之有味，而忽毒殺人。云此物往往自有毒者，或云蛇所著之。楓樹生者啖之，令人笑不得止，治之飲土漿即愈。

卷三終

博物志卷四

物性

九竅者胎化。八竅者卵生。龜鼈皆此類。咸卵生影伏。

白鷁雄雌相視則孕。或曰雄鳴上風則雌孕。

兎舐毫望月而孕。口中吐子。舊有此說。余自所見也。

大腰無雄。龜鼉類也。無雄。與蛇通氣則孕。細腰無雌。蜂類也。

取桑蠶則阜螽子呪而成子。詩云螟蛉之子。蜾蠃負之是也。

蠶三化。先孕而後交。不交者亦産子。子後爲蠶。皆無眉目。易傷。收採亦薄。

烏雌雄不可別。翼右掩左雄。左掩右雌。二足而翼謂之禽。四足而毛謂之獸。

鵲巢門戶背太歲。得非才智也。

鸐雉長尾。雨雪惜其尾。栖高樹杪。不敢下食。往往餓死。魏景初中天下所說。

鸛。水鳥也。伏卵時卵冷則不沸。取礜石周繞卵以時助燥氣。故方術家以鸛巢中礜石

山雞有美毛。自愛其色。終日映水。目眩則溺死。

龜三千歲遊於蓮葉。巢於卷耳之上。

屠龜解其肌肉。唯腸連其頭。而經日不死。猶能齧物。鳥往食之則爲所得。漁者或以張鳥。神蚍復續

蠐螬以背行快於足。

周官云。貉不渡汶水。鸜鵒不渡濟水。魯國無鸜鵒。來巢記異也。

橘渡江北化爲枳。今之江東甚有枳橘。

百足一名馬蚿。中斷成兩段。各行而去。

物理

凡月暈隨灰畫之。隨所畫而闕。淮南子云未詳其法

麒麟鬬而日蝕。鯨魚死則彗星出。嬰兒號婦乳出。

莊子曰。地三年種蜀黍。其後七年多蛇。

積艾草三年後燒。津液下流成鉛錫。已試有驗。

煎麻油。水氣盡無煙。不復沸則還冷。可內手攪之。得水則焰起。散卒不滅。此亦試之有驗。

庭州灞水。以金銀鐵器盛之皆漏。唯瓠葉不漏。

龍肉以醢漬之則文章生。

積油滿萬石、則、自然生火、武帝泰始中武庫火、積油所致、

物類

燒鉛錫成胡粉、猶類也、燒丹朱成水銀則不類、物同類異用者、

魏文帝所記諸物相似亂者、

武夫怪石似美玉。蛇床亂蘼蕪。薺苨亂人參。杜衡亂細辛、雄黃似石流黃、鯿魚相亂、以有大小相異、敵休亂門冬、百部似門冬、房葵似狼毒。鉤吻草與荇華相似、拔揳與萆薢相似。一名狗脊、

藥物

烏頭天雄附子一物、春秋冬、夏採各異也。

遠志苗曰小草、根曰遠志、

芎藭苗曰江蘺、根曰芎藭、

菊有二種、苗花如一、唯味小異、苦者不中食、

野葛食之殺人、家葛種之三年、不收後旅生、亦不可食

神仙傳云、松柏脂入地千年、化爲茯苓、茯苓化爲琥珀、琥珀一名江珠、今泰山出茯苓而無琥珀、益州永昌出琥珀而無茯苓、或云燒蜂巢所作、未詳此二說、

地黃藍首斷心、分根葉種皆生、女蘿寄生兔絲、兔絲寄生木上、生根不著地、

堇花朝生夕死、

藥論

神農經曰、上藥養命、謂五石之練形、六芝之延年也、中藥養性、合歡蠲忿、萱草忘憂、下藥治病、謂大黃除實、當歸止痛、夫命之所以延、性之所以利、痛之所以止、當其藥應以痛也。違其藥、失其應、即怨天尤人、設鬼神矣、

神農經曰、藥物有大毒不可入口鼻耳目者、即殺人、一曰鉤吻、盧氏曰陰也黃精不相連根苗獨生者是也二曰鴟狀如雌雞生中山三曰陰命赤色著木懸其子山海中四曰內童狀如鵞亦生海中五曰鴆羽如雀黑頭赤喙亦曰蝙蝠生海中雄曰蝙雌曰蝙蝠也

神農經曰、藥種有五物、一曰狼毒、占斯解之、二曰巴豆、藿汁解之、三曰黎盧、湯解之、四曰天雄烏頭、大豆

解之、五曰班茅、戎鹽解之、菲米害小兒乳汁解、先食飲二升、

食忌

人啖豆三年、則身重行止難、

啖榆則眠不欲覺、

啖麥稼令人力健行、

飲真茶令人少眠、

人常食小豆、令人肥肌麤燥、

食鷰麥令人骨節斷解、

人食鷰肉、不可食水、爲蛟龍所吞、

人食冬葵、爲狗所齧、瘡不差、或致死、

馬食穀、則足重不能行、

雁食粟、則翼重不能飛、

藥術

胡粉白石灰等、以水和之、塗鬢鬚不白、塗訖著油單裹、令溫煖、候欲燥未燥間洗之、湯則不得著、晚則多折、用暖湯洗訖、澤塗之、欲染、當熟洗鬢鬚、有膩不著藥、臨染時、亦當拭鬢燥溫之、

陳葵子、微火炒、令爆咤、散著熱地、遍蹋之、朝種暮生、遠不過經宿耳、

陳葵子秋種、覆蓋令經冬不死、春有子也、周日用曰、恐聞熟地植生菜、蘭拂石流黃篩於其上、以盆覆之、即時可待、又以變白牡丹爲五色、皆以沃其根、以紫草汁則變之紫、紅花汁則變紅、並未試、於理可爲、此出爾雅、

燒馬蹄羊角成灰、春夏散著濕地、生羅勒、

蟹漆相合、成爲神仙藥、服食方云、

戲術

削木令圓、舉以向日、以艾於後承其影、則得火、

取火法、如用珠取火、多有說者、此未試、

神農本草云、雞卵可作琥珀、其法取伏卵段黃白渾雜者、煮及尚軟、隨意刻作物、以苦酒漬數宿、既堅、內著粉中、佳者乃亂真矣、此世所恒用、作無不成者、二

燒白石作白灰、既訖積著地、經日俱冷、遇雨及水澆、即便燃、煙焰起、

五月五日、埋蜻蜓頭於西向戶下、埋至三日不食、則化成青真珠、又云埋於正中門、

蜥蜴或名蝘蜓、以器養之、以朱砂、體盡赤、所食滿七

斤治擣萬杵點女人支體終年不滅唯房室事則滅
故號守宮傳云東方朔漢武帝試之有驗
取蠶蛈令如碁子大擣赤莧汁和合厚以茅苞五六
日中作投地中經旬鬱鬱盡成蠶也

博物志卷四終

博物志卷五

方士

魏武帝好養性法亦解方藥招引四方之術士如左
元放華佗之徒無不畢至周日用曰曹雖好奇而心道異如何招引方術之人乎如因左元放而兼見殺者若非變化已至滅身故有道者不合覩之矣既要試術即可乎

魏王所集方士名

上黨王真　隴西封君達　甘陵甘始　魯女生
譙國華佗字元化　東郭延年　冷壽光　唐霅
河南卜式　張貂　汝南費長房　薊子訓　鮮奴

辜　魏國軍吏河南趙聖卿　陽城郄儉字孟節
廬江左慈字元放

右十六人魏文帝東阿王仲長統所說皆能斷
穀不食分形隱沒出入不由門戶左慈能變形
幻人視聽厭刻鬼魅皆此類也周禮所謂怪民
王制稱挾左道者也

魏時方士甘陵甘始
廬江有左慈陽城有郄儉始能行氣導引慈曉房中
之術善辟穀不食悉號二百歲人凡如此之徒武帝

皆集之於魏，不使遊散，甘始老而少容，曹子建嘗問其所行，始言本師姓韓字世雄，嘗與師於南海作金，投數萬斤於海，又取鯉魚一雙，經遊行沈浮，有若處淵，其無藥者已熟而食，言此藥去此險遠萬里，已不可行，不能得也

皇甫隆遇青牛道士，姓封名君達，其餘養性法即可放用，大略云：體欲常少勞，無過虛，食去肥濃，節酸鹹，減思慮，損喜怒，除馳逐，慎房室，施瀉秋冬閉藏，別篇武帝行之有效。

文帝典論曰：陳思王曹植辯道論云，世有吾王悉招至之，甘陵有甘始，廬江有左慈，陽城有郄儉，始能行氣，儉善辟穀，悉號三百歲人，自王與太子及余之兄弟咸以為調笑，不全信之，然嘗試郄儉辟穀百日，猶與寢處，行步起居自若也，夫人不食七日則死，而儉乃能如是，左慈修房中之術，可以終命，然非有至情，莫能行也，甘始老而少容，自諸術士咸共歸之，王使郄孟節主領諸人。

近魏明帝時，河東有焦生者，裸而不衣，處火不燋，入水不凍，杜恕為太守，親所呼見，皆有實事。周日用曰：焦孝然居河東一菴，大雪菴倒，人已為死，而視之，蒸氣於雪，略無變色，時或折薪惠人而已，故魏書云自羲皇以來一人而已

潁川陳元方、韓元長，時之通才者，所以並信有仙者，其父時所傳聞，河南密縣有成公，其人出行不知所至，復來還，語其家云我得仙，因與家人辭訣而去，其步漸高，良久乃沒而不見，至今密縣傳其仙去，二君以信有仙，蓋由此也。周日用曰：豈惟二子乎

桓譚新論說方士有董仲君，罪繫獄，佯死，臭自陷出，

既而復生。

黃帝問天老曰：天地所生，豈有食之令人不死者乎，天老曰：太陽之草名曰黃精，餌而食之可以長生，太陰之草名曰鉤吻，不可食，入口立死，人信鉤吻之殺人，不信黃精之益壽，不亦惑乎。周日用曰：草既殺人，仍無益壽者也，若殺人無驗，則益壽不可信矣

服食

左元放荒年法：擇大豆麤細調勻，必生熟挼之，令有光，煙氣徹豆心內，先不食一日，以冷水頓服訖，其魚

肉菜果不得復經口渴卽飲水愼不可燰飲初小困十數日後體力壯健不復思食

鮫法服三升爲劑亦當隨食先食多少增損之盛豐欲還者煑葵子及脂蘇服肉羹漸漸飲之須豆下乃可食豆未盡而以實物腸塞則殺人矣此未試或以爲然（周日用曰一說臘塗麩餅炙餅令熱卽柰之以直量多少隨食之如常漸和飲冷水忌熱茶耳）

孔子家語曰食木者乃耐寒而苦浮食土者無心不息食木者多而不治食石者肥澤而不老食草者善走而愚食桑者有緒而蛾食肉者勇而悍食氣者神

博物志　卷五　四

明而壽食穀者智慧而夭不食者不死而神仙傳曰維食者百病妖邪之所鍾焉

西域有蒲萄酒積年不敗彼俗云可十年飲之醉彌月乃解

所食逾少心開逾益所食逾多心逾塞年逾損焉

辨方士

漢淮南王謀反被誅亦云得道輕舉（周日用曰漢書云淮南自刑應不然乎得道輕舉非虛事也至今維陽境內馬迹猶存且日與成公同處皆上品眞人耳旣談道德皆圖叛逆之事況恒行險皆好書故不善弋獮淮南内書言神仙黃白之術去反事遠矣夫古今書傳多黜仙道者慮帝王公侯廢萬機而慕其道故隱而不書唯老聃不可掩而云二百歲後西遊流沙不知所之唐書云蜀有女道士謝自然白日上昇此外歷代史籍未嘗言也）

鉤弋夫人被殺於雲陽而言尸解柩空（周日用曰史云夫人被大風拔樹揭沙揚不亦不云尸解柩空）

文典論云議郎李覃學郄儉辟穀食茯苓飲水中不寒洩痢殆至殞命軍祭酒宏農董芬學甘始鴟視狼顧呼吸吐納爲之過差氣閉不通良久乃蘇寺人嚴峻就左慈學補導之術閹豎眞無事於斯而逐聲若此

博物志　卷五　五

又云王仲統云甘始左元放東郭延年行容成御婦人法並爲丞相所錄間行其術亦得其驗降就道士劉景受雲母九子元方年三百歲莫知所在武帝恒御此藥亦云有驗劉德治淮南王獄得枕中鴻寶秘書及子向咸而奇之信黃白之術可成謂神仙之道可致卒亦無驗乃以罹罪也（周日用曰神仙之道學之匪一朝一夕而可得黃白者也仍須有分昇騰者應須有骨安可偶然而得效也）

劉根不覺饑渴或謂能忍盈虛王仲都當盛夏之月十爐火炙之不熱當嚴冬之時裸之而不寒恒君山

以爲性耐寒暑君山以無仙道好奇者爲之前者已述焉

司馬遷云無堯以天下讓許由事揚雄亦云誇大者爲之揚雄又云無仙道桓譚亦同

博物志卷六

人名攷

昔彼高陽是生伯鯀布土取帝之息壤以填洪水

殷三仁微子箕子比干

文王四友南宮括散宜生閎夭太顛仲尼四友顏淵子貢子路子張

曹參字伯敬

蔡伯喈母袁公妹曜卿姑也

古之善射者甘蠅蠅之弟子曰飛衛

平原管輅善卜筮解鳥語

蔡邕有書萬卷漢末年載數車與王粲粲亡後相國椽魏諷謀反粲子與焉既被誅邕所與粲書悉入粲族子葉字長緒即正宗父正宗即輔嗣兄也初粲與族兄凱避地荆州依劉表表有女表愛粲才欲以妻之嫌其形陋周率乃謂曰君才過人而體貌躁非女壻才凱有風貌乃妻凱生業業即女所生

太丘長陳寔寔子鴻臚卿紀紀子司空羣羣子泰四世於漢魏二朝有重名而其德漸小減故時人爲其

語曰公慙卿卿慙長

文籍攷

聖人制作曰經賢者著述曰傳鄭元注毛詩曰箋不解此意或云毛公嘗爲北海郡守元是此郡人故以爲敬

何休注公羊傳云何氏學又不能解者或答云休謙詞受學於師乃宣此義不出於己此言爲允

太古書今見存有神農經山海經或云禹所作周易蔡邕云禮記月令周公作（周日用曰禮記蔡云第一是呂不韋春秋明呂氏所制蔡邕云周公未之詳也）

謚法司馬法周公所作

余友下邳陳德龍謂余言曰靈光殿賦南郡宜城王子山所作子山嘗之泰山從鮑子真學算過魯國都殿而賦之還歸本州溺死湘水時年二十餘也

地理攷

周自后稷至於文武皆都關中號爲宗周秦爲阿房殿在長安西南二十里殿東西千步南北三百步上可以坐萬人庭中受十萬人二世爲趙高所殺於宜春宮在杜城南三里葬於旁

周時德澤盛高大以爲宮柱名曰蒿宮

姜原嗣祠在埥城長安西南三十里

盜跖冢在大陽縣西

趙鞅冢在臨水縣界

始皇陵在驪山之北高數十丈周迴六七里今在陰盤縣界北陵雖高大不足以銷六丈冰背陵郭使東西流又此山名運取大石於渭北渚故歌曰運石甘泉口渭水爲不流千人唱萬人鉤金陵餘石大如塸

土屋其銷功力皆如此類（盧氏曰秦氏奢侈自加葬用珍寶多故高作陵固山麓從難發也高則難上固則難攻項羽爭衡之時發其陵未詳其至棺否）

諱洛陽字作水邊各火行也忌水故去水而加隹又魏於行次爲土水得土而流土得水而柔故復隹加水變雒爲洛焉

洞庭君山帝之二女居之曰湘夫人又荆州圖經曰湘君所遊故曰君山

南荆賦江陵有臺甚大而有一柱衆木皆拱之

典禮攷

三讓、一曰禮讓、二曰固讓、三曰終讓、
漢承秦羣臣上書皆曰昧死言。
王莽盜位慕古去昧死曰稽首光武因而不改、
肉刑、明王之制、荀卿每論之至漢文帝感太倉公女之言而廢之、班固著論宜復、迄漢末魏初陳紀又論宜申古制、孔融云不可復欲申之鍾繇王朗不同、遂寢、夏侯元李勝曹羲丁謐建私議各有彼此多云時未可復故遂寢焉、
上公備物九錫一大輅各一元牡二駟二袞冕之服赤舄副之、三軒懸之、樂六佾之舞、四朱戶以居五納陛以登、六虎賁之士三百人、七鈇鉞各一、八彤弓一、彤矢百、玈弓十、玈矢千、九秬鬯一卣珪瓚副之、

樂攷

漢末喪亂無金石之樂。魏武帝至漢中、得杜夔舊法、始復設軒懸鐘磬、至於今用之於夔也、

服飾攷

漢末喪亂絕無玉佩。始復作之、今之玉佩受於王粲
古者男子皆絲衣。有故乃素服、又有冠無幘。故雖凶事皆著冠也
漢中興士人皆冠葛巾、建安中
魏武帝造白帢、於是遂廢、唯二學書生猶著也、

器名攷

寶劍名鈍鉤、湛盧、豪曹、魚腸、巨闕五劍皆歐冶子所作、龍泉、太阿、工市三劍皆楚王者
風胡子因吳請干將歐冶子作干將陽龍文、莫邪陰漫理、此二劍、吳王使干將作、莫邪、干將妻也、夫妻甚喜作劍也
赤刀周之寶器也、

物名攷

古駿馬有飛兎腰褭。
周穆王八駿、赤驥 飛黃 白蟻 華騮 騄耳 騧騟 渠黃 盜驪
唐公有驌驦、
項羽有騅、周日用曰曹公有流影而呂布有赤兎皆後來有良駿也
周穆王有犬名耗、毛白
晉靈公有畜狗名獒、
韓國有黑犬名盧、

宋有駿犬曰誰
犬四尺爲獒
張騫使西域還、乃得胡桃種。
徐州人謂塵土爲蓬塊、吳人謂跋跌。

博物志卷六終

博物志卷七

異聞

昔夏禹觀河見長人魚身、出曰吾河精、豈河伯也、
馮夷華陰潼鄉人也、得仙道化爲河伯、豈道同哉、仙
夷乘龍虎、水神乘魚龍、其行恍惚萬里如室、
夏桀之時、爲長夜宮於深谷之中、男女雜處、十旬不
出聽政、天乃大風揚沙、一夕塡此宮谷、又曰石室瑤
臺、關龍逄諫桀言曰、吾之有民、如天之有日、日亡我
則亡、以爲龍逄妖言而殺之、其後山復於谷下、及在

上耆老相與諫桀、又以爲妖言而殺之、
夏桀之時、費昌之河上、見二日、在東者爛爛將起、在
西者沉沉將滅、若疾雷之聲、昌問於馮夷曰、何者爲
殷、何者爲夏、馮夷曰、西夏東殷、於是費昌徙族歸殷、
武王伐紂、至盟津渡河、大風波、武王操戈秉麾麾之、
風波立霽、
魯陽公與韓戰酣而日暮、援戈麾之、日日反三舍、
太公爲灌壇令、武王夢婦人當道夜哭、問之曰、吾是
東海神女、嫁於西海神童、今灌壇令當道、廢我行、我

行必有大風雨而太公有德吾不敢以暴風雨過是毁君德武王至明日召太公三日三夜果有疾風暴雨從太公邑外過

晉文公出大蛇當道如拱文公反修德使吏守蛇吏夢天殺蛇曰何故當聖君道覺而視蛇則自死也

齊景公伐宋過泰山夢二人怒公謂太公之神晏子謂宋祖湯與伊尹也爲言其狀湯晳容多髮伊尹黑而短即所夢也景公進軍不聽軍鼓毀公怒散軍伐宋

徐偃王志云徐君宮人娠而生卵以爲不祥棄之水濱獨孤母有犬名鵠蒼獵於水濱得所棄卵銜以東歸獨孤母以爲異覆煖之遂烰成兒生時正偃故以爲名徐君宮中聞之乃更錄取長而仁智襲君徐國後鵠蒼臨死生角而九尾實黃龍也偃王又葬之徐界中今見狗襲偃王既其國仁義著聞欲舟行上國乃通溝陳蔡之間得朱弓矢以已得天瑞遂因名爲弓自稱徐偃王江淮諸侯皆伏從伏從者三十六國周王聞遣使乘駟一日至楚使伐之偃王仁不忍鬭害其民爲楚所敗逃走彭城武原縣東山下百姓隨之者以萬數後遂名其山爲徐山山上立石室有神靈民人祈禱今皆見存

海水西夸父與日相逐走渴飲水河渭不足北飲大澤未至渴而死棄其策杖化爲鄧林

澹臺子羽渡河齎千金之璧於河河伯欲之至陽侯波起兩鮫挾船子羽左摻璧右操劍擊鮫皆死既渡三投璧於河伯河伯躍而歸之子羽毀而去

荆軻字次非渡鮫夾船次非不奏斷其頭而風波靜除（周日用曰余嘗行經荆將軍墓墓與羊角哀冢鄰若安伯庵云爲荆將軍所代乃在此也其地在苑陵之原求見其墓碑將軍名乃作次非字也）

東阿王勇士有菑丘訢過神淵使飲馬馬沉訢朝服拔劍二日一夜殺二蛟一龍而出雷隨擊之七日夜眇其左目

漢滕公薨求葬東都門外公卿送喪駟馬不行跼地悲鳴跑蹄下地得石有銘曰佳城鬱鬱三千年見白日吁嗟滕公居此室遂葬焉

衛靈公葬得石槨銘曰不逢箕子靈公奪我里

漢西都時南宮寢殿内有醇儒王史威長死葬銘曰明明哲士知存知亡崇隴原壟非寧非康不封不樹作靈乘光厥銘何依王史威長

元始元年中謁者沛郡史岑上書訟王宏奪董賢璽綬之功靈帝和光元年遼西太守黄翻上言海邊有流屍露冠絳衣體貌完全使翻感夢云我伯夷之弟孤竹君也海水壞吾棺槨求見掩藏民有襁褓視皆無疾而卒

漢末關中大亂有發前漢時冢者人猶活既出平復

如舊魏郭后愛念之錄著宫内常置左右問漢時宫中事說之了了皆有次序后崩哭泣過禮遂死焉

漢末發范友明冢奴猶活友明霍光女壻說光家事廢立之際多與漢書相似此奴常遊走於民間無止住處今不知所在或云尚在余聞之於人可信而目不可見也

大司馬曹休所統中郎謝璋部曲義兵奚儂恩女年四歲病沒故埋葬五日復生太和三年詔令休使父母同時送女來視其年四月三日病死四日埋葬至八日同墟入採桑聞兒生活今能飲食如常

京兆都張潜客居遼東還後爲駙馬都尉關内侯表言故爲諸生太學時聞故太尉常山張顥爲梁相天新雨後有鳥如山鵲飛翔近地市人擲之稍下墮民爭取之即爲一員石言縣府顥令椎破之得一金印文曰忠孝侯印顥表上之藏於官庫後議郎汝南樊行夷校書東觀表上言堯舜之時舊有此官今天降印宜可復置

孝武建元四年天雨粟孝元竟寧元年南陽郡内雨

穀小者如黍粟而青黑味苦大者如大豆赤黄味如麥下三日生根葉狀如大豆初生時也

代城始築立板榦一旦亡西南四五十板於澤中自立結草爲外門因就營築焉故其城直周三十七里爲九門故城處爲東城

博物志卷七終

博物志卷八

史補

黃帝登仙其臣左徹者削木象黃帝帥諸侯以朝之七年不還左徹乃立顓頊左徹亦仙去也

堯之二女舜之二妃曰湘夫人舜崩二妃啼以涕揮竹竹盡斑

處士東里塊責禹亂天下事禹退作三章強者攻弱者守敵戰城郭蓋禹始也

大姒夢見商之庭產棘乃小子發取周庭梓樹樹之

于闕間梓化為松柏棫柞覺驚以告文王文王曰愼勿言冬日之陽夏日之陰不召而萬物自來天道尚左日月西移地道尚右水潦東流天不享於殷自發之未生於今十年夷羊在牧水潦東流天下飛鴻滿野日之出地無移照乎

武王伐殷舍於幾逢大雨焉率輿三百乘甲三千一日一夜行三百里以戰於牧野

成王冠周公使祝雍曰辭達而勿多也祝雍曰近於民遠於佞近於義嗇於時惠於財任賢使能陛下擒顯先帝光耀以奉皇天之嘉祿欽順仲壹之吉曰遵並大道邠域康阜萬國之休靈始明元服推遠童稚之幼志宏積文武之就德肅勤高祖之清廟六合之內靡不蒙德歲歲與天無極右孝昭用成王冠辭

止雨祝曰天生五穀以養人民今天雨不止用傷五穀如何如何靈而不幸殺牲以賽神靈雨則不止鳴鼓攻之朱綠繩縈而脅之

請雨曰皇皇上天照臨下土集地之靈神降甘雨庶物羣生咸得其所

禮記曰孔子少孤不知其父墓母亡問於鄹曼父之母乃合葬於防防墓又崩門人後至孔子問來何遲門人實對孔子不應如是者三乃潸然流涕而止曰古不修墓蔣濟何晏夏侯元王肅皆云無此事注記者謬時賢咸從之周日用曰四十言無者後有何理而述之在愚所見實未之無疑且微在與梁紇野合而生事多隱之況我丘生而父已死既隱何以知之非問曼父之母安得合葬於防也

孔子東遊見二小兒辯鬭問其故一小兒曰我以日始出時去人近而日中時遠也一小兒曰以日出而遠而日中時近一小兒曰日初出時大如車蓋及日

中時如盤盂、此不爲遠者小而大者近乎、一小兒曰、日初出滄滄涼涼、及其中而探湯、此不爲近者熱而遠者涼乎、孔子不能決、謂兩小兒曰、孰謂汝多知乎、亦出列子、關日用日且當中向熱者炎氣直下也譬猶火氣直上而與旁暑其炎涼可悉耳是關初出近而當中遠矣豈聖人皆對乎

子路與子貢過鄭神社、社樹有鳥、神牽子路、子貢說之、乃止、

春秋哀公十四年春、西狩獲麟、公羊傳曰、有以告者、孔子曰、孰爲來哉、孰爲來哉、盧曰以其時非應故孔子泣而感之麟日生三

策荅天使報聖人

左傳曰、叔孫氏之車子鉏商獲麟、以爲不祥、

燕太子丹質於秦、秦王遇之無禮、不得意、思欲歸、請於秦王、王不聽、謬言曰、令烏頭白、馬生角、乃可、丹仰而歎、烏即頭白、俯而嗟、馬生角、秦王不得已而遣之、爲機法之橋、欲陷丹、丹驅馳過之、而橋不發、遁到關、關門不開、丹爲雞鳴、於是衆雞悉鳴、遂歸、

詹何以獨繭絲爲綸、芒針爲鉤、荊篠爲竿、剖粒爲餌、引盈車之魚於百仞之淵、汩流之中、綸不絕、鉤不申、竿不撓、

薛譚學謳於秦青、未窮青之旨、於一日遂辭歸、秦青乃餞於郊衢、撫節悲歌、聲震林木、響遏行雲、薛譚乃謝求返、終身不敢言歸、秦青顧謂其友曰、昔韓娥東之齊、遺糧、過雍門、鬻歌假食而去、餘響遶梁、三日不絕、左右以其人弗去、過逆旅、凡人辱之、韓娥因曼聲哀哭、一里老幼喜歡抃舞、弗能自禁、乃厚賂而遣之、故雍門人至今善歌哭、效娥之遺聲也、

趙襄子率徒十萬狩於中山、藉艿燔林、扇赫百里、有

人從石壁中出、隨煙上下、若無所之經涉者、襄子以爲物、徐察之、乃人也、問其奚道而處石、奚道而入火、其人曰、奚物爲火、其人若不知也、魏文侯聞之、問於子夏曰、彼何人哉、子夏曰、以商所聞於夫子、和者同於物、物無得而傷閡者、遊金石之間、及蹈於水火、皆可也、文侯曰、吾子奚不爲之、子夏曰、刳心知智、商未能也、雖試語之而即暇矣、文侯曰、夫子奚不爲之、子夏曰、夫子能而不爲、文侯不悅、

更羸謂魏王曰、臣能射爲虛發而下鳥、王曰、然可於

此乎、曰聞有鳥從東來、厲虛發而下之也、

澹臺子羽子溺水死、欲葬之、滅明曰、此命也、與螻蟻何親、與魚鱉何讎、遂使勿葬、

列傳云、聶政刺韓相、白虹爲之貫日、要離刺慶忌、彗星襲月、專諸刺吳王僚、鷹擊殿上、

齊桓公出、因與管仲故道、自燉煌西涉流沙、往外國、沙石千餘里中無水、時則有沃流處、人莫能知、皆乘駱駝、駱駝知水脈、過其處、輒停不肯行、以足蹋地、人於其蹋處掘之、輒得水、

楚熊渠子夜行、射寢石、以爲伏虎、矢爲沒羽、

漢武帝好仙道、祭祀名山大澤、以求神仙之道、時西王母遣使乘白鹿告帝當來、乃供帳九華殿以待之、七月七日夜漏七刻、王母乘紫雲車而至於殿西、南面東向、頭上戴七種青氣、鬱鬱如雲、有三青鳥、如烏大、使侍母旁、時設九微燈、帝東面西向、王母索七桃、大如彈丸、以五枚與帝、母食二枚、帝食桃、輒以核著膝前、母曰、取此核將何爲、帝曰、此桃甘美、欲種之、母笑曰、此桃三千年一生實、唯帝與母對坐、其從者皆不得進、時東方朔竊從殿南廂朱鳥牖中窺母、母顧之、謂帝曰、此窺牖小兒、嘗三來盜吾此桃、帝乃大怪之、由此世人謂方朔神仙也、

君山有道、與吳包山潛通、上有美酒數斗、得飲者不死、漢武帝齋七日、遣男女數十人至君山、得酒、欲飲之、東方朔曰、臣識此酒、請視之、因一飲致盡、帝欲殺之、朔乃曰、殺朔若死、此爲不驗、以其有驗、殺亦不死、乃赦之、

博物志卷八終

博物志卷九

雜說上

老子云萬民皆付西王母唯王聖人真人仙人道人之命上屬九天君耳

黃帝治天下百年而死民畏其神百年用其教百年故曰黃帝三百年上古男三十而妻女二十而嫁曾子曰弟子不學古知之矣貧者不勝其憂富者不勝其樂

昔西夏仁而去兵城廓不修武士無位唐伐之西夏

亡昔者元都賢鬼神道廢人事其謀臣不用龜筮是從忠臣無祿神巫用國

榆罔氏之君孤而無使曲沃進伐之以亡

昔有巢氏有臣而貴任之專國主斷已而奪之臣怒而生變有巢以亡昔者清陽強力貴美女不治國而亡

昔有洛氏宮室無常囿池廣大人民困匱商伐之有洛以亡

神仙傳曰說上據辰尾爲宿歲星降爲東方朔傳說死後有此宿東方生無歲星

曾子曰好我者知吾美矣惡我者知吾惡矣

思士不妻而感思女不夫而孕后稷生乎巨跡伊尹生乎空桑

箕子居朝鮮其後伐燕之朝鮮亡入海爲鮮國師兩妻墨色珥兩青蛇蓋句芒也

漢興多瑞應至武帝之世特甚麟鳳數百王莽時郡國多稱瑞應歲歲相尋皆由順時之欲承旨求媚多無實應乃使人猜疑

子胥伐楚燔其府庫破其九龍之鍾

蓍一千歲而三百莖其本以老故知吉凶蓍末大於本爲上吉莖必沐浴齋潔食香每月望浴蓍必五浴之浴龜亦然明夷曰昔夏后筮乘飛龍而登於天而牧占四華皐陶曰吉昔夏啓筮徙九鼎啓果徙之

昔舜筮登天爲神牧占有黃龍神曰不吉武王伐殷而牧占蓍老蓍老曰吉桀筮伐唐而牧占熒惑曰不吉昔鯀筮注洪水而牧占大明曰不吉有初無後

蓍末大於本爲卜吉次蒿次荊皆如是龜蓍皆月望

浴之

水石之怪爲龍罔象、木之怪爲夔罔兩、土之怪爲獖羊、火之怪爲宋無忌、

鬬戰死亡之處、其人馬血積年化爲燐、燐著地及草木如露、略不可見、行人或有觸者、著人體、便有光、拂拭便分散無數、愈甚、有細咤聲如炒豆、唯靜處良久乃滅、後其人忽忽如失魂、經日乃差、今人梳頭脫著衣時、有隨梳解結有光者、亦有咤聲、

風山之首方高三百里、風穴如電穴、深三十里、春風自此而出也、何以知還風也、假令東風雲反從西來詵詵而疾、此不旋踵立西風矣、所以然者、諸風皆從上下、或薄於雲、雲行疾下、雖有微風不能勝上、上風來則反矣、

春秋書鼷鼠食郊牛、牛死、鼠之類最小者、食物當時不覺痛、世傳云亦食人項肥厚皮處、亦不覺、或名甘鼠、俗人諱此所嚙、衰病之徵、

鼠食巴豆三年、重三十斤、

博物志卷九終

博物志卷十

雜說下

婦人妊娠未滿三月、著壻衣冠、平旦左遶井三匝、映詳影而去、勿反顧、勿令人知見、必生男、（周日用曰如女則可依法或先是男如何余謂有定法定得年月日與受胎時日算之遇奇則爲男遇偶則爲女如爲女後即可依法）

婦人妊娠、不欲令見醜惡物、異類鳥獸、食當避其異常味、不欲令見熊羆虎豹、御及鳥射射雉、食牛心、白犬肉、鯉魚頭、席不正不坐、割不正不食、聽誦詩書諷詠之音、不聽淫聲、不視邪色、以此產子、必賢明端正壽考、所謂父母胎教之法、（盧氏曰子之得清味滋液則生仁聖謂錯亂之年則生貪淫子因之氣也）故古者婦人妊娠、必慎所感、感於善則善、惡則惡矣、妊娠者不可啖兔肉、又不可見兔、令兒脣缺、又不可啖生薑、令兒多指、

異說云、瞽叟夫婦凶頑而生舜、叔梁紇淫夫也、徵在失行也、加又野合而生仲尼焉、其在有胎教也、（盧氏曰夫甲及寅申生者聖以午在歲德在甲寅壬申生者則然矣亦由先天也亦由父母氣也古者元氣清故多聖今者俗淫險濁故無聖人也）

豫章郡衣冠人有數婦、暴面於道、爭道爭分銖、以給其夫輿馬衣資、及舉孝廉、更取富者、一切皆給、先者雖有數年之勤、婦子滿堂室、猶放黜以避後人、

諸遠方山郡幽僻處出蜜蠟、人往往以桶聚蜂、每年一取、

遠方諸山蜜蠟處、以木爲器、中開小孔、以蜜蠟塗器內外令遍、春月蜂將生育時、捕取三兩頭著器中、蜂飛去、尋將伴來、經日漸益、遂持器歸、

人藉帶眠者、則夢蛇、

博物志　卷十　二

鳥銜人之髮、夢飛、

王爾張衡馬均昔冒重霧行、一人無恙、一人病、一人死、問其故、無恙人曰、我飲酒、病者食、死者空腹、

人以冷二水自漬至膝、可頓啖數十枚瓜、漬至腰、啖轉多、至頸、可啖百餘枚、所漬水皆作瓜氣味、此事未試、人中酒不解、治之以湯自漬、即愈、湯亦作酒氣味也、

昔劉元石於中山酒家酤酒、酒家與千日酒、忘言其節度、歸至家當醉、而家人不知、以爲死也、權葬之、酒家計千日滿、乃憶元石前來酤酒、醉向醒耳、往視之、云元石亡來三年、已葬、於是開棺、醉始醒、俗云、元石飲酒、一醉千日、

舊說云、天河與海通、近世有人居海渚者、年年八月有浮槎去來、不失期、人有奇志、立飛閣於槎上、多齎糧、乘槎而去、十餘日中猶觀星月日辰、自後芒芒忽忽、亦不覺晝夜、去十餘日、奄至一處、有城郭狀、屋舍甚嚴、遙望宮中多織婦、見一丈夫牽牛渚次飲之、牽牛人乃驚問曰、何由至此、此人具說來意、并問此是

博物志　卷十　三

何處、答曰、君還至蜀郡、訪嚴君平則知之、竟不上岸、因還如期、後至蜀、問君平、曰、某年月日有客星犯牽牛宿、計年月、正是此人到天河時也、

人有山行墮深澗者、無出路、饑餓欲死、左右見龜蛇甚多、朝暮引頸向東方、人因伏地學之、遂不饑、體殊輕便、能登巖岸、經數年後、竦身舉臂、遂超山澗上、即得還家、顏色悅懌、頗更黠慧、勝故還食穀、啖滋味、百餘日中復本質、

天門郡有幽山峻谷、而其上人有從下經過者、忽然

踊出林表狀如飛仙遂絕迹年中如此甚數遂名此處爲仙谷有樂道好事者入此谷中洗沐以求飛仙往往得去有長意思人疑必以妖怪乃以大石自墜牽一犬入谷中犬復飛去其人還告鄉里募數十人執杖撝山草伐木至山頂觀之遥見一物長數十丈其高隱人耳如簸箕格射刺殺之所吞人骨積此左右有成封蟒開口廣丈餘前後失人皆此蟒氣所噏上於是諸地遂安穩無患

博物志卷十終

文心雕龍序

序曰齊梁以上立言之士無慮數千家珠聯綺合玉振金聲彬彬焉鏘鏘焉於文雅之場矣夫世代所趨巧拙所指作者殊科擇源涇渭則澄濁易淆按轡路岐而康徑未顯自非子野

安能雅俗並陳乎故知宏覽尚於體裁銓品存乎明鏡文心雕龍之所以作也文作於梁通事舍人劉勰氏勰東莞人嘗夜夢執丹漆之禮器隨仲尼而南行寤而喜曰大哉聖人之難見也小子之垂夢與乃始論文以成

此籍雖宏經之志未竟庶乎聖典之英粹矣史稱緫博雅君子咀釀篇章今讀其文網羅古今彌綸載籍迴文體之自始要辭流之所終析其義於毫芒精其法於龍眥誠文章之奧區聲音之律呂也至其銓衡往哲品論

羣言彰美指瑕曲極情狀昭昭乎化工之肖形九原可作徵其月旦矣典論之制徒擬大七臣文賦之摛未窮乎九變方斯何如哉今天下文敎隆盛海內操觚之士翕然同風人藝麟鳳家寶隨和享弊帚於千金者亦寔

矣顧擬迹前脩存乎體要筌求是本不與司南苦印傳之不廣博古者致憾於斯予偶搜諸壁間如見貝玉又惡夫巳而不入者也遂校梓布焉文凡四十九篇合篇終序志一篇五十篇釐爲十卷古歙余誨序

文心雕龍目錄

目錄終

文心雕龍卷一

梁 東莞劉勰著 奉新彭瑞麟校

原道第一

文之爲德也大矣與天地並生者何哉夫元黄色雜方圓體分日月疊璧以垂麗天之象山川煥綺以鋪理地之形此蓋道之文也仰觀吐曜俯察含章高卑定位故兩儀既生矣惟人參之性靈所鍾是謂三才爲五行之秀人實天地之心生心生而言立言立而文明自然之道也傍及萬品動植皆文龍鳳以藻繪

呈瑞虎豹以炳蔚凝姿雲霞雕色有踰畫工之妙草木賁華無待錦匠之奇夫豈外飾蓋自然耳至於林籟結響調如竽瑟泉石激韻和若球鍠故形立則章成矣聲發則文生矣夫以無識之物鬱然有彩有心之器其無文歟人文之元肇自太極幽讚神明易象惟先庖犧畫其始仲尼翼其終而乾坤兩位獨制文言言之文也天地之心哉若迺河圖孕乎八卦洛書韞乎九疇玉版金鏤之實丹文綠牒之華誰其尸之亦神理而已自鳥迹代繩文字始炳炎皞遺事紀在三墳而年世渺邈聲采靡追唐虞文章則煥乎始盛元首載歌既發吟詠之志益稷陳謨亦垂敷奏之風夏后氏興業峻鴻績九序惟歌勳德彌縟逮及商周文勝其質雅頌所被英華日新文王患憂繇辭炳曜符采複隱精義堅深重以公旦多材振其徽烈剬詩緝頌斧藻羣言至夫子繼聖獨秀前哲鎔鈞六經必金聲而玉振雕琢情性組織辭令木鐸啓而千里應席珍流而萬世響寫天地之輝光曉生民之耳目矣爰自風姓暨于孔氏元聖創典素王述訓莫不原道

心裁文章研神理而設教取象乎河洛問數乎蓍龜觀天文以極變察人文以成化然後能經緯區宇彌綸彝憲發輝事業彪炳辭義故知道沿聖以垂文聖因文而明道旁通而無滯日用而不匱易曰鼓天下之動存乎辭辭之所以能鼓天下者迺道之文也

贊曰

道心惟微神理設教光采元聖炳燿仁孝龍圖獻體龜書呈貌天文斯觀民胥以傚

徵聖第二

夫作者曰聖述者曰明陶鑄性情功在上哲夫子文章可得而聞則聖人之情見乎文辭矣先王聖化布在方冊夫子風采溢于格言是以遠稱唐世則煥乎爲盛近褒周代則郁哉可從此政化貴文之徵也鄭伯入陳以立辭爲功宋置折俎以多方舉禮此事蹟貴文之徵也襃美子產則云言以足志文以足言泛論君子則云情欲信辭欲巧此修身貴文之徵也然則志足而言文情信而辭巧迺含章之玉牒秉文之金科矣夫鑒周日月妙極機神文成規矩思合符契

或簡言以達旨或博文以該情或明理以立體或隱義以藏用故春秋一字以褒貶喪服舉輕以包重此簡言以達旨也邠詩聯章以積句儒行縟說以繁辭此博文以該情也書契斷決以象夬文章昭晣以象離此明理以立體也四象精義以曲隱五例微辭以婉晦此隱義以藏用也故知繁畧殊形隱顯異術抑引隨時變通會適徵之周孔則文有師矣是以子政論文必徵於聖稚圭勸學必宗於經易稱辨物正言斷辭則備書云辭尚體要弗惟好異故知正言所以立辯體要所以成辭辭成無好異之尤辯立有斷辭之義雖精義曲隱無傷其正言微辭婉晦不害其體要體要與微辭偕通正言共精義並用聖人之文章亦可見也顏闔以爲仲尼飾羽而畫徒事華辭雖欲此言（此言二字當字之誤）聖弗可得已然則聖文之雅麗固銜華而佩實者也天道難聞猶或鑽仰文章可見胡寧勿思若徵聖立言則文其庶矣

贊曰

妙極生知睿哲惟宰精理爲文秀氣成采鑒懸日月

辭富山海百齡影徂千載心在

宗經第三

三極彝訓其書言經經也者恒久之至道不刊之鴻敎也故象天地效鬼神參物序制人紀洞性靈之奧區極文章之骨髓者也皇世三墳帝代五典重以八索申以九丘歲歷綿曖條流紛糅自夫子刪述而大寶咸耀於是易張十翼書標七觀詩列四始禮正五經春秋五例義既極乎性情辭亦匠於文理故能開學養正昭明有融然而道心惟微聖謨卓絕墻宇重

峻。而吐納自深。譬萬鈞之洪鐘。無錚錚之細響矣。易惟談天。入神致用。故繫稱旨遠辭文。言中事隱。韋編三絕。固哲人之驪淵也。書實記言。而訓詁茫昧。通乎爾雅。則文意曉然。故子夏歎書。昭昭若日月之明。離離如星辰之行。言昭灼也。詩主言志。訓詁同書。摛風裁興。藻辭譎喻。溫柔在誦。故最附深衷矣。禮記立體。宏用據事。制範章條。纖曲執而後顯。採掇生言。莫非寶也。春秋辨理。一字見義。五石六鷁。以詳略成文。雉門兩觀。以先後顯旨。其婉章志晦。諒以邃矣。尚書則

覽文如詭。而尋理即暢。春秋則觀辭立曉。而訪義方隱。此聖人之殊致。表裏之異體者也。至根柢槃深。枝葉峻茂。辭約而旨豐。事近而喻遠。是以往者雖舊。餘味日新。後進追取而非晚。前修文用而未先。可謂太山徧雨。河潤千里者也。故論說辭序。則易統其首。詔策章奏。則書發其源。賦頌謌讚。則詩立其本。銘誄箴祝。則禮總其端。紀傳銘檄。則春秋爲根。並窮高以樹表。極遠以啓疆。所以百家騰躍。終入環內者也。若稟經以製式。酌雅以富言。是仰山而鑄銅。煑海而爲鹽也。故文能宗經。體有六義。一則情深而不詭。二則風清而不雜。三則事信而不誕。四則義直而不回。五則體約而不蕪。六則文麗而不淫。揚子比雕玉以作器。謂五經之含文也。夫文以行立。行以文傳。四教所先。符采相濟。勵德樹聲。莫不師聖。而建言修辭。鮮克宗經。是以楚艷漢侈。流弊不還。正末歸本。不其懿歟。

贊曰

三極彝道。訓深稽古。致化歸一。分教斯五。性靈鎔匠。文章奧府。淵哉鑠乎。羣言之祖。

正緯第四

夫神道闡幽。天命微顯。馬龍出而大易興。神龜見而洪範燿。故繫辭稱河出圖。洛出書。聖人則之。斯之謂也。但世夐文隱。好生矯誕。真雖存矣。僞亦憑焉。夫六經彪炳。而緯候稠疊。孝論昭晳。而鉤讖葳蕤。按經驗緯。其僞有四。蓋緯之成經。其猶織綜。絲麻不雜。布帛乃成。今經正緯奇。倍摘千里。其僞一矣。經顯。聖訓也。緯隱。神教也。聖訓宜廣。神教宜約。而今緯多於經。神理更繁。其僞二矣。有命自天。迺稱符讖。而八十一篇

皆託於孔子、則是堯造綠圖、昌制丹書、其僞三矣。商周以前、圖籙頻見、春秋之末、羣經方備、先緯後經、體乖織綜、其僞四矣。僞既倍摘、則義異自明、經足訓矣、緯何豫焉。原夫圖籙之見、廼昊天休命、事以瑞聖、義非配經、故河不出圖、夫子有歎、如或可造、無勞喟然、昔康王河圖、陳於東序、故知前世符命、歷代寶傳、仲尼所撰、序錄而已、於是伎數之士、附以詭術、或說陰陽、或序災異、若鳥鳴似語。蟲葉成字。篇條滋蔓。必假孔氏。通儒討覈、謂起哀平、東序祕寶、朱紫亂矣、至於

光武之世、篤信斯術、風化所靡、學者比肩、沛獻集緯、以通經、曹褒撰讖以定禮、乖道謬典、亦已甚矣、是以桓譚疾其虛僞。尹敏戲其深瑕。張衡發其僻謬。荀悅明其詭誕、四賢博練。論之精矣。若乃羲農軒皞之源。山瀆鍾律之要。白魚赤烏之符。黃金紫玉之瑞。事豐奇偉。辭富膏腴。無益經典。而有助文章。是以後來辭人。採摭英華。平子恐其迷學。奏令禁絕。仲豫惜其雜眞。未許煨燔。前代配經、故詳論焉、

贊曰

榮河溫洛、是孕圖緯、神寶藏用、理隱文貴。世歷二漢、朱紫騰沸、芟夷譎詭、糅其雕蔚、

辯騷第五

自風雅寢聲、莫或抽緒、奇文鬱起、其離騷哉、固已軒翥詩人之後、奮飛辭家之前、豈去聖之未遠。而楚人之多才乎、昔漢武愛騷、而淮南作傳、以爲國風好色而不淫、小雅怨誹而不亂、若離騷者、可謂兼之。蟬蛻穢濁之中、浮游塵埃之外、皭然涅而不緇、雖與日月爭光可也、班固以爲露才揚己、忿懟沈江、羿澆二姚、

與左氏不合、崑崙懸圃、非經義所載、然其文辭麗雅、爲詞賦之宗、雖非明哲、可謂妙才、王逸以爲詩人提耳、屈原婉順、離騷之文、依經立義、駟虬乘鷖、則時乘六龍、崑崙流沙、則禹貢敷土、名儒辭賦、莫不擬其儀表、所謂金相玉質、百世無匹者也、及漢宣嗟歎、以爲皆合經術、揚雄諷味、亦言體同詩雅、四家舉以方經、而孟堅謂不合傳、褒貶任聲、抑揚過實、可謂鑒而弗精、翫而未覈者也、將覈其論、必徵言焉、故其陳堯舜之耿介、稱湯武之祗敬。典誥之體也。譏桀紂之猖披。

傷羿澆之顛隕、規諷之旨也。虬龍以喻君子、雲蜺以譬讒邪、比興之義也。每一顧而掩涕、歎君門之九重、忠怨之辭也。觀茲四事、同于風雅者也。至於託雲龍、說迂怪、豐隆求宓妃、鴆鳥媒娀女、詭異之辭也。康回傾地、夷羿彃日、木夫九首、土伯三目、譎怪之談也。依彭咸之遺則、從子胥以自適、狷狹之志也。士女雜座、亂而不分、指以爲樂、娛酒不廢、沉湎日夜、舉以爲懽、荒淫之意也。摘此四事、異乎經典者也。故論其典誥則如彼、語其夸誕則如此、固知楚辭者、體慢於三代、而

風雅於戰國。乃雅頌之博徒。而詞賦之英傑也。觀其骨鯁所樹、肌膚所附、雖取鎔經意。亦自鑄偉辭。故騷經九章、朗麗以哀志。九歌九辯、綺靡以傷情。遠遊天問、瓌詭而惠巧。招魂招隱、耀艷而深華。卜居標放言之志、漁父寄獨往之才。故能氣往轢古、辭來切今、驚采絕艷、難與並能矣。自九懷以下、遽躡其跡、而屈宋逸步、莫之能追。故其叙情怨、則鬱伊而易感。述離居、則愴快而難懷。論山水、則循聲而得貌。言節候、則披文而見時。是以枚賈追風以入麗。馬揚沿波而得奇。

其衣被詞人、非一代也。故才高者菀其鴻裁、中巧者獵其艷辭、吟諷者銜其山川、童蒙者拾其香草。若能憑軾以倚雅頌、懸轡以馭楚篇。酌奇而不失其貞、翫華而不墜其實、則顧盼可以驅辭力、欬唾可以窮文致、亦不復乞靈於長卿、假寵於子淵矣。

贊曰

不有屈原、豈見離騷、驚才風逸。壯志煙高、山川無極、情理實勞、金相玉式、艷溢錙毫、

文心雕龍卷二

明詩第六

大舜云詩言志歌永言聖謨所析義已明矣是以在心爲志發言爲詩舒文載實其在茲乎詩者持也持人情性三百之蔽義歸無邪持之爲訓有符焉爾人稟七情應物斯感感物吟志莫非自然昔葛天氏樂辭云元鳥在曲黃帝雲門理不空綺至堯有大唐之歌舜造南風之詩觀其二文辭達而已及大禹成功九序惟歌太康敗德五子咸怨順美匡惡其來久矣

自商暨周雅頌圓備四始彪炳六義環深子夏監絢素之章子貢悟琢磨之句故商賜二子可與言詩自王澤殄竭風人輟采春秋觀志諷誦舊章酬酢以爲賓榮吐納而成身文逮楚國諷怨則離騷爲刺秦皇滅典亦造仙詩漢初四言韋孟首唱匡諫之義繼軌周文孝武愛文栢梁列韻嚴馬之徒屬辭無方至成帝品錄三百餘篇朝章國采亦云周備而辭人遺翰莫見五言所以李陵班婕妤見疑於後代也按召南行露始肇半章孺子滄浪亦有全曲暇豫優歌遠見春秋邪徑童謠近在成世閱時取證則五言久矣又古詩佳麗或稱枚叔其孤竹一篇則傅毅之詞比采而推兩漢之作乎觀其結體散文直而不野婉轉附物怊悵切情實五言之冠冕也至於張衡怨篇清曲可味仙詩緩歌雅有新聲暨建安之初五言騰踴文帝陳思縱轡以騁節王徐應劉望路而爭驅並憐風月狎池苑述恩榮敘酣宴慷慨以任氣磊落以使才造懷指事不求纖密之巧驅辭逐貌唯取昭晰之能此其所同也乃正始明道詩雜仙心何晏之徒率多浮

淺唯嵇志清峻阮旨遙深故能標焉若乃應璩百一獨立不懼辭譎義貞亦魏之遺直也晉世羣才稍入輕綺張潘左陸比肩詩衢采縟於正始力柔於建安或析文以爲妙或流靡以自妍此其大畧也江左篇製溺乎元風嗤笑徇務之志崇盛亡機之談袁孫已下雖各有雕采而辭趣一揆莫與爭雄所以景純仙篇挺拔而爲俊矣宋初文詠體有因革莊老告退而山水方滋儷采百字之偶爭價一句之奇情必極貌以寫物辭必窮力而追新此近世之所競也故鋪觀

列代而情變之數可監撮舉同異而綱領之要可明矣若夫四言正體雅潤爲本五言流調淸麗居宗華實異用唯才所安故平子得其雅叔度含其潤茂先凝其淸景陽振其麗兼善則子建仲宣偏美則太冲公幹然詩有恒裁思無定位隨性適分鮮能通圓若妙識所難其易也將至忽之爲易其難也方來至於三六雜言則出自篇什離合之發則明於圖讖回文所興則道原爲始聯句共韻則柏梁餘製巨細或殊情理同致總歸詩囿故不繁云

贊曰

民生而志詠歌所含興發皇世風流二南神理共契政序相參英華彌縟萬代永耽

樂府第七

樂府者聲依永律和聲也鈞天九奏旣其上帝葛天八闋爰乃皇時自咸英以降亦無得而論矣至於塗山歌於候人始爲南音有娀謠乎飛燕始爲北聲夏甲歎於東陽東音以發殷整思於西河西音以興音聲推移亦不一槩矣匹夫庶婦謳吟土風詩官採言樂盲被律志感絲篁氣變金石是以師曠覘風於盛衰季札鑒微於興廢精之至也夫樂本心術故響浹肌髓先王愼焉務塞淫濫敷訓胄子必歌九德故能情感七始化動八風自雅聲浸微溺音騰沸秦燔樂經漢初紹復制氏紀其鏗鏘叔孫定其容與於是武德興乎高祖四時廣於孝文雖摹韶夏而頗襲秦舊中和之響闃其不還暨武帝崇禮始立樂府總趙代之音撮齊楚之氣延年以曼聲協律朱馬以騷體製歌桂華雜曲麗而不經赤鴈羣篇靡而非典河間薦

雅而罕御故汲黯致譏於天馬也至宣帝雅頌詩效鹿鳴邇及元成稍廣淫樂正音乖俗其難也如此暨後郊廟惟雜雅章辭雖典文而律非夔曠至於魏之三祖氣爽才麗宰割辭調音靡節平觀其北上衆引秋風列篇或述酣宴或傷羈戍志不出於淫蕩辭不離於哀思雖三調之正聲實韶夏之鄭曲也逮於晉世則傅玄曉音創定雅歌以詠祖宗張華新篇亦克庭萬然杜夔調律音奏舒雅荀勗改懸聲節哀急故阮咸譏其離聲後人驗其銅尺和樂精妙固表裏而

相資矣故知詩爲樂心聲爲樂體樂體在聲瞽師務調其器樂心在詩君子宜正其文好樂無荒晉風所以稱遠伊其相謔鄭國所以云亡故知季札觀辭不直聽聲而已若夫豔歌婉變怨志詄絕淫辭在曲正響焉生然俗聽飛馳職競新異雅詠溫恭必欠伸魚睨奇辭切至則拊髀雀躍詩聲俱鄭自此階矣凡樂辭曰詩詩聲曰歌聲來被辭辭繁難節故陳思稱李延年閑於增損古辭多者則宜減之明貴約也觀高祖之詠大風孝武之歎來遲歌童被聲莫敢不協子

建士衡咸有佳篇並無詔伶人故事謝絲管俗稱乖調蓋未思也至於斬伎鼓吹漢世鐃挽雖戎喪殊事而並總入樂府繆襲所致亦有可算焉昔子政品文詩與歌別故略具樂篇以標區界

贊曰

八音摛文樹辭爲體謳吟坰野金石雲陛韶響難追鄭聲易啓豈惟觀樂於焉識禮

詮賦第八

詩有六義其二曰賦賦者鋪也鋪采摛文體物寫志也昔邵公稱公卿獻詩師箴賦傳云登高能賦可爲大夫詩序則同義傳說則異體總其歸塗實相枝幹劉向云明不歌而頌班固稱古詩之流也至如鄭莊之賦大隧士蔿之賦狐裘結言短韻詞自己作雖合賦體明而未融及靈均唱騷始廣聲貌然賦也者受命於詩人拓宇於楚辭也於是荀況禮智宋玉風釣爰錫名號與詩畫境六義附庸蔚成大國遂客主以首引極聲貌以窮文斯蓋別詩之原始命賦之厥初也秦世不文頗有雜賦漢初詞人順流而作陸賈扣

其端賈誼振其緒枚馬同其風王揚騁其勢皐朔已下品物畢圖繁積於宣時校閱於成世進御之賦千有餘首討其源流信興楚而盛漢矣夫京殿苑獵述行序志並體國經野義尚光大既履端於唱序亦歸餘於總亂序以建言首引情本亂以理篇迭致文契按那之卒章閔馬稱亂故知殷人輯頌楚人理賦斯並鴻裁之寰域雅文之樞轄也至於草區禽族庶品雜類則觸興致情因變取會擬諸形容則言務纖密象其物宜則理貴側附斯又小制之區畛奇巧之機

要也觀夫荀結隱語事數自環宋發巧談實始淫麗枚乘菟園舉要以會新相如上林繁類以成艷賈誼鵩鳥致辨於情理子淵洞簫窮變於聲貌孟堅兩都明絢以雅贍張衡二京迅發以宏富子雲甘泉構深瑋之風延壽靈光含飛動之勢凡此十家竝辭賦之流也及仲宣靡密發端必遒偉長博通時逢壯采太沖安仁策勳於鴻規士衡子安底績於流制景純綺巧縟理有餘彥伯梗概情韻不匱亦魏晉之賦首也原夫登高之旨蓋覩物興情情以物興故義必明雅

物以情觀故辭必巧麗麗辭雅義符采相勝如組織之品朱紫畫繪之著元黃文雖新而有質色雖糅而有本此立賦之大體也然逐末之儔蔑棄其本雖讀千賦愈惑體要遂使繁華損枝膏腴害骨無貴風軌莫益勸戒此揚子所以追悔於雕蟲貽誚於霧縠者也

贊曰

賦自詩出分岐異派寫物圖貌蔚似雕畫抑滯必揚言曠無隘風歸麗則辭翦美稗

頌讚第九

四始之至頌居其極頌者容也所以美盛德而述形容也昔帝嚳之世咸墨為頌以歌九部自商以下文理允備夫化偃一國謂之風風正四方謂之雅容告神明謂之頌風雅序人事兼變正頌主告神義必純美魯國以公旦次編商人以前王追錄斯乃宗廟之正歌非燕饗之常詠也時邁一篇周公所製哲人之頌規式存焉夫民各有心勿壅惟口晉輿之稱原田魯民之刺裘鞸直言不詠短辭以諷丘明子高竝諜為誦斯則野誦之變體浸被乎人事矣及三閭橘頌

情采芬芳比類寓意又覃及細物矣至於秦政刻文爰頌其德漢之惠景亦有述容沿世竝作相繼於時矣若夫子雲之表充國孟堅之序戴侯武仲之美顯宗史岑之述熹后或擬清廟或範駉那雖深淺不同詳略各異其褒德顯容典章一也至於班傅之北征西巡變為序引豈不褒過而謬體哉馬融之廣成上林雅而似賦何弄文而失質乎又崔瑗文學蔡邕樊渠竝致美於序而簡約乎篇摯虞品藻頗為精覈至云雜以風雅而不變旨趣徒張虛論有似黃白之僞

說矣及魏晉辨頌鮮有出轍陳思所綴以皇子為標陸機積篇惟功臣最顯其褒貶雜居固末代之訛體也原夫頌惟典雅辭必清鑠敷寫似賦而不入華侈之區敬慎如銘而異乎規戒之域揄揚以發藻汪洋以樹義唯纖曲巧致與情而變其大體所底如斯而已讚者明也助也昔虞舜之祀樂正重讚蓋唱發之辭也及益讚於禹伊陟贊於巫咸並颺言以明事嗟歎以助辭也故漢置鴻臚以唱拜為讚即古之遺語也至相如屬筆始讚荊軻及遷史固書託贊褒貶約文以

總錄頌體以論辭又紀傳後評亦同其名而仲治流別謬稱為述失之遠矣及景純注雅動植讚之義兼美惡亦猶頌之變耳然其為義事生獎歎所以古來篇體促而不曠必結言於四字之句盤桓乎數韻之辭約舉以盡情昭灼以述文此其體也發源雖遠而致用蓋寡大抵所歸其頌家之細條乎

贊曰

容體底頌勳業垂讚鏤影摛文聲理有爛年積逾遠音徽如旦降及品物炫辭作翫

祝盟第十

天地定位祀遍群神六宗既禋三望咸秩甘雨和風是生黍稷兆民所仰美報興焉犧盛惟馨本於明德祝史陳信資乎文辭昔伊耆始蠟以祭八神其辭云土反其宅水歸其壑昆蟲無作草木歸其澤則上皇祝文爰在茲矣舜之祠田云荷此長耜耕彼南畝四海俱有利民之志頗形於言矣至於商履聖敬日躋元牡告天以萬方罪己即郊禋之詞也素車禱旱以六事責躬則雩禜之文也及周之大祝掌六祝之辭

是以庶物咸生陳於天地之郊旁作穆穆唱於迎日之拜夙興夜處言於祔廟之祝多福無疆布於少牢之饋宜社類禡莫不有文所以寅虔於神祇嚴恭於宗廟也春秋已下黷祀諂祭祝幣史辭靡神不至至於張老成室致善於歌哭之禱蒯聵臨戰獲佑於筋骨之請雖造次顛沛必於祝矣若夫楚辭招魂可謂祝辭之組纚也漢之群祀肅其旨禮既總碩儒之儀亦參方士之術所以祕祝移過異於成湯之心侲子毆疫同乎越巫之祝禮失之漸也至如黃帝有祝邪

之文東方朔有罵鬼之書於是後之譴呪務於善罵惟陳思誥咎裁以正義矣若乃禮之祭祀事止告饗而中代祭文兼讚言行祭而兼讚蓋引神而作也又漢代山陵哀策流文周喪盛姬內史執策然則策本書贈因哀而為文也是以義同於誄而文實告神誄首而哀末頌體而祝儀太史所作之讚因周之祝文也凡羣言發華而降神務實修辭立誠在於無媿祈禱之式必誠以敬祭奠之楷宜恭且哀此其大較也班固之祀濛山祈禱之誠敬也潘岳之祭庾婦奠祭

之恭哀也舉彙而求昭然可鑒矣盟者明也騂毛白馬珠盤玉敦陳辭乎方明之下祝告於神明者也在昔三王詛盟不及時有要誓結言而退周衰屢盟以及要契始之以曹沫終之以毛遂及秦昭盟夷設黃龍之詛漢祖建侯定山河之誓然義存則克終道廢則渝始崇替在人呪何預焉若夫臧洪歃辭氣絕雲蜺劉琨鐵誓精貫霏霜而無補於晉漢反為仇讎故知信不由衷盟無益也夫盟之大體必序危機獎忠孝共存亡戮心力祈幽靈以取鑒指九天以為正感激以立誠切至以敷辭此其所同也然非辭之難處辭為難後之君子宜在殷鑒忠信可矣無恃神焉

贊曰

毖祀欽明祝史惟談立誠在肅修辭必甘季代彌飾絢言朱藍神之來格所貴無慚

文心雕龍卷二終

文心雕龍卷三

銘箴第十一

昔帝軒刻輿几以弼違大禹勒筍簴而招諫成湯盤盂著日新之規武王戶席題必戒之訓周公愼言於金人仲尼革容於欹器則先聖鑒戒其來久矣故銘者名也觀器必也正名審用貴乎盛德蓋臧武仲之論銘也曰天子令德諸侯計功大夫稱伐夏鑄九牧之金鼎周勒肅愼之楛矢令德之事也呂望銘功於昆吾仲山鏤績於庸器計功之義也魏顆紀勳於景

鐘孔悝表勤於衛鼎稱伐之類也若乃飛廉有石槨之錫靈公有蒿里之謚銘發幽石吁可怪矣趙靈勒跡於番吾秦昭刻博於華山夸誕示後吁可笑也詳觀衆例銘義見矣至於始皇勒岳政暴而文澤亦有疏通之美焉若班固燕然之勒張昶華陰之碣序亦盛矣蔡邕銘思獨冠古今橋公之鉞吐納典謨朱穆之鼎全成碑文溺所長也至如敬通雜器準矱戒銘而事非其物繁略違中崔駰品物讚多戒少李尤積篇義儉辭碎蓍龜神物而居博奕之中衡斛嘉量而在臼杵之末曾名器之未暇何事理之能閑哉魏文九寶器利辭鈍唯張載劒閣其才清采迅足駸駸後發前至勒銘岷漢得其宜矣箴者所以攻疾防患喻鍼石也斯文之興盛於三代夏商二箴餘句頗存及周之辛甲百官箴一篇體義備焉迄至春秋微而未絕故魏絳諷君於后羿楚子訓民於在勤戰伐已來棄德務功銘辭代興箴文委絕至揚雄稽古始範虞箴作卿尹州牧廿五篇及崔胡補綴總稱百官指事配位鞶鑑可徵信所謂追清風於前古攀辛甲於後

代者也至於潘勗符節要而失淺溫嶠傅臣博而患繁王濟國子引廣事雜潘尼乘輿義正體蕪凡斯繼作鮮有克衷至於王朗雜箴乃寘巾履得其戒愼而失其所施觀其約文舉要憲章戒銘而水火井竈繁辭不已志有偏也夫箴誦於官銘題於器名目雖異而警戒實同箴全禦過故文資確切銘兼褒讚故體貴宏潤其取事也必覈以辨其摛文也必簡而深此其大要也然矢言之道蓋闕庸器之制久淪所以箴銘異用罕施於代惟秉文君子宜酌其遠大焉

贊曰

銘實表器、箴惟德軌、有佩于言。無鑒于水。秉茲貞厲、敬言乎履、義典則宏、文約爲美、

誄碑第十二

周世盛德、有銘誄之文、大夫之材、臨喪能誄、誄者累也。累其德行、旌之不朽也、夏商已前、其詳靡聞、周雖有誄、未被於士、又賤不誄貴、幼不誄長、在萬乘則稱天以誄之、讀誄定謚、其節文大矣、自魯莊戰乘丘、始及於士、逮尼父卒、哀公作誄、觀其慭遺之切、嗚呼之歎、雖非叡作、古式存焉。至柳妻之誄惠子、則辭哀而韻長矣。暨乎漢世、承流而作、揚雄之誄元后、文實煩穢、沙麓撮其要、而摯疑成篇、安有累德述尊、而闊畧四句乎。杜篤之誄、有譽前代、吳誄雖工、而他篇頗疎、豈以見稱光武、而改盼千金哉、傅毅所製、文體倫序、孝山崔瑗、辨絜相參、觀其序事如傳、辭靡律調。固誄之才也。潘岳構意、專師孝山、巧於序悲、易入新切、所以隔代相望、能徵厥聲者也、至如崔駰誄趙、劉陶誄黃、竝得憲章、工在簡要、陳思叨名、而體實繁緩、文皇誄末、

百言自陳、其乖甚矣、若夫殷臣誄湯、追褒玄鳥之祚、周史歌文、上闡后稷之烈、誄述祖宗、蓋詩人之則也、至於序述哀情、則觸類而長、傅毅之誄北海、云白日幽光、雰霧杳冥、始序致感、遂爲後式、景而效者、彌取於工矣、詳夫誄之爲制、蓋選言錄行、傳體而頌文、榮始而哀終、論其人也、曖乎若可覿、道其哀也、悽焉如可傷、此其旨也、碑者埤也、上古帝皇、始號封禪、樹石埤岳、故曰碑也、周穆紀跡於弇山之石、亦古碑之意也、又宗廟有碑、樹之兩楹、事止麗牲、未勒勳績、而庸器漸缺、故後代用碑、以石代金。同乎不朽。自廟徂墳。猶封墓也。自後漢以來、碑碣雲起、才鋒所斷、莫高蔡邕、觀楊賜之碑、骨鯁訓典、陳郭二文、詞無擇言、周乎衆碑、莫非清允、其敘事也該而要、其綴采也雅而澤。清詞轉而不窮、巧義出而卓立、察其爲才、自然而至、孔融所創、有慕伯喈、張陳兩文、辨給足采。亦其亞也。及孫綽爲文、志在碑誄、溫王郗庾、辭多枝雜、桓彝一篇。最爲辨裁。夫屬碑之體、資乎史才、其序則傳、其文則銘。標序盛德、必見清風之華、昭紀鴻懿、必見峻偉

之烈此碑之制也夫碑實銘器銘實器文因器立名事光於誄是以勒石讚勳者入銘之域樹碑述已者同誄之區焉

贊曰

寫實追虛碑誄以立銘德慕行文采允集觀風似面聽辭如泣石墨鐫華頹影豈忒

哀弔第十三

賦憲之謚短折曰哀哀者依也悲實依心故曰哀也以辭遣哀蓋不淚之悼故不在黃髮必施夭昏昔三

良殲秦百夫莫贖事均夭橫黃鳥賦哀抑亦詩人之哀辭乎暨漢武封禪而霍子侯暴亡帝傷而作詩亦哀辭之類矣及後漢汝陽王亡崔瑗哀辭始變前式然履突鬼門怪而不辭駕龍乘雲仙而不哀又卒章五言頗似歌謠亦彷彿乎漢武也至於蘇慎張升並述哀文雖發其情華而未極心實建安哀辭惟偉長差善行女一篇時有側怛及潘岳繼作實鍾其美觀其慮善辭變情洞悲苦敘事如傳結言摹詩促節四言鮮有緩句故能義直而文婉體舊而趣新金鹿澤蘭莫之或繼也原夫哀辭大體情主於痛傷而辭窮乎愛惜幼未成德故譽止於察惠弱不勝務故悼加乎膚色隱心而結文則事愜觀文而屬心則體奢奢體爲辭則雖麗不哀必使情往會悲文來引泣乃其貴耳弔者至也詩云神之弔矣言神至也君子令終定謚事極理哀故賓之慰主以至到爲言也壓溺乖道所以不弔又宋水鄭火行人奉辭國災民亡故同弔也及晉築虒臺齊襲燕城史趙蘇秦翻賀爲弔虐民搆敵亦亡之道凡斯之例弔之所設也或驕貴而

殞身或狷忿以乖道或有志而無時或美才而兼累追而慰之並名爲弔自賈誼浮湘發憤弔屈體同而事覈辭清而理哀蓋首出之作也及相如之弔二世全爲賦體桓譚以爲其言惻愴讀者歎息及卒章要切斷而能悲也揚雄弔屈思積功寡意深文畧故辭韻沈膇班彪蔡邕並敏於致語然影附賈氏難爲並驅耳胡阮之弔夷齊褒而無間仲宣所制譏呵實工然則胡阮嘉其清王子傷其隘各志也禰衡之弔平子縟麗而輕清陸機之弔魏武序巧而文繁降斯以

下未有可稱者矣夫邪雖古義而華辭未造華過韻緩則化而爲賦固宜正義以繩理昭德而塞違割析襃貶哀而有正則無奪倫矣

贊曰

辭定所表在彼弱弄苗而不秀自古斯慟雖有通才迷方告控千載可傷寓言以送

雜文第十四

智術之子博雅之人藻溢於辭辭盈乎氣苑囿文情故日新殊致宋玉含才頗亦負俗始造對問以申其

志放懷寥廓氣實使之及枚乘摛艷首製七發腴辭雲構夸麗風駭蓋七竅所發發乎嗜欲始邪末正所以戒膏粱之子也揚雄覃思文闊業深綜述碎文璅語肇爲連珠其辭雖小而明潤矣凡此三者文章之枝派暇豫之末造也自對問以後東方朔效而廣之名爲客難託古慰志疏而有辨揚雄解嘲雜以諧謔迴環自釋頗亦爲工班固賓戲含懿采之華崔駰達旨吐典言之裁張衡應問密而兼雅崔寔客譏整而微質蔡邕釋誨體奧而文炳景純客傲情見而采蔚雖迭相祖述然屬篇之高者也至於陳思客問辭高而理疎庾敳客咨意榮而文悴斯類甚衆無所取裁矣原茲文之設迺發憤以表志身挫憑乎道勝時屯寄於情泰莫不淵岳其心麟鳳其采此立本之大要也自七發以下作者繼踵觀枚氏首唱信獨拔而偉麗矣及傅毅七激會清要之工崔駰七依入博雅之巧張衡七辨結采綿靡崔瑗七厲植義純正陳思七啓取美於宏壯仲宣七釋致辨於事理自桓麟七說以下左思七諷以上枝附影從十有餘家或文麗而

義暌或理粹而辭駁觀其大抵所歸莫不高談宮館壯語畋獵窮瓌奇之服饌極蠱媚之聲色甘意搖骨體艷詞動魂識雖始之以淫侈而終之以居正然諷一勸百勢不自反子雲所謂先騁鄭衛之聲曲終而奏雅者也唯七厲敘賢歸於儒道雖文非拔羣而意實卓爾矣自連珠以下擬者間出杜篤賈逵之曹劉珍潘勖之輩欲穿明珠多貫魚目可謂壽陵匍匐非復邯鄲之步里醜捧心不關西施之顰矣唯士衡運思理新文敏而裁章置句廣於舊篇豈慕珠仲四寸

之璿乎、夫文小易周。思閑可贍。足使義明而詞淨、事圓而音澤、磊磊自轉。可稱珠耳。詳夫漢來雜文、名號多品、或典誥誓問、或覽略篇章、或曲操弄引、或吟諷謡詠、總括其名、並歸雜文之區、甄別其義、各入討論之域、類聚有貫、故不曲述、

贊曰

偉矣前修、學堅多飽、負文餘力。飛靡弄巧。技辭攢映、嘒若參昴、慕嚬之心、於焉祇攪、

諧讔第十五

芮良夫之詩云、自有肺腸、俾民卒狂、夫心險如山、口壅若川、怨怒之情不一、歡謔之言無方、昔華元棄甲、城者發睅目之謳、臧紇喪師、國人造侏儒之歌、並嗤戲形貌、内怨爲俳也、又蠶蟹鄙諺、狸首淫哇、苟可箴戒、載于禮典、故知諧辭讔言、亦無棄矣、諧之言皆也、辭淺會俗。皆悅笑也。昔齊威酣樂、而淳于説甘酒。楚襄讌集、而宋玉賦好色、意在微諷、有足觀者、及優旃之諷漆城、優孟之諫葬馬、並譎辭飾説。抑止昏暴。是以子長編史。列傳滑稽。以其辭雖傾回。意歸義正也、

但本體不雅、其流易弊、於是東方枚皋、餔糟啜醨、無所匡正、而詆嫚媟弄、故其自稱爲賦、迺亦俳也、見視如倡、亦有悔矣、至魏文因俳説以著笑書、薛綜憑宴會而發嘲調、雖抃推席、而無益時用矣、然而懿文之士、未免枉轡、潘岳醜婦之屬、束晳賣餅之類、尤相效之蓋以百數、魏晉滑稽、盛相驅扇、遂乃應瑒之鼻、方於盜削卵、張華之形、比乎握舂杵、曾是莠言、有虧德音、豈非溺者之妄笑、胥靡之狂歌歟。讔者隱也、遯辭以隱意、譎譬以指事也。昔還社求拯於楚師、喻眢井

而稱麥麴、叔儀乞糧於魯人、歌佩玉而呼庚癸、伍舉刺荊王以大鳥、齊客譏薛公以海魚、莊姬託辭於龍尾、臧文謬書於羊裘、隱語之用、被于紀傳、大者興治濟身、其次弼違曉惑、蓋意生於權譎。而事出於機急。與夫諧辭、可相表裏者也。漢世隱書十有八篇、歆固編文、錄之歌末、昔楚莊齊威、性好隱語、至東方曼倩、尤巧辭述、但謬辭詆戲、無益規補、自魏代以來、頗非俳優、而君子隱化爲謎、謎也者、迴互其辭、使昏迷也。或體目文字、或圖象品物、纖巧以弄思。淺察以衒

辭義欲婉而正辭欲隱而顯荀卿蠶賦已兆其體至魏文陳思約而密之高貴鄉公博舉品物雖有小巧用乖遠大夫觀古之爲隱理周要務豈爲童稚之戲謔搏髀而抃笑哉然文辭之有諧讔譬九流之有小說蓋稗官所采以廣視聽若效而不已則髡袒而入室旃孟之石交乎

贊曰

古之嘲隱振危釋憊雖有絲麻無棄菅蒯會義適時頗益諷誡空戲滑稽德音大壞

文心雕龍卷四

史傳第十六

開闢草昧歲紀綿邈居今識古其載籍乎軒轅之世史有蒼頡主文之職其來久矣曲禮曰史載筆史者使也執筆左右使之記也古者左史記事者右史記言者言經則尚書事經則春秋唐虞流于典謨商夏被於誥誓自周命惟新姬公定法紬三正以班歷貫四時以聯事諸侯建邦各有國史彰善癉惡樹之風聲自平王微弱政不及雅憲章散紊彝倫攸斁夫子

閔王道之缺傷斯文之墜靜居以歎鳳臨衢而泣麟於是就太師以正雅頌因魯史以修春秋舉得失以表黜陟徵存亡以標勸戒褒見一字貴踰軒冕貶在片言誅深斧鉞然睿旨存亡幽隱經文婉約丘明同時實得微言乃原始要終創爲傳體傳者轉也轉受經旨以授於後實聖文之羽翮記籍之冠冕也至從橫之世史職猶存秦并七王而戰國有策蓋錄而弗敘故節簡而爲名也漢滅嬴項武功積年陸賈稽古作楚漢春秋爰及太史談世惟執簡子長繼志甄序

帝勳比堯稱典則位雜中賢法孔題經則文非元聖故取式呂覽通號曰紀紀綱之號亦宏稱也故本紀以述皇王列傳以總侯伯八書以鋪政體十表以譜年爵雖殊古式而得事序焉爾其實錄無隱之旨博雅宏辨之才愛奇反經之尤條例踳落之失叔皮論之詳矣及班固述漢因循前業觀司馬遷之辭思實過半其十志該富讚序宏麗儒雅彬彬信有遺味至於宗經矩聖之典端緒豐贍之功遺親攘美之罪徵賄鬻筆之愆公理辨之究矣觀夫左氏綴事附經間

出於文爲約而氏族難明及史遷各傳人始區詳易覽述者宗焉及孝惠委機呂后攝政班史立紀違經失實何則庖犧以來未聞女帝者也漢運所值難爲後法牝雞無晨武王首誓婦無與國齊桓著盟宣后亂秦呂氏危漢豈唯政事難假亦名號宜慎矣張衡司史而惑同遷固元帝王后欲爲立紀謬亦甚矣尋子宏雖僞要當孝惠之嗣孺子誠微實繼平帝之體二子可紀何有於二后哉至於後漢紀傳發源東觀袁張所製偏駁不倫薛謝之作疎謬少信司馬彪

之詳實華嶠之準當則其冠也及魏代三雄記傳互出陽秋魏畧之屬江表吳錄之類或激抗難徵或疎濶寡要唯陳壽三志文質辨洽荀張比之於遷固非妄譽也至於晉代之書繁乎著作陸機肇始而未備王韶續末而不終干寶述紀以審正得序孫盛陽秋以約舉爲能按春秋經傳舉例發凡自史漢以下莫有準的至鄧璨晉紀始立條例又擺畧漢魏憲章殷周雖湘州曲學亦有心典謨及安國立例乃鄧氏之規焉原夫載籍之作也必貫乎百氏被之千載表徵

盛衰殷鑒興廢使一代之制共日月而長存王霸之跡並天地而久大是以在漢之初史職爲盛郡國文計先集太史之府欲其詳悉於體國必閱石室啓金匱抽裂帛檢殘竹欲其博練於稽古也是立義選言宜依經以樹則勸戒與奪必附聖以居宗然後銓評昭整苛濫不作矣然紀傳爲式編年綴事文非泛論按實而書歲遠則同異難密事積則起訖易疎斯固總會之爲難也或有同歸一事而數人分功兩記則失於複重偏舉則病於不周此又銓配之未易也故

張衡摘史班之舛濫傳元譏後漢之尤煩皆此類也
若夫追述遠代代遠多僞公羊高云傳聞異辭荀況
稱錄遠略近蓋文疑則闕貴信史也然俗皆愛奇莫
顧實理傳聞而欲偉其事錄遠而欲詳其跡於是棄
同卽異穿鑿傍說舊史所無我書則傳此訛濫之本
源而述遠之巨蠹也至於記編同時時同多詭雖定
哀微辭而世情利害勳榮之家雖庸夫而盡飾迍敗
之士雖令德而常嗤理欲吹霜噴露寒暑筆端此又
同時之枉可歎息者也故述遠則誣矯如彼記近則

回邪如此析理居正唯素臣乎若乃尊賢隱諱固尼
父之聖旨蓋纖瑕不能玷瑾瑜也姦慝懲戒實良史
之直筆農夫見莠其必鋤也若斯之科亦萬代一準
焉至於尋繁領雜之術務信棄奇之要明白頭訖之
序品酌事例之條曉其大綱則衆理可貫然史之爲
任乃彌綸一代負海內之責而贏是非之尤秉筆荷
擔莫此之勞遷固通矣而歷詆後世若任情失正文
其殆哉

贊曰

史肇軒黃體備周孔世歷斯編善惡偕總騰褒裁貶
爲古魂動辭宗邱明直歸南董

諸子第十七

諸子者入道見志之書太上立德其次立言百姓之
羣居苦紛雜而莫顯君子之處世疾名德之不章唯
英才特達則炳曜垂文騰其姓氏懸諸日月焉昔風
后力牧伊尹咸其流也篇述者蓋上古遺語而戰伐
所記者也至鬻熊知道而文王諮詢餘文遺事錄爲
鬻子子目肇始莫先於茲及伯陽識禮而仲尼訪問

爰序道德以冠百氏然則鬻惟文友李實孔師聖賢
竝世而經子異流矣逮及七國力政俊乂蠭起孟軻
膺儒以磬折莊周述道以翺翔墨翟執儉确之教尹
文課名實之符野老治國於地利騶子養政於天文
申商刀鋸以制理鬼谷脣吻以策勳尸佼兼總於雜
術青史曲綴以街談承流而枝附者不可勝筭竝飛
辯以馳術饜祿而餘榮矣暨于暴秦烈火勢炎崑岡
而烟燎之毒不及諸子逮漢成普思子政讎校於是
七畧芬菲九流鱗萃殺青所編百有八十餘家矣迄

至魏晉作者間出讕言兼存瑣語必錄類聚而求亦充箱照軫矣然繁辭雖積而本體易總述道言治枝條五經其純粹者入矩踳駁者出規禮記月令取乎呂氏之紀三年問喪寫乎荀子之書此純粹之類也若乃湯之問棘云蚊睫有雷霆之聲惠施對梁王云蝸角有伏尸之戰列子有移山跨海之談淮南有傾天折地之說此踳駁之類也是以世疾諸混洞虛誕按歸藏之經大明迂怪乃稱羿斃十日姮娥奔月殷湯如茲況諸子乎至如商韓六虱五蠹棄孝廢仁轘

藥之禍非虛至也公孫之白馬孤犢辭巧理拙魏牟比之鴞鳥非妄貶也昔東平求諸子史記而漢朝不與蓋以史記多兵謀而諸子雜詭術也然洽聞之士宜撮綱要覽華而食實棄邪而採正極睇參差亦學家之壯觀也研夫孟荀所述理懿而辭雅管晏屬篇事覈而言練列御寇之書氣偉而采奇鄒子之說心奢而辭壯墨翟隨巢意顯而語質尸佼尉繚術通而文鈍鶡冠綿綿亟發深言鬼谷渺渺每環奧義情辨以澤文子擅其能辭約而精尹文得其要慎到析密

理之巧韓非著博喻之富呂氏鑒遠而體周淮南汎採而文麗斯則得百氏之華采而辭氣文之大略也若夫陸賈典語賈誼新書揚雄法言劉向說苑王符潛夫崔寔正論仲長昌言杜夷幽求咸敘經典或明政術雖標論名歸乎諸子何者博明萬事為子適辨一理為論彼皆蔓延雜說故入諸子之流夫自六國以前去聖未遠故能越世高談自開戶牖兩漢以後體勢浸弱雖明乎坦途而類多依採此遠近之漸變也嗟夫身與時舛志共道申標心於萬古之上而送

懷於千載之下金石靡矣聲其銷乎

贊曰

丈夫處世懷寶挺秀辨雕萬物智周宇宙立德何隱含道必授條流殊述若有區囿

論說第十八

聖哲彝訓曰經述經敘理曰論論者倫也倫理有無聖意不墜昔仲尼微言門人追記故仰其經目稱為論語蓋羣論立名始於茲矣自論語已前經無論字六韜二論後人追題乎詳觀論體條流多品陳政則

與議說合契釋經則與傳注參體辨史則與贊評齊
行銓文則與叙引共紀故議者宜言說者說語傳者
轉師注者主解贊者明意評者平理序者次事引者
胤辭八名區分一揆宗論論也者彌綸羣言而研精
一理者也是以莊周齊物以論為名不韋春秋六論
昭列至石渠論藝白虎通講聚述聖言通經論家之
正體也及班彪王命嚴尤三將敷述昭情善入史體
魏之初霸術兼名法傅嘏王粲校練名理迄至正始
務欲守文何晏之徒始盛元論於是聃周當路與尼

父爭塗矣詳觀蘭石之才性仲宣之去代叔夜之辨
聲太初之本元輔嗣之兩例平叔之二論並師心獨
見鋒穎精密蓋人倫之英也至如李康運命同論衡
而過之陸機辨亡效過秦而不及然亦其美矣次及宋
岱郭象銳思於機神之區夷甫裴頠交辨於有無之
域並獨步當時流聲後代然滯有者全繫於形用貴
無者專守於寂寥徒銳偏解莫詣正理動極神源其
般若之絕境乎逮江左羣談惟元是務雖有日新而
多抽前緒矣至如張衡譏世韻似俳說孔融孝廉但

談嘲戲曹植辨道體同書抄言不持正論如其已原
夫論之為體所以辨正然否窮於有數追於無形迹堅
求通鉤深取極乃百慮之筌蹄萬事之權衡也故其
義貴圓通辭忌枝碎必使心與理合彌縫莫見其隙
辭共心密敵人不知所乘斯其要也是以論如析薪
貴能破理斤利者越理而橫斷辭辨者反義而取通
覽文雖巧而檢跡如妄唯君子能通天下之志安可
以曲論哉若夫注釋為詞解散論體雜文雖異總會
是同若秦君延之注堯典十餘萬字朱普之解尚書

三十萬言所以通人惡煩羞學章句若毛公之訓詩
安國之傳書鄭君之釋禮王弼之解易要約明暢可
謂式矣說者悅也兌為口舌故言資悅懌過悅必偽
故舜驚讒說說之善者伊尹以論味隆殷太公以辨
釣興周及燭武行而紓鄭端木出而存魯亦其美也
暨戰國爭雄辨士雲踊從橫參謀長短角勢轉丸騁
其巧辭飛鉗伏其精術一人之辨重於九鼎之寶三
寸之舌強於百萬之師六印磊落以佩五都隱賑而
封至漢定秦楚辨士弭節酈君既斃於齊鑊蒯子幾

入乎漢鼎雖復陸賈籍甚張釋傅會杜欽文辨婁護
脣舌頡頏萬乘之階抵嘘公卿之席並順風以託勢
莫能逆波而泝洄矣夫說貴撫會弛張相隨不專緩
頰亦在刀筆范雎之言事李斯之止逐客並煩情入
機動言中務雖批逆鱗而功成計合此上書之善說
也至於鄒陽之說吳梁喻巧而理至故雖危而無咎
矣敬通之說鮑鄧事緩而文繁所以歷騁而罕遇也
凡說之樞要必使時利而義貞進有契於成務退無
阻於榮身自非譎敵則唯忠與信披肝膽以獻主飛

文敏以濟辭此說之本也而陸氏直稱說煒曄以譎
誑何哉

贊曰

理形於言敘理成論詞深人天致遠方寸陰陽莫貳
鬼神靡遯說爾飛鉗呼吸沮勸

詔策第十九

皇帝御寓其言也神淵嘿黼扆而響盈四表唯詔策
乎昔軒轅唐虞同稱爲命命之爲義制性之本也其
在三代事兼誥誓誓以訓戒誥以敷政命喻自天故
授官錫胤易之姤象后以施命誥四方誥命動民若
天下之有風矣降及七國並稱曰令令者使也秦并
天下改命曰制漢初定儀則則命有四品一曰策書
二曰制書三曰詔書四曰戒敕敕戒州部詔誥百官
制施赦命策封王侯策者簡也制者裁也詔者告也
敕者正也詩云畏此簡書易稱君子以制度數禮稱
明君之詔書稱敕天之命並本經典以立名目遠詔
近命習秦制也記稱絲綸所以應接羣后虞重納言
周貴喉舌故兩漢詔誥職在尚書王言之大動入史

策其出如綍不反若汗是以淮南有英才武帝使相
如視草隴右多文士光武加意於書辭豈直取美當
時亦敬慎來葉矣觀文景以前詔體浮新武帝崇儒
選言弘奧策封三王文同訓典勸戒淵雅垂範後代
及制詔嚴助即云厭承明廬蓋寵才之恩也孝宣璽
書賜太守陳遂亦故舊之厚也逮光武撥亂留意斯
文而造次喜怒時或偏濫詔賜鄧禹稱司徒爲堯敕
責侯霸稱黃鉞一下若斯之類實乖憲章暨明帝崇
學雅詔間出安和政弛禮閣鮮才每爲詔敕假手外

請建安之末文理代興潘勗九錫典雅逸群衛覬禪
誥符命炳燿弗可加已自魏晉誥策職在中書劉放
張華互管斯任施命發號洋洋盈耳魏文帝下詔辭
義多偉至於作威作福其萬慮之一弊乎晉氏中興
唯明帝崇才以溫嶠文清故引入中書自斯以後體
憲風流矣夫王言崇秘大觀在上所以百辟其刑萬
邦作孚故授官選賢則義炳重離之輝優文封策則
氣含風雨之潤勅戒恒誥則筆吐星漢之華治戎燮
伐則聲有洊雷之威眚災肆赦則文有春露之滋明

罰勅法則辭有秋霜之烈此詔策之大略也戒勅為
文實詔之切者周穆命郊父受勅憲此其事也魏武
稱作勅戒當指事而語勿得依違曉治要矣及晉武
勅戒備告百官勅都督以兵要戒州牧以董司警郡
守以恤隱勒牙門以禦衛有訓典焉戒者慎也禹稱
戒之用休君父至尊在三罔極漢高祖之勅太子東
方朔之戒子亦顧命之作也及馬援已下各遺家戒
班姬女戒足稱母師也教者效也言出而民效也契
敷五教故王侯稱教昔鄭宏之守南陽條教為後所

述乃事緒明也孔融之守北海文教麗而罕於理乃
治體乖也若諸葛孔明之詳約庾稚恭之明斷並理
得而辭中教之善也自教以下則又有命詩云有命
在天明為重也周禮曰師氏詔王為輕命今詔重而
命輕古今之變也

贊曰

皇王施令寅嚴宗誥我有絲言兆民尹好輝音峻舉
鴻風遠蹈騰義飛辭渙其大號

檄移第二十

震雷始於曜電出師先乎威聲故觀電而懼雷壯聽
聲而懼兵威兵先乎聲其來已久昔有虞始戒於國
夏后初誓於軍殷誓軍門之外周將交刃而誓之故
知帝世戒兵三王誓師宣訓我眾未及敵人也至周
穆西征祭公謀父稱古有威讓之令令有文告之辭
即檄之本源也及春秋征伐自諸侯出懼敵弗服故
兵出須名振此威風暴彼昏亂劉獻公之所謂告之
以文辭董之以武師者也齊桓征楚詰苞茅之闕晉
厲伐秦責箕郜之焚管仲呂相奉辭先路詳其意義

卽今之檄文暨乎戰國始稱爲檄檄者皦也宣露於
外皦然明白也張儀檄楚書以尺二明白之文或稱
露布播諸視聽也夫兵以定亂莫敢自專天子親戎
則稱恭行天罰諸侯御師則云肅將王誅故分閫推
轂奉辭伐罪非唯致果爲毅亦且厲辭爲武使聲如
衝風所擊氣似欃槍所掃奮其武怒總其罪人懲其
惡稔之時顯其貫盈之數搖姦宄之膽訂信愼之心
使百尺之衝摧折於咫書萬雉之城顛墜於一檄者
也觀隗囂之檄亡新布其三逆文不雕飾而辭切事

明隴右文士得檄之體矣陳琳之檄豫州壯有骨鯁
雖姦閹攜養章密太甚發兵摸金誣過其虐然抗辭
書釁皦然露骨矣敢指曹公之鋒幸哉免袁黨之戮
也鍾會檄蜀徵驗甚明桓公檄胡觀釁尤切並壯筆
也凡檄之大體或述此休明或叙彼苛虐指天時審
人事算強弱角權勢標蓍龜於前驗懸鞶鑑於已然
雖本國信實參兵詐譎詭以馳旨煒曄以騰說凡此
衆條莫或違之者也故其植義颺辭務在剛健插羽
以示迅不可使辭緩露板以宣衆不可使義隱必事

昭而理辨氣盛而辭斷此其要也若曲趣密巧無所
取才矣又州郡徵吏亦稱爲檄固明舉之義也移者
易也移風易俗令往而民隨者也相如之難蜀老文
曉而喻博有移檄之骨焉及劉歆之移太常辭剛而
義辨文移之首也陸機之移百官言約而事顯武移
之要者也故檄移爲用事兼文武其在金革則逆黨
用檄順命資移所以洗濯民心堅同符契意用小異
而體義大同與檄參伍故不重論也

贊曰

三驅弛剛九伐先話鞶鑑吉凶蓍龜成敗推壓鯨鯢
抵落蜂蠆移寶易俗草偃風邁

文心雕龍卷五

封禪第二十一

夫正位北辰嚮明南面所以運天樞毓黎獻者何嘗不經道緯德以勒皇蹟者哉錄圖曰潬潬噅噅棼棼雉雉萬物盡化言至德所被也丹書曰義勝欲則從欲勝義則凶戒愼之至也則戒愼以崇其德至德以凝其化七十有二君所以封禪矣昔黄帝神靈克膺鴻瑞勒功喬岳鑄鼎荊山大舜巡岳顯乎虞典成康封禪聞之樂緯及齊桓之霸爰窺王跡夷吾譎陳拒

以怪物固知玉牒金鏤專在帝皇也然則西鶼東鰈南茅北黍空談非徵勳德而已是史遷八書明述封禪者固禋祀之殊禮名號之秘祝祀天之壯觀矣秦始皇銘岱文自李斯法家辭氣體乏宏潤然疎而能壯亦彼時之絕采也鋪觀兩漢隆盛孝武禪號於肅然光武巡封於梁父誦德銘勳乃鴻筆耳觀相如封禪蔚爲唱首爾其表權輿序皇王炳元符鏡鴻業驅前古於當今之下騰休明於列聖之上歌之以禎瑞讚之以介丘絕筆茲文固維新之作也及光武勒碑則文自張純首胤典謨末同祝辭引鉤讖敘離亂計武功述文德事覈理舉華不足而實有餘矣凡此二家並岱宗實跡也及揚雄劇秦班固典引事非鐫石而體因紀禪觀劇秦爲文影寫長卿詭言遯辭故兼包神怪然骨掣靡密辭貫圓通自稱極思無遺力矣典引所序雅有懿乎歷鑒前作能執厥中其致義會文斐然餘巧故稱封禪麗而不典劇秦典而不實豈非追觀易爲明循勢易爲力歟至於邯鄲受命攀響前聲風末力寡輯韻成頌雖文理順序而不能奮飛

陳思魏德假論客主問答迂緩且已千言勞深勣寡飆焰缺焉茲文爲用蓋一代之典章也搆位之始宜明大體樹骨於訓典之區選言於宏富之路使意古而不晦於深文今而不墜於淺義吐光芒辭成廉鍔則爲偉矣雖復道極數殫終然相襲而日新其采者必超前轍焉

贊曰

封勒帝勣對越天休逖聽高岳聲英克彪樹石九旻泥金八幽鴻律蟠采如龍如虬

章表第二十二

夫設官分職、高卑聯事、天子垂珠以聽、諸侯鳴玉以朝、敷奏以言、明試以功、故堯咨四岳、舜命八元、固辭再讓之請、俞往欽哉之授、並陳辭帝庭、匪假書翰、然則敷奏以言、即章表之義也、明試以功、即授爵之典也、至太甲既立、伊尹書誡、思庸歸亳、又作書以讚、文翰獻替、事斯見矣。周監二代、文理彌盛、再拜稽首、對揚休命、承文受冊、敢當丕顯、雖言筆未分、而陳謝可見。降及七國、未變古式、言事於王、皆稱上書、秦初定

制、改書曰奏、漢定禮儀、則有四品、一曰章、二曰奏、三曰表、四曰議、章以謝恩、奏以按劾、表以陳請、議以執異。章者明也、詩云為章於天、謂文明也、其在文物、赤白曰章、表者標也、禮有表記、謂德見于儀、其在器式、揆景曰表、章表之目、蓋取諸此也、按七畧藝文、謠詠必録、章表奏議、經國之樞機、然闕而不纂者、乃各有故事、而在職司也、前漢表謝、遺篇寡存、及後漢察舉、必試章奏、左雄奏議、臺閣為式、胡廣章奏、天下第一、並當時之傑筆也、觀伯始謁陵之章、足見其典文之美焉。昔晉文受冊、三辭從命、是以漢末讓表、以三為斷、曹公稱為表不必三讓、又勿得浮華、所以魏初表章、指事造實、求其靡麗、則未足美矣、至於文舉之薦禰衡、氣揚采飛。孔明之辭後主、志盡文暢、雖華實異旨、並表之英也。琳瑀章表、有譽當時、孔璋稱健、則其標也。陳思之表、獨冠羣才、觀其體贍而律調、辭清而志顯、應物製巧、隨變生趣。執轡有餘、故能緩急應節。逮晉初筆札、則張華為儁、其三讓公封、理周辭要、引義比事、必得其偶、世珍鷦鷯、莫顧章表、及羊公之辭開

府、有譽於前談、庾公之讓中書、信美於往載、序志顯類、有文雅焉、劉琨勸進、張駿自序、文致耿介、並陳事之美表也、原夫章表之為用也、所以對揚王庭、昭明心曲、既其身文、且亦國華、章以造闕、風矩應明、表以致禁、骨采宜耀、循名課實、以章為本者也、是以章式炳賁、志在典謨、使要而非略、明而不淺。表體多包、情偽屢遷、必雅義以扇其風、清文以馳其麗、然懇惻者辭為心使、浮侈者情為文使、繁約得正、華實相勝、脣吻不滯、則中律矣、子貢云心以制之、言以結之、蓋一

辭意也荀卿以爲觀人美辭麗於黼黻文章亦可以喻於斯乎

贊曰

敷奏絳闕獻替黼扆言必貞明義則宏偉肅恭節文條理首尾君子秉文辭令有斐

奏啓第二十三

昔唐虞之臣敷奏以言秦漢之輔上書稱奏陳政事獻典儀上急變劾僭謬總謂之奏奏者進也言敷于下情進于上也秦始立奏而法家少文觀王綰之奏

勳德辭質而義近李斯之奏驪山事略而意逕政無膏潤形於篇章矣自漢以來奏事或稱上疏儒雅繼踵殊采可觀若夫賈誼之務農鼂錯之兵事匡衡之定郊王吉之觀禮溫舒之緩獄谷永之諫仙理既切至辭亦通暢可謂識大體矣後漢羣賢嘉言罔伏楊秉耿介於災異陳蕃憤懣於尺一骨鯁得焉張衡指摘於史職蔡邕銓列於朝儀博雅明焉魏代名臣文理迭興若高堂天文黃觀教學王朗節省甄毅考課亦盡節而知治矣晉氏多難災屯流移劉頌殷勤於時務溫嶠懇切於費役並體國之忠規矣夫奏之爲筆固以明允篤誠爲本辨析疏通爲首強志足以成務博見足以窮理酌古御今治繁總要此其體也若乃按劾之奏所以明憲清國昔周之太僕繩愆糾繆秦之御史職主文法漢置中丞總司按劾故位在摯擊砥礪其氣必使筆端振風簡上凝霜者也觀孔光之奏董賢則實其姦回路粹之奏孔融則誣其釁惡名儒之與險士固殊心焉若夫傅咸勁直而按辭堅深劉隗切正而劾文闊略各其志也後之彈事迭相

斟酌惟新日用而舊準弗差然函人欲全矢人欲傷術在糾惡勢必深峭詩刺讒人投畀豺虎禮疾無禮方之鸚猩墨翟非儒目以豕彘孟軻譏墨比諸禽獸詩禮儒墨旣其如茲奏劾嚴文孰云能免是以世人爲文競於詆訶吹毛取瑕次骨爲戾復似善罵多失折衷若能闢禮門以懸規標義路以植矩然後踰垣者折肱捷徑者滅趾何必躁言醜句詬病爲切哉是以立範運衡宜明體要必使理有典刑辭有風軌總法家之式秉儒家之文不畏彊禦氣流墨中無縱詭

隨聲動節外乃稱絕席之雄直方之舉耳啓者開也高宗云啓乃心沃朕心取其義也孝景諱啓故兩漢無稱至魏國箋記始云啓聞奏事之末或云謹啓自晉來盛啓用兼表奏陳政言事既奏之異條讓爵謝恩亦表之別幹必斂飭入規促其音節辨要輕清文而不侈亦啓之大略也又表奏確切號爲讜言讜者偏也王道有偏乖乎蕩蕩其偏故曰讜言也孝成稱班伯之讜言貴直也自漢置八儀密奏陰陽皂囊封板故曰封事晁錯受書還上便宜後代便宜多附封

事愼機密也夫王臣匪躬必吐謇諤事舉人存故無待泛說也

贊曰

皂飭司直肅清風禁筆銳干將墨含淳酖雖有次骨無或膚浸獻政陳宜事必勝任

議對第二十四

周爰諮謀是謂爲議議之言宜審事宜也易之節卦君子以制度數議德行周書曰議事以制政乃弗迷議貴節制經典之體也昔管仲稱軒轅有明臺之議則其來遠矣洪水之難堯咨四岳宅揆之舉舜疇五人三代所興詢及芻蕘春秋釋宋魯桓務議及趙靈胡服而季父爭論商鞅變法而甘龍交辨雖憲章無算而同異足觀迄今有漢始立駁議駁者雜也雜議不純故曰駁也自兩漢文明楷式昭備藹藹多士發言盈庭若賈誼之遍代諸生可謂捷於議也至如主父之駁抗弓安國之辨匈奴賈捐之陳於朱崖劉歆之辨於祖宗雖質文不同得事要矣若乃張敏之斷輕侮郭躬之議擅誅程曉之駁校事司馬芝之議貨

錢何曾蠲出女之科秦秀定賈充之謚事實允當可謂達議體矣漢世善駁則應劭爲首晉代能議則傅咸爲宗然仲瑗博古而銓貫有叙長虞識治而屬辭枝繁及陸機斷議亦有鋒穎而腴辭弗翦頗累文骨亦各有美風格存焉夫動先擬議明用稽疑所以敬愼群務弛張治術故其大體所資必樞紐經典採故實於前代觀通變於當今理不謬搖其枝字不妄舒其藻又郊祀必洞於禮戎事必練於兵佃穀先曉於農斷訟務精於律然後標以顯義約以正辭文以辨

深爲能。不以繁縟爲巧、事以明覈爲美、不以深隱爲
奇。此綱領之大要也。若不達政體、而舞筆弄文、支離
構辭、穿鑿會巧、空騁其華、固爲事實所擯、設得其
理、亦爲遊辭所埋、昔秦女嫁晉、從文衣之媵、晉人貴
媵而賤女、楚珠鬻鄭、爲薰桂之櫝、鄭人買櫝而還珠。
若文浮於理、末勝其本、則秦女楚珠、復在於茲矣。又
對策者、應詔而陳政也。射策者、探事而獻說也。言中
理準、譬射侯中的、二名雖殊、即議之別體也。古之造
士、選事考言、漢文中年、始舉賢良、晁錯對策、蔚爲舉

首。及孝武益明、旁求俊乂、對策者以第一登庸、射策
者以甲第入仕、斯固選賢要術也。觀晁氏之對、驗
古今、辭裁以辨、事通而贍、超升高第、信有徵矣。仲舒
之對、祖述春秋、本陰陽之化、究列代之變、煩而不慁
者、事理明也。公孫之對、簡而未博、然總要以約、文事
切而情舉。所以太常居下、而天子擢上也。杜欽之對、
略而指事、辭以治宣、不爲文作。及後漢魯丕、辭氣質
素、以儒雅中策、以入高第。凡此五家、並前代之明範
也。魏晉已來、稍務文麗、以文紀實、所失已多、及其來
選、又稱疾不會、雖欲求文、弗可得也。是以漢飲博士
而雉集乎堂、晉策秀才、而麏興於前、無他怪也、選失
之異耳。夫駁議偏辨、各執異見、對策揄揚、大明治道。
使事深於政術、理密於時務、酌三五以鎔世、而非迂
緩之高談、馭權變以拯俗、而非刻薄之僞論。風恢恢
而能遠、流洋洋而不溢、王庭之美對也。難矣哉、士之
爲才也。或練治而寡文、或工文而疏治、對策所選、實
屬通才、志足文遠、不其鮮歟。

贊曰

議惟疇政、名實相課、斷理必綱、攡辭無懦、對策王庭、
同時酌和、治體高秉、雅謨遠播。

書記第二十五

大舜云、書用識哉、所以記時事也。蓋聖賢言辭、總爲
尚書、尚書之爲體、主言者也。揚雄曰、言、心聲也。書、心
畫也。聲畫形、君子小人可見矣。故書者、舒也。舒布其
言、陳之簡牘、取象乎夬、貴在明決而已。三代政暇、文
翰頗疏、春秋聘繁、書介彌盛。繞朝贈士會以策、子家
與趙宣以書、巫臣之遺子反、子產之諫范宣、詳觀四

書辭若對面又子服敬叔進弔書於滕君固知行人挈辭多被翰墨矣及七國獻書詭麗輻輳漢來筆札辭氣紛紜觀史遷之報任安東方朔之難公孫楊惲之酬會宗子雲之答劉歆志氣槃桓各含殊采並杼軸乎尺素抑揚乎寸心逮後漢書記則崔瑗尤善魏之元瑜號稱翩翩文舉屬章半簡必錄休璉好事留意辭翰抑其次也嵇康絕交實志高而文偉矣趙至叙離迺少年之激切也至如陳遵占辭百封各意禰衡代書親疎得宜斯又尺牘之偏才也詳總書體本

在盡言言以散鬱陶託風采故宜條暢以任氣優柔以懌懷文明從容亦心聲之獻酬也若夫尊貴差序則肅以節文戰國以前君臣同書秦漢立儀始有表奏王公國內亦稱奏書張敞奏書於膠后其義美矣迄至後漢稍有名品公府奏記而郡將奏牋記之言志進己志也牋者表也表識其情也崔寔奏記於公府則崇讓之德音矣黃香奏牋於江夏亦肅恭之遺式矣公幹牋記麗而規益子桓弗論故世所共遺若略名取實則有美於為詩矣劉廙謝恩喻切以至陸

機自理情周而巧牋之為善者也原牋記之為式既上窺乎表亦下睨乎書使敬而不懾簡而無傲清美以惠其才彪蔚以文其響蓋牋記之分也夫書記廣大衣被事體筆劄雜名古今多品是以總領黎庶則有譜籍簿錄醫歷星筮則有方術占試申憲述兵則有律令法制朝市徵信則有符契券疏百官詢事則有關刺解牒萬民達志則有狀列辭諺並述理於心著言於翰雖藝文之末品而政事之先務也故謂譜者普也注序世統事資周普鄭氏譜詩蓋取乎此籍

者借也歲借民力條之於版春秋司籍即其事也簿者圃也草木區別文書類聚張湯李廣為吏所簿別情偽也錄者領也古史世本編以簡策領其名數故曰錄也方者隅也醫藥攻病各有所主專精一隅故藥術稱方術者路也算歷極數見路乃明九章積微故以為術淮南萬畢皆其類也占者覘也星辰飛伏伺候乃見精觀書雲故曰占也式者則也陰陽盈虛五行消息變雖不常而稽之有則也律者中也黃鍾調起五音以正音以正法律馭民八刑克平以律為

名取中正也令者命也出命申禁有若自天管仲下命如流水使民從也法者象也兵謀無方而奇正有象故曰法也制者裁也上行於下如匠之制器也符者孚也徵召防僞事資中孚三代玉瑞漢世金竹末代從省易以書翰矣契者結也上古純質結繩執契今羌胡徵數負販記緡其遺風歟券者束也明白約束以備情僞字形半分故周稱判書古有鐵券以堅信誓王褒髯奴則券之楷也疏者布也布置物類撮題近意故小券短書號爲疏也關者閉也出入由門

關閉當審庶務在政通塞應詳韓非云孫亶回聖相也而關於州郡蓋謂此也刺者達也詩人諷刺周禮三刺事叙相達若針之通結矣解者釋也解釋結滯徵事以對也牒者葉也短簡編牒如葉在枝溫舒截蒲即其事也議政未定故短牒咨謀牒之尤密謂之爲籤籤者纖密者也狀者貌也禮貌本原取其事實先賢表謚並有行狀狀之大者也列者陳也陳列事情昭然可見也辭者舌端之文通已於人子產有辭諸侯所賴不可已也諺者直語也喪言亦不及文故弔亦稱諺廛路淺言有實無華鄒穆公云囊漏儲中皆其類也太誓曰古人有言牝雞無晨大雅云人亦有言惟憂用老並上古遺諺詩書可引者也至於陳琳諫辭稱掩目捕雀潘岳哀辭稱掌珠伉儷並引俗說而爲文辭者也夫文辭鄙俚莫過於諺而聖賢詩書採以爲談況踰於此豈可忽哉觀此四條並書記所總或事本相通而文意各異或全任質素或雜用文綺隨事立體貴乎精要意少一字則義闕句長一言則辭妨並有司之實務而浮藻之所忽也然才冠

鴻筆多疏尺牘譬九方堙之識駿足而不知毛色牝牡也言既身文信亦邦瑞翰林之士思理實焉

贊曰

文藻條流託在筆札既馳金相亦運木訥萬古聲薦千里應拔庶務紛綸因書乃察

文心雕龍卷六

神思第二十六

古人云形在江海之上心存魏闕之下神思之謂也文之思也其神遠矣故寂然凝慮思接千載悄焉動容視通萬里吟詠之間吐納珠玉之聲眉睫之前卷舒風雲之色其思理之致乎故思理爲妙神與物遊神居胷臆而志氣統其關鍵物沿耳目而辭令管其樞機樞機方通則物無隱貌關鍵將塞則神有遯心是以陶鈞文思貴在虛靜疏瀹五藏澡雪精神積學

以儲寶酌理以富才研閱以窮照馴致以懌辭然後使元解之宰尋聲律而定墨獨照之匠闚意象而運斤此蓋馭文之首術謀篇之大端夫神思方運萬塗競萌規矩虛位刻鏤無形登山則情滿於山觀海則意溢於海我才之多少將與風雲而並驅矣方其搦翰氣倍辭前暨乎篇成半折心始何則意翻空而易奇言徵實而難巧也是以意授於思言授於意密則無際疎則千里或理在方寸而求之域表或義在咫尺而思隔山河是以秉心養術無務苦慮含章司契不必勞情也人之禀才遲速異分文之制體大小殊功相如含筆而腐毫揚雄輟翰而驚夢桓譚疾感於苦思王充氣竭於思慮張衡研京以十年左思練都以一紀雖有巨文亦思之緩也淮南崇朝而賦騷枚皐應詔而成賦子建援牘如口誦仲宣舉筆似宿構阮瑀據案而制書禰衡當食而草奏雖有短篇亦思之速也若夫駿發之士心總要術敏在慮前應機立斷覃思之人情饒歧路鑒在疑後研慮方定機敏故造次而成功慮疑故愈久而致績難易雖殊並資博

練若學淺而空遲才疎而徒速以斯成器未之前聞是以臨篇綴慮必有二患理鬱者苦貧辭溺者傷亂然則博聞爲饋貧之糧貫一爲拯亂之藥博而能一亦有助乎心力矣若情數詭雜體變遷貿拙辭或孕於巧義庸事或萌於新意視布於麻雖云未費杼軸獻功煥然乃珍至於思表纖旨文外曲致言所不追筆固知止至精而後闡其妙至變而後通其數伊摯不能言鼎輪扁不能語斤其微矣乎

贊曰

神用象通情變所孕物以貌求心以理應刻鏤聲律
萌芽比興結慮司契垂帷制勝

體性第二十七

夫情動而言形理發而文見蓋沿隱以至顯因內而
符外者也然才有庸儁氣有剛柔學有淺深習有雅
鄭並情性所鑠陶染所凝是以筆區雲譎文苑波詭
者矣故辭理庸儁莫能翻其才風趣剛柔寧或改其
氣事義淺深未聞乖其學體式雅鄭鮮有反其習各
師成心其異如面若總其歸塗則數窮八體一曰典

雅二曰遠奧三曰精約四曰顯附五曰繁縟六曰壯
麗七曰新奇八曰輕靡典雅者鎔式經誥方軌儒門
者也遠奧者馥采典文經理元宗者也精約者覈字
省句剖析毫釐者也顯附者辭直義暢切理厭心者
也繁縟者博喻釀采煒燁枝派者也壯麗者高論宏
裁卓爍異采者也新奇者擯古競今危側趣詭者也
輕靡者浮文弱植縹緲附俗者也故雅與奇反奧與
顯殊繁與約舛壯與輕乖文辭根葉苑囿其中矣若
夫八體屢遷功以學成才力居中肇自血氣氣以實
志志以定言吐納英華莫非情性是以賈生俊發故
文潔而體清長卿傲誕故理侈而辭溢子雲沉寂故
志隱而味深子政簡易故趣昭而事博孟堅雅懿故
裁密而思靡平子淹通故慮周而藻密仲宣躁銳故
穎出而才果公幹氣褊故言壯而情駭嗣宗俶儻故
響逸而調遠叔夜儁俠故興高而采烈安仁輕敏故
鋒發而韻流士衡矜重故情繁而辭隱觸類以推表
裏必符豈非自然之恆資才氣之大略哉夫才有天
資學愼始習斲梓染絲功在初化器成綵定難可翻

移故童子雕琢必先雅製沿根討葉思轉自圓八體
雖殊會通合數得其環中則輻輳相成故宜摹體以
定習因性以練才文之司南用此道也

贊曰

才性異區文體繁詭辭爲肌膚志實骨髓雅麗黼黻
淫巧朱紫習亦凝眞功沿漸靡

風骨第二十八

詩總六義風冠其首斯乃化感之本源志氣之符契
也是以怊悵述情必始乎風沈吟鋪辭莫先於骨故

辭之待骨、如體之樹骸。情之含風、猶形之包氣。結言端直、則文骨成焉。意氣駿爽、則文風清焉。若豐藻克贍、風骨不飛、則振采失鮮、負聲無力。是以綴慮裁篇、務盈守氣、剛健既實、輝光乃新、其為文用、譬征鳥之使翼也。故練於骨者、析辭必精、深乎風者、述情必顯。捶字堅而難移、結響凝而不滯、此風骨之力也。若瘠義肥辭、繁雜失統、則無骨之徵也。思不環周、索莫乏氣、則無風之驗也。昔潘勗錫魏、思摹經典、羣才韜筆。乃其骨髓駿也、相如賦仙、氣號凌雲、蔚為辭宗、迺其

風力遒也。能鑒斯要、可以定文、茲術或違、無務繁采。故魏文稱文以氣為主、氣之清濁有體、不可力強而至。故其論孔融、則云體氣高妙、論徐幹、則云時有齊氣。論劉楨、則云有逸氣。公幹亦云、孔氏卓卓、信含異氣、筆墨之性。殆不可勝、竝重氣之旨也。夫翬翟備色、而翾翥百步、肌豐而力沈也。鷹隼乏采、而翰飛戾天、骨勁而氣猛也。文章才力、有似於此。若風骨乏采、則鷙集翰林、采乏風骨、則雉竄文囿。唯藻耀而高翔、固文筆之鳴鳳也。若夫鎔鑄經典之範、翔集子史之術、洞

曉情變、曲昭文體、然後能孚甲新意、雕畫奇辭。昭體故意新而不亂、曉變故辭奇而不黷。若骨采未圓、風辭未練、而跨略舊規、馳騖新作、雖獲巧意、危敗亦多。豈空結奇字、紕繆而成經矣。周書云、辭尚體要、弗惟好異、蓋防文濫也。然文術多門、各適所好、明者弗授、學者弗師、於是習華隨侈、流遁忘反。若能確乎正式、使文明以健、則風清骨峻、篇體光華、能研諸慮、何遠之有哉、

贊曰

情與氣偕、辭共體竝、文明以健、珪璋乃騁、蔚彼風力、嚴此骨鯁、才鋒峻立。符采克炳、

通變第二十九

夫設文之體有常、變文之數無方、何以明其然耶、凡詩賦書記、名理相因、此有常之體也。文辭氣力、通變則久。此無方之數也。名理有常、體必資於故實。通變無方、數必酌於新聲。故能騁無窮之路、飲不竭之源、然綆短者銜渴、足疲者輟塗、非文理之數盡、乃通變之術疎耳、故論文之方、譬諸草木、根幹麗土而同性、

臭味晞陽而異品矣。是以九代詠歌、志合文則、黃歌斷竹、質之至也。唐歌在昔、則廣於黃世、虞歌卿雲、則文於唐時、夏歌雕墻、縟於虞代、商周篇什、麗於夏年、至於序志述時、其揆一也。暨楚之騷文、矩式周人、漢之賦頌、影寫楚世、魏之策制、顧慕漢風、晉之辭章、瞻望魏采、搉而論之、則黃唐淳而質、虞夏質而辨。商周麗而雅。楚漢侈而艷、魏晉淺而綺。宋初訛而新、從質及訛、彌近彌澹、何則、競今疏古、風味氣衰也。今才穎之士、刻意學文、多略漢篇、師範宋集、雖古今備閱、然

近附而遠疏矣。夫青生於藍、絳生於蒨、雖踰本色、不能復化。桓君山云、予見新進麗文、美而無採、及見劉揚言辭。常輒有得。此其驗也。故練青濯絳、必歸藍蒨、矯訛翻淺、還宗經誥、斯斟酌乎質文之間、而檃括乎雅俗之際、可與言通變矣。夫誇張聲貌、則漢初已極、自茲厥後、循環相因、雖軒翥出轍、而終入籠內、枚乘七發云、通望兮東海、虹洞兮蒼天、相如上林云、視之無端、察之無涯、日出東沼、月生西陂、馬融廣城云、天地虹洞、固無端涯、大明出東、月生西陂、揚雄校獵云、出入日月、天與地沓、張衡西京云、日月於是乎出入、象扶桑於濛汜、此竝廣寓極狀、而五家如一、諸如此類、莫不相循、參伍因革、通變之數也、是以規略文統、宜宏大體。先博覽以精閱。總綱紀而攝契。然後拓衢路、置關鍵、長轡遠馭。從容按節。憑情以會通、負氣以適變、采如宛虹之奮鬐、光若長離之振翼、迺穎脫之文矣。若乃齷齪於偏解。矜激乎一致。此庭間之迴驟。豈萬里之逸步哉。

贊曰

文律運周、日新其業、變則其久、通則不乏、趨時必果、乘機無怯、望今制奇、參古定法。

定勢第三十

夫情致異區、文變殊術、莫不因情立體、即體成勢也、勢者、乘利而為制也、如機發矢直。澗曲湍回。自然之趣也。圓者規體。其勢也自轉、方者矩形、其勢也自安。文章體勢。如斯而已。是以模經為式者。自入典雅之懿。效騷命篇者。必歸豔逸之華。綜意淺切者、類乏醞藉。斷辭辨約者。率乖繁縟。譬激水不漪、槁木無陰、自

然之勢也是以繪事圖色文辭盡情色糅而犬馬殊形情交而雅俗異勢鎔範所擬各有司匠雖無嚴郛難得踰越然淵乎文者並總羣勢奇正雖反必兼解以俱通剛柔雖殊必乘時而適用若愛典而惡華則兼通之理偏似夏人爭弓矢執一不可以獨射也若雅鄭而共篇則總一之勢離是楚人鬻矛譽盾兩難得而俱售也是以括囊雜體功在銓別宮商朱紫隨勢各配章表奏議則準的乎典雅賦頌歌詩則羽儀乎清麗符檄書移則楷式於明斷史論序注則師範

於覈要箴銘碑誄則體制於宏深連珠七辭則從事於巧艷此循體而成勢隨變而立功者也雖復契會相參節文互雜譬五色之錦各以本采爲地矣桓譚稱文家各有所慕或好浮華而不知實覈或美衆多而不見要約陳思亦云世之作者或好煩文博採深沉其旨者或好離言辨白分毫析釐者所習不同所務各異言勢殊也劉楨云文之體指實強弱使其辭已盡而勢有餘天下一人耳不可得也公幹所談頗亦兼氣然文之任勢勢有剛柔不必壯言慷慨乃稱勢也又陸雲自稱往日論文先辭而後情尚勢而不取悅澤及張公論文則欲宗其言夫情固先辭勢實須澤可謂先迷後能從善矣自近代辭人率好詭巧原其爲體訛勢所變厭黷舊式故穿鑿取新察其訛意似難而實無他術也反正而已故文反正爲乏辭反正爲奇效奇之法必顛倒文句上字而抑下中辭而出外回互不常則新色耳夫通衢夷坦而多行捷徑者趨近故也正文明白而常務反言者適俗故也然密會者以意新得巧苟異者以失體成怪舊練之

才則執正以馭奇新學之銳則逐奇而失正勢流不反則文體遂弊秉茲情術可無思邪

贊曰

形生勢成始末相承湍迴似規矢激如繩四利騁節
情采自凝枉轡學步力止襄陵

文心雕龍卷六終

文心雕龍卷七

情采第三十一

聖賢書辭、總稱文章、非采而何。夫水性虛而淪漪結、木體實而華萼振、文附質也。虎豹無文、則鞟同犬羊、犀兕有皮、而色資丹漆、質待文也。若乃綜述性靈、敷寫器象、鏤心鳥跡之中、織辭魚網之上、其爲彪炳、縟采名矣。故立文之道、其理有三、一曰形文、五色是也、二曰聲文、五音是也、三曰情文、五性是也。五色雜而成黼黻、五音比而成韶夏、五情發而爲辭章、神理之數也。孝經垂典、喪言不文、故知君子常言、未嘗質也。老子疾僞、故稱美言不信、而五千精妙、則非棄美矣。莊周云辯雕萬物、謂藻飾也。韓非云豔采辯說、謂綺麗也。綺麗以豔說、藻飾以辯雕、文辭之變、於斯極矣。研味李老、則知文質附乎性情、詳覽莊韓、則見華實過乎淫侈、若擇源於涇渭之流、按轡於邪正之路、亦可以馭文采矣。夫鉛黛所以飾容、而盼倩生於淑姿、文采所以飾言、而辯麗本於情性、故情者文之經、辭者理之緯、經正而後緯成、理定而後辭暢、此立文之

本源也。昔詩人什篇、爲情而造文、辭人賦頌、爲文而造情、何以明其然、蓋風雅之興、志思蓄憤、而吟詠情性、以諷其上、此爲情而造文也。諸子之徒、心非鬱陶、苟馳夸飾、鬻聲釣世、此爲文而造情也。故爲情者要約而寫眞、爲文者淫麗而煩濫、而後之作者、採濫忽眞、遠棄風雅、近師辭賦、故體情之製日疎、逐文之篇愈盛、故有志深軒冕、而汎詠皐壤、心纏幾務、而虛述人外、眞宰弗存、翩其反矣。夫桃李不言而成蹊、有實存也。男子樹蘭而不芳、無其情也。夫以草木之微、依情待實、況乎文章、述志爲本。言與志反、文豈足徵、是以聯辭結采、將欲明經、采濫辭詭、則心理愈翳、固知翠綸桂餌、反所以失魚、言隱榮華、殆謂此也。是以衣錦褧衣、惡文太章、賁象窮白、貴乎反本。夫能設模以位理、擬地以置心、心定而後結音、理正而後摛藻、使文不滅質、博不溺心、正采耀乎朱藍、間色屛於紅紫、乃可謂雕琢其章、彬彬君子矣。

贊曰

言以文遠、誠哉斯驗、心術既形、英華乃贍、吳錦好渝。

舜英徒豔，繁采寡情，味之必厭。

鎔裁第三十二

情理設位，文采行乎其中。剛柔以立本，變通以趨時。立本有體，意或偏長；趨時無方，辭或繁雜。蹊要所司，職在鎔裁，檃括情理，矯揉文采也。規範本體謂之鎔，翦截浮詞謂之裁。裁則蕪穢不生，鎔則綱領昭暢，譬繩墨之審分，斧斤之斲削矣。駢拇枝指，由侈於性；附贅懸肬，實侈於形。二意兩出，義之駢枝也；同辭重句，文之肬贅也。凡思緒初發，辭采苦雜，心非權衡，勢必

輕重。是以草創鴻筆，先標三準：履端於始，則設情以位體；舉正於中，則酌事以取類；歸餘於終，則撮辭以舉要。然後舒華布實，獻替節文，繩墨以外，美材既斲，故能首尾圓合，條貫統序。若術不素定，而委心逐辭，異端叢至，駢贅必多。故三準既定，次討字句。句有可削，足見其疏；字不得減，乃知其密。精論要語，極略之體；遊心竄句，極繁之體。謂繁與略，隨分所好。引而伸之，則兩句敷爲一章；約以貫之，則一章刪成兩句。思贍者善敷，才覈者善刪。善刪者字去而意留，善敷者辭殊而義顯。字刪而意闕，則短乏而非覈；辭敷而言重，則蕪穢而非贍。昔謝艾、王濟，西河文士，張俊以爲艾繁而不可刪，濟略而不可益。若二子者，可謂練鎔裁而曉繁略矣。至如士衡才優，而綴辭尤繁；士龍思劣，而雅好清省。及雲之論機，亟恨其多，而稱清新相接，不以爲病，蓋崇友于耳。夫美錦製衣，修短有度，雖翫其采，不倍領袖，巧猶難繁，況在乎拙？而文賦以爲榛楛勿翦，庸音足曲，其識非不鑒，乃情苦芟繁也。夫百節成體，共資榮衛，萬趣會文，不離辭情。若情周而不繁，辭運而不濫，非夫鎔裁，何以行之乎？

贊曰：

篇章戶牖，左右相瞰。辭如川流，溢則泛濫。權衡損益，斟酌濃淡。芟繁翦穢，弛於負擔。

聲律第三十三

夫音律所始，本於人聲者也。聲合宮商，肇自血氣，先王因之，以制樂歌。故知器寫人聲，聲非學器者也。故言語者，文章神明樞機，吐納律呂，脣吻而已。古之教歌，先揆以法，使疾呼中宮，徐呼中徵。夫商徵響高，宮

羽聲下。抗喉矯舌之差、攢脣激齒之異、廉肉相準、皎然可分、今操琴不調、必知改張。摛文乖張、而不識所調。響在彼絃、乃得克諧。聲萌我心、更失和律。其故何哉、良由內聽難為聰也。故外聽之易、絃以手定。內聽之難、聲與心紛、可以數求、難以辭逐、凡聲有飛沉、響有雙疊。雙聲隔字而每舛。疊韻雜句而必睽、沉則響發而斷、飛則聲颺不還、並轆轤交往。逆鱗相比。迂其際會、則往蹇來連、其為疾病、亦文家之吃也、夫吃文為患、生於好詭、逐新趣異、故喉脣糺紛、將欲解結、務

在剛斷、左礙而尋右、末滯而討前、則聲轉於吻、玲玲如振玉。辭靡於耳。纍纍如貫珠矣。是以聲畫妍媸、寄在吟詠。滋味流於字句。氣力窮於和韻、異音相從謂之和。同聲相應謂之韻、韻氣一定、故餘聲易遣、和體抑揚、故遺響難契、屬筆易巧。選和至難。綴文難精。而作韻甚易、雖纖意曲變、非可縷言、然振其大綱。不出茲論。若夫宮商大和、譬諸吹籥、翻迴取均、頗似調瑟、瑟資移柱、故有時而乖貳、籥含定管、故無往而不壹。陳思潘岳、吹籥之調也、陸機左思瑟柱之和也。槩舉而推可以類見。又詩人綜韻、率多清切、楚辭辭楚、故訛韻實繁。及張華論韻、謂士衡多楚、文賦亦稱知楚不易。可謂銜靈均之聲餘、失黃鍾之正響也、凡切韻之動、勢若轉圜、訛音之作、甚於枘方、免乎枘方、則無大過矣、練才洞鑒、剖字鑽響、識踈濶略、隨音所遇、若長風之過籟、南郭之吹竽耳、古之佩玉、左宮右徵、以節其步、聲不失序、音以律文、其可忘哉、

贊曰

摽情務遠、比音則近、吹律胷臆、調鐘脣吻、聲得鹽梅、

響滑榆槿、割棄支離、宮商難隱、

章句第三十四

夫設情有宅、置言有位、宅情曰章、位言曰句。故章者明也。句者局也。局言者聯字以分疆。明情者總義以包體。區畛相異。而衢路交通矣、夫人之立言、因字而生句、積句而成章、積章而成篇、篇之彪炳、章無疵也、章之明靡、句無玷也、句之清英、字不妄也、振本而末從、知一而萬畢矣、夫裁文匠筆。篇有小大。離章合句。調有緩急。隨變適會。莫見定準。句司數字。待相接以

爲用章總一義須意窮而成體其控引情理送迎際會譬舞容迴環而有綴兆之位歌聲靡曼而有抗墜之節也尋詩人擬喻雖斷章取義然章句在篇如蠒之抽緒原始要終體必鱗次啓行之辭逆萌中篇之意絕筆之言追媵前句之旨故能外文綺交內義脉注跗萼相銜首尾一體若辭失其朋則羇旅而無友事乖其次則飄寓而不安是以搜句忌於顛倒裁章貴於順序斯固情趣之指歸文筆之同致也若夫筆句無常而字有條數四字密而不促六字格而非緩

或變之以三五蓋應機之權節也至於詩頌大體以四言爲正唯祈父肇禋以二言爲句尋二言肇於黃世竹彈之謠是也三言興於虞時元首之詩是也四言廣於夏年洛汭之歌是也五言見於周代行露之章是也六言七言雜出詩騷而體之篇成於兩漢情數運周隨時代用矣若乃改韻從調所以節文辭氣賈誼枚乘兩韻輒易劉歆桓譚百句不遷亦各有其志也昔魏武論賦嫌於積韻而善於資代陸雲亦稱四言轉句以四句爲佳觀彼制韻志同枚賈然兩韻輒易則聲韻微躁百句不遷則脣吻告勞妙才激揚雖觸思利貞曷若折之中和庶保無咎又詩人以兮字入於句限楚辭用之字出句外尋兮字成句乃語助餘聲舜詠南風用之久矣而魏武弗好豈不以無益文義耶至於夫惟蓋故者發端之首唱之而於以者乃劄句之舊體乎哉矣也亦送末之常科據事似閑在用實切巧者迴運彌縫文體將令數句之外得一字之助矣外字難謬況章句歟

贊曰

斷章有檢積句不恒理資配主辭忌失朋環情草調宛轉相騰離同合異以盡厥能

麗辭第三十五

造化賦形支體必雙神理爲用事不孤立夫心生文辭運裁百慮高下相須自然成對唐虞之世辭未極文而皋陶贊云罪疑惟輕功疑惟重益陳謨云滿招損謙受益豈營麗辭率然對爾易之文繫聖人之妙思也序乾四德則句句相銜龍虎類感則字字相儷乾坤易簡則宛轉相承日月往來則隔行懸合雖句

字或殊而偶意一也至於詩人偶章大夫聯辭奇偶適變不勞經營自揚馬張蔡崇盛麗辭如宋畫吳冶刻形鏤法麗句與深采並流偶意共逸韻俱發至魏晉羣才析句彌密聯字合趣剖毫析釐然契機者入巧浮假者無功故麗辭之體凡有四對言對爲易事對爲難反對爲優正對爲劣言對者雙比空辭者也事對者並舉人驗者也反對者理殊趣合者也正對者事異義同者也長卿上林賦云脩容乎禮園翱翔乎書圃此言對之類也宋玉神女賦云毛嬙鄣袂不

足程式西施掩面比之無色此事對之類也仲宣登樓賦云鍾儀幽而楚奏莊舄顯而越吟此反對之類也孟陽七哀云漢祖想枌榆光武思白水此正對之類也凡偶辭胷臆言類所以爲易也徵人之學事對所以爲難也幽顯同志反對所以爲優也並貴共心正對所以爲劣也又以事對各有反正指類而求萬條自昭然矣張華詩稱遊鴈比翼翔歸鴻知接翮劉琨詩言宣尼悲獲麟西狩涕孔丘若斯重出卽對句之駢枝也是以言對爲美貴在精巧事對所先務在允當若兩事相配而優劣不均是驥在左驂駑爲右服也若夫事或孤立莫與相偶是夔之一足趻踔而行也若氣無奇類文乏異采碌碌麗辭則昏睡耳目必使理圓事密聯璧其章迭用奇偶節以雜佩乃其貴耳類此而思理自見也

贊曰

體植必兩辭動有配左提右挈精味兼載炳爍聯華鏡靜含態玉潤雙流如彼珩珮

文心雕龍卷八

比興第三十六

詩文宏奥包韞六義毛公述傳獨標興體豈不以風通而賦同比顯而興隱哉故比者附也興者起也附理者切類以指事起情者依微以擬議起情故興體以立附理故比例以生比則畜憤以斥言興則環譬以託諷蓋隨時之義不一故詩人之志有二也觀夫興之託諭婉而成章稱名也小取類也大關雎有別故后妃方德尸鳩貞一故夫人象義義取其貞無從

於夷禽德貴其別不嫌於鷙鳥明而未融故發注而後見也且何謂為比蓋寫物以附意颺言以切事者也故金錫以喻明德珪璋以譬秀民螟蛉以類教誨蜩螗以寫號呼澣衣以擬心憂席卷以方志固凡斯切象皆比義也至如麻衣如雪兩驂如舞若斯之類皆比類者也楚襄信讒而三閭忠烈依詩製騷諷兼比興炎漢雖盛而辭人夸毗詩刺道喪故興義銷亡於是賦頌先鳴故比體雲構紛紜雜遝信舊章矣夫比之為義取類不常或喻於聲或方於貌或擬於心或譬於事宋玉高唐云纖條悲鳴聲似竽籟此比聲之類也枚乘菟園云焱焱紛紛若塵埃之間白雲此則比貌之類也賈生鵩賦云禍之與福何異糾纆此以物比理者也王襃洞簫云優柔溫潤如慈父之愛子也此以聲比心者也馬融長笛云繁縟絡繹范蔡之說也此以響比辯者也張衡南都云起鄭舞繭曳緒此以容比物者也若斯之類辭賦所先日用乎比月忘乎興習小而棄大所以文謝於周人也至於揚班之倫曹劉以下圖狀山川影寫雲物莫不織綜比義以

敷其華驚聽回視資此效績又安仁螢賦云流金在沙季鷹雜詩云青條若總翠皆其義者也故比類雖繁以切至為貴若刻鵠類鶩則無所取焉

贊曰

詩人比興觸物圓覽物雖胡越合則肝膽擬容取心斷辭必敢攢雜詠歌如川之澹

夸飾第三十七

夫形而上者謂之道形而下者謂之器神道難摹言不能追其極形器易寫壯辭可得喻其真才非短

長埋自難易耳故自天地以降豫入聲貌文辭所被夸飾恒存雖詩書雅言風格訓世事必宜廣文亦過焉是以言峻則嵩高極天論狹則河不容舠說多則子孫千億稱少則民靡孑遺襄陵舉滔天之目倒戈立漂杵之論辭雖已甚其義無害也且夫鴞音之醜豈有泮林而變好荼味之苦寧以周原而成飴並意深褒讚故義成矯飾大聖所錄以垂憲章孟軻云說詩者不以文害辭不以辭害意也自宋玉景差夸飾始盛相如憑風詭濫愈甚故上林之館奔星與宛虹

入軒從禽之盛飛廉與鷦鷯俱獲及揚雄甘泉酌其餘波語瓌奇則假珍於玉樹言峻極則顛墜於鬼神至東都之比目西京之海若驗理則理無不驗窮飾則飾猶未窮矣又子雲校獵鞭宓妃以饟屈原張衡羽獵困元冥於朔野孌彼洛神既非罔兩惟此水怪亦非魍魎而虛用濫形不其疎乎此欲夸其威而飾其事義睽剌也至如氣貌山海體勢宮殿嵯峨揭業熠燿焜煌之狀光采煒煒而欲燃聲貌岌岌其將動矣莫不因夸以成狀沿飾而得奇也於是後進之才獎氣挾聲軒翥而欲奮飛騰擲而羞跼步辭入煒燁春藻不能程其豔言在萎絕寒谷未足成其凋談歡則字與笑並論感則聲共泣偕信可以發蘊而飛滯披瞽而駭聾矣然飾窮其要則心聲鋒起夸過其理則名實兩乖若能酌詩書之曠旨翦揚馬之甚泰使夸而有節飾而不誣亦可謂之懿也

贊曰

夸飾在用文豈循檢言必鵬運氣靡鴻漸倒海探珠傾崑取琰曠而不溢奢而無玷

事類第三十八

事類者蓋文章之外據事以類義援古以證今者也昔文王繇易剖判爻位既濟九三遠引高宗之伐明夷六五近書箕子之貞斯略舉人事以徵義者也至若胤征羲和陳政典之訓盤庚誥民敘遲任之言此全引成辭以明理者也然則明理引乎成辭徵義舉乎人事迺聖賢之鴻謨經籍之通矩也大畜之象君子以多識前言往行亦有包於文矣觀夫屈宋屬篇號依詩人雖引古事而莫取舊辭唯賈誼鵩賦始用

鶡冠之說、相如上林、撮引李斯之書、此萬分之一會
也、及揚雄百官箴、頗酌於詩書、劉歆遂初賦、歷敘於
紀傳、漸漸綜採矣、至於崔班張蔡、遂捃摭經史、華實
布濩、因書立功、皆後人之範式也、夫桂薑同地。辛在
本性。文章由學。能在天資。才自內發。學以外成。有學
飽而才餒。有才富而學貧。學貧者迍邅於事義。才餒
者劬勞於辭情。此內外之殊分也、是以屬意立文、心
與筆謀、才爲盟主、學爲輔佐、主佐合德。文采必霸。才
學褊狹、雖美少功。夫以子雲之才、而自奏不學、及觀

書石室、乃成鴻采、表裏相資、古今一也、故魏武稱張
子之文爲拙、然學問膚淺、所見不博、專拾掇崔杜小
文、所作不可悉難、難便不知所出、斯則寡聞之病也。
夫經典沈深。載籍浩瀚。實羣言之奧區、而才思之神
皐也。揚班以下、莫不取資、任力耕耨、縱意漁獵、操刀
能割、必裂膏腴、是以將贍才力。務在博見。狐腋非一
皮能溫。鷄蹠必數千而飽矣。是以綜學在博、取事貴
約。校練務精。捃理須覈。衆美輻輳。表裏發輝。劉劭趙
都賦有云、公子之客、叱勁楚令歃盟、管庫隸臣、呵強

秦使鼓缶、用事如斯、可謂理得而義要矣、故事得其
要、雖小成績。譬寸轄制輪。尺樞運關也、或微言美事
置於閑散、是綴金翠於足脛、靚粉黛於胸臆也、凡用
舊合機、不啻自其口出、引事乖謬、雖千載而爲瑕、陳
思羣才之英也、報孔璋書云、葛天氏之樂、千人唱、萬
人和、聽者因以蔑韶夏矣、此引事之實謬也、按葛天
之歌、唱和三人而已、相如上林云、奏陶唐之舞、聽葛
天之歌、千人唱、萬人和、唱和千萬人、乃相如接人、然
而濫侈葛天、推三成萬者、信賦妄書、致斯謬也、陸機

園葵詩云、庇足同一致、生理合異端、夫葵能衛足、事
譏鮑莊、葛藟庇根、辭自樂豫、若譬葛爲葵、則引事爲
謬、若謂庇勝衛、則改事失眞、斯又不精之患。夫以子
建明練、士衡沈密、而不免於謬。曹仁之謬高唐、又曷
足以嘲哉。夫山木爲良匠所度。經書爲文士所擇。木
美而定於斧斤。事美而制於刀筆、研思之士、無慙匠
石矣。

贊曰

經籍深富、辭理遐亘、皜如江海、鬱若崑鄧、文梓共採、

瓊珠交贈用人若已古來無懵

練字第三十九

夫文象列而結繩移鳥跡明而書契作斯乃言語之體貌而文章之宅宇也蒼頡造之鬼哭粟飛黃帝用之官治民察先王聲教書必同文輶軒之使紀言殊俗所以一字體總異音周禮保氏掌教六書秦滅舊章以吏爲師及李斯刪籀而秦篆興程邈造隸而古文廢漢初草律明著厥法太史學童教試六體又吏民上書字謬輒劾是以馬字缺畫而石建懼死雖

云性慎亦時重文也至孝武之世則相如撰篇及宣成二帝徵集小學張敞以正讀傳業揚雄以奇字纂訓並貫練雅頌總閱音義鴻筆之徒莫不洞曉且多賦京苑假借形聲是以前漢小學率多瑋字非獨制異乃共曉難也暨乎後漢小學轉疏複文隱訓臧否大半及魏代綴藻則字有常檢追觀漢作翻成阻奧故陳思稱揚馬之作趣幽旨深讀者非師傳不能析其辭非博學不能綜其理豈直才懸抑亦字隱自晉來用字率從簡易時並習易人誰取難今一字詭異則羣句震驚三人弗識則將成字妖矣後世所同曉者雖難斯易時所共廢雖易斯難趣舍之間不可不察夫爾雅者孔徒之所纂而詩書之襟帶也蒼頡者李斯之所輯而鳥籀之遺體也雅以淵源詁訓頡以苑囿奇文異體相資如左右肩股該舊而知新亦可以屬文若夫義訓古今興廢殊用字形單複妍媸異體心既託聲於言言亦寄形於字諷誦則績在宮商臨文則能歸字形矣是以綴字屬篇必須練擇一避詭異二省聯邊三權重出四調單複詭異者字體瓌

怪者也曹攄詩稱豈不願斯遊褊心惡詾呶兩字詭異大疵美篇況乃過此其可觀乎聯邊者半字同文者也狀貌山川古今咸用施於常文則齟齬爲瑕如不獲免可至三接三接之外其字林乎重出者同字相犯者也詩騷適會而近世忌同若兩字俱要則寧在相犯故善爲文者富於萬篇貧於一字一字非少相避爲難也單複者字形肥瘠者也瘠字累句則纖疏而行劣肥字積文則黯黕而篇闇善酌字者參伍單複磊落如珠矣凡此四條雖文不必有而體例不

無若值而莫悟則非精解至於經典隱曖方冊紛綸簡蠹帛裂三寫易字或以音訛或以文變子思弟子於穆不祀者音訛之異也晉之史記三豕渡河文變之謬也尚書大傳有別風淮雨帝王世紀云列風淫雨別列淮淫字似潛移淫列義當而不奇淮別理乖而新異傅毅制誄已用淮雨固知愛奇之心古今一也史之闕文聖人所愼若依義棄奇則可與正文字矣

贊曰

篆隸相鎔蒼雅品訓古今殊跡妍媸異分字靡異流文阻難運聲畫昭精墨采騰奮

隱秀第四十

夫心術之動遠矣文情之變深矣源奧而派生根盛而穎峻是以文之英蕤有秀有隱隱也者文外之重旨者也秀也者篇中之獨拔者也隱以複意爲工秀以卓絕爲巧斯乃舊章之懿績才情之嘉會也夫隱之爲體義主文外秘響傍通伏采潛發譬爻象之變互體川瀆之韞珠玉也故互體變爻而化成四象珠玉潛水而瀾表方圓始正而末奇內明而外潤使翫之者無窮味之者不厭矣彼波起辭間是謂之秀纖手麗音宛乎逸態若遠山之浮烟靄孌女之靚容華然煙靄天成不勞於妝點容華格定無待於裁鎔深淺而各奇穠纖而俱妙若揮之則有餘而攬之則不足矣夫立意之士務欲造奇每馳心於元默之表工辭之人必欲臻美恒溺思於佳麗之鄉嘔心吐膽不足語窮鍛歲煉年奚能喻苦故能藏穎詞間昏迷於庸目露鋒文外驚絕乎妙心使醞藉者蓄隱而意愉

英銳者抱秀而心悅譬諸裁雲製霞不讓乎天工斲卉刻葩有同乎神匠矣若篇中乏隱等宿儒之無學或一叩而語窮句間鮮秀如巨室之少珍若百詰而色沮斯並不足於才思而亦有媿於文辭矣將欲徵隱聊可指篇古詩之離別樂府之長城詞怨旨深而復兼乎比興陳思之黄雀公幹之青松格剛才勁而並長於諷諭叔夜之字闕二嗣宗之字闕二境元思澹而獨得乎優閑士衡之字闕二彭澤之字闕二心密語澄而俱適乎下闕二字如欲辨秀亦惟摘句常恐秋節至涼飆

奪炎熱意悽而詞婉此匹婦之無聊也臨河濯長纓念子悵悠悠志高而言壯此丈夫之不遂也東西安所之徘徊以旁皇心孤而情懼此閨房之悲極也朔風動秋草邊馬有歸心氣寒而事傷此羈旅之怨曲也凡文集勝篇不盈十一篇章秀句裁可百二並思合而自逢非研慮之所果也或有晦塞爲深雖奥非隱雕削取巧雖美非秀矣故自然會妙譬卉木之耀英華潤色取美譬繒帛之染朱綠朱綠染繒深而繁鮮英華曜樹淺而煒燁秀句所以照文苑蓋以此也

贊曰

深文隱蔚餘味曲包辭生互體有似變爻言之秀矣萬慮一交動心驚耳逸響笙匏

文心雕龍卷八終

文心雕龍卷九

指瑕第四十一

管仲有言無翼而飛者聲也無根而固者情也然則聲不假翼其飛甚易情不待根其固匪難以之垂文可不慎歟古來文才異世爭驅或逸才以爽迅或精思以纖密而慮動難圓鮮無瑕病陳思之文羣才之俊也而武帝誄云尊靈永蟄明帝頌云聖體浮輕浮輕有似於蝴蝶永蟄頗疑於昆蟲施之尊極豈其當乎左思七諷說孝而不從反道若斯餘不足觀矣潘

岳爲才善於哀文然悲内兄則云感口澤傷弱子則云心如疑禮文在尊極而施之下流辭雖足哀義斯替矣若夫君子擬人必於其倫而崔瑗之誄李公比行於黄虞向秀之賦嵇生方罪於李斯與其失也雖寧僭無濫然高厚之詩不類甚矣凡巧言易標拙辭難隱斯言之玷實深白圭繁例難載故略舉四條若夫立文之道惟字與義字以訓正義以理宣而晉末篇章依希其旨始有賞際奇至之言終無撫叩酬即之語每單舉一字指以爲情夫賞訓錫賚豈關心解

撫訓執握何預情理雅頌未聞漢魏莫用懸領似如
可辯課文了不成義斯實情訛之所變文澆之致弊
而宋來才英未之或改舊染成俗非一朝也近代辭
人率多猜忌至乃比語求蚩反音取瑕雖不屑於古
而有擇於今焉又製同他文理宜刪革若排人美辭
以爲己力寶玉大弓終非其有全寫則揭篋傍采則
探囊然世遠者太輕時同者爲尤矣若夫注解爲書
所以明正事理然謬於研求或率意而斷西京賦稱
中黃育獲之疇而薛綜謬注謂之閹尹是不聞執雕

虎之人也又周禮井賦舊有疋馬而應劭釋疋或量
首數蹄斯豈辯物之要哉原夫古之正名車兩而馬
疋疋兩稱目以並耦爲用蓋車貳佐乘馬儷驂服服
乘不隻故名號必雙名號一正則雖單爲疋矣疋夫
疋婦亦配義矣夫車馬小義而歷代莫悟辭賦近事
而千里致差況鑽灼經典能不謬哉夫辯言而數首
蹄選勇而驅閹尹失理太甚故舉以爲戒丹青初炳
而後渝文章歲久而彌光若能隱括於一朝可以無
愧於千載也

贊曰
羿氏舛射東野敗駕雖有儁才謬則多謝斯言一玷
千載弗化令章靡疚亦善之亞

養氣第四十二

昔王充著述制養氣之篇驗已而作豈虛造哉夫耳
目鼻口生之役也心慮言辭神之用也率志委和則
理融而情暢鑽礪過分則神疲而氣衰此性情之數
也夫三皇辭質心絕於道華帝世始文言貴於敷奏
三代春秋雖沿世彌縟並適分胸臆非牽課才外也

戰代枝詐攻奇飾說漢世迄今辭務日新爭光鬻采
慮亦竭矣故淳言以比澆辭文質懸乎千載率志以
方竭情勞逸差於萬里古人所以餘裕後進所以莫
遑也凡童少鑒淺而志盛長艾識堅而氣衰志盛者
思銳以勝勞氣衰者慮密以傷神斯實中人之常資
歲時之大較也若夫氣分有限智用無涯或慚鳧企
鶴瀝辭鐫思於是精氣內銷有似尾閭之波神志外
傷同乎牛山之木怛惕之盛疾亦可推矣至如仲任
置硯以綜述敬通懷筆以專業既暄之以歲序又煎

之以日時是以曹公懼為文之傷命陸雲歎用思之困神非虛談也夫學業在勤功庸弗怠故有錐股自厲和熊以苦之人志於文也則申寫鬱滯故宜從容率情優柔適會若銷鑠精膽蹙迫和氣秉牘以驅齡灑翰以伐性豈聖賢之素心會文之直理哉且夫思有利鈍時有通塞沐則心覆且或反常神之方昏再三愈黷是以吐納文藝務在節宣清和其心條暢其氣煩而即捨勿使壅滯意得則舒懷以命筆理伏則投筆以卷懷逍遙以針勞談笑以藥勸常弄閑於才

鋒賈餘於文勇使刃發如新湊理無滯雖非胎息之邁術斯亦衛氣之一方也

贊曰

紛哉萬象勞矣千想元神宜寶素氣資養水停以鑒火靜而朗無擾文慮鬱此精爽

附會第四十三

何謂附會謂總文理統首尾定與奪合涯際彌綸一篇使雜而不越者也若築室之須基構裁衣之待縫緝矣夫才量學文宜正體製必以情志為神明事義為骨髓辭采為肌膚宮商為聲氣然後品藻元黃摛振金玉獻可替否以裁厥中斯綴思之常數也凡大體文章類多枝派整派者依源理枝者循幹是以附辭會義務總綱領驅萬塗於同歸貞百慮於一致使衆理雖繁而無倒置之乖羣言雖多而無棼絲之亂扶陽而出條順陰而藏跡首尾周密表裏一體此附會之術也夫畫者謹髮而易貌射者儀毫而失墻銳精細巧必疎體統故宜詘寸以信尺枉尺以直尋棄偏善之巧學具美之績此命篇之經略也夫文變無

方意見浮雜約則義孤博則辭叛率故多尤需為事賊且才分不同思緒各異或製首以通尾或片接以寸附然通製者蓋寡接附者甚衆若統緒失宗辭味必亂義脈不流則偏枯文體夫能懸識湊理然後文節自會如膠之粘木豆之合黃矣是以四牡異力而六轡如琴馭文之法有似於此去留隨心脩短在手齊其步驟總轡而已故善附者異旨如肝膽拙會者同音如胡越改章難於造篇易字艱於代句此已然之驗也昔張湯擬奏而再卻虞松草表而屢譴並理

事之不明、而辭旨之失調也、及倪寬更草、鍾會易字、而漢武歎奇、晉景稱善者、乃理得而事明、心敏而辭當也、以此而觀、則知附會巧拙、相去遠哉、若夫絕筆斷章、譬乘舟之振楫、會辭切理、如引轡以揮鞭、克終底績、寄深寫遠、若首唱榮華、而媵句憔悴、則遺勢鬱湮、餘風不暢、此周易所謂臀無膚其行次且也、惟首尾相援、則附會之體、固亦無以加于此矣、

贊曰

篇統間關、情數稠疊、原始要終、疏條布葉、道味相附、

懸緒自接、如樂之和、心聲克協。

總術第四十四

今之常言、有文有筆、以爲無韻者筆也、有韻者文也、夫文以足言、理兼詩書、別目兩名、自近代耳、顏延年以爲筆之爲體、言之文也、經典則言而非筆、傳記則筆而非言、請奪彼矛、還攻其楯矣、何者、易之文言、豈非言文、若筆不言文、不得云經典非筆矣、將以立論、未見其論立也、予以爲發口爲言、屬筆曰翰、常道曰經、述經曰傳、經傳之體、出言入筆、筆爲言使、可強可弱、分經以典奧爲不刊、非以言筆爲優劣也、昔陸氏文賦、號爲曲盡、然汎論纖悉、而實體未該、故知九變之貫匪窮、知言之選難備矣。凡精慮造文、各競新麗、多欲練辭、莫肯研術。落落之玉、或亂乎石、碌碌之石、時似乎玉。精者要約、匱者亦尠、博者該贍、蕪者亦繁。辯者昭晳、淺者亦露、奧者複隱、詭者亦典、或義華而聲悴、或理拙而文澤、知夫調鐘未易、張琴實難、伶人告和、不必盡窕槬之中、動用揮扇、何必窮初終之韻、魏文比篇章於音樂、蓋有徵矣、夫不截盤根、無以驗

利器、不剖文奧、無以辨通才。才之能通、必資曉術。自非圓鑒區域、大判條例、豈能控引情源、制勝文苑哉。是以執術馭篇、似善弈之窮數。棄術任心、如博塞之邀遇。故博塞之文、借巧儻來、雖前驅有功、而後援難繼。少既無以相接、多亦不知所刪、乃多少之並惑、何妍媸之能制乎。若夫善弈之文、則術有恆數、按部整伍、以待情會、因時順機、動不失正。數逢其極、機入其巧、則義味騰躍而生、辭氣叢雜而至、視之則錦繪、聽之則絲簧、味之則甘腴、佩之則芬芳、斷章之功、於斯

盛矣。夫驥足雖駿、纆牽忌長、以萬分一累、且廢千里。况文體多術、共相彌綸、一物攜貳、莫不解體。所以列在一篇、備總情變、譬三十之輻、共成一轂、雖未足觀、亦鄙夫之見也。

贊曰

文場筆苑、有術有門。務先大體、鑒必窮源。乘一總萬、舉要治繁。思無定契、理有恒存。

時序第四十五

時運交移、質文代變、古今情理、如可言乎。昔在陶唐、

德盛化鈞、野老吐何力之談、郊童含不識之歌。有虞繼作、政阜民暇、薰風詩於元后、爛雲歌於列臣。盡其美者、何乃心樂而聲泰也。至大禹敷土、九序詠功、成湯聖敬、猗歟作頌。逮姬文之德盛、周南勤而不怨、太王之化淳、邠風樂而不淫。幽厲昏而板蕩怒、平王微而黍離哀。故知歌謠文理、與世推移、風動於上、而波震於下者。春秋之後、角戰英雄、六經泥蟠、百家飆駭。方是時也、韓魏力政、燕趙任權、五蠹六蝨、嚴於秦令。唯齊楚兩國、頗有文學。齊開莊衢之第、楚廣蘭臺之宮、孟軻賓館、荀卿宰邑。故稷下扇其清風、蘭陵鬱其茂俗、鄒子以談天飛譽、騶奭以雕龍馳響、屈平聯藻於日月、宋玉交彩於風雲。觀其豔說、則籠罩雅頌。故知暐燁之奇意、出乎縱橫之詭俗也。爰至有漢、運接燔書、高祖尚武、戲儒簡學。雖禮律草創、詩書未遑、然大風鴻鵠之歌、亦天縱之英作也。施及孝惠、迄于文景、經術頗興、而辭人勿用。賈誼抑而鄒枚沈、亦可知已。逮孝武崇儒、潤色鴻業、禮樂爭輝、辭藻競騖。柏梁展朝讌之詩、金堤製恤民之詠、徵枚乘以蒲輪、申主

父以鼎食、擢公孫之對策、歎倪寬之擬奏、買臣負薪而衣錦、相如滌器而被繡。於是史遷壽王之徒、嚴終枚皋之屬、應對固無方、篇章亦不匱、遺風餘采、莫與比盛。越昭及宣、實繼武績、馳騁石渠、暇豫文會、集雕篆之軼材、發綺縠之高喻、於是王褒之倫、底祿待詔。自元暨成、降意圖籍、美玉屑之譚、清金馬之路、子雲銳思於千首、子政讎校於六藝、亦已美矣。爰自漢室、迄至成哀、雖世漸百齡、辭人九變、而大抵所歸、祖述楚辭、靈均餘影、於是乎在。自哀平陵替、光武中興、深

懷圖讖頗略文華然杜篤獻誄以免刑班彪參奏以補令雖非旁求亦不遐棄及明帝疊耀崇愛儒術肄禮璧堂講文虎觀孟堅珥筆于國史賈逵給札於瑞頌東平擅其懿文沛王振其通論帝則藩儀輝光相照矣自安和已下迄至順桓則有班傅三崔王馬張蔡磊落鴻儒才不時乏而文章之選存而不論然中興之後羣才稍改前轍華實所附斟酌經辭蓋歷政講聚故漸靡儒風者也降及靈帝時好辭製造羲皇之書開鴻都之賦而樂松之徒招集淺陋故楊賜號

爲驩兜蔡邕比之俳優其餘風遺文蓋蔑如也自獻帝播遷文學蓬轉建安之末區宇方輯魏武以相王之尊雅愛詩章文帝以副君之重妙善辭賦陳思以公子之豪下筆琳琅並體貌英逸故俊才雲蒸仲宣委質於漢南孔璋歸命於河北偉長從宦於青土公幹徇質於海隅德璉綜其斐然之思元瑜展其翩翩之樂文蔚休伯之儔子俶德祖之侶傲雅觴豆之前雍容衽席之上灑筆以成酣歌和墨以藉談笑觀其時文雅好慷慨良由世積亂離風衰俗怨並志深而

筆長故梗槩而多氣也至明帝纂戎制詩度曲徵篇章之士置崇文之觀何劉羣才迭相照耀少主相仍惟高貴鄉公英雅顧盼含章動言成論於時正始餘風篇體輕澹而嵇阮應繆並馳文路矣逮晉宣始基景文克構並跡沉儒雅而務深方術至武帝惟新承平受命而膠序篇章弗簡皇慮降及懷愍綴旒而已然晉雖不文人才實盛茂先搖筆而散珠太沖動墨而橫錦岳湛曜聯璧之華機雲標二俊之采應傅三張之徒孫摯成公之屬並結藻清英流韻綺靡前史以

爲運涉季世人未盡才誠哉斯談可爲歎息元皇中興披文建學劉刁禮吏而寵榮景純文敏而優擢逮明帝秉哲雅好文會升儲御極孳孳講藝練情於誥策振采於辭賦庾以筆才逾親溫以文思益厚揄揚風流亦彼時之漢武也及成康促齡穆哀短祚簡文勃興淵乎清峻微言精理函滿元席澹思濃采時灑文囿至孝武不嗣安恭已矣其文史則有袁殷之曹孫干之輩雖才或淺深珪璋足用自中朝貴玄江左稱盛因談餘氣流成文體是以世極迍邅而辭意夷

泰詩必柱下之旨歸、賦乃漆園之義疏。故知文變染乎世情、興廢繫乎時序。原始以要終。雖百世可知也。自宋武愛文、文帝彬雅、秉文之德、孝武多才、英采雲構、自明帝以下、文理替矣。爾其縉紳之林、霞蔚而飈起、王袁聯宗以龍章、顏謝重葉以鳳采、何范張沈之徒、亦不可勝也。蓋聞之於世、故略舉大較。暨皇齊馭寶、運集休明、太祖以聖武膺籙、高祖以睿文纂業、文帝以貳離含章、中宗以上哲興運、並文明自天、緝遐景祚。今聖歷方興、文思光被、海岳降神、才英秀發、馭

飛龍於天衢、駕騏驥於萬里、經典禮章、跨周轢漢、唐虞之文、其鼎盛乎。鴻風懿采、短筆敢陳、颺言讚時、請寄明哲。

贊曰

蔚映十代、辭采九變、樞中所動、環流無倦、質文沿時、崇替在選、終古雖遠、曠焉如面。

文心雕龍卷九終

文心雕龍卷十

物色第四十六

春秋代序、陰陽慘舒、物色之動、心亦搖焉。蓋陽氣萌而元駒步、陰律凝而丹鳥羞、微蟲猶或入感、四時之動物深矣。若夫珪璋挺其惠心、英華秀其清氣、物色相召、人誰獲安。是以獻歲發春、悅豫之情暢、滔滔孟夏、鬱陶之心凝、天高氣清、陰沈之志遠、霰雪無垠、矜肅之慮深。歲有其物、物有其容、情以物遷、辭以情發。一葉且或迎意、蟲聲有足引心。況清風與明月同夜、

白日與春林共朝哉。是以詩人感物、聯類不窮、流連萬象之際、沈吟視聽之區、寫氣圖貌、既隨物以宛轉、屬采附聲、亦與心而徘徊。故灼灼狀桃花之鮮、依依盡楊柳之貌、杲杲爲出日之容、瀌瀌擬雨雪之狀、喈喈逐黃鳥之聲、喓喓學草蟲之韻、皎日嘒星、一言窮理、參差沃若、兩字連形、並以少總多、情貌無遺矣。雖復思經千載、將何易奪。及離騷代興、觸類而長、物貌難盡、故重沓舒狀、於是嵯峨之類聚、葳蕤之羣積矣。及長卿之徒、詭勢瓌聲、模山範水、字必魚貫。所謂詩

人麗則而約言。辭人麗淫而繁句也。至如雅詠棠華、或黃或白、騷述秋蘭、綠葉紫莖。凡摛表五色、貴在時見、若青黃屢出、則繁而不珍。自近代以來、文貴形似、窺情風景之上、鑽貌草木之中、吟詠所發、志惟深遠。體物爲妙、功在密附。故巧言切狀、如印之印泥、不加雕削、而曲寫毫芥。故能瞻言而見貌、印字而知時也。然物有恒姿、而思無定檢、或率爾造極、或精思愈疏。且詩騷所標、並據要害、故後進銳筆、怯於爭鋒、莫不因方以借巧、卽勢以會奇、善於適要、則雖舊彌新矣。

是以四序紛迴、而入興貴閑、物色雖繁、而析辭尚簡、使味飄飄而輕舉、情曄曄而更新。古來辭人、異代接武、莫不參伍以相變、因革以爲功、物色盡而情有餘者、曉會通也。若乃山林皋壤、實文思之奧府、略語則闕、詳說則繁。然屈平所以能洞監風騷之情者、抑亦江山之助乎。

贊曰

山沓水匝、樹雜雲合。目旣往還、心亦吐納。春日遲遲、秋風颯颯。情往似贈、興來如荅。

才略第四十七

九代之文、富矣盛矣。其辭令華采、可略而許也。虞夏文章、則有皐陶六德、夔序八音、益則有贊、五子作歌、辭義溫雅、萬代之儀表也。商周之世、則仲虺垂誥、伊尹敷訓、吉甫之徒、並述詩頌、義固爲經、文亦師矣。及乎春秋大夫、則脩辭聘會、磊落如琅玕之圃、焜燿似繢錦之肆。薳敖擇楚國之令典、隨會講晉國之禮法、趙衰以文勝從饗、國僑以脩辭扞鄭、子太叔美秀而文、公孫揮善於辭令、皆文名之標者也。戰代任武、而

文士不絕。諸子以道術取資、屈宋以楚辭發采、樂毅報書辨以義、范雎上疏密而至、蘇秦歷說壯而中、李斯自奏麗而動、若在文世、則揚班儔矣。荀况學宗、而象物名賦、文質相稱、固巨儒之情也。漢室陸賈、首發奇采、賦孟春而選典誥、其辯之富矣。賈誼才穎、陵軼飛兔、議愜而賦清、豈虛至哉。枚乘之七發、鄒陽之上書、膏潤於筆、氣形於言矣。仲舒專儒、子長純史、而麗縟成文、亦詩人之告哀焉。相如好書、師範屈宋、洞入夸艷、致名辭宗、然覈取精意、理不勝辭、故揚子以爲

文麗用寡者長卿誠哉是言也王褒構采以密巧爲致附聲測貌冷然可觀子雲屬意辭人最深觀其涯度幽遠搜選詭麗而竭才以鑽思故能理贍而辭堅矣桓譚著論富號猗頓宋弘稱薦爰比相如而集靈諸賦偏淺無才故知長於諷論不及麗文也敬通雅好辭說而坎壈盛世顯志自序亦蚌病成珠矣二班兩劉奕葉繼采舊說以爲固文優彪歆學精向然王命清辯新序該練璿璧產於崑岡亦難得而踰本矣傅毅崔駰光采比肩瑗寔踵武能世厥風者矣杜篤

賈逵亦有聲於文跡其爲才也崔傅之末流也李尤賦銘志慕鴻裁而才力沈膇垂翼不飛馬融鴻儒思洽識高吐納經範華實相扶王逸博識有功而絢采無力延壽繼志瓌穎獨標其善圖物寫貌豈枚乘之遺術歟張衡通贍蔡邕精雅文史彬彬隔世相望是則竹柏異心而同貞金玉殊質而皆寶也劉向之奏議旨切而調緩趙壹之辭賦意繁而體疎孔融氣盛於爲筆禰衡思鋭於爲文有偏美焉潘勗憑經以騁才故絕羣於錫命王朗發憤以託志亦致美於序銘

然自卿淵已前多役才而不課學雄向已後頗引書以助文此取與之大際其分不可亂者也魏文之才洋洋清綺舊談抑之謂去植千里然子建思捷而才儁詩麗而表逸子桓慮詳而力緩故不競於先鳴而樂府清越典論辯要迭用短長亦無懵焉但俗情抑揚雷同一響遂令文帝以位尊減才思王以勢窘益價未爲篤論也仲宣溢才捷而能密文多兼善辭少瑕累摘其詩賦則七子之冠冕乎琳瑀以符檄擅聲徐幹以賦論標美劉楨情高以會采應瑒學優以得

文路粹楊脩頗懷筆記之工丁儀邯鄲亦含論述之美有足算焉劉劭趙都能攀於前脩何晏景福克光於後進休璉風情則百壹標其志吉甫文理則臨丹成其采嵇康師心以遣論阮籍使氣以命詩殊聲而合響異翮而同飛張華短章奕奕清暢其鷦鷯寓意即韓非之說難也左思奇才業深覃思盡鋭於三都拔萃於詠史無遺力矣潘岳敏給辭自和暢鍾美於西京賈餘於哀誄非自外也陸機才欲窺深辭務索廣故思能入巧而不制繁士龍朗練以識檢亂故能

布采鮮淨敏於短篇。孫楚綴思每直置以疎通。摯虞
述懷必循規以溫雅其品藻流別有條理焉。傅元篇
章義多規鏡、長虞筆奏世執剛中並楨幹之實才。非
羣華之韡萼也。成公子安選賦而時美夏侯孝若具
體而皆微曹攄清靡於長篇季鷹辨切於短韻各其
善也。孟陽景陽才綺而相埒可謂魯衛之政兄弟之
文也。劉琨雅壯而多風盧諶情發而理昭。亦遇之於
時勢也景純艷逸足冠中興郊賦既穆穆以大觀仙
詩亦飄飄而凌雲矣。庾元規之表奏靡密以閑暢溫

太眞之筆記循理而清通。亦筆端之良工也。孫盛干
寶文勝爲史準的所擬志乎典訓。戶牖雖異而筆彩
略同。袁宏發軫以高驤故卓出而多偏孫綽規旋以
矩步。故倫序而寡狀。殷仲文之孤興謝叔源之閑情
並解散辭體縹緲浮音。雖滔滔風流而大澆文意。宋
代逸才辭翰鱗萃、世近易明無勞甄序。觀夫後漢才
林可參西京晉世文苑足儷鄴都然而魏時話言必
以元封爲稱首宋來美談亦以建安爲口實何也豈
非崇文之盛世招才之嘉會哉。嗟夫此古人所以貴

乎時也。

贊曰

才難然乎性各異稟一朝綜文千年凝錦餘采徘徊
遺風籍甚無曰紛雜皎然可品

知音第四十八

知音其難哉。音實難知知實難逢逢其知音千載其
一乎夫古來知音多賤同而思古所謂日進前而不
御遙聞聲而相思也昔儲說始出子虛初成秦皇漢
武恨不同時既同時矣則韓囚而馬輕豈不明鑒同

時之賤哉至於班固傅毅文在伯仲而固嗤毅云下
筆不能自休及陳思論才亦深排孔璋敬禮請潤色
歎以爲美談季緒好詆訶方之於田巴意亦見矣故
魏文稱文人相輕非虛談也。至如君卿脣舌而謬欲
論文乃稱史遷著書諮東方朔於是桓譚之徒相顧
嗤笑彼實博徒輕言負誚況乎文士可妄談哉故鑒
照洞明而貴古賤今者二主是也才實鴻懿而崇已
抑人者班曹是也學不逮文而信僞迷眞者樓護是也
醬瓿之議豈多歎哉夫麟鳳與麏雉懸絕珠玉與礫

石超殊、白日垂其照、青眸寫其形、然魯臣以麟爲麏、楚人以雉爲鳳、魏氏以夜光爲怪石、宋客以燕礫爲寶珠、形器易徵、謬乃若是。文情難鑒、誰曰易分。夫篇章雜沓、質文交加、知多偏好、人莫圓該、慷慨者逆聲而擊節、醞藉者見密而高蹈、浮慧者觀綺而躍心、愛奇者聞詭而驚聽、會已則嗟諷、異我則沮棄、各執一隅之解、欲擬萬端之變、所謂東向而望、不見西牆也。凡操千曲而後曉聲、觀千劍而後識器、故圓照之象、務先博觀、閱喬岳以形培塿、酌滄波以喻畎澮、無私

於輕重、不偏於憎愛、然後能平理若衡、照辭如鏡矣。是以將閱文情、先標六觀、一觀位體、二觀置辭、三觀通變、四觀奇正、五觀事義、六觀宮商、斯術既形、則優劣見矣。夫綴文者情動而辭發、觀文者披文以入情、沿波討源、雖幽必顯、世遠莫見其面、覘文輒見其心、豈成篇之足深、患識照之自淺耳。夫志在山水、琴表其情、況形之筆端、理將焉匿。故心之照理、譬目之照形、目瞭則形無不分、心敏則理無不達。然而俗監之迷者、深廢淺售。此莊周所以笑折楊、宋玉所以傷白雪也。昔屈平有言、文質疏內、衆不知余之異采、見異唯知音耳。揚雄自稱心好沈博絕麗之文、其事浮淺、亦可知矣。夫唯深識鑒奧、必歡然內懌、譬春臺之熙衆人、樂餌之止過客、蓋聞蘭爲國香、服媚彌芬、書亦國華、翫澤方美、知音君子、其垂意焉。

贊曰

洪鐘萬鈞、夔曠所定、良書盈篋、妙鑒迺訂、流鄭淫人、無或失聽、獨有此律、不謬蹊徑。

程器第四十九

周書論士、方之梓材、蓋貴器用而兼文采也。是以樸斲成而丹雘施、垣墉立而雕杇附、而近代詞人、務華棄實、故魏文以爲古今文人、之類不護細行、韋誕所評、又歷詆羣才、後人雷同、混之一貫、吁可悲矣。略觀文士之疵、相如竊妻而受金、揚雄嗜酒而少算、敬通之不循廉隅、杜篤之請求無厭、班固諂竇以作威、馬融黨梁而黷貨、文舉傲誕以速誅、正平狂憨以致戮、仲宣輕脆以躁競、孔璋惚恫以麤踈、丁儀貪婪以乞貨、路粹餔啜而無恥、潘岳詭禱於愍懷、陸機傾仄於

賈郭傳元剛隘而詈臺孫楚狠愎而訟府諸有此類並文士之瑕累文既有之武亦宜然古之將相疵咎實多至如管仲之盜竊吳起之貪淫陳平之汙點絳灌之讒嫉沿茲以下不可勝數孔光負衡據鼎而仄媚董賢況班馬之賤職潘岳之下位哉王戎開國上秩而鬻官囂俗況馬杜之磬懸丁路之貧薄哉然子夏無虧於名儒濬冲不塵乎竹林者名崇而譏減也若夫屈賈之忠貞鄒枚之機覺黃香之淳孝徐幹之沈默豈曰文士必其玷歟蓋人稟五材修短殊用自

非上哲難以求備然將相以位隆特達文士以職卑多誚此江河所以騰湧涓流所以寸折者也名之抑揚既其然矣位之通塞亦有以焉蓋士之登庸以成務爲用魯之敬姜婦人之聰明耳然推其機綜以方治國安有丈夫學文而不達於政事哉彼揚馬之徒有文無質所以終乎下位也昔庾元規才華清英勳庸有聲故文藝不稱若非台岳則正以文才也文武之術左右惟宜郤縠敦書故舉爲元帥豈以好文而不練武哉孫武兵經辭如珠玉豈以習武而不曉文也是以君子藏器待時而動發揮事業固宜蓄素以弸中散采以彪外楩楠其質豫章其幹摛文必在緯軍國負重必在任棟梁窮則獨善以垂文達則奉時以騁績若此文人應梓材之士矣

贊曰

瞻彼前脩有懿文德聲昭楚南采動梁北雕而不器貞幹誰則豈無華身亦有光國

序志第五十

夫文心者言爲文之用心也昔涓子琴心王孫巧心

心哉美矣故用之焉古來文章以雕縟成體豈取騶奭之羣言雕龍也夫宇宙綿邈黎獻紛雜拔萃出類智術而已歲月飄忽性靈不居騰聲飛實制作而已夫自肖貌天地稟性五行擬耳目於日月方聲氣乎風雷其超出萬物亦已靈矣形同草木之脆名踰金石之堅是以君子處世樹德建言豈好辯哉不得已也予生七齡乃夢彩雲若錦則攀而採之齒在踰立則嘗夜夢執丹漆之禮器隨仲尼而南行旦而寤迺怡然而喜大哉聖人之難見也迺小子之垂夢歟自

生人以來未有如夫子者也敷讚聖旨莫若注經而
馬鄭諸儒宏之已精就有深解未足立家唯文章之
用實經典枝條五禮資之以成六典因之致用君臣
所以炳煥軍國所以昭明詳其本原莫非經典而去
聖久遠文體解散辭人愛奇言貴浮詭飾羽尚畫文
繡鞶帨離本彌甚將遂訛濫蓋周書論辭貴乎體要
尼父陳訓惡乎異端辭訓之異宜體於要於是搦筆
和墨乃始論文詳觀近代之論文者多矣至於魏文
述典陳思序書應瑒文論陸機文賦仲洽流別宏範

翰林各照隅隙鮮觀衢路或臧否當時之才或銓品
前修之文或汎舉雅俗之旨或撮題篇章之意魏典
密而不周陳書辯而無當應論華而疎畧陸賦巧而
碎亂流別精而少巧翰林淺而寡要又君山公幹之
徒吉甫士龍之輩汎議文意往往間出並未能振葉
以尋根觀瀾而索源不述先哲之誥無益後生之慮
蓋文心之作也本乎道師乎聖體乎經酌乎緯變乎
騷文之樞紐亦云極矣若乃論文叙筆則囿別區分
原始以表末釋名以章義選文以定篇敷理以舉統

上篇以上綱領明矣至於割情析采必籠圈條貫摛
神性圖風勢苞會通閱聲字崇替於時序褒貶
於才畧怊悵於知音耿介於程器長懷序志以馭羣
篇下篇以下毛目顯矣位理定名彰乎大易之數其
爲文用四十九篇而已夫銓序一文爲易彌綸羣言
爲難雖復輕採毛髮深極骨髓或有曲意密源似近
而遠辭所不載亦不勝數矣及其品列成文有同乎
舊談者非雷同也勢自不可異也有異乎前論者非
苟異也理自不可同也同之與異不屑古今擘肌分

理唯務折衷按轡文雅之場而環絡藻繪之府亦幾
乎備矣但言不盡意前聖所難識在缾管何能矩矱
茫茫往代既沈予聞眇眇來世諒塵彼觀也

贊曰

生也有涯無涯惟智逐物實難憑性良易傲岸泉石
咀嚼文義文果載心余心有寄

文心雕龍卷十終

詩品總評

王世貞曰吾覽鍾記室詩品折衷情文裁量事代可謂允矣詞亦奕奕發之第所推源出於何者恐未盡然邁凱昉約濫居中品至魏文不列乎上三公屈第乎下尤爲不公少損連城之價吾獨愛其評子建骨氣奇高詞彩華茂情兼雅怨體被文質嗣宗言在耳目之內情寄八荒之表靈運名章迥句處處間起麗典新聲絡繹奔會越石善爲悽悷之詞自有清拔之氣明遠得景陽之俶詭含茂先之靡嫚骨節强於謝混驅邁疾於顏延總四家而並美跨兩代而孤出玄暉奇草秀句往往警遒足使叔源失步明遠變色文通詩體總雜善於摹擬筋力於王微成就於謝朓此數評者贊許既實措撰尤工

蘭莊詩話云鍾嶸品陶潛詩文體省靜殆無長語篤意眞古辭興婉愜古今隱逸詩人之宗也可謂知言矣而寘之中品其上品十一人如王粲阮藉輩顧右於潛耶論者稱嶸洞悉言理曲臻雅致標揚極界以示法程自唐而上莫及也吾獨惑於處陶焉

南史云鍾嶸嘗求譽於約約拒之及約卒嶸品古今詩爲評言其優劣云云蓋追宿憾以此報之也

詩品卷上

梁　鍾嶸著　新城[illegible]校

氣之動物物之感人故搖蕩性情形諸舞詠照燭三才暉麗萬有靈祇待之以致饗幽微藉之以昭告動天地感鬼神莫近於詩昔南風之辭卿雲之頌厥義夐矣夏歌曰鬱陶乎予心楚謠曰名予曰正則雖詩體未全然是五言之濫觴也逮漢李陵始著五言之目矣古詩眇邈人世難詳推其文體固是炎漢之製非衰周之倡也自王揚枚馬之徒詞賦競爽而吟詠

靡聞從李都尉迄班婕妤將百年間有婦人焉一人而已詩人之風頓已缺喪東京二百載中惟有班固詠史質木無文降及建安曹公父子篤好斯文平原兄弟鬱爲文棟劉楨王粲爲其羽翼次有攀龍托鳳自致於屬車者蓋將百計彬彬之盛大備於時矣爾後陵遲衰微迄於有晉太康中三張二陸兩潘一左勃爾復興踵武前王風流未沫亦文章之中興也永嘉時貴黃老稍尚虛談于時篇什理過其辭淡乎寡味爰及江表微波尚傳孫綽許詢桓庾諸公詩皆平典似道德論建安風力盡矣先是郭景純用儁上之才變創其體劉越石仗清剛之氣贊成厥美然彼衆我寡未能動俗逮義熙中謝益壽斐然繼作元嘉中有謝靈運才高詞盛富豔難蹤固已含跨劉郭陵轢潘左故知陳思爲建安之傑公幹仲宣爲輔陸機爲太康之英安仁景陽爲輔謝客爲元嘉之雄顏延年爲輔斯皆五言之冠冕文詞之命世也夫四言文約易廣取效風騷便可多得每苦文繁而意少故世罕習焉五言居文詞之要是衆作之有滋味者也故云

會於流俗豈不以指事造形窮情寫物最爲詳切者邪故詩有六義焉一曰興二曰比三曰賦文已盡而意有餘興也因物喻志比也直書其事寓言寫物賦也宏斯三義酌而用之幹之以風力潤之以丹彩使味之者無極聞之者動心是詩之至也若專用比興則患在意深意深則詞躓若但用賦體則患在意浮意浮則文散嬉成流移文無止泊有蕪漫之累矣若乃春風春鳥秋月秋蟬夏雲暑雨冬月祁寒斯四候之感諸詩者也嘉會寄詩以親離羣託詩以怨至於

楚臣去境漢妾辭宮或骨橫朔野或魂逐飛蓬或負戈外戍殺氣雄邊塞客衣單孀閨淚盡文士有解佩出朝一去忘返女有揚蛾入寵再盼傾國凡斯種種感蕩心靈非陳詩何以展其義非長歌何以騁其情故曰詩可以羣可以怨使窮賤易安幽居靡悶莫尚於詩矣故詞人作者罔不愛好今之士俗斯風熾矣纔能勝衣甫就小學必甘心而馳騖焉於是庸音雜體各各爲容至使膏腴子弟恥文不逮終朝點綴分夜呻吟獨觀謂爲警策衆觀終淪平鈍次有輕薄之

徒笑曹劉爲古拙謂鮑照羲皇上人謝脁今古獨步而師鮑照終不及日中市朝滿學謝脁劣得黃鳥度青枝徒自棄於高聽無涉於文流矣觀王宮搢紳之士每博論之餘何嘗不以詩爲口實隨其嗜慾商確不同淄澠並泛朱紫相奪喧議競起準的無依近彭城劉士章俊賞之士疾其淆亂欲爲當世詩品口陳標榜其文未遂感而作焉昔九品論人七略裁士校以賓實誠多未值至若詩之爲技較爾可知以類推之殆均博弈方今皇帝資生知之上才體沉鬱之幽

思文麗日月賞究天人昔在貴遊已爲稱首況八紘既奄風靡雲蒸抱玉者聯肩握珠者踵武以瞰漢魏而不顧吞晉宋於胸中諒非農歌轅議敢致流別嶸之今錄庶周旋於閭里均之於談笑耳

古詩

其體源出於國風陸機所擬十四首文溫以麗意悲而遠驚心動魄可謂幾乎一字千金其外去者日以疎四十五首雖多哀怨頗爲總雜舊疑是建安中曹王所製客從遠方來橘柚垂華實亦爲驚絕矣人代

冥滅而清音獨遠悲夫

漢都尉李陵

其源出於楚辭文多悽怨者之流陵名家子有殊才生命不諧聲頹身喪使陵不遭辛苦其文亦何能至此

漢婕妤班姬

其源出於李陵團扇短章辭旨清捷怨深文綺得匹婦之致侏儒一節可以知其工矣

魏陳思王植

其源出於國風。骨氣奇高。詞彩華茂。情兼雅怨。體被文質。粲溢今古。卓爾不羣。嗟乎。陳思之於文章也。譬人倫之有周孔。鱗羽之有龍鳳。音樂之有琴笙。女工之有黼黻。俾爾懷鉛吮墨者。抱篇章而景慕。映餘暉以自燭。故孔氏之門如用詩。則公幹升堂。思王入室。景陽潘陸。自可坐於廊廡之間矣。

魏文學劉楨

其源出於古詩。仗氣愛奇。動多振絕。貞骨凌霜。高風跨俗。但氣過其文。雕潤恨少。然自陳思已下。楨稱獨步。

魏侍中王粲

其源出於李陵。發愀愴之詞。文秀而質羸。在曹劉間別構一體。方陳思不足。比魏文有餘。

晉步兵阮籍

其源出於小雅。無雕蟲之功。而詠懷之作。可以陶性靈。發幽思。言在耳目之內。情寄八荒之表。洋洋乎會於風雅。使人忘其鄙近。自致遠大。頗多感慨之詞。厥旨淵放。歸趣難求。顏延年註解。怯言其志。

晉平原相陸機

其源出於陳思。才高辭贍。舉體華美。氣少於公幹。文劣於仲宣。尚規矩。不貴綺錯。有傷直致之奇。然其咀嚼英華。厭飫膏澤。文章之淵泉也。張公歎其大才。信矣。

晉黃門郎潘岳

其源出於仲宣。翰林歎其翩翩然如翔禽之有羽毛。衣服之有綃縠。猶淺於陸機。謝混云。潘詩爛若舒錦。無處不佳。陸文如披沙簡金。往往見寶。嶸謂益壽輕華。故以潘勝。翰林篤論。故歎陸為深。余常言陸才如

海。潘才如江。

晉黃門郎張協

其源出於王粲。文體華淨。少病累。又巧構形似之言。雄於潘岳。靡於太沖。風流調達。實曠代之高手。詞彩葱蒨。音韻鏗鏘。使人味之亹亹不倦。

晉記室左思

其源出於公幹。文典以怨。頗為精切。得諷諭之致。雖野於陸機。而深於潘岳。謝康樂常言。左太沖詩。潘安

仁詩古今難比。

宋臨川太守謝靈運

其源出於陳思雜有景陽之體。故尚巧似而逸蕩過之頗以繁蕪為累。嶸謂若人興多才高博。寓目輒書。內無乏思外無遺物其繁富宜哉。然名章迥句處處間起麗典新聲絡繹奔會。譬猶青松之拔灌木白玉之映塵沙未足貶其高潔也。初錢塘杜明師夜夢東南有人來入其館。是夕即靈運生於會稽。旬日而謝元亡。其家以子孫難得。送靈運於杜治養之十五方還都。故名客兒（治音稚奉道之家靖室也）

詩品卷中

一品之中。略以世代為先後。不以優劣為詮次。又其人既往。其文克定。今所寓言。不錄存者。夫屬詞比事。乃為通談。若乃經國文符。應資博古。撰德駁奏。宜窮往烈。至乎吟詠情性。亦何貴於用事。思君如流水。既是即目。高臺多悲風。亦惟所見。清晨登隴首。羌無故實。明月照積雪。詎出經史。觀古今勝語。多非補假。皆由直尋。顏延謝莊。尤為繁密。於時化之。故大明泰始中。文章殆同書抄。近任昉王元長等。辭不貴奇。競須新事。爾來作者。寖以成俗。遂乃句無虛語。語無虛字。拘攣補衲。蠹文已甚。但自然英旨。罕值其人。詞既失高。則宜加事義。雖謝天才。且表學問。亦一理乎。陸機文賦。通而無貶。李充翰林。疏而不切。王微鴻寶。密而無裁。顏延論文。精而難曉。摯虞文志。詳而博贍。頗曰知言。觀斯數家。皆就談文體。而不顯優劣。至於謝客集詩。逢詩輒取。張騭文士。逢文即書。諸英志錄。並義在文。曾無品第。嶸今所錄。止乎五言。雖然網羅今古。詞文殆集。輕欲辨彰清濁。掎摭病利。凡百二十人。預

此宗流者便稱才子至斯三品升降差非定制方申變裁請寄知者爾

漢上計秦嘉嘉妻徐淑

夫妻事既可傷文亦悽怨爲五言者不過數家而婦人居二徐淑敘別之作亞於團扇矣

魏文帝

其文出於李陵頗有仲宣之體則新奇百許篇率皆鄙直如偶語惟西北有浮雲十餘首殊美贍可翫始見其工矣不然何以銓衡羣彥對揚厥弟者耶

晉中散嵇康

頗似魏文過爲峻切訐直露才傷淵雅之致然託諭清遠良有鑒裁亦未失高流矣

晉司空張華

其源出於王粲其體華艷興託不奇巧用文字務爲妍冶雖名高曩代而疏亮之士猶恨其兒女情多風雲氣少謝康樂云張公雖復千篇猶一體耳今置之中品疑弱處之下科恨少在季孟之間矣

魏尚書何晏晉馮翊守孫楚晉著作正贊晉王司徒掾張翰晉中書令潘尼

平叔鴻鴈之篇風規見矣子荆零雨之外正長朔風之後雖有累札良亦無聞季鷹黃華之唱正叔綠蘩之艮雖不具美而文彩高麗並得虬龍片甲鳳凰一毛事同駁聖宜居中品

魏侍中應璩

祖襲魏文善爲古語指事殷勤雅意深篤得詩人激刺之旨至於濟濟今日所華靡可諷味焉

晉清河守陸雲晉侍中石崇晉襄城太守曹攄

晉朗陵公何劭

清河之方平原殆如陳思之匹白馬于其哲昆故稱二陸季倫顏遠並有英篇篤而論之朗陵爲最

晉太尉劉琨晉中郎劉湛

其源出於王粲善爲悽戾之詞自有清拔之氣琨既體良才又罹厄運故善敘喪亂多感恨之詞中郎仰之微不逮者矣

晉宏農太守郭璞

憲章潘岳文體相輝彪炳可翫始變永嘉平淡之體

故稱中興第一翰林以爲詩首但遊仙之作辭多慷慨乖遠玄宗而云奈何虎豹姿又云戢翼棲榛梗乃是坎壈詠懷非列仙之趣也

晉吏部郎袁宏

彥伯詠史雖文體未遒而鮮明緊健去凡俗遠矣

晉處士郭泰機　晉常侍顧愷之　宋謝世基　宋參軍顧邁　宋參軍戴凱

泰機寒女之製孤怨宜恨長康能以二韻答四首之美世基橫海顧邁鴻飛戴凱人實貧羸而才章富健

觀此五子文雖不多氣調警拔吾許其進則鮑昭江淹未足逮止越居中品僉曰宜哉

宋徵士陶潛

其源出於應璩又協左思風力文體省靜殆無長語篤意眞古辭興婉愜每觀其文想其人德世歎其質直至如歡言酌春酒日暮天無雲風華淸靡豈直爲田家語耶古今隱逸詩人之宗也

宋光祿大夫顏延之

其源出於陸機尚巧似體裁綺密情喻淵深動無虛散一句一字皆致意焉又喜用古事彌見拘束雖乖秀逸是經綸文雅才雅才減若人則蹈於困躓矣湯惠休曰謝詩如芙蓉出水顏如錯彩鏤金顏終身病之

宋豫章太守謝瞻　宋僕射謝混　宋太尉袁淑　宋徵君王微　宋征虜將軍王僧達

其源出於張華才力苦弱故務其淸淺殊得風流媚趣課其實錄則豫章僕射宜分庭抗禮徵君太尉可託乘後車征虜卓卓殆欲度驊騮前

宋法曹參軍謝惠連

小謝才思富捷恨其蘭玉夙凋故長轡未騁秋懷擣衣之作雖復靈運銳思亦何以加焉又工爲綺麗歌謠風人第一謝氏家錄云康樂每對惠連輒得佳語後在永嘉西堂思詩竟日不就寤寐間忽見惠連卽成池塘生春草故常云此語有神助非吾語也

宋參軍鮑昭

其源出於二張善製形狀寫物之詞得景陽之諔詭含茂先之靡嫚骨節强於謝混驅邁疾於顏延總四

家而擅美跨兩代而孤出嗟其才秀人微故取湮當代然貴尚巧似不避危仄頗傷淸雅之調故言險俗者多以附照

齊吏部謝朓

其源出於謝混微傷細密頗在不倫一章之中自有玉石然奇章秀句往往警遒足使叔源失步明遠變色善自發詩端而末篇多躓此意銳而才弱也至爲後進士子之所嗟慕朓極與余論詩感激頓挫過其文。

齊光祿江淹

文通詩體總雜善於摹擬筋力於王微成就於謝朓初淹罷宣城郡遂宿冶亭夢一美丈夫自稱郭璞謂淹曰吾有筆在卿處多年矣可以見還淹探懷中得五色筆以授之爾後爲詩不復成語故世傳江淹才盡

梁衛將軍范雲梁中書郎丘遲

范詩淸便宛轉如流風迴雪丘詩點綴映媚似落花依草故當淺於江淹而秀於任昉

梁太常任昉

彥昇少年爲詩不工故世稱沈詩任筆昉深恨之晩節愛好旣篤文亦遒變若銓事理拓體淵雅得國士之風故擢居中品但昉旣博物動輒用事所以詩不得奇少年士子效其如此弊矣

梁左光祿沈約

觀休文衆製五言最優詳其文體察其餘論固知憲章鮑明遠也所以不閑於經綸而長於淸怨永明相王愛文王元長等皆宗附之約于時謝朓未遒江淹

才盡范雲名級故微故約稱獨步雖文不至其工麗亦一時之選也見重閭里誦詠成音嶸謂約所著旣多今翦除淫雜收其精要允爲中品之第矣故當詞密於范意淺於江也

詩品卷下

昔曹劉殆文章之聖陸謝爲體貳之才銳精研思千百年中而不聞宮商之辨四聲之論或謂前達偶然不見豈其然乎嘗試言之曰古詩頌皆被之金竹故非調五音無以諧會若置酒高堂上明月照高樓爲韻之首故三祖之詞文或不工而韻入歌唱此重音韻之義也與世之言宮商異矣今既不備管絃亦何取於聲律耶齊有王元長者嘗謂余云宮商與二儀俱生自古詞人不知之唯顏憲子乃云律呂音調而其實大謬唯見范曄謝莊頗識之耳常欲進知音論未就王元長創其首謝朓沈約揚其波三賢或貴公子孫幼有文辨於是士流景慕務爲精密襞積細微專相陵架故使文多拘忌傷其眞美余謂文製本須諷讀不可蹇礙但令清濁通流口吻調利斯爲足矣至平上去入則余病未能蜂腰鶴膝閭里已具陳思贈弟仲宣七哀公幹思友阮籍詠懷子卿雙鳧叔夜雙鸞茂先寒夕平叔衣單安仁倦暑景陽苦雨靈運鄴中士衡擬古越石感亂景純詠仙王微風月謝客山泉叔源離宴鮑照戍邊太冲詠史顏延入洛陶公詠貧之製惠連擣衣之作斯皆五言之警策者也所謂篇章之珠澤文彩之鄧林

漢令史班固漢孝廉酈炎漢上計趙壹

孟堅才流而老於掌故觀其詠史有感歎之詞文勝託詠靈芝懷寄不淺元叔散憤蘭蕙指斥囊錢苦言切句良亦勤矣斯人也而有斯困悲夫

魏武帝魏明帝

曹公古直甚有悲涼之句叡不如丕亦稱三祖

魏白馬王彪魏文學徐幹

白馬與陳思答贈偉長與公幹往復雖曰以莛扣鐘亦能閑雅矣

魏倉曹屬阮瑀晉頓丘太守歐陽建晉文學應璩晉中書令嵇含晉河南太守阮侃晉侍中嵇紹晉黃門棗據

元瑜堅石七君詩竝平典不失古體大檢似而二嵇微優矣

晉中書張載晉司隸傅玄晉太僕傅咸侍中繆

晉散騎常侍夏侯湛

孟陽詩乃遠慙厥弟而近超兩傳長虞父子繁富可嘉孝沖雖日後進見重安仁熙伯挽歌唯以造哀爾

晉驃騎王濟　晉征南將軍杜預　晉廷尉孫綽　晉徵士許詢

永嘉以來清虛在俗王武子輩詩貴道家之言爰洎江表玄風尚備眞長仲祖桓庾諸公猶相襲世稱孫許彌善恬淡之詞

晉徵士戴逵　晉東陽太守殷仲文

晉宋之際殆無詩乎義熙中以謝益壽殷仲文爲華綺之冠殷不競矣

宋尚書令傅亮

季友文余常忽而不察今沈特進撰詩載其數百亦復平矣

宋記室何長瑜　羊曜璠　宋詹事范曄

乃不稱其才亦爲鮮舉矣

宋孝武帝　宋南平王鑠　宋建平王宏

孝武詩彫文織綵過爲精密爲二藩希慕見稱輕巧矣

宋光祿謝莊

希逸詩氣候清雅不逮於范袁然興屬閑長良無鄙促也

宋御史蘇寶生　宋中書令史陵修之　宋典祠令任曇緒　宋越騎戴法興

蘇陵任戴並著篇章亦爲搢紳之所嗟詠人非文才是愈甚可嘉焉

宋監典事區惠恭

惠恭本胡人爲顔師伯幹顔爲詩輒偷筆定之後造獨樂賦語侵給主被斥及大將軍修北第差充作長時謝惠連兼記室參軍惠恭時往共安陵嘲調末作雙枕詩以示謝謝曰君誠能恐人未重且可以爲謝法曹造遣大將軍見之賞歎以錦二端賜謝謝辭曰此詩公作長所製請以錦賜之

齊惠休上人　齊道猷上人　齊釋寶月

惠休淫靡情過其才世遂匹之鮑昭恐商周矣羊曜璠云是顔公忌昭之文故立休鮑之論庾白二胡亦

有清句行路難，是東陽柴廓所造。寶月嘗憩其家，會廓亡，因竊而有之。廓子賫手本出都，欲訟此事，乃厚賂止之。

齊高帝　齊征北將軍張永　齊太尉王文憲

齊高帝詩，詞藻意深，無所云少。張景云雖謝文體，頗有古意。至如王師文憲，既經國圖遠，或忽是雕蟲。

齊黄門謝超宗　齊潯陽太守丘靈鞠　齊給事中郎劉祥　齊司徒長史檀超　齊正員郎鍾憲　齊諸暨令顔則　齊秀才顧則心

檀、謝七君，竝祖襲顔延，欣欣不倦，得士大夫之雅致乎！余從祖正員常云：大明、泰始中，鮑、休美文，殊已動俗。唯此諸人，傳顔陸體，用固執不如，顔諸暨最荷家聲。

齊參軍毛伯成　齊朝請吳邁遠　齊朝請許瑶之

伯成文不全佳，亦多惆悵。吳善於風人答贈。許長於短句詠物。湯休謂遠云：吾詩可為汝詩父。以訪謝光祿，云：不然爾，湯可為庶兄。

齊鮑令暉　齊韓蘭英

令暉歌詩，往往斷絶清巧，擬古尤勝，唯百願淫矣。昭常答孝武云：臣妹才自亞於左芬，臣才不及太冲爾。蘭英綺密，甚有名篇，又善談笑，齊武謂韓云：借使二媛生於上葉，則玉階之賦，紈素之辭，詎未多也。

齊司徒長史張融　齊詹事孔稚珪

思光紆緩誕放，縱有乖文體，然亦捷疾豐饒，差不局促。德璋生於封谿，而文為雕飾，青於藍矣。

齊寧朔將軍王融　齊中庶子劉繪

元長、士章，竝有盛才，詞美英淨。至於五言之作，幾乎尺有所短。譬應變將略，非武侯所長，未足以貶臥龍。

齊僕射江祏

祏詩猗猗清潤，弟祀明靡可懷。

齊記室王巾　齊綏遠太守卞彬　齊端溪令卞錄

王巾、二卞詩，竝愛奇嶄絶，慕袁彥伯之風，雖不宏綽，而文體勦淨，去平美遠矣。

齊諸暨令袁嘏

嘏詩平平耳，多自謂能。常語徐太保尉云：我詩有生氣，須人捉著，不爾便飛去。

齊雍州刺史張欣泰梁中書郎范縝

欣泰子眞並希古勝文鄙薄俗製賞心流亮不失雅宗

梁秀才陸厥

觀厥文緯具識丈夫之情狀自製未優非言之失也

梁常侍虞羲梁建陽令江洪

子陽詩奇句清拔謝朓常嗟頌之洪雖無多亦能自迥出

梁步兵鮑行卿梁晉陵令孫察

行卿少年甚擅風謡之美察最幽微而感賞至到耳

書品

梁　庾肩吾著　南昌王　謨校

玄静先生曰予遍求邃古逖訪厥初書名起于玄洛字勢發于倉史故遺結繩取諸文象諸形會諸人事未有廣此緘縢深茲文契是以一畫加大天尊可知二力增土地卑可審日以君道則字勢圓月以臣輔則文體缺及其轉註假借之流指事會意之類莫不狀範毫端形呈字表開篇玩古則千載共朝削簡傳今則萬里對面記善則惡自削書賢則過必改玉歷頒正而化俗帝教陳言而設教變通不極日用無窮與聖同功參神並運爰洎中葉舍繁從省漸失穎川之言竟逐雲陽之字若乃鳥跡孕于古文壁書存于科斗符陳帝璽摹調蜀漆署表宮門銘題禮器魚遊含鳳鳥已分虫仁義起于麒麟威形發于龍虎雲氣時飄五色仙人還作兩童龜若浮溪蛇若赴穴流星疑燭垂露似珠芝英轉車飛白掩素參差倒薤既思種柳之謡長短懸針復想定情之製蚊脚傍低鵠頭仰立填飄板上謬起印中波同隍鏡之鸞楷顧雕陵

之鵲並以篆籀重復見重昔時或巧能售酒或妙令鬼哭信無味之奇珍非趨時之急務且具錄前訓今不復兼論惟草正疏通專行于世其或繼之者雖百代可知尋隸體發源秦時隸人下邳程邈所作始皇見而重之以奏事繁多篆字難製遂作此法故曰隸書今時正書是也草聖起于漢時解散隸法用以赴急本因草創之義故曰草書建初中京兆杜操始以善書知名今之草書是也余自少迄長留心茲藝斂手謝于臨池銳意同于削板而蕺山之扇竟未增錢

凌雲之臺無因誡子求諸故跡或有淺深輒刪善草隸者一百二十八人伯英以稱聖居首法高以追駿處末推能相越小例而九引類相附大等而三復爲略論總名書品

張芝伯英　鍾繇元常　王羲之逸少

右三人上之上

論曰隸既發源秦始草乃激流齊相跨七代而彌遵將千載而無革誠開博者也均其文總六書之要指其事籠八體之奇能拔篆籀于繁蕪移楷真于重密分行紙上類出蘭之蛾結畫篇中似聞琴之雀羣學聞起瓊山慚其斂霧漪瀾遞振碧海愧其下風抽絲散水定其下筆倚刀較尺驗于成字真草既分于星芒烈火復成于珠珮或橫牽豎掣或濃點輕拂或將放而更留或因挑而還置斂思藏于胸中巧意發于毫銛詹尹端策故以迷其變化英部傾耳無以察其音聲殆善射之不注妙斫輪之不傳是以鷹爪含利出彼兔毫龍管潤霜遊茲蠆尾學者鮮能具體窺者罕得其門若探妙測深盡形得勢烟花落紙將動風

彩帶字欲飛疑神化之所爲非人世之所學惟張有道鍾元常王右軍其人也張工夫第一天然次之衣帛先書稱爲草聖鍾天然第一工夫次之妙盡許昌之碑窮極鄴下之牘王工夫不及張天然過之天然不及鍾工夫過之羊欣云貴越羣品古今莫二兼撮衆法備成一家若孔門以書三子入室矣允爲上之上

崔瑗子玉　杜度伯度　師宜官

張昶文舒　王獻之子敬

右五人上之中

論曰崔子玉擅名北中跡罕南度世有得其摹者王子敬見之稱美以爲功類伯英杜度濫觴于草書取奇于漢帝詔復奏事皆作草書師宜官鴻都爲最能大能小文舒犖劣于兄時云亞聖子敬泥帚最驗天嘗兼以製筆復識人工一字不遺兩葉傳妙此五人允爲上之中

索靖幼安　梁鵠孟皇　韋誕仲將

皇象休明　胡昭孔明　鍾會士季

衛瓘伯玉　荀輿長允　阮研文幾

右九人上之下

論曰幼安斂蔓舅氏抗名衛令孟皇功盡筆力字入帳中仲將不妄染毫必須張筆而左紙孔明動見模楷皆謂胡肥而鍾瘦休明其酌二家聯爲八絕士季之範元常猶子敬之禀逸少而工拙兼効真草皆成伯玉遠慕張芝近㳟父迹長允貍骨方擬而難追阮研居今觀古盡窺衆妙之門雖復師王祖鍾終成別搆一體此九人允爲上之下

張烈子竝　郭伯道　劉德昇君嗣

崔寔子真　衛夫人名鑠字茂猗

李式景則　庾翼稚恭　郗愔方回

謝安安石　王珉季琰　桓玄敬道

羊欣敬元　王僧虔　孔琳之彥琳

殷鈞季和

右十五人中之上

論曰子竝崔寔州里頗相倣效可謂獝鹹于鹽冰寒于水伯道府問朝廷遠封其迹德昇之妙鍾胡各採

其美子真俊才門法不墜李妻衛氏自出華宗景則毫素流靡稚恭聲彩道越郗愔安石草正竝驅季琰桓玄筋力俱駿羊欣早隨子敬最得王體孔琳之聲高宋氏王僧虔雄發齊代殷鈞頗耽愛好終得肩隨此一十五人允爲中之上

魏武帝曹操孟德　吳主元宗孫皓

衛覬伯儒　左子邑伯子　衛桓巨山

杜預元凱　王廙世將　張彭祖　任靖

韋昶文休　王修敬仁　范懷約

張永景初　吳休尚　施方泰

右十五人中之中

論曰魏帝筆墨雄贍吳主體裁綿密伯偕兼叙隸草子邑分鑣梁鄙巨山三世元凱鼎業王廙爲右軍之師彭祖取義之之道任靖觭名文休題柱敬仁清舉致叟遒之詞張范逢時俱東南之美施吳鄰下後生同年拔萃此十五人允爲中之中

羅暉叔景　趙襲元嗣　劉輿　張昭

陸機士衡　朱誕　王導茂宏　庾亮元規

王洽　郗超　吳興　張翼　宋文帝劉義隆

康昕　徐希秀　謝朓玄暉　劉繪

陶隱君名宏景　王崇素

右十八人中之下

論曰叔景元嗣並稱西州劉輿之筆扎張昭之無懈陸機以宏才掩迹朱誕以偏藝流聲王導則列聖推能庾亮則羣公挹巧王洽以並通諸法郗超以晚年取譽張翼善效宋帝康昕郗秀孤生謝朓劉繪文宗書範近來少前陶隱君仙才翰采拔于山谷王崇素繪事應倫篇筆傳于里閭此十八人允爲中之下

姜詡　梁宣　魏徵仲成　韋秀　鍾興

向泰　羊忱　晉元帝景文　識道人

范曄蔚宗　宋炳　謝靈運　蕭思話

薄紹之敬叔　齊高帝紹伯　庾黔婁

費元瑤　孫奉伯　王會　羊祜叔子

論曰此二十一人並擅毫翰動成楷則始遒前良見希後彥允爲下之上

陽經　諸葛融　楊潭　張炳　岑淵

張輿　王濟　李夫人　劉穆之道和

朱齡石　庾景休　張融思光　褚元明

孔敬通　王籍文海

右十五人下之中

論曰此十五人雖未窮字奧書尚文情披其叢薄非無香草視其涯岸皆有潤珠故遺斯紙以爲世玩允爲下之中

衛宣　李韞　陳基　傅庭堅　張紹

陰光　韋熊少季　張暢　曹任　宋嘉

張邈　羊固　傅夫人　辟閭訓　謝晦
徐羡之　孔闓　顔寶光　周仁皓
張欣泰　張熾　僧岳道人

右二十二人下之下

論曰此二十二人皆五味一和五色一彩視其雕文非特刻鵠人人下筆寧止追響遺跡見珍餘芳可折誠以驅馳並駕不逮前鋒而中權後殿各盡其美允爲下之下今以九例該此衆賢猶如玄圃積玉炎洲聚桂其中

實相推謝故有茲多品然終能振此鱗翼俱上龍門倘後之學者更隨點曝云爾

右書品庾肩吾所著載漢魏以來能書者自吾生梁代相去不遠近者同時宜其評論精核如此後唐張懷瓘宋濮溪氏皆有論著不過稍加損益附以近世者耳夫古文窮于眞草書法盡于六朝取法乎上者斯亦可以考見矣羅浮山樵跋

書品終

尤射

魏　繆襲著　　南昌程　榮校

□贊從王圯厥德縱射觀游罔度獲尤于上天□遂戒旃觀游內讝擷盡也悛民于將誦太史胴采似姓名作尤射志悛也

粵稽觀射□氏□烈藥緞譜惔苦濟靖吉其德也都淑奕玨允魏恂繹令順懿揚言其威儀□□也有聞旁外三十有一載射□乃踦艭于門爰略于江以援厥媿有牟有憮有惿有馮曰寡人爽義爽于義謂射也罔曰弗俚惟媿咎

人亦有言惟天斯地惟文斯武謗射不可已也□□□媿罔衍下多闕文鳳凰來儀此錯簡當在有聞旁外之下

右稽觀第一

□□□我報聘于王亦亟曰求仇二月□□遘射大閭于江麋弗逆尤自此也故有後戒有撻于厥中艭于鑠射退我旋于王惟辰心弗逞劊抽厥畢惟齊闘艱遘惟曰河濁有清寧朕挺于倚清哉清哉余惟辰慎哉闕

右報聘第二

□冂戊□又通射于林□旋有菲六月□□命湊錫

我以言格我以詠辰我惟禔曰厲哉㝯哉淚再格曰
厲我于時聿厥憮曰小子敬告惟略朕詠瘉朕殺朕
殺庸悑恩以詹惟恌以延朕弗德罔承警華軺車軸
也而朽枕䝉襦而敗熒奚摭偶己冐子之錫敢弗薄
以副格錫畢惟對厥錫□□□□□□□□惟乃兟
兟罔化于朕躬允若時辰乃朕扈乃錫于萬億禨罔
悛□□諷逞由時罔夙夜達厥問先求得其歡心然後諫于射□□□
□□賦我恩二章此句當在淚再格曰厲下□

右遇射第三

尤射　一　二

喘有事于江㢘姦芋典告我灼押書訓之允曰易乎
天產吉人挺吉惟褰稟敬采事閈躬罔弗終輕采慢
躬罔覆濟古哲𫝀言輕火略焚侵水略溺烏乎戒哉
地匪凝勿履采匪迪勿迪謹于行事□□□上下睪明也爰
易蘊陰陽編正也爰罔嶒嚴于治國道本也戒自茲哉古容
成氏獵于江百辟弗逎中央氏逐于應門百姓躃蹻
貑雅不也競食于楢靡或呰鳳鳥妄攫有師具咈自茲
弇原也勿恣厥遊妄弃傷足恣遊圯度采蹈于尤靡
笙□□躬協于義靡忝□也俾惟曰甫田弗悉去厥

秀大璧弗悉去厥瑕辰肆于觀游亦惟割于乃懿問
俾惟曰吳大也墻底壞胎杪穴喬木底朽胎趙蠹辰
撿于厥身亦惟光于乃令德奚臧否于朕觀□□□
□□□□□警戒劭釗朕觀惟辰迹迹與所指者廣不必及射
而射在其中可謂善諫矣射□孜㣉于時亟悛

右尤戒第四

□□□□我贈玉藉芳報如旃罔藉惟曰侯乃巳
敦芳奚席于寡人侯□□我贈元毛報如旃□□錫
實以糊憐我滋遲賦無衣于時辰期于江門奄𡕒蓬

尤射　三

罔逆辟惡也侯□□上國之香龕□蠡香辰易□□
□夢月墜于前典賦詩日明月爛兮何以有翰兮疇
曰匪觀兮迹卯之館兮□□我獻簇嘉旃□□我有
松止之志將會日侯□□好也俾俾訣迺曰寡人弗德幼弃于
我前祉嗣櫂多艱茲恃乃以薄苟捐何有即弗有寡
人將弗有爽匪艾嚀乂厥中罔中惟乃中厥行罔行
惟乃行厥言罔言惟乃言若苗方萌弗耕弗耘弗有
旋也戍𤈦若雞方卵弗伏弗道弗有晨寡人侯媓崽躬姓
名媓崽侯艾時依艾之松止時蠥寡人觀觀蠥善從

艾、苦哉弗苦、何眘也而松止之茹、腆服珇止抑嬉愉
何弗苦也肆當之、責其去國也于辰我請戾于西殿侯魏
盈焉弗格惟錫醴餚餑饎、我遝弗瞑眩、弗克樹疾聆
覆焉以惋、錫我寶㭿𢒿也玉席、筆也命寧□□命空
于期門弗遣、□□□甘露降、于時辰奏樂、名曰玉
華曲名也辟辰罔奏盛□□合□侯古寶古圓二辰、錫
我一辰、易如香□□□□乃會八乙卯甲子侯月會
丙子丙辰侯曰會癸亥、戊辰侯歲會侯時會二咸以
戊子尋好也、□□我辰奏蔑㵱匪攸匿、然以服辟泄

也□侯□聘我元玉上等玉□瞀也、錫書弗藉善、聿書曰
觀恂立䇭筵罔底求攸獻、于厥中、有如大江、于厥內
宮、昭告皇天、□□□既而賦大車之末章、藏于盟府
□山侯曰、寡人惟背回也反言治而曰亂也若若在疚、匪藥焉有
瘳、背寡人將以仲秋之望□□錫我寶環秬鬯一卣
我拜錫□□望不果、背奏書寓惋、我庸對曰、爨我逖
罔或布厥慄幸、乃射忞于游射恂失德、展乃皇天眉
介。俾觀觀其乘合、我展嘉天之賜、自茲迄茲、辟有悆
賜、胎即命我背寧、甲子逭侯小圀大矢厥胎束我展

㦰之　古有姦咎我㦰姦逝厥咎覆射于今德、垂裩丁
子孫、顯問於後葉、㦰乃蘊于乃躬辟獲穉茲、侯曰監
空異辰豈胎衷胎易我玉莫巳腯、茲拒我背莫巳葯
胎戒乃射莫罔躬茲、瑕囊誓莫罔人、良苗恒昧于秋
。穫晴夙恒昧于昏雨。首藏末否鮮、末然我焉獲。乃終
以㦰寧辟盟府曩誓匿申永言、曰東圃有木、其名曰
。李招我于圃曰請食爾。恒繁者華、恒鮮者、予命乎命
。乎吾將去此。誓□有□□責其□□昔詩□□□侯諷有赧、監憯甝
請于時我監空、以上乃□□□□□□以下贇□□□□

右贈玉第五

侯□□産厥令幼墜于學、我惘旃、函純成筆也葯𠜾
墜也丹㵱㵱書訓曰維鑽弗鑠終匪金維人弗學終
匪彥肆古聖后勤劬𢈔怠、聞旃大庭、有懿元妃名曰
無設。大庭墾勅鄉厥學舁策三千有奇俾抽中宮采
采糊厥躬無設服于辟斁、日昏衎輒采藏錠蠢于學、
恒悖　以狃鷄鳴宿徃、瞻厥采旬日之夕、僅一腹碁、
艾然有成、庸作大庭之歌、白鶴悟悟朱鸞㿽㿽悟悟鳴聲
㿽㿽飛貌絡降于厥宮。無設弗厲、祥禠弗憖、再恭而後啄

明月敷厥行爍驛罔晝貳學若𢍱焉弗學而可底𢍱
侯念于兹内朕訓奏純成葯㔞暨丹牒輿𦙍元以妙
惟乃索心以從斯罔俾無設耳顯于大庭朕嘉乃錫
惟芋維秋九月拜丹牒于内殿夜啟以佔與有獲

右學訓第六

侯冬十月□□有東之役我弗送□□我賦卷耳之
首章□歸自東我弗克逆皆道我□□我東厥鴽□
賦伯兮之二章我賦鴟鴞之三章□□我暨繹示之
圃而旋闕

右東役第七

維三十有三載克終我訓令于辟民歌曰聽彼世兮
辟有雙蛇謂蛇兮今則龍何必佔畢盤游是從□□
□□□□□□□□□□□侯𢍱□内豫信信腆致
我元韜一兩苴欽二布之貴重者可以爲帶寶珠二圓亚石一
次玉山游□□我報以承澤二寶扇也出□□志侯永寶□□
外沖山
□□□□□□□□□□
□□□元𢑴啟也

右腆致第八

春正月□□越□日□□我報□□之聘遂館旃履

𢓊問仲秋之背厥庸則書寓我曰欽拜稽首𣓨言烏
乎浚遜予觀弗克儀惟弗天屬羅凶旋扞于卬下若
麋鹿之在厥藩若野鳥之在厥薮靡敢夜少也逸乃德
展麗游深也侯㤄㤄于厥衷罔攸寧金疇弗曰厥孔
堅恒瀹于厥熾淵疇弗曰厥孔深恒測于厥泳獮至
也于觀之弗道夫情厥惟恂堅監深哉允逾于淵金
夫嘗蔡越于觀辭違于兹厥言幼聆諸黃耇農侯
貪耕卒有獲女侯貪積卒有織夫惟庸困越乃心後
惟終獲遂乃顧烏乎允監哉予觀靡嘗若厥魚跬步

離水罔靡悔苟離未悔食言乃厥諱辰也此章□□言□□我
庸作答曰猷祗膺乃告昭乃恍攸隱辰弗辰矣予㙯
焉㩻若侯躬隱譬苗之式雨厥旱罔天咎咎侯苗譬
瞽之式相厥顛罔相咎咎侯瞽予攸弗辰或咎乃允
若乃告予誕大也禔兹藉右人厥一人辰偕升若降
厥心弗朝卬罔益厥一人遜越參若商厥心辰在若
若何貪若其靡曰寧遜乃心允一予紓背厥罔慽苟
設貳辰在予側亦罔光允若乃告予誕禔予惠乃嶶
柔獲乃嶶言服乃慰即浸遜乃嶶言辰冀嗚呼乃射

勿中盤厥門、又戒射忠哉人胥譸張皇匪乃之皇慶尚惟
背世音、似有行文此章□□會不□□□也

右榭言第九

巳巳召會于呂圖弗至、□□庚午我申欸采越石志
遇也、欸刻也□□□□采事□□□□□□□□□□夏五月□□越□□
□寅籍詩勝我志服也、其一曰、雞鳴歐歐、聲也明燈
皙皙、音制摩彼華衾、彼蛛之之辭三載在是、溥言眂之爛
矣初製、賦也三載而若初製不不寢也□□其二曰、方舸伊何榭人擊
鼓其聲橦橦、歷我江衛、思子不見、跡然獨舞、賦也□□□□

尤射 八

□跨子也其三曰、昔我遲子。蕳莒糵莛、今我懷子、有蒲參
差日月疾邁、永矣我思、賦也□□其四曰、青青綠竹、蔭我
宮墻馥馥、幽蘭發我堂廡、堂之右廡左、安得靚子、薦以兕
觥、賦也其五曰、汙卬手于彼清水、丹魚羣游衎衎、
其體彼何、修斯天佑之祉、賦也羨佑祉于魚悼已不夭也其六曰歷
觀重門、以眺元里、楊柳方方、倉庚囀止、願乘行雲、言
靚君子、賦也

右志服第十

六月□□我尋盟、侯錫書曰、赤帝肆毒、金石具泐、請

紂厥會商弗果、題者貫監侯厥攸行我趯、闕文
□□□□錫我紫綃之幃、黃金飾、□秋□□寒盟、我

右赤帝第十一

弗豫、于時曹侯靳好、靳求也闕文

右紫幃第十二

癸酉歸我以承澤、□□乙亥錫我服屬靚、寶器也冬至
□□□日卜夢其孫曰、有女孄娥、坐彼虎子有甂厥
牖、展侯吉士。卜人曰、有女有士、陰陽協也、虎子威始
也、甂牖通明也、陰陽既協、威始而通明、罔弗吉、尤利

尤射 九

于射、于時又縱射觀游、我戒之。□□□丙子錫我菑
菑箘簬壁障靚造也、躬視其造□寶重也□□□□闕

右承澤第十三

十一月□□我卜會其孫曰、言索其絢、觀光于朝、卜
人曰、索絢合也、觀光于朝丕慶、哉載其孫曰、有芳其
香、侯合合止曰、巳合也、而芳在其中、君罔攸疑、會也
□□薛伯𨤍□侯先往、我侯弗遊、闕文

右卜會第十四

戊寅越七日壬子吉、賓至于呂圖、有陳侯之會、我西

弗遺我賚書曰屬古□□夏□□越茲疇曰厥弗逖
辛未獲不會侯徵茲乃命厥軼匪乃恌何底痔子方
追于費會陳侯辰維鼻孟眅會儀草震東風丕會匪
茲疇攸葬予何弗辰乃弗在館疇式授几筵疇式蹈
飲食疇式羞辰疇式逆逝疇式送徒劬于乃躬罔繇
不會乃越上何佻子越下何戾上下天地也俾若時管舟
之幾覆暨壖而風毖管大旱踰穫而降霖若弗毖弗
降鬱陶乎厥衷予雅靡攸如乃弗格巳行午格遒巳
逾辰格焉汗勝焉予中靡攸泊若子雁越海若餜貫

之止于遐則芒芒曷獲次尚乃弗罪厥弗逕于欽辰
辰空乃駕闕文

右實至第十五

□□丁丑我有京師之役我賚以華虫帶鉤也報我趾
澤之履趾澤在眞臘西出奇錦□□我歸自京師闕

右華虫第十六

□□癸酉我賚以追捫寶扇名藉用芳報我禴䄀寶器也
奠交也闕□乞膚金即今銀也干我

右追捫第十七

右兩會第十八闕

四月庚戌戌命史于京師發黃金廿兩　越五月
哉生明□□□□□□□□丁未錫我　流蘸
五色錦幃闕許報合

右命史第十九

□□□□□□復射禮也□□□□書曰渡于鴆水金
厥會擭越子里先得金嗣射從時昌予孫惟　振振永
膺天休闕

右復射第二十

拾遺記序

拾遺記者晉隴西安陽人王嘉字子年所撰凡十九卷二百二十篇皆爲殘缺當僞秦之季王綱遷號五都淪覆河洛之地没爲戎墟宮室榛蕪書藏堙毀荆棘霜露豈獨悲於前王鞠

爲禾黍彌深嗟於兹代故使典章散滅黌館焚埃皇圖帝冊殆無一存故此書多有亡敗文起羲炎已來事訖西晉之末五運因循十有四代王子年乃捜撰異同而殊怪必舉紀事存朴受廣向奇憲章稽古之文綺綜編雜之部山海經所不載夏鼎未之或存乃集而記矣辭趣過誕音旨迂闊推理陳迹恨爲繁冗多涉禎祥之書博採神僊之事妙萬物而爲言盖絶世而宏博矣世德陵夷文頗缺略綺更删其繁紊紀其實美捜刋幽祕捃

採殘落言匪浮詭事弗空誣推詳往迹則影徹經史考驗眞怪則叶附圖籍若其道業遠者則辭省朴素世德近者則文存靡麗編言貫物使宛然成章數運則與世推移風政則因時廻改至如金繩鳥篆之文玉牒蟲章

之字末代流傳多乖曩跡雖探研鐫寫抑多疑悞及言乎政化訛乎貞祥隨代而次之土地山川之域或以名例相疑艸木鳥獸之類亦以聲狀相惑隨所載而區別各因方而釋之或變通而會其道寧可採於一說今搜檢殘遺合爲一部凡一十卷序而錄

爲蕭綺撰

拾遺記總目

目錄終

拾遺記卷一

晉　隴西王嘉著　南昌胡鳳藻校

春皇庖犧

春皇者庖犧之別號所都之國有華胥之洲神母遊其上有青虹繞神母久而方滅卽覺有娠歷十二年而生庖犧長頭修目龜齒龍脣眉有白毫鬚垂委地或人曰歲星十二年一周天今叶以天時且聞聖人生皆有祥瑞昔者人皇蛇身九首肇自開闢于時日月重輪山明海靜自爾以來爲陵成谷世歷推移難

可紀筭比于聖德有踰前皇禮義文物於茲始作去巢穴之居變茹腥之食立禮教以導文造干戈以飾武絲桑爲瑟均土爲塤禮樂於是興矣調和八風以畫八卦分六位以正六宗于時未有書契規天爲圖矩地取法視五星之文分晷景之度使鬼神以致羣祠審地勢以定川岳始嫁娶以修人道庖者包也言包含萬象以犧牲登薦於百神民服其聖故曰庖犧亦謂伏羲變混沌之質文宓其教故曰宓犧布至德於天下元元之類莫不尊焉以木德稱王故曰春皇其明叡照於八區是謂太昊昊者明也位居東方以含養蠢化叶于木德其音附角號曰木皇

炎帝神農

炎帝始敎民耒耜躬勤畎畝之事百穀滋阜聖德所感無不著焉神芝發其異色靈苗擢其嘉穎陸池丹蕖駢生如蓋香露滴瀝下流成池因爲豢龍之圃朱草蔓衍於街衢卿雲蔚藹於叢薄築圓丘以祀朝日飾瑶堦以揖夜光奏九天之和樂百獸率舞八音克諧木石潤澤時有流雲洒液是謂霞漿服之得道後

天而老有石磷之玉號曰夜明以闇投水浮而不滅當斯之時漸革庖犧之朴辨文物之用時有丹雀銜九穗禾其墜地者帝乃拾之以植於田食者老而不死採峻鏤之銅以爲器峻鏤山名也下有金井白氣冠其上人升於其間雷霆之聲在於地下井中之金柔弱可以緘縢也

錄曰謹按周易云伏羲爲上古觀文於天察理於地俯仰二儀經綸萬象至德備於冥昧神化通於精粹是以圖書著其迹河洛表其文變太素之質

敦淳遠之化三才之位既立四維之義乃張禮樂文物自茲而始降于下代漸相移襲八索載其遐軼九邱紀其淳化備昭籍籙編列柱史考驗先經刋詳往誥事列方典取徵羣籍博採百家求詳可證按山海經云崇帝之山出浮水玉巫閭之地其木多文自非道眞俗朴理會冥旨與四時齊其契精靈協其德貞祥之異胡可致哉故使迹感誠著幽祇不藏其寶祗心翦害殊性之類必馴也以降露成池蓄龍爲囿及乎夏代世載緜絕時有豢龍之官考諸遐籍由斯立矣

軒轅黃帝

軒轅出自有熊之國母曰昊樞以戊巳之日生故以土德稱王也時有黃星之祥考定歷紀始造書契服冕垂衣故有袞龍之頌變乘桴以造舟楫水物爲之祥踴滄海爲之恬波泛河沉璧有澤馬羣鳴山車滿野吹玉律正璇衡置四史以主圖籍使九行之士以統萬國九行者孝慈文信言忠恭勇義以觀天地以祠萬靈亦爲九德之臣薰風至眞人集乃厭世於昆臺之上留其冠劍佩舄焉昆臺者鼎湖之極峻處也立館於其下帝乘雲龍而遊殊鄉絕域至今望而祭焉帝以神金鑄器皆銘題及昇遐後羣臣觀其銘皆上古之字多磨滅缺落凡所造建咸刋記其年時辭跡皆質詔使百辟羣臣受德教者先列珪玉於蘭蒲席上燃沉榆之香舂雜寶爲屑以沉榆之膠和之爲泥以塗地分別尊卑華戎之位也事出封禪記帝使風后負書常伯荷劍旦遊洹流夕歸陰浦行萬里而一息洹流如沙塵足踐則陷其深難測大風吹沙如霧中多神龍魚鼈皆能飛翔有石葉青色堅而甚輕從風靡靡覆其波上一莖百葉千年一花其地一名沙瀾言沙湧起而成波瀾也仙人甯封食飛魚而死二百年更生故甯先生遊沙海七言頌云青葉灼爍千載舒百齡暫死餌飛魚則此花此魚也

少昊

少昊以金德王母曰皇娥處璇宮而夜織或乘桴木而晝遊經歷窮桑滄茫之浦時有神童容貌絕俗稱爲白帝之子卽太白之精降乎水際與皇娥讌戲奏

娙娟之樂、游漾忘歸、窮桑者、西海之濱、有孤桑之樹、直上千尋、葉紅椹紫、萬歲一實、食之後天而老、帝子與皇娥泛於海上、以桂枝爲表、結薰茅爲旌、刻玉爲鳩置於表端、言鳩知四時之候、故春秋傳曰司至是也、今之相風、此之遺象也、帝子與皇娥並坐、撫桐峯梓瑟、皇娥倚瑟而清歌曰、天清地曠浩茫茫、萬象迴薄化無方、涵天蕩蕩望滄滄。乘桴輕漾著日傍。當其何所至窮桑。心知和樂悅未央、俗謂遊樂之處爲桑中也。詩中衛風云、期我乎桑中、蓋類此也、自帝子答

拾遺記　卷一　五

歌四維八埏眇難極。驅光逐影窮水域。璇宮夜靜當軒織。桐峯文梓千尋直。伐梓作器成琴瑟。清歌流暢樂難極、滄湄海浦來棲息、及皇娥生少昊、號曰窮桑氏、亦曰桑丘氏、至六國時、桑丘子著陰陽書、即其餘裔也、少昊以主西方、一號金天氏、亦曰金窮氏、時有五鳳、隨方之色、集於帝庭、因曰鳳鳥氏、金鳴於山、銀湧於地、或如龜蛇之類、作似人鬼之形、有水屈曲、亦如龍鳳之狀、有山盤紆、亦如屈龍之勢、故有龍山龜山鳳水之目也、亦因以爲姓、末代爲龍丘氏、出班固

藝文志、虵丘氏出西王母神異傳、

顓頊

帝顓頊高陽氏、黃帝孫、昌意之子、昌意出河濱、遇黑龍負元玉圖、時有一老叟、謂昌意云、生子必叶水德而王、至十年、顓頊生、手有文如龍、亦有玉圖之象、其夜昌意仰視天、北辰下、化爲老叟、及顓頊居位、奇祥衆祉、莫不總集、不稟正朔者、越山航海、而皆至也、帝乃揖四方之靈、羣后執珪、以禮百辟、各有班序、受文德者、錫以鐘磬、受武德者、錫以干戈、有浮金之鐘、沉

拾遺記　卷一　六

明之磬。以羽毛拂之。則聲振百里。石浮於水上、如萍藻之輕、取以爲磬。不加磨琢。及朝萬國之時、乃奏含英之樂、其音清密、落雲間之羽、鯨鯢游湧、海水恬波、有曳影之劍、騰空而舒、若四方有兵、此劍則飛起、指其方則尅伐、未用之時、常於匣裏、如龍虎之吟、

溟海之北、有勃鞮之國、人皆衣羽毛、無翼而飛、日中無影、壽千歲、食以黑河水藻、飲以陰山桂脂、憑風而翔、乘波而至、中國氣暄、羽毛之衣稍稍自落、帝乃更以文豹爲飾、獻黑玉之環、色如淳漆、貢元駒千疋、帝

以駕鐵輪騁勞殊鄉絶域其人依風泛黑河以旋其國也

闇河之北有紫桂成林其實如棗羣仙餌焉韓終採藥四言詩曰闇河之桂實大如棗得而食之後天不老

高辛

帝嚳之妃鄒屠氏之女也軒轅去蚩尤之凶遷其民善者於鄒屠之地遷惡者於有北之鄉其先以地命族後分爲鄒氏屠氏女行不踐地常履風雲游於伊

洛帝乃期焉納以爲妃妃常夢吞日則生一子凡經八夢則生八子世謂爲八神亦謂八翌翌明也亦謂八英亦謂八力言其神力英明翌成萬象億兆流其神睿焉

有丹丘之國獻碼碯甕以盛甘露帝德所洽被於殊方以露充於厨也碼碯石類也南方者爲之勝今善別馬者死則破其腦視之其色如血者則日行萬里能騰空飛腦色黄日行千里腦色青者嘶聞數百里腦色黑者入水毛鬣不濡日行五百里腦色白者多

力而怒今爲器多用赤色若是人工所制者多不成器亦殊朴拙其國人聽馬鳴則別其腦色丹丘之地有夜叉駒跋之鬼能以赤馬腦爲瓶盂及樂器皆精妙輕麗中國人有用者則魑魅不能逢之一説云馬腦者言是惡鬼之血凝成此物昔黄帝除蚩尤及四方羣凶并諸妖魅塡川滿谷積血成淵聚骨如岳數年中血凝如石骨白如灰膏流成泉故南方有肥泉之水有白堊之山望之峩峩如霜雪矣又有丹丘千年一燒黄河千年一清至聖之君以爲大瑞丹丘之

野多鬼血化爲丹石則碼碯也不可析削雕琢乃可鑄以爲器也當黄帝時碼碯甕至堯時猶存甘露在其中盈而不竭謂之寶露以班賜羣臣至舜時露已漸減隨帝世之汚隆時淳則露滿時澆則露竭及乎三代減於陶唐之庭舜遷寶甕於衡山之上故衡山之岳有寶露壇舜於壇下起月館以望夕月舜南廵至衡山百辟羣后皆得露泉之賜時有雲氣生於露壇又遷寶甕於零陵之上舜崩甕淪于地下至秦始皇通汨羅之流爲小溪逕從長沙至零陵掘地得赤

玉甕可容八斗以應八方之數在舜廟之堂前後人得之不知年月至後漢東方朔識之朔乃作寶甕銘曰寶雲生於露壇祥風起於月館望三壺如盈尺視八鴻如縈帶三壺則海中三山也一曰方壺則方丈也二曰蓬壺則蓬萊也三曰瀛壺則瀛洲也形如壺器此三山上廣中狹下方皆如工制猶華山之似削成八鴻者八方之名鴻大也登月館以望四海三山皆如聚米縈帶者矣

唐堯

帝堯在位聖德光洽河洛之濱得玉版方尺圖天地之形又獲金璧之瑞文字炳列記天地造化之始四凶既除善人來服分職設官彝倫攸叙乃命大禹疏川滌澤有吳之鄉有北之地無有妖災沉翔之類自相馴擾幽州之墟羽山之北有善鳴之禽人面鳥喙八翼一足毛色如雉行不踐地名曰青鸐其聲似鐘磬笙竽也世語曰青鸐鳴時太平故盛明之世翔鳴藪澤音中律呂飛而不行至禹平水土棲於川岳所集之地必有聖人出焉自上古鑄諸鼎器皆圖像其形銘贊至今不絕堯登位三十年有巨查浮於西海查上有光夜明晝滅海人望其光乍大乍小若星月之出入矣查常浮繞四海十二年一周天周而復始名曰貫月查亦謂挂星查羽人棲息其上羣仙含露以漱日月之光則如暝矣虞夏之季不復記其出沒遊海之人猶傳其神仙也西海之西有浮玉山山下有巨穴穴中有水其色若火晝則通曨不明夜則照耀穴外雖波濤灌蕩其光不滅是謂陰火當堯世其光爛起化爲赤雲丹輝炳映百川恬澈游海者銘曰

沉燃以應火德之運也堯在位七十年有鸞雛歲歲來集麒麟遊於藪澤梟鴟逃於絕漠有秖支之國獻重明之鳥一名雙睛言雙睛在目狀如雞鳴似鳳時解落毛羽肉翮而飛能搏逐猛獸虎狼使妖災羣惡不能爲害飴以瓊膏或一歲數來或數歲不至國人莫不掃灑門戶以望重明之集其未至之時國人或刻木或鑄金爲此鳥之狀置於門戶之間則魑魅醜類自然退伏今人每歲元日或刻木鑄金或圖畫爲雞於牖上此其遺像也

虞舜

虞舜在位十年有五老遊於國都舜以師道尊之言則及造化之始舜禪於禹五老去不知所從舜乃置五星之祠以祭之其夜有五長星出薰風四起連珠合璧祥應備焉萬國重譯而至有大頻之國其民來朝乃問其災祥之數對曰昔北極之外有潼海之水渤瀉高隱於日中有巨魚大蛟莫測其形也吐氣則八極皆闇振鬐則五岳波蕩當唐堯時懷山爲害大蛟縈天縈天則三河俱溢海瀆同流三河者天河地

河中河是也此三水有時通壅至聖之治水色俱溢無有流沫及帝之商均暴亂天下則巨魚吸日蛟繞於天故誣妄也此言吸日而星雨皆墜抑亦似是而非也故使後來爲之迴惑託以無稽之言特取其愛博多奇之間錄其廣異宏麗之靡矣舜葬蒼梧之野有鳥如雀丹州而來吐五色之氣氤氳如雲名曰憑霄雀能羣飛銜土成邱墳此鳥能反形變色集於峻林之上在木則爲禽行地則爲獸變化無常常遊丹海之際時來蒼梧之野銜青砂珠積成壟阜名曰珠丘其珠輕細風吹如塵起名曰珠塵今蒼梧之外山人採藥時有得青石圓潔如珠服之不死帶者身輕故仙人方迴遊南岳七言讚曰珠塵圓潔輕且明有道服者得長生

冀州之西二萬里有孝養之國其俗人年三百歲而織茅爲衣卽尚書島夷卉服之類也死葬之中野百鳥銜土爲墳羣獸爲之掘穴不封不樹有親死者剋木爲影事之如生其俗驍勇能齧金石其舌杪方而本小手搏千鈞以爪畫地則洪泉涌流善養禽獸入

海取虬龍育於圜室以充祭祀昔皇帝伐蚩尤除諸凶害獨表此處爲孝養之鄉萬國莫不欽仰故舜封爲孝讓之國舜受堯禪其國執玉帛來朝特加賓禮異於餘戎狄也爰及鳥獸昆蟲以應陰陽至億萬之年山一輪海一竭魚蛟陸居有赤烏如鵬以翼覆蛟魚之上蛟以尾叩天求雨魚吸日之光冥然則暗如薄蝕矣衆星與雨偕墜舜乃禱海岳之靈萬國稱聖德之所洽羣祥咸至矣

南潯之國有洞穴陰源其下通地脈中有毛龍時蛻

骨於曠澤之中魚龍同穴而處其國獻毛龍一雌一雄放豢龍之宮至夏代養龍不絕因以命族至禹導川乘此龍及四海攸同反放河洳

錄曰按春秋傳云星隕如雨而夜猶明淮南子曰麒麟鬭而日月蝕鯨魚死而彗星見夫盈虛薄蝕未詳變於聖典孛彗妖沴著災異於圖冊麒麟鬭鯨魚死靡聞於前經求諸正詰殆將昧焉

錄曰自稽考羣籍伏羲至于軒轅少昊高辛唐虞之君禪業相襲符表名類未若堯之盛也按易緯

云堯爲陽精叶德乾道粤若稽古是謂上聖惟天惟大惟堯則之禪業有虞所謂契叶符同明象日月葢其載歷遐曠筭紀緜遠德業昇紀神迹各殊考傳聞於前古求僉言於中世而道敎參差辭德遞起指明羣說能無髣髴精靈冥昧至聖之所不語安以淺末睠其有無者哉劉子政曰凡傳聞不如親聞親聞不如親見何則神化欻忽出隱難常非膚受之所考筭恒情之所思測至如龍火鳥水之異雲鳳麟蟲之屬魍魎百怪之形欻忽之像憑風雲而自生因金玉而相化未詳備於夏鼎信莫記於山經貫月查之誕重明桂實之說陽燎出於氷木陰蟲生於炎山易腸倒舌之民虵背龍肉之景憑風雲而託生含雨露而蘊育已表怪於衆圖方見偉於羣記茫茫遐邇眇眇流文百家迂濶各尚斯異吁守文於一說者矣

拾遺記卷一終

拾遺記卷二

夏禹

堯命夏鯀治水，九載無績，鯀自沈於羽淵，化爲玄魚，時揚鬚振鱗，橫修波之上，見者謂爲河精，羽淵與河海通源也。海民於羽山之中修立鯀廟，四時以致祭祀，常見玄魚與蛟龍跳躍而出，觀者驚而畏矣。至舜命禹疏川奠岳，濟巨海則黿鼉而爲梁，踰翠岑則神龍而爲馭，行遍日月之墟，惟不踐羽山之地，皆聖德感鯀之靈化，其事互說，神變猶一，而色狀不同，玄魚黃熊，四音相亂，傳寫流文，鯀字或魚邊玄也。羣疑衆說，並略記焉。

錄曰：書契之作，肇迹軒轅，道朴風淳，文用尚質，降及唐虞，爰迄三代，世祀遐絕，載歷綿遠，列聖通儒，憂乎道缺，故使玉牒金繩之書，蟲章鳥篆之記，或祕諸巖藪，藏於屋壁，或逢喪亂，經籍事寢，前史舊章，或流散異域，故字體與俗訛移，其音旨隨方牙改。歷商周之世，又經嬴漢，簡帛焚裂，遺文殘泯，詳其朽蠹之餘，採捃傳聞之說，是以已亥正於前疑，三豕析於後謬，子年所述，涉乎萬古，與聖叶同，擿文求理，斯言如或可據。尚書云：堯殛鯀于羽山。春秋傳曰：其神化爲黃熊，以入羽淵。是在山變爲熊，入水化爲魚也。獸之依山，魚之附水，各因其性而變化焉。詳之正典，爰訪雜說，若真若似，並略錄焉。

禹鑄九鼎，五者以應陽法，四者以象陰數。使工師以雌金爲陰鼎，以雄金爲陽鼎。鼎中常滿，以占氣象之休否。當夏桀之世，鼎水忽沸。及周將末，九鼎咸震，皆應滅亡之兆。後世聖人因禹之迹，代代鑄鼎焉。禹盡

力溝洫，導川夷岳，黃龍曳尾於前，玄龜負青泥於後。玄龜，河精之使者也。龜頷下有印文，皆古篆字，作九州山川之字。禹所穿鑿之處，皆以青泥封記其所，使玄龜印其上。今人聚土爲界，此其遺象也。

禹鑿龍關之山，亦謂之龍門，至一空巖，深數十里，幽暗不可復行。禹乃負火而進，有獸狀如豕，銜夜明之珠，其光如燭。又有青犬，行吠於前。禹計可十里，迷於晝夜，既覺漸明，見向來豕犬變爲人形，皆著玄衣。又見一神，蛇身人面，禹因與語，神即示禹八卦之圖，列

於金板之上、又有八神侍側。禹曰、華胥生聖子、是汝耶。答曰、華胥是九河神女、以生余也。乃探玉簡授禹、長一尺二寸、以合十二時之數、使量度天地。禹即執持此簡、以平定水土。蛇身之神、即羲皇也。

錄曰、夫神迹難求、幽暗罔辨、希夷髣髴之間、聞見以之衍惑。若測諸冥理、先墳有所指明。是以彭生假見於豕、趙王示形於蒼犬、皆文備晉冊、驗表齊漢。遠古曠代、事異神同、銜珠吐燭之怪、精靈一其均矣。若夫茫茫禹跡、杳漠神源、非末俗所能推

辨矣。觀伏羲至于夏禹、歲歷悠曠、載祀綿邈、故能與日月共輝、陰陽齊契、萬代百王、情異迹至、參機會道、視萬齡如旦暮、促累劫於寸陰、何嗟鬼神之可已、而疑羲禹之相遇乎。

殷湯

商之始也、有神女簡狄、遊于桑野、見黑鳥遺卵於地、有五色文、作八百字。簡狄拾之、貯以玉筐、覆以朱紱。夜夢神母謂之曰、爾懷此卵、即生聖子、以繼金德。狄乃懷卵、一年而有娠、經十四月而生契。祚以八百、叶卵之文也。雖遭旱厄、後嗣興焉。

傅說賃為赭衣者、舂於深巖以自給。夢乘雲繞日而行、筮得利建侯之卦。歲餘、湯以玉帛聘為阿衡也。

紂之昏亂、欲討諸侯、使飛廉惡來誅戮賢良、取其寶器、埋於瓊臺之下。使飛廉等惑所近之國、侯服之內、使烽燧相續。紂登臺以望火之所在、乃興師往伐其國、殺其君、囚其民、收其女樂、肆其淫虐。神人憤怨、時有朱烏銜火、如星之照耀、亂以烽燧之光、紂乃回惑、使諸國滅其烽燧。於是億兆夷民乃歡、萬國已靜。及

武王伐紂、樵夫牧豎探高鳥之巢、得玉璽、文曰、水德將滅、木祚方盛、文皆大篆、紀殷之世歷已盡、而姬聖之德方隆。是以三分天下、而其二歸周、故蚩蚩之類嗟殷亡之晚、望周來之遲矣。

師延者、殷之樂人也。設樂以來、世遵此職。至師延、精述陰陽、曉明象緯、莫測其為人、世載遼絕、而或出或隱。在軒轅之世、為司樂之官。及殷時、總修三皇五帝之樂、撫一絃琴則地祇皆升、吹玉律則天神俱降。當軒轅之時、年已數百歲、聽衆國樂聲、以審興亡之兆、

至夏末抱樂器以奔殷而紂淫於聲色乃拘師延於陰宮欲極刑戮師延旣被囚繫奏清商流徵滌角之音司獄者以聞於紂紂猶嫌曰此乃淳古遠樂非余可聽說也猶不釋師延乃更奏迷魂淫魄之曲以歡修夜之娛乃得免炮烙之害周武王興師乃越濮流而逝或云死於水府故晉衛之人鐫石鑄金以像其形立祀不絕矣

錄曰三墳五典及諸緯候雜說皆言簡狄吞鷰卵而生契詩云天命玄鳥降而生商斯文正矣此說

懷感而生衆言各異故記其殊別也傳說去其舂築釋彼傭賃應翹旌而來相可謂知幾其神矣同磻溪之歸周與殷相之負鼎龍蛇遇命道會則通斯則往賢之明敎通人之至規樂天知命信之經言也死且不朽是謂名也鳥無聲譽於後裔揚風烈於萬祀豈謂金玉煙埃不能埋其堅貞比之涇濮淄渭不能混其澄澈師延當紂之虐矯步求存因權取濟觀時殉主全身獲免所謂因而能通卒以智免故影被丹青形刊金石愛其和樂之功貴其神迹之遠矣至如越思計然之利鑄金以旌其德方斯茂矣

周

周武王東伐紂夜濟河時雲明如晝八百之族皆齊而歌有大蜂狀如丹鳥飛集王舟因以鳥畫其旗翌日而梟紂名其船曰蜂舟魯哀公二年鄭人擊趙簡子得其蜂旗則其類也（事出太公六韜）武王使畫其像於幡旗以為吉兆今人幡信皆為鳥畫則遺象也

成王即政三年有泥離之國來朝其人稱自發其國

常從雲裏而行聞雷霆之聲在下或入潛穴又聞波瀾之聲在上視日月以知方國所向計寒暑以知年月考國之正朔則序歷與中國相符王接以外賓禮也

四年旃塗國獻鳳雛載以瑶華之車飾以五色之玉駕以赤象至于京師育於靈禽之苑飲以瓊漿飴以雲實二物皆出上元仙方鳳初至之時毛色文彩彪發及成王封泰山禪社首之後文彩炳燿中國飛走之類不復喧鳴咸服神禽之遠至也及成王崩冲飛

而去孔子相魯之時有神鳳遊集至哀公之末不復來翔故云鳳鳥不至可爲悲矣

五年有因祗之國去王都九萬里獻女工一人體貌輕潔被纖羅雜繡之衣長袖修裾風至則結其衿帶恐飄飄不能自止也其人善織以五色絲内於口中手引而結之則成文錦其國人來獻有雲昆錦文似雲從山岳中出有列堞錦文似雲霞覆城雉樓堞雜珠錦文似貫珠珮也有篆文錦文似大篆之文也有列明錦文似列燈燭也幅皆廣三尺其國丈夫勤於

耕稼一日鋤十頃之地又貢嘉禾一莖盈車故時俗四言詩曰力勤十頃能致嘉穎

六年燃邱之國獻比翼鳥鴜䧺各一以玉爲樊其國使者皆拳頭尖鼻衣雲霞之布如今朝霞也經歷百有餘國方至京師其中路山川不可記越鐵峴泛沸海蛇洲蜂岑鐵峴峭礪車輪剛金爲輞比至京師輪皆銚鋭幾盡又沸海洶湧如煎魚鼈皮骨堅强如石可以爲鎧泛沸海之時以銅薄舟底蛟龍不能近也又經蛇洲則以豹皮爲屋於屋内推車又經蜂岑燃胡蘇之木此木煙能殺百蟲經途十五餘年乃至洛邑成王封泰山禪社首使發其國之時並童稚至京師鬚皆白及還至燃邱容貌還復少壯比翼鳥多力狀如鵲銜南海之丹泥巢崑岑之玄木遇聖則來集以表周公輔聖之祥異也

七年南陲之南有扶婁之國其人善能機巧變化易形改服大則興雲起霧小則入於纖毫之中綴金玉毛羽爲衣裳吐雲噴火鼓腹則如雷霆之聲或化爲羣犀象師子龍蛇火鳥之狀或變爲虎兕口中生人

備百戲之樂宛轉屈曲於指掌間人形或長數分或復數寸神怪欻忽衒麗於時樂府皆傳此伎至末代猶學焉得麄亡精代代不絶故俗謂之婆猴伎則扶婁之音訛替至今

昭王即位二十年王坐祗明之室晝而假寐忽夢白雲蓊蔚而起有人衣服並皆毛羽因名羽人夢中與語問以上仙之術羽人曰大王精智未開欲求長生久世不可得也王跪而請受絶慾之教羽人乃以指畫王心應手即裂王乃驚寤而血濕衿席因患心疾

即郤膳撤樂移於旬日忽見所夢者復來語王曰先欲易王之心乃出方寸綠囊中有續脉明丸補血精散以手摩王之臆俄而即愈王即請此藥貯以玉缶緘以金繩王以塗足則飛天地萬里之外如遊咫尺之內有得服之後天而死

二十四年塗脩國獻青鳳丹鵲各一雌一雄孟夏之時鳳鵲皆脫易毛羽聚鵲翅以爲扇緝鳳羽以飾車蓋也扇一名遊飄二名條翮三名虧光四名仄影時東甌獻二女一名延娟二名延娛使二人更搖此扇侍於王側輕風四散冷然自涼此二人辯口麗辭巧善歌笑步塵上無跡行日中無影及昭王淪於漢水二女與王乘舟夾擁王身同溺於水故江漢之人到今思之立祀於江湄數十年間人於江漢之上猶見王與二女乘舟戲於水際至暮春上巳之日禊集祠間或以時鮮甘味採蘭杜包裹以沉水中或結五色紗囊盛食或用金鐵之器並沉水中以驚蛟龍水虫使畏之不侵此食也其水傍號曰招祇之祠綴青鳳之毛爲二裘一名燠質二名暄肌服之可以御寒至

厲王流於彘彘人得而奇之分裂此裘遍於彘土罪入大辟者抽裘一毫以贖其死則價直萬金

錄曰武王資聖智而尅伐觀天命以行誅不驅熊羆之師不勞三戰之旅一戎衣而定王業憑神力而協符瑞至于成王制禮崇樂姬德方盛營洛邑而居九鼎寢刑廟而萬國來賓雖大禹之隆夏績帝乙之興殷道未足方焉故能繼后稷之先基紹公劉之聖德文武之跡不墜故大雅稱爲令德播聲教於八荒之外流仁惠於九圍之表神智之所綏化遐邇之所來服靡不越岳航海交贄於遼險之路瑰寶殊怪之物充於王庭靈禽神獸之類遊集林藪詭麗殊用之物錯雜興於人功方冊未之或載篆素或所不絕及乎王人風舉之使直指踰於日月之陲窮昏明之際覘風星以望路憑雲波而遠逝所謂道通幽微德被冥昧者也成康以降世祚陵衰昭王不能宏遠業垂聲教南遊荆楚義乖巡狩溺精靈於江漢且極於幸田水濱所以招問春秋以爲深貶嗟二姬之殉死三良之貞節精

誠一至視殞若生格之正道不如强諫楚人憐之
失其死矣

拾遺記卷三

周穆王

穆王即位三十二年巡行天下馭黃金碧玉之車傍氣乘風起朝陽之岳自明及晦窮寓縣之表有書史十人記其所行之地又副以瑶華之輪十乘隨王之後以載其書也王馭八龍之駿一名絕地足不踐土二名翻羽行越飛禽三名奔霄夜行萬里四名超影逐日而行五名踰輝毛色炳燿六名超光一形十影七名騰霧乘雲而奔八名挾翼身有肉翅遞而駕焉

按轡徐行以匝天地之域王神智遠謀使迹轂遍於四海故絕異之物不期而自服焉

錄曰夫因氣含生罕不以形相別至於比德方事龍馬則同類焉是以蔡曇觀其智思衡相其才抑亦聊發於圖緯而刊載於寶牒章皇王之符瑞叶河洛之貞祥故以丹青列其形銅玉傳其象至如騄耳驊騮赤驥白驎之絕黃渠山子踰輪之異不可得而比也故能逕碣石而轢倒景排閶闔而軼姑徐非夫歸風彌塵之迹超虛逐日之步安能若

是哉。望絳宮而驤首、指瓊臺而一息。縈可得而齊
影矣、至於詩書所記、名色寔多、騂駱麗乎坰野、皎
質耀乎空谷、或衣形騧紫、被乎青元、難可盡言矣、
其有龍文騕褭之倫、取其電逝而飈逸、驎騤駃騠
之儔、亦騰驤以稱駿、莫不待盛明而皆出、歷代之
神寶矣、次有蕭梢囓膝、魚文驪駒之類、或擅名於
漢右、或珍生於冀北、備飾於涓正、塡列於帝阜、進
則充服於上襄而驂驪於瑤輅、退則羈棄於下圉、
思馭於帝閑、侯吳班秦公之見識、仰天門而彌遠

窺雲路而可即、難哉、使乎韓哀孫陽之復執靶、豈
傷吻敝策、伏匿而不進焉、自非神徹幽遐、體照冥
遠、驅駕群龍、窮覩天域、詳搜迥古、靡得儔焉
三十六年、王東巡大騎之谷、指春宵宮、集諸方士仙
術之要、而螭鵠龍蛇之類、奇種憑空而出、時已將夜、
王設常生之燈以自照、一名恒輝、又列瑠膏之燭、遍
於宮內、又有鳳腦之燈、又有冰荷者、出冰壑之中、取
此花以覆燈七八尺、不欲使光明遠也、西王母乘翠
鳳之輦而來、前導以文虎文豹、後列雕麟紫麏、曳丹

玉之履、敷碧蒲之席。黃莞之薦。共玉帳高會。薦清澄
琬琰之膏以爲酒。又進洞淵紅蘤。嵰州甜雪。崐流素
蓮、陰岐黑棗、萬歲冰桃。千常碧藕。青花白橘。素蓮者、
一房百子、凌冬而茂、黑棗者、其樹百尋、實長二尺、核
細而柔、百年一熟、
扶桑東五萬里、有磅磄山、上有桃樹百圍、其花青黑、
萬歲一實、鬱水在磅磄山東、其水小流在大陂之下、
所謂沉流、亦名重泉、生碧藕、長千常、七尺爲常也。條
陽山出神蓬、如蒿、長十丈、周初國人獻之、周以爲宮

柱、所謂蒿宮也、中有白橘、花色翠而實白、大如瓜、香
聞數里、奏環天之和樂、列以重霄之寶器、器則有岑
華鏤管。咈澤雕鐘。員山靜瑟。浮瀛羽磬。撫節按歌、萬
靈皆聚、環天者、鈞天也、和廣也、出穆天子傳 岑華、山名也、
在西海上、有象竹、截爲管、吹之爲群鳳之鳴、咈澤出
精銅、可爲鐘鐸、員山、其形員也、有大林、雖疾風震地、
而林木不動、以其木爲琴瑟、故曰靜瑟、浮瀛、卽瀛洲
也、上有青石可爲磬、磬者長一丈、輕若鴻毛、因輕而
鳴、西王母與穆王歡歌、既畢、乃命駕昇雲而去、

魯僖公

僖公十四年，晉文公焚林以求介之推，有白鵶遶煙而噪，或集之推之側，火不能焚。晉人嘉之，起一高臺，名曰思烟臺。種仁壽木，木似柏而枝長柔軟，其花堪食。故呂氏春秋云：木之美者，有仁壽之華焉。即此是也。或云戒所焚之山數百里，居人不得設網羅，呼曰仁烏。俗亦謂烏白臆者爲慈烏，則其類也。

錄曰：楚令尹子革有言曰：昔穆王欲肆心周行，使天下皆有車轍馬跡，考以竹書蠹簡，求諸石室，不

絶金繩山經爾雅，及乎大傳，雖世歷悠遠，而記說叶同。名山大川，肆登躋之極，殊鄉異俗，莫不臆拜稽顙。東升巨人之臺，西宴王母之堂，南渡黿鼉之梁，北經積羽之地。觴瑶池而賦詩，期井泊而遊博。勒石軒轅之邱，絶跡元圃之上。自開闢以來，載籍所記，未有若斯神異者也。

周靈王

周靈王立二十一年，孔子生於魯襄公之世。夜有二蒼龍自天而下，來附徵在之房，因夢而生夫子。有二神女擎香露於空中而來，以沐浴徵在。天帝下奏鈞天之樂，列於顔氏之房。空中有聲，言天感生聖子，故降以和樂笙鏞之音，異於俗世也。又有五老列於徵在之庭，則五星之精也。夫子未生時，有麟吐玉書於闕里人家，文云：水精之子，繼衰周而素王。故二龍繞室，五星降庭。徵在賢明，知爲神異，乃以繡紱繫麟角，信宿而麟去。相者云：夫子係殷湯，水德而素王。至敬王之末，魯定公二十四年，魯人鉏商田於大澤，得麟，以示夫子，繫角之紱，尚猶在焉。夫子知命之將終，乃抱麟解紱，涕泗滂沲。且麟出之時，及解紱之歲，垂百年矣。

錄曰：詳觀前史，歷覽先誥，援神鈎命之說，六經緯候之志，研其大較，與今所記相符，語乎幽祕，彌深影響。故述作書者，莫不憲章古策，斟酌舊文，蓋以至聖之德，列廣也。是以尊德崇道，必欲盡其眞極。崑崋不足以匹其高，滄溟未得以方其廣。含生有識，仰之如日月焉。夫子生鍾周季，王政淩缺，憫大道之將崩，惜文雅之垂墜，乃搜舊章而定五禮，采

遺音而正六樂故以棟宇生民舟航萬代者也所謂崇德廣業其謂是乎孟子云千年一聖謂之連步自絕筆以來裁歷年祀雖可稱算故通人之言有聖將及後來諸疑更發明其章也

二十三年起昆昭之臺亦名宜昭聚天下異木神工得崿谷陰生之樹其樹千尋文理盤錯以此一樹而臺用足焉大幹爲桁棟小枝爲栭桷其木有龍蛇百獸之形又篩水精以爲泥臺高百丈昇之以望雲色時有萇宏能招致神異王乃登臺望雲氣蓊鬱忽見

二人乘雲而至鬚髮皆黃非世俗之類也乘遊龍飛鳳之輦駕以青螭其衣皆纖縟毛羽也王即迎之上席時天下大旱地裂木燃一人先唱能爲雪霜引氣一噴則雲起雪飛坐者皆凜然宮中池井堅冰可琢又設狐腋素裘紫羆文褥羆褥是西域所獻也施於臺上坐者皆溫又有一人唱能使即席爲炎乃以指彈席上而暄風入室裘褥皆棄於臺下時有容成子諫曰大王以天下爲家而染異術使變夏改寒以誣百姓文武周公之所不取也王乃疏萇宏而求正諫之士時異方貢玉人石鏡此石色白如月照面如雪謂之月鏡有玉人機戾自能轉動萇宏言於王曰聖德所招也故周人以萇宏幸媚而殺之流血成石或言成碧不見其尸矣

有韓房者自渠胥國來獻玉駝高五丈虎魄鳳凰高六尺火齊鏡廣三尺闇中視物如晝向鏡語則鏡中影應聲而答韓房身長一丈垂髮至膝以丹砂畫左右手如日月盈缺之勢可照百餘步周人見之如神明矣靈王末年亦不知所在

錄曰夫誘於可欲而正德虧矣惑於聞見志用遷矣周靈之謂乎亦乃受制於奢玩神於亂波蕩正教爲之婾薄淫湎因斯而滋焉何則溺此仙道棄彼儒教覩乎異俗萬代之神絕者也及其化流遐俗風被邊隅非正朔之所被服四氣之所含養而使鬼物隨方而競至奇精自遠而來臻窮天區而盡地域反五常而移四序惚恍形象之間希夷明昧之際難可言也窮幽極智偉哉偉哉凡事君盡禮忠爲令德有違則規諫以竭言弗從則奉身以

求退甚能剖身碎首莫顧其生排戶觸輪勿死不去如手足衛頭目舟楫濟巨川君臣之義斯爲至矣而宏達有犯無隱之誠行求媚以取容身卒見於夷戮可爲哀也容成萇宏不並語矣

師曠者或出於晉靈之世以主樂官妙辨音律撰兵書萬篇時人莫知其原裔出沒難詳也晉平公之時以陰陽之學顯於當世熏目爲瞽人以絕塞衆慮專心於星筭音律之中考鍾呂以定四時無毫釐之異春秋不記師曠出何帝之時曠知命欲終乃述寶符

百卷晉戰國時其書滅絕矣

老聃在周之末居反景日室之山與世人絕跡惟有黃髮老叟五人或乘鴻鶴或衣羽毛耳出於頂瞳子皆方面色玉潔手握青筠之杖與聃共談天地之數及聃退跡爲柱下史求天下服道之術四海名士莫不爭至五老即五方之精也

浮提之國獻神通善書二人乍老乍少隱形則出影聞聲則藏形出肘間金壺四寸上有五龍之檢封以青泥壺中有黑汁如淳漆灑地及石皆成篆隸科斗之字記造化人倫之始佐老子撰道德經垂十萬言寫以玉牒編以金繩貯以玉函晝夜精勤形勞神倦及金壺汁盡二人刳心瀝血以代墨焉遞鑽腦骨取髓代爲膏燭及髓血皆竭探懷中玉管中有丹藥之屑以塗其身骨乃如故老子曰更除其繁紊存五千言及至經成工畢二人亦不知所往

錄曰莊周云德配天地猶假至言觀乎老氏崇謙柔以爲要挹虛寂以歸眞知太朴之旣漓發元文以示世孰能辨其虛無究斯深寂是以仲尼責其

德叶以神靈極贊其人以爲能矣師曠設數千閒卒具春秋之末抱朴子謂爲知音之聖也雖容成之妙大撓之推歷夔襄之理樂延州之聽故未之能過也

師涓出於衛靈公之世寫列代之樂造新曲以代古樂故有四時之樂春有離鴻去鴈應蘋之歌夏有明晨焦泉泛華流金之調秋有商風白雲落葉吹蓬之曲冬有凝河流陰沉雲之操以此四時之聲奏於靈公靈公情湎心惑忘於政事蘧伯玉趨階而諫曰此

雖以發揚氣律終爲沉湎淫漫之音無合於風雅非下臣宜薦於君也靈公乃去其聲而親政務故衛人美其化焉師涓悔其乖於雅頌失爲臣之道乃退而隱跡遂伯玉焚其樂器於九逵之衢恐後世傳造焉

錄曰夫體國以質直爲先導政以謙約爲本故三風十雅商詩以之譽昭無荒無怠唐風貴其遵儉靈公違詩人之明諷惟奢縱惑心雖追悔於初失能革情於後諫日月之蝕無損明焉伯玉志存規主秉亮爲心師涓識進退之道觀過知仁一君二臣斯可稱美

宋景公之世有善星文者詐以上大夫之位處於層樓延閣之上以望氣象設以珍食施以寶衣其食則有渠滄之鳧煎以桂髓荒庭之鷃蒸以蜜沫淇漳之鱧脯以青茄九江珠穢爨以蘭蘇華清夏潔灑以纖縞華清井之澄華也奉人視時而叩鐘伺食以擊磬言每食而輒擊鐘磬也懸四時之衣春夏金玉爲飾秋冬以翡翠爲溫燒異香於臺上忽有野人被草負笈扣門而進曰聞國君愛陰陽之術好象緯之祕請見景公乃延之崇堂語則及未來之兆次及已往之事萬不失一夜則觀星望氣晝則執筭披圖不服寶衣不甘奇食景公謝曰今國喪亂微君何以輔之曰德之不均亂將及矣修德以來人則天應之祥人美其化景公曰善遂賜姓曰子氏名之曰韋即子韋也

錄曰宋子韋世司天部妙觀星緯抑亦梓慎裨竈之儔景公待之若神禮以上列服以絕世之衣膳以殊方之味雖謂大禽之旨華燚龍衮之服及斯固陋矣春秋因生以賜姓亦緣事以顯名號司星

氏至六國之末著陰陽之書（出班固藝文志）

越謀滅吳蓄天下奇寶美人異味進於吳殺三牲以祈天地殺龍蛇以祠川岳矯以江南億萬戶民輸吳爲傭保越又有美女二人一名夷光一名修明（即西施鄭旦之別名）以貢於吳吳處以椒華之房貫細珠爲簾幌朝下以蔽景夕捲以待月二人當軒並坐理鏡靚粧於珠幌之內竊窺者莫不動心驚魂謂之神人吳王妖惑忘政及越兵入國乃抱二女以逃吳苑越軍亂入見二女在樹下皆言神女望而不敢侵今吳城蛇門

內有朽株、尚爲祠神女之處、初越王入國、有丹烏夾王而飛、故句踐入國、起望烏臺、言丹烏之異也、范蠡相越、日致千金、家僮閑算術者萬人、收四海難得之貨、盈積於越都、以爲器、銅鐵之類、積如山之阜、或藏之井塹、謂之寶井、奇容麗色、溢于閨房、謂之遊宮、歷古以來、未之有也、

錄曰、易尚謙益、書著明謨、人臣之體、以斯爲上、傳曰、知無不爲、忠也、范蠡陳工術之本、而句踐乃霸卒王百越、稱爲富强、斯其力矣、故能佯狂以晦跡、

浮海以避世、因三從以別名、功遂身退、斯其義也、至如寶非遊宮、雖奢不惑、夫興亡之道、匪推之歷數、亦由才力而致也、覩越之滅吳、屈柔之禮盡焉、爲非世之絕姬、收歷代之神寶、斯皆跡殊而事同矣、博識君子、驗斯言焉、

拾遺記卷三終

拾遺記卷四

燕昭王

王即位二年、廣延國來獻善舞者二人、一名旋娟、一名提嫫、竝玉質凝膚、體輕氣馥、綽約而窈窕、絕古無倫、或行無跡影、或積年不饑、昭王處以單綃華幄、飲以瓀珉之膏、飴以丹泉之粟、王登崇霞之臺、乃召二人徘徊翔舞、殆不自支、王以纓縷拂之、二人皆舞容冶妖麗、靡於鸞翔、而歌聲輕颺、乃使女伶代唱其曲、清響流韻、雖飄梁動木、未足嘉也、其舞一名縈塵、言

其體輕與塵相亂、次曰集羽、言其婉轉若羽毛之從風、末曲曰旋懷、言其支體緬蔓、若入懷袖也、乃設麟文之席、散荃蕪之香、香出波弋國、浸地則土石皆香、著朽木腐草、莫不鬱茂、以熏枯骨、則肌肉皆生、以屑噴地、厚四五寸、使二女舞其上、彌日無跡、體輕故也、時有白鸞孤翔、銜千莖穟、穟於空中自生花實、落地則生根葉、一歲百穫、一莖滿車、故曰盈車嘉穟、麟文者、錯雜寶以飾席也、皆爲雲霞麟鳳之狀、昭王復以衣袖麾之、舞者皆止、昭王知其神異、處於崇霞之臺、

設枕席以寢讌，遣侍人以衛之。王好神仙之術，元天之女託形作此二人。昭王之末，莫知所在，或云遊於漢江，或伊洛之濱。

四年，王居正寢，召其臣甘需曰：寡人志於仙道，欲學長生久視之法，可得遂乎？需曰：臣遊昆臺之山，見有垂白之叟，宛若少童，貌如冰雪，行如處子，血清骨勁，膚實腸輕，乃歷蓬瀛而超碧海，經涉升降，遊往無窮，此爲上仙之人也。蓋能去滯慾而離嗜愛，洗神滅念，常遊於太極之門。今大王以妖容惑目，美味爽口，列

女成羣，迷心動慮，所愛之容，恐不及玉，纖腰皓齒，患不如神，而欲卻老雲遊，何異操圭爵以量滄海，執毫釐而迴日月，其可得乎？昭王乃徹色減味，居乎正寢，賜甘需羽衣一襲，表其墟爲明眞里也。

七年，沐胥之國來朝，則申毒國之一名也。有道術人名尸羅，問其年，云百三十歲。荷錫持缾，云發其國五年乃至燕都。善衒惑之術，於其指端出浮屠十層，高三尺，乃諸天神仙，巧麗特絕，人皆長五六分，列幢蓋，鼓舞繞塔而行，歌唱之音，如眞人矣。尸羅噴水爲雰霧，暗數里間，俄而復吹爲疾風，雰霧皆止。又吹指上浮屠，漸入雲裏。又如左耳出青龍，右耳出白虎，始入之時，纔一二寸，稍至八九尺，俄而風至雲起，即以一手揮之，即龍虎皆入耳中。又張口向日，則見人乘羽蓋，駕螭鵠，直入於口內。復以手抑胷上，而聞懷袖之中轟轟雷聲，更張口則見羽蓋螭鵠相隨從口中而出。尸羅常坐日中，漸漸覺其形小，或化爲老叟，或爲嬰兒，倏忽而死，香氣盈室，時有清風來吹之，更生如向之形，咒術衒惑，神怪無窮。

八年，盧扶國來朝，渡河萬國方至，云其國中山川無惡禽獸，水不揚波，風不折木，人皆壽三百歲，結草爲衣，是謂卉服。至死不老，咸知孝讓，壽登百歲以上，相敬如至親之禮。死葬於野外，以香木靈草掩其尸，閭里助送，號泣之音，動於林谷，河源爲之流止，春木爲之改色。居喪水漿不入於口，至死者骨爲塵埃，然後乃食。昔大禹隨山導川，乃旌其地爲無老純孝之國。

錄曰：夫含靈稟氣，取象二儀，受命因生，包乎五德

故守淳明以修身資施以爲本義緣天屬生盡愛敬之容體自心慈死結追終之慕蓋處物之常情有識之常道是以忠諫一至則會理以通幽神義由心洞祇靈爲之昭感迹顯神著表降羣祥行道不違遠邇旋德美乎異國之人隔絕王化闕聞大道語其國法華戎有殊觀其政教頗令殊俗禮在四夷事存諸諮孝讓之風萬不尚也

九年昭王思諸神異有谷將子學道之人也言於王曰西王母將來遊必語虛無之術不踰一年王母果

至與昭王遊於燧林之下說炎帝鑽火之術取綠桂之膏燃以照夜忽有飛蛾銜火狀如丹雀來拂於桂膏之上此蛾出於員丘之穴穴洞達九天中有細珠如流沙可穿而結因用爲珮此是神蛾之火也蛾憑氣飲露飛不集下羣仙殺此蛾合丹藥西王母與羣仙遊員丘之上聚神蛾以瓊筐盛之使王童負筐以遊四極來降燕庭出此蛾以示昭王王曰今乞此蛾以合九轉神丹王母弗與昭王坐握日之臺參雲上可捫日時有黑鳥白頭集王之所銜洞光之珠圓徑一尺此珠色黑如漆懸照於室內百神不能隱其精靈此珠出陰泉之底陰泉在寒山之北員水之中言水波常圓轉而流也有黑蚌飛翔來去如五岳之上昔黃帝時霧成子遊寒山之嶺得黑蚌在高崖之上故知黑蚌能飛矣至燕昭王時有國獻於昭王王取瑤漳之水洗其沙泥乃嗟歎曰自懸日月以來見黑蚌生珠已八九十遇此蚌千歲一生珠也珠漸輕細昭王常懷此珠當隆暑之月體自輕涼號曰銷暑招凉之珠也

秦始皇

始皇元年騫霄國獻刻玉善畫工名裔使含丹青以漱地即成魑魅及詭怪羣物之象刻玉爲百獸之形毛髮宛若真矣皆銘其臆前記以日月工人以指畫地長百丈直如繩墨方寸之內畫以四瀆五岳列國之圖又畫爲龍鳳騫翥若飛皆不可點睛或點之必飛走也始皇嗟曰刻畫之形何得飛走使以淳漆各點兩玉虎一眼睛旬日則失之不知所在山澤之人云見二白虎各無一目相隨而行毛色相似異於常

見者至明年西方獻兩白虎各無一目始皇發檻視之疑是先所失者乃刎殺之檢其胸前果是元年所刻玉虎迄胡亥之滅寶劍神物隨時散亂也

始皇好神仙之事有宛渠之民乘螺舟而至舟形似螺沉行海底而水不浸入一名淪波舟其國人長十丈編鳥獸之毛以蔽形始皇與之語及天地初開之時了如親覩曰臣少時躡虛卻行日遊萬里及其老朽也坐見天地之外事臣國在咸池日沒之所九萬里以萬歲爲一日俗多陰霧遇其晴日則天豁然雲

裂耿若江漢則有玄龍黑鳳翻翔而下及夜燃石以繼日光此石出燃山其土石皆自光澈扣之則碎狀如粟一粒輝映一堂昔炎帝始變生食用此火也國人今獻此石或有投其石於溪澗中則沸沫流於數十里名其水爲焦淵臣國去軒轅之丘十萬里少典之子採首山之銅鑄爲大鼎臣先望其國有金火氣動奔而往視之三鼎已成又見冀州有異氣應有聖人生果有慶都生堯又見赤雲入于酆鎬走而往視果有丹雀瑞昌之符始皇曰此神人也彌信仙術焉

始皇起雲明臺窮四方之珍木搜天下之巧工南得烟丘碧樹酈水燃沙賁都朱泥雲岡素竹東得葱巒錦柘漂檖龍松寒河星柘岏雲之梓西得漏海浮金狼淵羽璧滌嶂霞桑沉塘員籌北得冥阜乾漆陰坂文梓褰流黑魄闇海香瓊珍異是集二人騰虛緣木揮斤斧於空中子時起工午時已畢秦人謂之子午臺亦言於子午之地各起一臺二說疑也

張儀蘇秦二人同志好學迭剪髮而鬻之以相養或傭力寫書非聖人之言不讀遇見墳典行途無所題

記以墨書掌及股裏夜還而寫之折竹爲簡二人每假食於路剝樹皮編以爲書帙以盛天下良書嘗息大樹之下假息而寐有一先生問二子何勤苦也儀秦又問之子何國人答曰吾生於歸谷亦云鬼谷鬼者歸也又云歸者谷名也乃謂其術教以干世出俗之辯即探胸內得二卷說書言輔時之事古史考云鬼谷子也鬼歸相近也秦王子嬰立凡百日郎中趙高謀殺之子嬰寢於望夷之宮夜夢有人身長十丈鬚鬢絕青納玉舄而乘丹車駕朱馬而至宮門云欲

見秦王子嬰閽者許進焉子嬰乃與言謂子嬰曰余是天使也從沙丘來天下將亂當有同姓名欲相誅暴翌日趙起子嬰則疑趙高因高於咸陽獄懸於井中七日不死更以鑊湯煑七日不沸乃戮之子嬰問獄吏曰高其神乎獄吏曰初囚高之時見高懷有一青丸大如雀卵時方士說云趙高先世受韓終丹法冬月坐於堅冰夏日臥於爐上不覺寒熱及高死子嬰棄高屍於九逵之路泣送者千家或見一青雀從高屍中出直入雲九轉之驗信於是乎子嬰所夢即始皇之靈所著玉舄則安期先生所遺也鬼魅之理萬世一時

錄曰夫含靈延質罕不羨乎久視祈以長生苟乖才性企之彌遠何者夫層宮峻宇肆其滄綿約桑曼縱其惑九韶六英悅其耳喜怒刑賞示其威精靈溺於常滯志意疲於馳策銷竭神慮翦刻天和秦政自以功高三皇世踰五帝取惑徐市身殞沙丘燕昭能延禮羣神百靈響集並欲棄機事以遊眞極去塵垢而望雲飛譬猶等溝澮於天河齊朝菌於椿永超二儀於崑崙升一匱而坂重漢何則望之與無階矣抱朴子曰學若牛毛得如麟角至如秦皇燕昭之知雖微鑿仙體而未入元眞蓋由徧惑尚多滯情未盡至於神通元化說變萬端故日徐行雲垂之儔駕影乘霞之侶可得齊肩比步焉與之棲息也窮神絕異隨方而來術絕殊形越境而至託神以盡變因變以窮神觸象難名靈怪莫測淮南子云含雷吐火之術出於萬畢之家方霆羽於洪鑪炎烟火於冰水漏海螺船之屬飛珠

沉霞之類千途萬品書籍之所未詳自神化以來神奇莫與爲倒豈末代浮誣所能窺仰天齡脩短之所效哉今觀子年之記蘇張二人異辭同迹或以字音相類或以土俗爲殊驗諸墳史豈惟秦儀之見異者哉

拾遺記卷四終

拾遺記卷五

前漢上

漢太上皇微時佩一刀長三尺上有銘其字難識疑是殷高宗伐鬼方之時所作也上皇遊酆沛山中寓居窮谷裏有人歐冶鑄上皇息其傍問曰此鑄何器工者笑而答曰爲天子鑄劍愼勿泄言上皇謂爲戲言而無疑色工人曰今所鑄鐵鋼礪難成若得公腰間佩刀雜而冶之即成神器可以尅定天下星精爲輔佐以殲三猾木衰火盛此爲異兆也上皇曰余此

物名爲匕首其利難儔水斷虬龍陸斬虎兕魑魅罔兩莫能逢之斫玉鐫金其刃不卷工人曰若不得此匕首以和鑄雖歐冶專精越砥歛鍔終爲鄙器上皇則解匕首投於鑪中俄而烟焰衝天日爲之晝晦及乎劍成殺三牲以釁祭之鑄工問上皇何時得此匕首上皇云秦昭襄王時余行逢一野人於陌上授余云是殷時靈物世世相傳上有古字記其年月及成劍工人視之其銘尚存叶前疑也工人即持劍授上皇上皇以賜高祖高祖常佩於身以殲三猾及天下已定呂后藏於寶庫庫中守藏者見白氣如雲出於戶外狀如龍蛇呂后改庫名曰靈金藏及諸呂擅權白氣亦滅及惠帝即位以此庫貯禁兵器名曰靈金內府也

錄曰夫精靈變化○其途非一冥會之感理故難常至如墳讖所載咸取驗於已往謠歌里說皆求徵於未來考圖披籍往往而編列矣觀乎工人之說諒妖言之遠效焉三尺之劍以應天地之數故三爲陽數亦應天地之德按鉤命決曰蕭何爲昴星

精項羽陳勝胡亥爲三猾國爲木德漢叶火位此其徵也

孝惠帝二年四方咸稱車書同文軌天下太平干戈偃息遠國殊鄉重譯來貢時有道士姓韓名稚則韓終之嗣也越海而來云是東海神使聞聖德洽乎區宇故悅服而來庭時有東極出扶桑之外有泥離之國來朝其人長四尺兩角如繭牙出如唇自乳已來有靈毛自蔽居於深穴其壽不可測也帝云方士韓稚解絕國人言令問人壽幾何經見幾代之事答曰

五運相承。迭生迭死、如飛塵細雨、存歿不可論算。問女媧以前可聞乎、對曰、蛇身已上、八風均、四時序、不以威悅攪乎精運。又問燧人以前、答曰、自鑽火變腥以來、父老而慈、子壽而孝。自軒皇以來、屑屑焉以相誅滅、浮靡囂動、淫於禮、亂於樂、世德澆訛、淳風墜矣。稚以答聞於帝、帝曰、悠哉杳昧、非通神達理者、難可語乎斯遠矣。稚於斯而退、莫知其所之。帝使諸方士立仙壇於長安城北、名曰祠韓館。俗云司寒之神、祀於城陰。按春秋傳曰、以享司寒。其音相亂也。定是祠

韓館。至二年、詔宮女百人、文錦萬疋、樓船十艘、以送泥離之使、大赦天下。

漢武帝思懷往者李夫人、不可復得。時始穿昆靈之池、泛翔禽之舟、帝自造歌曲、使女伶歌之。時日已西傾、涼風激水、女伶歌聲甚遒、因賦落葉哀蟬之曲曰、羅袂兮無聲、玉墀兮塵生。虛房冷而寂寞、落葉依於重扃。望彼美之女兮、安得感余心之未寧。帝聞唱動心、悶悶不自支持、命龍膏之燈以照舟內、悲不自止。親侍者覺帝容色愁怨、乃進洪梁之酒、酌以文螺之卮。卮出波祇之國。酒出洪梁之縣、此屬右扶風、至哀帝廢此邑、南人受此釀法。今言雲陽出美酒、兩聲相亂矣。帝飲三爵、色悅心歡、乃詔女伶出侍。帝息於延涼室、臥夢李夫人授帝蘅蕪之香。帝驚起、而香氣猶著衣枕、歷月不歇。帝彌思求、終不復見、涕泣洽席、遂改延涼室爲遺芳夢室。初帝深嬖李夫人、死後常思夢之、或欲見夫人。帝貌顦顇、嬪御不寧。詔李少君與之語曰、朕思李夫人、其可得乎。少君曰、可遙見、不可同於帷幄。暗海有潛英之石、其色青、輕如毛羽。寒盛

則石溫、暑盛則石冷。刻之爲人像、神悟不異真人。使此石像往、則夫人至矣。此石人能傳譯人言語、有聲無氣、故知神異也。帝曰、此石像可得否。少君曰、願得樓船百艘、巨力千人、能浮水登木、皆使明於道術、齎不死之藥、乃至暗海。經十年而還。昔之去人、或升雲不歸、或託形假死、獲反者四五人。得此石、即命工人依先圖刻作夫人形。刻成、置於輕紗幙裏、宛若生時。帝大悅、問少君曰、可得近乎。少君曰、譬如中宵忽夢、而晝可得近觀乎。此石毒、宜遠望、不可逼也。勿輕萬乘之

尊惑此精魅之物帝乃從其諫見夫人畢步君乃使春此石人爲九服之不復思夢乃築靈夢臺歲時祀之

元封元年浮忻國貢蘭金之泥此金出湯泉盛夏之時水常沸湧有若湯火飛鳥不能過國人常見水邊有人冶此金爲器金狀混混若泥如紫磨之色百鑄其色變白有光如銀即銀燭是也常以此泥封諸函匣及諸宮門鬼魅不敢干當漢世上將出征及使絕國多以此泥爲璽封衛青張騫蘇武傅介子之使皆

受金泥之璽封也武帝崩後此泥乃絕焉

日南之南有淫泉之浦言其水浸淫從地而出成淵故曰淫泉或言此水甘軟男女飲之則淫其水小處可濫觴褰涉大處可方舟沿泝隨流屈直其水激石之聲似人之歌笑聞者令人淫動故俗謂之淫泉時有鳧鴈色如金羣飛戲於沙瀨羅者得之乃眞金鳧也昔秦破酈山之墳行野者見金鳧向南而飛至淫泉後寶鼎元年張善爲日南太守郡民有得金鳧以獻張善該博多通考其年月即秦始皇墓之金鳧也

昔始皇爲冢歛天下瓌異生殉工人傾遠方奇寶於冢中爲江海川瀆及列山岳之形以沙棠沉檀爲舟楫金銀爲鳧鴈以瑠璃雜寶爲龜魚又於海中作玉象鯨魚銜火珠爲星以代膏燭光出墓中精靈之偉也昔生埋工人於冢內至被開時皆不死工人於冢內琢石爲龍鳳仙人之像及作碑文辭讚漢初發此冢驗諸史傳皆無列仙龍鳳之製則知生埋匠人之所作也後人更寫此碑文而辭多怨酷之言乃謂爲怨碑史記略而不錄

董偃常卧延清之室以畫石爲床文如錦也石體甚輕出郅支國上設紫瑠璃帳火齊屏風列靈麻之燭以紫玉爲盤如屈龍皆用雜寶飾之侍者於戶外扇偃偃曰玉石豈須扇而後凉耶侍者乃卻扇以手摸方知有屏風文以玉精爲盤貯冰於膝前玉精與冰同其潔澈侍者謂冰之無盤必融濕席乃合玉盤拂之落堦下冰玉俱碎偃以爲樂此玉精千塗國所貢也武帝以此賜偃哀平之世民家猶有此器而多殘破及王莽之世不復知其所在

太初二年、大月氏國貢雙頭雞、四足一尾、鳴則俱鳴、武帝置於甘泉故館、更以餘雞混之、得其種類、而不能鳴、諫者曰、詩云牝雞無晨、一云牝雞之晨、惟家之索、今雄類不鳴、非吉祥也、帝乃送還西域、行至西關、雞反顧、望漢宮而哀鳴、故謠言曰、三七末世、雞不鳴、犬不吠、宮中荊棘亂相係、當有九虎爭爲帝、至王莽篡位、將軍有九虎之號、其後喪亂彌多、宮掖中生蒿棘、家無雞鳴犬吠、此雞未至月支國、乃飛于天漢、聲似鵾雞、翺翔雲裏、一名暄雞、昆暄之音相類、

天漢二年、渠搜國之西、有祈淪之國、其俗淳和、人壽三百歲、有壽木之林、一樹千尋、日月爲之隱蔽、若經憩此木下、皆不死不病、或有泛海越山來會其國、歸懷其葉者、則終身不老、其國人綴草茅爲繩、結網爲衣、似今之羅紈也、至元狩六年、渠搜國獻網衣一襲、帝焚於九達之道、恐後人徵求、以物奢費、燒之、烟如金石之氣、

太始二年、西方有因霄之國、人皆善嘯、丈夫嘯聞百里、婦人嘯聞五十里、如笙竽之音、秋冬則聲清亮、春夏則聲沉下、人舌尖處向喉內、亦曰兩言重沓、以爪徐刮之、則嘯聲逾遠、故呂氏春秋云、反舌殊鄉之國、即此謂也、有至聖之君、則來服其化、

錄曰、漢興、雖六國之遺弊、天下思於聖德、是以黔黎嗟秦亡之晚、恨漢來之遲、高祖肇基帝業、恢張區宇、孝惠務寬刑辟、以成無爲之治、德侔三王、教通四海、至于武帝、世載愈光、省方巡岳、標元崇號、闡禮樂以恢風、廣文義以飾俗、改律歷而建封禪、祀百神以招羣瑞、雖欽明茂於唐書、文思稱於虞

典、豈尚茲焉、觀乎周孔之教。不貴虛無之學、武帝修黃老、治御老之方、求報無福之祀、是以張敞切言、使遠斥仙術、指以萇宏楚襄懷秦皇徐福之事、故新垣之徒、卒見夷戮、夫仙者、尚冲靜以忘形體、守寂寞而袪囂務、武帝好徵行而尚征伐、恢宮宇而廣苑囿、永乖長生久視之法、失元一守道之要、悔少翁之先誅、惑欒大之詭說、至如李夫人緬心昵愛、專媚蘭閨、思沉魂之更生、飭新宮以延佇、蓋猶嬖惑之寵過熾、累心之結未袪。欲揀身雲霓之

表與天地而齊畢由係風晷其可階乎雖未及元眞頗參神邃是以幽明不能藏其殊妙萬象無所隱其精靈考諸仙部驗以衆說未有異於斯乎夫五運遞興數之常理金土之兆魏晉當焉董偃起自販珠之徒因庖宰而升寵竊幸一時富傾海宇內蓄神異之珍銜非世之寶一朝絕愛信盛衰之有兆乎夫爲棺槨者以防螻蟻之患爲斂骨之具聖人使合其正禮惡其踰費疾其過薄至如澹臺滅明之儉盛姬秦皇之奢皆失於節用嗟乎形銷

神滅歘爲一棺之土爲陵成谷瓊珣美寶奄爲爐塵斯則貴生加死無益身名也寞然長往何憶曩時之盛仲尼云不如速朽斂手足形聖人以斯昭誡豈不尚哉

拾遺記卷五終

拾遺記卷六

前漢下

昭帝元始元年穿淋池廣千步中植分枝荷一莖四葉狀如駢蓋日照則葉低蔭根莖若葵之衛足名曰低光荷實如玄珠可以飾佩花葉雖萎芬馥之氣徹十餘里食之令人口氣常香益脉理病宮人貴之每遊宴出入必皆含嚼或剪以爲衣或折以蔽日以爲戲弄楚辭所謂折芰荷以爲衣意在斯也亦有倒生菱莖如亂絲一花千葉根浮水上實沉泥中名紫菱

食之不老帝時命水嬉遊宴永日士人進一豆槽帝曰桂楫松舟其猶重朴況乎此槽可得而乘也乃命以文梓爲船木蘭爲拖刻飛鸞翔鷁飾於船首隨風輕漾畢景忘歸乃至通夜使宮人歌曰秋素景兮泛洪波揮纖手兮折芰荷涼風凄凄揚棹歌雲光開曙月低河萬歲爲樂豈云多帝乃大悅起商臺於池上及乎末歲進諫者多遂省薄遊幸廢毀池臺鸞舟荷芰隨時糜滅今臺無遺址溝池已平

宣帝地節元年樂浪之東有背明之國來貢其方物

言其鄉在扶桑之東、見日出於西方、其國昏昏常暗、宜種百穀、名曰融澤、方三千里、五穀皆良、食之後天而死、有淡日之稻、種之十旬而熟、有翻形稻、言食者死而更生、天而有壽、有明清稻、食者延年也、清腸稻。食一粒、歷年不饑、有搖枝粟、其枝長而弱、無風常搖、食之益髓、有鳳冠粟、似鳳鳥之冠、食者多力、有遊龍粟。葉屈曲似遊龍也、有瓊膏粟、白如銀、食此二粟、令人骨輕、有繞明豆。其莖弱、自相縈纏、有挾劍豆。其莢形似人挾劍、橫斜而生、有傾離豆。言其豆見日、葉垂

覆地、食者不老不疾、有延精麥。延壽益氣、有昆和麥。調暢六府、有輕心麥。食者體輕、有醇和麥。為麯以釀酒、一醉累月、食之凌冬可袒、有含露麥、穟中有露、味甘如飴、有紫沉麻。其實不浮、有雲冰麻。實冷而有光、宜為油澤、有通明麻、食者夜行不持燭、是苣藤也、食之延壽、後天而老、其北有草名虹草。枝長一丈、葉如車輪、根大如轂、花似朝虹之色、昔齊桓公伐山戎、國人獻其種、乃植於庭、云霸者之瑞也、有宵明草、夜視如列燭、晝則無光、自消滅也、有紫菊、謂之日精、一莖

一蔓、延及數畝、味甘、食者至死不饑渴、有焦茅、高五丈、燃之成灰、以水灌之、復成茅也、謂之靈茅、有黃渠草。映日如火、其堅韌若金、食者焚身不熱、有夢草。葉如蒲、莖如蓍、採之以占吉凶、萬不遺一、又有聞遐草。服者耳聰、香如桂、莖如蘭、其國獻之、多不生實、葉多萎黃、詔並除焉、元鳳二年、於淋池之南、起桂臺以望遠氣、東引太液之水、有一連理桂樹、上枝跨於渠水、下枝隔岸而南生、與上枝同一株、帝常以季秋之月、泛蘅蘭雲鷁之舟、窮晷係夜、釣於臺下、以香金為鈎、

縮絲為綸、丹鯉為餌、鈎得白蛟、長三丈、若大蛇、無鱗甲、帝曰、非祥也、命太官為鮓、肉紫骨青、味甚香美、班賜羣臣、帝思其美、漁者不能復得、知為神異之物、二年、含塗國貢其珍怪、其使云、去王都七萬里、鳥獸皆能言語、雞犬死者、埋之不朽、經歷數世、其家人遊於山阿海濱、地中聞雞犬鳴吠、主乃掘取還家養之、毛羽雖禿落、更生、久乃悅澤、張掖郡有邪族之盛、因以名也、邪奇、字君珍、居喪盡禮、所居去墓百里、每夜行、常有飛鳥銜火夾之；登山

濟水號泣不息未嘗以險難爲憂雖夜如晝之明也以淚灑石則成痕著朽木枯草必皆重茂以淚淒地即鹹俗謂之鹹鄉至昭帝嘉其孝與表銘其邑曰孝感鄉四時祭祀立廟焉

錄曰夫心迹所至無幽不徹理著於微冥昧自顯矣曦迴魯陽之戈嚴霜感匹夫之歎任於凡倫尚昭神迹況求之精矣以會蒸蒸之心木石爲之矣感鳥獸爲之馴集元偉哀號春花以之改葉叔通晨興朝流欵生橫石辛繕表跡於棲鸞衞農示德

於菱虎郅氏之行類斯道焉按漢昭帝時有黃鵠下太液池今云淋池蓋一水二名也宣帝之世有嘉穀玄稷之祥亦不說今之所生豈由神農后稷播厥之功抑亦王子所稱非近俗所食詮其名華而不實及乎飛走之類神木怪草見奇而說萬世之瑰偉也

漢成帝好微行於太液池傍起宵遊宮以漆爲柱鋪黑綈之幕器服乘輿皆尚黑色既悅於暗行憎燈燭之照宮中美御皆服皁衣自班婕妤已下咸帶玄綬簪珮雖如錦繡更以木蘭紗綃罩之至宵遊宮乃乘燭宴幸既罷靜鼓自舞而步不揚塵好夕出遊造飛行殿方一丈如今之輦選羽林之士負之以趨帝於輦上覺其行快疾聞其中若風雷之聲言其行疾也名曰雲雷宮所幸之宮咸以氈綈藉地惡車轍馬跡之喧雖惑於微行昵宴在民無勞無怨每乘輿返駕以愛幸之姬寶衣珍食捨於道傍國人之窮老者皆歌萬歲是以鴻嘉永始之間國富家豐兵戈長戢故劉向谷永指言切諫於是焚宵遊宮及飛行殿罷宴逸之樂所謂從繩則正如轉圜焉

帝常以三秋閑日與飛鷰戲於太液池以沙棠木爲舟貴其不沉沒也以雲母飾於鷁首一名雲舟又刻大桐木爲虬龍雕飾如真以夾雲舟而行以紫桂爲柂枻及觀雲棹水玩擷菱蕖帝每憂輕蕩以驚飛鷰命佽飛之士以金鎖纜雲舟於波上每輕風時至飛鷰殆欲隨風入水帝以翠纓結飛鷰之裾常怨曰妾微賤何復得預纓裾之遊今太液池尚有避風臺即飛鷰結裾之處

錄曰、夫言端扆拱嘿者、人君之尊也、是故與居有節、進止有度、出則太師奏登車之禮、入則少師薦升堂之儀、列旌門以周衛、修清宮以宴息、成帝輕南面之位、微遊姬幸、好感神仙之事、谷永因而抗諫、書不云乎、弗矜細行、終累大德、斯之謂矣、

哀帝尚淫奢、多進諂佞、幸愛之臣、競以粧飾妖麗巧言取容、董賢以霧綃單衣、飄若蟬翼、帝入宴息之房、命賢更易輕衣小袖、不用奢帶修裙、故使宛轉便易也、宮人皆效其斷袖、又曰割袖、恐驚其眠、

後漢

明帝因貴人夢食瓜甚美、帝使求諸方國、時燉煌獻異瓜種、恒山獻巨桃核、瓜名穹隆、長三尺、而形屈曲、味美如飴、父老云、昔道士從蓬萊山得此瓜、云是崆峒靈瓜、四劫一實、西王母遺於此地、世代遐絕、其實頗在、又說巨桃霜下結花、隆暑方熟、亦云仙人所食、帝使植於霜林園、園皆植寒菓、積冰之節、百菓方盛、俗謂之相陵、與霜林之聲訛也、后曰、王母之桃、王公之瓜、可得而食、吾萬歲矣、安可植乎、后崩、內侍者見鏡奩中有瓜桃之核、視之涕零、疑非其類耳、

章帝永寧元年、條支國來貢異瑞、有鳥名鳼鵲、形高七尺、解人語、其國太平、則鳼鵲羣翔、昔漢武時、四夷賓服、有獻馴鵲、若有喜樂事、則鼓翼翔鳴、按莊周云雕陵之鵲、蓋其類也、淮南子云、鵲知人喜、今之所記、大小雖殊、遠近爲異、故略舉焉、

安帝好微行、於郊坰或露宿、起帷宮、皆用錦罽文繡、至永初二年、國用不足、令吏民入錢者得爲官、有瑯琊王溥、即王吉之後、吉先爲昌邑中尉、奕世衰凌、及

安帝時、家貧不得仕、乃挾竹簡插筆、於洛陽市傭書、美於形貌、又多文辭、來僦其書者、丈夫贈其衣冠、婦人遺其珠玉、一日之中、衣寶盈車而歸、積粟于廩、九族宗親、莫不仰其衣食、洛陽稱爲善筆而得富、溥先時家貧、穿井得鐵印、銘曰、傭力得富、錢至億庾。一土三田。軍門主簿、後以一億錢輸官、得中壘校尉、三田一土、壘字也、中壘校尉掌北軍壘門、故曰軍門主簿、積善降福、明神報焉、

靈帝初平三年、遊於西園、起裸遊館千間、采綠苔而

被堦引渠水以繞砌周流澄澈乘船以遊漾使宮人乘之選玉色輕體以執篙檝搖漾於渠中其水清澄以盛暑之時使舟覆沒視宮人玉色者又奏招商之歌以來涼氣也歌曰涼風起兮日照渠青荷晝偃葉夜舒惟日不足樂有餘清絲流管歌玉鳧千年萬歲喜難踰渠中植蓮大如蓋長一丈南國所獻其葉夜舒晝卷一莖有四蓮叢生名曰夜舒荷亦云月出則舒也故曰望舒荷帝盛夏避暑於裸遊館長夜飲宴帝嗟曰使萬歲如此則上仙也宮人年二七已上三

六巳下皆靚粧解其上衣惟著內服或共裸浴西域所獻茵墀香煑以為湯宮人以之浴浣使以餘汁入渠名曰流香渠又使內豎爲驢鳴於館北又作雞鳴堂多畜雞每醉迷於天曉內侍競作雞鳴以亂眞聲也乃以炬燭投於殿前帝乃驚悟及董卓破京師散其美人焚其宮館至魏咸熈中先所投燭處夕夕有光如星後人以爲神光於此地立小屋名曰餘光祠以祈福至魏明末稍掃除矣

錄曰明章兩主丕承前業風被四海威行八區殊邈異服祥瑞輻輳安靈二帝同爲敗德夫悅目快心罕不淪乎情慾自非遠鑒興亡孰能移隔下俗傭才縱心縞乎嗜慾塞諫任邪沒情於淫靡至如列代亡主莫不憑威猛以喪家國肆奢麗以覆宗祀詢考先墳往往而載僉求歷古所記非一販爵鬻官乖分職之本露宿郊居違省方之義成安二帝載世雖遠而亂政攸同驗之史諜訊諸前記迷情狗馬愛好龍鶴非明王之所開示於後也內窮淫酷外盡禽荒取悅耳目流貶萬世是以牝妖告

禍漢靈以巷伯傾宗酒池裸逐之醜鳴雞長夜之戒事由商乙遠倣燕丹異代一時可爲悲矣

獻帝伏皇后聰惠仁明有聞於內則及乘輿爲李傕所敗晝夜逃走宮人奔竄萬無一生至河無舟楫后乃負帝以濟河河流迅急惟覺脚下如有乘踐則神物之助焉兵戈逼岸后乃以身擁遏於帝帝傷趾后以綉紱拭血刮玉釵以覆於瘡應手則愈以淚洒帝衣及面潔靜如浣事人歎服雖亂猶有明智婦人精誠之至幽祇之所感矣

錄曰夫丹石可磨而不可奪其堅色蘭桂可折而不可掩其貞芳伏后履純明之姿懷忠亮之質臨危受命壯夫未能加焉知死不恡馮媛之儔也求之千古亦所罕聞

漢興至於哀平元成尚以宮室崇苑囿而西京始有宏侈東都繼其繁奢卽違采椽不斵之製尤異靈沼遵儉之風考之皇圖求諸志錄千家萬戶之書臺衛城隍之廣自重門構宇以來未有若斯之費濫也孝襄廣四時之房靈帝修裸遊之館妖惑爲之則神怨

工巧爲之則人虐夷國淪家可爲慟矣及夫靈瑞嘉禽艷卉殊木生非其壤詭色詭音不稟正朔之地無涉圖書所記或緣德業以來儀由時俗以具質成得而備詳矣歷覽羣經披求方冊未若斯之宏麗矣

郭況光武皇后之弟也累金數億家僮四百餘人以黃金爲器工冶之聲震於都鄙時人謂郭氏之室不雨而雷言其鑄鍛之聲盛也庭中起高閣長廡置衡石於其上以稱量珠玉也閣下有藏金窟列武士以衛之錯雜寶以飾臺榭懸明珠於四垂晝視之如星夜望之如月里語曰洛陽多錢郭氏室夜月晝星富無匹其寵者皆以玉器盛食故東京謂郭家爲瓊廚金穴況小心畏愼雖居富勢閉門優遊未曾干世事爲一時之智也

錄曰夫后族之盛專挾內主之威皆以黨變強盛肆毒於天下妖幸侵政擅椒房之寵在昔魏冉窟傾巖國漢世王鳳同拜五侯館第僭於京都嬙姬麗於宮掖瑰賂南金翫玩於王府緹繡雕文被飾於土木高廊洞門極夏屋之盛文馬朱軒窮車服

之靡自古擅驕未有如斯之劇雖三歸移於管室八佾陳於季庭方之爲劣矣郭況內憑姻寵外專聲厲遠採丹山之穴積陶朱程鄭之產未足稱其盛歟曾不恃其戚里矜其財勢秉溫恭之正守道持盈而自兢愼足可謂知幾其神乎

劉向於成帝之末校書天祿閣專精覃思夜有老人着黃衣植青藜杖登閣而進見向暗中獨坐誦書老父乃吹杖端煙燃因以見向說開闢已前向因受五行洪範之文恐辭說繁廣忘之乃裂裳及紳以記其

言至曙而去向請問姓名云我是太一之精天帝聞金卯之子有博學者下而觀焉乃出懷中竹牒有天文地圖之書余略授子焉至向子歆從向授其術向亦不悟此人焉

賈逵年五歲明惠過人其姊韓瑤之婦嫁瑤無嗣而歸居焉亦以貞明見稱聞隣中讀書旦夕抱逵隔籬而聽之逵靜聽不言姊以爲喜至年十歲乃暗誦六經姊謂逵曰吾家貧困未嘗有教者入門汝安知天下有三墳五典而誦無遺句耶逵曰憶昔姊抱逵於

籬間聽隣家讀書今萬不遺一乃剝庭中桑皮以爲牒或題於扉屏且誦且記朞年經文通遍於閭里每有觀者稱云振古無倫門徒來學不遠萬里或襁負子孫舍於門側皆口授經文贈獻者積粟盈倉或云賈逵非力耕所得誦經口倦世所謂舌耕也

何休木訥多智三墳五典陰陽筭術河洛讖緯及遠年古諺歷代圖籍莫不成誦也門徒有問者則爲註記而口不能說作左氏膏肓公羊廢疾穀梁墨守謂之三闕言理幽微非知機藏往不可通焉及鄭康成鋒起而攻之求學者不遠千里嬴糧而至如細流之赴巨海京師謂康成爲經神何休爲學海

任末年十四時學無常師負笈不遠險阻每言人而不學則何以成或依林木之下編茅爲菴削荆爲筆尅樹汁爲墨夜則映星望月暗則縷麻蒿以自照觀書有合意者題其衣裳以記其事門徒悅其勤學更以靜衣易之非聖人之言不視臨終誡曰夫人好學雖死若存不學者雖存謂之行尸走肉耳河洛祕奥非正典籍所載皆注記於柱壁及園林樹木慕好學

者來輒寫之時人謂任氏爲經苑

曹曾魯人也本名平慕曾參之行改名爲曾家財巨億事親盡禮日用三牲之養一味不虧於是不先親而不食新味也爲客於人家得新味則含懷而歸不畜雞犬言喧囂驚動於親老時亢旱井池皆竭母思甘清之水曾跪而操餅則甘泉自涌清美於常學徒有貧者皆給食天下名書上古以來文篆訛落者曾皆刊正垂萬餘卷及國難既夷收天下遺書於曾家連車繼軌輸於王府諸弟子於門外立祠謂曰曹師

嗣及世亂家家焚廬曾慮先文湮沒乃積石爲倉以藏書故謂曹氏爲書倉

錄曰覩乎劉向顯學於漢成時才包三古藝該九聖懸日月以來其類少矣逮乎後漢賈任曹之學並爲聖神通生民到今蓋斯而已若顏淵之殆庶幾閔美張霸何足顯大儒哉至如五君之徒孔門之外未有也方之入室彼有慚焉賈氏之姊所謂知識婦人鑒乎聖也

拾遺記卷七

魏

文帝所愛美人姓薛名靈芸常山人也父名鄴爲鄼鄉亭長母陳氏隨鄴舍於亭傍居生窮賤至夜每聚隣婦夜績以麻蒿自照靈芸年至十五容貌絶世隣中少年夜來竊窺終不得見咸熙元年谷習出守常山郡聞亭長有美女而家甚貧時文帝選良家子女以入六宮習以千金寶賂聘之既得乃以獻文帝靈芸聞別父母歔欷累日淚下霑衣至升車就路之時以玉唾壺承淚壺則紅色既發常山及至京師壺中淚凝如血帝以文車十乘迎之車皆鏤金爲輪輞丹畫其轂軛前有雜寶爲龍鳳銜百子鈴鏘鏘和鳴響於林野駕青色之牛日行三百里此牛尸塗國所獻足如馬蹄也道側燒石葉之香此石重疊狀如雲母其光氣辟惡厲之疾此香腹題國所進也靈芸未至京師數十里膏燭之光相續不滅車徒咽路塵起蔽於星月時人謂爲塵宵又築土爲臺基高三十丈列燭於臺下名曰燭臺遠望如列星之墜地又於大道

之傍一里一銅表高五尺以誌里數故行者歌曰青槐夾道多塵埃龍樓鳳闕望崔嵬清風細雨雜香來土上出金火照臺此七字是妖辭也爲銅表誌里數於道側是土上出金之義以燭置臺下則火在土下之義漢火德王魏土德王火伏而土興土上出金是魏滅而晉興也靈芸未至京師十里帝乘雕玉之輦以望車徒之盛嗟曰昔者言朝爲行雲暮爲行雨今非雲非雨非朝非暮改靈芸之名曰夜來入宮後居寵愛外國獻火珠龍鸞之釵帝曰明珠翡翠尚不能

勝兄乎龍鸞之重乃止不進夜來妙於鍼工雖處於深帷之内不用燈燭之光裁製立成非夜來縫製帝則不服宮中號爲鍼神也

錄曰五帝之運迭相生死起伏因循顯於言端讖諱信於春秋纖辭煩於漢末或著明先典或託見圖記僉詳河洛應運不同唐堯以炎正禪虞大漢以火德受魏世歷沿襲得其宜矣夫升名藉璧因事而來既而柔曼之質見進亦以裁縫之妙要寵媚斯姣約榮非世載取或一朝去彼疑賤延此華

軒

魏明帝起凌雲臺躬自掘土羣臣皆負畚鍤天陰凍寒死者相枕洛鄴諸鼎皆夜震自移又聞宮中地下有怨歎之聲高堂隆等上表諫曰王者宜靜以養民今嗟歎之聲形於人鬼願省薄奢費以敦儉朴帝猶不止廣求瑰異珍賂是聚飾臺榭累年而畢諫者尤多帝乃去煩歸儉死者收而葬之人神致感衆祥皆應太山下有連理文石高十二丈狀如柏樹其文彪發似人雕鏤自下及上皆合而中開廣六尺望若真

樹也父老云當秦末二石相去百餘步蕪沒無有蹊徑乃魏帝之始稍覺相近如雙闕土王陰類魏爲土德斯爲靈徵花圃及民家草樹皆生連理有合歡草狀如蓍一株百莖晝則衆條扶疏夜則合爲一莖萬不遺一謂之神草沛國有黄麟見於戊巳之地皆土德之嘉瑞乃修戊巳之壇黄星炳夜又起昴畢之臺祭祀此星魏之分野歲時修祀焉

任成王彰武帝之子也少而剛毅學陰陽緯候之術誦六經洪範之書數千言武帝謀伐吳蜀問彰取便

利行師之央、王善左右射、學擊劍、百步中髭髮、時樂浪獻虎、文如錦斑、以鐵爲檻、梟殷之徒莫敢視、彰曳虎尾以繞臂、虎弭耳無聲、莫不服其神勇、時南越獻白象子在帝前、彰手頓其鼻、象伏不動、文帝鑄萬斤鐘置崇華殿、欲徙之、力士百人不能動、彰乃負之而趨、四方聞其神勇、皆寢兵自固、帝曰以王之雄武吞併巴蜀、如鴟銜腐鼠耳、彰薨、如漢東平王葬禮、及喪出、空中聞數百人泣聲、送者皆言昔亂軍相傷殺者、皆無棺槨、王之仁惠、取其朽骨、死者歡於地、精靈知

感、故人美王之德、國史撰任成王舊事三卷、晉初藏於秘閣、

建安三年、胥徒國獻沉明石雞、色如丹、大如鷰、常在地中應時而鳴、聲能遠徹、其國聞鳴、乃殺牲以祀之、當鳴處掘地、則得此雞、若天下太平、翔飛頡頏、以爲嘉瑞、亦爲寶雞、其國無雞、犬聽地中候晷刻、道家云、昔仙人桐君採石、入穴數里、得丹石雞、舂碎爲藥、服之者令人有聲氣、後天而死、昔漢武帝寶鼎元年、西方貢珍怪、有琥珀鷰、置之靜室、自於室中鳴翔、蓋此類也、洛書云、皇圖之寶、土德之徵、大魏之嘉瑞、

明帝即位二年、起靈禽之園、遠方國所獻異鳥珍獸皆畜此園也、昆明國貢嗽金鳥、人云其地去燃洲九千里、出此鳥、形如雀而色黃、羽毛柔密、常翱翔海上、羅者得之、以爲至祥、聞大魏之德、被於荒遠、故越山航海來獻大國、帝得此鳥、畜於靈禽之園、飴以真珠、飲以龜腦、鳥常吐金屑如粟、鑄之可以爲器、昔漢武帝時、有人獻神雀、蓋此類也、此鳥畏霜雪、乃起小屋處之、名曰辟寒臺、皆用水精爲戶牖、使內外通光、宮

人爭以鳥吐之金用飾釵珮、謂之辟寒金、故宮人相嘲曰、不服辟寒金、那得帝王心、於是媚惑者亂爭此寶金爲身飾、及行臥皆懷挾以要寵幸也、魏氏喪滅、池臺鞠爲煨燼、嗽金之鳥亦自翱翔、

咸熙二年、宮中夜異獸白色光潔、繞宮而行、閹宦見之、以聞於帝、帝曰、宮闈幽密、若有異獸、皆非祥也、使宦者伺之、果見一白虎子遍房而走、候者以戈投之、即中左目、比往取視、惟見血在地、不復見虎、搜檢宮內及諸池井、不見有物、次檢寶庫中、得一玉虎頭枕、

眼有傷血痕尚濕帝該古博聞云漢誅梁冀得一玉虎頭枕云單池國所獻檢其頷下有篆書字云是帝辛之枕嘗與妲己同枕之是殷時遺寶也又按五帝本紀云帝辛殷代之末至咸熙多歷年所代代相傳凡珍寶久則生精靈必神物憑之也

魏禪晉之歲北闕下有白光如鳥雀之狀時飛翔來去有司聞奏帝所羅之得一白鷰以爲神物於是以金爲樊置於宮中旬日不知所在論者云金德之瑞昔師曠時有白鷰來巢檢瑞應圖果如所論白色叶

於金德師曠晉時人也古今之義相符焉

薛夏天水人也博學絶倫母孕夏時夢人遺之一篋衣云夫人必產賢明之子也爲帝王之所崇母記所夢之日及生夏之年以弱冠才辯過人魏文帝與之講論終日不息應對如流無有凝滯帝曰昔公孫龍稱爲辯捷而迂誕誣妄今子所說非聖人之言不談子游子夏之儔不能過也若仲尼在魏復爲入室焉帝手制書與夏題云入室生位至祕書丞居生甚貧帝解御衣以賜之果符元所夢名冠當時爲一代高士

田疇北平人也劉虞爲公孫瓚所害疇追慕無已往虞墓設雞酒之禮慟哭之音動於林野翔鳥爲之悽鳴走獸爲之吟伏疇卧於草間忽有人通云劉幽州來欲與田子泰言平生之事疇神悟遠識知是劉虞之魂既近而拜疇泣不自支因相與進雞酒疇醉虞曰公孫瓚求子甚急宜竄伏以避害疇拜曰聞君臣之義生則盡禮今見君之靈願得同歸九地死且不朽安可逃乎虞曰子萬古之貞士也深愼爾儀奄然

不見疇亦醉醒

曹洪武帝從弟家盈產業駿馬成羣武帝討董卓夜行失馬洪以其所乘馬讓帝其馬號曰白鵠此馬走時惟覺耳中風聲足似不踐地至汴水洪不能渡帝引洪上馬共濟行數百里瞬息而至馬足毛不濕時人謂乘風而行亦一代神駿也諺曰憑空虛躍曹家白鵠

錄曰王者廓萬宇以爲邦家因海岳以爲城池固是安民養德垂拱而治焉去乎遊歷之費導於救

教之道無崇宮室有薄林園采椽不斲陶唐如斯昭儉卑宮菲食伯禹以之戒奢迄今三代之王失斯道矣傷財弊力以驕麗相誇瓊室之傾璧臺之富窮神工之奇妙人力勤苦至於春秋王室凌廢城者作謳疲於勤勞晉築虒祁之宮爲功勤於民怨宋興澤門之役勞者以爲深嗟姑蘇積費於前阿房奢竭於後自以業固河山名超萬世覆滅宗祀由斯哀哀竊覩明帝踐中區之沃盛威靈所懾北强列代貞祥神寶史不絕書殊方珍貢府無虛

月鼎據三方稱雄四海而聖教微於堯禹歷代劣於姬漢東傾關吳西病邛蜀師旅歲興財力日費不能遵養黎元遠躋前朴宮室窮麗池榭肆其宏廣終取夷滅數其然哉任成淵謀神勇智周祥藝雖來舟蓬蒙劍射之好不能加也田疇事死如生守以直節精誠之至通於神明曹洪忠烈爲心愛親憂國此穆滿之駿方之白鵠可謂齊足者也

拾遺記卷七終

拾遺記卷八

吳

孫堅母妊堅之時夢腸出繞腰有一童女負之繞吳閶門外又授以芳茅一莖童女語曰此吉祥也必生才雄之子今賜母以土王於翼軫之地鼎足於天下百年中應於異寶授於人也語畢而覺且起筮之筮者曰所夢童女負母繞閶門是太白之精感化來夢夫帝王之興必有神跡自表白氣者金色及吳滅而晉踐祚夢之徵焉

錄曰按吳書云孫堅母懷堅之時夢腸出繞閶門與王子之說爲異夫西方金位以叶晉德興亡之兆後而効焉蓋表吳亡而授晉也夫六夢八徵著明周易授蘭懷日事類而非及吳氏之興年嘉禾之號芳茅之徵信矣至晉太康元年孫晧送六金璽云時無玉工故以金爲印璽夫孫氏挫割江東包卷百越吞席漢陽威揚中夏富強之業三雄比盛時有未賓而兵戈歲起每梗心於邛蜀憤慨於燕魏四方未束有事征伐因之以師旅遵之以儉

素去以遊後之費塞茲雕靡之塗不欲使四方民勞非無玉工也因能輕彼池山賤斯棘實漢鄙盈車之屑燕棄璞於衢廡沉河底谷義昭佽古務崇簡約豈非高歟及乎吳亡時以六代金璽歸晉堅母之蔑驗矣

吳主趙夫人丞相達之妹善畫巧妙無雙能於指閒以綵絲織雲霞龍蛇之錦大則盈尺小則方寸宮中謂之機絕孫權常歎魏蜀未夷軍旅之隙思得善畫者使圖山川地勢軍陣之像達乃進其妹權使寫九

州江湖方岳之勢夫人曰丹青之色甚易歇滅不可久寶妾能刺繡作列國方帛之上寫以五岳河海城邑行陣之形既成乃進於吳主時人謂之鍼絕雖棘刺木猴雲梯飛鳶無過此麗也權居昭陽宮倦暑乃褰紫綃之帷夫人曰此不足貴也權使夫人指其意思焉答曰妾欲窮慮盡思能使下綃帷而清風自入視外無有蔽礙列侍者飄然自涼若馭風而行也權稱善夫人乃拆髮以神膠續之神膠出鬱夷國接弓弩之斷弦百斷百續也乃織為羅縠累月而成裁為幔內外視之飄飄如煙氣輕動而房內自涼時權常在軍旅每以此幔自隨以為征幙舒之則廣縱一丈卷之則可內於枕中時人謂之絲絕故吳有三絕四海無儔其妙後有貪寵求媚者言夫人幻耀於人主因而致退黜雖見疑墜猶存錄其巧工吳亡不知所在

吳主潘夫人父坐法夫人輸入織室容態少儔為江東絕色同幽者百餘人謂夫人為神女敬而遠之有司聞於吳主使圖其容貌夫人憂戚不食減瘦改形

工人寫其真狀以進吳主見而喜悅以琥珀如意撫案即折嗟曰此神女也愁貌尚能惑人況在歡樂乃命雕輪就織室納於後宮果以姿色見寵每以夫人遊昭宣之臺志意幸愜既盡酣醉唾於玉壺中使侍婢瀉於臺下得火齊指環即挂石榴枝上因其處起臺名曰環榴臺時有諫者云今吳蜀爭雄還劉之名將為妖矣權乃翻其名曰榴環臺又與夫人遊釣臺得大魚王大喜夫人曰昔聞泣魚今乃為喜有喜必憂以為深戒至於末年漸相譖毀稍見離退時人謂

夫人知幾其神吳主於是罷宴夫人果見棄逐釣臺基今尚存焉

錄曰趙潘二夫人妍明佞藝婉孌通神抑亦漢遊洛妃之儔荊巫雲雨之類而能避妖幸之譏覩進退之機夫盈則有虧道有崇替居盛必衰理故明矣語乎榮悴譬諸草木華落張弛勢之必然巧言萋斐前王之所信惑是以申褒見列於前周班趙載詳於往漢異代同聞可爲歎也

黃龍元年始都武昌時越嶲之南獻背明鳥形如鶴

拾遺記　卷八　四

止不向明巢常對北多肉少毛聲音百變聞鐘磬笙竽之聲則奮翅搖頭時人以爲吉祥是歲遷都建業殊方多貢珍奇吳人語訛呼背明爲背亡鳥國中以爲大妖不及百年當有喪亂背叛滅亡之事散逸奔逃墟無煙火果如斯言後此鳥不知所在

張承之母孫氏懷承之時乘輕舟遊於江浦之際忽有白蛇長三尺騰入舟中母祝曰若爲吉祥勿毒噬我縈而將還置諸房內一宿視之不復見蛇嗟而惜之鄰中相謂曰昨見張家有一白鶴聳翮入雲以告承母母使筮之筮者曰此吉祥也蛇鶴延年之物從室入雲自下升高之象也昔吳王闔閭葬其妹殉以美女珍寶異劍窮江南之富未及十年雕雲覆於溪谷美女遊於冢上白鶴翔於林中白虎嘯於山側皆昔時之精靈今出於世當使子孫位超臣極擅名江表若生子可以名曰白鶴及承生位至丞相輔吳將軍年踰九十蛇鶴之祥也

錄曰國之將亡其兆先見傳曰明神降之觀其德也及歸命面縛來降斯爲效矣蛇鶴者龜脩之最

拾遺記　卷八　五

靈張氏以爲嘉瑞吳越春秋百家雜說云吳王闔閭崇飾厚葬生埋美人多藏寶物數百年後靈鶴翔於林巒神虎嘯於山丘湛盧之劍飛入於楚收兎聚怪富麗已極而詭異失中不如速朽昔宋桓虛姬前史譏其驕惑嬴博楊孫君子貴其合禮觀夫遠古恒詳中代求諸事迹儉泰相懸至如末世漸相誇矯生恣淫湎死則同殉委積珍寶埃塵滅身乖於同穴可爲歎歟

呂蒙入吳吳主勸其學業蒙乃博覽羣籍以易爲宗

常在孫策座上酣醉忽臥於夢中誦周易一部俄而驚起衆人皆問之荅曰向夢見伏犧周公文王與我論世祚興亡之事日月貞明之道莫不精窮極妙未該元旨故空誦其文耳衆座皆云呂蒙囈語通周易

錄曰夫精誠之至叶于幽冥與日月均其明與四時齊其契故能德會三古道合神微若鄭君之感先聖周盤之夢東里迹同事異光彼遐策索隱鉤深妙於元旨孔門羣說未若呂生之學焉

孫和悅鄧夫人常置膝上和於月下舞水精如意悞

傷夫人頰血流汚袴嬌姹彌苦自舐其瘡命太醫合藥醫曰得白獺髓雜玉與琥珀屑當滅此痕即購致百金能得白獺髓者厚賞之有富春漁人云此物知人欲取則逃入石穴伺其祭魚之時獺有鬬死者穴中應有枯骨雖無髓其骨可合玉舂爲粉歕於瘡上其痕則滅和乃命合此膏琥珀太多及差而有赤點如朱逼而視之更益其研諸嬖人欲要寵皆以丹脂點頰而後進幸妖惑相動遂成淫俗

孫亮作琉璃屏風甚薄而瑩澈每於月下清夜舒之常與愛姬四人皆振古絕色一名朝姝二名麗居三名洛珍四名潔華使四人坐屏風內而外望之如無隔惟香氣不通於外爲四人合四氣香殊方異國所出凡經踐躡宴息之處香氣沾衣歷年彌盛百浣不歇因名曰百濯香或以人名香故有朝姝香麗居香洛珍香潔華香亮每遊此四人皆同輿席來侍皆以香名前後爲次不得亂之所居室名爲思香媚寢

蜀

先主甘后沛人也生於賤微里中相者云此女後貴

位極宮掖及后長而體貌特異至十八玉質柔肌態媚容冶先主召入綃帳中於戶外望者如月下聚雪河南獻玉人高三尺乃取玉人置后側晝則講說軍謀夕則擁后而玩玉人常稱玉之所貴德比君子況爲人形而不可玩乎后與玉人潔白齊潤觀者殆相亂惑嬖寵者非惟嫉於甘后亦妬於玉人也后常欲琢毁壞之乃誡先主曰昔子罕不以玉爲寶春秋美之今吳魏未滅安以妖玩繼懷凡淫惑生疑勿復進焉先主乃撤玉人像嬖者皆退當斯之時君子議以

甘后爲神智婦人焉

糜竺用陶朱計術日益億萬之利貲擬王家有寶庫千間竺惟能賑生卹死家内馬廄屋側有古塚有伏尸夜聞涕泣聲竺乃尋其泣聲之處忽見一婦人袒背而來訴云昔漢末妾爲赤眉所害叩棺見剝今袒在地羞晝見人垂二百年今就將軍乞深埋并弊衣以掩形體竺許之即命之爲棺槨以青布爲衣衫置於塚中設祭既畢歷一年行於路西忽見前婦人所着衣皆是青布語竺曰君財寶可支一世合遭火厄

今以青蘆杖一枚長九尺報君棺槨衣服之惠竺挾杖而歸所住鄰中常見竺家有青氣如龍蛇之形或有人謂竺曰將非怪也竺乃疑此異問其家僮云時見青蘆杖自出門間疑其神不敢言也竺爲性多忌信厭術之事有言中忤即加刑戮故家僮不敢言竺貨財如山不可筭計内以方諸盆瓶設大珠如卵散滿於庭謂之寶庭而外人不得窺數日忽青衣童子數十人來云糜竺家當有火厄萬不遺一賴君能恤斂枯骨天道不辜君德故來禳卻此火當使財物不盡自今已後亦宜防衛竺乃掘溝渠周繞其庫旬日火從庫内起燒其珠玉十分之一皆是陽燧旱燥自能燒物火盛之時見數十青衣童子來撲火有青氣如雲覆於火上即滅童子又云多聚鸛鳥之類以禳火災鸛能水於巢上也家人乃收鵁鶄數千頭養於池渠中以厭火竺歎曰人生財運有限不得盈溢懼爲身之患害時三國交鋒軍用萬倍乃輸其寶物車服以助先主黄金一億斤錦繡氈罽積如丘壠駿馬萬疋及蜀破後無復所有飲恨而終

周羣妙閑筭術讖說遊岷山採藥見一白猿從絕峯而下對羣而立羣抽所佩書刀投猿猿化爲一老翁握中有玉版長八寸以授羣羣問曰公是何年生答曰已衰邁也忘其年月猶憶軒轅之時始學曆數風后容成皆黄帝之史就余授曆術至顓頊時考定日月星辰之運尤多差異及春秋時有子韋子野裨竈之徒權略雖驗未得其門邇來世代興亡不復可記因以相襲至大漢時有洛下閎頗得其旨羣服其言更精勤筭術及考校年曆之運驗於圖緯知蜀應滅

及明年歸命奔吳皆云周羣詳陰陽之精妙也蜀人謂之後聖白猿之異有似越人所記而事皆迂誕似是而非

錄曰孫和孫亮劉禪並惑於淫寵之玩忘於軍旅之略猶比强大魏剋伐無功可爲嗟矣周羣之學通於神明白猿之祥有類越人問劍之言其事迂誕若是而非也夫陰陽遞升五常迭用由水火相生亦以相滅淮南子云方諸向月津爲水以厭火災孚麋氏富於珍奇削方諸爲鳥獸之狀猶土龍

以祈雨也鳩鵠之音與方諸相亂蓋聲之訛矣羽毛之類非可禦烈火於義則爲乖於事則違類先墳舊典說以其詳焉

拾遺記卷九

晉時事

武帝爲撫軍時府內後堂砌下忽生草三株莖黃綠若總金抽翠花條苒弱狀似金藤時人未知是何祥草故隱蔽不聽外人窺視有一羌人姓姚名馥字世芬充廐養馬妙解陰陽之術云此草以應金德之瑞馥年九十八姚襄則其祖也馥好讀書嗜酒每醉時好言帝王興亡之事善戲笑滑稽無窮常歎云九河之水不足以漬麴糵八藪之木不足以作薪蒸七

澤之麋不足以充庖俎凡人稟天地之精靈不知飲酒者動肉含氣耳何必木偶於心識乎好啜濁糟常言渴於醇酒羣輩常弄狎之呼爲渴羌及晉武踐位忽思見馥立於堦下帝奇其倜儻擢爲朝歌邑宰馥辭曰老羌異域之人遠隔山川得遊中華已爲幸請辭朝歌之縣長充養馬之役時賜美酒以樂餘年帝曰朝歌紂之故都地有美酒故使老羌不復呼渴馥於堦下高聲而對曰馬圉老羌漸染皇化溥天夷貊皆爲王臣今若歡酒池之樂更爲殷紂之民乎帝

撫玉几大悅、卽遷酒泉太守、地有清泉、其味若酒、醅
乘醉而拜受之、遂爲善政、民爲立生祠、後以府地賜
張華、猶有草在、故茂先金莖賦云、擢九莖於漢庭。美
三株於茲館。貴表祥乎金德。比名類乎相亂。至惠帝
元熙元年、三株草化爲三樹、枝葉似楊樹、高五尺、以
應三楊擅權之事、時有楊駿、楊瑤、楊濟、三弟兄、號曰
三楊、馬圉醉羌所說之驗、

錄曰、不得中行、狂狷可也、淳于優孟之儔、因俳說
以進諫、至如姚馥才性容貌、不與華同、片言竊諷、

媚足規範、及其俳諧詭譎、推辭指誠、因物而刺、言
之者無罪、抑亦東方曼倩之儔歟。夫心胃之逸朽、
故有腐腸爛腸之嗜、是以五味令人口爽、老氏以
爲深誡、未若甘並桂衣、美斯松草、含吐煙霞、咀食
沆瀣、迅千齡於一朝、方塵劫於俄頃乎、可淫此酣
樂、忘彼久視者乎、夫物有事異而名同者、自非窮
神達理、莫能遍照、豈可假於詖辭、專求於邪說、天
命有兆、歷運攸歸、何可妄信於謠訛、指怪於纖眞、
將溺所聞、信諸厭術、可爲嗟乎、

咸寧四年、立芳蔬園於金墉城東、多種異菜、有菜名
曰芸薇。類有三種、紫色者最繁、味辛、其根爛熳、春夏
葉密、秋葉冬萎、其實若珠、五色、隨時而盛、一名芸芝。
其色紫爲上蔬、其味辛、色黃爲中蔬、其味甘、色青者
爲下蔬、其味鹹、常以三蔬充御膳、其葉可以藉飲食
以供宗廟祭祀、亦止人渴饑、宮人採帶其莖葉、香氣
歷日不歇、

錄曰、大雅云、言采其薇、此之類也、草木疏云、其實
如豆、昔孤竹二子避世、不食周粟、於首陽山采薇

而食、疑是卉或云神類、非一、獨相惑亂、可以療饑、
其色必紫、百家雜說、意古相符、論其形品、詳其香
色、雖移植芳圃、芬美莫儔、故薰蘭有質、物性無改、
產乎本地、逾見芬烈、譬諸薑桂、豈因地而辛矣、嘗
此一代、是謂仙蔬、定爲神異、

張華爲九醞酒、以三薇漬麴糵、糵出西羌、麴出北胡、
胡中有指星麥、四月火星出、麥熟而獲之、糵用水漬
麥、三夕而萌芽、平旦雞鳴而用之、俗人呼爲雞鳴麥、
以之釀酒、醇美、久含令人齒動、若大醉不叫笑搖蕩、

令人刑腸消爛俗人謂爲消腸酒或云醇酒可爲長宵之樂兩說同而事異也閭里歌曰寧得醇酒消腸不與日月齊光言耽此美酒以悅一時何用保守靈而取長久至懷帝末民間園圃皆生蒿棘狐兔遊聚至元熙元年太史令高堂忠奏熒惑犯紫微若不早避當無洛陽乃詔內外四方及京邑諸宮觀林衞之內及民間園圃皆植紫薇以爲厭勝至劉石姚苻之末此蒿棘不除自絕也

晉太康元年白雲起於灞水三日而滅有司奏云天

下應太平帝問其故曰昔舜時黃雲興於郊野夏代白雲做於都邑殷代元雲覆於林藪斯皆應世之休徵殊鄉絕域應有貢其方物也果有羽山之民獻火浣布萬疋其國人稱羽山之山有文石生火烟色以隨四時而見名爲淨火有不潔之衣投於火石之上雖滯汚漬湼皆如新浣當虞舜時其國獻黃布漢末獻赤布梁冀製爲衣謂之丹衣史家云單衣今縫掖也字異聲同未知孰是

錄曰帝王之興叶休祥之應天無隱祥地無蓄寶是以因神物以表運見星雲以觀德按周宮有馮相氏以觀祥錄之數晉以金德故白雲起於灞水山海經及異物志云燃洲之獸生於火中以毛織爲布雖有垢膩投火則潔淨也兩說不同故備錄焉

因墀國獻五足獸狀如師子玉錢千緡其形如環環重十兩上有天壽永吉之字問其使者五足獸是何變化對曰東方有解形之民使頭飛於南海左手飛於東山右手飛於西澤自臍已下兩足孤立至暮頭

還肩上兩手遇疾風飄於海外落元洲之上化爲五足獸則一指爲一足也其人旣失兩手使傍人割裏肉以爲兩臂宛然如舊也因墀國在西域之北送使者以鐵爲車輪十年方至晉及還輪皆絕銳莫知其遠近也

太始元年魏帝爲陳留王之歲有頻斯國人來朝以五色玉爲衣如今之鎧其使不食中國滋味自齎金壺壺中有漿凝如脂嘗一滴則壽千歲其國有大楓木成林高六七十里善算者以里計之雷電常出樹

之半其枝交蔭於上蔽不見日月之光其下平淨掃灑雨霧不能入焉樹東有大石室可容萬人坐壁上刻爲三皇之像天皇十三頭地皇十一頭人皇九頭皆龍身亦有膏燭之處緝石爲床床上有膝痕深三寸床上有竹簡長尺二寸書大篆之文皆言開闢以來事人莫能識或言是伏羲畫卦之時有此書或言是蒼頡造書之處傍有丹石井非人之所鑿下及漏泉水常沸湧諸仙欲飲之時以長綆引汲也其國人皆多力不食五穀日中無影飲桂漿雲霧羽毛爲衣

髮大如縷堅韌如筋伸之幾至一丈置之自縮如蠡續人髮以爲繩汲丹井之水久久方得升之水水中有白蛙兩翅常來去井上仙者食之至周王子晉臨井而窺有青雀銜玉杓以授子晉子晉取而食之乃有雲起雪飛子晉以衣袖揮雲則雲雪自止白蛙化爲雙白鳩入雲望之遂滅皆頻斯國之所記蓋其人年不可測也使圖其國山川地勢瑰異之屬以示張華華云此神異之國難可驗信以車馬珍服送之出關

張華字茂先挺生聰慧之德好觀祕異圖緯之部捃採天下遺逸自書契之始考驗神怪及世間閭里所說造博物志四百卷奏於武帝帝詔詰問卿才綜萬代博識無倫遠冠羲皇近次夫子然記事採言亦多浮妄宜更刪翦無以冗長成文昔仲尼刪詩書不及鬼神幽昧之事以言怪力亂神今卿博物志驚所未聞異所未見將恐惑亂於後生繁蕪於耳目可更芟截浮疑分爲十卷即於御前賜青鐵硯此鐵是于闐國所出獻而鑄爲硯也賜麟角筆以麟角爲筆管此

遼西國所獻側理紙萬番此南越所獻後人言陟里與側理相亂南人以海苔爲紙其理縱橫邪側因以爲名帝常以博物志十卷置於函中暇日覽焉

惠帝元熙二年改爲永平元年常山郡獻傷魂鳥狀如雞毛色似鳳帝惡其名棄而不納復愛其毛羽當時博物者云黃帝殺蚩尤有貔虎誤噬一婦人七月氣不絕黃帝哀之葬以重棺石槨有鳥翔其塚上其聲自呼爲傷魂則此婦人之靈也後人不得其令終者此鳥來集其國園林之中至漢哀平之末王莽多

殺伐賢良、其鳥亟來、哀鳴、時人疾此鳥名、使常山郡
國彈射驅之、至晉初、干戈始戢、四海攸歸、山野間時
見此鳥、憎其名改傷魂爲相宏、及封孫皓爲歸命侯、
相宏之義、叶於此矣、永平之末、死傷多故、門嗟巷哭
常山有獻、遂放逐之、
太始十年、有浮支國獻望舒荳。其色紅葉如荷、近望
則如卷荷、遠望則如舒荷、團圓似蓋、亦云月出則葉
舒、月沒則葉卷、植於宮中、因穿池廣百步、名曰望舒
荷池、愍帝之末、移入胡、胡人將種還胡中、至今絕矣、

池亦填塞、
祖梁國獻蔓金苔。色如黃金、若螢聚之、大如雞卵、投
於水中、蔓延於波瀾之上、光出照日、皆如火生水上
也、乃於宮中穿池廣百步、時觀此苔以樂宮人、宮人
有幸者、以金苔賜之、置漆盤中、照耀滿室、名曰夜明
苔。著衣襟、則如火光、帝慮外人得之、有惑百姓、詔使
除苔塞池、及皇家喪亂、猶有此物、皆在胡中、
石季倫愛婢名翔風、魏末於胡中得之、年始十歲、使
房內養之、至十五、無有比其容貌、特以姿態見美妙

別玉聲、巧觀金色、石氏之富、方比王家、驕侈當世、珍
寶奇異、視如瓦礫、積如糞土、皆殊方異國所得、莫有
辯識其出處者、乃使翔風別其聲色、悉知其處、言西
方北方玉聲沈重而性溫潤。佩服者益人性靈。東方
南方玉聲輕潔而性清涼。佩服者利人精神。石氏侍
人美艷者數千人、翔風最以文辭擅愛、石崇嘗語之
曰、吾百年之後、當指白日以汝爲殉、答曰、生愛死離、
不如無愛、妾得爲殉、身其何朽、於是彌見寵愛、崇常
擇美容姿相類者十人、裝飾衣服、大小一等、使忽視

不相分別、常侍於側、使翔風調玉以付工人、爲倒龍
之珮、縈金爲鳳冠之釵、言刻玉爲倒龍之勢、鑄金釵
象鳳皇之冠、結袖繞楹而舞、晝夜相接、謂之恒舞、欲
有所召、不呼姓名、悉聽珮聲、視釵色、玉聲輕者居前。
金色艷者居後。以爲行次而進也。使數十人各含異
香、行而語笑、則口氣從風而颺、又屑沉水之香如塵
末、布象床上、使所愛者踐之、無迹者賜以眞珠百琲、
有迹者節其飲食、令身輕弱、故閨中相戲曰、爾非細
骨輕軀、那得百琲眞珠。及翔風年三十、妙年者爭嫉

之或者云胡女不可爲羣，競相排毀。石崇受譖潤之言，即退翔風爲房老，使主羣少。乃懷怨而作五言詩曰：「春華誰不美，卒傷秋落時。突煙還自低，鄙退豈所期。桂芳徒自蠹，失愛在蛾眉。坐見芳時歇，憔悴空自嗤。」石氏房中並歌此爲樂曲，至晉末乃止。

石虎於太極殿前起樓，高四十丈，結珠爲簾，垂五色玉珮，風至鏗鏘，和鳴清雅。盛夏之時，登高樓以望四極，奏金石絲竹之樂，以日繼夜。於樓下開馬埒射場，周廻四百步，皆文石丹沙及彩畫于埒傍，聚金玉錢

貝之寶，以賞百戲之人。四廂置錦幔，屋柱皆隱起爲龍鳳百獸之形，雕斲衆寶以飾楹柱，夜往往有光明。集諸羌氏於樓上，時亢旱，舂雜寶異香爲屑，使數百人於樓上吹散之，名曰芳塵臺。上有銅龍，腹容數百斛酒，使胡人於樓上嗽酒，風至望之如露，名曰粘雨臺，用以灑塵。樓上戲笑之聲，音震空中。又爲四時浴室，用鍮石珷玞爲堤岸，或以琥珀爲瓶杓。夏則引渠水以爲池，池中皆以紗縠爲囊，盛百雜香，漬於水中。嚴冰之時，作銅屈龍數千枚，各重數十斤，燒如火色，投於水中，則池水恒溫，名曰燋龍溫池。引鳳文錦步障縈蔽浴所，共宮人寵嬖者，解褻服宴戲，彌於日夜，名曰清嬉浴室。浴罷，洩水於宮外，水流之所，名溫香渠。渠外之人，爭來汲取，得升合以歸，其家人莫不怡悅。至石氏破滅，燋龍猶在鄴城池，今夷塞矣。

錄曰：居寵見姤，故亦姦巧之恒情，因嬌涵僞，而菲錦之辭入，主於惑聽邪諂，豈能脇於求媚憑歡，藉幸緣和，媚而相容，是以先寵未退，盛衰之蒙兆矣。一朝愛退，皎日之誓忽焉，淸泰薄言，怨刻之辭乃

作。石崇功擅時資，財業傾世，遂乃歌擬房中，樂稱恒舞，季庭管室，豈獨古之貶乎！石虎席卷西京，崇麗妖虐，外借和鸞文物之儀，內修三英九華之號，靈解遠貢，光耀舊都，珠璣丹紫，飾備於土木。自古以來，四夷侵掠，驕奢僭暴，擅位偷安，富有之業，莫此比焉。

拾遺記卷九終

拾遺記卷十

崑崙山

崑崙山有昆陵之地其高出日月之上山有九層每層相去萬里有雲色從下望之如城闕之象四面有風羣仙常駕龍乘鶴遊戲其間四面風者言東南西北一時俱起也又有祛塵之風若衣服塵汚者風至吹之衣則淨如浣濯甘露濛濛似霧著草木則滴瀝如珠亦有朱露望之色如丹著木石赭然如朱雪灑焉以瑤器承之如粘崑崙山者西方曰須彌山對七

星之下出碧海之中上有九層第六層有五色玉樹蔭翳五百里夜至水上其光如燭第三層有禾穟一株滿車有瓜如桂有柰冬生如碧色以玉井水洗食之骨輕柔能騰虛也第五層有神龜長一尺九寸有四翼萬歲則升木而居亦能言第九層山形漸小狹下有芝田蕙圃皆數百頃羣仙種耨焉傍有瑤臺十二各廣千步皆五色玉爲臺基最下層有流精霄闕直上四十丈東有風雲雨師闕南有丹密雲望之如丹色丹雲四垂周密西有螭潭多龍螭皆白色千歲一蛇其五臟此潭左側有五色石皆云是白螭腸化成此石有琅玕璆琳之玉煎可以爲脂北有珍林別出折枝相扣音聲和韻九河分流南有赤陂紅波千劫一竭千劫水乃更生也

蓬萊山

蓬萊山亦名防邱亦名雲來高二萬里廣七萬里水淺有細石如金玉得之不加陶冶自然光淨仙者服之東有鬱夷國時有金霧諸仙說此上常浮轉低昂有如山上架樓室常向明以開戶牖及霧滅歇戶皆

向北其西有含明之國綴鳥毛以爲衣承露而飲終天登高取水亦以金銀蒼環水精火藻爲階有冰水沸水飲者千歲有大螺名躶步負其殼露行冷則復入其殼生卵著石則軟取之則堅明王出世則浮於海際焉有葭紅色可編爲席溫柔如罽毳焉有鳥名鴻鵝色似鴻形如禿鶖腹內無腸羽翮附骨而生無皮肉也雄雌相眄則生產南有鳥名鴛鴦形似鴈徘徊雲間棲息高岫足不踐地生於石穴中萬歲一交則生鶵千歲銜毛學飛以千萬爲羣推其毛長者高

藐萬里、聖君之世、來入國郊、有浮筠之簳、葉青莖紫、子大如珠、有青鸞集其上下、有沙礰細如粉、柔風至、葉條翻起、拂細沙如雲霧、仙者來觀而戲焉、吹風竹葉聲如鐘磬之音、

方丈山

方丈之山一名巒雉、東方龍場、地方千里、玉瑤爲林、雲色皆紫、有龍皮骨如山阜、散百頃、遇其蛻骨之時、如生龍、或云龍常鬬此處、膏血如水流、膏色黑者著草木及諸物、如淳漆也、膏色紫、先著地凝堅、可爲寶

器、燕昭王二年、海人乘霞舟、以雕壺盛數斗膏、以獻昭王、王坐通雲之臺、亦曰通霞臺、以龍膏爲燈、光耀百里、煙色丹紫、國人望之、咸言瑞光、世人遙拜之、燈以火浣布爲纏、山西有照石、去石十里、視人物之影如鏡焉、碎石片片、皆能照人、而質方一丈、則重一兩、昭王舂此石爲泥、泥通霞之臺、與西王母常遊居此臺上、常有衆鸞鳳鼓舞、如琴瑟和鳴、神光照耀、如日月之出、臺左右種恒春之樹、葉如蓮花、芬芳如桂花、隨四時之色、昭王之末、仙人貢焉、列國咸賀、王曰、寡人得恒春矣、何憂太清不至、恒春一名沉生。如今之沉香也、有草名濡奸、葉色如紺、莖色如漆、細軟可縈、海人織以爲席薦、卷之不盈一手、舒之則列坐方國之賓、莎蘿爲經、莎蘿草細大如髮、一莖百尋、柔軟香滑、羣仙以爲龍骨之轡、有池方百里、水淺可涉、泥色若金而味辛、以泥爲器、可作舟矣、百鍊可爲金、色青、照鬼魅猶如石鏡、魑魅不能藏形矣、

瀛洲

瀛洲、一名魂洲、亦名環洲。東有淵洞、有魚長千丈、色

斑、鼻端有角、時鼓舞羣戲、遠望水間、有五色雲、就視、乃此魚噴水爲雲、如慶雲之麗、無以加也、有樹名影木、日中視之、如列星、萬歲一實、實如瓜、青皮黑瓤、食之骨輕、上如華蓋、羣仙以避風雨、有金轡之觀、飾以衆環、直上干雲、中有青瑤瓦、覆以雲紈之素、刻碧玉爲倒龍之狀、懸火精爲日、刻黑玉爲烏、以水精爲月、青瑤爲蟾兔、於地下爲機棙、以測昏明、不虧弦望、時有香風泠然而至、張袖受之、則歷年不歇、有獸名嗅石。其狀如麒麟、不食生卉、不飲濁水、嗅石則知有

金玉吹石則開金沙寶璞粲然而可用有草名芸苗狀如菖蒲食葉則醉餌根則醒有鳥如鳳身紺翼丹名曰藏珠每鳴翔而吐珠累斛仙人常以其珠飾仙裳蓋輕而燿於日月也

員嶠山

員嶠山一名環丘上有方湖周廻千里多大鵲高一丈銜不周之粟粟穗高三丈粒皎如玉鵲銜粟飛於中國故世俗間往往有之其粟食之歷月不饑故呂氏春秋云粟之美者有不周之粟焉東有雲石廣五

百里駁騂如錦扣之片片則蓊然雲出有木名猗桑煎椹以爲蜜有冰蠶長七寸黑色有角有鱗以霜雪覆之然後作繭長一尺其色五彩織爲文錦入水不濡以之投火經宿不燎唐堯之世海人獻之堯以爲黼黻西有星池千里池中有神龜八足六眼背負七星日月八方之圖腹有五岳四瀆之象時出石上望之煌煌如列星矣有草名芸蓬色白如雪一枝二丈夜視有白光可以爲杖南有移池國人長三尺壽萬歲以茅爲衣服皆長裾大袖因風以升煙霞若鳥用羽毛也人皆雙瞳修眉長耳餐九天之正氣死而復生於億劫之內見五岳再成塵扶桑萬歲一枯其人視之如旦暮也北有浣腸之國甜水繞之味甜如蜜而水强流迅急千鈞投之久久乃沒其國人常行於水上逍遙於絕岳之嶺度天下廣狹繞八柱爲一息經四軸而暫寢拾塵吐霧以算歷劫之數而成丘阜亦不盡也

岱輿山

岱輿山有員淵千里常沸騰以金石投之則爛如土

矣孟冬水涸中有黃烟從地出起數丈煙色萬變山人掘之入數尺得燋石如炭滅有碎火以蒸燭投之則然而青色深掘則火轉盛有草名莽煌葉圓如荷去之十步炙人衣則燋刈之爲席方冬彌溫以枝相摩則火出矣南有平沙千里色如金若粉屑靡靡常流鳥獸行則沒足風吹沙起若霧亦名金霧亦曰金塵沙著樹粲然如黃金塗矣和之以泥塗仙宮則晃昱明粲也西有　玉山其石五色而輕或似履舄之狀光澤可愛有類人工其黑色者爲勝衆仙所用焉

北有玉梁千丈駕乎流之上紫苔覆漫味甘而柔滑食者千歲不饑玉梁之側有斑斕自然雲霞龍鳳之狀梁去乎流千餘丈雲氣生其下傍有丹桂紫桂白桂皆直上百尋可爲舟航謂之文桂之舟亦有沙棠豫章之木長千尋細枝爲舟猶長十丈有七色芝生梁下其色青光輝燿謂之莕芝螢火大如蜂聲如雀八翅六足梁有五色蝙蝠黄者無腸倒飛腹向天白者腦重頭垂自挂黑者如鳥至千歲形變如小燕青者毫毛長二寸色如翠赤者止於石穴穴上入天視

日出入恒在其上有獸名嗽月形似豹飲金泉之液食銀石之髓此獸夜噴白氣其光如月可照數十畝軒轅之世獲焉有遥香草其花如丹光耀入月葉細長而白如忘憂之草其花葉俱香扇馥數里故名遥香草其子如薏中實甘香食之累月不饑爲體如草之香久食延齡萬歲仙人常採食之

崑吾山

崑吾山其下多赤金色如火昔黄帝伐蚩尤陳兵於此地掘深百丈猶未及泉惟見火光如星地中多丹

鍊石爲銅銅色青而利泉色赤山草木皆劒利土亦鋼而精至越王句踐使工人以白馬白牛祠昆吾之神採金鑄之以成八劒之精一名揜日以之指日則光晝暗金陰也陰盛則陽滅二名斷水以之劃水開即不合三名轉魄以之指月蟾兔爲之倒轉四名懸翦飛鳥遊過觸其刃如斬截焉五名驚鯢以之泛海鯨鯢爲之深入六名滅魂挾之夜行不逢魑魅七名卻邪有妖魅者見之則伏八名真剛以切玉斷金如削土木矣以應八方之氣鑄之也其山有獸大如兔

毛色如金食土下之丹石深穴地以爲窟亦食銅鐵膽腎皆如鐵其雌者色白如銀昔吴國武庫之中兵刃鐵器俱被食盡而封署依然王令檢其庫穴獵得雙兔一白一黄殺之開其腹而有鐵膽腎方知兵刃之鐵爲兔所食王乃召其劒工令鑄其膽腎以爲劒一雌一雄號干將者雄號鏌鋣者雌其劒可以切玉斷犀王深寶之遂霸其國後以石匣埋藏及晉之中興夜有紫色衝斗牛張華使雷煥爲豊城縣令掘而得之華與煥各寶其一拭以華陰之土光耀射人後

華過害失劒所在煥子佩其一劒過延平津劒鳴飛入水及入水尋之但見雙龍纓屈於潭下目光如電遂不敢前取矣

洞庭山

洞庭山浮於水上其下有金堂數百間玉女居之四時聞金石絲竹之聲徹於山頂楚懷王之時與羣才賦詩於水湄故云瀟湘洞庭之樂聽者令人忘老雖咸池九韶不得比焉每四仲之節王常繞山以遊宴舉四仲之氣以為樂章仲春律中夾鍾乃作輕風流

水之詩醼於山南時中蕤賓乃作皓露秋霜之曲後懷王好進姦雄羣賢逃越屈原以忠見斥隱於沅湘披蓁茹草混同禽獸不交世務採柏實以和桂膏用養心神被王逼逐乃赴清冷之水楚人思慕謂之水仙其神遊於天河精靈時降湘浦楚人為之立祠漢末猶在其山又有靈洞入中常如有燭於前中有異香芬馥泉石明朗採藥石之人入中如行十里迥然天清霞耀花芳柳暗丹樓瓊宇宮觀異常乃見衆女霓裳冰顏艶質與世人殊別來邀採藥之人飲以瓊漿金液延人璇室奏以簫管絲桐餞令還家贈之丹醴之訣雖懷慕戀且思其子息卻還洞穴還若燈燭導前便絶饑渴而達舊鄉已見邑里人戶各非故鄉鄰唯尋得九代孫問之云遠祖入洞庭山採藥不還今經三百年矣其人說於鄰里亦失所之

錄曰按禹貢山海正史說名山大澤或不列書圖著於編雜之部或有乍無或同乍異故使覽者迴惑而疑焉至如列子所說員嶠岱輿瑰奇是聚先墳莫記蓬萊瀛洲方丈各有別名是吾神異張騫

亦云焉覩華戎不同寒暑律人鶵禽至其異氣雲水草木怪麗殊形考之載籍同其生類非夫貴遠體大則笑其虛誕俟諸宏博驗斯靈異焉

述異記卷上

梁　任昉著　　安義王軼羣校

昔盤古氏之死也、頭爲四岳、目爲日月、脂膏爲江海、毛髮爲草木、秦漢間俗說盤古氏頭爲東岳、腹爲中岳、左臂爲南岳、右臂爲北岳、足爲西岳、先儒說盤古氏泣爲江河、氣爲風、聲爲雷、目瞳爲電、古說盤古氏喜爲晴、怒爲陰。吳楚間說盤古氏夫妻陰陽之始也、今南海有盤古氏墓、亘三百餘里、俗云後人追葬盤古之䰟也、桂林有盤古氏廟、今人祝祀、

南海中盤古國、今人皆以盤古爲姓、昉按盤古氏天地萬物之祖也、然則生物始於盤古。

南海小虞山中有鬼母、能產天地鬼、一產十鬼、朝產之、暮食之、今蒼梧有鬼姑神是也、虎頭龍足、蟒目蛟眉、蟒虵目圓　蛟有連生今吳越間防風廟、土木作其形、龍首牛耳、連眉一目、

昔禹會塗山、執玉帛者萬國、防風氏後至、禹誅之、其長三丈、其骨頭專車、今南中民有姓防風氏、即其後也、皆長大、越俗祭防風神、奏防風古樂、截竹長三尺、

吹之如嗥、三人披髮而舞、

軒轅之初立也、有蚩尤氏兄弟七十二人、銅頭鐵額、食鐵石、軒轅誅之於涿鹿之野、蚩尤能作雲霧、涿鹿今在冀州、有蚩尤神、俗云人身牛蹄、四目六手、今冀州人掘地得髑髏如銅鐵者、即蚩尤之骨也、今有蚩尤齒長二寸、堅不可碎、秦漢間說蚩尤氏耳鬢如劍戟、頭有角、與軒轅鬭、以角觝人、人不能向、今冀州有樂名蚩尤戲、其民兩兩三三、頭戴牛角而相觝、漢造角觝戲、蓋其遺製也、

太原村落間、祭蚩尤神、不用牛頭、今冀州有蚩尤川、即涿鹿之野、漢武時、太原有蚩尤神晝見、龜足虵首、首疫、其俗遂爲立祠、

堯使鯀治洪水、不勝其任、遂誅鯀於羽山、化爲黃熊、奴來反入於羽泉、今會稽祭禹廟、不用熊、曰黃能、即黃熊也、陸居曰熊、水居曰能、昉按今江淮中有獸名能、熊虵之精、至冬化爲雉、至夏復爲虵、今吳中不食雉、虵故也、

揚州有虵市、市人鬻珠玉而雜貨蛟布、蛟人即泉先

也、又名泉客、
南海出蛟綃紗、泉先潛織、一名龍紗、其價百餘金、以爲服、人水不濡、
南海有龍綃宮、泉先織綃之處、綃有白之如霜者、
鬱林郡有珊瑚市、海先市珊瑚、樹碧色、生海底、一株十枝、枝間無葉、大者高五六尺、至小者尺餘、蛟人云、海上有珊瑚宮、漢元封二年、鬱林郡獻瑞珊瑚、
光武時、南海獻珊瑚婦人、帝命植於殿前、謂之女珊瑚。一旦柯葉甚茂、至靈帝時樹死、咸以謂漢室將亡之徵也、

凡珠有龍珠、龍所吐者、蛇珠、蛇所吐者、南海俗諺云、蛇珠千枚、不及玫瑰、言蛇珠賤也、玫瑰亦是美珠也越人諺云、種千畝木奴。不如一龍珠。
越俗以珠爲上寶、生女謂之珠娘。生男謂之珠兒。吳越間俗說、明珠一斛、貴如玉者、合浦有珠市、
昔炎帝女溺死東海中、化爲精衛、其名自呼、每銜西山木石。塡東海。偶海燕而生子、生雌狀如精衛、生雄如海燕。今東海精衛誓水處、曾溺於此川、誓不飲其水、一名鳥市。一名寃禽、又名志鳥、俗呼帝女雀、
東海島龍川、穆天子養八駿處也、島中有草名龍芻、馬食之、一日千里、古語云、一株龍芻、化爲龍駒。
陶唐之世、越常國獻千歲神龜、方三尺餘、背上有文、科斗書、記開闢以來、帝命錄之、謂之龜歷、伏滔述帝功德銘曰、胡書龜歷之文、
夏桀宮中有女子化爲龍、不可近、俄而復爲婦人、甚麗而食人、桀命爲蛟妾、告桀吉凶、
桀時泰山山走石泣、先儒說桀之將亡、泰山三日泣、

今泰山山石遠望之若人泣、蓋是也、周武謂周公曰、桀爲不道。走山泣石。
堯爲仁君、一日十瑞、宮中芻化爲禾、鳳凰止於庭、神龍見於宮沼、歷草生堦、宮禽五色、鳥化白、神木生蓮、蓮蒲生廚、景星耀於天。甘露降於地、是爲十瑞、
東海畔有孤竹焉、斬而復生、中有管、周武王時、孤竹之國、獻瑞筍一株、
空桑生大野山中、爲琴瑟之最者、空桑也、
周成王元年、貝多國人獻舞進周公、命返之南海中

有軒轅丘鸞自歌鳳自舞古云天帝樂也崆峒山中有堯碑禹碣皆籀文焉伏滔述帝功德銘曰堯碑禹碣歷古不昧

會稽山有虞舜巡狩臺臺下有望陵祠帝舜南巡葬於九疑民思之立祠曰望陵祠

帝舜都郭門古宮存焉宮前有堯臺舜館銘記古文莫有識者

湘水去岸三十里許有相思宮望帝臺昔舜南巡而葬於蒼梧之野堯之二女娥皇女英追之不及相與

慟哭淚下沾竹竹上文爲之班班然

昔戰國時魏國苦秦之難有以民從征戍秦久不返妻思而卒既葬塚上生木枝葉皆向夫所在而傾因謂之相思木今秦趙間有相思草狀如石竹而節節相續一名斷腸草又名愁婦草亦名霜草人呼寮莎蓋相思之流也

江南有懶婦魚俗云昔楊氏家婦爲姑所溺而死化爲魚焉其脂膏可燃燈燭以之照鳴琴博奕則爛然有光及照紡績則不復明焉

水虺五百年化爲蛟蛟千年化爲龍龍五百年爲角龍千年爲應龍

沮漳二水波文皆若五色彼人多文章故一名績水灌溉之間離別亭古送別處漢沔會流處岸上有石銘云下至水府三十一里皆傳云李斯刻此石

鹿千年化爲蒼又五百年化爲白又五百年化爲玄漢成帝時山中人得玄鹿烹而視之骨皆黑色仙者說玄鹿爲脯食之壽二千歲

餘干縣有白鹿土人皆傳千年矣晉成帝遣捕得銅

牌在角後書云漢元鼎二年臨江所獻白鹿

淮水中黃雀至秋化爲蛤春復爲黃雀雀五百年化爲蜃蛤梓樹之精化爲青羊生百年而紅五百年而黃又五百年而色蒼又五百年而色白

黿千年生毛龜壽五千年謂之神龜萬年曰靈龜

海魚千歲爲劍魚一名琵琶形如琵琶而善鳴因以名焉

漢中山有虎生角道家云虎千年則牙蛻而角生

漢宣城郡守封邵一日化爲虎食郡民呼之曰封使君

因去不復來故時語云無作封使君生來治民死食民夫人無德而壽則為虎虎不食人人化虎則食人蓋恥其類而惡之

獍之為獸狀如虎豹而小始生還食其母故曰梟獍

濟陽山麻姑登仙處俗說山上千年金雞鳴玉犬吠

闔閭夫人墓中周迴八里別館洞房迤邐相屬漆燈照爛如日月焉尤異者金蠶玉燕各千餘雙

吳王夫差築姑蘇之臺三年乃成周旋詰屈橫亘五里崇飾土木殫耗人力宮妓數千人上別立春宵宮

為長夜之飲造千石酒鍾夫差作天池池中造青龍舟舟中盛陳妓樂日與西施為水嬉吳王於宮中作海靈館館娃閣銅溝玉檻宮之楹檻珠玉飾之

吳既滅越棲勾踐于會稽之上地方千里勾踐得范蠡之謀乃示民以耕桑延四方之士作臺於外而館賢士今會稽山有越王臺今交州麻林一名紵林勾踐種麻將以為弓交州糠頭山勾踐貯米於其上舂積糠為山今會稽之上有越王鑄劍洲箭鏃洲往往有得古箭鏃蓋古制也

廣州東界有大夫文種之墓墓下有石為華表柱石鶴一隻種即越王勾踐之謀臣也

洞庭湖中有釣洲昔范蠡乘扁舟至此遇風止釣於洲上刻石記焉有一陂陂中有范蠡魚昔范蠡釣得大魚烹食之小者放於陂中陂邊有范蠡石牀石硯銛鍔范蠡宅在湖中多桑紵異果有海杏大如拳若年楸

邯鄲有故宮基存焉中有趙王之果園梅李至冬而花春得而食

鄴中銅駞鄴魏武帝陵下銅駞石犬各二古詩云石犬不可吠銅駞徒爾為

一說香水在并州其水香潔浴之去病吳故宮亦有香水溪俗云西施浴處人呼為脂粉塘吳王宮人濯粧於此溪上源至今馨香古詩云安得香水泉濯郎衣上塵俗說魏武帝陵中亦有泉謂之香水

饒州俗傳軒轅氏鑄鏡於湖邊今有軒轅磨鏡石石上常潔不生蔓草

桂林東南邊海有裸川桓譚新論云呈衣冠於裸川

海上有裸人鄉、

丹陽大姑陵陰下有石麟二枚、不知年代、傳曰秦漢間公卿墓、則以石麒麟鎮之、虞氏縣有盧君古冢、冢旁栢二株、枝條蔭茂、二百餘步、樹文隱起、皆如龜甲、根勁如銅石、

盧府君墓在館陶縣南二十里、不知何代、銘曰盧府君歸真之室、

盧陵郡有董氏之宅、前有董家祠、昔有董氏語其鄉人曰、吾當盡室作神、及死、家人老幼皆卒、鄉人往往

見之、稱吾於地下作盧陵侯、鄉人因爲立祠、能致風雨、

安定西隴道、其谷中有彈箏之聲、行人過聞之、謂之彈箏谷。

粉水出房陵永清谷、取其水以漬粉、即鮮潔有異於常、謂之粉水、

漢水西山有九井、井中常出五色煙、高數丈、傳云昔人有絕　入得數斛空青

西海外有鵠國、人長七寸、日行千里、百獸不犯、惟畏海鵠、鵠見必吞之、在鵠腹中不死、鵠一舉亦千里、

吐綬鳥、其身大如鸛、五色、出巴東山中、毛色可愛、若天晴淑景、即吐綬長一尺、須臾還吞之、陰晦即不吐、

陽泉在天餘山北、清流數十步、所涵草木、皆化爲石、精明堅勁、其水所經之處、物皆漬爲石、

却塵犀、海獸也、然其角辟塵、致之於座、塵埃不入、

羊山上有燃石、其色黃、而文理疏、以水沃之便如煎沸、其上可炊烹、稍冷即復以水沃之、

猰貐獸中最大者、龍頭馬尾虎爪、長四百尺、善走、以

人爲食、遇有道君即隱藏、無道君即出食人、

辟寒香。丹丹國所出、漢武時入貢、每至大寒、於室焚之、暖氣翕然自外而入、人皆減衣、

迷穀出招搖山、亦名雀山、其樹如穀、又如楮、其花四照、名曰迷穀、如佩之令人不迷、

南康樗都縣西、沿江有石室、名夢口穴、嘗有船人遇一人、通身黃衣、擔兩籠黃瓜、求寄載、過至岸下、此人唾盤上、徑下崖、直入石穴中、船主初甚忿之、見其人入石穴、始知異、視盤上唾、悉是金矣、

噲參養母至孝曾有玄鶴爲弋人所射窮而歸參參收養療治瘡愈放之後鶴夜到門外參秉燭視鶴雌雄雙至各銜明月珠以報參家

炎洲在南海中上有風生獸似豹青色大如貍網取之積薪數車燒之不然鐵鎚鍛頭數十下乃死以口向風須臾便活以石上菖蒲塞鼻卽眞死取其腦和菊花服之可壽五百歲

南方有炎火山四月生火十二月火滅火滅之後草木皆生枝條至火生草木葉落如中國寒時也取此木以爲薪燃之不燼以其皮績之爲火浣布

蘭陵山有井異鳥巢其中金翅而身黑此鳥見卽大水井不可窺窺者盈歲輒死

玉門西南有一國國中有山石礰子林切千枚名爲霹靂礰從春雷而礰滅至秋礰盡雷收復生年年如此

宣城蓋山有舒姑泉俗傳有舒氏女與父析薪女坐泉處忽牽挽不動父遽告家及再至其地惟見清泉湛然其母曰女好音樂乃作弦歌泉乃涌流

擣衣山一名靈山在瑯琊郡山南絕嶮巖有方石昔有神女於此擣衣其石明瑩謂之玉女擣練礎

泮鄉西津有玉女岡天當雨輒先涌五色氣於石間俗謂玉女披衣

嫌州去玉門三千里地寒多雪着木石之上皆融而甘可以爲菓嫌丘嚴反

八方之荒有石鼓其徑千里撞之其音卽成雷也天之申戒於此

秦始皇作石橋於海上欲過海觀日出處有神人驅石去不速神人鞭之皆流血今石橋其色猶赤

員嶠山名還丘東有雲石廣五百里有蠶長七寸黑色有鱗角以霜雪覆之然後作繭長一尺其色五采織爲文錦入水不濡

園客者濟陰人貌美色人多欲妻之客終不娶常種五色香草積十餘年服食其實忽有五色蛾集香草上客薦之以布生華蠶焉至蠶時有一女自來助養蠶以香草食之得繭一百二十枚繭大如甕每一繭繅六七日絲方盡繰訖此女與客俱神仙去

并州妒女泉婦人不得靚粧綵服至其地必興雲雨

一云是介推妹

齊桓公北征孤竹見人長尺具衣冠左袪而走於馬前管仲曰此山之神也名曰俞兒霸王之君興則見也

和州歷陽淪爲湖昔有書生遇一老姥姥待之厚生謂姥曰此縣門石龜眼血出此地當陷爲湖姥後數往視之門吏問姥姥具荅之吏以硃點龜眼姥見遂走上北山顧城遂陷焉今湖中有明府魚奴魚婢魚

信安郡石室山晉時王質伐木至見童子數人棊而歌質因聽之童子以一物與質如棗核質含之不覺

饑俄頃童子謂曰何不去質起視斧柯盡爛既歸無復時人

螺亭在南康郡昔有正女採螺爲業曾宿此亭夜聞空中風雨聲乃見衆螺張口而至便亂噉其肉明日惟有骨存焉故號此亭爲螺亭

北方有七尺之棗南方有三尺之梨凡人不得見或見而食之即爲地仙

荀瓌字叔偉潛棲卻粒嘗東遊憩江夏黃鶴樓上望西南有物飄然降自霄漢俄頃已至乃駕鶴之賓也鶴止戶側仙者就席羽衣虹裳賓主歡對已而辭去跨鶴騰空而滅

晉安郡有一書生謝端爲性介潔不染聲色嘗於海岸觀濤得一大螺大如一石米斛割之中有美女曰予天漢中白水素女天帝矜卿純正令爲君作婦端以爲妖呵責遣之女嘆息升雲而去

東陽郡永康縣吳時有人入山逢大龜擔之未至家遇夜纜舟於岸見老桑呼龜曰元緒汝當死矣龜呼桑樹曰子明無若也雖然盡南山之樵不能潰我對

曰諸葛恪明敏禍必及於予明日其人將龜獻吳王命煑之三日三夜不死遂問諸葛恪恪曰此龜有精須得多載老桑爲薪煑之立爛遂命老桑斫之爲薪既燃即爛

漢武帝幸甘泉長平阪道中有虫赤如肝頭目口齒悉具人莫知也時東方朔曰此古秦獄地也積憂所致上使按圖果秦獄地朔曰夫積憂者得酒而解乃取虫置酒中立消

洞庭山有宮五門東通林屋西達峨眉南接羅浮北達岱岳東有石樓樓下兩石扣之淸越所謂神鉦昔有靑童秉燭飈飛輪之車至此其跡存焉上有天帝壇山山有金牛穴吳孫權時令人掘金金化爲牛走上山其跡存焉故號爲金牛穴

范文本日南奴也爲奴時牧羊於澗中得兩鯉魚欲私食之郎知詰文詐云將礪石還非魚也郎至魚所果見兩石文異之石有鐵文因入山中就冶作兩刀因舉刀向鄣鄣即番中山地名也呪曰鯉魚變化冶成刀斫石鄣破者是有神靈文當治此國遂斫破之衆遂推爲君

宋武帝微時伐荻於新洲見一大蛇長數丈遂射之傷明日復往觀之聞杵臼聲覘見數靑衣童子擣藥問其故答曰我王爲劉寄奴所射今合藥傅之帝曰何神也童子不答帝叱之皆散收得藥人因名此草爲劉寄奴

西域有鼠國大者如犬中者如兔小者如常鼠頭悉白商賈有經過其國者若不祈祀則嚙人衣裳

周成王時東夷送六角牛

磅䃧山去扶桑五萬里日所不及其地甚寒有桃樹千圍萬年一實一說日本國有金桃其實重一斤

吳王闔閭葬於吳縣三月有白虎居其上號曰虎丘

晉太康中會稽縣蟛蜞及羊皆化爲鼠蟛始變者有毛而無肉大食新稻

周穆王時天下連雨三月穆王乃吹笛其雨遂止

漢武帝時西方日支國有獻活人草三莖有人死者將草覆面即活之矣

封微山中有怒毛獸若不嗔毛短三寸若嗔毛長三尺

南金山有師子獸其毛黃赤而光鮮耳小若鳴時地動石裂也

崑崙山有玉桃光明洞徹而堅瑩須以玉井泉洗之便軟可食

北方荒外有石湖方十里中有横公魚夜即化爲人刺之不入煑之不死若以烏梅二七箇煑之即熟可治邪病

東海郡尉于台有杏一株花雜五色六出號六仙人杏

晉時晉陵薛願家有虹飲其釜中水須臾而竭願因以酒祝而益之虹復飲盡吐金滿釜而去願家遂至大富

顧渚山有報春鳥春至則鳴秋分亦鳴似鶗鴂之類也

龍肝瓜長一尺花紅葉素生於氷谷所謂氷谷素葉之瓜

越俗說會稽山夏禹廟中有梅梁忽一春而生枝葉

漢成帝常與趙飛燕游太液池以沙棠木爲舟其木出崑崙山人食其實入水不溺詩曰安得沙棠木刳以爲舟船

巴東有眞香茗其花白色如薔薇煎服令人不眠能誦無忘

伺潮雞潮水上則鳴孫綽望海賦曰石雞清響而應潮是也

聚窟州有返魂樹伐其根心於玉釜中煮取汁又熬之令可丸名曰驚精香或名震靈丸或名反生香或名卻死香死尸在地聞氣即活

岑華山在西海之西有簻竹爲簫管吹之若羣鳳之鳴

魏興錫義山多生微蘅草有風不偃無風獨搖

黃金山有楠樹一年東邊榮西邊枯後年西邊榮東邊枯年年如此張華云交讓樹也

石勒當傭於臨水爲遊軍所囚會有羣鹿傍道軍人競逐之勒乃獲免俄而又見一老父謂勒曰何來羣

鹿者我也君應爲列國主故相救耳

大食王國在西海中有一方石石上多樹榦赤葉青枝上總生小兒長六七寸見人皆笑動其手足頭著樹枝使摘一枝小兒便死

獬豸者一角之羊也性知人有罪皐陶治獄其罪疑者令羊觸之

取鳥之未生毛者以丹和牛肉使吞至長羽毛皆赤殺之陰乾杵服壽五百歲

鄧通以櫂船爲黃頭郎曰土勝水其色黃故刺船郎

皆著黃帽。

漢元和元年，大雨有一青龍墮於宮中，帝命烹之，賜羣臣龍羹各一杯，故李尤七命曰：味兼龍羹，七命即文章名也。

桼消山有石樓樹，吳太皇元年，郡吏伍曜於海際得之，枝莖紫色有光，南越謂之石連理也。

南海有明珠，即鯨魚目瞳，鯨死而目皆無精，可以鑒，謂之夜光。

千年木精爲青牛。

猿五百歲化爲玃，玃千歲化爲老人。

鵠壽三千歲。

鷩之千年生胡髯。

虎魚老者爲蛟。

江中魚化爲蟂，而食五穀者，百歲爲鼠。

蛟羊似羊而無角，啖之毒。

古人說羊一名胡髯郎，又名青鳥。

周穆王之犬，日走千里，食虎豹。

闔閭構水精宮，尤極珍怪，皆出自水府。

瀨鄉老子祠有紫石榴，紅縹李，一李二色。

勾漏縣有白橘、青柑、縹杏。

南中生子母竹，今之慈竹也。

漢章帝元年，上虞縣獻二蔕瓜一實，二蔕，及玉色橘。

趙王故城，俗呼爲麋鹿城。

梁孝王築平臺，臺至今存，有蒹葭洲、鳧藻洲、梳洗潭。

中有望秦山，商人望鄉之處。

貝宮夫人廟在太一山下，云懷元年夫人也，廟即其基也。

當陽南有龍川鳳川，云漢武帝時，八龍五鳳常見於此，亦呼爲五鳳州。

魏文帝甄后陵在鄴中臨漳東北，至今有甄后神

殷紂時，太龜生毛，而兔生角，是甲兵將興之兆。

述異記卷下

周幽王時牛化爲虎羊化爲狼洛南有避狼城云幽王時羣羊爲狼食人故築城避之今洛中有狼村是其處也

關中有金魚神云周平二年十旬不雨遣祭天神俄而生涌泉金魚躍出而雨降

楚莊王時宮人一旦而化爲野蛾飛去

秦始皇帝至東海海神捧珠獻於帝前今海畔有秦皇受珠臺

東海上有蒲臺秦始皇至此臺下縈蒲繫馬蒲至今縈紆

始皇二十六年童謠云阿房阿房亡始皇

古說雍州雨魚長八尺寸許

先儒說夏禹時天雨金三日古詩云安得天雨金使金賤如土是也

周成王時咸陽雨金今咸陽有雨金原

王莽時未央宮中雨五銖錢既而至地悉爲龜兒

漢世翁仲儒家人貧力作居渭川一旦天雨金十斛於其家

漢惠帝二年宮中雨黄金黑錫

呂后三年天雨粟

漢宣帝時江淮饑饉人相食雨穀三秦魏地亡穀二十頃

漢武帝時廣陽縣雨麥

河間有雨錢城漢世天雨鉛錫於此

周時成陽雨錢終日而絕

秦二世元年宮中雨金既而頃刻皆化爲石

漢成帝末年宮中雨一蒼鹿殺而食之其味甚美

大禹時天雨稻古詩云安得天雨稻飼我天下民

漢世頴川民家雨金銖錢

魏武帝末年鄴中雨五色石

吳桓王時金陵雨五穀於貧民家富者則不雨矣

魏時河間王子元家雨中有小兒八九枚墮於庭前長六七寸許自言家在河東南爲風所飄而至於君庭與之言甚有所知如史傳所述

魏世河内冬雨棗

耆舊說周秦間河南雨酸棗遂生野棗今酸棗縣是也

魏文帝安陽殿前天降朱李八枚啖一枚数日不食今李種有安陽李大而有甘者即其種也

漢末楊氏家園中產神㮈三株

武陵源在吳中山無他木盡生桃李俗呼爲桃李源源上有石洞洞中有乳水世傳秦末喪亂吳中人於此避難食桃李實者皆得仙

杜陵有金李李大者謂之夏李尤小者呼爲鼠李桃

之大者爲木桃詩云投我以木桃是也

房陵定山有朱仲李園三十六所潘岳閒居賦云防陵朱仲之李李尤果賦云三十六園朱李是也中山有縹李大如拳者呼仙李李尤果賦云如拳之李陸士衡果賦曰中山之縹李又云仙李縹而神李紅

豫樟之爲木豫樟即木名也生七年而後與衆木有異

漢武帝寳鼎二年立豫樟宮於昆明池中作豫樟水殿

袁紹在冀州時滿市黃金而無斗粟餓者相食人爲之語曰虎豹之口不如饑人劉備在荆州時粟與金同價

永嘉之亂洛中饑荒懷帝遣人觀市珠玉金銀匱委市中而無粟麥袁宏表云田畝由是坵墟都市化爲珠玉是也

漢末大饑江淮間童謠云太岳如市人死如林持金易粟貴於黃金

洛中童謡曰雖有千黃金無如我斗粟斗粟自可飽

千金何所直

耆舊說桓靈之世汝潁間桑麻爲蒿莠桃李不實花而復落落而復花而官倉有朽粟

晉永嘉中梁州雨七旬麥化爲飛蛾

晉末荆州久雨粟化爲蟲蟲害民春秋云穀之飛爲蟲蟲是也中郎王義與表奏曰臣聞堯生神木而晉有蟲粟陛下自以聖德何如帝有慙色

宋高祖之初年當晉饑饉之後即位以來江表二千餘里野粟生焉

古說淮南諸仙石生穀，袁安云石穀藥名，穗之尤小者。

漢世古諺曰，雖有神藥不如少年，雖有珠玉不如金錢。

太原神金岡中有神農嘗藥之鼎存焉。

成陽山中有神農鞭藥處，一名神農原，藥草山，山上紫陽觀世傳神農於此辨百藥，中有千年龍腦。

冀州鵠山傳龍千年則於山中蛻骨，今有龍岡，岡中出龍腦是也。

今藥中有禹餘糧者，世傳昔禹治水，棄其所餘糧於江中生爲藥也。

仙藥紫鳳腦千年髑髏是也。

龜甲香卽桂香之善者。

紫述香一名紅蘭香，一名金桂香，亦名麝香草，出蒼梧桂林上郡界，今吳中有麝香草，香似紅藍而甚芬香。

南海山出千步香，佩之香聞於千步也，今海嵎有千步草，是其種也，葉是杜若而紅碧雜，貢籍曰南郡貢千步香。

日南有香市，商人交易諸香處。

漢雍仲子進南海香物，拜爲涪陽尉，時謂之香尉，日南有千畝林，名香出其中。

香洲在朱崖郡，洲中出諸異香，往往不知名焉，千年松香聞於十里，亦謂之十里香。

杏園洲在南海中，洲中多杏，海上人云仙人種杏處。漢時嘗有人舟行遇風，泊此洲五六日，食杏故免死。云洲中别有冬杏。

木蘭舟在潯陽江中，多木蘭樹，昔吳王闔閭植木蘭於此，用構宮殿也。七里洲中有魯班刻木蘭爲舟，舟至今在洲中，詩家云木蘭舟出於此。

天姥山南峯，昔魯班刻木爲鶴，一飛七百里，後放於北山西峯上，漢武帝使人往取之，遂飛上南峯，往往天將雨則翼翅搖動，若將奮飛。

魯班刻石爲禹九州圖，今在洛城石室山。

東北巖海畔有大石龜，俗云魯班所作，夏則入海，冬復止於山上，陸機詩云，石龜尚懷海，我寧忘故鄉。

上虞縣有石駞步水際謂之步
瓜步在吳中吳人賣瓜於江畔用以名焉
吳江中又有魚步龜步湘中有靈妃步昉按吳楚間謂浦爲步語之訛耳
公主山在華山中漢末王莽秉政南陽公主避亂奔入此峯學道後得升仙至今嶺上有一雙朱履傳云公主既於山中得道駙馬王咸間追之不及故留二履以示之潘安仁有公主峯記
晉永嘉亂既已至江諸公主不得隨去安陽公主平

城公主奔入兩河界悉爲民家妻常怏怏不悅有故鄉之思村民感之共築一臺以居之謂之公主望鄉之館至今巋然王朗懷舊賦云將軍出塞之臺公主望鄉之館漢成帝遣將軍王瀟戍邊及帝崩王莽篡逆瀟與莽有隙遂留不敢歸因逃入胡中士卒相率築臺爲望鄉之處
曲阜縣南十里有孔子春秋臺曲阜古城有顏回墓墓上石楠縣樹二株可三四十圍士人云顏回手植
晉末羣盜蜂起義陽公主自洛中出奔至洛南士卒二千餘人留守不去以衛京都劉曜攻破之主有殊色曜將逼之主手刃曜不中遂自刃曜奇其正節遣葬之立義陽公主墳民憐之爲立廟今義陽神是也
苻堅既爲姚萇所殺於新平佛寺中後寺主摩訶蘭常夢堅曰可爲吾作宮既而寺左右民家死疫相繼巫者常見堅怒曰吾不宮將盡殺新平民因共改寺爲廟遂無復灾疾每年正月二日民競祀以大牢新平寺今苻家神也
今烏江長亭亭下有駐馬塘即當時烏江亭長艤舟

待項羽處今陰陵故城九曲澤澤中有項王村即項籍迷失路處項王失路於澤中周回九曲後人因以爲澤名
燕昭王爲郭隗築臺今在幽州燕王故城中土人呼爲賢士臺亦謂之招賢臺
漢武帝於湖中牧馬處至今野草皆有嚼齧之狀湖中呼爲馬澤澤中有武帝彈棊方石石上勒銘存焉
葳蕤草一名麗草又呼爲女草江浙中呼娃草美女曰娃故以爲名

懸腸草一名思子蔓南中呼爲離別草
苔謂之澤葵又名重錢亦呼爲宣蘚南人呼爲垢草
萱草一名紫萱又呼爲忘憂草吳中書生呼爲療愁
花嵇中散養生論云萱草忘憂
桂林有睡草見之則令人睡一名醉草亦呼爲懶婦
箴又出海南地記
楚中有宮人草狀如金鐙而甚氛氳花色紅翠俗說
楚靈王時宮人數千皆多愁曠有囚死於宮中者葬
之後墓上悉生此花

舜草今之孝草也
蕭具草一名塞路生北方胡地古詩云千里蕭具草
紅蘭花一名大草
菟葵本胡中葵似葵而大者
寡草特生而不叢
洛陽有支茜園漢宮儀云染園出芝茜供染御服是
其處也
紅綬花蔓生如綬一般有文采因名焉
甘泉宮有木園武帝時園也今俗呼爲仙草園出漢
魏宮志
荾園在定陵漢宮儀曰荾園供染綠紋綬小藍曰荾
荾音椳
芙蓉園在洛陽漢家置之長沙定王故宮有蓼園眞
定王故園也
張騫苜蓿園今在洛中苜蓿本胡中菜也張騫始於
西戎得之
衛有淇園出竹在淇水之上詩云瞻彼淇澳綠竹猗
猗是也

梧桐園在吳宮本吳王夫差舊園也一名鳴琴川
南中有楓子鬼楓木之老者爲人形亦呼爲靈楓
後漢李子長爲政欲知囚情以梧桐木爲之像囚形
穿地爲坎臥木囚於其中視之罪正者不動寃者木
囚動出時以爲精誠所應子長時爲大理卿
漢武宴於未央宮忽聞人語云老臣負自訴不見其
形良久見梁上一老翁長八九寸面皺鬢白拄杖僂
步至前帝問曰叟何姓名所訴者何翁緣拄放杖叩
頭不言因仰視屋俯視帝腳忽不見帝駭懼問東方

朔朔曰其名爲藻兼水木之精也陛下頃來頻興宮室斬伐其居故來訴耳仰頭看屋而後視陛下腳足者願陛下宮室足於此不欲更造帝乃息役後帝幸瓠子河聞水底有絃歌之聲置肴膳芬芳於帝前前梁上翁及數人年少絳衣紫帶佩纓皆長八寸一人最長長尺餘淩波而出衣不沾濕或挾樂器帝問之曰向所聞樂是公等奏耶對曰臣前昧死歸訴蒙陛下息斤斧得全其居故相慶樂耳遂奏樂獻帝洞穴珠一枚遂隱不見帝問方朔何謂洞穴珠朔曰河底

有一穴深數百丈中有赤蜯蜯生此珠徑寸明耀絕世矣帝遂寶愛此珠置於內庫

燕昭王種長春樹葉如蓮花樹身似桂樹花隨四時之色春生碧花春盡則落夏生紅花夏末則凋秋生白花秋殘則萎冬生紫花遇雪則謝故號爲長春樹

澄汞泉在滄州九覦山山下出泉濶百餘步亦名流汞渠雖泛金石終不沉故州人欲渡此泉以瓦鐵爲船舫

地生毛京房以爲人勞之應北齊武成河清年中徐州及長安地生毛長七尺時北築長城內築三臺人苦勞役之應

神泉出高密瑯琊郡人或禱祈求之則飛泉湧出清冷而味甘人或汙之則便竭

鹽田在河東郡有一大澤澤中產鹽引水沃之則自成號曰鹽田取之無盡不沃則無也又張掖有鹽池自然生鹽其鹽多少隨月增減

甜溪水其味如蜜東方朔得以獻武帝帝乃投於陰井中井水遂甜而寒洗浴則肌理柔滑

日林國有神藥數千種其西南有石鏡方數百里光明瑩徹可鑒五藏六府亦名仙人鏡國中人若有疾輒照其形遂知病起何藏府即采神藥餌之無不愈其國人壽三千歲亦有長生者

列禦寇鄭人御風而行常以立春日歸乎八荒立秋日遊於風穴是風至即草木皆生去則草木皆落謂之離合風

秦繆公時陳倉人掘地得物若羊非羊似猪非猪繆公道中逢二童子曰此名蝹史記作媪在地中食死人腦

若以松栢穿其首則死故今種栢在墓上以防其害也

辰州嵩溪有丹青樹枝葉直上龍雲下無枝條上有五色葉圓如華蓋故號丹青樹俗謂之五采樹今在辰陽縣

城陽縣城南有堯慶都墓廟前一池魚頭間有印文謂之印頰魚若非祀者捕而不得

奇肱國其國人機巧能為飛車從風遠行湯時西風吹奇肱人乘車東至豫州界後十年而風復至使遣

歸國去玉門四萬里

東海有牛魚其形如牛海人採捕剝其皮懸之潮水至則尾起潮水落則尾伏

頳瀋山有櫇（汝耿反）子樹其木如玉色瀋人採之以為杖

虵一首兩身者名曰肥遺西華山中有也見則大旱

南海有水蟲名曰䗸蚌蛤之類也其小蟹大如榆莢䗸開甲食則蟹亦出食䗸合甲蟹亦還入為䗸取食以終始生死不相離

西蜀石門山有樹名曰桄榔皮裏出屑如麪用作餅食之與麪相似因謂之桄榔麪焉

漢武帝元鼎元年起招靈閣有一神女留一玉釵與帝帝以賜趙婕妤至昭帝元鳳中宮人見此釵光瑩甚異共謀欲碎之明視釵匣唯見白燕直升天去後宮人常作玉釵因名玉燕釵

三國時昆明國貢魏瀨金鳥鳥形如雀色常翱翔海上吐金屑如粟至冬此鳥畏霜雪魏帝乃起溫室以處之名曰辟寒臺故謂吐此金為辟寒金也

漢末關中大亂有發漢時宮人冢者宮人猶活既出平復如故魏郭后愛念之錄着宮人常置左右問漢時宮中事說之皆有次第郭后崩因哭泣過度遂死

周昭王時塗修國獻青鳳丹鵲各一雌一雄

吳郡魚城城下水中有石首魚至秋化為鳧鳧項中尚有石

南康郡有君山高秀重疊有類臺樹名曰女媧宮有獸名格似猩猩之形自知吉凶人無機愛之則可馴狎欲執害之則去不來

桂陽郡有銀井鑿之轉深漢有村人焦先於中道見三老人稿身皓白云逐我太苦今徃他所先知是怪以刀斫之三翁各以杖受刀忽不見視其斷杖是銀其井後遂不生銀也

儋耳郡明山有二石如人形云昔有兄弟二人向海捕魚因化爲石因號兄弟石

貞山在毘陵郡梁時有村人韓文秀見一鹿產一女子在地遂收養之及長與凡女有異遂爲女冠梁武帝爲别立一觀號曰鹿娘後死入棺武帝致祭開棺

視之但聞異香不見骸骨蓋尸解也遂葬棺於毘陵因號其葬處爲貞山

江陰北有子英廟子英郎野人也善入水捕魚得一赤鯉將著家池中養之後長徑一丈有角翅謂子英曰我迎汝身汝上我背遂昇於天爲神仙晉時人

璅玤似小蚌有一小蟹在腹中玤出求食故淮海之人呼爲蟹奴

鶴髀（故解反）刺骶（德宅反）耳則聽響遠露眼赤精則眎遠大毛落蕪毛生其色如雪又云高脚踈節則多皷也

若百六十年變止不食生物千六百年形定飲而不食與鳳爲羣

松有兩鬣三鬣七鬣者言如馬鬣形也言粒者非矣

人間三十六洞天知名者十耳餘二十六天出九微志不行於世也

鯉魚滿三百六十鱗蛟龍輒率而飛去一年置一神守之則不能去矣神則龜也

王僧辯嘗爲荆南得橘一蔕三十子以獻梁元帝

吳太皇時朱休之家犬歌曰言我不能歌聽我歌梅

花今年故復可明年當奈何休遂殺其犬明年休家人並死

哀牢夷西蜀國名也其先有婦人捕魚水中觸沉木有生男子十人沉木爲龍出水上九男驚走一兒不去背龍因舐之後諸兒推爲哀牢王

涿光山下囂水多鰼鰼之魚如鵲而十翼補之可以禦火

吳桓王時會稽生五色瓜吳中有五色瓜歲充貢伏獻

東南有桃都山、上有大樹名曰桃都、枝相去三千里、上有天雞、日初出照此木、天雞則鳴、天下雞皆隨之鳴、

合塗國去王都七萬里、人善服鳥獸、雞犬皆使能言、

林屋洞爲左神幽虛之天、即天后眞君之便闕、中有白紫芝泉、皆此洞所出、乃神仙之飲餌、非常人之所能得之、

日南郡出果下牛、高三尺、漢樂浪郡有果下馬、並高三尺、

廬陵有木客鳥、大如鵲、千百爲羣、不與衆鳥相厠、俗云是古之木客花化作、廬陵即今吉州也、

後魏孝昌年中、有洛子淵自云洛中人、戍於彭城、同營人樊元寶還、子淵附書至洛、書上題云、宅上靈臺南、延洛水、既至洛、忽逢一老翁曰、吾兒書也、引入門館甚盛、呼坐命酒、酒至色赤、甚香美、寶告退、老翁出送、但見高岸對水、無復人家、及還彭城、子淵已失、元寶與子淵同戍三年、不知是水神也、

彭城郡古徐國也、昔徐君宮人生一大卵、棄於野、徐有犬名后倉、啣歸溫之、卵開、內有一兒、有筋而無骨、後爲徐君、號曰偃王、爲政而行仁義、

湘州栖霞谷、昔有橋順二子、於此得仙、服飛龍一丸、十年不饑、故魏文詩曰、西山有仙童、不飲亦不食、即此也、

河淵郡有聖姑祠、姓郝字女君、魏青龍二年四月十日、與鄰女樵采於滱深二水處、忽有數婦人從水而出、若今之青衣、至女君前曰、東海使聘爲婦、故遣相迎、因敷茵於水上、請女君於上坐、青衣者侍側、順流而下、其家大小奔到岸側、惟泣望而已、女君怡然曰、

今幸得爲水仙、願勿憂憶、語訖、風起而沒於水、鄉人因爲立祠、又置東海公像於聖姑側、呼爲姑夫、

大關山、小關山在嬀州、昔有王大仲年少入學、而家遠、常先到、其師怪之、謂其不歸、使人候之、又實歸在其家、同學者常見仲捉一小木、長三尺餘、至則著屋間、欲共取之、輒尋不見、及年弱冠、變蒼頡舊書、今爲隸書、秦始皇遣使徵之、不至、始皇怒、檻車囚之、赴國、路次化爲大鳥、出車而飛去、至西山、乃落二翮、一大

一小遂名其落處爲大小龎山嬀州卽今幽薊之地
利州義城郡葭萌縣有玉女房蓋是一大石穴也昔
有玉女入此石穴前有竹數莖下有青石壇每因風
自掃此壇玉女每過明月夜卽出於壇上閒步徘徊
復入此房
龍巢山下有丹水水中有丹魚欲捕其魚伺魚之浮
出水有赤光如火網取割其血塗足可涉水如履平
地
宋武帝大明五年廣郡獻白孔雀以爲中瑞

秦惠王獻五美女於蜀王王遣五丁迎女乃見大蛇
入山穴中五丁曳蛇山崩五女上山遂化爲石
一說少空山有貝多樹與衆木有異一年三放花其
花白色香美俗云漢世野人將子種於此
武都丈夫化爲女子顏色美麗蓋山之精也蜀王娶
以爲妻無幾物故遂葬於成都郭中以石鏡一枚長
二丈高五尺同葬之
衡州九疑山有舜廟郡守至官常致敬修祀則空中
如有弦歌之聲一說九疑山隔湘江跨蒼梧野連營
道縣界九山相似行者望之有疑因名曰九疑山
漢惠帝七年夏雷震南山林木皆自火燃至根其地
悉皆燋黃後其雨迅過人就其間得龍骨一具
晉世顏含嫂病須髯蛇膽療之則愈既不能得含
憂歎累日忽有一童子持青囊授含乃曰眞蛇膽也
童子遂化爲青鳥飛去
陽羨縣小吏吳合龍家在溪南偶一日以掘頭船過
水溪內忽見一五色浮石龕遂取歸置於牀頭至夜
化爲一女子至曙仍是石後復投於本溪

南海中有鮫人室水居如魚不廢機織其眼能泣則
出珠晉木玄虛海賦云天琛水怪鮫人之室
興安縣水邊有平石其上有石櫛石履各一具俗云
越王渡溪脫履墮櫛於此
荆州淸溪秀壁諸山山洞往往有乳窟窟中多玉泉
交流中有白蝙蝠大如鵶按仙經云蝙蝠一名仙鼠
千載之後體白如銀棲卽倒懸蓋飲乳水而長生也
夜郎縣者西南遠夷國名也其先有女子浣紗忽三
節竹流入足間聞其中有號聲剖竹視之得一男歸

而養之及長有武略自立爲夜郎侯以竹爲姓漢武帝元鼎六年征西南夷改爲牂柯郡夜郎侯迎降天子賜以玉印綬後卒夷獠盛以竹王非血氣所生求爲立廟今夜郎縣有竹王神是也

述異記卷下終

續齊諧記

梁　吳均著　臨川張上冲校

漢宣帝以皁蓋車一乘賜大將軍霍光悉以金鈫具至夜車轄上金鳳凰輒亡去莫知所之至曉乃還如此非一守車人亦嘗見後南郡黃君仲北山羅鳥得鳳凰入手即化成紫金毛羽冠翅宛然具足可長尺餘守車人列上云今月十二日夜車轄上鳳凰俱飛去曉則俱還今則不返恐爲人所得光甚異之具以列上後數日君仲詣闕上鳳凰子云今月十二夜北

山羅鳥所得帝聞而疑之置承露盤上俄而飛去帝使尋之直入光家止車轄上乃知信然帝取其車每遊行即乘御之至帝崩鳳凰飛去莫知所在（嵇康詩云翩翩鳳轄逢此網羅）

京兆田眞兄弟三人共議分財生貲皆平均惟堂前一株紫荆樹共議欲破三片明日就截之其樹即枯死狀如火然眞往見之大驚謂諸弟曰樹本同株聞將分斫所以顦顇是人不如木也因悲不自勝不復解樹樹應聲榮茂兄弟相感合財寶遂爲孝門眞仕

至大中大夫（陸機詩云三荆款同株）

宏農楊寶性慈愛年九歲至華陰山見一黄雀爲鴟梟所搏逐樹下傷瘢甚多宛轉復爲螻蟻所困寶懷之以歸置諸梁上夜聞啼聲甚切親自照視爲蚊所齧乃移置巾箱中啖以黄花逾十餘日毛羽成飛翔朝去暮來宿巾箱中如此積年忽與群雀俱來哀鳴遶堂數日乃去是夕寶三更讀書有黄衣童子曰我王母使者昔使蓬萊爲鴟梟所搏蒙君之仁愛見救今當受賜南海別以四玉環與之曰令君子孫絜白

且從登三公事如此環矣寶之孝大聞天下名位日隆子震震生秉秉生彪四世名公及震葬時有大鳥降人皆謂眞孝招也（蔡邕論云昔日黄雀報恩而至）

魏明帝遊洛水水中有白獺數頭美静可憐見人輒去帝欲見之終莫能遂侍中徐景山曰獺嗜鯔魚乃不避死晝板作兩生鯔魚懸置岸上於是群獺競逐一時執得帝甚佳之曰聞卿善畫何其妙也答曰臣亦未嘗執筆然人之所作可庶幾耳帝曰是善用所長（顔公庭誥云徐景山之畫獺是也）

張華爲司空于時燕昭王墓前有一斑貍化爲書生欲詣張公過問墓前華表曰以我才貌可得見司空耶華表曰子之妙解無爲不可但張公制度恐難籠絡出必遇辱殆不得返非但喪子千年之質亦當深誤老表貍不從遂詣華華見其容止風流雅重之於是論及文章聲實華未嘗勝次復商略三史探貫百氏包十聖洞三才華無不應聲屈滯乃歎曰明公當尊賢容衆嘉善矜不能奈何憎人學問墨子兼愛其若是耶言卒便退華已使人防門不得出既而又問華

曰公門置兵甲闌錡當是疑僕也恐天下之人卷舌而不談知謀之士望門而不進深爲明公惜之華不答而使人防禦甚嚴豐城人雷煥博物士也謂華曰聞魅鬼忌狗所別者數百年物耳千年老精不復能別惟千年枯木照之則形見昭王墓前華表已當千年使人伐之至聞華表言曰老貍不自知果誤我事於華表穴中得青衣小兒長二尺餘使還未至洛陽而變成枯木遂燃以照之書生乃是一斑貍茂先歎曰此二物不值我千年不復可得

東海蔣潛嘗至不其縣路次林中露一屍已自臭爛鳥來食之輒見一小兒長三尺驅鳥鳥即起如此非一潛異之看見屍頭上著通天犀簪揣其價可數萬錢潛乃拔取既去見衆鳥集無復驅者潛後以此簪上晉武陵王晞晞薨以襯衆僧王武剛以九萬錢買之後落褚太宰處復以餉齊故丞相豫章王王薨後納入江夫人遂斷以為釵每夜輒見一兒繞牀啼叫云何為見屠割必訴天當相報江夫人惡之月餘乃亡

桓元篡位後來朱雀門中忽見兩小兒通身如墨相和作籠歌路邊小兒從而和之者數十人歌云芒籠茵繩縛腹車無軸倚孤木聲甚哀楚聽者亡歸日既夕二小兒入建康縣至閤下遂成雙漆鼓槌吏列云槌積久比恆失之而復得之不意作人也明年春而桓敗車無軸倚孤木桓字也荊州送元首用敗籠茵包之又芒繩束縛其屍沈諸江中悉如所歌焉

陽羨許彥于綏安山行遇一書生年十七八臥路側云脚痛求寄鵝籠中彥以為戲言書生便入籠籠亦不更廣書生亦不更小宛然與雙鵝並坐鵝亦不驚彥負籠而去都不覺重前行息樹下書生乃出籠謂彥曰欲為君薄設彥曰善乃口中吐出一銅奩子奩子中具諸飾饌珍羞方丈其器皿皆銅物氣味香旨世所罕見酒數行謂彥曰向將一婦人自隨今欲暫邀之彥曰善又於口中吐一女子年可十五六衣服綺麗容貌殊絶共坐宴俄而書生醉臥此女謂彥曰雖與書生結妻而實懷怨向亦竊得一男子同行書生既眠暫喚之君幸勿言彥曰善女子於口中吐出

一男子年可二十三四亦穎悟可愛乃與彥叙寒溫書生臥欲覺女子口吐一錦行障遮書生書生乃畱女子共臥男子謂彥曰此女子雖有心情亦不甚向復竊得一女人同行今欲暫見之願君勿洩彥曰善男子又於口中吐一婦人年可二十許共酌戲談甚久聞書生動聲男子曰二人眠已覺因取所吐女人還納口中須臾書生處女乃出謂彥曰書生欲起乃吞向男子獨對彥坐然後書生起謂彥曰暫眠遂久君獨坐當悒悒邪日又晚當與君別遂吞其女子諸

器皿悉納口中。唯大銅盤可一尺廣。與彥別曰。無以藉君。與君相憶也。彥大元中爲蘭臺令史。以盤餉侍中張散。散看其銘。題云。是永平三年作。

汝南桓景隨費長房遊學累年。長房謂曰。九月九日汝家中當有災。宜急去。令家人各作絳囊。盛茱萸以繫臂。登高飲菊花酒。此禍可除。景如言。齊家登山。夕還。見雞犬牛羊一時暴死。長房聞之曰。此可代也。今世人九日登高飲酒。婦人帶茱萸囊。蓋始於此。

晉武帝問尚書郎摯虞仲治。三月三日曲水。其義何旨。

答曰。漢章帝時。平原徐肇以三月初生三女。至三日俱亡。一村以爲怪。乃相與至水濱盥洗。因流以濫觴。曲水之義。蓋自此矣。帝曰。若如所談。便非嘉事也。尚書郎束皙進曰。仲治小生。不足以知此。臣請說其始。昔周公成洛邑。因流水泛酒。故逸詩云。羽觴隨波流。又秦昭王三月上巳置酒河曲。見金人自河而出。奉水心劍曰。令君制有西夏。及秦霸諸侯。乃因此處立爲曲水。二漢相緣。皆爲盛事。帝曰善。賜金五十斤。左遷仲治爲城陽令。

桂陽成武丁有仙道。常在人間。忽謂其弟曰。七月七日織女當渡河。諸仙悉還宮。吾向已被召。不得停。與爾別矣。弟問曰。織女何事渡河。去當何還。答曰。織女暫詣牽牛。吾後三年當還。明日失武丁。至今云織女嫁牽牛。

弘農鄧紹。嘗八月旦入華山採藥。見一童子執五綵囊。承柏葉上露。皆如珠。滿囊。紹問曰。用此何爲。答曰。赤松先生取以明目。言終便失所在。今世人八月旦作眼明囊。此遺象也。

屈原五月五日投汨羅水。楚人哀之。至此日以竹筒子貯米投水以祭之。漢建武中長沙區曲忽見一士人。自云三閭大夫。謂曲曰。聞君當見祭。甚善。常年爲蛟龍所竊。今若有惠。當以楝葉塞其上。以綵絲纏之。此二物蛟龍所憚。曲依其言。今五月五日作粽。并帶楝葉五花絲。遺風也。

吳縣張成夜起。忽見一婦人立於宅上南角。舉手招成。成即就之。婦人曰。此地是君家蠶室。我即是此地之神。明年正月半。宜作白粥泛膏於上。祭我也。必當

令君蠶桑百倍。言絕失之。成如言。作膏粥自此後。大得蠶。今正月半作白膏粥自此始也、

吳興故鄣縣東三十里有梅溪山、山根直竪一石、可高百餘丈、至青而圓。如兩間屋大。四面斗絕。仰之干雲。外無登陟之理。其上復有盤石。圓如車蓋。恒轉如磨。聲若風雨。土人號爲石磨。轉快則年豐。轉遲則歲儉。欲知年之豐儉。驗之無失。

錢塘徐秋夫善治病、宅在湖溝橋東、夜聞空中呻吟聲甚苦、秋夫起至呻吟處。問曰汝是鬼邪。何爲如此。

飢寒須衣食邪。抱病須治療邪。鬼曰我是東陽人、姓斯、名僧平、昔爲樂遊吏。患腰痛死。今在湖北。雖爲鬼。苦亦如生。爲君善醫。故來相告。秋夫曰但汝無形。何由治。鬼曰但縛茅作人。按穴鍼之。訖棄流水中可也。秋夫作茅人。爲鍼腰目二處。并復薄祭。遣人送後湖中。及暝。夢鬼曰已差。并承惠食。感君厚意。秋夫宋元嘉六年爲奉朝請、

會稽趙文韶爲東宮扶侍、坐清溪中橋、與尚書王叔卿家隔一巷、相去二百步許、秋夜嘉月。悵然思歸。倚門唱西夜烏飛、其聲甚哀怨。忽有青衣婢、年十五六、前曰王家娘子白扶侍、聞君歌聲、有門人逐月遊戲、遣相聞耳。時未息。文韶不之疑。委曲答之。亟邀相過。須臾女到。年十八九、行步容色可憐。猶將兩婢自隨。問家在何處。舉手指王尚書宅曰是。聞君歌聲故來相詣。豈能爲一曲邪。文韶即爲歌草生盤石。音韻清暢。又深會女心。乃曰但令有瓶。何患不得水、顧謂婢子還取箜篌。爲扶侍鼓之。須臾至。女爲酌兩三彈。泠泠更增楚絕。乃令婢子歌繁霜。自解裙帶繫箜篌腰。

叩之以倚歌。歌曰日暮風吹。葉落依枝。丹心寸意。愁君未知。歌繁霜。侵曉幕。何意空相守。坐待繁霜落。歌闋夜已久。遂相佇燕寢。竟四更別去。脫金簪以贈文韶。文韶亦答以銀椀白琉璃七各一枚。既明。文韶出。偶至清溪廟歇。神坐上見椀。甚疑。而悉委之。屏風後則琉璃七在焉。箜篌帶縛如故。祠廟中惟女姑神像。青衣婢立在前。細視之皆夜所見者。於是遂絕。當宋元嘉五年也。

齊諧、志怪者也。蓋莊生寓言耳。今吳均所續特取

義云耳前無其書也考文獻通考書目亦云至元
甲子吳郡陸友記

續齊諧記終

搜神記卷一

晉　干寶撰　　南昌　楊先烈校

管輅字公明善解諸術得知未來過去之事於五月行至南陽平原見一少年在田中刈麥輅嗟歎之而過少年問曰老丈有何事失聲嗟歎而過輅曰汝何姓對曰姓趙名顏輅曰適來無別事見少年兒壽不逾二十多是夭亡所以歎趙子聞之叩頭瞻而請問輅曰命在于天非我能救也趙子聞之奔走告父父乃奔往不逾十里遂及管輅顏父子下馬而恭拜適

來求小兒蒙聖人之言不逾二十而夭亡聖人如何延命終當報之輅曰命不我與爲之奈何然子懇誠且爲救諸子且歸家覓取清酒一榼鹿脯一斤吾卯日小食時必至君家且方便求請未知得否其父歸舍覓酒脯而專候之輅果依時而至語顏子曰汝卯日刈麥地南大桑樹下有二人圍棋次汝但滿將此酒脯往一邊酌酒及致脯於前他自飲之飲盡便斟以盡爲度若問汝汝但拜之慎勿言也必合有人救汝吾在此專候於汝乃依輅言而往果見二人圍棋

次、前往、侍從非常、趙顏致脯斟酒於前、其人貪戲、俱飲酒食脯、不顧顏子、飲數巡、已戲終、北邊坐者舉首、忽見顏在侍立、大怒叱曰、何故在此、顏惟拜之不對、南面坐人語北面坐人曰、夫人食他一物、而有愧色、適來已飲他酒脯、寧無情乎、北邊坐人曰、文書已定、不可輒移、南邊坐人曰、借文書看之、見趙子壽可十九歲、語曰、易矣、可改之、乃取筆挑上、顏顧喜之、乃語顏曰、救汝至九十年活、顏聞而喜、不自勝、拜而回家、見管輅、輅語顏曰、大助子喜、且得增壽、於後記取北

邊坐人是北斗、南邊坐人是南斗、南斗注生、北斗注死、凡人受胎、皆南斗過北斗、所有祈求、皆向北斗矣、顏父備束帛鑑金而謝之、輅一無所受、

晉懿帝時、零陵太守趙子元、出門見一女子、姿容甚美、年可十五、子元見而詰之、曰、汝何人之子而敢獨行、又無伴侶、女子曰、我是客人、寄居城外、拋離父母、又無伴侶、孤眠獨處、何以問之、子元不疑是鬼、又問曰、既無依倚、還善製衣否、女子對善製衣、子元曰、可爲吾作衣、吾與汝錢、女曰諾、乃使入宅中、每作一衣與錢一百文、經三年、往來宅內、大小憐之、或造衣服而多與酬之、忽一日來告辭子元、憫之、與金鑷子一枚、金釵子一隻、細絹二疋、女子受得、拜辭太守、明日必歸鄉里、不復來也、太守乃使人送出城外、別不辭而去、行數步、倏然不見、家人怪之、時有人出城、便同往尋問、約二百餘步、見有一塚、詢訪近隣、云是一女子墓、不旬日、其父母發取女屍於祖父塋內安葬、開塚出棺改斂、見銅錢無數、并有金釵子一隻、金鑷子一枚、細絹二疋、甚異之、後問其由、方知是太守與之、

太守方知造衣女子之鬼在此、時人信鬼神變易不可及、

昔隴西有辛道度者、游學他方、糧食乏盡、行至雍州城西五里、北見一宅、廳舘門庭、有一青衣女子在門、道度飢餒、乃詣門下、欲求飡、而過語女子曰、僕是隴西人、姓辛名道度、游學他方、糧食乏盡、憑女子與報、欲求一飡、可否、惟命、女子入告秦女、女曰、既遊遠地、他方將尋高藝、此賢人也、可宜命入、吾與之語、女子出來、引客而入、道度趨入閣中、疑非生人、俛仰之間、

巳被召見秦女於西棚而坐道度即稱名而敘起居
既畢、命度於東棚而坐畢、即具飯饌食訖、女謂度曰
我秦閔王女、出聘曹國不幸無夫而亡、亡來已二十
三年、獨居此宅、今日君來願爲夫婦、君意若何、道度
曰、女所貴戚焉敢乎、女郎相逼爲夫婦經三宿三日。
俄女郎自言曰、君是生人、我鬼也、共君宿契此會只
可三宵不可久居當有禍矣、然茲信宿未悉綢繆、既
巳分飛將何表信于郎、乃取床後盝子開之、取金枕
一枚與度爲信是貧士悅而受之、乃分袂流別、即遣

青衣送出門外未逾數步、不見舍宇、惟有一塚荊棘
森天度當時慌怕衝忙走出、視其金枕、懷乃無異變、
尋至秦國既以枕于市貨之、恰遇秦妃車遊親見度
賣金枕疑而索看、語度何處得來、度具以實告妃聞
悲泣不能自勝、然尙疑耳、乃遣人發塚啓柩觀之原
葬諸物悉在、惟不見金枕、解體看之、情交宛若秦妃
始信之嘆曰、我女大聖死經二十三年、猶能與生人
交往、此是我眞女婿也、遂封道度爲駙馬都尉、賜其
金帛車馬、令還本國、因此以來、後人名女婿爲駙馬、
今之國婿、亦爲駙馬矣、

扁鵲善明醫術遊行虢國、時遇虢君太子夭、早經七
日、鵲聞之、請入而弔、弔訖、出門、知太子有命、謂左右
曰、太子莫不要卻生否、左右聞之、并告虢君、云扁鵲
出門語臣云、莫要太子生否、君聞之、遽召而入、令活
太子、鵲乃施妙術用醫、太子卻活、王大與金帛繒綵
賄之、辭而不受、王曰、蒙君妙藥、巳活太子、寡人無所
酬之、君何不受、對曰太子命自未盡非臣所能遂揖
而去、

劉安、河中人也、少時得病、死經三日、卻活、冥中見天
帝命爲師、可通鬼道、未來之事、皆預知之、河間有一
趙廣家、槽上馬忽變作人面、全家大驚、往問劉安曰
此大惡也、君急歸家去宅三里、披髮大叫、即可免之、
廣乃依言披髮大叫、廣家中大小一時走出驚怕看
之、堂內無人、堂屋一時崩倒、全家得免不損一人、乃
贈財賄與安、重問此災何有、安曰堂屋西壁下深三
尺、當有三箇石柱、今巳災過、愼勿發看、若覘之必大
貧若不看必大富貴、此神龍也、後廣不依、即掘看之、

驗其虛實果有一物赤色大如屋柱飛出他去後廣大貧一如其言也

昔晉侯有疾漸重無能治者晉與秦國親姻之故聞秦有良醫發使往請秦王乃命緩速赴晉醫緩將至晉國晉君夜夢二鬼相謂曰秦使醫緩來我等何逃若往必當有殺若去亦獲其死二途何適一鬼答曰此事何憂乎我等二人但居膏之上肓之下若我何一鬼又問何者爲膏肓而免此難答曰心上爲膏心下爲肓此處針灸不能及湯藥不能至二鬼相喜各

居其處旬日醫至察其容候其脉良久嘆曰此病不可療也其疾在膏肓藥餌不可及針灸不能至晉侯聞之嗟曰此良醫也今古罕有遂與百金令還本國晉侯不逾十日而薨矣

後魏洛陽阜財里有開善寺京兆人韋英宅也英早卒其妻梁氏不治喪而嫁更納河內向子集爲夫雖云改嫁仍居英宅英聞梁嫁白日來歸乘馬將數人至于庭前呼曰阿良卿忘我也子集驚怖張弓射之應箭而倒即變爲桃人所騎之馬亦化爲茅馬從者數位盡爲蒲人梁氏惶懼捨宅爲寺

搜神記卷一終

搜神記卷二

王子珍太原人也父母憐愛歎曰我兒立身未曾學問可往定州邊孝先先生處習業孝先門徒信義人也廣涉稽古應對無窮自孔子沒後惟孝先一人領徒三千盡知歸服未有勝者是以四海之內皆往就之學習子珍承父之命即日登途行至定州界內去州三百餘里於路傍樹陰憩歇續有一鬼化爲生人後來同與子珍憩歇子珍不疑也乃詰子珍姓氏從何而來復往何處子珍曰父母以予珍寡學遣於定

州邊孝先先生處學業餘無事子珍即太原王子珍也鬼曰我渤海郡人也姓李名玄石父母早亡兄弟與居見玄石少學遣往邊先生處求學既得遣行便爲同學兄弟子珍曰兄必年長請以兄事之玄石曰敬聞命矣遂即同行至定州主人處飲酒食肉盟曰死生貴賤情皆一之誓訖往邊先生處同拜起居先生詰其由即以實告乃授以經業三年以來玄石才藝過於先生先生曰玄石豈非聖人乎何故聰明朗過某矣今已老耄無能子有何術願示於予玄石曰某因宿會得事先生所授之業不可知也實以曰之一覽更無遺漏亦非聖人也尋以予珍辭義不解即教授之子珍敬之如父畏之如師予珍學業因此得就後有太子舍人王仲祥經過亦是太原人也與子珍同宗便即謁先生追譽延宿仲祥知李玄石是鬼及旦與子珍執別語曰某與弟連枝有事不可不說弟今朋友李玄石是鬼耳實非生人子珍曰玄石是上聖之聖經書靡不該博先生猶推歎之何得不是生人乎祥曰我之所論並言才藝且弟是生人玄石

是鬼生死殊別焉得爲好人哉弟若不信今宿可新葉鋪於席下令臥之弟與別榻旦而看之便知虛實弟之臥處其葉即實鬼之臥處其葉即虛言訖而別子珍乃復疑迨夜一依仲祥所言鋪之及曉果如前說因爾方知玄石是鬼翊日咨玄石外言兄是鬼物子珍聞此語故咨兄玄石曰我實鬼矣向弟言者是仲祥也弟今既知須語元由昨緣冥司舉我爲泰山主簿任職年久業滿合捨此司遷於勝處王銓一人以當其職銓定無之人皆不可乃與玄石云吾觀汝

之才豈堪赴此任、然汝寡學、未能該通、汝且人間邊孝先處求業、業成早來委汝泰山主簿、我恐世催我、即爲生人、與弟同師不經一年、學問已成、任泰山主簿二年矣、與弟情深、眷戀相伴、今弟既知固難久處、即當分別、然有一事須令弟知、我前者患背上痛時、爲弟父寃家經王陳訴、稱弟父殺我生孫、食我兄弟、果有狀、王者容情、不爲區斷、王見此狀、怒不施行、笞我一百、是我背痛、王令追弟父親自訊問、判入死籍、弟今火急歸家看父、父若有氣、宜當救之、但以清酒

鹿脯於郊首邊祭、我三呼我名、我當必至、若已氣絶無可救耳、弟之學問已成、但知努力謀立身之事、我當助弟延年請於上帝、與弟官榮、保無疾病、子珍拜辭、即便分別、子珍乃辭先生歸寧、至家見父在床、猶有氣、火急致酒脯錢財於郊祭之、三呼其名、即見乎石乘白馬、着朱衣、冠蓋前後騎從數十人、別有青衣二人執節前引、呵殿而至、子珍相見、一似舊之時、語子珍曰、弟可合眼、須弟見父、珍即閉目、須臾之間、至閻羅王處、門向北而安、乎石語子珍曰、向來將弟欲見弟父、今在牢獄、形容毀悴、不可看之、弟父寃家須臾即至、着白跣足頭戴紫巾、手把文書一卷者即是、弟父寃家、其人晡時入衙諮問、令與弟取弓箭於此專候之、見來當射之、死、弟父必活、不然難救也、言語之間、其寃家果至、乎石目曰是此矣、宜審射之、我須入衙決判、是在此他人有疑、石入衙視事未幾、寃家直來案前陳訴、有詞深讐、即射中左眼、遣郤文書奔走、即驗文書、讀看並是論父之事、珍泣告乎石曰射着何處、珍曰射着左眼、石曰、不着要緊處、限差更來、

相訟甚矣、然弟宜歸家尋覓寃家殺之、弟父必瘥、珍曰何人也、石曰見有似適來射者即殺之、珍當與石言別、匆匆不解問得寃家姓名、歸舍思石之言、不得更見也、憂悒之間、七日不食、家人報失一白公雞七日未知去處、衆共尋、乃見白雞在架墻上而坐、害左眼、珍見思此物是我父之寃家也、白衣者毛也、紫巾者雞冠也、跣足者雞足也、瞎左眼者所射中也、有是更於何處覓之、乃烹作羹以食父、因此平瘥、珍後受太原郡、至漢景帝後拜刺史、壽年一百三十八歲而

終、皆李ク石祐之故、云雞不三年、犬不六載、白雞白犬不可食之害生也、

段孝直、漢景帝時舉孝廉、爲長安令、孝直志性清愼、美聲遠聞、直所乘騧駮馬一疋、日行五百里、雍州刺史梁緯與帝連婚、恃形勢、見孝直馬好、毎索之、直答云亡考所乘之馬、不忍捨之、不敢輒奉、伏願使君照悉、梁緯因此致恨、密構孝直取受贓事、乃敘下獄、不令家人通往、直知屈枉不免此難、使人告妻曰、刺史陰謀、欲奪我馬、私捏人訴、意欲殺我、必死矣、嗟汝等幼沖未解、申雪我屈死、汝各努力、但將取紙三百張、筆十管、墨五挺、安我墓裏、我自申理、不經旬、害於獄中致死、家人收而葬之、仍以紙筆安墓中、不經五十餘日、遇景帝大會羣臣、孝直於殿前上表云、天地雖明、臣悉無辜之老、日月垂照、必鑒有滯之人、且臣早忝宦途、頗彰濟愼、尋以論迁劇邑、稍免瑕玼、不謂刺史梁緯心縱貪婪、勢連內戚、欲臣亡父之馬、戮臣枉冤之刑、上訴皇天、許臣明雪、若不聞於陛下、罔以免此幽沉、并刺史梁緯行事二十一條、不依法令、一

一條奏別狀以聞、伏願陛下聰明、哀臣冤屈、景帝覽表讀訖、忽然不見孝直、甚怪夫宇宙之內、有此異事、遂手詔收梁緯付獄、勘詰事事不虛、及枉殺段孝直事奏帝、帝勑下將梁緯往孝直墓所斬而祭之、仍追贈尚書郎守長安令、故語云、莫言鬼無身、杜伯射宣王、莫言鬼無形、孝直訟生人、此之謂也、

秦始皇時有王道平、長安人也、少小之時、與同村人唐叔偕女、小名父喻、容色俱美、誓爲夫婦、尋王道平被差征伐、落陷南國、九年不歸、其父母見女長成、即聘與劉祥爲妻、與道平言誓甚重、不肯改事、父母逼迫、不免出嫁劉祥、經三年、忽忽不樂、常思道平、忿怨之深、悒怏而死、死經三年、道平還家、乃詰鄉人、此女何在、鄉人曰、此女意在於君、被父母凌逼、嫁與劉祥、今已死矣、平問墓在何處、鄉人引往墓所、平悲號哽咽、三呼女名、繞墓悲苦、不能自止、平乃祝曰、我與汝立誓天地、保其終身、豈料官有牽纏、致令乖隔、使汝父母嫁與劉祥、既不契於初心、死生永訣、然汝有靈聖、使我見汝平生之面、若無神靈、從茲而別、言訖、

復哀泣逡巡其女魂靈自墓而出問平何處而來良久契闊本與君誓爲夫婦以保終身爲父强逼乃出聘劉祥已經三年日夕憶君成病結恨致死乖隔幽途然念君宿願不忘再求相慰妾身未損可以再生還爲夫婦且速開塚破棺出我必活道平審言乃啓墓門捫看之其女果活乃結束隨道平還家其夫劉祥聞之驚怪申訴州縣檢律斷之無條乃錄狀奏王王乃斷還王道平爲妻壽年一百二十歲實謂精貫於天地而獲感應如此耳

搜神記卷二終

搜神記卷三

昔周宣王信讒言杜伯無罪王信佞而誅之杜伯曰臣無罪而加戮若死有知臣將上報不越三歲必雪深冤矣王曰汝但努力我是萬乘君王殺汝三五箇之類何有患乎乃戮之經三年餘宣王出獵行至城外山澤之間將欲布獵忽見杜伯着朱衣乘白馬冠蓋前後鬼兵數百當道而來彎弓執矢射王王懼無處避之百僚悉見射中王心王即心痛歸宮至夕而薨故語云凡人不可枉濫冤必至矣

昔隋侯因使入齊路行深水沙邊見一小蛇可長三尺於熱沙中宛轉頭上血出隋侯見而愍之下馬以鞭撥于水中語曰汝若是神龍之子當願擁護於我言訖而去至於齊國經二月還復經此道忽有一小兒手把一明珠當道送與隋侯曰誰家之子而語吾荅曰昔日深蒙救命甚重感恩聊以奉覲侯曰小兒之物詎可受之不顧而去至夜又夢見小兒持珠與侯曰兒乃蛇也早蒙救護生命今日荅恩不見垂納請受之無復疑焉侯驚異迨旦見一珠在床頭侯乃

收之而感曰、傷蛇猶解知恩重報、在人反不知恩乎、矦歸、持珠進、納具述元由、終身食祿耳、

狄希中山人也、能造千日酒、飲之亦千日醉、時有州人姓夕名石、好飲酒、欲飲於希家、翊日往求之、希曰、我酒發來未定、不敢飲君、石曰、縱未熟、且與一盃、得否、希聞此語、不免飲之、既盃、復索曰、美哉、可更與之、希曰、且歸、別日當來、只此一盃、可眠千日也、石即別、似有怍色、旋至家、已醉死矣、家人不知、乃哭而葬之、經三年、希曰、夕石必應酒醒、宜往問之、既往石家語

曰、石在否、家人皆怪之、曰、夕石亡來、服已闋矣、希驚曰、酒之美矣、而致醉眠千日、計日今合醒矣、乃命家人鑿塚破棺看之、即見塚上汗氣徹天、遂命發塚、方見張目開口、引聲而言曰、快哉醉我也、因問希曰、你作何物也、令我一盃大醉、今日方醒、日高幾許矣、莁上人皆笑之、被石酒氣衝入鼻中、亦各醉臥三月、世人之異事、可不錄乎、

李信、陳留信義人也、為人道孝善事父母、年三十八、忽夜夢司命使鬼使取信至閻羅王殿前、王即勑付所司依處分、信啓王曰、少失父母、編居、今既命終、不敢有辭、哀信老母無人侍奉、伏願大王放信侍養、侍母命終之日、與母同來、王聞此言、亦甚哀愍、如斯孝道、足可延齡、乃召鬼官檢信母壽年九十、尤有二十九年、亦可矜放、鬼官判曰、只如信之徒、世間極有、今若放此、後者舉例、請下本司定罪輕重、取古王依鬼官言、還令定罪、鬼官怒曰、無知越訴、亂我憲章、乃令鬼使擒付鑊湯煮之、鬼使提信手、捉拋入鑊湯、方入湯中、身首已爛、王忽念之言、曰、此自孝浮世罕聞、且

令放還、以旌孝行、不復召鬼官議之、命鬼使喚信、聞王嘆信、必知放還、乃令湯中撈出、見信首面浸爛、鬼使忙怕、恐王怒之、乃取一胡人頭與信、曰、王今喚出、必放汝歸、若見汝容貌壞爛、必不放去也、今且取一胡人頭安之、所以得還、見王之時、宜低頭應對、不許忽忽、若放汝歸、卻來與汝別覓一端正頭安、卻信聞放還、忻喜唱喏而受之、既至王前、便物鬼使還歸、不得可乀經本司、鬼使唱喏、不敢再返、亦不暇於鬼使處換頭、忽然卻活、夢覺、以手摸頭、面竝是胡、悲啼懊惱、

語其妻曰汝識我語音否妻對曰今異也問君一音是汝一音是胡何也信曰我夜來甚有異夢汝若天曉起可將被覆我頭面莫使人見若欲送食致我床前閉戶而去我自取食其妻依言以被覆之至飯時忽思其語何有此事乃撥看之見一胡人臥在被底其妻走出告姑曰阿婆兒夜來不知何故變作一胡人在新婦床卧姑聞此語豈有此異事乃令將棒來揭被見之驚異便打信數十分說不及以打損頭面鄰里聞之求問其故信方話其始末始知是真兒抱

頭大哭妻亦哀號鄉社以狀聞州州以狀奏帝覽表嗟嘆自古至今未聞此事雖是假胡人頭孝心通乎神明可拜信爲孝義大夫仍賜束帛養親悲夫神感之矣乃見如期

昔高辛氏時有房王作亂憂國危亡帝乃召募天下有得房氏首者賜金千斤分賞美女群臣見房氏兵強馬壯難以獲之辛帝有犬字曰盤瓠其毛五色常隨帝出入其日忽失此犬經三日以上不知所在帝甚怪之其犬走投房王房王見之大悅謂左右曰辛氏其喪乎犬猶棄主投吾吾必興也房氏乃大張宴會爲犬作樂其夜房氏飲酒而臥盤瓠咬王首而還辛見犬啣房首大悅厚與肉糜飼之竟不食經一日帝呼犬亦不起帝曰如何不食呼又不來莫是恨朕不賞乎今當依召募賞汝物得否盤瓠聞帝此言即起跳躍帝乃封盤瓠爲會稽侯美女五人食會稽郡一千戶後生三男六女其男當生之時雖似人形猶有犬尾其後子孫昌盛號爲犬戎之國周幽王爲犬戎所殺只今土蕃乃盤瓠之孕也

昔武王時雍州城南有一大神樹約高十丈周迴一里蔭其地土人民悉奉四時八節牽羊負酒祭祀不絕武王出城見衆奉獻王言此樹神何須損我百姓乃以兵圍正欲誅伐之乃有神飛沙走石雷電霹靂武兵起衆死解星分無令得近時有一人被傷損脚去樹一百步臥地不能自去迫夜有一人着朱衣乘馬與樹神曰朝來武王伐子不有損乎樹神曰我雷公飛沙走石傷武王兵士兵士見之星分不敢近我我有威力如此赤衣人怒曰我教武王兵人用生朱

塗面、披髮着朱衣、赤繩縛之、道灰百匝、以斧伐之、豈不損乎、樹神默然不對、赤衣人忽然縱轡而去、至明、軍人向鄉中父老語之、以狀聞王、王遂依其言用物以斧伐之、並無變動、伐樹將倒、樹中流血、變作一牸牛、向地中走入豐水中、故樹精百年化作青牛、後人學之用灰及赤、

搜神記卷三終

搜神記卷四

燕惠王墓上有狐狸、已經千餘歲、神變無比、世罕有之、聞晉司空張華博學多才、狐狸化爲二少年書生、才容奇美、乘馬而出墓前、過去、華表神謂曰、子欲何之、狸曰、我聞晉司空張華博學多才、今欲詣門與之論談、木精曰、張司空之才、難可比也、若去、非但喪汝二軀、我亦遭累、狸曰、縱伊廣覽、豈能勝子、終爲之而旋、無累子矣、木精曰、實謂自貽伊戚、其可乎、不取吾言、終有悔日、狸不荅而去、乃持刺謁華、華引入談論

三日不屈、華甚疑之、此必妖也、乃掃榻延留、留人防禦、時雷孔章來訪華、華以書生白之、此必妖異、孔章聞此語、忽然大笑曰、公爲國之棟梁、吐飡納士、賢者進用、不肖者黜退、何故妬賢嫉能、不以己之不才而言人之妖異、如此爲天下笑耳、華益於防衛、勿遣東西、孔章曰、若疑之、何不呼獵犬試之、乃命犬、已試竟無憚色、狸曰、我之才智天地產之、反以爲妖、以犬試我、遮　千試萬慮、其能爲患、　華聞益怒曰、此必眞妖也、乃曰、是百年之精、獵犬見之即變、若千年

之妖、以千年神木火照之即變、章曰、千年神木、何由可得、華曰、世說燕惠王塚前有華表木、已經千年、發丞為使往取其木、使欲至木所、空中有一青衣小兒來問使曰、君何來也、使曰、張司空忽有二少年多才巧辭、疑是妖異、使我取華表照之、青衣曰、老狸不智、不聽我言、今日禍已及我、其可逃乎、乃發聲而泣、倏然不見、使乃伐其木、木中血流、使將木歸、照之、其精乃變、華乃烹之、

漢時東萊郡陳司空死經周年、忽然還家、在床而坐、

約束子孫、與平生無異、飲酒食肉、閑論幽冥事、歷歷來往不一、專事感婦子孫致敬、無異生前、忽一度還家飲酒醉、臥在床、子孫敢近前審窺、元是村中沽酒之家老犬也、從此便無蹤由、

王莽篡漢平帝位一十八年、德行不合乾坤、國祚將改、忽於南陽市中生一肉塊、斫刺不入、部令載歸殿前、召荊房息來問曰、殿前生此異物、為何祥、房息對曰、臣不識、有費長道通人也、能識之、莽遣費長道、使發敕曰、房息曰、臣啓陛下、費長道至必言不識、陛下但言、卿既不識、何故城東門外下馬仰天而歎、此須曳長道至、帝問何物、對曰、荊房息向言不識、臣何知之、帝曰、卿既不識、何故東門外下馬仰天而歎、道曰、臣嘆荊將軍推死與臣、帝曰、卿但實言、勿隱朕、不非卿、道曰、既奉進止、敢不遵承、此物一名斎、二名伏中有鐵券長三尺六寸、道王家衰、劉家再興、莽曰、如何得見、道曰、須得七歲女子尿之、可開也、莽依言、果然通、後光武中興、斯實徵矣、

昔太祖年七十、只養一子、年十三而夭、太祖與夫人

晝夜悲泣不止、夫人忽一夜夢見亡兒來、謂母曰、某今差在泰山五百里驅使、苦無暫休、今泰山府君取周王為嶽宿阿娘、可為兒囑王安兒於樂處、免有驅役、言訖、洒涕而別、其母睡覺、悲不自勝、太祖問有何故、具以事白、太祖曰、夢以想成、生死殊道、濆漠然何可憑也、明日晝寢、復自夢見亡子曰、昨已請阿娘咨告、如何卻以為無憑也、既若不信、但看周王、二月十八日必死、若不死、即虛也、太祖夢覺、信之、明旦喚文王來、語曰、朕昨晝寢、夢見亡子云、被差向泰山府五

百日驅使令泰山府君取卿爲宿令夢想之頃朕亦不信儻如所夢卿即方便安兒於樂處周王曰短長之數豈可逃乎然念永别情劇將辭昭代已齊聖旨豈敢違命泣涕交下哀戀久之太祖乃賜玉絹十疋以贖亡兒果于三月十八日卒經十餘日太祖又夢見兒顏色和悅謂父曰蒙托父王文王任所職遷兒於泰山府錄事叅軍下臨即差帝南人代役仰荷君恩敢不上報太祖夢覺喜而復悲即發人往問帝南人死虛實使回云亡經十五日事驗有實方知鬼神

之道昭然不可謂之無矣

張華爲豫章太守善易卦明於政刑下吏罪人畏之不敢犯令或當死者悉放歸辭父母時有一人犯盜處死尅日欲誅放歸辭别限滿赴州就刑其人在路號哭經趙朔家趙朔問何故哭荅曰某拙謀爲盜犯法當死昨蒙太守給假辭父母限滿赴州就刑所以悲泣朔曰何不逃去荅曰使君明於易筮前後逃者皆獲得是以不敢違日朔曰汝不用哭吾令汝生但用吾計自當獲免汝可取三遍刋行渡河即取竹筒盛水三尺長安於腹上仍黃沙中卧經三日然後可還終始擒汝不得也其人一依朔言至假滿法司怪久違限乃以名聞華乃觀易六卦成斷曰何故腹上水深三尺背卧黃沙此人必投水死更不用尋也此謂之善易其人經一年改名姓處於鄉里既脫其死即賫重賂酬於朔朔一無受焉

昔泰山皇帝召募諸方秀士遣司徒崔皓試之問其姸否皓見雍州秀士陳龍文多言巧辭乃嘆之曰子姓陳與陳恒近遠龍文應聲答曰龍文與恒還如公

與杼問寄相似崔皓臧之異日策問龍文曰鵰梟何以食母弱水何以西流武王何以伐紂龍文並皆不荅皓落下不第龍文上表稱崔皓位正三台治司萬物不能以風化下而將逆事問臣以臣無能俾令下第伏乞陛下聖造親試否臧表至帝召皓詰之皓曰龍文無藝何以堪之帝乃自召龍文問其試目對曰崔皓何不問臣慈烏返哺而乃問臣鵰梟何以食母何不問臣百川歸於滄海乃問臣弱水西流何不問臣伯夷叔齊讓國乃問臣武王伐紂所問三條皆是

逆事臣恐雀皓有異志也臣是以不荅帝召皓問之皆如其説乃封龍文爲上卿故諺語云巧言以免責此之謂也

漢武帝與越王爲親乃遣東方朔泛海求寶惟命一周廻朔經二載乃至未至間帝問左右朔久而不至今寰中何人善卜對曰有孫賓者極明易筮帝乃更庶服潛行與左右賷絹二疋往卜叩賓門賓出迎而延坐未之識也帝乃啓卜卦成知是帝惶懼起拜帝曰朕來覓物卿勿言賓曰陛下非卜他物乃卜東方

朔也朔行七日必至今在海中面西招水大嘆到日請話之至日朔至帝曰卿約一年何故二載朔曰臣不敢稽稈採寶未得也帝曰七日前覩在海中面西招水大嘆何也朔曰臣非嘆別事嘆孫賓不識天子與帝對坐因此而嘆帝深異之

世説云五郡之人各是異財而逢喪亂常山一人安定一人襄陵一人博陵一人悉皆孤獨俱行衛國同至樹陰因相問姓名各言離亂已而惻然相謂曰我等皆無骨肉今日幸得聚會亦天然也可爲兄弟已否衆曰諾因結義爲兄弟長字仲伯次名文仲次名季仲次名叔仲次名稚仲五人相將詣衛國市中見一老母孤單告乞五人收養侍奉敬如事親母孝心無二已經三年其母遇疾五人憂愁不能寢食母曰吾是并州太原人董世臺之女嫁同郡張文賢爲妻任北海太守因遭荒亂文賢早亡葬在太原赤山之下八塚同行東頭第一塚是賢塚吾死後汝等若能與我送葬到塚側吾平生之願畢矣吾遭荒亂之日有一子姓張名遺年七歲胸中有七黶足下有通微

之紋父喪因流浪相失汝等宜思記之他日有如此子即我子也宜話吾之由言訖而卒五人扶喪至太原忽叔仲横被朝歌令禁繫時有一人走投太守言孫母之狀述并葬之由太守曰汝何姓氏具以對之因話男之形狀太守聞之號哭擗地此吾母也吾以幼小兵革離亂母子相失迨今又異之乃發使往朝歌迎喪并具表奏聞於魏帝陳其流涙之由并述五人孝狀善其人義重可以權之名爲太守仲伯河中太守文仲河東太守叔仲河南太守季仲河西太守

雅仲河北太守并賻贈遺母喪追封太原縣大夫人仍遷張遺爲魏府都護噫孝心感應可泣千古

搜神記卷四終

搜神記卷五

昔晉使儒臨政而戮趙同趙括及季年將疾見大厲鬼披髮及地搏膺而踴怒目大叱晉公曰殺余之孫而絶余祀令我不得享由爾使然何不義之甚也余得訴於上帝矣今日之冤必雪復何逃焉乃壞大門及寢門而入似縱擒之狀公大駭避於室内及壞其戶將欲入公曰戮子之子孫又何干我也鬼曰致余不食因爾之由何謂不干我公曰請立祀可乎曰不可其已暮矣然請於上帝候爾來證知言訖不見晉

公染疾不期月而終悲夫冤結之事不可爲也今之君子得不慎歟

趙明甫天水人也名仁美選三傳擢第授江表太典縣尉累以政聞遷授蒲縣令仁美素曉三命能自知官祿壽常謂人曰余官不過邑長壽不過六十歲今吾五十四歲矣其不遠也然余有一女未適人此爲急務即請人於屬邑中選有德行學業者配之未曾聞有日者經過乃邀謁趙令因話令之祿壽如仁美之言令曰某亦自知耳然一女子未從人有此未了

餘則無事也、未選得女壻間、先爲女子覓一女僕、使忽一日命掃庭、忽涕淚、令曰、何故、女僕曰、某姓王、父昔爲此邑令、某生此縣中、因喪父母、不覺涕淚垂下、令問其父名、曰名德麟、令思之、乃是親戚、因即慘然、又曰、何至如是、女僕曰、丱角之時、遭兵革亂離之苦、被人掠賣、一至於斯、令乃謂其妻曰、彼我女不憂不嫁、遣且輟吾女粧奩之具、先嫁之、乃於衆言曰、某近認得一姪女、今先聘人、俄擇邑客有善者從之、其所生之女、卻未嫁之、忽一日經過善相人、復謁於令、見

令大駭曰、昨覩君容、其命將殂、今日覩之、福祿與壽未可言也、莫是在政別有異能、不然雪冤亂之事、方可獲此果報、令曰、某則守法清廉、罔無出死入生之事、曰、必然之理、請細籌之、令曰、某別無能、改因話嫁僕之事、荅曰、只此便是、更何求之、乃賀令曰、此祿壽長未可測也、是知陰功及物、當世有增延壽祿、後人覩此、胡不動心乎。

彭蠡湖側有鄉人李進勍者、以販彭蠡湖魚爲業、常以大船滿載其魚於金陵及維揚肆中、積有年矣、一旦復販魚於金陵、夜泊三山之浦、其夕風靜波澄、月色如晝、進勍乃步于岸側、聞船內有千萬人誦經聲、勍驚而異之、倒聽于岸、其音清亮非常、勍即登舟察之、乃艙內魚耳、進勍曰、山我鄙見販易衆生、輪廻之身不可測也。因悉放魚於江中、臨放魚時言曰、諸魚旣各通靈、他日某若困苦、敢希方便垂恩矣、由是改業販鬻荻薪、數年之間、大作簰筏、載薪於金陵貨之、未到間、值大風吹溺簰筏、一時沉沒、惟進勍墮於江中不溺、足下如有所履、俄而被風颭竹數竿、至於進

勍身側、進勍扶此竹而獲稍其濟、乃見大魚數百頭、於進勍足下乘之、及有竹頭共拽竹而行、于時到於洲、乃得登岸、回顧諸魚各已散去、至夜不得度江、即栖於洲上、將更深矣、進勍即獨坐愁苦、兩淚迸灑、嗟身之蹇躓、一至于茲、忽見荻叢碎鏬中光芒然、進勍即以手摸之、獲金二斤、乃袖於懷中、愁悶頻息、俄見一人着白衣向波心踴立、謂進勍曰、朝來得存性命、及獲金、乃于前者所放諸魚、今各報子恩也、言訖不見、待旦、即有魚數十頭、又拽一葉舟來、橈棹俱備、進

訪因得及岸而歸矣余嘗覽佛書見論十千天子報恩何異於是乎

昔楚僚至孝內親早亡敬事後母終身不失忽母患一腫成癰形容日悴人皆不識僚欲呼醫師針灸恐母痛難忍自以口於母腫上徐吮之其腫自熟血流出迨夜即得安寢乃夢一小兒語母曰若得鯉魚食之其病即瘥可以延壽若不得鯉魚食死矣母覺而告僚僚聞之悲懊無計仰天嘆曰我不孝今是十二月凝結之日何處求之僚即抱而哭我如何失母去

得行坐悲泣願天物靈乃脫衣上冰臥之有一童子決僚臥處冰開送鯉一雙與僚僚得之喜悅將歸與母食之其疾即愈延壽一百三十三歲蓋僚至孝感天神昭應如此

昔吳王孫權時有李信純是襄陽紀南人也家養一犬字曰黑龍愛之猶甚行坐相隨飲饌之間皆分與食忽一日與城外飲酒大醉歸家不及臥草中時遇太守鄭服出獵見田草深不知人在草中醉眠遣人縱火爇之信純臥處恰當順風犬見火來乃以口拽純衣純亦不動臥處比有一溪相去三五十步犬即奔往入水濕身走來臥處週迴以身濕之火至濕處即滅獲免于人大難犬運水困乏致斃於側俄爾信純醒來見犬已死遍身毛濕甚訝其事因覩四週被火蹤蹟因爾慟哭聞於太守太守憫之曰犬之報恩甚於人人不知恩豈如犬乎即命具棺槨衣衾葬之今紀南有義犬塚高十餘丈

搜神記卷五終

搜神記卷六

元嘉中有道士徐啓玄隱居終南山中道德尊重人皆欽之然道法術逆知吉凶前世之事歷歷可聞時有王大夫只養一女年可初笄乃世之極色也憐愛頗甚乃名曰金英徐啓玄忽然一日閑遊之次經過王大夫宅門見宅上有宿世冤讐怨氣亘天啓玄曰此誰宅閽者曰御史王大夫啓玄曰大夫在否答曰在可與余報之云終南山徐啓玄有切事欲見大夫閽人入告大夫聞語令升廳俄出見之玄曰勿訝造

次起居然有事咨白未知可否答曰望示及玄適覩大夫宅上有宿世重冤讐欲伺其便而報之大夫知否對曰非尊師別爲知之某凡俗肉眼豈明此事玄曰請童僕男女等遍觀之皆言不是又曰宅上更有何人大夫曰某有一女小字金英幼小憐之頗能羞懇玄曰只此小娘子便是大夫之冤家矣可令出來大夫將謬言令夫人召來夫人即往喚之已見其女扃其房門面壁而坐歎曰我之宿世冤結方欲伺便報讐無賴道士顯我世事夫人聞之驚告大夫大夫惶懼計無所出乃禮啓玄曰此宿世冤對相會如何脫免玄曰此小事答曰倘蒙尊師慈恩特垂救拔以生此門何以報之又復再拜玄曰勿在多言即爲郤遣與大夫變郤取索水一盆劍一口左右手秉之隨大夫至閤內令可開門金英曰是我之冤于爾何事玄曰道門以救拔爲功濟人爲上爾不速變安用多言乃步罡訣咒以水噀之叱曰速變本形無更居此咒訖令備棺櫬逡巡而至玄乃開門視之已化爲白骨即令左右斂之致靈車誡曰可送出都門行十里

餘遇大林木中棄之急奔勿更回顧左右依言送出都可十里來望果有大林便安其下急奔而歸回至都門方始回望見大林紅焰亘天悉爲燼大夫驚哭拜謝與夫人仍備珍寶財帛酬之悉不顧而去

昔晉太子申生仁孝而遇驪姬之譖縊于新城及晉惠公復國乃謚太子曰恭塋以太子之禮期月太子御臣狐突過下國而遇太子申生於途太子突命登車而御之告突曰夷吾無禮而彰先君之惡余得請於上帝矣將以晉國與秦秦將祀余突曰臣聞神不

歆非類、民不祀非族、今令秦祀君、豈不謬乎、且民何罪而致亂亡、宗廟何故而不血食、請問之、太子曰諾、待吾復請於上帝、七日可往新城西偏、於巫者之家見我焉、突曰諾、倏而不見、几如夢醒、突復依期而往、又遇之、告曰、上帝許我罰有罪矣、夷吾其斃於韓、言訖而沒、其後秦伐晉、晉果敗於韓地、而獲晉侯、悲夫申生爲人之子、孝之至也、於死孝心不忘耳、改葬封謚、彰先君之不德矣、實不欲父成其醜、子受其美哉、

昔德化張令家業、蔓延江淮間、累金積粟、不可勝數、

秩滿歸京、僕馬壯健、囊槖敦厚、常先一程致頓、海陸珍羞必挈而行、至華陰、僕夫施幄幕、陳鐏俎、既竟庖豕炙羊始熟、有黃衫者一人、據盤而坐、僕連叱、神色不撓、店嫗曰、今五方戈羅之輩、横行關内、此其流也、不可與競、僕夫方欲求人以責之、而張令至、具以事告、令曰、容之、勿逐也、乃揖而問曰、來在何方、黃衫者不言、但唯唯耳、促暖酒、酒至、令以大金盤飲之、雖不謝、似有愧色、飲訖、顧炙羊、目不暫捨、令自割以勸之、至盡、黃衫者面未有飽色、令又於大盒中取餅十四五枚以餧之、凢飲二升餘、酒既酣、謂令曰、四十年已前、曾於東店得一醉、以至今日、令甚訝之、乃勤問姓名、曰、某非人也、蓋冥司送關中死籍之吏耳、曰、可得一覩乎、曰、覿亦何患、於是解革囊出一軸、其首云、泰山主者牒金天府、第三行書云、貪財好殺前德化縣令張某、即張君名也、令見名、泣告使者、修短有限、誰敢惜死、某年始强壯、不爲死備、家業浩大、未有所付、且有何術、得延其期、某囊中計其所有、不止數十萬、盡可以酬之、執事、使者曰、一飯之恩、誠宜報德、百萬

之賜、𢡟又何用、今有仙官劉綱者、謫居蓮花峯下、唯足下侗伺徑往、祈求奏章、除此難、爲無計也、吾聞昨金天王與南嶽博戲不勝、甚被逼逐、足下可詣嶽廟、厚以利許之、必能施力於仙官、縱力不及、亦得路於蓮花峯下、不爾、即無計矣、於是徑往、覩荆榛蒙密、川谷阻絶、杳無能往、令於是齋牲牢、馳獻嶽廟、又以千萬許之、直往蓮花峯下、轉乘南有一茅堂、見一道士隱几而坐、問張令曰、腐骨殘肉、魂亡神耗者、安得至此、令曰、鍾鳴漏盡、露晞頃刻、竊聞仙官能復精魂於

枯骨致肌肉於朽屍既有好生之心豈無章奏之力道士曰吾頃爲漢朝權臣一奏便謫居此峯今復何得欲陷吾爲寒山之叟乎令哀請懇切仙官神色甚怒俄爾有使者賚緘而至則金天王札也仙官覽書笑曰關節既到難爲不應召使者反報曰莫又違上帝譴責不乃啓玉函書一通焚香再拜以遣之經時天符乃降其上署徵字眞仙復焚香再拜以啓之書曰張某棄背祖宗竊假名位不顧禮法苟偷官榮而又鄙僻多藏詭詐無實百里之任以是叨居千乘之

富實因苟得令按罪以實待戮餘魂何謂來章延求駁命但以扶危拯溺者大道所向緩刑宥過者名門是宗狗爾一眄全我私貸若其悛惡恕乃自新貪生者量延五年奏章不能書罪仙官覽訖謂令曰凡大人壽可數百歲而已喜怒哀樂役心之源愛惡嗜慾伐性之根而又揚己之能掩彼之長顛倒方寸頃刻萬變神倦思怠難全天和如彼淡泉汨於五味欲致不壞其可得乎勉道歸途無墜吾教令感拜辭舉足已失所在復尋舊路稍覺平易步十里餘見黄衣使者前賀曰將欲奉報願知姓名鍾名生爲宜城郡九夜卒于華陰乃爲幽冥所見遞符之役肩苦如負令曰何方以免報事之困曰但酧金天王願請置于爲閽人則吾飽神盤飧矣符已違半日莫及淹留使乃押別入庄南栢樹三五步而沒是張令駐車華陰決東歸之計酧金天王愿所費二千乃語其僕曰二千可贍吾十舍之資糧矣安有受祉於上帝而私於土偶人乎明旦乃乘而東去旬餘至偃師是夕至於縣館見黄衫吏賚牒排闥而進叱吏曰何虛妄若是今

則禍無所逃孽不可逭由爾償三峯之願不決俾吾酧一飯之恩無終悒悒然痛如齧聲言訖失所在頃刻張令有疾乃留遺書於妻子未盈半幅而終悲夫貪恡財貨而輕生是忘大德而背前言如斯欲延厥命其可得乎茲卒宜哉後之人可不慎歟

搜神記卷六

搜神記卷七

昔僧志玄河朔人也工五步罡持清潔戒行不衣紗縠唯着布衣行歷州邑不住城中寺宇惟宿郭外叢林至絳州城東十里夜宿於墓林下月明如晝忽見一野狐於林下將枯骨髑髏安頭上便搖之落者棄却如此三四度搖之不落乃取草葉裝束於身體遶巡化為一女子眉目如畫世間無比着素衣於行路立猶未定忽聞東北上有鞍馬行聲此女子便作哭泣哀悲不堪聽俄有一人乘馬而來見女子哀泣下

馬曰娘子深夜何故在此意如何僕願聞之女子掩泣而對曰妾住易州前年為父母聘於北門張氏為新婦不幸妾夫去歲早亡家事淪落無所依投尊堂遠地豈知此孤苦妾思父母心切擬歸易州緣女子不悉路途所以悲恨君何問之使人曰適將謂女子哀怨別事某不敢言若要還鄉亦小事某是易州等職昨因差使令却返易州娘子若不嫌鞭馬稍粗僕願輒借便請上馬赴前程女子乃收泪謝曰若能如此負載德何可忘也言訖請娘子上馬之次志玄從墓林而出語軍使曰此非人類是妖狐化之軍人曰和尚莫謾語相誣此女子志玄曰君若不信可住少時當與君變却軍人曰是實否於是志玄結印口誦眞言振錫大喝何不速變本形女子悶絕而倒化為老狐而死鮮血交流枯髑髏草葉尚滿其身軍人見之方信是實遂頂禮再拜嗟訝而去

張安儒東洛人也其家大富賈販淮南永和年中自廣抵於洛下既至而患瘧發使至陸渾召命子子閭父疾星夜奔至洛陽不逾一旬安儒身死男女哀擗

未及棺斂忽有一女子縞服垂戴莫覩其面自門而入僕使借問亦不應直至屍前不去帽乃謳哀泣其聲清怨傷切不勝男女親媚驚愕莫測其由須臾棄其帽見之乃醜胡女鬼也親姻皆奔走但看之此鬼乃閉其門須臾聞堂內與安儒屍言笑又飲酒饌歌樂食頃遶巡又聞厲聲啾唧及相打毆擊之聲良久方靜至暮安儒子與親戚家僮開戶看之見其屍與胡女俱化為灰矣

李楚賓楚人也性剛傲以畋獵為志凡所出獵無不

大獲時有董元範家住青山州常洪患誓日安靜夜間郝祭背如刀刺兼歐打相似不堪其苦經一載以來凡是醫藥針灸並無救時永明中有善易者朱郵歸豫如路經元範舍遇夜未宿元範母至三更已叫喚如被拷打相似至曉問元範曰太夫人何病如斯元範曰母患一載醫藥無徵莫知其患來處朱郵乃作卦看之謂範曰君今日來合遇其人正未時有一人持弓箭來須具衫服於道側伺候求見即須致敬懇求再三留宿此必救得君母之患及驗其苦之源

也言訖告辭而去範乃依言具衫服於路候之果見李楚賓持弓箭游獵範見便叙寒溫乃屈楚賓願過敝舍無見外也楚賓曰我今游獵一物未獲何若相留日勢尚早不可宿也範具說母疾云有一日者指引君子令邀止宿必愈母疾楚賓即往便坐範具酒饌飲之乃安楚賓於東房宿此夜月明如晝賓至二更以來乃出房門徐行忽見空中有一大鳥飛來向冊房上將嘴便啄忽聞堂中痛楚難忍賓心口思惟此鳥莫是妖怪乃入房中取弓箭便射之連中數箭

其鳥飛入堂中痛聲即止及旦賓向範曰某昨夜與君母除疾害訖範曰如何除得某昨夜至更出戶徐行忽見一大鳥渾身朱色兩眼如金飛向堂中將嘴便啄乃聞夫人痛聲某取弓箭射之連箭飛去堂中聲便止範聞之再三驚喜相隨遶宅尋覓並不見物忽見碓柱上有兩隻箭所中處皆流血範以火焚之精怪乃除母患自此不復如故持絹一束與楚賓不受而去

李汾越州上虞縣人也性悅山水乃居四明山山下

有百姓張老莊其家大富好養豕積年不宰而縱之永和末中秋月圓李汾步月於中庭撫琴自適忽聽外有人嗟嘆之聲或言或笑李汾不測其由詰曰何人夜久至此山院女笑曰惟好秀才之妙聲汾開門而看之見一女端正無比惟覺口帶高編黑色汾問娘子莫是神仙乎女對曰非也兒是此山中張家女今夕父母作客東村竊來奉謁希無見責也汾欣喜謂娘子曰不棄荒居便請升階言訖女子乃上階煎茶言笑相謔汾莫能及下帷背燈琴瑟已盡忽爾晨

鷄報曉女起告辭汾戀慕惜別即偷女青氈履子一隻藏衣籠中汾恍忽睡着女撫汾悲泣求覔履子願無留此今夕再期若收之妾身必死今拜謝君子幸無留汾竟不與而睡其女號泣而去汾驚而覺不見其女只見床前鮮血滿地汾心異之乃開籠觀其履子已化為猪蹄殼乃惶懼不已尋血下山直至張公圈內其猪還見汾來瞋目咆哮已而汾具以前事告於張公公聞之驚恠遂烹之汾乃棄此山院別遊他邑矣悲夫妖怪之事顯然蠱惑之道彰爾假人之形

搜神記卷八

永平年中有司勲張員外者早著名顯常以詞吾過人同輩莫不畏憚而祿秩不能榮進及懸車之歲有子四人名德雄邁位列清近司勲忽患吾脣須臾出於口外其大如斗瞑目而喘殆不延於頃刻子弟憂迫集議以此疾狀古方無錄人不知識宜於名僧道士求以異術治之冀必有効諸子乃是易服章散諸佛寺道觀遍以疾狀訪於識者適遇老僧謂曰郎君不知業報乎盍扶持員外行於坊市多人之處明其

疾狀搏以求之何慮無人識者諸子喜納其說乃徒步奉輿而行於東市中有一叟鬚眉皓白而顏若嬰兒見司勲之病驚曰吾平生善療此疾今幸年九十八矣方始一遇大喜願以治之諸子拜泣而隨叟曰吾於宣平東門愛一小宅之於財貨而不致郎君郎為吾治之其家亦久欲賣倘兼搆以器用帷幙見侍其宅不逾三十萬諸子遽便求訪果有即時買之叟有妻黎要質貌閑雅年若十八九許皁縠幪首絳綃束腰曾無粉黛之飾髮澤肥淨光彩照人與叟同赴

新第期明晨待司勳至、諸子鋪設茵褥幃幔候其無不精備叟亦極喜、諸子及曉侍司勳至叟前迎之、令其妻燃薪具鹽酪、叟請曰、諸郎君宜以靜伺遠立、無至憂擾、叟乃捻司勳痛舌、有豚懸於舌根下、以金刀斷之、後於絳囊中貯藥、取少末而封焉、其舌重五六斤、叟令其妻臠而炙肉灼之、膏滴中、香氣盈室、司勳忽開口曰、噉津、所疾即愈、叟共漿麥相勸食其炙、須臾而盡、諸子狂喜、候問司勳、云只憶初得疾時、後不省矣、適將欲悟、忽聞炙香、餒而思食、咽液而差、我不能

曉其由也、請進數餅餌、若不有疾、叟曰、疾既愈矣、請諸郎君侍司勳回宅、司勳謝曰、此疾非老丈神術治之、郎無瘥矣、感戴恩德、何日忘之、叟曰、某志在斯疾、幸愜平生之願、何可言哉、既歸、諸子持金帛奴馬詣且來獻於叟、但見遍鎖其門、器用帷幕之具一皆在焉、悉不將去、惟叟與妻莫知所往、諸子奔回、具以事告司勳、舉家號泣、焚香布設之、方悟神仙來為治疾、識者曰、司勳之疾、得不為多詞之咎、而斯病誡諸後之人、豈不慎歟

虞鄉獵人張可思、多力射、每逐獸入山、徑絕壁下、尋中尋鹿、險阻絕遠、忽見人蹟、蹤履絕異、驚愕久之、即究其蹤、人危僻窮途、蹟盡、抵一崖、一人攀緣、分明歷歷、可思愈懷驚異、因又登一崖、乃有傍引大枝橫搆岩上、視其人已度、可思亦隨度、寬平顯敞、不類山中、俄至洞側、見泉周石階、階下葦箔中有大石堂、堂內烟火薰灼、烹爨甚宜、可思詣前、適見自外者負鹽一囊約百許斤致之廚下、滌袴濯足、因邀可思就火、俄聞磬聲、皆曰、諸眞登堂矣、即遣可思拜謁、可思就昇

見金人玉人在左右、而身長丈餘、皆衣鶴氅、儀狀嚴美、聲音朗暢、皆謂可思曰、何由至此、是天可思、即述其來、遂坐可思於地、遍問人間之事、既而謂可思曰、爾可記吾短章、傳之於代、亦可稍增其壽、詞曰、天清地寧、人獨營營、名利奔迫、喜怒交爭、恩永厭壽、彌喪其身、何不絕欲、端守爾精、言訖、謂可思、曰可速歸舍、無滯於此、當有譴責、可思聞語、便即拜辭、於是命負鹽者送出、即尋舊逕而歸、他日可思復來、道途非矣、

永熙年中、青州從事檢校尚書兵部郎中王宗仁者、

羈遊河北時僕射李公鎮守宗仁與李公有族兄之分而接之甚厚因話鬼神之事而李公謂爲冥昧有無難測宗仁曰有可信矣何疑焉如要明之便可立頃召致李公因祈請之宗仁曰公可率意瞻昔逝者名氏識之付某當卽遣召公先從鄴中大將從兄弟兇學陣傳射時免始亾公方軫念卽密書其名氏以付之宗仁乃命香火迎風而嘯遂以其名就焚于爐良久向門驚視遽起揖揖曰在左右問當爲通報因謂公曰不合輕召大將宜速備酒食盡敬辭謝之公如其言致敬久之乃曰幸已去矣必欲見者可更召卑賤之輩縱來無害也時公宅內新喪青衣因書其名字付之要當見矣宗仁復命香火迎風而嘯卽以其名就爇於爐火頃刻笑語公曰如此老婢追之何奕公大奇之因命詢問幽冥之事宗仁曰固不可泄泄之當兩減其筭耳久而遣去宗仁常語公曰某終當爲國相但得石勒劉聰爲主非若三台之正位也。其後宗仁以青州倅主人卒後因爲隴右公納之賓僚壽僭號而宗仁爲左丞相矣竟如其言

涇之北鄙人李德用織衣食自給元嘉中年元夜有二盜踰墻而入皆執利刀德用不敢枝梧而室內衣裝遺無有德用一子名阿七甫六歲方眠驚因叫有賊爲盜所射應弦而斃德用廬外有二驢紫色亦爲擴去遲明村人集衆共商量捕逐之路俄而阿七之魂登房門而號曰我死自是我命那復多痛所痛者永訣父家耳遂怨泣久之隣里會者五六十人皆爲泣涕因曰勿謀反逐明年五月當自送死乃召德用附耳告之名氏仍期勿泄俄春作將至德用謀生汲汲無容加意洎麥秋德用有麥半頃何收拾晨有二牛蹊踐狼籍歸遍里中曰恣女傷暴我苗我已縶之牛主償責以購不爾吾將詣官焉里中共往視之皆曰此非左側人之素畜者也俄有二客至曰我牛也昨暮奔迸不虞至此所損之苗請酬陪價而歸我畜焉里人共謂問所從來買牛契書其用乃紫色驢交致焉德用卽悟阿七所言及詢姓名乃皆如阿七所報因卽縛之曰爾去冬射死我子盡我財者人也二盜相顧不復隱曰天也命也死不可逭卽述其故曰

我既行刼殺、乃北竄寧慶之郊、謂事已久、因買牛將
歸岐下、昨牛抵付北二千里、徘徊不進、何夜黑過此、
既寐、夢一小兒五六歲許、裸形亂舞、紛紜相迷、經宿
方悟、及覺、二牛之縻紖不斷、如被解釋、則已竄矣、

搜神記卷八終

搜神後記卷上

晉　陶潛著　　廬陵劉　湖校

丁令威、本遼東人、學道于靈虛山、後化鶴歸遼、集城
門華表柱、時有少年、舉弓欲射之、鶴乃飛、徘徊空中
而言曰、有鳥有鳥丁令威。去家千年今始歸。城郭如
故人民非、何不學仙塚纍纍。遂高上冲天。今遼東諸
丁云其先世有升仙者、但不知名字耳。

嵩高山北有大穴、莫測其深、百姓歲時遊觀、晉初嘗
有一人誤墮穴中、同輩冀其儻不死、投食于穴中、墜

者得之、爲尋穴而行、計可十餘日、忽然見明、又有草
屋、中有二人對坐圍棊、局下有一杯白飲、墜者告以
飢渴、棊者曰、可飲此、遂飲之、氣力十倍、棊者曰、汝欲
停此否、墜者不願停、棊者曰、從此西行、有天井、其中
多蛟龍、但投身入井、自當出、若餓、取井中物食、墜者
如言、半年許、乃出蜀中、歸洛下、問張華、華曰、此仙館
大夫、所飲者瓊漿也、所食者龍穴石髓也。

會稽剡縣民袁相根碩二人、獵經深山、重嶺甚多、見
一羣山羊六七頭、逐之、經一石橋、甚狹而峻、羊去、根

等亦隨渡向絕崖崖正赤壁立名曰赤城上有水流下廣狹如匹布剡人謂之瀑布路徑有山穴如門豁然而過既入內甚平敞草木皆香有一小屋二女子住其中年皆十五六容色甚美著青衣一名瑩珠一名　見二人至忻然云早望汝來遂爲室家忽二女出行云復有得壻者往慶之曳履于絕巖上行琅琅然二人思歸潛去歸路二女追還已知乃謂曰自可去乃以一腕囊與根等語曰愼勿開也於是乃歸後出行家人開視其囊囊如蓮花一重去一重復至

五蓋中有小青鳥飛去根還知此悵然而已後根于田中耕家依常餉之見在田中不動就視但有殼乃蟬蛻也

滎陽人姓何忘其名有名聞士也荊州辟爲別駕不就隱遁養志常至田舍人收穫在場上忽有一人長丈餘蕭疏單衣角巾來詣之翩翩舉其兩手並舞而來語何云君曾見韶舞不此是韶舞且舞且去何尋逐徑向一山山有穴纔容一人其人命入穴何亦隨之入初甚急前輒閒曠便失人見有良田數十頃何遂懇作以爲世業子孫至今賴之

晉太元中武陵人捕魚爲業緣溪行忘路遠近忽逢桃花夾岸數百步中無雜樹芳華鮮美落英繽紛漁人甚異之漁人姓黄名道眞復前行欲窮其林林盡水源便得一山山有小口彷彿若有光便捨舟從口入初極狹纔通人復行數十步豁然開朗土地曠空屋舍儼然有良田美池桑竹之屬阡陌交通雞犬相聞男女衣著悉如外人黄髮垂髫並怡然自樂見漁人大驚問所從來具答之便要還家爲設酒殺雞作食村中

人聞有此人咸來問訊自云先世避秦難率妻子邑人至此絕境不復出焉遂與外隔問今是何世乃不知有漢無論魏晉此人一一具言所聞皆爲歎惋餘人各復延至其家皆出酒食停數日辭去此中人語云不足爲外人道也既出得其船便扶向路處處誌之及郡乃詣太守說如此太守劉歆即遣人隨之往尋向所誌不復得焉

南陽劉驎之字子驥好遊山水嘗採藥至衡山深入忘反見有一澗水水南有二石囷一閉一開水深廣

不得渡欲還失道遇伐薪人問徑從得還家或謂困中皆仙方靈藥及諸雜物驛之欲更尋索不復知處

長沙醴陵縣有小水有二人乘船取樵見岸下土穴中水逐流出有新斫木片逐流下深山中有人跡異之乃相謂曰可試如水中看何由爾一人便以笠自障入穴穴纔容人行數十步便開明朗然不異世間

平樂縣有山臨水巖間有兩目如人眼極大瞳子白黑分明名爲目巖

始興機山東有兩巖相向如鴟尾石室數十所經過皆聞有金石絲竹之響

中宿縣有貞女峽峽西岸水際有石如人形狀似女子是曰貞女父老相傳秦世有女數人取螺于此遇風雨晝昏而一女化爲此石

臨城縣南四十里有蓋山百許步有姑舒泉昔有舒女與父析薪于此泉女因坐牽挽不動乃還告家比還唯見清泉湛然女母曰吾女好音樂乃作弦歌泉涌洄流有朱鯉一雙今人作樂嬉戲泉故涌出

顧霈者吳之豪士送客置酒有一沙門在坐主人敍羊羊繩斷便走來入道人膝中穿頭人袈裟下道人不能救卽將去殺之既行炙主人便先割以啖道人道人食炙下喉便自行道人皮中痛毒不可忍呼醫來針之以數針貫其炙猶動搖乃破出之是故一臠肉耳道人於此得病作羊鳴少時便死

會稽句章民張然滯役在都經年不得歸家有少婦遂與奴私通然在都養一狗甚快名烏龍後假歸奴與婦欲謀殺然作飯食共坐下食未得噉奴當戶倚張弓拔箭拔刀然以盤中肉飯與狗狗不噉唯注精

舐脣視奴然亦覺之奴催食轉急然決計拍髀大喚曰烏龍狗應聲傷奴奴失刀仗倒地狗遂咋奴頭然因取刀斬奴以婦付官殺之

晉太和中廣陵人楊生養狗甚憐愛之行止與俱後生飲酒醉行大澤草中眠不能動時冬月野火起風又猛狗周章號喚生醉不覺前有一坑水狗便走往水中還以身灑生左右草沾水得著地火尋過去生醒方見之他日又闇行墮空井中狗呻吟徹曉須臾有人過怪此狗向井號往視見生生曰君可出我當

厚報君人曰以此狗見與便當相出生曰此狗曾活我於已死不得相與餘即無惜人曰若爾便不相出。狗因下頭目並生知其意乃語路人以狗相與人乃出之繫狗而去後五日狗夜走歸

林慮山下有亭每過宿者或病死常云有十許人男女合雜衣或黑或白輒來爲害有郅伯夷者過宿明燭而坐誦經至中夜忽有十餘人來與伯夷並坐蒲博伯夷密以鏡照之乃是羣犬因執燭起陽誤以燭燒其衣作燋毛氣伯夷懷刀捉一人刺之初作人遂死成犬餘悉走去

晉楊袤之世領軍司馬濟陽蔡詠家狗夜輒羣衆相吠往視便伏後日使人夜伺有一狗著黃衣白帢長五六尺衆狗共吠之尋跡定是詠家老黃狗即打殺之吠乃止

晉咸康中豫州刺史毛寶戍邾城有一軍人於武昌市買得一白龜長五寸置甕中養之漸大放江中後邾城遭石氏敗赴江者莫不沉溺所養龜人被甲投水中覺如墮一石上須臾視之乃是先放白龜既約岸迴顧而去

鄱陽人黃赭入山采荆杪遂迷路數日忽見大龜赭便呪之曰汝是靈物而吾迷不知道今騎汝背頭向便是路龜即回右轉赭即從行十許里便得溪水即估客行舟者也

搜神後記卷下

吳舍人名猛字世雲有道術同縣鄒惠政迎猛夜于家中庭燒香忽有虎來抱政兒超籬去猛語云無所苦須臾當還虎去數十步忽然復送兒歸政遂精進乞爲好道士猛性至孝小兒時在父母旁臥時夏日多蚊虫而終不搖扇同宿人覺問其故答云懼蚊虫去嚙我父母爾及父母終行服墓次蜀賊縱暴焚燒邑屋發掘墳壠民人迸竄猛在墓側號慟不去賊爲之感愴遂不犯

謝允從武當山還在桓宣武座有言及左元放爲曹公致鱸魚者允便云此可得爾求大瓮盛水朱書符投水中俄有一鯉魚鼓鬐水中

錢塘杜子恭有秘術嘗就人借瓜刀其主求之子恭曰當即相還耳既而刀主行至嘉興有魚躍入船中破魚腹得瓜刀

太興中衡陽區純作鼠市四方丈餘開四門門有一木人縱四五鼠于中欲出門木人輙以手推之

晉大司馬桓溫字元子末年忽有一比丘尼失其名來自遠方投溫爲檀越尼才行不恒溫甚敬待居之門內尼每浴必至移時溫疑而窺之見尼裸身揮刀破腹出臟斷截身首支分臠切溫怪駭而還及至尼出浴室身形如常溫以實問尼答曰若遂凌君上形當如之時溫方謀問鼎聞之悵然故以戒懼終守臣節尼後辭去不知所在

沛國有一士人姓周同生三子年將弱冠皆有聲無言忽有一客從門過因乞飲聞其兒聲問之曰此是何聲答曰是僕之子皆不能言客曰君可還內省過

何以致此主人異其言知非常人良久出云都不憶有罪過客曰試更思幼時事入內食頃出語客曰記小兒時當牀上有燕巢中有三子其母從外得食哺三子皆出口受之積日如此試以指內巢中燕雛亦出口承受因取三薔茨各與食之俄而皆死母還不見子悲鳴而去昔有此事今實悔之客聞言遂變爲道人之容曰君既自知悔罪今除矣言訖便聞其子言語周正忽不見此道人

天竺人佛圖澄永嘉四年來洛陽善誦神呪役使鬼

神腹旁有一孔常以絮塞之每夜讀書則拔絮孔中出光照于一室平旦至流水側從孔中引出五臟六腑洗之訖還內腹中

石虎鄴中有一胡道人知咒術乘驢作估客于外國深山中行下有絕澗窅然無底忽有惡鬼偷牽此道人驢下入絕澗道人尋跡咒誓呼諸鬼王須臾即驢物如故

曇遊道人清苦沙門也剡縣有一家事蠱人噉其食飲無不吐血死遊嘗詣之主人下食遊依常咒願一

雙蜈蚣長尺餘便于盤中跳走遊便飽食而歸安然無他

高悝家有鬼怪言語呵叱投擲內外不見人形或器物自行再三發火巫祝厭劾而不能絕適值幸靈乃要之至門見符索甚多並取焚之惟據軒小坐而去其夕鬼怪即絕

趙固常乘一匹赤馬以戰征甚所愛重常繫所住齋前忽腹脹少時死郭璞從北過因往詣之門吏云將軍好馬甚愛惜今死盡懊惋璞便語門吏云可入通道吾能活此馬則必見我門吏聞之驚喜即啓固固踴躍令門吏走往迎之始交寒溫便問卿能活我馬乎璞曰我可活爾固忻喜即問須何方術璞云得卿同心健兒二三十人皆令持竹竿于此東行三十里當有丘陵林樹狀若社廟有此者便當以竹竿攪擾打拍之當得一物便急持歸既得此物馬便活矣于是左右驍勇之士五十人使去果如璞言得大叢林有一物似猴而非走出人共逐得便抱持歸此物遙見死馬便跳梁欲往璞令放之此物便自走往馬頭

間噓吸其鼻良久馬起噴奮奔迅便不見此物固厚貲給璞得過江左

王文獻曾令郭璞筮己一年吉凶璞曰當有小不吉利可取廣州二大甖盛水置床張二角各覆鏡好以厭之至某時撤甖去水如此其災可消至日忘之尋失銅鏡不知所在後撤去水乃見所失鏡在于甖中甖口數寸鏡大尺餘王公復令璞筮鏡甖之意璞云撤甖違期故至此妖邪魅所爲無他故也使燒車轄而鏡立出

中興初、郭璞每自爲卦、知其凶終、嘗行經建康柵塘、逢一趨步少年、甚寒、便牽住、脫絲布袍與之、其人辭不受、璞曰、但取、後自當知。其人受而去。及當死。果此人行刑、旁人皆爲求屬、璞曰、我託之久矣。此人爲之歔欷哽咽。行刑既畢。此人乃說。

高平郗超、字嘉賓、年二十餘、得重病、盧江杜不愆少就外祖郭璞學易卜、頗有經驗、超令試占之、卦成、不愆曰、案卦言之。卿所恙尋愈。然宜于東北三十里上官姓家。索其所養雄雉、籠而絆之。置東簷下。却後九

日景午日午時。必當有野雌雉飛來與交合。既畢。雙飛去。若如此。不出二十日病都除。又是休應。年將八十。位極人臣。若但雌逝雄留者。病一周方差。年半八十。名位亦失。超時正羸篤。慮命在旦夕。笑而答曰、若保八十之年。便有餘矣。一周病差。何足爲淹。然未之信。或勸依其言索雉。果得。至景午日超臥南軒之下觀之。至日晏。果有雌雉飛入籠。與雄雉交而去。雄雉不動。超歎息曰。管郭之奇。何以尚此。超病逾年乃起至四十卒于中書郎。

陳斐爲酒泉太守、卜者敎以遠諸侯。放伯裘。能守此則無憂。既到官。有侍醫張侯。王侯等。盡遠之。夜半有物來斐被上。人謂持火欲殺之。魅乃言曰、能相赦。當報恩我。字伯裘。若府君有患難。但呼我字。當自解。斐乃喜曰。眞放伯裘之義也。卽便放之。果得其報

義興人姓周、永和中出都、日暮。道邊有一新草小屋有一女出門望見周、曰日已暮、周求寄宿。向一更中、聞外有小兒呼阿香。官喚汝推雷車。女子乃辭去。明朝視宿處。乃見一新塚。

廬陵巴邱人陳濟者、作州吏、其妻獨在家、常有一丈夫、長大儀貌端正、著絳碧袍、采色炫耀。相期於一山澗間、至於寢處。不覺有人道相感接。比鄰人觀其所至、輒有虹見。

上虞魏金家在縣北、忽有一人著孝子服、皂笠手巾、掩口來詣金家、語曰、居有錢一千萬、銅器亦如之。大柳樹錢在其下。取錢當得。其書居大不吉。僕尋爲君作此。便去。自爾出三十年。遂不復來。金亦不取錢。

合肥口有一大舟船、覆在水中、云是曹公船、船嘗有

漁人夜宿傍以船繫之但聞箏笛弦節之音又聲氣非常漁人夢人驅遣去云勿近公船此人驚覺即移船去相傳云曹公載數妓船覆於此今猶存焉

廬陵巴邱人周冕者世以田作爲業年常田數十頃家漸富晉太元初秋收已過穫刈都畢明旦至田禾悉復滿湛然如先即便更穫盈倉於此遂巨富

晉孝武帝世宣城人秦精嘗入武昌山中採茗忽見一人身長一丈通體皆毛精見之大怖毛人徑牽其臂將至山曲大叢茗處放之便去須臾復來乃探懷中橘與精精甚怖負茗而歸

桓宣武有一督將因時行病後虛熱便能飲復茗必一斛二斗乃飽後有客造之更進五升乃大吐一物狀似牛肚病遂瘥

樂安劉池苟家在夏口忽有鬼來劉家竊偷食劉即於他家煮冶葛取二升汁密齎還家向夜舉家作粥食餘一甌因瀉葛汁著中於几上以盆覆之人定後聞鬼從外來發盆噉糜既須臾聞在屋頭吐於此遂絕

襄陽徐陽病死夜忽嶄然而起將婦臂上金環脫去明日復蘇婦問故陽云吏將吾去多見行貨得脫者即許金釧便放令還

永嘉五年張榮爲高平戍邏主時遭曹嶷賊寇亂人皆塢壘自保固見山中火起飛埃絕爛十餘丈樹顛火焱響動山谷又聞人馬鎧甲聲謂嶷賊土人皆惶恐並嚴出將欲擊之引騎到山下無有人但見碎火來曬人袍鎧馬毛鬣皆燒於是軍人走還明日往視山中無燃火處唯見髑髏百頭布散在山中

顧旃獵至一岡忽聞人語聲云咄咄今年衰覓得一窟是古冢一老狐蹲其中前有一卷簿書老狐屈指有所計校乃放犬咋之取視簿書半是奸人女名已經奸者乃以朱鉤頭名有百數旃女正在簿次

于闐王翟昭養一獼猴妓女同時懷妊各產子三頭出便跳躍昭知是猴所爲乃殺猴及其子昭問妓妓云初見一年少著黃練單衣白紗帢甚可愛笑語如人

尹兒年十三守舍見一人騎白馬張繖從黃衣人東

方來入舍坐兒看其衣無縫馬五色斑似鱗甲而毛有頂雨氣至乃去西行躡虛而漸升須臾雲四合明日暴水大出山谷沸涌見大蛟長三丈餘盤屈庭其舍遁焉。

長河江邊一女子渚上浣紗身忽懷娠生三物皆如鮧魚與之乃著澡盤水中養之經三月此物遂大乃是蛟子暴雨三蛟皆出遂失所在

盧充獵見麞便射中之隨逐不覺遠忽見一黑門如府舍問鈴下鈴下對曰崔少府府也進見少府少府

搜神後記　八卷下　九

語充曰尊府君爲索小女婚故相迎耳三日婚畢以車送充至家母問其狀以對與崔別後四年之三月三日臨水戲遂見水傍有犢車充往開車戶見崔女與三歲男共載情意如初抱男兒還充又與金椀乃別。

還冤記

北齊顏之推著　臨川饒　本校

魯桓公夫人文姜者齊襄公之妹也桓公與文姜俱朝于齊襄公通其妹焉桓公讁責文姜文姜告襄公襄公怒乃與桓公飲酒桓公出襄公使公子彭生送桓公于車彭生多力乃拉桓公脅桓公薨于車上魯人告于齊曰寡君畏君之威不敢寧居來修舊好禮成而不反無所歸咎惡何辭以告于諸侯請以彭生除耻辱也齊人歸罪于彭生而殺之後襄公獵于貝丘有大豕從者曰臣見豕乃彭生也襄公怒曰彭生何敢見乎射之豕乃人立而啼公懼墜于車傷足而還其臣連稱管至甫二人作亂遂殺襄公焉

還冤記　八　一

吳王夫差殺其臣公孫聖而不以罪後越伐吳吳敗走謂太宰嚭曰吾前殺臣公孫聖投于餘杭山之下今道當由之吾上畏蒼天下慙于地吾舉足而不進心不忍往子試唱于前若聖猶在當有應嚭乃向餘杭之山呼曰公孫聖聖即從上應曰在三呼而三應吳王大懼仰天歎曰蒼天蒼天寡人豈可復歸乎吳

王遂死不反、
漢世何做為交趾刺史行部蒼梧郡高要縣暮宿鵲
奔亭夜猶未半有一女子從樓下出自云妾姓蘇名
娥字始珠本廣信縣修里人早失父母又無兄弟夫
亦久亡有雜繒百二十疋及婢一人名致富妾孤窮
羸弱不能自振欲往旁縣賣繒就同縣人王伯賃車
牛一乘直錢萬二千載妾并繒令致富執轡乃以前
年四月十日到此亭外于時日暮行人既絕不敢前
行因即留止致富暴得腹痛妾往亭長舍乞漿取火

亭長龔壽操刀持戟來至車旁問妾曰夫人從何所
來車上何載丈夫安在何故獨行妾應之曰何勞問
之壽因執妾臂曰少愛有色寧可相樂耶妾時怖懼
不肯聽從壽即以刀刺脅一創立死又殺致富壽掘
樓下埋妾并婢取財物去殺牛燒車車杠及牛骨貯
亭東空井中妾死痛酷無所告訴故來自歸於明使
君做曰今欲發汝屍骸以何為驗女子曰妾上下皆
着白衣青絲履猶未朽也掘之果然做乃遣吏捕壽
拷問具服下廣信縣驗問與娥語同收壽父母兄弟
皆繫獄做表壽殺人于常律不致族誅但壽為惡隱
密經年王法所不能得鬼神訴千載無一請皆斬之
以助陰殺上報聽之

漢時有王忳字少林為郿縣令之縣到斄亭亭常有
鬼殺人忳宿樓上夜有女子稱欲訴寃無衣自蓋忳
以衣與之乃進曰妾本涪令妻也欲往之官過此亭
宿亭長殺妾大小十餘口埋在樓下奪取衣裳財物
亭長今為縣門下游徼忳曰當為汝報之勿復妄殺
良善耶鬼投衣而去忳旦收游徼詰問即服收同謀

十餘人并殺之掘取諸喪歸其家殯葬亭永清寧人
謠曰信哉少林世無偶飛被走馬與鬼語飛被走馬
別為他事今所不錄

漢孫策既定會稽引兵迎漢帝時道人于吉在策軍
中遇天大旱船路艱澀策嘗自出督切軍中人每見
將士多在吉所因憤怒曰吾不如吉遂收吉縛置日
中令其降雨如不能者便當受誅俄頃之間雲雨滂
沛未及移時州澗涌溢時並來賀吉免其死策轉忿
恚意竟殺之因是策頗愍常每彷彿見吉復出躬獨

爲刺客所傷、治療將差、引鏡自窺。鏡中見吉顧則無之。如是再三、遂撲鏡大叫、瘡皆崩裂、須臾而死、

晉明帝殺刀士金原、原謂持刀者曰、我頸多筋、斫之必令即斷、吾將報汝、持刀者不能留意、遂斫數瘡、然後始絕、尋見原絳冠朱服、赤弓彤矢射之、持刀者呼曰、金原緩我、少時而死、

瑯琊諸葛覆、永嘉年爲元眞太守、家累悉在揚都、唯將長子元崇送職、覆於郡病亡、元崇年始十九、送喪欲還、覆門生何法僧、貪其資貨、與伴共推元崇墮水

而死、因分其財、爾夜元崇母陳氏、夢元崇還、具敘亡父事、及身被殺委曲、屍骸流漂、怨酷無雙、違奉累載、一旦長辭、銜悲茹恨、如何可說、歔欷不能自勝、又云、行速疲極、困臥窗下牀上、以頭枕窗、母視兒眠處、足知非虛矣、陳氏悲怛驚起、把火照兒眠處、沾濕猶如人形、於是舉家號泣、便發聞、于時徐森之始除交州、徐道立爲長史、道立即陳氏從姑兒也、具疏所夢、托二徐驗之、二徐道遇諸葛喪船、驗其父子亡日、如鬼語、乃收其行兇二人、即皆欵服、依法殺之、更差人送喪楊都、

晉夏侯元、字太初、亦當時才望、爲司馬景王所忌、而殺之、元宗族爲之設祭、見元來靈座、脫頭置其旁、悉取果食酒肉以內頸中、旣畢、還自安首、曰、吾得訴于上帝矣、司馬子元無嗣也、尋而景王薨、遂無子、其弟文王封次子爲齊、繼景王後、攸薨、攸子冏嗣立、又被殺、及永嘉之亂、有巫見宗云、我國傾覆、正由曹爽夏侯元二人訴冤得申故也、

晉安定張祚、以永和中作涼州刺史、因自立爲涼王、

河州刺史張瓘士衆強盛、祚猜忌之、密遣兵進圖瓘、瓘率衆拒祚、祚遂爲瓘所殺、瓘後數見祚來、部從鎧甲、舉手指瓘云、底奴要當截汝頭、瓘入姑臧、立張元營、與元靜同車出城西門、橋梁牢壯、而忽摧折、刺史舊事、正旦放烏、瓘所放出手輒死、有鵲來巢廣夏門、彈逐不去、自往看之、守燉煌宋混、遣弟澄、即于巢所害瓘、瓘臨命語澄曰、汝荷婚姻、而爲反逆、皇天后土、必當照之、我自可死、當令汝剿我矣、混自爲尚書令輔政、有疾、晝日見瓘從屋而下、奄入柱中、其柱狀若

火燒掘土則無所見混因病死澄又然燈油變爲血廐中馬一夕無尾二歲小兒作老公聲呼曰宋混澄斫汝頭又城東水中出火後三年澄爲張邕所殺

晉西域校尉張頎以怨殺麴儉臨死有恨言後頎夜見白狗自拔劍斫之不中頭便倒地不起左右見儉在旁遂以暴卒

宋元嘉中李龍等夜行劫掠于時升陽陶繼之爲秣陵縣令微密尋捕遂擒龍等取龍引一人是太樂伎忘其姓名劫發之夜此伎推同伴往就人宿共奏音聲陶不詳審爲作欵列隨例申上及所宿主人士貴賓客並相明證陶知枉濫但以文書已行不欲自爲通塞遂并諸劫十人于郡門斬之此伎聲伎精能又殊辨慧將死之日親隣知識看者甚衆伎曰我雖賤隸少懷慕善未嘗爲非實不作劫陶令已當具知枉見殺害若死無鬼則已有鬼必自陳訴因彈琵琶歌曲而就死衆知其枉莫不殞泣經月餘陶遂夜夢伎來至案前云昔枉見殺實所不忿訴之得理今故取君便入陶口乃落腹中陶即驚寤俄而倒絶狀若風

癲良久方醒有時而發輒夭矯頭反著背四日而亡亡後家便貧顇一兒早死餘有一孫窮寒路次

宋泰初元年江州刺史鄧琬立刺史晉安王子勛爲帝以作亂初南郡太守張悅得罪鎖歸揚都及湓口敗救之以爲冠軍將軍與共經紀軍事琬前軍袁顗既敗張悅懼誅乃稱暴疾伏甲而召鄧琬既至謂之曰卿始此禍而欲賣死少帝乎命斬于牀前并殺其子以琬頭至五年悅寢疾見琬爲厲遂死

朱齊豫章王蕭嶷亡後忽見形于沈文季曰我病未應死皇太子加膏中十一種藥使我不差湯中復加藥一種使我利不斷吾已訴先許還東邸　判此事便懷出青紙文書示文季云與卿少舊爲呈主上也俄而失所在文季懼不敢傳少時文惠太子薨

魏城陽王元徽初爲孝莊帝畫計殺爾朱榮及爾朱兆入洛害孝莊而徽懼走投洛陽令寇祖仁祖仁父叔兄弟三人爲刺史皆徽之力也既而爾朱兆購徽萬戶侯祖仁遂斬徽送之并匿其金百斤馬五十匹及兆得徽首亦不賞侯兆乃夢徽曰我金二百斤馬

百匹在祖仁家卿可取也兆覺曰城陽家本巨富昨令收捕全無金銀此夢或實至曉即令收祖仁祖仁又見徵曰足得相報矣祖仁欵得金百斤馬五十疋兆不信之祖仁私斂戚屬得金三十斤馬三十疋輸兆猶不完數兆乃發怒懸頭于樹以石硾其足鞭捶殺之

晉桓温負其才名久懷異志須先立功河朔還受九錫既逢覆敗名實頓減于是參軍郗超進廢立之計乃廢帝而立簡文帝及帝崩孝武即位温因入朝威

逼愈甚後謁簡文高平陵方欲伏見帝在墳前舉衣語温云家國不造委任失所温答臣不敢臣不敢既登車爲左右說之又問殷涓形狀答以肥短温云向亦見在帝側十餘日便病因此憂懣而死

秦姚萇字景茂赤亭羌也父弋仲事石勒石氏既滅萇隨其兄襄與苻永固戰于三原軍敗襄死萇乃降永固即受祿位累加爵邑及轉龍驤將軍督梁益州諸軍事永固謂之曰朕昔以龍驤建業此號未曾假人今持山南委卿故特以相授其蒙寵任優隆如此後隨永固子徵討慕容泓爲泓所敗徵獨死之萇遣長史趙永固謝罪永固怒既甚即戮其使萇益恐懼遂奔西州聚衆士卒而自樹置永固頻爲慕容沖所敗沖轉侵逼永固又見妖怪屢起遂走五將山萇即遣驍騎將軍吳中圍永固中執永固以送萇萇即日囚之以求傳國璽乃令禪讓永固不從數以叛逆之罪萇遂殺之遂稱帝後又將永固屍鞭撻無數裸剝衣裳薦之以棘掘坎埋之及萇遇疾即夢永固將天官使者鬼兵數百突入營中萇甚悚懼走入後帳宮人

逆來刺鬼誤中萇陰鬼即相謂曰正着死所拔去矛刃出血石餘忽然驚寤即患陰腫令醫刺之流血如夢又狂言曰殺陛下者臣兄襄耳非臣萇罪願不賜枉後三日萇死

秦李雄既王於蜀其第四子期從叔壽襲期而廢爲邛都公壽復殺之而壽自立壽性素兇狠猜忌僕射蔡射等以正直忤旨遂誅之無幾壽病恒見李期蔡射爲祟嘔血而死

宋高平金鄉張超與同郡翟頤不和頤以宋元嘉中

爲方與令忽爲人所殺咸疑是超超後除金鄉縣職
解宜還家入山伐木翟兒子銅烏執弓持矢并賫酒
醼就山䀹之樹酌已畢銅烏曰明府昔害我叔無緣
同戴天日引弓射之郎死銅烏其夜見超云我不殺
汝叔枉見殘害今已上訴故來相報引刀刺之吐血
而死

宋下邳張稗者家世冠族末葉衰微有孫女殊有姿
色隣人求聘爲妾稗以舊門之後耻而不與隣人憤
之乃焚其屋稗遂燒死其息邦先行不知後還亦知

情狀而畏隣人之勢又貪其財而不言嫁女與之後
經一年邦夢見稗曰汝爲兒子逆天不孝棄親就怨
潛同凶黨捉邦頭以手中桃杖刺之邦因嘔血而死
邦死之日隣人又見稗排門直入張目攘袂曰君恃
勢縱惡酷暴之甚枉見殺害我已上訴事獲申雪却
後數日令君知之隣人得病尋亦殂殁

宋世永康人呂慶祖家甚溫富嘗使一奴名教子守
視墅舍以元嘉中便往案行忽爲人所殺族弟無期
先大舉慶祖負咸謂爲害無期賫羊酒脯至柩所而
祝曰君荼酷如此乃云是我寬而有靈使知其所還
至三更見慶祖來云近教子畦疇不理許當痛治奴
奴遂以斧斫我背將帽塞口因得嚙奴三指悉皆破
碎便取刀刺我頭戟著後門初見殺時諸從行人
亦在其中奴今欲叛我已釘其頭着壁言畢而滅無
期早旦以告父母潛視奴所住壁果有一把髮以竹
釘之又看其指並見破傷錄奴語驗具伏又云汝旣
叛逆何以不叛奴云頭如被繫欲逃不得諸同見者
事事相符卽焚教子并其二息

宋高祖平桓元後以劉毅爲撫軍將軍荊州刺史到
州便收牧牛寺僧主云藏桓家兒度爲沙彌并殺四
道人後夜夢見此僧來云君何以枉見殺貧道貧道
已白於天帝恐君亦不得久因遂得病不食日羸
瘦當發楊都時多有爭競侵凌宰輔宋高祖因遣人
征之毅敗夜單騎突出投牧牛寺僧曰撫軍昔枉殺
我師我道人自無報仇之理然何宜來此亡師屢有
靈驗云天帝當收撫軍於寺殺之毅便嘆叱出寺後
崗上大樹自縊而死也

宋東海徐某甲前妻許氏生一男名鐵臼而許氏亡甲改娶陳氏陳氏凶虐志滅鐵臼陳氏産一男生而咒之曰汝若不除鐵臼非吾子也因名之曰鐵杵欲以杵擣鐵臼也於是捶打鐵臼備諸苦毒飢不給食寒不加絮甲性闇弱又多不在舍後妻恣意行其暴酷鐵臼竟以凍餓被杖而死時年十六亡後旬餘鬼忽還家登陳牀曰我鐵臼也實無片罪横見殘害我母訴怨于天今得天曹符來取鐵杵當令鐵杵疾病與我遭苦時同將去自有期日我今停此待之聲如

生時家人賓客不見其形皆聞其語于是恒在屋梁上住陳氏跪謝搏頰爲設祭奠鬼云不須如此餓我令死豈是一餐所能酬謝陳夜中竊語道之鬼厲聲曰何敢道我今當斷汝屋棟便聞鋸聲屑亦隨落拉然有響如棟實崩擧家走出炳燭照之亦了無異鬼又駡鐵杵曰汝既殺我安坐宅上以爲快也當燒汝屋即見火然烟焰大猛内外狼狽俄爾自滅茆茨儼然不見虧損日日駡詈時復歌云桃李花嚴霜落奈何桃李子嚴霜早已落聲甚傷切似是自悼不得長成也于時鐵杵六歲鬼至便病體痛腹大上氣妨食鬼屢打之打處青黶月餘而死鬼便寂然無聞

魏司馬宣王功業日隆又誅魏大將軍曹爽篡奪之迹稍彰王凌時爲揚州刺史以魏帝制於强臣不堪爲主楚王彪年長而有才欲迎立之兗州刺史華歆以凌陰謀告宣王宣王自將中軍討凌掩然卒至凌自知勢窮乃單船出迎宣王宣王送凌還京師凌至城過賈逵廟側凌呼曰賈梁道吾固盡心於魏之社稷惟爾有神知之凌遂飲藥死三族皆誅其年宣王

有疾白日見凌來并賈逵爲祟因呼字曰彦雲緩我宣王身亦有打處少日遂薨

魏支法存者本是胡人生長廣州妙善醫術遂成巨富有八支𣰆毹作百種形像光彩耀日又有沉香八尺板牀居常芬馥王談爲廣州刺史大兒劭之屢求二物法存不與王談因存豪縱殺之而籍没家財焉死後形見于府輒打閤下鼓似若稱冤魂如此經旬月王談得病恒見法存守之少時遂亡劭之至揚都又死

宋沮渠蒙遜時、有沙門曇摩懺者、博達多識、爲蒙遜之所信重、魏氏遣李順拜蒙遜爲涼王、仍求曇摩懺、蒙遜恡而不與、摩懺意欲入魏、屢從蒙遜請行、蒙遜怒殺之、既而左右白日見摩懺以劒擊蒙遜、因疾而死、

漢時王濟左右嘗于閤中就婢取濟衣物、婢欲奸之、其人云不敢、婢言若不從我、我當大叫、此人卒不肯、婢遂呼云某甲欲奸我、濟即令人殺之、此人具自陳訴、濟猶不信、故牽將去、顧謂濟曰、枉不可受、要當訟府君於天、後濟乃病、忽見此人語之曰、前具告實不見理、今便應去、濟數日卒、

漢時游殷字幼齊、漢世爲羽林中郎將、先與司隸校尉胡軫有隙、軫遂誣構殺之、殷死月餘、軫得病目精脫、但伏罪伏罪、游幼齊將鬼來、於是遂死、

晉富陽縣令王範有妾桃英、姝有姿色、遂與閤下丁豐、史華期二人姦通、範嘗出行不還、帳內都督孫元弼聞丁豐戶內有環珮聲、覘視見桃英與同被而臥、元弼叩戶而叱之、桃英即起、攬裙理髮、躡履還內、元弼又見華期帶珮桃英麝香、二人懼元弼告之、乃共謗元弼與桃英有私、範不辨察、遂殺元弼、有陳超者、當時在座、勸成元弼罪、後範代還、超亦出都看範、行至赤亭山下、值雷雨日暮、忽然有人扶超腋腥曳將去、入荒澤中。電光照見一鬼、面甚青黑、眼無瞳子、曰、吾孫元弼也、訴怨皇天、早見申理、連時候汝。乃今相遇。超叩頭流血、鬼曰、王範既爲事主、當先殺之。賈景伯、孫文度在太山元堂下、共定死生名錄、桃英魂魄亦收在女青亭者。是第三地獄名、在黃泉下、專治女鬼。投至天明失鬼所在、超至楊都詣範、未敢說之、便見鬼從外來、逕入範帳、至夜範始眠、忽然大魘、連呼不醒、家人牽青牛臨範上、并加桃人左索、向明小蘇、十許日而死、妾亦暴亡、超亦逃走長干寺、易姓名爲何規、後五年三月三日臨水酒酣。超云今當不復畏此鬼也、低頭便見鬼影已在水中。以手搏超鼻、血大出可一升許、數日而殂、

晉時張駿據有涼州、忌害鎮軍將軍武威鄒鑒、以其宗族強大而多功也、遂誣其主簿魏纂、使誣鑒謀反

駿逼綦自殺後三年纂病見綦在側遂死

晉時羊聃字彭祖晉世廬陵太守爲人剛克粗暴恃國姻親縱恣尤甚睚眦之嫌輒加刑殺征西大將軍庾亮檻送具以狀聞有司奏聃殺郡將吏及民簡良等二百九十人徒謫一百餘人應棄市依八議請宥中宗詔曰此事古今所未有此而可忍孰不可忍何八議之有下獄所賜命聃兄子賁先尚南郡公主自表解婚詔不許瑯琊孝王妃山氏聃之甥也苦以爲請于是司徒王導啟聃罪不可容恕宜極重法山

太妃憂感動疾陛下罔極之恩宜蒙生全之宥于是詔下曰山太妃唯此一舅發言摧鯁乃至吐血情慮深重朕丁荼毒受太妃撫育之恩同于慈親若不堪難忍之痛以致頓斃朕亦何顏以寄今便原聃生命以慰太妃渭陽之恩于是除名爲民少時聃病恒見簡良等曰枉豈可受今來相取經宿而死

晉時會稽孔基勤學有志操馮結族人孔敞敞使其二子以基爲師而敞子並凶　趣尚不同基於敞此兒常有忿恚敞尋喪亡服制既除基乃齎羊酒往看二子子猶懷宿怨潛遣奴于路側殺基奴還未之至仍見基來張目攘袂厲聲言曰姦醜小豎人面獸心吾蒙顧存昔敦舊平生有何怨惡候道見害謂天忘父神人不容要當斷汝家種從此之後數數見形無幾大兒向廁忽便絕倒絡繹往看已斃于地次者尋復病殂兄弟無後

晉時庾亮誅陶稱後咸康五年冬節會文武數十人忽然悉起向階拜揖庾驚問故並云陶公來陶公是稱父侃也庾亦起迎陶公扶兩人悉是舊怨傳詔左

右數十人皆操伏戈陶公謂庾曰老僕舉君自代不圖此恩反戮其孤故來相問陶稱何罪身已得訴于帝矣庾不得一言遂寢疾八年一日死

神異經目錄

神異經

漢　東方朔著　南豐　趙秉清校

東荒經

東荒山中有大石室東王公居焉長一丈頭髮皓白人形鳥面而虎尾載一黑熊左右顧望恒與一玉女投壺每投千二百矯華按仙傳拾遺矯字作梟設有入不出者天為之噫噓華曰歎也矯出而脫悞不接者言失之天為之笑華云言笑者天口流火炤灼今天下不雨而有電光是天笑也

東方有人焉男皆朱衣縞帶元冠女皆采衣男女便轉可愛恒恭坐而不相犯相譽而不相毀見人有患投死救之名曰善人俗云士人一名敬俗云敬謹一名美俗云美人不妄言噪噪然而笑倉卒見之如癡俗云善人如癡此之謂也

東方荒外有豫章焉此樹主九州其高千丈圍百尺本上三百丈本如有條枝敷張如帳上有玄狐黑猿枝主一州南北並列而向西南有九力士操斧伐之以占九州吉凶斫之復生其州有福創者州伯有病積歲不復者其州滅亡亡青州伯死復者木創復也

東方有桑樹焉高八十丈敷張自輔其葉長一丈廣

六七尺其上自有蠶作繭長三尺繰一繭得絲一斤

有椹焉長三尺五寸圍如長

東方有樹焉高百丈敷張自輔葉長一丈廣六尺其名曰桑如今之櫨桑但樹大耳其子徑三尺剖之少瓤白如素和羹食之爲地仙衣服不敗辟穀可以入水火（一名木桑）

東方有樹高五十丈葉長八尺名曰桃其子徑三尺二寸和核羹食之令人益壽（埠按別本作壽短誤）食核中仁可以治嗽小桃溫潤嘅嗽人食之即止（埠按別本作嘅嗽人肉滑者誤）

東海之外荒海中有山焦炎而峙高深莫測蓋禀至陽之爲質也海中激浪投其上噏然而盡計其晝夜噏攝無極若熬鼎受其洒汁耳

大荒之東極至鬼府山臂沃椒山（埠按玄中記云天下之彊者東海之惡燋焉水灌而不已惡燋山名在東海南方三萬里海水灌之即消即沃椒也）脚巨洋海中升載海日蓋扶桑山有玉雞玉雞鳴則金雞鳴金雞鳴則石雞鳴石雞鳴則天下之雞悉鳴潮水應之矣

東海滄浪之洲生彊木焉洲人多用作舟楫其上多以珠玉爲戲物終無所負其木方一寸可載百許斤縱石鎮之不能沒

東方荒中有木名曰栗其殼徑三尺三寸殼刺長丈餘實徑三尺殼亦黃其味甜食之多令人短氣而渴（埠按太平御覽引此云東荒北有栗樹高三十丈栗徑三尺其殼赤其肉黃白味甘食之令人短氣而渴廣記所引出酉陽記）

東方裔外有建山其上多橘柚

東南荒經

東南方有人焉周行天下身長七丈（埠按說郛所引作七尺誤）腹圍如其長頭戴雞父魌頭（華曰髮頭亂也埠曰雞父未詳）朱衣縞帶以赤蛇繞額（一作惡蛇遶頭）尾合於頭不飲不食朝吞惡鬼三千暮吞三百此人以鬼爲飯（埠按廣記飯作食別本作飲誤）以露爲漿（廣記作霧）名曰尺郭一名食邪道師云吞邪鬼一名赤黃父今世有黃父鬼

東南荒中有邪木高三千丈或十餘圍或七八尺其枝喬直上不可那也（埠云那猶何也）葉如甘瓜二百歲葉落而生花花形如甘瓜花復二百歲落盡而生萼萼下生子三歲而成熟成熟之後不長不減子形如寒瓜長七八寸徑四五寸萼復覆生頂（言發萼而得成實）此不取

萬世如故。若取子而留蔕，蔕復生子，如初年月，復成熟。復二年，則成蔕而復生子。其子形如甘瓠，少瓤，音穰甘美。食之令人身澤，不可過三升，令人寘醉，半日乃醒。木高人取不能得，唯木下有多羅之人，緣能得之。多羅國名一名無葉。世人後生不見葉，故謂之無葉也。一名倚騎。按太平廣記引此作綺縞而張茂先注云騎謂直上不可那也知廣記誤

東南隅太荒之中，有樸父焉，夫婦並高千里，腹圍自輔。天初立時，使其夫妻導開百川，嬾不用意，說郛作用力謫之，並立東南。男露其勢，女露其牝。勢牝謂男女之陰陽御覽作殺

不飲不食，不畏寒暑，唯飲天露。須黃河清，當復使其夫婦導護百川。古者初立，此人開導河，河或深或淺，或隘或塞，故禹更治，使其水不壅。天責其夫妻，倚而立之。若黃河清者，則河海絕流，水自清矣。

東南海中有烜洲，洲有溫湖，鯯魚生焉。其長八尺，食之宜暑而辟風寒。

東南有石井，其方百丈，上有二石闕，俠東南面，上有蹲熊，有榜著闕，曰地戶。

南荒經

南方有犬人，面鳥喙而有翼，手足扶翼而行，食海中魚，有翼不足以飛。一名鵰兜。書曰：放鵰兜于崇山。按古文尚書作鵰吺一名驩兜。為人狠惡，不畏風雨禽獸，犯死乃休耳。

南方有人，長二三尺，袒身而目在頂上，走行如風，名曰魃。所之國大旱。俗曰旱魃一名格子。善行市朝衆中，遇之者投著廁中乃死，旱災消。詩曰：旱魃為虐。或曰：生捕得殺之，禍去福來。

南荒外有火山，其中生不盡之木，埠按別本作不晝之木晝夜

火燃，得暴風不猛，猛雨不滅。埠按玄中記南方有炎火山四月生火其木皮爲人浣布

南方大荒之中有樹焉，名曰柤稼櫃。柤者，柤梨也。稼者，株稼也。櫃，親暱也。三千歲作華，九千歲作實。其華紫色，其實赤色。其高百丈，或千丈也。敷張自輔。東西南北方枝各近五十丈。葉長七尺，廣五尺，色如綠青。木皮如梓樹，理如甘草，味飴。實長九尺，圍如其長，而無瓤核。以竹刀剖之，如凝蜜，一作如酥得食，復見實，即滅矣。言復見後實熟者，壽一萬二千歲。埠按言後見以下十三字

乃茂先許

南方大荒有樹焉、名曰如何、三百歲作華、九百歲作實、華色朱、其實正黃、高五十丈、敷張如蓋、葉長一丈、廣二尺餘、似菅苧色、青厚五分、可以絮、如厚朴、材理如支、九子、味如飴、實有核、形如棗子、（或作棘子）長五尺、圍如長、金刀剖之則酸、蘆刀剖之則辛、食之者地仙、不畏水火、不畏白刃、

南方荒中有涕竹、長數百丈、圍三丈六尺、厚八九寸、可以為船、其笋甚美、食之可以止瘡癘、（張茂先許曰子笋也）

南方有㭊𣗖之林、其高百丈、圍三尺八寸、促節多汁、甜如蜜、咋齧其汁、令人潤澤、可以節蚘蟲、（廣記引人作蚘蟲）人腹中蚘蟲、其狀如蚓、此消穀蟲也、多則傷人、少則穀不消、是甘蔗能滅多益少、凡蔗亦然、

不盡木火中有鼠、重千斤、毛長二尺餘、細如絲、但居火中、洞赤、時時出外、而毛白、以水逐而沃之即死、取其毛績紡織、以為布、用之若有垢涴、以火燒之則淨、

南方蚊翼下有小蜚蟲焉、目明者見之、每生九卵、復未常有毈、復成九子、蜚而復去、蚊遂不知、亦食人及百獸、食者知言、蟲小食人不去也、此蟲既細且小、因曰細蠛、陳章對齊桓公小蟲是也、（埤按陳章鵾螟巢於蚊睫事見晏子春秋）此蟲常春生、以季夏藏于鹿耳中、名嬰蜺、

南方有獸、似鹿而豕首、有牙、善依人求五穀、名無損之獸、人割取其肉、不病、肉復自復、其肉惟可作鮓、使糝肥美、而咋肉不壞、吞之不入、糝盡更添肉、復作鮓、如初、愈美、名曰不盡鮓是也、（御覽獸部引此糝字作滯鮓字作鮮）

南荒之外有火山、長四十里、廣五十里、其中皆生不燼之木、火鼠生其中、

南方有銀山、長五十里、高百餘丈、悉是白銀、

西南荒經

西南大荒中有人、長一丈、腹圍九尺、踐龜蛇、戴朱鳥、左手憑白虎、知河海水斗斛、識山石多少、知天下鳥獸言語、土地上人民所道、知百穀可食、識草木鹹苦、名曰聖、一名哲、一名賢、（俗曰先知）一名無不達、凡人見而拜之、令人神智、此人為天下聖人也、一名先通、

西南方有人焉、身多毛、頭上戴豕、貪如狼惡、好自積財而不食人穀、彊者奪老弱者、畏羣而擊單、名曰饕

饕春秋言饕餮者縉雲氏之不才子也一名貪惏一名彊奪一名凌弱此國之人皆如此也

西南荒中出訛獸其狀若菟人面能言常欺人言東而西言惡而善其肉美食之言不真矣（言食其肉則其人言不誠）一名誕

西荒經

崑崙西有獸焉其狀如犬長毛四足似羆而無爪有目而不見行不開有兩耳而不聞有人知往有腹無五臟有腸直而不旋食物徑過人有德行而往牴觸

神異經　八

之有凶德則往依憑之天使其然名爲渾沌春秋云渾沌帝鴻氏不才子也空居無爲常咋其尾回轉仰天而笑（以史記正義校）

西方荒中有獸焉其狀如虎而犬毛長二尺人面虎足猪口牙尾長一丈八尺攪亂荒中名檮杌一名傲狠一名難訓春秋云顓頊氏有不才子名檮杌是也

有人面目手足皆人形而胳下有翼不能飛爲人饕餮淫逸無理名曰苗民春秋所謂三苗書云竄三苗于三危

西荒之中有人焉長短如人著百結敗衣手虎爪名曰獏㺜伺人獨行輒食人腦或舌出盤地丈餘人先聞其聲燒大石以投其舌乃氣絕而死不然食人腦矣（一本云伺人眠輒往就人欲食人腦）

西方日宮之外（廣記引作日官）有山焉其長十餘里廣二三里高百餘丈皆大黃之金其色殊美不雜土石不生草木上有金人高五丈餘皆純金名曰金犀入山下一丈有銀又一丈有錫又入一丈有鉛又入一丈有丹陽銅似金可鍛以作錯塗之器淮南子術曰餌丹陽之爲金是也（淮南子以下乃茂先註後人誤合爲經梁簡文帝詩云劍鏤丹陽銅用此）

神異經　九

西荒中有獸如虎豪長三尺人面虎足口牙一丈八尺人或食之獸鬬終不退却唯死而已荒中人張捕之復黠逆知一名倒壽

西方深山中有人焉身長尺餘袒身捕蝦蟹性不畏人見人止宿暮依其火以炙蝦蟹伺人不在而盜人鹽以食蝦蟹名曰山臊其音自叫人嘗以竹著火中爆烞而出臊皆驚憚犯之令人寒熱此雖人形而變化然亦鬼魅之類今所在山中皆有之

西海水上有人、乘白馬朱鬣、白衣玄冠、從十二童子、馳馬西海水上、如飛如風、名曰河伯使者、或時上岸、馬跡所及、水至其處、所之之國、雨水滂沱、暮則還河。

西海之外有鵠國焉、男女皆長七寸、爲人自然有禮、好經綸拜跪、其人皆壽三百歲、其行如飛、日行千里、百物不敢犯之、唯畏海鵠、過輒吞之、亦壽三百歲、此人。在鵠腹中不死、而鵠一舉千里。華曰陳章與齊桓公論小兒也

西方山中有蛇、頭尾差大、有色五彩、人物觸之者、中頭則尾至、中尾則頭至、中腰則頭尾並至、名曰率然。

茂先註云、會稽常山最多此蛇、孫子兵法三軍勢如率然者是也。

西北荒經

西北有獸焉、狀似虎、有翼能飛、便勦食人、知人言語、聞人鬭、輒食直者、聞人忠信、輒食其鼻、聞人惡逆不善。輒殺獸往饋之。名曰窮奇。亦食諸禽獸也、埤按、別本云、窮奇似牛而狸尾、尾長曳地、其聲似狗、狗頭人形、鉤爪鋸牙、逢忠信之人齧而食之、逢姦邪者則禽禽獸而伺之

西北荒有人焉、人面朱髮、蛇身人手足、而食五穀禽獸、貪惡愚頑、名曰共工、背流共工於幽州、幽州北裔也、而此言西北方相近也、皆西裔之族耳。

西北荒中有玉饋之酒、酒泉注焉、廣一丈、長深三丈、酒美如肉、澄清如鏡、上有玉尊玉籩、取一尊、一尊復生焉、與天同休、無乾時、石邊有脯焉、味如麞鹿脯、飲此酒人不生死、一名遺酒、其脯名曰追復、食一片復一片、或作一斤

西北荒中有二金闕、高百丈、金闕銀盤、圓五十丈、二闕相去百丈、上有明月珠、徑三丈、光照千里、中有金

階、西北入兩闕中、名曰天門、埤按、陸公佐新闢銘云北荒明月即此事

西北荒中有小人、長一分、其君朱衣玄冠、乘輅車馬、引爲威儀、居人遇其乘車、抓而食之、其味辛、終年不爲物所咋、并識萬物名字、又殺腹中三蟲、三蟲死、便可食僊藥也、

西北海外有人、長二千里、兩腳中間相去千里、腹圍一千六百里、但日飲天酒五斗、張華云天酒甘露也不食五穀魚肉、唯飲天酒、忽有饑時、向天仍飲、好遊山海間、不犯百姓、不干萬物、與天地同生、名曰無路之人、一名

仁一名信一名神。

北方荒經

北方荒中有棗林焉、其高五十丈、敷張枝條數里餘、疾風不能偃、雷電不能摧、其子長六七寸、圍過其長、熟赤如朱、乾之不縮、氣味潤澤、殊於常棗、食之可以安軀、益於氣力、故方書稱之、赤松子云、北方大棗味有殊、既可益氣、又安軀、北方荒中有石湖、方千里、岸深五丈餘、恒氷、唯夏至左右五六十日解耳、湖有横公魚、長七八尺、形如鯉而赤、晝在水中、夜化爲人、刺之

不入、煑之不死、以烏梅二枚煑之則死、食之可止邪病、其湖無凸凹、平滿無高下、

北方層氷萬里、厚百丈、有磎鼠在氷下、瑋按御覽引作鼷鼠土中焉、形如鼠、食草木、肉重千斤、可以作脯、食之已熱、其毛八尺、可以爲褥、臥之却寒、其皮可以蒙鼓、聞千里、其毛可以來鼠、此毛所在、鼠輒聚焉、

北海有大鳥、其高千尺、頭文曰天、胸又曰候、左翼文曰鷖、右翼文曰勒、頭向東、正海中央、捕魚、或時舉翼而飛、其羽相切、如風雷也、

東北荒經

東北荒中有木、高四十丈、葉長五尺、廣三尺、名曰栗、其實徑三尺二寸、其殼赤、其肉黄白、味甜、食之令人短氣而渴、

中荒經

崑崙之山、有銅柱焉、其高入天、所謂天柱也、圍三千里、周圓如削、下有回屋、方百丈、仙人九府治之、上有大鳥、名曰希有、南向、張左翼覆東王公、右翼覆西王母、背上小處無羽、一萬九千里、西王母歲登翼上、會

東王公也、故其柱銘曰、崑崙銅柱、其高入天、員周如削、膚體美焉、其鳥銘曰、有鳥希有、碌赤煌煌、不鳴不食、東覆東王公、西覆西王母、王母欲東、登之自通、陰陽相須、唯會益工、

九府玉童玉女、與天地同休息、男女無爲匹配、而仙道自成、張茂先曰、言不爲夫妻也、男女名曰玉人、

東方有宮、青石爲墻、高三仞、左右闕高百尺、畫以五色、門有銀牓、以青石碧鏤、題曰天地長男之宮、西方有宮、白石爲墻、五色、黄門有金牓而銀鏤、題曰天

地少女之宮。中央有宮，以金爲牆，門有金牓，以銀鏤題曰天皇之宮。南方有宮，以赤石爲牆，赤銅爲門闕，有銀牓，曰天皇中女之宮。北方有宮，以黑石爲牆，題曰天地中男之宮。東南有宮，黃石爲牆，黃牓碧鏤，題曰天地少男之宮。西北有宮，黃銅爲牆，題曰地皇之宮。

東方裔外有東明山，以青石爲牆。西方裔外有大夏山，以金爲牆。南方裔外有四明山，以赤石爲牆。西南裔外老壽山，以黃銅爲牆。東南裔外闇湍山，以青石爲牆。西北裔外西明山，以白石爲牆。皆有宮。蓋神仙之宅也

東北有鬼星石室，三百戶共一門，石牓題曰鬼門。西南銅關夾牓，題曰人往門。東北銅關夾門牓，題曰人來門。

南方有獸焉，角足大小形狀如水牛，皮毛黑如漆，食鐵飲水，其糞可爲兵器，其利如剛，名曰齧鐵。系黃經云南方齧鐵糞利爲剛，食鐵飲水，腸中不傷。蜂按今蜀中深山亦有齧鐵獸

鬼門晝日不開，至暮即有人語，有青火色。

西南大荒有馬，其大二丈，鬐至膝，尾委地，蹄如丹踠，可握，日行千里，至日中而汗血。乘者當以絮纏頭，以辟風病。彼國人不纏。

北方有獸焉，其狀如獅子，食人，吹人則病，名曰𤟧。音恙恆近人村里，入人居室。百姓患苦，天帝徙之北方荒中。

西方深山有獸焉，面目手足毛色如猴，體大如驢，善緣高木，皆雌無雄，名綢。順人三合而有子。要路彊牽男人，將上絕冢之上，取菓并竊五穀食，更合三畢而定，十月乃生。

不孝鳥，狀如人身，犬毛，有齒，猪牙，額上有文曰不孝，口下有文曰不慈，鳥上有文曰不道，左脅有文曰愛夫，右脅有文曰憐婦。故天立此異畀，以顯忠孝也。

海内十洲記

漢　東方朔著　峽江郭廷廣校

祖洲在東海　瀛洲在東海
玄洲在北海　炎洲在南海
長洲在東海　元洲在北海
流洲在西海　生洲在東海
鳳麟洲在東海　聚窟洲在西海

漢武帝既聞王母說八方巨海之中有祖洲、瀛洲、玄洲、炎洲、長洲、元洲、流洲、生洲、鳳麟洲、聚窟洲、有此十

洲、乃人跡所稀絕處、又始知東方朔非世常人、是以延之曲室、而親問十洲所在所有之物名、故書記之、方朔云臣學仙者耳、非得道之人、以國家之盛美、將招名儒墨於文教之內、抑絕俗之道於虛詭之迹、臣故韜隱逸而赴王庭、藏養生而侍朱闕、亦由尊上好道、且復欲抑絕其威儀也、曾隨師主履行、比至朱陵扶桑蜃海、冥夜之丘、純陽之陵、始青之下、月宮之間內遊七丘、中旋十洲、踐赤縣而遨五嶽、行陂澤而息名山、臣自少及今、周流六天、廣陟天光、極於是矣、未若凌虛之子、飛真之官、上下九天、洞視百萬、北極句陳而并華蓋、南翔太丹而棲大夏、東之通陽之霞、西薄寒穴之野、日月所不逮、星漢所不與、其上無復物、其下無復底、臣所識乃及於是、愧不足以酬廣訪矣、

祖洲近在東海之中、地方五百里、去西岸七萬里、上有不死之草、草形如菰、苗長三四尺、人已死三日者、以草覆之、皆當時活也、服之令人長生、昔秦始皇大苑中多枉死者、橫道有烏如烏狀、銜此草覆死人面、當時起坐而自活也、有司聞奏、始皇遣使者齎草以

問北郭鬼谷先生、鬼谷先生云、此草是東海祖洲上有不死之草、生瓊田中、或名爲養神芝、其葉似菰、苗叢生、一株可活一人、始皇於是慨然言曰、可採得否、乃使使者徐福發童男童女五百人、率攝樓船等入海尋祖洲、遂不返、福道士也、字君房、後亦得道也、

瀛洲在東海中、地方四千里、大抵是對會稽、去西岸七十萬里、上生神芝仙草、又有玉石、高且千丈、出泉如酒、味甘、名之爲玉醴泉、飲之數升輒醉、令人長生、洲上多仙家、風俗似吳人、山川如中國也。

玄洲在北海之中戌亥之地方七千二百里去南岸三十六萬里上有太玄都仙伯真公所治多丘山又有風山聲響如雷電對天西北門上多太玄仙官宮室宮室各異饒金芝玉草乃是三天君下治之處甚肅肅也

炎洲在南海中地方二千里去北岸九萬里上有風生獸似豹青色大如貍張網取之積薪數車以燒之薪盡而獸不然灰中而立毛亦不燋斫刺不入打之如灰囊以鐵鎚鍛其頭數十下乃死而張口向風須

臾復活以石上菖蒲塞其鼻即死取其腦和菊花服之盡十斤得壽五百年又有火林山山中有火光獸大如鼠毛長三四寸或赤或白山可三百里許晦夜即見此山林乃是此獸光照狀如火光相似取其獸毛以緝為布時人號為火浣布此是也國人衣服垢汙以灰汁浣之終無潔淨唯火燒此衣服兩盤飯間振擺其垢自落潔白如雪亦多仙家

長洲一名青丘在南海辰巳之地地方各五千里去岸二十五萬里上饒山川及多大樹樹乃有二千圍者一洲之上專是林木故一名青丘又有仙草靈藥甘液玉英靡所不有又有風山山恒震聲有紫府宮天真仙女遊於此地

元洲在北海中地方三千里去南岸十萬里上有五芝玄澗澗水如蜜漿飲之長生與天地相畢服此五芝亦得長生不死亦多仙家

流洲在西海中地方三千里去東岸十九萬里上多山川積石名為昆吾冶其石成鐵作劍光明洞照如水精狀割玉物如割泥亦饒仙家

生洲在東海丑寅之間接蓬萊十七萬里地方二千五百里去西岸二十三萬里上有仙家數萬天氣安和芝草常生地無寒暑安養萬物亦多山川仙草衆芝一洲之水味如飴酪至良洲者也

鳳麟洲在西海之中央地方一千五百里洲四面有弱水繞之鴻毛不浮不可越也洲上多鳳麟數萬各為羣又有山川池澤及神藥百種亦多仙家煮鳳喙及麟角合煎作膏名之為續弦膠或名連金泥此膠能續弓弩已斷之弦刀劍斷折之金更以膠連續之

使力士掣之他處乃斷所續之際終無斷也武帝天漢三年帝幸北海祠恒山四月西國王使至獻此膠四兩吉光毛裘武帝受以付外庫不知膠裘二物之妙用也以爲西國雖遠而上貢者不奇稽留使者未遣又時武帝幸華林園射虎而弩弦斷使者時從駕又上膠一分使口濡以續弩弦帝驚曰異物也乃使武士數人共對掣引之終日不脫如未續時也膠色青如碧玉吉光毛裘黃色蓋神馬之類也裘入水數日不沉入火不燋帝於是乃悟厚謝使者而遣去賜

以牡桂乾姜等諸物是西方國之所無者又益思東方朔之遠見周穆王時西胡獻昆吾割玉刀及夜光常滿杯刀長一尺杯受三升刀切玉如切泥杯是白玉之精光明夜照冥夕出杯於中庭以向天比明而水汁已滿於杯中也汁甘而香美斯實靈人之器秦始皇時西胡獻切玉刀無復常滿杯耳如此膠之所出從鳳麟洲來劍之所出必從流洲來並是西海中所有也

聚窟洲在西海中申未之地地方三千里北接崑崙二十六萬里去東岸二十四萬里上多眞仙靈官宮第比門不可勝數及有獅子辟邪鑿齒天鹿長牙銅頭鐵額之獸洲上有大山形似人鳥之象因名之爲神鳥山山多大樹與楓木相類而花葉香聞數百里名爲反魂樹扣其樹亦能自作聲聲如羣牛吼聞之者皆心震神駭伐其木根心於玉釜中煑取汁更微火煎如黑餳狀令可丸之名曰驚精香或名之爲震靈丸或名之爲反生香或名之爲震檀香或名之爲人鳥精或名之爲却死香一種六名斯靈物也香氣

聞數百里死者在地聞香氣乃却活不復亡也以香薰死人更加神驗征和三年武帝幸安定西胡月支國王遣使獻香四兩大如雀卵黑如桑椹帝以香非中國所有以付外庫又獻猛獸一頭形如五六十日犬子大似貍而色黃命國使將入呈帝見之使者抱之似犬瘦細禿悴尤怪其之非也問使者此小物可弄何謂猛獸使者對曰夫威加百禽者不必繫之以大小是以神麟故爲巨象之王鸞鳳必爲大鵬之宗百足之蟲制於螣蛇亦不在於巨細也臣國去此二

十萬里國有常占東風入律百旬不休青雲干呂連月不散者當知中國時有好道之君我王固將賤百家而貴道儒薄金玉而厚靈物也故搜奇蘊而貢神香步天林而請猛獸乘毳車而濟弱淵策驥足以度飛沙契闊途遥辛苦蹊路于今已十三年矣神香起夭殘之死疾猛獸却百邪之魅鬼夫此二物實濟衆生之至要助政化之升平豈圖陛下反不知貴乎是臣國占風之謬矣今日仰鑒天姿亦乃非有道之君也眼多視則貪色口多言則犯難身多動則淫賊心

多飾則奢侈未有用此四者而成天下之治也武帝恧然不平又問使者猛獸何方而伏百禽食啖何物膂力何比其所生何鄉耶使者曰猛獸所出或生崑崙或生玄圃或生聚窟或生天路其壽不窮食氣飲露解人言語仁慧忠恕當其仁也愛護蠢動不犯虎豹當其威也一聲叫發千人伏息牛馬百物驚斷絙繫武士奄忽失其勢力當其神也立興風雲吐嗽雨露百邪迸走蛟龍騰鶩處于太上之廐役御獅子名曰猛獸蓋神光無常能爲大禽之宗主乃禩天之元王辟邪之長帥者也靈香雖少斯更生之神丸也疫病災死者將能起之及聞氣者即活也芳又特甚故難歇也於是帝使使者令猛獸發聲試聽之使者乃指獸命喚一聲獸舐脣良久忽叫如天大雷霹靂又兩目如礔磹之交光光朗衝天良久乃止帝登時顛蹶掩耳震動不能自止侍者及武士虎賁皆失仗伏地諸內外牛馬豕犬之屬皆絕絆離繫驚駭放蕩久許咸定帝忌之因以此獸付上林苑令虎食之於是虎聞獸來乃相聚屈積如死虎伏獸入苑徑上虎頭

溺虎口去十步已來顧視虎虎輒閉目帝恨使者言不遜欲收之明日失使者及猛獸所在遣四出尋討不知所止到後元元年長安城內病者數百亡者大半帝試取月支神香燒之於城內其死未三月者皆活芳氣經三月不歇於是信知其神物也乃更秘錄餘香後一旦又失之檢函封印如故無復香也帝愈懊恨恨不禮待於使者益貴方朔之遺語自愧求李君之不勤懃衛叔卿於階庭矣明年帝崩于五柞宮已亡月支國人鳥山震檀却死等香也向使厚待使

者帝崩之𦻐何緣不得靈香之用耶自合命殞矣

滄海島在北海中地方三千里去岸二十一萬里海四面繞島各廣五千里水皆蒼色仙人謂之滄海也島上俱是大山積石至多石象八石石腦石桂英流丹黄子石膽之輩百餘種皆生於島石服之神仙長生島中有紫石宮室九老仙都所治仙官數萬人居焉

方丈洲在東海中心西南東北岸正等方丈方面各五千里上專是羣龍所聚有金玉琉璃之宮三天司

命所治之處羣仙不欲昇天者皆往來此洲受太乙生籙仙家數十萬耕田種芝草課計頃畝如種稻狀亦有玉石泉上有九源丈人宮主領天下水神及龍蛇巨鯨陰精水獸之輩

扶桑在東海之東岸岸直陸行登岸一萬里東復有碧海海廣狹浩汗與東海等水既不鹹苦正作碧色甘香味美扶桑在碧海之中地方萬里上有太帝宮太真東王父所治處地多林木葉皆如桑又有椹樹長者數千丈大二千餘圍樹兩兩同根偶生更相依倚是以名爲扶桑仙人食其椹而一體皆作金光色飛翔空立其樹雖大其葉椹故如中夏之桑也但椹稀而色赤九千歲一生實耳味絶甘香美地生紫金九玉如中夏之瓦石狀真仙靈官變化萬端蓋無常形亦有能分形爲百身十丈者也

蓬丘蓬萊山是也對東海之東北岸周迴五千里外別有圓海繞山圓海水正黑而謂之冥海也無風而洪波百丈不可得往來上有九老丈人九天真王宮蓋太上真人所居唯飛仙有能到其處耳

崑崙號曰崑崚在西海之戌地北海之亥地去岸十三萬里又有弱水周迴繞市山東南接積石圃西北接北戶之室東北臨大活之井西南至承淵之谷此四角大山寔崑崙之支輔也積石圃南頭是王母居周穆王云咸陽去此四十六萬里山高平地三萬六千里上有三角方廣萬里形似偃盆下狹上廣故名曰崑崙山三角其一角正北干辰之輝名曰閬風巔其一角正西名曰玄圃堂其一角正東名曰崑崙宮其一角有積金爲天墉城面方千里城上安金臺五

所玉樓十二所其北戶山承淵山又有墉城金臺玉樓相鮮如流精之闕光碧玉之堂瓊華之室紫翠丹房錦雲燭日朱霞九光西王母之所治也真官仙靈之所宗上通璿璣元氣流布五常玉衡理九天而調陰陽品物羣生希奇特出皆在於此天人濟濟不可具記此乃天地之根紐萬度之綱柄矣是以太上名山鼎於五方鎮地理也號天柱於珉城象綱輔也諸百川極深水靈居之其陰難到故治無常處非如丘陵而可得論爾乃天地設位物象之宜上聖觀方緣

形而著爾乃處乎風於西極坐王母於坤鄉昆吾鎮於流澥扶桑植於碧津離合火生而光獸生於炎野坎總衆陰是以仙都宅於海島艮位名山蓬山鎮於寅丑巽體元女養巨木於長洲高風鼓於羣龍之位暢靈符於瑕丘至妙乎深幽神難盡真人隱宅靈陵所在六合之內豈唯數處而已哉此蓋舉其摽末爾臣朔所見不博未能宣通王母及上元夫人聖旨昔曾聞之於得道者說此十洲大丘靈阜皆是真仙隩墟神官所治其餘山川萬端並無覩者矣其北海外

又有鍾山在北海之子地隔弱水之北一萬九千里高一萬三千里上方七千里周旋三萬里自生玉芝及神草四十餘種上有金臺玉闕亦元氣之所舍天帝居治處也鍾山之南有平邪山北有蛟龍山西有勁草山東有束木山四山並鍾山之枝幹也四山高鍾山三萬里官城五所如一登四面山下望乃見鍾山爾四面山乃天帝君之城域也仙真之人出入道經自一路從平邪山東南入穴中乃到鍾山北阿門外也天帝君總九天之維貴無比焉山源周廻具有

四城之高但當心有觀於崑崙也昔禹治洪水既畢乃乘蹻車度弱水而到此山祠上帝於北阿歸大功於九天又禹經諸五嶽使工刻石識其里數高下其字科斗書非漢人所書今丈尺里數皆禹時書也不但刻劇五岳諸名山亦然刻山之獨高處爾今書是臣朔所具見其王母所道諸靈藪禹所不履唯書中夏之名山爾臣先師谷希子者太上真官也昔授臣崑崙鍾山蓬萊山及神洲真形圖昔來入漢留以寄知故人此書又尤重於嶽形圖矣昔也傳授年限正

問爾陛下好道思微飄心内向天尊下降並傳授寶秘臣朔區區亦何嫌惜而不止所有哉然術家幽其事道法秘其師術泄則事多疑師顯則妙理散願且勿宣臣之意也

武帝欣聞至說明年遂復從受諸眞形圖常帶之肘後八節常朝拜靈書以書求度脱焉朔謂滑稽逆知預觀帝心故弄萬乘傲公侯不可得而師友不可得而喜怒故武帝不能盡至理於此人

海内十洲記終

洞冥記序

富家世述道書推求先聖往賢之所撰集不可窮盡千室不能藏萬乘不能載猶有漏逸或言浮誕非政教所同經文史官記事故略而不取蓋偏國殊方並不在錄愚謂古曩餘事不可得而棄況漢武帝明儁特異之主東方朔因滑稽浮誕以匡諫洞心於道教使冥迹之奧昭然顯著今籍舊史之所不載者聊以聞見撰洞冥記四卷成一家之書庶明博君子該而異焉武帝以欲窮神仙之事故絕域

遐方貢其珍異奇物及道術之人故於漢世盛於羣主也故編次之云爾

東漢郭憲序

洞冥記總目

別國洞冥記卷一

漢　郭憲著　宜黃洪章煥校

漢武帝未誕之時景帝夢一赤彘從雲中直下入崇蘭閣帝覺而坐于閣上果見赤氣如烟霧來蔽戶牖望上有丹霞蓊鬱而起乃改崇蘭閣爲猗蘭殿後王夫人誕武帝于此殿有青雀羣飛于霸城門乃改爲青雀門乃更修飾刻木爲綺橑雀去因名青綺門

東方朔字曼倩父張夷字少平妻田氏女夷年二百歲顏如童子朔生三日而田氏死時景帝三年也鄰

洞冥記　卷一　一

母拾而養之三歲天下秘讖一覽闇誦于口居常指摘天下空中獨語鄰母忽失朔累月方歸母笞之後復去經年乃歸母忽見大驚曰汝行經年一歸何以慰我耶朔曰兒至紫泥海有紫水汚衣仍過虞淵湔浣朝發中返何云經年乎母問之汝悉是何處行朔曰兒湔衣竟暫息都崇堂王公飴之以丹霞漿兒食之太飽悶幾死乃飲元天黃露半合即醒既而還路遇一蒼虎息于路傍兒騎虎還打捶過痛虎嚙兒腳傷母悲嗟乃裂青布裹之朔復去家萬里見一枯樹脫布挂於樹布化爲龍因名其地爲布龍澤朔以元封中遊濛鴻之澤忽見王母采桑於白海之濵俄有黃翁指阿母以告朔曰昔爲吾妻託形爲太白之精今汝此星精也吾卻食吞氣已九千餘歲目中瞳子色皆青光能見幽隱之物三千歲一反骨洗髓二千歲一刻骨伐毛自吾生已三洗髓五伐毛矣

建元二年帝起騰光臺以望四遠於臺上撞碧玉之鍾挂懸黎之磬吹霜條之篪唱來雲依日之曲方朔再拜於帝前曰臣東遊萬林之野獲九色鳳雛滲源

洞冥記　卷一　二

丹瀨之水赤色西過洞壑得滄淵虬子靜海遊珠洞壑在虞淵西虬泉池在五柞宮北中有追雲舟起風舟侍仙舟含烟舟或以沙棠爲椎檝或以木蘭文柘爲櫓棹又起五層臺於月下

釣影山去昭河三萬里有雲氣望之如山影丹藿生於影中葉浮水上有紫河萬里深十丈中有寒荷霜下方香盛有降靈壇養靈池分光殿五間有甫室七間碧蟾閣十二丈上有金鍾廣四尺元封中有祇國獻此鏡照見魑魅不獲隱形

都夷香如棗核食一片則歷月不饑以粒如粟米許投水中俄而滿大盂也

甘泉宮南昆明池中有靈波殿七間皆以桂爲柱風來自香帝既躭於靈怪常得丹豹之髓白鳳之膏磨青錫爲屑以蘇油和之照於神壇夜暴雨光不滅有雙蛾如蜂赴火侍者舉麟鬚拂拂之

元光中帝起壽靈壇壇上列植垂龍之木似青梧高十丈有朱露色如丹汁灑其葉地皆成珠其枝似龍之倒垂亦曰珍枝樹此壇高八尺帝使董謁乘雲霞

之輦以昇壇至夜三更聞野鷄鳴忽如曙西王母駕元鸞歌春歸樂謁乃聞王母歌聲而不見其形歌聲遶梁三匝乃止壇傍草樹枝葉或翻或動歌之感也四面列種軟棗條如青桂風至自拂堦上遊塵

董謁字仲元武都郁邑人也少好學嘗遊山澤負挾圖書患其繁重家貧拾樹葉以代書簡言其易卷懷也編荆爲牀聚鳥獸毛以寢其上

波祇國亦名波弋國獻神精香草亦名荃蘼一名春蕪一根百條其間如竹節柔軟其皮如絲可爲布所謂春蕪布亦名香荃布堅密如紈冰也握一片滿室皆香婦人帶之彌月芬馥

翕韓國獻飛骸獸狀如鹿青色以寒青之絲爲繩繫之及死帝惜之而不瘞掛於苑門皮毛皆爛朽惟骨色猶青時人咸知其神異更以繩繫其足往視之唯見所繫處存而頭尾及骨皆飛去

且露池西有靈池方四百步有連錢荇浮根菱倒枝藻連錢荇荇如錢文浮根菱根出水上葉沉波下實細薄皮甘香葉半青半黃霜降彌美因名青冰菱也

倒枝藻者枝横倒水中長九尺餘如結網有野鴨秋鳧及鷗鷺來翔水上入此草中皆不得出如繒網也亦名水網藻中有轉羽舫凌龍舫凌波舫帝嘗遊宴於此

洞冥記卷一終

洞冥記卷二

元鼎元年起招仙閣於甘泉宮西編翠羽麟毫爲簾青琉璃爲扇懸黎火齊爲床其上懸浮金輕玉之磬浮金者色如金自浮於水上輕玉者其質貞明而輕有霞光繡有藻龍繡有連煙繡有走龍錦有雲鳳錦有翻鴻錦閣上燒荃蘼香屑燒粟許其氣三月不絕進暘蝝細棗出暘蝝山山臨碧海上萬年一實如今之軟棗咋之有膏膏可燃燈西王母握以獻帝燃芳似燈光色紫有白鳳黑龍𪖐足來戲於閣邊有青鳥赤

頭道路而下以迎神女神女留玉釵以贈帝帝以賜趙婕妤至昭帝元鳳中宮人猶見此釵黃諃欲之明日示之既發匣有白燕飛昇天後宮人學作此釵因名玉燕釵言吉祥也

元鼎五年郅支國貢馬肝石百斤常以水銀養之內玉櫃中金泥封其上國人長四尺惟餌此石而已半青半白如今之馬肝舂碎以和九轉之丹服之彌年不饑渴也以之拂髮白者皆黑帝坐羣臣於甘泉殿有髮白者以石拂之應手皆黑是時公卿語曰不用作方伯惟須馬肝石此石酷烈不和丹砂不可近髮

帝寢靈莊殿召東方朔於青綺窗不隔綈紈熏幕間朔曰漢承庚運火德以何精瑞爲祥應朔跪而對曰臣常過吳明之墟是長安東過扶桑七萬里有及雲山山頂有井雲起井中若土德王黃雲出火德王赤雲出水德王黑雲出金德王白雲出木德王青雲出此皆應瑞德也帝曰善

元封中起方山像招諸靈異召東方朔言其秘奥乃燒天下異香有沉光香精祇香明庭香金磾香塗魂

香外國所貢精檀之燈青檀木有膏如淳漆削置器中以蠟和之塗布燃照數里

起神明臺上有九天道金牀象席虎珀鎮雜玉爲簟帝坐良久設甜水之水以備沐濯酌瑤琨碧酒炮青豹之脯果則有塗陰紫梨琳國碧李仙泉與食之

吠勒國貢文犀四頭狀如水兕角表有光因名明犀置暗中有光影亦曰影犀織以爲簟如錦綺之文此國去長安九千里在日南人長七尺被髮至踵乘犀象之車乘象入海底取寶宿於鮫人之舍得淚珠則

鮫所泣之珠也亦曰泣珠甜水去虞淵八十里有甜
溪水味如蜜東方朔遊此水得數斛以獻帝投水於
井井常甜而寒洗沐則肌理柔滑
瑤琨去玉門九萬里有碧草如麥割之以釀酒則味
如醇酎飲一合三旬不醒但飲甜水隨飲而醒
塗山之背梨大如升或云斗紫色千年一花亦曰紫
輕梨
琳國去長安九千里生玉葉李色如碧玉數十年一
熟味酸昔韓終常餌此李因名韓終李

元封三年大秦國貢花蹄牛其色駮高六尺尾環繞
其身角端有肉蹄如蓮花善走多力帝使輦銅石以
起望仙宮跡在石上皆如花形故陽關之外花牛津
時得異石長十丈高三丈立於望仙宮因名龍鍾石
武帝末此石自陷入地唯尾出土上今人謂龍尾墩
也
帝好微行於長安城西夜見一螭遊於路董謁曰昔
桀媚末喜於膝上以金簪貫玉螭腹為戲今螭腹餘
金簪穿痕得非此耶曰白龍魚鱗網者食之帝曰試
我也
元封四年脩彌國獻駮騾高十尺毛色赤斑皆有日
月之象帝以金埏為鑣絆以寶器盛芻以飼之
元封五年勒畢國貢細鳥以方尺之玉籠盛數百頭
形如大蠅狀似鸚鵡聲聞數里之間如黃鵠之音也
國人常以此鳥候時亦名曰候日蟲帝置之於宮內
旬日而飛盡帝惜求之不復得明年見細鳥集帷幕
或入衣袖因名蟬宮內嬪妃皆悅之有鳥集其衣者
輒蒙愛幸至武帝末稍稍自死人猶愛其皮服其皮
者多為丈夫所媚

勒畢國人長三寸有翼善言語戲笑因名善語國常
羣飛往日下自曝身熱乃歸飲丹露為漿丹露者日
初出有露汁如珠也
太初二年東方朔從西那汗國歸得聲風木十枝獻
帝長九尺大如指此木臨因桓之水則禹貢所謂因
桓是也其源出甜波樹上有紫燕黃鵠集其間實如
油麻風吹枝如玉聲因以為名帝以枝遍賜羣臣臣
有疾者枝則汗臣有死者枝則折昔老聃在於周世

年七百歲枝竟未汗僊佺生於堯時年三千歲枝竟未一折帝乃以枝問朔朔曰臣已見此枝三過而枯而復生豈汗折而已哉里語曰年未半枝不汗此木五千年一汗萬歲不枯

太初三年起甘泉望風臺臺上得白珠如花一枝帝以錦蓋覆之如照月矣因名照月珠以賜董偃盛以琉璃之筐

太初四年東方朔從支提國來國人長三丈二尺三手三足各三指多力善走國內小山能移之有淵泉

飲能盡結海笥爲衣其戲笑取犀象相投擲爲樂

東方朔遊結雲之地得神馬一疋高九尺帝問朔是何獸也朔曰昔西王母乘靈光輦以適東王公之舍稅此馬遊於芝田乃食芝田之草東王公怒棄馬于清津天岸臣至王公之壇因騎馬返繞日三匝然入漢關關猶未掩臣於馬上睡不覺而至帝曰其名云何對曰因疾爲名步景朔嘗乘之時如駑蹇之驢耳

東方朔曰臣有吉雲草十種種於九景山東二千歲一花明年應生臣走萠刈之得以秣馬馬終不飢也朔曰臣至東極過吉雲之澤多生此草移於九景之山全不如吉雲之地帝曰何謂吉雲朔曰其國俗以雲氣占吉凶若樂事則滿室雲起五色照人著於草樹皆成五色露珠甚甘帝曰吉雲露可得乎朔方東走至夕而返得元露青露盛青琉璃各受五合跪以獻帝遍賜羣臣羣臣得嘗者老者皆少疾者皆愈凡五官嘗露董謁李克孟岐郭瓊黃安也

李克嶋胡人也自言三百歲荷草屩負五岳眞圖而至帝禮待之亦號負圖先生也

孟岐河清之逸人也年可七百歲語及周初事了然如目前岐侍周公昇壇上岐以手摩成王足周公以王笏與之岐嘗寶執每以衣袂拂拭笏厚七分今銳斷恒切桂葉食之聞帝好仙披草蓋而來謁帝焉

郭瓊東郡人也形貌醜劣而意度過人曾宿人家輒乞薪自照讀書晝瞑眼不閉行地無迹帝問其與徵焉

黃安代郡人也爲代郡卒自云卑猥不獲處人間執鞭懷荆而讀書畫地以記數日久地成池矣時人謂

黃安年可八十餘視如童子常服朱砂舉體皆赤冬不着裘坐一神龜廣二尺人問子坐此龜幾年矣對曰昔伏羲始造網罟獲此龜以授吾吾坐龜背已平矣此蟲畏日月之光二千歲即一出頭吾坐此龜已見五出頭矣行即負龜以趨世人謂黃安萬歲矣

洞冥記卷三

天漢二年帝昇蒼龍閣思仙術召諸方士言遠國遐方之士唯東方朔下席操筆跪而進帝曰大夫爲朕言乎朔曰臣遊北極至種火之山日月所不照有青龍銜燭火以照山之四極亦有園圃池苑皆植異木異草有明莖草夜如金燈折枝爲炬照見鬼物之形仙人甯封常服此草於夜暝時轉見腹光通外亦名洞冥草帝令剉此草爲泥以塗雲明之館夜坐此館不加燈燭亦名照魅草以藉足履水不沉

有夢草似蒲色紅晝縮入地夜則出亦名懷夢懷其葉則知夢之吉凶立驗也帝思李夫人之容不可得朔乃獻一枝帝懷之夜果夢夫人因改曰懷夢草

有鳳葵草色丹葉長四寸味甘久食令人身輕肌滑赤松子餌之三歲乘黃蛇入水得黃珠一枚色如真金或言是黃蛇之卵故名蛇珠亦名銷疾珠語曰寧失千里駒不失黃蛇珠

有五味草初生味甘花時味酸食之使人不眠名曰却睡草末多國獻此草此國人長四寸織麟毛爲布

以文石爲琳人形雖小而室宇崇曠織鳳毛錦以錦爲帷幕也

烏哀國有龍爪薤長九尺色如玉煎之有膏以和紫桂爲丸服一粒千歲不飢故語曰薤和膏身生毛

有掌中芥葉如松子取其子置掌中吹之而生一吹長一尺至三尺而止然後可移於地上若不經掌中吹者則不生也食之能空中孤立足不蹠地亦名蹠空菜

帝常見彗星東方朔折指星之木以授帝帝以木指彗星星没則壽也星出之夜野獸皆鳴別說謂之獸鳴星

有紫柰大如斗甜如蜜核紫花青研之有汁如漆可染衣其汁着衣不可湔浣亦名闇衣柰

有龍肝瓜長一尺花紅葉素生於氷谷所謂氷谷素葉之瓜仙人瑕丘仲採藥得此瓜食之千歲不渴瓜上恒如霜雪刮嘗如蜜滓及帝封泰山從者皆賜氷谷素葉之瓜帝解鳴鴻之刀以賜朔刀長三尺朔曰此刀黄帝采首山之銅鑄之雄已飛去雌者猶存帝臨崩舉刀以示朔恐人得此刀欲銷之刀於手中化爲鵲赤色飛去雲中

有鵲銜火於清溪之上鵲化成龍

西域獻火龍高七尺映目看之光如聚炬火有童子還見有黄鵠白首鼓翅於帝前即方朔着黄綾單衣頭巳斑白漢朝皆異其神化而不測其年矣

善苑國嘗貢一蟹長九尺有百足四螯因名百足蟹煑其殼勝於黄膠亦謂之螯膠勝於鳳喙之膠也

帝嘗夕望東邊有青雲起俄而見雙白鵠集臺之上

倏忽變爲二神女舞於臺握鳳管之簫撫落霞之琴歌青吳春波之曲帝舒闇海元落之席散明天發日之香香出胥池寒國地有發日樹言日從雲出雲來掩日風吹樹枝拂雲開日光也亦名開日樹樹有汁滴如松脂也

有元都翠水水中有菱碧色狀如鷄飛亦名翔鷄菱仙人鳧伯子常遊翠水之涯采菱而食之令骨輕舉身生毛羽也

有遠飛鷄夕則還依人曉則絶飛四海朝往夕還常

銜桂枝之實歸於南山或落地而生高七八尺衆仙奇愛之剉以釀酒名曰桂醪嘗一滴舉體如金色塗通宵餌黄桂之酒祝鷄公善養鷄得遠飛鷄之卵伏之名曰翻明鷄如鵲大色紫有翼翼下有目亦曰目羽鷄

帝於望鵠臺西起俯月臺臺下穿池廣千尺登臺以眺月影入池中使仙人乘舟弄月影因名影娥池亦曰眺蟾臺酌雲菹酒菹以元草黑葳金蒲甜蓼果以青櫻龍爪白芋紫莖寒蕨地花氣葛此葛於地下生

花入地十丈乃得此葛其根倒出亦名金虎鬚草因名紫鬚葛也

影娥池中有遊月船觸月船鴻毛船遠見船載數百人或以青桂之枝爲擢或以木蘭之心爲檝練實之竹爲篙紉石脉之爲繩纜也石脉出晡東國細如絲可縋萬斤生石裏破石而後得此脉縈緒如麻紵也名曰石麻亦可爲布也

影娥池中有鼉鼉望其羣出岸上如連璧弄於沙岸也故語曰夜未央待鼉黃

影娥池北作鳴籥之苑有生金樹破之皮間有屑如金而色青亦名青金樹

有司夜鷄隨鼓節而鳴不息從夜至曉一更爲一聲五更爲五聲亦曰五時鷄

有喜日鷄至日出時銜翅而舞又名曰舞日鷄

有升蕖鴨赤色每止於芙蕖上不食五穀唯啄葉上垂露因名垂露鴨一名丹毛鳧

有女香樹細枝葉婦人帶之香終年不滅

洞冥記卷三終

洞冥記卷四

武帝末年彌好仙術與東方朔狎暱帝曰朕所好甚者不老其可得乎朔曰臣能使少者不老帝曰服何藥耶朔曰東北有地日之草西南有春生之草帝曰何以知之朔曰三足烏數下地食此草羲和欲馭以手揜烏目不聽下也食草能不老他鳥獸食此草則美悶不能動矣帝曰子何以知乎朔曰臣小時掘井陷落地下數十年無所託寄有人引臣欲往此草中隔紅泉不得渡其人以一隻屐與臣臣泛紅泉得至

此草之處臣采而食之其國人皆織珠玉爲業邀臣入雲韶之幕設元琨雕枕刻黑玉鋼鏤爲日月雲雷之狀亦曰鏤雲枕又薦蛟毫之白褥以蛟毫織爲褥也此毫柔而冷常以夏日舒之因名柔毫褥又有水藻之席臣舉手拭之恐水流濕其席乃其光也

帝所幸宮人名麗娟年十四玉膚柔軟吹氣勝蘭不欲衣纓拂之恐體痕也每歌李延年和之於芝生殿唱迴風之曲庭中花皆翻落置麗娟於明離之帳恐塵垢污其體也帝常以衣帶縛麗娟之袂閉於重幕之中恐隨風而去也麗娟以琥珀爲佩置衣裾裏不使人知乃言骨節自鳴相與爲神怪也

有丹蝦長十丈鬚長八尺有兩翅其鼻如鋸載紫桂之林以鬚纏身急流以爲栖息之處馬丹嘗折蝦鬚爲杖後棄杖而飛鬚化爲丹亦在海傍

帝昇望月臺時暝望南端有三青鴨羣飛俄而止於臺上帝悅之至夕鴨宿於臺端日色已暗帝求海肺之膏以爲燈焉取靈灌布爲纏火光甚微而光色無幽不入青鴨化爲三小童皆着青綺文繻各握鯨文

大錢五枚置帝几前身止影動因名輕影錢

元封三年敷過國獻能言龜一頭長一尺二寸盛以青玉匣廣一尺九寸匣上豁一孔以通氣東方朔曰雅承佳露以飲之置於通風之臺上欲往卜命朔而問焉言無不中

唯有一女人愛悅於帝名曰巨靈帝傍有青珉唾壺巨靈乍出入其中或戲笑帝前東方朔望見巨靈乃目之巨靈因而飛去望見化成青雀因其飛去帝乃起青雀臺時見青雀來則不見巨靈也

卷四終

枕中書

晉　葛洪著　　瀘溪周　濂校

洪歷觀天地之寶藏上聖之宮第至上之弇神仙圖記猶未知極妙之根以去月乙丑夜半靜齋于羅浮山忽驚風駭起香馥亂芳龍鳴虎嘯躑躅空中有真之間紫雲覆林忽見一真人眼瞳正方項負圓光天顏絕世乘白麟之車建九旄之節腰帶瓊文鳳繡之錦旋頭戴六通之冠年可二十許侍者執夜光之火玉羽衛可有千人自號元都太真王問曰子是葛洪

乎何爲而希長存洪稽首披陳長跪執禮神告余曰子是籍九天之嘉應乘運挺英復千年之後太清有仙伯之名今當遠變去世卜宅西鄉相携於太華之上丹宮之中且還時朝以龍淵代身密乎寂往莫識今真子窮覽墳典聰秀逸羣解滯悟惑可謂妙才矣但未知真仙之宮第上聖之所由耳吾今行矣相告許其事不復爲久也洪因伏叩頭於是真人命侍者執筆擘紙口授妙言旣畢左手授與洪云吾往方丈簡仙宮致復相過子錄之焉吾去矣見駕乘冉而葛乃失所在也

真書曰昔二儀未分溟滓鴻濛未有成形天地日月未具狀如雞子混沌元黄已有盤古真人天地之精自號元始天王遊乎其中溟滓經四劫天形如巨蓋上无所係下无所依天地之外遼屬無端元元太空無響無聲元氣浩浩如水之形下無山嶽上無列星積氣堅剛大柔服維天地浮其中展轉無方若無此氣天地不生天者如龍旋廻雲中復經四劫二儀始分相去三萬六千里崖石出血成水水生元蟲元蟲

生濱牽生剛須剛須生龍元始天王在天中心之上名曰玉京山山中宮殿並金玉飾之常仰吸天氣俯飲地泉復經二劫忽生太元玉女在石澗積血之中出而能言人形具足天姿絕妙常遊厚地之間仰吸天烝號曰太元聖母元始君下遊見之乃與通氣結精招還上宮當此之時二氣絪縕覆載氣息陰陽調和无熱无寒天得一以淸地得一以寧並不復呼吸宣氣合會相成自然飽滿大道之興莫過于此結積堅固是以不朽金玉珠者天地之精也服之與天

地相畢元始君經一劫乃一施太元母生天皇十三
頭治三萬六千歲書爲扶桑大帝東王公號曰元陽
父又生九光元女號曰太真西王母是西漢夫人天
皇受號十三頭後生地皇地皇十一頭地皇生人皇
九頭各治三萬六千歲聖真出見受道天无爲建初
混成天任於令所傳三皇天文是此所宣故能召請
天上大聖及地下神靈无所不制故天真皇人三天
真王駕九龍之輿是也夫得八帝大庭氏庖羲神農
祝融五龍氏等是其苗裔也今治五嶽是故道隆上

代弊極三王三王夏禹殷湯周武也是以淳風既澆
易變而禮與禮爲亂首也周末陽弱而陰强國多寡
婦西戎金兵起而與法興焉既而九州湮没帝業荒
蕪此古驗也後來方有此事道隆之代其人混沌異
法之盛人民猜僞也洪曰此事元遠非凡學所知吾
以庸才幸遭上聖所目論天地之興藏暢至妙之源
本輒條所誨銘之于素以爲絕思矣夫無心分之人
慎勿以此元始告之也故置遺跡示乎世之賢耳
真記曰元都玉京七寶山週迴九萬里在大羅之上

城上七寶宮宮内七寶臺有上中下三宮如一宮城
一面二百四十門方生八行寶林綠葉果實五色芝
英上有萬二千種芝沼中蓮花徑度十丈上宮是盤
古真人元始天王太元聖母所治中宮太上真人金
闕老君所治下宮九天真皇三天真王所治玉京有
八十一萬天路通八十一萬山嶽洞室夫以得道大
聖衆並賜其宮第居宅皆七寶宮闕或在名山山嶽
羣真所居都有八十一萬處古今有言九九八十一
是終天路玉京山也上仙受天任者一日三朝元都

太真人也雖有億萬里往還如一步耳世人安知此
哉衆仙或有日三朝扶桑公或三朝西王母玉京金
闕是太上真人月三朝元始天王太上真人元始之
弟子皆如帝王有司徒丞相也金闕老子太上弟子
也扶桑大帝元始陽之氣治東方故世間帝王之子
應東宮也
西漢九光夫人始陰之氣治西方故曰木公金母天
地之尊神元氣鍊精生育萬物調和陰陽光明日月
莫不由之精神長存命則无終抱一不離故能長久

天失陰陽水旱不節。人失陰陽神根命竭。世人不能
保一守三、修生反死。固其宜矣。可役想神靜。復千年
之間、當招子登太上金闕。朝宴玉京也。此竈頊未足
爲久。今且可浮遊五嶽。採靈芝尋隱仙之友道遥無
爲。吾言信可望哉。
扶桑大帝、住在碧海之中、宅地四面並方三萬里、上
有太真宮碧玉城萬里、多生林木、葉似桑、又有椹樹
長數千丈二十圍、兩同根偶生、更相依倚、名爲扶桑
宮第、象玉京也、衆仙无量數、元洲方丈諸羣仙未昇

天者在此、去會稽岸六萬里、太清仙伯太上丈人所
治。蓬萊山對東大海之東北岸、山迴迴五千里、濱海
中濤浪衝天、九氣丈人所治。
崑崙元圃、金爲墉城、四方千里、城上安金臺五所、玉
樓十二、瓊華之屋、紫翠丹房、七寶金玉積之、連天巨
獸萬尋、靈香億千、西王母九光所治、羣仙无數也。
廣成丈人今爲鍾山真人、九天仙王、漢時四皓仙人
安期彭祖、今並在此輔焉、
容成于力墨子爲岷山真人、今元子五子爲岷山侯、

太昊氏爲青帝、治岱宗山。顓頊氏爲黑帝、治太恒山。
祝融氏爲赤帝、治衡霍山。軒轅氏爲黃帝、治嵩高山。
金天氏爲白帝、治華陰山。
右五氏爲五帝、
堯治熊耳山、舜治積石山。禹治蓋竹山、湯治元極山。
青烏治長山。及禹修山長、
右五人爲五帝佐相、領五帝事、五帝一劫遷、佐者
代焉、
許由巢父、今爲九天侍中箕山公、夏啓周發、受書爲

田極明公、或住羅酆、或在洞天、三周大者爲降陵真
人、二人並在金華山、漢高祖光武、並爲四明賓友、周
靈王令爲太虛侍郎、治波能山、欒子長闔家得仙、未
昇天任、並住方丈之室、神洲受太元生籙玉芝爲糧
也、郭景純爲都錄司命、治虛臺也、左元放今爲天柱
真人監仙侯、葛元受金闕君命爲太極左仙公、治蓋
竹山、又在女几山、常駕乘虎騎也、許映始爲霍林仙
人、許穆在華陽洞天、立宅爲真人、許玉斧在童初之
北位爲真人、未有常領、鮑靚爲地下主者、帶潛山真

人、復五百年當爲崑兵侍郎鄭思遠住南霍、常乘虎豹白鹿、未有職事、蔡鬱壘爲東方鬼帝、治桃丘山、張衡楊雲爲北方鬼帝、治羅酆山、杜子仁爲南方鬼帝、治羅浮山、領羌蠻鬼、周乞稽康爲中央鬼帝、治抱犢山、趙文和王眞人爲西方鬼帝、治嶓冢山、

夫地仙遊五嶽、朝朝西王母、夕憩鍾山、嶽雖未昇天。此觀樂亦難言也。及童初之府、易遷之宮、唯有此樂也。名山之中。年年有仙去者。世人不見不信神仙、可哀嘆也。夫學不顧軀命、必志清白者、吾未見虛往也。

枕中書　七

或修之不勤、勤而不除貪慾之樂、三業十惡未改、猶抱石而赴長津矣、

吳越及梁益風氣清貞。故多仙人、是以成都之境、丹陽之域、會稽之東南、天路所衝、善宜修尚也。凡此衆仙及命過受書者、巨衆不可具記。在小嶽之中者、亦畧舉之也、

鬼谷先生爲太元師、治青城山、王子喬爲金闕侍中、治桐柏山、赤松爲崑林仙伯、治南嶽山、王子登爲小有天王、治王屋山、孤竹伯夷叔齊等並爲九天僕射、治天台山、孔丘爲太極上眞公、治九嶷山、顏回受書初爲明泉侍郎、後爲三天司眞、七十二人受名元洲、門徒三千、不經北酆之門、項儀山爲蓬萊司馬、周公旦爲北帝師、治勁華山、莊周爲太元博士、治在荊山、孫權受任、治亦在荊山、張道陵爲三天法師、統御六虛、數侍金闕太上之股肱、治在廬山、三師同宅、王方平今爲上相、治月支國人鳥山、墨翟爲太極仙卿、治馬跡山、徐來勒爲太極眞、治括蒼山小宮、在天台山、陳世安治小台山、嚴君平今治在峨嵋山、屈原爲海

枕中書　八

伯、統領八海、王弼爲北海監、郭璞子爲閬風眞人、魏夫人治南嶽山、裴清靈治四明山、馬明生今在鍾山、陰長生爲地肺眞人、孫登爲閭丘眞人、九華眞妃治夏蓋山、或在龍山、王長趙昇受書爲廬山中正、一三天都護、韓衆今爲霍林眞人、瑯琊爲太虛左掾侍史、三茅爲保命定錄司、非監在華陽洞府、治北居棲憇包山、有數千小山、亦不滅百、皆是神山、今略證仙人之數、足以令子必堅仰慕矣、祕之勿宣、君高賢心馳嶺外。子去世之際、可緘以示之。苟行業不建、德務不

仁者終天无令見也。凡胥嶂之裏、千嶺之際、仙人无量、與世人比肩而不知。凡人有因緣者、或在深山迷誤入仙家、使爲仙洞玉女所留。請先功厚也。初學道不必入山、閉門勤修、不雜人物、長齋執志、或清香灑掃、亦能降眞矣。魏夫人許氏之徒、皆其流也。要當拋拾方術、眞書良久、傳影響龕應、便當絕迹耳。若出入人間、墾拾山谷、事緣衣服飲食。不須與世交、當有異矣。外和光同塵、內守其眞一。斯言之妙也。

佛國記

晉　釋法顯　　南昌許旭恭校

法顯昔在長安、慨律藏殘缺、於是遂以宏始二年、歲在己亥、與慧景道整慧應慧嵬等同契、至天竺尋求戒律、初發跡長安、度隴、至乾歸國夏坐、夏坐訖、前行至耨檀國、度養樓山、至張掖鎮、張掖大亂、道路不通、張掖王慇懃、遂留爲作檀越、於是與智嚴慧簡僧紹寶雲僧景等相遇、欣於同志、便共夏坐、夏坐訖、復進到燉煌、有塞東西可八十里、南北四十里、共停一月餘日、法顯等五人隨使先發、復與寶雲等別、燉煌太守李浩供給度沙河、沙河中多有惡鬼熱風、遇則皆死、無一全者。上無飛鳥、下無走獸。遍望極目、欲求度處、則莫知所擬。唯以死人枯骨爲標幟耳。行十七日、計可千五百里、得至鄯善國。其地崎嶇薄瘠、俗人衣服、麤與漢地同、但以氈褐爲異。其國王奉法。可有四千餘僧、悉小乘學。諸國俗人及沙門盡行天竺法、但有精麤。從此西行、所經諸國、類皆如是。唯國國胡語不同。然出家人皆習天竺書天竺語。住此一月日、復西北行十五日到傷夷國傷夷國僧亦有四千餘人皆小乘學法則齊整秦土沙門至彼都不預其僧例法顯得符行堂公孫經理住二月餘日於是還與寶雲等共爲傷夷國人不修禮義遇客甚薄智嚴慧簡慧嵬遂返向高昌欲求行資法顯等蒙符公孫供給遂得直進西南行路中無居民涉行艱難所經之苦人理莫比在道一月五日得到于闐其國豐樂人民殷盛盡皆奉法以法樂相娛衆僧乃數萬人多大乘學皆有衆食彼國人民星居家家門前皆起小塔最

小者可高二丈許作四方僧房供給客僧及餘所須國主安堵法顯等於僧伽藍僧伽藍名瞿摩帝是大乘寺三千僧共犍搥食入食堂時威儀齊肅次第而坐一切寂然器鉢無聲淨人益食不得相喚但以手指麾慧景道整慧達先發向竭叉國法顯等欲觀行像停三月日其國中十四大僧伽藍不數小者從四月一日城裏便掃灑道路莊嚴巷陌其城門上張大幃幕事事嚴飾王及夫人采女皆住其中瞿摩帝僧是大乘學王所敬重最先行像離城三四里作四輪

像車高三丈餘狀如行殿七寶莊校懸繒幡蓋像立車中二菩薩侍作諸天侍從皆金銀彫瑩懸於虛空像去門百步王脫天冠易著新衣徒跣持華香翼從出城迎像頭面禮足散華燒香像入城時門樓上夫人采女遙散衆華紛紛而下如是莊嚴供具車車各異一僧伽藍則一日行像四月一日爲始至十四日行像乃訖行像訖王及夫人乃還宮耳其城西七八里有僧伽藍名王新寺作來八十年經三王方成可高二十五丈彫文刻鏤金銀覆上衆寶合成塔後作

佛堂莊嚴妙好梁柱戶扇窻牖皆以金薄別作僧房亦嚴麗整飾非言可盡嶺東六國諸王所有上價寶物多作供養人用者少既過四月行像僧紹一人隨胡道人向罽賓法顯等進向子合國在道二十五日便到其國國王精進有千餘僧多大乘學住此十五日已於是南行四日入葱嶺山到於麾國安居安居已止行二十五日到竭叉國與慧景等合値其國王作般遮越師般遮越師漢言五年大會也會時請四方沙門皆來雲集已莊嚴衆僧坐處懸繒幡蓋作金

銀蓮華著繒座後。鋪淨坐具。王及羣臣如法供養。或一月二月。或三月。多在春時。王作會已。復勸諸羣臣設供供養。或一日二日。三日五日。供養都畢。王以所乘馬鞍勒自副使國中貴重臣騎之。幷諸白氎種種珍寶沙門所須之物。共諸羣臣發願布施。布施已還從僧贖。其地山寒不生餘穀。唯熟麥耳。衆僧受歲已。其晨輙霜。故其王每讚衆僧令麥熟然後受歲。其國中有佛唾壺。以石作色似佛鉢。又有佛一齒。國人爲佛齒起塔。有千餘僧盡小乘學。自山以東俗人被服

佛國記　八　四

麤類秦土。亦以氈褐爲異。沙門法用轉轉勝。不可具記。其國當葱嶺之中。自葱嶺已前草木果實皆異。唯竹及安石榴甘蔗三物與漢地同耳。從此西行向北天竺在道一月。得度葱嶺。葱嶺冬夏有雪。又有毒龍。若失其意則吐毒風雨雪飛沙礫石。過此難者萬無一全。彼土人人卽名爲雪山人也。度嶺已。到北天竺。始入其境有一小國名陀歷。亦有衆僧皆小乘學。其國昔有羅漢。以神足力將一巧匠上兜術天觀彌勒菩薩長短色貌。還下刻木作像。前後三上觀。然後乃

成像。長八丈。足趺八尺。齋日常有光明。諸國王競興供養。今故現在於此。順嶺西南行十五日。其道艱阻崖岸險絕。其山唯石壁立千仞。臨之目眩。欲進則投足無所。下有水名新頭河。昔人有鑿石通路施傍梯者凡度七百。度梯已。躡懸絙過河。河兩岸相去減八十步。九驛所記。漢之張騫甘英皆不至。衆僧問法顯佛法東過其始可知耶。顯云。訪問彼土人。皆云古老相傳。自立彌勒菩薩像後。便有天竺沙門賫經律過此河者。像立在佛泥洹後三百許年。計於周氏平王

佛國記　六　五

時。由茲而言。大教宣流。始自此像。非夫彌勒大士繼軌。釋迦孰能令三寶宣通。邊人識法。固知冥運之開本非人事。則漢明之夢有由而然矣。渡河便到烏萇國。烏萇國是正北天竺也。盡作中天竺語。中天竺所謂中國。俗人衣服飲食亦與中國同。佛法甚盛。名衆僧住止處爲僧伽藍。凡有五百僧伽藍。皆小乘學。若有客比丘到。悉供養三日。三日過已。乃令自求所安。常傳言佛至北天竺。卽到此國已。佛遺足跡於此。跡或長或短在人心念。至今猶爾。及曬衣石度惡龍處

亦悉現在石高丈四闊二丈許一邊平慧景道整慧達三人先發向佛影那竭國法顯等住此國夏坐坐訖南下到宿呵多國其國佛法亦盛昔天帝釋試菩薩化作鷹鴿割肉貿鴿處佛即成道與諸弟子遊行語云此本是吾割肉貿鴿處國人由是得知於此處起塔金銀校飾從此東下五日行到犍陀衛國是阿育王子法益所治處佛爲菩薩時亦於此國以眼施人其處亦起大塔金銀校飾此國人多小乘學自此東行七日有國名竺刹尸羅竺刹尸羅漢言截頭也

佛爲菩薩時於此處以頭施人故因以爲名復東行二日至投身餧餓虎處此二處亦起大塔皆衆寶校飾諸國王臣民競興供養散華然燈相繼不絕通上二塔彼方人亦名爲四大塔也從犍陀衛國南行四日到弗樓沙國佛昔將諸弟子遊行此國語阿難云吾般泥洹後當有國王名罽膩伽於此處起塔後膩伽王出世出行遊觀時天帝釋欲開發其意化作牧牛小兒當道起塔王問言汝作何等答曰作佛塔王言大善於是王即於小兒塔上起塔高四十餘丈衆寶校飾凡所經見塔廟壯麗威嚴都無此比傳云閻浮提塔唯此爲上王作塔成已小塔即自傍出大塔南高三尺許佛鉢即在此國昔月氏王大興兵衆來伐此國欲取佛鉢既伏此國已月氏王篤信佛法欲持鉢去故興供養供養三寶畢乃校飾大象置鉢其上象便伏地不能得前更作四輪車載鉢八象共牽復不能進王知與鉢緣未至深自愧歎即於此處起塔及僧伽藍并留鎮守種種供養可有七百餘僧日將中衆僧則出鉢與白衣等種種供養然後中食至

暮燒香時復爾可容二斗許雜色而黑多四際分明厚可二分瑩徹光澤貧人以少華投中便滿有大富者欲以多華而供養正復百千萬斛終不能滿寶雲僧景只供養佛鉢便還慧景慧達道整先向那竭國供養佛影佛齒及頂骨慧景病道整住看慧達一人還於弗樓沙國相見而慧達寶雲僧景遂還秦土慧景應在佛鉢寺無常由是法顯獨進向佛頂骨所西行十六由延便至那竭國界醯羅城中有佛頂骨精舍盡以金薄七寶校飾國王敬重頂骨慮人抄奪乃

取國中豪姓八人人持一印印封守護淸晨八人俱到各視其印然後開戶開戶已以香汁洗手出佛頂骨置精舍外高座上以七寶圓碪碪下琉璃鍾覆上皆珠璣校飾骨黃白色方圓四寸其上隆起每日出後精舍人則登高樓擊大鼓吹螺敲銅鈸王聞已則詣精舍以華香供養供養已次第頂戴而去從東門入西門出王朝朝如是供養禮拜然後聽國政居士長者亦先供養乃修家事日日如是初無懈惓供養都訖乃還頂骨於精舍中有七寶解脫塔或開或閉

高五尺許以盛之精舍門前朝朝恒有賣華香人凡欲供養者種種買焉諸國王亦恒遣使供養精舍處方四十步雖復天震地裂此處不動從此北行一由延到那竭國城是菩薩本以銀錢貿五莖華供養定光佛處城中亦有佛齒塔供養如頂骨法城東北一由延到一谷口有佛錫杖亦起精舍供養杖以牛頭栴檀作長丈六七許以木筒盛之正復百千人舉不能移入谷口四日西行有佛僧伽梨精舍供養彼國土亢旱時國人相率出衣禮拜供養天即大雨那竭

城南半由延有石室博山西南向佛留影此中去十餘步觀之如佛眞形金色相好光明炳著轉近轉微髣髴如有諸方國王遣工畫師摹寫莫能及彼國人傳云千佛盡當於此留影影西百步許佛在時剃髮剪爪佛自與諸弟子共造塔高七八丈以爲將來塔法今猶在邊有寺寺中有七百餘僧此處有諸羅漢辟支佛塔乃千數住此冬二月法顯等三人南度小雪山雪山冬夏積雪山北陰中遇寒暴起人皆噤戰慧景一人不堪復進口出白沫語法顯云我亦不復

活便可時去勿得俱死於是遂終法顯撫之悲號本圖不果命也奈何復自力前得過嶺南到羅夷國近有三千僧兼大小乘學住此夏坐坐訖南下行十日到跋那國亦有三千許僧皆小乘學從此東行三日復渡新頭河兩岸皆平地過河有國名毗荼佛法興盛兼大小乘學見秦道人往乃大憐愍作是言如何邊地人能知出家爲道遠求佛法悉供給所須待之如法從此東南行減八十由延經歷諸寺甚多僧衆萬數過是諸處已到一國國名摩頭羅又經捕那河

河邊左右有二十僧伽藍可有三千僧佛法轉盛凡
沙河已西天竺諸國國王皆篤信佛法供養衆僧時
則脫天冠共諸宗親羣臣手自行食行食已鋪氊於
地對上座前坐於衆僧前不敢坐床佛在世時諸王
供養法式相傳至今從是以南名爲中國中國寒暑
調和無霜雪人民殷樂無戶籍官法唯耕王地者乃
輸地利欲去便去欲住便住王治不用刑罔有罪者
但罰其錢隨事輕重雖復謀爲惡逆不過截右手而
已王之侍衛左右皆有供祿舉國人民悉不殺生不

飲酒不食葱蒜唯除旃荼羅旃荼羅名爲惡人與人
別居若入城市則擊木以自異人則識而避之不相
搪揬國中不養豬雞不賣生口市無屠行及酤酒者
貨易則用貝齒唯旃荼羅獵師賣肉耳自佛般泥洹
後諸國王長者居士爲衆僧起精舍供養供給田宅
園圃民戶牛犢鐵券書錄後王王相傳無敢廢者至
今不絕衆僧住止房舍床褥飲食衣服都無缺乏處
處皆爾衆僧常以作功德爲業及誦經坐禪客僧往
到舊僧迎逆代擔衣鉢給洗足水塗足油與非時漿

須臾息已復問其臘數次第得房舍臥具種種如法
衆僧住處作舍利佛塔目連阿難塔并阿毗曇律經
塔安居後一月諸希福之家勸化供養僧作非時漿
衆僧大會說法說法已供養舍利弗塔種種香華通
夜然燈使彼人作舍利弗本婆羅門時詣佛求出家
大目連大迦葉亦如是諸比丘尼多供養阿難塔以
阿難請世尊聽女人出家故諸沙彌多供養羅云阿
毗曇師者供養阿毗曇律師者供養律年年一供養
各自有日摩訶衍人則供養般若波羅蜜文殊師利

觀世音等衆僧受歲竟長者居士婆羅門等各持種
種衣物沙門所須以布施僧衆僧亦自各各布施佛
泥洹已來聖衆所行威儀法則相承不絕自渡新頭
河至南天竺迄于南海四五萬里皆平坦無大山川
止有河水從此東南行十八由延有國名僧伽施佛
上忉利天三月爲母說法來下處佛上忉利天以神
通力都不使諸弟子知未滿七日乃放神足阿那律
以天眼遙見世尊即語尊者大目連汝可往問訊世
尊目連即往頭面禮足共相問訊問訊已佛語目連

吾却後七日當下閻浮提目連既還于時八國大王及諸臣民不見佛久咸皆渴仰雲集此國以待世尊時優鉢羅比丘尼即自心念今日國王臣民皆當奉迎佛我是女人何由得先見佛即以神足化作轉輪聖王最前禮佛佛從忉利天上來向下下時化作三道寶階佛在中道七寶階上行梵天王亦化作白銀階在右邊執白拂而侍天帝釋化作紫金階在左邊執七寶蓋而侍諸天無數從佛下佛既下三階俱沒於地餘有七級現後阿育王欲知其根際遣人掘看

下至黃泉根猶不盡王益信敬即於階上起精舍當中階作丈六立像精舍後立石柱高三十肘上作師子柱內四邊有佛像內外映徹淨若琉璃有外道論師與沙門諍此住處時沙門理屈於是共立誓言此處若是沙門住處者今當有靈驗作是言已柱頭師子乃大鳴吼見證於是外道懼怖心伏而退佛以受天食三月故身作天香不同世人即便浴身後人於此處起浴室浴室猶在優鉢羅比丘尼初禮佛處今亦起塔佛在世時有剪髮爪作塔及過去三佛并釋

迦文佛坐處經行處及作諸佛形像處盡有塔今悉在天帝釋梵天王從佛下處亦起塔此處僧及尼可有千人皆同衆食雜大小乘學住處一白耳龍與此衆僧作檀越令國內豐熟雨澤以時無諸災害使衆僧得安衆僧感其惠故爲作龍舍敷置坐處又爲龍設福食供養衆僧日日衆中別差三人到龍舍中食每至夏坐訖龍輒化形作一小蛇兩耳邊白衆僧識之銅盂盛酪以龍置中從上座至下座行之似若問訊遍便化去年年一出其國豐饒人民熾盛最樂無

比諸國人來無不經理供給所須寺北五十由延有一寺名火境火境者惡鬼名也佛本化是惡鬼後人於此處起精舍以精舍布施阿羅漢以水灌手水瀝滴地其處故在正復掃除常現不滅此處別有佛塔善鬼神常掃灑初不須人王有邪見國王言汝能如是者我當多將兵衆住此益積糞穢汝復能除不鬼神即起大風吹之令淨此處有百枚小塔人終日數之不能得知若至意欲知者便一塔邊置一人已復計數人人或多或少具不可得知有一僧伽藍可六

七百僧此中有辟支佛食處泥洹地大如車輪餘處
生草此處獨不生乃曬衣地處亦不生草衣條著地
跡今故現在法顯住龍精舍夏坐坐訖東南行七由
延到罽饒夷城城接恒水有二僧伽藍盡小乘學去
城西六七里恒水北岸佛爲諸弟子說法處傳云說
無常苦說身如泡沫等此處起塔猶在度恒水南行
三由延到一林名呵梨佛於此中說法經行坐處盡
起塔從此東南行十由延到沙祇大國出沙祇城南
門道東佛本在此嚼楊枝刺土中即生長七尺不增

不減諸外道婆羅門嫉妒或斫或拔遠棄之其處續
生如故此中亦有四佛經行坐處起塔故在從此南
行八由延到拘薩羅國舍衛城城內人民稀曠都有
二百餘家即波斯匿王所治城也大愛道故精舍處
須達長者井壁及鴦掘魔得道般泥洹燒身處後人
起塔皆在此城中諸外道婆羅門生嫉妒心欲毀壞
之天即雷電霹靂終不能得壞出城南門千二百步
道西長者須達起精舍精舍東向開門戶兩廂有二
石柱左柱上作輪形右柱上作牛形池流清淨林木

尚茂衆華異色蔚然可觀即所謂祇洹精舍也佛上
忉利天爲母說法九十日波斯匿王思見佛即刻牛
頭栴檀作佛像置佛坐處佛後還入精舍像即避出
迎佛佛言還坐吾般泥洹後可爲四部衆作法式像
即還坐此像最是衆像之始後人所法者也佛於是
移住南邊小精舍與像異處相去二十步祇洹精舍
本有七層諸國王人民競興供養懸繒幡蓋散華燒
香然燈續明日日不絕鼠銜燈炷燒花幡蓋遂及精
舍七重都盡諸國王人民皆大悲惱謂栴檀像已燒

却後四五日開東小精舍戶忽見本像皆大歡喜共
治精舍得作兩重還移像本處法顯道整初到祇洹
精舍念昔世尊住此二十五年自傷生在邊鄙共諸
同志遊歷諸國而或有還者或有無常者今日乃見
佛空處愴然心悲彼衆僧出問顯等言汝從何國來
答云從漢地來彼衆僧歎曰奇哉邊地之人乃能求
法至此自相謂言我等諸師和尚相承已來未見漢
道人來到此也精舍西北四里有榛名曰得眼本有
五百盲人依精舍住此佛爲說法盡還得眼盲人歡

喜刺杖著地頭面作禮杖遂生長大世人重之無敢
伐者遂成爲林是故以得眼爲名祇洹衆僧中食後
多往彼林中坐禪祇洹精舍東北六七里毗舍佉母
作精舍請佛及僧此處故在祇洹精舍大援落有二
門一門東向一門北向此園即須達長者布金錢買
地處也精舍當中央佛住此處最久說法度人經行
坐處亦盡起塔皆有名字乃孫陀利殺身謗佛處出
祇洹東門北行七十步道西佛昔共九十六種外道
論議國王大臣居士人民皆雲集而聽時外道女名

旃遮摩那起嫉妬心乃懷衣著腹前似若妊身於衆
會中謗佛以非法於是天帝釋即化作白鼠齧其腰
帶斷所懷衣墮地地即劈裂生入地獄及調達毒爪
欲害佛生入地獄處後人皆標識之又於論議處起
精舍精舍高六丈許裏有坐佛其道東有外道天寺
名曰影覆與論議處精舍夾道相對亦高六丈許所
以名影覆者日在西時世尊精舍影則映外道天寺
日在東時外道天寺影則北映終不得映佛精舍也
外道常遣人守其天寺掃灑燒香然燈供養至明旦

其燈輒移在佛精舍中婆羅門恚言諸沙門取我燈
自供養佛爲爾不止婆羅門於是夜自伺候見其所
事天神持燈繞佛精舍三匝供養佛已忽然不見婆
羅門乃知佛神大即捨家入道傳云近有此事繞祇
洹精舍有九十八僧伽藍盡有僧住處唯一處空此
中國有九十六種外道皆知今世各有徒衆亦皆乞
食但不持鉢亦復求福於曠路側立福德舍屋宇床
臥飲食供給行路人及出家人來去客但所期異耳
調達亦有衆在供養過去三佛唯不供養釋迦文佛

舍衛城東南四里瑠璃王欲伐舍夷國世尊當道側
立立處起塔城西五十里到一邑名都維是迦葉佛
本生處父子相見處般泥洹處皆悉起塔迦葉如來
全身舍利亦起大塔從舍衛城東南行十二由延到
一邑名那毗伽是拘樓秦佛所生處父子相見處般
泥洹處亦有僧伽藍起塔從此北行減一由延到一
邑是拘那含牟尼佛所生處父子相見處般泥洹處
亦皆起塔從此東行減一由延到迦維羅衛城城中
都無王民甚如坵荒只有衆僧民戶數十家而已白

淨王故宮處作太子母形像乃太子乘白象入母胎時太子出城東門見病人迴車還處皆起塔阿夷相太子處與難陀等撲象捔射處箭東南去三十里入地令泉水出後世人治作井令行人飲之佛得道還見父王處五百釋子出家向優波離作禮地六種震動處佛爲諸天說法四天王守四門父王不得入處佛在尼拘律樹下東向坐大愛道布施佛僧伽梨處此樹猶在瑠璃王殺釋種子釋種子先盡得須陀洹立塔今亦在城東北數里有王田太子樹下觀耕者

處城東五十里有王園園名論民夫人入池洗浴出池北岸二十步舉手攀樹枝東向生太子太子墮地行七步二龍王浴太子身浴處遂作井及上洗浴池今衆僧常取飲之凡諸佛有四處常定一者成道處二者轉法輪處三者說法論議伏外道處四者上忉利天爲母說法來下處餘則隨時示現焉迦維羅衛國大空荒人民稀疎道路怖畏白象師子不可妄行從佛生處東行五由延有國名藍莫此國王得佛一分舍利還歸起塔即名藍莫塔塔邊有池池中有龍常守護此塔晝夜供養阿育王出世欲破八塔作八萬四千塔破七塔已次欲破此塔龍便現身持阿育王入其宮中觀諸供養具已語王言汝供若能勝是便可壞之持去吾不與汝爭阿育王知其供養具非世之有於是便還此中荒蕪無人灑掃常有羣象以鼻取水灑地取雜華香而供養塔諸國有道人來欲禮拜塔遇象大怖依樹自翳見象如法供養道人大自悲感此中無有僧伽藍可供養此塔乃令象灑掃道人即捨大戒還作沙彌自挽草木平治處所使得

淨潔勸化國王作僧住處已爲寺今現有僧住此事在近自爾相承至今恒以沙彌爲寺主從此東行三由延太子遣車匿白馬還處亦起塔從此東行四由延到炭塔亦有僧伽藍復東行十二由延到拘夷那竭城城北雙樹間希連河邊世尊於此北首而般泥洹及須跋最後得道處以金棺供養世尊七日處金剛力士放金杵處八王分舍利處諸處皆起塔有僧伽藍今悉現在其城中人民亦稀曠止有衆僧民戶從此東南行十二由延到諸梨車欲逐佛般泥洹處

而佛不聽戀佛不肯去佛化作大深塹不得渡佛與鉢作信遣還其家立石柱上有銘題自此東行五由延到毗舍離國毗舍離城北大林重閣精舍佛住處及阿難半身塔其城裏本菴婆羅女家爲佛起塔今故現在城南三里道西菴婆羅女以園施佛作佛住處佛將般泥洹與諸弟子出毗舍離城西門廻身右轉顧看毗舍離城告諸弟子是吾最後所行處後人於此處起塔城西北三里有塔名放弓仗以名此者恒水上流有一國王王小夫人生一肉胎大夫人妬

之言汝生不祥之徵卽盛以木函擲恒水中不流有國王遊觀見水上木函開看見千小兒端正殊特王卽取養之遂便長大甚勇健所往征伐無不摧伏次伐父王本國王大愁憂小夫人問王何故愁憂王曰彼國王有千子勇健無比欲來伐吾國是以愁耳小夫人言王勿愁憂但於城東作高樓賊來時置我樓上則我能却之王如其言至賊到時小夫人於樓上語賊言汝是我子何故作反逆事賊曰汝是何人云是我母小夫人曰汝等若不信者盡仰向張口小夫人卽以兩手捋兩乳乳各作五百道墮千子口中賊知是我母卽放弓仗二父王於是思惟皆得辟支佛二辟支佛塔猶在後世尊成道告諸弟子是吾昔時放弓仗處後人得知於此立塔故以名焉千小兒者卽賢劫千佛是也佛於放弓仗塔邊告阿難言我却後三月當般泥洹魔王嬈固阿難使不得請佛住世從此東行三四里有塔佛般泥洹後百年有毗舍離比丘錯行戒律十事證言佛說如是爾時諸羅漢及持戒律比丘凡夫者有七百僧更檢挍律藏後人於

此處起塔今亦在從此東行四由延到五河合口阿難從摩竭國向毗舍離欲般涅槃諸天告阿闍世王卽自嚴駕將士衆追到河上毗舍離諸梨車聞阿難來亦復來迎俱到河上阿難思惟前則阿闍世王致恨還則梨車復怨則於河中央入火光三昧燒身而般泥洹分身作二分一分在一岸邊於是二王各得半身舍利還歸起塔度河南下一由延到摩竭提國巴連弗邑巴連弗邑是阿育王所治城中王宮殿皆使鬼神作累石起牆闕雕文刻鏤非世所造今故現

在阿育王弟得羅漢道常住耆闍崛山志樂閑靜王敬心請於家供養以樂山靜不肯受請王語弟言但受我請當爲汝於城裏作山王乃具飲食召諸鬼神而告之曰明日悉受我請無坐席各自齎來明日諸大鬼神各持大石來辟方四五步坐訖即使鬼神累作大石山又於山底以五大方石作石室可長三丈廣二丈高丈餘有一大乘婆羅門子名羅汰私婆迷住此城裏爽悟多智事無不達以清淨自居國王宗敬師事若往問訊不敢並坐王設以愛敬心執手執手已婆羅門輒自灌洗年可五十餘舉國瞻仰賴此一人宏宣佛法外道不能得加陵衆僧於阿育王塔邊造摩訶衍僧伽藍甚嚴麗亦有小乘寺都合六七百僧衆威儀庠序可觀四方高德沙門及學問人欲求義理皆詣此寺婆羅門子師亦名文殊師利國內大德沙門諸大乘比丘皆宗仰焉亦住此僧伽藍凡諸中國唯此國城邑爲大民人富盛競行仁義年年常以建卯月八日行像作四輪車縛竹作五層有承櫨揠戟高二丈餘許其狀如塔以白氎纏上然後彩

畫作諸天形像以金銀琉璃莊挍其上懸繒幡蓋四邊作龕皆有坐佛菩薩立侍可有二十車車車莊嚴各異當此日境內道俗皆集作倡伎樂華香供養婆羅門子來請佛佛次第入城入城內再宿通夜然燈伎樂供養國國皆爾其國長者居士各於城中立福德醫藥舍凡國中貧窮孤獨殘跛一切病人皆詣此舍種種供給醫師看病隨宜飲食及湯藥皆令得安差者自去阿育王壞七塔作八萬四千塔最初所作大塔在城南三里餘此塔前有佛腳跡起精舍戶北向塔塔南有一石柱圍丈四五高三丈餘上有銘題云阿育王以閻浮提布施四方僧還以錢贖如是三反塔北三四百步阿育王本於此作泥犁城中央有石柱亦高三丈餘上有師子柱上有銘記作泥犁城因緣及年數日月從此東南行九由延至一小孤石山山頭有石室石室南向佛坐其中天帝釋將天樂般遮彈琴樂佛處帝釋以四十二事問佛一一以指畫石畫跡故在此中亦有僧伽藍從此西南行一由延到那羅聚落是舍利弗本生村舍利弗還於此村

中般泥洹。即此處起塔。今亦現在。從此西行一由延到王舍新城。新城者。是阿闍世王所造。中有二僧伽藍。出城西門三百步。阿闍世王得佛一分舍利起塔。高大嚴麗。出城南四里。南向入谷。至五山裏。五山周圍狀若城郭。即是蓱沙王舊城。城東西可五六里。南北七八里。舍利弗目連初見頞鞞處。尼揵子作火坑毒飯請佛處。阿闍世王酒飲黑象欲害佛處。城東北角曲中。耆舊於菴婆羅園中起精舍。請佛及千二百五十弟子供養處。今故在。其城中空荒無人住。入谷

搏山東南上十五里。到耆闍崛山。未至頭三里。有石窟南向。佛本於此坐禪。西北三十步。復有一石窟。阿難於中坐禪。天魔波旬化作鵰鷲。住窟前恐阿難。佛以神足力隔石舒手摩阿難肩。怖即得止。鳥跡手孔今悉存。故曰鵰鷲窟山。窟前有四佛坐處。又諸羅漢各各有石窟坐禪處。動有數百。佛在石室前東西經行。調達於山北嶮巘間橫擲石傷佛足指處。石猶在。佛說法堂已毀壞。止有磚壁基在。其山峰秀端嚴。是五山中最高。顯於新城中買香華油燈。倩二舊比丘送法顯上耆闍崛山。華香供養。然燈續明。慨然悲傷。收淚而言。佛昔於此住。說首楞嚴。法顯生不值佛。但見遺跡處所而已。即於石窟前誦首楞嚴。停止一宿。還向新城。出舊城北行三百餘步。道西迦蘭陀竹園精舍。今現在。衆僧掃灑。精舍北二三里有尸摩賒那。尸摩賒那者。漢言棄死人墓田。搏南山西行三百步。有一石室。名賓波羅窟。佛食後常於此坐禪。又西行五六里。山北陰中有一石室。名車帝。佛泥洹後五百阿羅漢結集經處。出經時鋪三空座。莊嚴校飾。舍

利弗在左。目連在右。五百數中少一阿羅漢。大迦葉爲上座。時阿難在門外不得入。其處起塔。今亦在。搏山亦有諸羅漢坐禪石窟甚多。出舊城北東下三里。有調達石窟。離此五十步。有大方黑石。昔有比丘在上經行。思惟是身無常苦空。不得淨觀。厭患是身。即捉刀欲自殺。復念世尊制戒不得自殺。又念雖爾。我今但欲殺三毒賊。便以刀自刎。始傷肉得須陀洹。既半得阿那含。斷已成阿羅漢果。般泥洹。從此西行四由延。到伽耶城。城內亦空荒。復南行二十里。到菩薩

本苦行六年處。處有林、木。從此西行三里、到佛入水
洗浴天按樹枝得攀出池處。又北行二里、得彌家女
奉佛乳糜處。從此北行二里、佛於一大樹下石上東
向坐食糜。樹石今悉在。石可廣長六尺。高二尺許。中
國寒暑均調、樹木或數千歲乃至萬歲。從此東北行
半由延到一石窟。菩薩入中西向結跏趺坐心念若
我成道。當有神驗。石壁上即有佛影現長三尺許。今
猶明亮。時天地大動。諸天在空中白言此非過去當
來諸佛成道處。去此西南行減半由延、貝多樹下。是

過去當來諸佛成道處。諸天說是語巳。即便在前唱
導導引而去。菩薩起行離樹三十步。天授吉祥草。菩
薩受之。復行十五步、五百青雀飛來、繞菩薩三帀而
去。菩薩前到貝多樹下。敷吉祥草東向而坐。時魔王
遣三玉女從北來試。魔王自從南來試。菩薩以足指
按地。魔兵退散。三女變老。自上苦行六年處、及此諸
處、後人皆於中起塔立像。今皆在。佛成道巳七日、觀
樹受解脫樂處。佛於貝多樹下東西經行七日處。諸
天化作七寶屋供養佛七日處。文鱗肓龍七日繞佛

處。佛於尼拘律樹下方石上東向坐梵天來請佛處。
四天王奉鉢處。五百賈客授麨蜜處。度迦葉兄弟師
徒千人處。此諸處亦起塔。佛得道處有三僧伽藍皆
有僧住。衆僧民戶供給饒足。無所乏少。戒律嚴峻。威
儀坐起入衆之法。佛在世時。聖衆所行以至于今。佛
泥洹巳來。四大塔處相承不絕。四大塔者。佛生處。得
道處。轉法輪處。般泥洹處。阿育王昔作小兒時。當道
戲。遇釋迦佛行乞食。小兒歡喜。即以一掬土施佛。佛
持還泥經行地。因此果報作鐵輪王王閻浮提。乘鐵

輪案行閻浮提。見鐵圍兩山間地獄治罪人。即問羣
臣此是何等。答言是鬼王閻羅治罪人。王自念言鬼
王尚能作地獄治罪人。我是人主。何不作地獄治罪
人耶。即問臣等誰能為我作地獄主治罪人者。臣答
言唯有極惡人能作耳。王即遣臣遍求惡人。見池水
邊、有一長壯黑色、髮黃眼青、以腳鉤兼魚口呼禽獸、
禽獸來便射殺無得脫者。得此人巳將來與王。王密
勑之。汝作四方高墻。內殖種種華果。并好浴池莊嚴
校飾。令人渴仰。牢作門戶。有人入者輒捉種種治罪。

莫使得出。設使我入亦治罪莫放。今拜汝作地獄主。有比丘次第乞食入其門。獄卒見之。便欲治罪。比丘惶怖求請。須臾聽我中食。俄頃得有人入。獄卒内置碓臼中擣之。赤沫出。比丘見已。思惟此身無常苦空如泡如沫。即得阿羅漢。既而獄卒捉内鑊湯中。比丘心顔欣悦。火滅湯冷。中生蓮華。比丘坐上。獄卒即往白王。獄中奇怪。願王往看。王言。我前有要。今不敢往。獄卒言。此非小事。王宜疾往。更改先要。王即隨入。比丘爲說法。王得信解。即壊地獄。悔前所作衆惡。由是

佛國記　八　二十八

信重三寶。常至貝多樹下悔過自責。受八齋。王夫人問王常遊何處。羣臣答言。恒在貝多樹下。夫人伺王不在時。遣人伐其樹倒。王來見之。迷悶躃地。諸臣以水灑面。良久乃蘇。王即以塼累四邊。以百罌牛乳灌樹根。身四布地。作是誓言。若樹不生。我終不起。誓已。樹便即根上而生。以至于今。今高減十丈。從北南三里行。到一山名雞足。大迦葉今在此山中。劈山下入。入處不容人。下入極遠有旁孔。迦葉全身在此中住。孔外有迦葉本洗手土。彼方人若頭痛者。以此土塗

之即差。此山中即日故有諸羅漢住。彼方諸國道人。年年往供養迦葉。心濃至者。夜即有羅漢來。共言論釋其疑已。忽然不現。此山榛木茂盛。又多師子虎狼不可妄行。法顯還向巴連弗邑。順恒水西下十由延。得一精舍名曠野。佛所住處。今現有僧。復順恒水西行十二由延。到迦尸國波羅㮈城。城東北十里許。得仙人鹿野苑精舍。此苑本有辟支佛住。常有野鹿栖宿。世尊將成道。諸天於空中唱言。白淨王子出家學道。却後七日當成佛。辟支佛聞已。即取泥洹。故名此

佛國記　八　二十九

處爲仙人鹿野苑。世尊成道已。後人於此處起精舍。佛欲度拘鄰等五人。五人相謂言。此瞿曇沙門本六年苦行。日食一麻一米。尚不得道。況入人間恣身口意。何道之有。今日來者。慎勿與語。佛到五人皆起作禮處。復北行六十步。佛於此東向坐。始轉法輪度拘鄰等五人處。其北二十步。佛爲彌勒授記處。其南五十步。翳羅鉢龍問佛我何時當得免此龍身。此處皆起塔見在。中有二僧伽藍。悉有僧住。自鹿野苑精舍西北行十三由延。有國名拘睒彌。其精舍名瞿師羅

園佛昔住處今故有衆僧多小乘學從東行八由延佛本於此度惡鬼處亦嘗在此住經行坐處皆起塔亦有僧伽藍可百餘僧從此南行二百由延有國名達嚫是過去迦葉佛僧伽藍穿大石山作之凡有五重最下重作象形有五百間石室第二層作師子形有四百間第三層作馬形有三百間第四層作牛形有二百間第五層作鴿形有百間最上有泉水循石室前繞房而流周圍迴曲如是乃至下重順房流從戶而出諸層室中處處穿石作窻牖通明室中朗然

都無幽暗其室四角頭穿石作梯磴上處今人形小緣梯上正得至昔人一脚所躡處因名此寺為波羅越波羅越者天竺名鴿也其寺中常有羅漢住此土丘荒無人民居去山極遠方有村皆是邪見不識佛法沙門婆羅門及諸異學彼國人民常見人飛來入此寺於時諸國道人欲來禮此寺者彼村人則言汝何以不飛耶我見此間道人皆飛道人方便荅言翅未成耳達嚫國嶮道路艱難而知處欲往者要當賫錢貨施彼國王王然後遣人送展轉相付示其逕路

法顯竟不得往承彼土人言故說之耳從波羅㮈國東行還到巴連弗邑法顯本求戒律而北天竺諸國皆師師口傳無本可寫是以遠步乃至中天竺於此摩訶衍僧伽藍得一部律是摩訶僧祇衆律佛在世時最初大衆所行也於祇洹精舍傳其本自餘十八部各有師資大歸不異於小小不同或用開塞但此最是廣說備悉者復得一部抄律可七千偈是薩婆多衆律即此秦地衆僧所行者也亦皆師師口相傳授不書之於文字復於此衆中得雜阿毗曇心可六

千偈又得一部綖經二千五百偈又得一卷方等般泥洹經可五千偈又得摩訶僧祇阿毗曇故法顯住此三年學梵書梵語寫律道整既到中國見沙門法則衆僧威儀觸事可觀乃追歎秦土邊地衆僧戒律殘缺誓言自今已去至得佛願不生邊地故遂停不歸法顯本心欲令戒律流通漢地於是獨還順恒水東下十八由延其南岸有瞻波大國佛精舍經行處及四佛坐處悉起塔現有僧住從此東行近五十由延到多摩梨帝國即是海口其國有二十四僧伽藍

盡有僧住。佛法亦興。法顯住此二年。寫經及畫像。於
是載商人大舶。汎海西南行。得冬初信風。晝夜十四
日到師子國。彼國人云相去可七百由延。其國大在
洲上。東西五十由延。南北三十由延。左右小洲乃有
百數。其間相去或十里、二十里、或二百里。皆統屬大
洲。多出珍寶珠璣。有出摩尼珠地方可十里。王使人
守護。若有採者十分取三。其國本無人民。止有鬼神
及龍居之。諸國商人共市易。市易時鬼神不自現身。
但出寶物。題其價直。商人則依價直直取物。因商人

來往住。故諸國人聞其土樂。悉亦復來。於是遂成大
國。其國和適。無冬夏之異。草木常茂。田種隨人。無有
時節。佛至其國。欲化惡龍。以神足力。一足躡王城北。
一足躡山頂。兩跡相去十五由延。於王城北跡上起
大塔。高四十丈。金銀莊校。衆寶合成。塔邊復起一僧
伽藍。名無畏山。有五千僧。起一佛殿。金銀刻鏤。悉以
衆寶。中有一青玉像。高二丈許。通身七寶炎光。威相
嚴顯。非言所載。右掌中有一無價寶珠。法顯去漢地
積年。所與交接悉異域人。山川草木。舉目無舊。又同

行分披。或留或亡。顧影唯己。心常懷悲。忽於此玉像
邊見商人以晉地一白絹扇供養。不覺悽然淚下滿
目。其國前王遣使中國。取貝多樹子於佛殿旁種之。
高可二十丈。其樹東南傾。王恐倒。故以八九圍柱拄
樹。樹當拄處心生。遂穿柱而下入地成根。大可四圍
許。柱雖中裂。猶裹在其外。人亦不去。樹下起精舍。中
有坐像。道俗敬仰無倦。城中又起佛齒精舍。皆七寶
作。王淨修梵行。城內人信敬之情亦篤。其國立治已
來。無有飢荒喪亂。衆僧庫藏多有珍寶無價摩尼。其

王入僧庫遊觀。見摩尼珠。即生貪心。欲奪取之。三日
乃悟。即詣僧中稽首悔前罪。心告白僧。言願僧立制。
自今已後勿聽王入其庫看。比丘滿四十臘。然後得
入。其城中多居士長者。薩薄商人。屋宇嚴麗。巷陌平
整。四衢道頭皆作說法堂。月八日、十四日、十五日。鋪
施高座。道俗四衆皆集聽法。其國人云。都可五六萬
僧。悉有衆食。王別於城內供五六千人。衆食須者。則
持本鉢往取。隨器所容。皆滿而還。佛齒常以三月中
出之。未出十日。王莊校大象。使一辯說人著王衣服

騎象上。擊鼓唱言菩薩從三阿僧祇劫苦行不惜身
命。以國妻子、及挑眼、與人割肉貿鴿、截頭布施、投身
餓虎、不恡髓腦、如是種種苦行爲衆生故成佛在世
四十九年。說法教化、令不安者安、不度者度。衆生緣
盡。乃般泥洹。泥洹已來一千四百九十七年。世間眼
滅。衆生長悲。却後十日佛齒當出至無畏山精舍。國
內道俗欲植福者。各各平治道路嚴餝巷陌辦衆華
香供養之具、如是唱已王便夾道兩邊作菩薩五百
身已來種種變現或作須大拏或作睒變或作象王、

或作鹿馬、如是形像。皆彩畫莊校。狀若生人。然後佛
齒乃出。中道而行。隨路供養到無畏精舍佛堂上。道
俗雲集。燒香然燈種種法事。晝夜不息。滿九十日乃
還城內精舍。城內精舍至齋日則開門戶禮敬如法。
無畏精舍東四十里有一山。山中有精舍。名跋提。可
有二千僧。僧中有一大德沙門名達摩瞿諦。其國人
民皆共宗仰。住一石室中四十許年。常行慈心能感
蛇鼠使同止一室而不相害。城南七里有一精舍名
摩訶毗訶羅。有三千僧住。有一高德沙門、戒行清潔。

國人咸疑是羅漢。臨終之時。王來省視。依法集僧而
問比丘得道耶。其便以實答言是羅漢。既終。王即案
經律以羅漢法葬之。於精舍東四五里積好大薪、縱
廣可三丈餘。高亦爾。近上著栴檀沈水諸香木。四邊
作階上。持淨好白氎周帀。蒙積上作大轝床。似此間
輀車。但無龍魚耳。當闍維時。王及國人四衆咸集。以
華香供養。從轝至墓所。王自華香供養。供養訖。轝著
積上。蘇油遍灌然後燒之。火然之時。人人敬心各脫
上服及羽儀傘蓋遙擲火中以助闍維。闍維已。卽檢

取骨卽以起塔。法顯至。不及其生存。唯見葬時。王篤
信佛法。欲爲衆僧作新精舍。先設大會飯食。僧供養
已乃選好上牛一雙。金銀寶物莊校角上。作好金犁。
王自耕頃四邊。然後割給民戶田宅書以鐵券。自是
已後代代相承無敢廢易。法顯在此國聞天竺道人
於高座上誦經云。佛鉢本在毗舍離。今在揵陀衛。竟
若干百年（法顯聞誦之時有定歲數但今忘耳）當復至西月氏國。若干
百年當至于闐國。住若干百年當至屈茨國。若千百
年當復來到漢地。住若千百年當復至師子國。若千

百年當還中天竺。到中天已。當上兜術天上。彌勒菩薩見而歎曰。釋迦文佛鉢至。即共諸天華香供養七日。七日已。還閻浮提。海龍王持入龍宮。至彌勒將成道時。鉢還分為四。復本頞那山上。彌勒成道已。四天王當復應念佛。如先佛法。賢劫千佛共用此鉢。鉢去已。佛法漸滅。佛法滅後。人壽轉短。乃至五歲。十歲之時。糯米酥油皆悉化滅。人民極惡。捉木則變成刀杖。共相傷割殺。其中有福者逃避入山。惡人相殺盡已。還復來出。共相謂言。昔人壽極長。但為惡甚。作諸非

佛國記　三十六

法。故我等壽命遂爾短促。乃至十歲。我今共行諸善起慈悲心。修行仁義。如是各行信義。展轉壽倍。乃至八萬歲。彌勒出世。初轉法輪時。先度釋迦遺法弟子出家人。及受三歸五戒齋法供養三寶者。第二第三次度有緣者。法顯爾時欲寫此經。其人云。此無經本。我止口誦耳。法顯住此國二年。更求得彌沙塞律藏本。得長阿含雜阿含。復得一部雜藏。此悉漢土所無者。得此梵本已。即載商人大船上。可有二百餘人。後係一小船。海行艱險。以備大船毀壞。得好信風。東下

二日。便值大風。船漏水入。商人欲趣小船。小船上人恐人來多。即斫絙斷。商人大怖。命在須臾。恐船水漏即取麤財貨擲著水中。法顯亦以軍持及澡灌并餘物棄擲海中。但恐商人擲去經像。唯一心念觀世音及歸命漢地衆僧。我遠行求法。願威神歸流。得到所止。如是大風晝夜十三日。到一島邊。潮退之後。見船漏處。即補塞之。於是復前。海中多有抄賊。遇輒無全。大海瀰漫無邊。不識東西。唯望日月星宿而進。若陰雨時。為逐風去。亦無准。當夜闇時。但見大浪相搏。晃

佛國記　三十七

然火色。黿鼉水性怪異之屬。商人荒遽。不知那向。海深無底。又無下石住處。至天晴已。乃知東西。還復望正而進。若值伏石。則無活路。如是九十日許。乃到一國。名耶婆提。其國外道婆羅門興盛。佛法不足言。停此國五月日。復隨他商人大船上。亦二百許人。賫五十日糧。以四月十六日發。法顯於船上安居。東北行趣廣州。一月餘日。夜鼓二時。遇黑風暴雨。商人賈客皆悉惶怖。法顯爾時亦一心念觀世音及漢地衆僧。蒙威神佑。得至天曉。曉已。諸婆羅門議言。坐載此沙

門使我不利遭此大苦。當下比丘置海島邊。不可為一人令我等危嶮。法顯本檀越言汝若下此比丘亦幷下我不爾便當殺我。汝其下此沙門。吾到漢地當向國王言汝也。漢地王亦敬信佛法重比丘僧。諸商人躊躇不敢便下。於時天多連陰。海師相望僻誤。遂經七十餘日。糧食水漿欲盡。取海鹹水作食。分好水人可得二升。遂便欲盡。商人議言。常行時正可五十日便到廣州。爾今已過期多日。將無僻耶。即便西北行求岸。晝夜十二日。長廣郡界牢山南岸。便得好水

菜。但經涉險難。憂懼積日。忽得至此岸。見藜藿菜依然知是漢地。然不見人民及形跡。未知是何許。或言未至廣州。或言已過。莫知所定。即乘小船入浦覓人欲問其處。得兩獵人。即將歸。令法顯譯語問之。法顯先安慰之。徐問汝是何人。答言我是佛弟子。又問汝入山何所求。其便詭言。明當七月十五日。欲取桃臘佛。又問此是何國。答言此青州長廣郡界。統屬劉家。聞已。商人歡喜。即乞其財物。遣人往長廣。太守李嶷敬信佛法。聞有沙門持經像乘船汎海而至。即將人從至海邊。迎接經像歸至郡治。商人於是還向楊州。劉法青州請法顯一冬一夏。夏坐訖。法顯遠離諸師久。欲趣長安。但所營事重。遂便南下向都。就諸師出經律。法顯發長安。六年到中國。停六年還。三年達青州。凡所遊歷減三十國。沙河已西迄于天竺。衆僧威儀法化之美。不可詳說。竊唯諸師未得備聞。是以不顧微命。浮海而還。艱難具更。幸蒙三尊威靈。危而得濟。故竹帛疏所經歷。欲令賢者同其聞見。

是歲甲寅。晉義熙十二年。歲在壽星。夏安居末。迎

法顯道人。既至。留共冬齋。因講集之際。重問遊歷。其人恭順。言輒依實。由是先所略者。勸令詳載。顯復具叙始末。自云。顧尋所經。不覺心動汗流。所以乘危履險。不惜此形者。蓋是志有所存。專其愚直。故投命於不必全之地。以達萬一之冀。於是感歎斯人。以為古今罕有。自大教東流。未有忘身求法如顯之比。然後知誠之所感。無窮否而不通。志之所獎。無功業而不成。成夫功業者。豈不由忘失所重。重夫所忘者哉。

伽藍記序例

後魏撫軍府司馬楊衒之撰

三墳五典之說、九流百代之言、並理在人區、而義兼天外、至於一乘二諦之原、三明六通之旨、西域備詳、東土靡記、自頂日感夢、滿月流光、陽門飾毫眉之像、夜臺圖紺髮之形、邇來奔競、其風遂廣、至晉永嘉、惟有寺四十二所、逮皇魏受圖、光宅嵩洛、篤信彌繁、法教逾盛、王侯貴臣、棄象馬如脫屣、庶士豪家、捨資財若遺跡、於是招提櫛比、寶塔駢羅、爭寫天上之姿、競

模山中之影、金刹與靈臺比高、宮殿共阿房等壯、豈直木衣綈繡、土被朱紫而已哉、暨永熙多難、皇輿遷鄴、諸寺僧尼、亦與時徙、至武定五年、歲在丁卯、余因行役、重覽洛陽、城郭崩毀、宮室傾覆、寺觀灰燼、廟塔丘墟、墻被蒿艾、巷羅荆棘、野獸穴於荒階、山鳥巢於庭樹、遊兒牧豎、躑躅於九逵、農夫耕稼、藝黍於雙闕、麥秀之感、非獨殷墟、黍離之悲、信哉周室、京城表裏、凡有一千餘寺、今日寥廓、鐘聲罕聞、恐後世無傳、故撰斯記、然寺數最多、不可遍寫、今之所錄、止大伽藍、其中小者、取其詳異、世諦事、因而出之、先以城內爲始、次及城外、表列門名、以遠近爲五篇、余才非著述、多有遺漏、後之君子、詳其闕焉、

大和十七年、後魏高祖遷都洛陽、詔司空公穆亮營造宮室、洛陽城門、依魏晉舊名、東面有三門、北頭第一曰建春門、漢曰上東門、阮籍詩曰、步出上東門是也、魏晉曰建春門、高祖因而不改、

次南曰東陽門、漢曰東中門、魏晉曰東陽門、高祖因而不改、

次南曰青陽門、漢曰望京門、魏晉曰清明門、高祖改爲清陽門、

南面有四門、東頭第一曰開陽門、初漢光武遷都洛陽、作此門始成、而未有名、忽夜中有柱自來在樓上、後瑯琊郡開陽縣言南門一柱飛去、使來視之、則是也、因以開陽爲名、自魏及晉因而不改、高祖亦然、

次西曰平昌門、漢曰平門、魏晉曰平昌門、高祖因而不改、

次西曰宣陽門、漢曰津陽門、魏晉曰宣陽門、高祖因

而不改、

西面有四門、南頭第一門曰西明門、漢曰廣陽門、魏晉因而不改、高祖改爲西明門、

次北曰西陽門、漢曰雍門、魏晉曰西明門、高祖改爲西陽門、

次北曰閶闔門、漢曰上西門、上有銅璇璣玉衡以齊七政、魏晉曰閶闔門、高祖因而不改、

次北曰承明門、承明者、高祖所立、金墉城前東西大道、遷京之始、宮闕未就、高祖住在金墉城、城西有王南寺、高祖數詣寺沙門論議、故通此門而未有名、世人謂之新門、時王公卿士常迎駕於新門、高祖謂御史中尉李彪曰、曹植詩云、謁帝承明廬、此門宜以承明爲稱、遂名之、

北有二門、西頭曰大夏門、漢曰夏門、魏晉曰大夏門、帝造三層樓、去地十丈、高祖世宗造三層樓、去地二十丈、洛陽城門樓皆兩重、去地百尺、唯大夏門甍棟千雲、

東頭曰廣莫門、漢曰穀門、魏晉曰廣莫門、高祖因而

不改、自廣莫門以西、至於大夏門、宮觀相連、被諸城上也、

一門有三道、所謂九軌、

洛陽伽藍記目錄

目錄終

伽藍記卷一

後魏　楊衒之著　寧都廖飛熊校

城内

永寧寺、熙平元年靈太后胡氏所立也、在宮前閶闔門南一里御道西、其寺東有太尉府、西對永康里、南界昭玄曹、北鄰御史臺、閶闔門前御道東有左衛府、府南有司徒府、南有國子學堂、内有孔丘像、顔淵問仁、子路問政在側、國子南有宗正寺、寺南有太廟、廟南有護軍府、府南有衣冠里、御道西有右衛府、府南有

太尉府、府南有將作曹、曹南有九級府、府南有太社、社南有凌陰里、即四朝時藏冰處也。凌里孕切又如字中有九層浮圖一所、架木爲之、舉高九十丈、有剎復高十丈、合去地一千尺、去京師百里、遥已見之、初掘基至黄泉下、得金像三十軀、太后以爲信法之徵、是以營建過度也、剎上有金寶瓶、容二十五石、寶瓶下有承露金盤三十重、周匝皆垂金鐸、復有鐵鏁四道、引剎向浮圖四角、鏁上亦有金鐸、鐸大小如一石甕子、浮圖有九級、角角皆懸金鐸、合上下有一百二十鐸、浮圖有四面、面有三戸六窻、戸皆朱漆、扉上有五行金鈴、合有五千四百枚、復有金環鋪首、殫土木之功、窮造形之巧、佛事精妙、不可思議、繡柱金鋪、駭人心目、至於高風永夜、寶鐸和鳴、鏗鏘之聲、聞及十餘里、浮圖北有佛殿一所、形如太極殿、中有丈八金像一軀、人中長金像十軀、繡珠像三軀、織成五軀、作功奇巧、冠於當世、僧房樓觀一千餘間、雕梁粉壁、青璅綺疏、難得而言、栝椿松栢、扶疏拂檐、翠竹香草、布濩堦墀、是以常景碑云、須彌寶殿、兜率淨宮、莫尚於斯也、外

國所獻經像、皆在此寺、寺院墻皆施短椽、以瓦覆之、若今宮墻也、四面各開一門、南門樓三重、通三道、去地二十丈、形製似今端門、圖以雲氣、畫彩仙靈、綺錢青璅、赫麗華拱、夾門有四力士、四師子、飾以金銀、加之珠玉、裝嚴煥炳、世所未聞、東西兩門皆亦如之、所可異者、唯樓兩重、北門一道、不施屋、似烏頭門、四門外樹以青槐、亘以綠水、京邑行人、多庇其下、路斷飛塵、不由奔雲之潤、清風送凉、豈藉合歡之發、詔中書舍人常景爲寺碑文、景字永昌、河内人也、敏學博通、知

名海内太和十九年爲高祖所器拔爲律學博士刑法疑獄多訪於景正始初詔刊律令永作通式敕景共治書侍御史高僧裕羽林監王元龜尚書郎祖瑩員外散騎侍郎李琰之等撰集其事又詔太師彭城王勰青州刺史劉芳入預其議景討正科條商榷古今甚有倫序見行於世今律二十篇是也又共芳造洛陽宮殿門閣之名經途里邑之號出除長安令時人比之潘岳其後歷位中書舍人黄門侍郎秘書監幽州刺史儀同三司學徒以爲榮焉景入參近侍出

爲侯牧居室貧儉事等農家唯有經史盈車滿架景所著文集數百餘篇給事封暐伯作序行於世裝飾畢功明帝與太后共登之視宮内如掌中臨京師若家庭以其目見宮中禁人不聽升衍之常與河南君胡孝世共登之下臨雲雨信哉不虚時有西域沙門菩提達摩者波斯國胡人也起自荒裔來遊中土見金盤炫日光照雲表寶鐸含風響出天外歌詠讚歎實是神功自云年一百五十歲歷涉諸國靡不周遍而此寺精麗遍閻浮所無也極佛外亦未有此口

唱南無或合掌連日至孝昌二年大風發屋拔樹刹上寶瓶隨風而落入地丈餘復命工匠更著新瓶建義元年太原王爾朱榮總士馬於此寺榮字天寶北地秀容人也世爲第一領民酋長博陵郡公部落八千餘家馬有數萬匹富等天府武泰元年二月中帝崩無子立臨洮王世子釗以紹大業年三歲太后貪秉朝政故以立之榮謂并州刺史元天穆曰皇帝晏駕春秋十九海内士庶猶曰幼君況今奉未言之兒以臨天下而望昇平其可得乎吾世荷國恩不能坐

看成敗今欲以鐵馬三千赴哀山陵兼問侍臣帝崩之由君竟謂何如穆曰明公世誇英武志雄才傑出部落之民控弦一萬若能行廢立之事伊霍復見於今日榮即共穆結異姓兄弟穆年大榮兄事之榮爲盟主穆亦拜榮於是密議長君諸王之中不知誰應當璧遂於晉陽令別鑄像不成唯長樂王子攸像光相具足端嚴特妙是以榮意在長樂遣蒼頭王豐入洛約以爲主長樂即許之共剋期契榮三軍皓素揚旌南出太后聞榮舉兵召王公議之時胡氏專寵皇

宗怨望入議者莫肯致言唯黃門郎徐紇曰、爾朱榮
馬邑小胡人才凡鄙、不度德量力、長戟指闕、所謂窮
轍拒輪、積薪候燎、今宿衛文武足得一戰、但守河橋
觀其意趣、榮懸軍千里、兵老師敝、以逸待勞、破之必
矣、后然紇言、即遣都督李神軌鄭季　等領衆五千
鎮河橋、四月十一日、榮過河內、至高頭驛、長樂王從
雷陵北渡赴榮軍所、神軌季　等見長樂王往、遂開
門降、十二日、榮軍於芒山之北、河陰之野、十三日召
百官赴駕、至者盡誅之、王公卿士及諸朝臣死者二

千餘人、十四日車駕入城、大赦天下、改號為建義元
年、是為莊帝、肇升太極、解網垂仁、唯散騎常侍山偉
一人拜恩南闕、加榮使持節中外諸軍事大將軍開
府北道大行臺都督十州諸軍事大將軍領左右太
原王其天穆為侍中太尉公世襲并州刺史上黨王、
起家為公卿牧守者、不可勝數、二十日、洛中草草、猶
自不安、死生相怨、人懷異慮、貴室豪家、棄宅競竄、貧
夫賤士、襁負爭逃、於是出詔、濫死者普加褒贈、三品
以上贈三公、五品以上贈令僕、七品以上贈州牧、白

民贈郡鎮、於是稍安、帝納榮女為皇后、進榮為柱國
大將軍、錄尚書事、餘官如故、進天穆為大將軍、餘官
皆如故、永安二年五月、北海王元顥復入洛、在此寺
聚兵、顥莊帝從兄也、孝昌末鎮汲郡、聞爾朱榮入洛
陽、遂南奔蕭衍、是年入洛、莊帝北巡、顥登皇帝位、改
年曰建武元年、顥與莊帝書曰、大道既隱、天下匪公、
禍福不追、與能義絕、朕猶庶幾五帝、無取六軍、故以
糠粃萬乘、錙銖大寶、非貪皇帝之尊、豈圖六合之富、
直以爾朱榮往歲入洛、順而勤王、終為魏賊、逆刃加

於君親、鋒鏑肆於卿宰、元氏少長、殆欲無遺、已有陳
恒盜齊之心、非無六卿分晉之計、但以四海橫流、欲
篡未可、暫樹君臣、假相拜置、害卿兄弟、獨夫介立、遵
養待時、臣節詎久、朕覩此心寒、遠投江表、泣請梁朝、
誓在復恥、風行建業、電赴三川、正欲問罪於爾朱、脫
公卿於桎梏、恤深怨於骨肉、解蒼生於倒懸、謂卿明
時擊節、俱來見我、共叙哀悴、同討兇羯、不意駕入城
阜、便爾北渡、雖迫於兇手、勢不自由、或訴生素懷、棄
劍猜吾、聞之永歎、撫衿而失、何者、朕之於卿、兄弟非

遠、連枝分葉、興滅相依、假有內閱、外猶禦侮、況吾與
卿、睦厚偏篤、其於急難、凡今莫如、棄親即讐、義將焉
據也、且爾朱榮不臣之跡、暴於旁午、謀魏社稷、愚智
同見、卿乃明白疑於必然、託命豺狼、委身虎口、棄親
助賊、兄弟尋戈、假獲民地、本是榮物、若剋城邑、絕非
卿有、徒危宗國、以廣寇仇、快賊莽之心、假卞莊之利、
有識之士、咸爲嘶之、今國家隆替、在卿與吾、若天道
助順、誓茲奉舉、則皇魏宗社、與運無窮、脫天不厭亂、
胡羯未殄、鳴鳴很噬、薦食河北、朱榮爲福、於卿爲禍、

豈伊異人、只書道意、卿宜三覆、義利是圖、富貴可保、
狗人非慮、終不食言、自相魚肉、善擇元吉、勿貽後悔、
北黃門郎祖瑩之詞也、時帝在長子城、太原王上黨
王來赴急難、六月帝圍河內、太守元桃湯車騎將軍
宗正珍孫等爲顥守、攻之弗克、時暑炎赫、將士疲勞、
太原王欲使帝幸晉陽、至秋更舉大義、未決、召劉助
筮之、助曰必克、於是至明盡力攻之、如其言、桃湯珍
孫並斬首以殉三軍、顥聞河內不守、親率百僚出鎮
河橋、特遷侍中安豐王延明往守硤石、七月帝至河

陽、與顥隔河相望、太原王命車騎將軍爾朱兆潛師
渡河、破延明於硤石、顥聞延明敗、亦散走、所將江淮
子弟五千人、莫不解甲相泣、握手成列、顥與數十騎
欲奔蕭衍、至長社、爲村民斬其首、傳送京師、二十日
帝還洛陽、進太原王天柱大將軍、餘官亦如故、進上
黨王太宰、餘官亦如故、永安三年、逆賊爾朱兆囚莊
帝於寺、時太原王位極心驕、功高意侈、與奪臧否肆
意、帝怒、謂左右曰、朕寧作高貴鄉公死、不作漢獻帝
生、九月二十五日、詐言産太子、榮穆並入朝、莊帝手

刃榮於光明殿、穆爲伏兵魯暹所殺、榮世子部落大
人亦死焉、榮部下車騎將軍爾朱陽都等二十人、隨
入朱華門、亦爲伏兵所殺、唯右僕射爾朱世隆素在
家、聞榮死、總榮部曲燒西陽門、奔河橋、至十月一日、
隆與妻鄉郡長公主至芒山馮王寺、爲榮追福薦齋、
即遣爾朱侯討伐爾朱弗律歸等、領胡騎一千、皆白
服來至郭下、索太原王尸喪、帝升大夏門望之、遣主
書牛法尚謂歸等曰、太原王立功不終、陰圖纂逆、王
法無親、已依正刑、罪止榮身、餘皆不問、卿等何爲不

降、官爵如故、歸曰、臣從太原王來朝、陛下何忽今日枉致無理、臣欲還晉陽、不忍空去、願得太原王尸喪、生死無恨、發言雨淚、哀不自勝、群胡慟哭、聲振京師、帝聞之亦爲傷懷、侍中朱元龍齎鐵券與世隆、待之不死、官位如故、世隆謂元龍曰、太原王功格天地、道濟生民、赤心奉國、神明所知、長樂不顧信誓、枉害忠良、今日兩行鐵字、何足可信、吾爲太原王報仇、終不歸降、元龍見世隆呼帝爲長樂、知其不款、且以言帝、帝即出庫物置城西門外、募敢死之士以討世隆、一

日即得萬人、與歸等戰於郭外、兇勢不摧、歸等屢涉戎場、便利擊刺、京師士衆、未習軍旅、雖皆義勇、力不從心、三日頻戰、而游魂不息、帝更募人斷河橋、有漢中人李苗爲水軍、從上流放火燒橋、世隆見橋被焚、遂大剽生民、北上太行、帝遣侍中源子恭、黄門郎楊寬領步騎三萬鎮河内、隆至高都、立太原太子長廣王等瓮子爲王、改號曰建元元年、爾朱氏自封王者八人、長廣王都晉陽、遣潁川爾朱兆舉兵向京師、子恭軍失利、兆自雷陂涉渡、擒莊帝於式乾殿、帝初以

黄河奔急、謂兆未得猝濟、不意兆不由舟楫、憑流而渡、是日水淺、不及馬腹、故及此難、書契所記、未之有也、衒之曰、昔光武受命、冰橋凝於滹水、昭烈中起、的盧踊於泥溝、皆理合於天、神祇所將、故能功濟宇宙、大庇生民、若兆者、蜂目豺聲、行窮梟獍、阻兵安忍、賊害君親、皇靈有知、鑒其凶德、反使孟律由漆贊其逆心、易稱天道禍盈、鬼神福謙、以此驗之、信爲虚說、時兆營軍尚書省、建天子金鼓、庭設漏刻、嬪御妃主、皆擁之於幕、鎖帝於寺門樓上、時十二月、帝患寒、隨兆

乞頭巾、兆不與、遂囚帝、送晉陽、縊於三級寺、帝臨崩禮佛、願不爲國王、又作五言曰、權去生道促、憂來死路長、懷恨出國門。含悲入鬼鄉。隧門一時閉、幽庭豈復光、思鳥吟青松、哀風吹白楊、昔來聞死苦。何言身自當、至太昌元年冬、始迎梓宮赴京師、葬帝靖陵、所作五言詩、即爲輓歌詞、朝野聞之、莫不悲慟、百姓聞者觀者、悉皆掩涕而已、永熙三年二月、浮圖爲火所燒、帝登臨雲臺望火、遣南陽王寶炬錄尚書長孫稚將羽林一千救赴火所、莫不悲惜、垂淚而去、火初從

第八級中平旦火發當時雷雨晦冥雜下霰雪百姓道俗咸來觀火悲哀之聲振動京邑時有三比丘赴火而死火經三月不滅有入地柱火尋柱周年猶有煙氣其年五月中有人從象郡來云見浮圖於海中光明照耀儼然如新海上之民咸皆見之俄然霧起浮圖遂隱至七月中平陽王爲侍中斛斯椿所使奔於長安十月而京師遷鄴

建中寺普泰元年尚書令樂平王爾朱世隆所立也本是閹官司空劉騰宅屋宇奢侈梁棟踰制一里之間廊廡充溢堂比宣光殿門匹乾明門博敞宏麗諸王莫及也在西陽門內御道北謂延年里劉騰宅東有太僕寺寺東有乘黃署署東有武庫署即魏相國司馬文王府武庫東至閶闔門是也西陽門內御道有永康里內復有領軍將軍元義宅掘故井得石銘云是漢太尉荀彧宅正光年中元義專權太后幽隔永巷騰爲謀主義是江陽王繼之子太后妹婿熙平初明帝幼冲諸王勸上太后拜義爲侍中領軍左右令總禁兵委以腹心反得幽隔永巷六年太后哭曰

養虎自齧長虺成蛇至孝昌年太后反政遂誅義等沒騰田宅元義誅日騰已物故太后追思騰罪發墓殘尸使其神靈無所歸聚以宅賜王雍建義元年尚書令樂平王爾朱世隆爲榮追福題以爲寺朱門黃閣所謂仙居也以前廳爲佛殿後堂爲講堂金花寶蓋遍滿其中有一涼風堂本騰避暑之處淒涼常冷經夏無蠅有萬年千歲之樹也

長秋寺劉騰所立也騰初爲長秋令卿因以爲名在南陽門內御道北一里亦在延年里即是晉中朝時金市處寺北有濛氾池夏則有水冬則竭矣中有三層浮圖一所金盤靈刹耀諸城內作六牙白象負什迦在虛中莊嚴佛事悉用金玉作工之異難可具陳四月四日此像常出辟邪師子導引其前吞刀吐火騰驤一面綵幢上索詭譎不常奇伎異服冠於都市像停之處觀者如堵迭相踐躍常有死人

瑤光寺世宗宣武皇帝所立在閶闔門御道北東去千秋門二里千秋門內道北有西遊園中有凌雲臺即是魏文帝所築者臺上有八角井高祖於井北造

涼風觀登之望遠目極洛川臺下有碧海曲池臺東宣慈觀去地一十丈觀東有靈芝釣臺累木爲之出於海中去地二十丈風生戶牖雲起梁棟丹楹刻桷圖寫列仙刻石爲鯨魚背負釣臺既如從地踊出又似空中飛下釣臺南有宣光殿北有嘉福殿西有九龍殿殿前有龍吐水成一海凡四殿皆有飛閣向靈芝臺往來三伏之月皇帝在靈芝臺以避暑有五層浮圖一所去地五十丈仙掌凌虛鐸垂雲表作工之妙埒美永寧講堂尼房五百餘間綺疏連亘戶牖相

通珍木香草不可勝言牛筋狗骨之木雞頭鴨脚之草亦悉備焉椒房嬪御學道之所掖庭美人並在其中亦有名族處女性愛道場落髮辭親來依此寺屏珍麗之飾服修道之衣投心八正歸誠一乘永安三年中爾朱兆入洛陽縱兵大掠時有秀容胡騎數十人入寺淫穢自此後頗獲譏訕京師語曰洛陽女兒急作髻瑤光寺尼奪女婿瑤光寺北有承明門有金墉城即魏氏所築晉永康中惠帝幽於金墉城東有洛陽小城永嘉中所築城東北角有魏文帝百尺樓年歲久遠形制如初高祖在城內作光極殿因名金墉城門爲光極門又作重樓飛閣遍城上下從地望之有如雲也

景樂寺太傅清河文獻王懌所立也懌是孝文皇帝之子宣武皇帝之弟閶闔南御道西望永寧寺正相當寺西有司徒府東有大將軍高肇宅北連義井里義井里北門外有叢樹數株枝條繁茂下有甘井一所石槽鐵罐供給行人飲水庇蔭多有憩者有佛殿一所像輦在焉雕刻巧妙冠絕一時堂廡周環曲房

連接輕條拂戶花蕊被庭至於六齋常設女樂歌聲遶梁舞袖徐轉絲管寥亮諧妙入神以是尼寺丈夫不得入得往觀者以爲至天堂及文獻王薨寺禁稍寬百姓出入無復限礙後汝南王悅復修之悅是文獻之弟召諸音樂逞伎寺內奇禽怪獸舞抃殿庭飛空幻惑世所未覩異端奇術總萃其中剝驢投井植棗種瓜須臾之間皆得食士女觀者目亂精迷自建義已後京師頻有大兵此戲遂隱也

邵儀尼寺閹官等所立也在東陽門內一里御道南

東陽門內道北太倉導官二署東南治粟里倉司官屬住其內太后臨朝閽寺專寵宦者之家積金滿堂是以蕭忻云高軒斗升者盡官廢婦胡馬鳴珂者莫非黃門之養息也忻陽平人也愛尚文藉少有名譽見閹寺寵盛遂發此言因即知名爲治書侍御史寺有一佛二菩薩塑工精絕京師所無也四月七日常出詣景明景明三像恒出迎之伎樂之盛與劉騰相比堂前有酒樹麪木昭儀寺有池京師學徒謂之翟泉也衒之按杜預注春秋云翟泉在晉太倉西南按

晉太倉在建春門內今太倉在東陽門內此地今在太倉西南明非翟泉也後隱士趙逸云此地是晉侍中石崇家池池南有綠珠樓於是學徒始寤經過者想見綠珠之容也池西南有愿會寺中書舍人王翊捨宅立也佛堂前有桑樹一株直上五尺枝條橫遶柯葉傍布形如羽蓋復高五尺又葉凡爲五重每重葉生椹各異京師道俗謂之神桑觀者成市布施者甚衆帝聞而惡之以爲惑衆命給事中黃門侍郎元紀伐殺之其日雲霧晦冥下斧之處血流至地見者莫不悲泣寺南有宜壽里內有苞信縣令段暉宅地下常聞鐘聲時見五色光明照於堂宇暉甚異之遂掘光所得金像一軀可高三尺有二菩薩趺坐上銘云晉太始二年五月十五日侍中中書令荀勗造暉遂捨宅爲光明寺時人咸云此荀勗舊宅其後盜者欲竊此像與菩薩合聲喝賊盜者驚怖應即殞倒衆僧聞像叫聲遂來捉得賊

胡統寺太后從姑所立也入道爲尼遂居此寺在永寧南一里許寶塔五重金刹高聳洞房周匝對戶交

窻朱柱素壁甚爲佳麗其寺諸尼帝城名德善於開導工談義理常入宮與太后說法其資養緇流從無此也

修梵寺清陽門內御道北嵩明寺復在修梵寺西並雕牆峻宇比屋連甍亦是名寺也修梵寺有金剛鳩鴿不入鳥雀不棲菩提達摩云得其真相也寺北有永和里漢太師董卓之宅也里南北皆有池卓之所造今猶有水冬夏不竭里中太傅錄尚書長孫稚尚書右僕射郭祚吏部尚書邢鸞廷尉卿元洪超衛尉

卿許伯桃涼州刺史尉成興等六宅、皆高門華屋、齋館敞麗、楸槐蔭途、桐楊夾植。當世名為貴里。掘此地者、輒得金玉寶玩之物。邢鸞家常掘丹砂及錢數十萬、銘云董太師之物。後卓夜中隨鸞索此物、鸞不與之、經年鸞遂卒矣。

景林寺在開陽門內御道東、講殿疊起、房廡連屬、丹檻炫日、繡桷迎風、實為勝地。寺西有園、多饒奇果、春鳥秋蟬、鳴聲相續。中有禪房一所、內置祇洹精舍、形製雖小、巧構難比。加以禪閣虛靜、隱室凝邃。嘉樹夾牖、芳杜匝堦、雖云朝市、想同巖谷。靜行之僧、繩坐其內、餐風服道、結跏數息。有石銘一所、國子博士盧白頭為其文。白頭字景裕、范陽人也。性愛恬靜、丘園放傲、學極六經、說通百氏。普泰初起家為國子博士、雖在朱門、以注述為事、注周易、行之於世也。

建春門內御道南、有句盾典農籍田三署。籍田南有司農寺。御道北有空地、擬作東宮、晉中朝時太倉處也。太倉南有翟泉、周迴三里、即春秋所謂王子虎晉狐偃盟於翟泉也。水猶澄清、洞底明靜、鱗甲潛泳、辨

其魚鱉。高祖於泉北置河南尹、晉中朝時步廣里也。泉西有華林園、高祖以泉在園東、因名蒼龍海。華林園中有大海、即漢天淵池、池中猶有文帝九華臺。高祖於臺上造清涼殿。世宗在海內作蓬萊山、山上有仙人館。山有釣臺殿、並作虹蜺閣、乘虛來往。至於三月禊日、季秋良辰、皇帝駕龍舟鷁首、遊於其上。海西有藏冰室、六月出冰以給百官。海西南有景山殿。東有羲和嶺、嶺上有溫風室。山西有姮娥峰、峰上有寒露館。並飛閣相通、凌山跨谷。山北有玄武池、山南有清暑殿。殿東有臨澗亭、殿西有臨危臺。景陽觀山南有百果園、果列作林、林各有堂。有仙人棗、長五寸、把之兩頭俱出、核細如鍼、霜降乃熟、食之甚美。俗傳云出崑崙山、一曰西王母棗。又有仙人桃、其色赤、表裏照徹、得嚴霜乃熟、亦出崑崙山、一曰王母桃也。奈林南有石碑一所、魏明帝所立也、題云苗茨之碑。高祖於碑北作苗茨堂。永安中年、莊帝馬射於華林園、百官皆來讀碑、疑苗字誤。國子博士李同軌曰、魏明英才、世稱三祖、公幹仲宣為其羽翼、但未知本意如何

不得言誤也衒之時爲奉朝請因即仕曰以蒿覆之故言苗茨何誤之有衆咸稱善以爲得其旨歸奈林西有都堂有流觴池堂東有扶桑海凡此諸海皆有石竇流於地下西通穀水東連陽渠亦與翟泉相連若旱魃爲害穀水注之不竭離畢傍潤陽穀泄之不盈至於鱗甲異品羽毛殊類濯波浮浪如似自然也

伽藍記卷一終

伽藍記卷二

城東

明懸尼寺彭城武宣王勰所立也在建春門外石橋南穀水周廻繞城至建春門外東入陽渠石橋有四柱在道南銘云漢陽嘉四年將作大匠馬憲造逮我孝昌三年大雨頽柱如埋沒道北二柱至今猶存衒之按劉澄之山川古今記戴延之西征記並云晉太康元年造此則失之遠矣按澄之等並生在江表未遊中土假因征役暫來經過至於舊事多非親覽聞諸道路便爲穿鑿誤我後學日月已甚有三層塔一所未加莊嚴寺東有中朝時常滿倉高祖令爲租場天下貢賦所聚蓄也

龍華寺宿衛羽林虎賁所立也在建春門外陽渠南寺南有租場陽渠北有建陽里里有土臺高三丈上作二精舍趙逸云此臺是中朝旗亭也上有二層樓懸鼓擊之以罷市有鐘一口撞之聞五十里太后以鐘聲遠聞遂移在宮內置凝閑堂所與內講沙門打爲時節孝昌初蕭衍子豫章王蕭綜來降聞此鐘聲

以爲奇異遂造聽鐘歌詞三首傳於世綜字世務僞齊昏主寶卷遺腹子也寶卷臨政淫亂吳人苦之雍州刺史蕭衍立南康王寶融爲主舉兵向秣陵事既克捷遂殺寶融而自立寶卷有美人吳景暉時孕綜經月衍因納景暉及綜生認爲已子小名緣覺封豫章王綜形貌舉止甚似昏主其母告之令自方便綜遂歸我聖闕更改名曰纘字世務始爲寶卷追服三年喪明帝拜綜太尉公封丹陽王永安年中尚莊帝妹壽陽公主字莒犂公主容色美麗綜甚敬之與公

主語常自稱下官後除齊州刺史加開府及京師傾覆綜棄州北走時爾朱世隆專權遣取公主至洛陽世隆逼之公主罵曰胡狗敢辱天王女乎世隆怒之遂縊死之矣

瓔珞寺在建春門外御道北所謂建陽里也即中朝時白社地董威輦所居處里內有瓔珞慈善暉和通覺暉玄宗聖魏昌熙平崇真因果等十寺里內士庶二千餘戶信崇三寶衆僧利養百姓所供也

宗聖寺有像一軀高三丈八尺端嚴殊特相好畢備士庶瞻仰目不暫瞬此像一出市井皆空炎光輝赫獨絕世表妙伎雜樂亞於劉騰城東士女多來此寺觀看也

崇真寺比邱惠凝死一七日還活經閻羅王檢閱以錯名放免惠凝具說過去之時有五比邱同閱一比邱云是寶明寺智聖坐禪苦行得升天堂有一比邱是般若寺道品以誦四十卷涅槃亦升天堂有一比邱云融覺寺曇謨最講涅槃華嚴領衆千人閻羅王云講經者心懷彼我以驕凌物比邱中第麄行今惟

試坐禪誦經不問講經其曇謨最曰貧道立身以來唯好講經實不諳誦閻羅王敕付司即有青衣十人送曇謨最向西北門屋舍皆黑似非好處有一比邱云是禪林寺道弘自云教化四輩檀越造一切經人中像十軀閻羅王曰沙門之體必須攝心守道志在禪誦不干世事不作有爲雖造作經像正欲得他人財物既得他物貪心即起既懷貪心便是三毒不除具足煩惱亦付司仍與曇謨最同入黑門有一比邱云是靈覺寺寶明自云出家之前嘗作隴西太守造

覺寺成、即棄官入道、雖不禪誦、禮拜不缺、閻羅王
曰、卿作太守之日、曲理枉法、劫奪民財、假作此寺、非
卿之力、何勞說此、亦付司、青衣送入黑門、太后聞之、
遣黃門侍郎徐紇、依惠凝所說、即訪寶明寺、城東有
寶明寺、城內有般若寺、城西有融覺寺、禪林靈覺寺、
三寺、問智聖道品曇謨最道宏寶明等、皆實有之、議
曰、人死有罪福、即請坐禪僧一百人、常在殿內供養
之、詔不聽持經像沿路乞索、若私有財物造經像者、
任意、凝亦入白鹿山、小隱修道、自此以後、京師比邱、

悉皆禪誦、不復以講經爲意、出建春門外一里餘、至
東石橋、南北而行、晉太康元年造、橋南即中朝牛馬
市、刑嵇康之所也、橋北大道西有建陽里、大道東有
綏民里、里內有河間劉宣明宅、神龜年中、以直諫忤
旨、斬於都市、訖、目不瞑、尸行百步、時人談以枉死、宜
明少有名譽、精通經史、危行及於誅也、
魏昌尼寺、閹官瀛州刺史李次壽所立也、在里東南
角、即中朝牛馬市處也、刑嵇康之所、臨東石橋、此[redacted]
橋南北行、晉太康元年中朝時、市南橋也、澄之等盍

見北橋銘、因而以橋爲太康所造也、
石橋南道有景興尼寺、亦閹官等所共立也、有金像
輦、去地三尺、施寶蓋、四面垂金鈴七寶珠、飛天伎樂、
望之雲表、作工甚精、難可揚攉、像出之日、常詔羽林
一百人舉此像、絲竹雜伎、皆由旨給、
建陽里東有綏民里、里內有洛陽縣、臨渠水、縣門外
有洛陽令楊機清德碑、綏民里東崇義里、里內有京
兆人杜子休宅、地形顯敞、門臨御道、時有隱士趙逸、
云是晉武時人、晉朝舊事、多所記錄、正光初、來至京

師、見子休宅、歎息曰、此宅中朝時太康寺也、時人未
信、遂問寺之由緒、逸云、龍驤將軍王濬平吳之後、始
立寺、本有三層浮圖、用甎爲之、指子休園中曰、此是
故處、子休掘而驗之、果得甎數十萬、兼有石銘云、晉
太康六年歲次乙巳九月甲戌朔八月辛巳、儀同三
司襄陽侯王濬敬造、時園中果菜豐蔚、林木扶疎、乃
服逸言、號爲聖人、子休遂捨爲靈應寺、所得之甎、還
爲三層浮圖、好事者遂尋問晉朝京師何如今日、逸
曰、晉時民少於今日、王侯第與今日相似、又云自永

嘉以來二百餘年、建國稱王者十有六君。皆遊其都邑。目見其事。國滅之後。觀其史書。皆非實錄。莫不推過於人。引善自向。符生雖好勇嗜酒。亦仁而不殺。觀其治典。未爲凶暴。及詳其史。天下之惡皆歸焉。苻堅自是賢主。賊君取位。妄書君惡。凡諸史官。皆此類也。人皆貴遠賤近。以爲信然。當今之人。亦生愚死智。惑已甚矣。問其故。逸曰、生時中庸之人爾。及死也、碑文墓誌。必窮天地之大德。盡生民之能事。爲君共堯舜連衡。爲臣與伊皐等跡。牧民之臣。浮虎慕其清塵。執

法之吏。埋輪謝其梗直。所謂生爲盜跖。死爲夷齊。妄言傷正。華辭損實。當時構文之士。慚逸此言。步兵校尉李澄問曰、太尉府前甎浮圖。形製甚古。猶未崩毀。未知早晚造。逸曰、晉義熙十二年。劉裕伐姚泓軍人所作。汝南王聞之而異之、拜爲義父。因而問何所服餌以致長年。逸云、吾不閑養生。自然長壽。郭璞嘗爲吾筮云、壽年五百歲。今始餘半。常給步挽車一乘、遊於市里。所經之處、多記舊跡。三年已後、遁去莫知所在、崇儀里東有七里橋。以石爲之。中朝杜預之荊州

出頓之所也、七里橋東一里、郭門開三道、號爲三門、離別者多云相送三門外、京師士子送去迎歸、常在此處也、

莊嚴寺在東陽門外一里御道北、所謂東安里也、北爲租場里、內有駙馬都尉司馬沇濟州刺史介宜幽州刺史李眞奴豫州刺史公孫驤四宅、

秦太上君寺、胡太后所立也、在東陽門御道北、所謂暉文里、里內有太保崔光太傅李延實冀州刺史李韶秘書鄭道昭等四宅、並豐堂崛起、高門洞開、趙逸

云、延實宅是蜀主劉禪宅、延實宅東有修和宅、是吳王孫皓宅、李韶宅是晉司空張華宅、當時太后正號崇訓、母天下、號父爲秦太上公、母爲秦太上君、爲母追福、因以名焉、中有五層浮圖一所、修刹入雲、高門向街、佛事莊飾、等於永寧、誦室禪堂、周流重疊、花林芳草、遍滿堦墀、常有大德名僧講一切經、受業沙門亦有千數、趙逸云、暉文里是晉馬道里、李韶宅是晉司空張華宅、太傅李延實者、莊帝舅也、永安年中除青州刺史、臨去奉辭、帝謂實曰、懷甎（音專下同）之俗、世號

辯治、身宜妍用心副朝廷所委、寶答曰、臣年迫桑榆、
氣同朝露、人間稍遠、日近松坵、臣已久乞閑退、陛下
渭陽興念、寵及老臣、使夜行罪人、裁錦萬里、謹奉明
敕、不敢失墜、時黄門侍郎楊寬在帝側、不曉懷甎之
義、私問舍人温子昇、子昇曰、聞至作青州刺史、問其賓客
從至青州云、齊土之民、風俗淺薄、虚論高談、專在榮
利、太守初欲入境、皆懷甎叩首、以美其意、及其代下
還家、以甎擊之、言其向背速於反掌、是以京師謠語
曰、獄中無繫囚、舍内無青州、假令家道　腹中不懷

甎。懷甎之義、起在於此也。潁川荀濟、風流名士、高鑒
妙識、獨出當世、清河崔叔仁稱齊士、大夫曰、齊人外
矯仁義、内懷鄙吝、輕同羽毛、利等錐刀。好馳虚譽、阿
成名、威勢所在、側肩競入、求其榮利、甜然濃泗。譬
於四方、慕勢最甚、號齊士子爲慕勢諸郎、臨淄官徒
布在京邑、聞懷甎慕勢、咸共恥之、唯崔孝忠一人不
以爲意、問其故、孝忠曰、營丘風俗、太公餘化、稷下孔
林、禮義所出、今雖凌遲、足爲天下模楷、荀濟人非許
郭、不識東家、雖復苗翥自口、未宜榮辱也。

正始寺、百官等所立也、正始中立、因以爲名、在東陽
門外御道南、所謂敬義里也、里内有典虞曹、宇清淨、
美於景林、衆僧房前、高林對牖、青松青檉、連枝交映、
多有枳樹、而不中食、有石碑一枚、背有侍中崔光施
錢四十萬、陳留侯李崇施錢三十萬、自餘百官各有
差、少者不減五千已下、後人刊之、敬義里南有招德
里、里内有尚書僕射游肇、御史尉李彪、七兵書崔林
幽州刺史常景、司農張倫等五宅、彪景出自儒生、居
室儉素、唯倫最爲豪侈、齋宇光麗、服玩精奇、車馬出

入、逾於邦君、園林山池之美、諸王莫及、倫造景陽山、
有若自然、其中重巖複嶺、嶔崟相屬、深谿洞壑、邐迤
連接、高林巨樹、足使日月蔽虧、懸葛垂蘿、能令風煙
出入、崎嶇石路、似壅而通、峥嵘澗道、盤紆復直、是以
山情野興之士、遊以忘歸、天水人姜質、志性疏誕、麻
衣葛巾、有逸民之操、見偏愛之、如不能已、遂造亭山
賦、行傳於世、其辭曰、今千童者、昔先民之重、由朴由
純、然則純朴之體、與造化而津梁、濠上之客、柱下之
史、悟無爲以明心、託自然以圖治、輒以山水爲富、不

以章甫爲貴任性浮沈若淡兮無味今司農張氏實
踵其人巨量煥於物表天矯洞達其眞青松未勝其
潔白玉不比其稱心托空而栖有悄入古以如心既
不專流宕又不偏華尚卜居動靜之間不以山水爲
怠庭起半丘半壑聽以目達心想進不爲身榮退不
爲隱放爾乃决石通泉拔嶺簷前 與危雲等並危
與典棟相連下天津之高霧納滄海之遠煙纖列之
狀如一 古崩剝之勢似千年若乃絕嶺懸坡蹭蹬蹉
跎泉水未徐如浪峭山石不高復危多五等百援十

步千過則知巫山弗及未審蓬萊如何其中煙花露
草或傾或類霜幹風枝半聳半垂玉葩金莖散滿堦
墀然緒目之色列鼻之馨既共陽春等茂復與白雪
齊青或言神明之骨陰陽之精天地未覺生此人鬼
焉職其中羽徒分泊色雜蒼黃綠頸紫頬好翠連芬
白鶴生於異縣丹足出於他鄉皆遠來以臻此萷水
木以翱翔不意春於沙漠遂忘秋於高陽非斯人之
感至伺候鳥之迷方豈不俗之所務入有神怪之異
趣能造者其必詩敢往者無不賦或就堯封之地或

入多雲之處氣嶺與梅岑隨春之所悟遠爲神仙所
賞近爲朝士所知求解脫於服佩務參次於山陲子
英游魚於玉質王喬繫鵠於松枝歌方丈不足以妙
詠此處態多奇嗣宗聞之動魄叔夜聽此驚魂恨不
能鑽地出一醉此山門洲有王孫公子遜遁容儀思
山念水命駕相隨峰岑夐曲位石陵欹庭爲仁智之
由故能種此石山森列兮 草木長育兮風煙孤松
既能却老半石亦可留年若不坐卧兮於其側春夏
兮其遊陟白骨兮徒自朽方寸何所憶

平等寺廣平武穆捨宅所立在青陽門外二里御道
北所謂孝敬里也堂宇宏美林木蕭森平臺複道獨
顯當世寺門外金像一軀高二丈八尺相好端嚴常
有神驗國之吉凶先炳祥異孝昌三年十二月中此
像面有悲容兩目垂淚遍體皆濕時人號曰佛汗京
師士女空市里往而觀之有比邱以淨綿拭其淚須
史之間綿濕都盡更以他綿換俄然復濕如此三日
乃止明年四月爾朱榮入洛陽誅戮百官死亡塗地
永安二年三月此像復汗士庶復往觀之五月北海

王入洛莊帝北巡七月北海王大敗所隨江淮子弟五千盡被俘虜無一得還永安三年七月此像悲泣如初每經神驗朝夕惶懼禁人不聽觀之至十二月爾朱兆入洛陽擒莊帝於晉陽在京宮殿空虛百日無主唯尚書令司州牧樂平王爾朱世隆鎮京師商旅四通盜賊不作建明二年長廣王從晉陽赴京師至郭外世隆以長廣本枝遠行無聞逼禪位廣陵王恭恭是莊帝從父兄也正光中爲黃門侍郎見元義秉權輔政多歸近習遂佯瘂不預世事永安中遁於

上洛州刺史泉企執而送之莊帝疑恭姦詐夜遣人盜掠衣物拔刀劍欲殺之恭張口以手指舌竟不言莊帝信其眞患放令歸第恭往龍華寺至世隆等廢長廣而立焉禪文曰皇帝咨廣陵王恭自我皇魏之有天下也累聖開輔重基衍業奄有萬邦光宅四海故道溢百王德漸無外而孝明晏駕人神乏主故柱國大將軍大丞相太原王榮地實封陝任惟外相乃心王室大懼崩淪故推立長樂王子攸以續絕業庶九㝢之命日隆七百之祚唯永然群飛未寧橫流且

及皆狼顧鴟張岳立基址丞相一麾大定海內而子攸不顧宗社讐忌勳德招聚輕俠左右王遂虐甚剖心痛齊酋劍豈直金版告怨大鳥感德而已於是天下之望俄然已移竊以宸極不可久曠神器豈容無主故權從衆議暫馭兆民今六軍南邁已次河浦瞻望帝京撫然興愧自惟寡薄本枝疎遠豈宜仰異天情俯乖民望唯王德表生民聲高萬古往以運屬殷憂時遭多難卷懷積載括囊有年今天眷明德民懷奧主歷數允集歌詞同臻乃徐發樞機副兹竚屬便

敬奉璽綬歸於別邸王其寅踐成業允執厥中雖休勿休日愼一日敬之哉敬之哉恭讓曰天命至重歷數匪輕自非德協三才功齊四海無以入選帝圖允當師錫臣既寡昧識無先遠景命雖降不敢仰承乞收成旨以允愚衷又曰王既德應圖籙僉屬攸歸便可允執其中入光大麓不勞揮遜致爽神人恭北讓者三於是即皇帝位改號曰普泰黃門侍郎邢子才爲赦文敍述莊帝枉殺太原王之狀廣陵王曰永安手翦强臣非爲失德直以天未厭亂故逢成濟之禍

請左右將筆來朕自作之直言門下朕以寡德運屬樂推思與億兆同茲大慶肆眚之科一依恒式廣陵杜口八載至是始言海内庶士咸稱聖君於是封長廣爲東海王世隆加儀同三司尚書令樂平王餘官如故贈太原王相國晉王加九錫立廟於芒嶺首陽上舊有周公廟世隆欲以太原王功比周公故立此廟廟成爲火所災有一柱焚之不盡後三日雷雨震電霹靂擊爲數段柱下石及廟瓦皆碎於山下復命百官設太原王配饗司直劉季明議云不合世隆問

其故季明曰若配世宗於宣武無功若配孝明親害其母若配莊帝爲臣不忠爲莊帝所戮以此論之無所配也世隆怒曰卿亦合死季明曰下官既爲議臣依禮而言不合聖心俘剪惟命議者咸歎季明終得無患初世隆北叛莊帝遣安東將軍史仵龍平北將軍楊文義各領兵三千守太行嶺侍中原子恭鎮河内及爾朱兆馬首南向仵龍文義等率衆先降子恭見仵龍文義等降亦望風潰散兆遂乘勝逐北直入京師兵及闕下矢流王室至是論功仵龍文義各封

一千戶廣陵王曰仵龍文義於王有勳於國無功竟不許時人稱帝剛直彭城王爾朱仲遠世隆之兄也鎮滑臺表用其下都督　瑗爲西兖州刺史先用後表廣陵答曰已能近補何勞遠聞世隆侍宴帝每言太原王貪天之功以爲己力罪亦合死世隆等愕然自是已後不敢入朝輒專擅國權兇慝滋甚坐持臺省掾家總萬機事無大小先至隆第然後施行天子拱己南面無所干預永熙元年平陽王入纂大業始造五層塔一所平陽王武穆王少子詔中書侍郎魏

收等爲寺碑文至二年二月五日土木畢功帝率百僚作萬僧會其日寺門外有石像無故自動低頭復舉竟日乃止帝躬來禮拜怪其詭異中書舍人盧景曰石立社移上古有此陛下何怪也帝乃還宮七月中帝爲侍中斛斯椿所使奔於長安至十月終而京師遷鄴焉

景寧寺太保司徒公楊椿所立也在清陽門外三里御道南所謂景寧里也高祖遷都洛邑椿創居此里遂分宅爲寺因以名之制飾甚美綺柱珠簾椿弟愼

冀州刺史愼弟津司空並立性寬雅貴義輕財四世
同居一門三從朝貴義居未之有也普泰中爲爾朱
世隆所誅後捨宅爲建中寺出淸陽門外三里御道
北有孝義里里西北角有蘇秦塚塚傍有寶明寺衆
僧常見秦出入北冢車馬羽儀若今宰相也孝義里
東卽是洛陽小市北有車騎將軍張景仁宅景仁會
稽山陰人也正光年初從蕭保貧歸化拜羽林監賜
宅城南歸正里民間號爲吳人坊南來投化者多居
其內近伊洛二水任其習御里三千餘家自立巷市

所賣口味多是水族時人謂爲魚鼈市也景仁住此
以爲恥遂徙居孝義里焉時朝廷方欲招懷荒服待吳
人甚厚褰衣渡於江者皆居不次之位景仁無汗馬
之勞高官通顯永安二年蕭衍遣主書陳慶之送北
海入洛陽僭帝位慶之爲侍中景仁在南之日與慶
之有舊遂設酒引邀慶之過宅司農卿蕭彪尚書右
丞張嵩並在其座彪亦是南人唯有中大夫楊元愼
給事中大夫王眴是中原士族慶之因醉謂蕭張等
曰魏朝甚盛猶曰五胡正朔之承當在江左秦皇玉

璽今在梁朝元愼正色曰江左假息僻居一隅地多
濕蟄攢育蟲蟻壃土瘴癘蛙黽共穴人鳥同群短髮
之君無杼首之貌文身之民稟叢陋之質浮於三江
棹於五湖禮樂所不沾憲章弗能革雖復秦餘漢罪
雜以華言復閩楚難言不可變改雖立君臣上慢下
暴是以劉劭殺父於前休龍淫母於後見逆人倫禽
獸不異加以山陰請壻賣夫朋淫於家不顧譏笑卿
沐其遺風未沾禮化所謂陽翟之民不如瘿之爲醜
我魏膺籙受圖定鼎嵩洛五山爲鎭四海爲家移風

易俗之典與五帝而並跡禮樂憲章之盛陵百王而
獨高宜卿魚鼈之徒慕義來朝飲我池水啄我稻粱
何爲不遜以至此慶之等見元愼淸辭雅句縱橫於
奔發杜口流汗含聲不言於後數日慶之遂憑

元愼卽口含水噀慶之曰吳人之鬼住居建康
小作冠帽短製衣裳自呼阿儂語則阿傍菰稗爲飯
茗飲作漿呷啜蓴羮唼嗍蟹黃手把豆蔻口嚼檳榔
乍至中土思憶本鄉急急速去還爾丹陽若其寒門
之鬼　猶修網魚漉鼈在河之洲咀嚼蔆藕捃拾

鷄頭、蛙羹、蚌臛以爲膳羞。布袍芒履。倒騎水牛。沅湘江漢。鼓棹遨遊。隨波遡浪。噞喁沈浮。白紵起舞。揚波發謳。急急速去。還爾揚州。慶之伏枕曰。楊君見辱深矣。自此後吳兒更不敢解語。北海尋伏誅。其慶之還奔蕭衍。衍用其爲司州刺史。欽重北人。特異於常。朱异怪復問之。曰自晉宋以來。號洛陽爲荒中。此謂長江以北。盡是夷狄。昨至洛陽。始知衣冠士族。並在中原。禮儀富盛。人物殷阜。耳目所識。口不能傳。所謂帝京翼翼。四方之則。如登泰山者卑培塿。涉江海者小

湘沅。北人安可不重。慶之因此羽儀服式。悉如魏法。江表士庶。競相模楷。褒衣博帶。被及秣陵。元慎宏農人。晉冀州刺史嶠六世孫。曾祖泰。從宋武入關。爲上洛太守。七年背魏來朝。帝賜爵臨晉侯。廣武郡。陳郡太守。贈涼州刺史。謚　侯。祖撫。明經爲中博士。父甜自得正。堅不事王侯。叔父許。河南令蜀郡太守。世以學行著聞。名高州里。元慎清尚卓逸。少有高操。任心自放。不爲時羈。樂山愛水。好遊林澤。博識文淵。清言入神。造次應對。莫有稱者。讀老莊。善言乎理。性嗜酒

飲至一石神不亂。常慷慨。歎不得與阮籍同時生。不願仕宦。爲中散。常辭疾退。閑未嘗修敬諸貴。亦不慶予親知。諸貴爲交友。故時人弗識也。或有人慕其高儀。投刺在門。元慎稱疾高臥。加以意思深長。善於解夢。孝昌年廣陵王元淵初除儀同三司。總衆十萬討葛榮。夜夢著袞衣　倚槐樹而立。以爲吉徵。問於元慎。曰三公之祥。淵甚悅之。元慎退還。告人曰。廣陵死矣。槐字是木傍鬼。死後當得三公。廣陵果爲葛榮所殺。追贈司空公。終如其言。建義初。陽城太守薛令伯

聞太原王誅百官。立莊帝。棄郡東走。忽夢射得鴈。以問元慎。元慎曰。卿執羔。大夫執鴈。君當得大夫之職。俄然令伯除爲諫議大夫。京兆許超夢盜羊入獄。問於元慎。曰。君當得陽城令。其後有功封陽城侯。元慎解夢。義出萬途。隨意會情。皆有神驗。雖令與侯小乖。按令今百里。即是古諸侯。以此論之。亦爲妙著。時人譬之周宣。及爾朱兆入洛陽。即棄官與華陰隱士王騰周遊上洛山。孝義里東市北殖貨里。里有太常民劉胡兄弟四人。以屠爲業。永安年中。胡殺豬。豬忽唱

乞命聲及四隣人謂胡兄弟相鬭而來觀之乃猪也即捨宅爲歸覺寺合家人入道焉普泰元年此寺金像生毛眉髮悉皆具足尚書左丞魏季景謂人曰張天錫有此事其國遂滅此亦不祥之徵至明年而廣陵被廢死

伽藍記卷二終

伽藍記卷三

城南

景明寺宣武皇帝所立景明年中立因以爲名在宣陽門外一里御道東其寺東西南北方五百步前望嵩山少室却負帝城青林垂影綠水爲文形勝之地爽塏獨美山懸堂觀光盛一千餘間複殿重房交疏對霤青臺紫閣浮道相通雖外有四時而內無寒暑房簷之外皆是山池松竹蘭芷垂列堦墀含風團露流香吐馥至正光年中太后始造七層浮圖一所去

地百仞是以邢子才碑文云俯仰激電傍屬奔星是也妝飾華麗侔於永寧金盤寶鐸煥爛霞表寺有三池萑蒲菱藕水物生焉或黃甲紫鱗出没於蘩藻或青鳧白雁浮沉於綠水礳磑舂簸皆用水功伽藍之妙最爲稱首時世好崇福四月七日京師諸像皆來此寺尚書祠部曹錄像名有一千餘軀至八日以次入宣陽門向閶闔宮前受皇帝散花于時金花映日寶蓋浮雲幡幢若林香煙似霧梵樂法音聒動天地百戲騰驤所在駢比名僧德衆負錫爲群信徒法侶

持花成藪。車騎塡咽，繁衍相傾。時有西域胡沙門見此，唱言佛國。至永熙年中，始詔國子祭酒邢子才爲寺碑文。子才，河間人也。志性通敏，風雅潤朗，下帷覃思，溫故知新。文宗學府，跨班馬而孤上；英規勝範，凌許郭而獨高。是以衣冠之士，輻輳在門；懷道之賓，去來滿室。升其堂者，若登孔氏之門；沾其賞者，猶得東央之句。籍甚當時，聲馳遐邇。正光末，解褐爲世宗挽郎、奉朝請，尋進中書侍郎、黃門。子才洽聞博見，無所不通，軍國制度，罔不訪及。自王室不靖，虎門業廢，復

遷國子祭酒，謨訓上庠。子才罰惰賞勤，專心勸誘，青領之生，競懷雅術，洙泗之風，茲焉復盛。永熙年末，以母老辭，帝不許之。子才辭請懇至，涕淚俱下，帝乃許之。詔以光祿大夫歸養私庭，所在之處，給事力五人，歲一朝，以備顧問。王侯祖道，若漢朝之送二疏。暨皇居徙鄴，民訟殷繁，前革後沿，自相與奪，法吏疑獄，簿領成山。乃敕子才與散騎常侍溫子昇撰麟趾新制十五篇，省府以之決疑，州郡用爲治本。武定中，除驃騎大將軍、西兗州刺史，爲政清靜，吏民安之。復徵爲中書令。時戎馬在郊，朝廷多事，國禮朝儀，咸自子才出。所製詩賦詔策章表碑頌贊記五百篇，皆傳於世。鄰國欽其模楷，朝野以爲美談也。

大統寺在景明寺西，所謂利民里。寺南有三公令史高顯略宅。每於夜見赤光行於堂前，如此者非一。向光明所掘地丈餘，得黃金千斤。銘云：蘇秦家金，得者爲吾造功德。顯略遂造招福寺。以世人謂此地是蘇秦舊宅。當時元義秉政，聞其得金，就略索以十二斤與之。衒之按：蘇秦時未有佛法，功德者不必是寺，應

是碑銘之類，頌其聲跡也。

東有秦太上公二寺，在景明南一里。西寺太后所立，東寺皇姨所造，並爲父追福，因以名之。時人號爲雙女寺。並門鄰洛水，林木扶踈，布葉垂陰。各有五層浮圖一所，高五十丈，素綵畫工，比於景明。至於六齋，常有中黃門一人，監護僧舍，襯施供具，諸寺莫及焉。寺東有靈臺一所，基址雖頹，猶高五丈餘，即是漢光武所立者。靈臺東辟雍，是魏武所立作者。至正光中，造明堂於辟雍之西南，上圓下方，八窻四闥。汝南王

復造甎浮圖於靈臺之上孝昌初妖賊四侵州郡失
據朝廷設募征格於堂之北從戎者拜曠夜將軍偏
將軍裨將軍當時甲冑之士號明堂隊虎賁駱子淵
者自云洛陽人昔孝昌年戍在彭城其同營人樊元
寶得假還京師子淵附書一封令達其家云宅在靈
臺南近洛水鄉卽是至彼家人自出相看元寶如其
言至靈臺南了無人家可問徙倚欲去忽見一老公
來問從何而來傍徨於此元寶具向道之老公云是
吾兒也取書引元寶入遂見館閣崇寬屋宇佳麗坐

命婢取酒須臾見婢抱一死小兒而過元寶初甚怪
之俄而酒至色甚紅香美異常兼設珍羞海陸備具
飲訖辭還老公送元寶出云後會難期以為悽恨別
甚殷勤老公還入元寶不復見其門巷但見高岸對
水綠波漣漪唯見一童子可年十五新溺死鼻中出
血方知所飲酒是其血也及還彭城子淵已失矣元
寶與子淵同戍三年不知是洛水之神也
報德寺高祖孝文皇帝所立也為馮太后追福在開
陽門外三里開道門御道東有漢國子學堂堂前有
三種字石經二十五碑表裏刻之寫春秋尚書二部
作篆科斗隸三種字漢右中郎蔡邕筆之遺跡也猶
有十八碑餘皆殘毀復有石碑四十八枚亦表裏隸
書寫周易尚書公羊禮記四部又讚學碑一所並在堂
前魏文帝作典論六碑至太和十七年猶有四高祖
題為勸學里里有大覺三寶寧遠三寺武定四年大
將軍遷石經於鄴周廻有園珍果出焉有梨如承光
寺亦多果木柰味甚美冠於京師
勸學里東有延賢里里內有正覺寺尚書令王肅所

立也肅字恭懿瑯琊人也偽齊雍州刺史奐之子也
贍學多通才辭美茂為齊秘書丞太和十八年背逆
歸順時高祖新營洛邑多所造制肅博識舊事大有
裨益高祖甚重之常呼王生延賢之名肅立之肅在
江南之日聘謝氏女為妻及至京師復尚公主謝作
五言詩以贈之其詩曰本為箔上蠶今作機上絲得
路逐勝去頗憶纏綿時公主代肅答謝云鍼是貫線
物目中恒任絲得帛縫新去何能納故時肅甚有愧
謝之色遂造正覺寺以憩之肅憶父非理受禍常有

子胥報楚之意卑身素服不聽音樂時人以此稱之
肅初入國不食羊肉及酪漿等常飯鯽魚羹渴飲茗
汁京師士子見肅一飲一斗號爲漏巵經數年已後
肅與高祖殿會食羊肉酪粥甚多高祖怪之謂肅曰
卿中國之味也羊肉何如魚羹何如茗飲酪漿何如
肅對曰羊者是陸產之最魚者是水族之長所好不
同並各稱珍以味言之是有優劣羊比齊魯大邦魚
比邾莒小國唯茗不中與酪作奴高祖大笑因舉酒
曰三三橫兩兩縱誰能辨之賜金鍾御史中丞李彪

曰沽酒老嫗甕注瓨屠兒割肉與稱同尚書右丞甄
琛曰吳人浮水自云工妓兒擲繩在虛空彭城王勰
曰臣始解此是習字高祖卽以金鍾賜彪朝廷服彪
聰明有知甄琛和之亦速彭城王謂肅曰卿不重齊
魯大邦而愛邾莒小國肅對曰鄉曲所美不得不好
彭城王重謂曰卿明日顧我爲卿設邾莒之食亦有
酪奴因此復號茗飲爲酪奴時給事中劉縞慕肅之
風專習茗飲彭城王謂縞曰卿不慕王侯八珍好蒼
頭水厄海上有逐臭之夫里內有學顰之婦以卿言

之卽是也其彭城王家有吳奴以此言戲之自是朝
貴讌會雖設茗飲皆恥不復食唯江表殘民遠來降
者飲焉後蕭衍子西豐侯蕭正德歸降時元義欲爲
設茗先問卿於水厄多少正德不曉義意答曰下官
雖生於水鄉而立身以來未遭陽侯之難元義與舉
坐之客大笑焉
龍華寺廣陵王所立也追聖寺北海王所立也並在
報德寺之東法事僧房比秦太上公京師寺皆種
果而此三寺園林茂盛莫與之爭宣陽門外四里至

洛水上作浮橋所謂永橋也神龜中常景爲勒銘其
辭曰浩浩大川泱泱清洛道源熊耳控流巨壑納穀
吐伊貫周淹亳近達河宗遠朝海若非惟洛食實曰
土中上映張柳下據河嵩寒暑攸叶日月載融帝世
光宅函夏 風前臨少室卻負太行制巖東邑峭峘
西疆四險之地六達之莊恃德則固失道則亡詳觀
布 列見五墳乃禪乃革或質或文周餘九裂漢季
三分魏風衰晚晉景雕爐天地發輝圖書受命皇建
有極神功無競魏籙仰天玄符握鏡璽運會昌龍圖

受命乃睠書軌、永懷保定、敷茲景跡、流美洪模、襲我
冠冕、正我神樞、水陸兼會、周鄭交衢、爰勒洛汭、敢告
中區、南北兩岸有華表、舉高二十丈、華表上作鳳皇、
似欲沖天勢、永橋以南、圜丘以北、伊洛之間、夾御道
有四夷館、道東有四館、一名金陵、二名燕然、三名扶
桑、四名崦嵫、道西有四館、一曰歸正、二曰歸德、三曰
慕化、四曰慕義、吳人投國者處金陵館、三年已後、賜
宅歸正里、景明初、偽齊建安王蕭寶寅來降、封會稽公、
為築宅於歸正里、後進爵為齊王、尚南陽長公主、寶

寅恥與夷人同列、令公主啓世宗、求入城內、世宗從
之、賜宅於永安里、正光四年中、蕭衍子西豐侯蕭正
德來降、處金陵館、為築宅歸正里、正德捨宅為歸正
寺、北夷來附者處燕然館、三年以後、賜宅歸德里、正
光年內　主郁久閭阿那肱來朝、執事者莫知所處、
中書舍人常景議云、咸寧中、單于來朝、晉世處之王
公特進下、可班那肱蕃王、儀同之間、朝廷從其議、又
處之燕然館、賜宅歸德里、北夷酋長遣子入侍者、常
秋來春去、避中國之熱、時　人謂之鴈臣、東夷來附者

處扶桑館、賜宅慕化里、西夷來附者處之崦嵫館、賜
宅慕義里、自葱嶺已西、至於大秦、百國千城、莫不款
附、商胡販客、日奔塞下、所謂盡天地之區矣、樂中國土
風、因而宅者、不可勝數、是以附化之民、萬有餘家、門
巷修整、閶闔填列、青槐蔭陌、綠柳垂庭、天下難得之
貨、咸悉在焉、別立市於洛水南、號曰四通市、民間為
永橋市、伊洛之魚、多於此賣、士庶須膾、皆詣取之、魚
味甚美、京師語曰、伊洛鯉魴、貴於牛羊。永橋南道東
有白象獅子二坊、白象者、永平二年、乾羅國胡王所

獻、皆施五彩屏風、七寶坐牀、容數人、真是異物、常養
象於乘黃曹、象常壞屋敗牆、走出於外、逢樹即拔、遇
牆亦倒、百姓驚怖、奔走交馳、太后遂徙象於此坊、獅
子者、波斯國胡王所獻也、為逆賊万俟醜奴所獲、留
於寇中、永安末、醜奴破滅、始達京師、莊帝謂侍中李
彧曰、朕聞虎見獅子必伏、可覓試之、於是詔近山郡
縣捕虎以送、鞏縣、山陽並送二虎一豹、帝在華林園
觀之、於是虎豹見獅子、悉皆瞑目、不敢仰視、園中素
有一熊、性甚馴、帝令取試之、虞人牽盲羆至、聞獅子

氣驚怖跳踉曳鏁而走帝大笑普泰元年廣陵王即
位詔曰禽獸囚之則違其性宜放還山林獅子亦令
送歸本國送獅子者以波斯道遠不可達遂在路却
獅子而返有司糾劾罪以違旨論廣陵王曰豈以獅
子而罪人也遂赦之
菩提寺西域胡人所立也在慕義里沙門達多發塚
取甎得一人以進時太后與明帝在華林都堂以為
妖異謂黃門侍郎徐紇曰上古以來頗有此事否紇
曰昔魏時發冢得霍光女壻范明友家奴說漢朝廢

立與史書相符此不足為異也后即令紇問其姓名
死來幾年何所飲食死者曰臣姓崔名洪字子涵博
令安平人也父名暢母姓魏家在城西阜財里死時
年十五今滿二十七在地下有十二年常似醉臥無
所食也時復遊行或遇飯食如似夢中不甚辨了后
即遣門下錄事張秀攜詣阜財里訪涵父母果得崔
暢其妻魏氏秀攜問暢曰卿有兒死否暢曰有一息
字子涵年十五而死秀攜曰為人所發今日蘇活在
華林園中主人故遣我來相問暢聞驚怖曰實無此

兒向者謬言秀攜還具以實陳聞后遣攜送涵向家
暢聞至門前起火手持刀魏氏把桃枝謂曰汝不須
來吾非汝父汝非吾子急急速去可得無殃涵遂捨
去遊於京巷常宿寺門下汝南王賜黃衣一具涵性
畏日不敢仰視又畏水火及兵刃之屬常走於逵路
疲則止不徐行也時人猶謂是鬼洛陽大市北奉終
里里內之人貨送死人之具及諸棺槨涵謂曰作柏
木棺勿以桑木為欀人問其故涵曰吾在地下見人
發鬼兵有一鬼訴稱是柏棺應免主兵吏曰爾雖柏

棺桑木為欀遂不免兵京師聞此柏木踴貴人疑賣
者貨涵發此言也
高陽王寺高陽王雍之宅也在津陽門外三里御道
西傍雍為爾朱榮所害也捨宅以為寺正光中雍為
丞相給羽葆鼓吹虎賁班劍百人貴極人臣富兼山
海居止第宅匹於帝宮白殿丹楹窈窕連亘飛簷峻
宇轇轕周通僮僕六千妓女五百隨珠照日羅衣從
風自漢晉以來諸王豪侈未有也出則鳴騶御道文
物成行鐃吹發響笳聲哀轉入則歌姬舞女繁竹吹

筆、絲管迭奏、連宵盡日、其竹林魚池、侔於禁苑、芳草
如積、珍木連陰、雍嗜口味、厚自奉養、一食必以數萬
錢爲限、海陸珍羞、方丈於前、陳留侯李崇謂人曰、高
陽一食、敵我千日、崇爲尚書令儀同三司、亦富傾天
下、僮僕千人、而性多儉恡、惡衣麤食、常無肉味、止有
韭薤、崇客李元祐語人云、李令公一食十八種、人問
其故、元祐曰、二韭一十八、聞者大笑、世人即以爲譏罵
雍薨後、諸妓悉令入道、或有嫁者、美人徐月華、善彈
箜篌、能爲明妃出塞之歌、聞者莫不動容、永安中、與

衛將軍原士康爲側室、宅近青陽門、徐鼓箜篌而歌、
哀聲入雲、行路聽者、俄而成市、徐常語士康云、王有
二姬、一名修容、二名豔姿、並蛾眉皓齒、潔貌傾城、修
容亦能爲綠水歌、豔姿善火鳳舞、並愛傾後室、寵冠
諸姬、士康聞此、遂常令徐鼓綠水火鳳之曲焉、高陽
宅北有中甘里、里內潁川荀子文、年十三、幼而聰辨
神情卓異、雖黃琬文舉、無以加之、正光初、廣宗潘崇
和講服氏春秋於城東昭義里、子文攝齊北面、就和
受道、時趙郡李問子文曰、荀生住何處、子文對曰、

僕住在中甘里、予曰、何爲住城南、城有四夷里館、子
以此譏之、子文對曰、國陽勝地、卿何怪也、若言川澗
伊洛崢嶸、語其舊事、靈臺石經、招提之美、報德景明
當世富貴、高陽廣平、四方風俗、萬國千城、若論人物
有我無卿、子無以對之、崇和曰、汝潁之士利如錐、燕
趙之士鈍如錘、信非虛也、衆學皆笑焉、
崇虛寺在城西、即漢之躍龍園也、延熹九年、桓帝祠
老子於躍龍園、設華蓋之坐、用郊天之樂、此其地也、
高祖遷京之始、以地給民、憩者多見妖怪、是以人皆

伽藍記卷四

城西

沖覺寺、太傅清河王懌捨宅所立也、在西明門外一里御道北、懌親王之中、最有名行、世宗愛之、特隆諸弟、延昌四年、世宗崩、懌與高陽王雍、廣平王懷、並受遺詔、輔翼孝明、時帝始年六歲、太后代總萬幾、以懌名德茂親、體道居正、事無大小、多諮詢之、是以熙平神龜之際、勢傾人主、第宅豐大、踰於高陽、西北有樓出凌雲臺、俯臨朝市、目極京師、古詩所謂西北有高

樓、上與浮雲齊者也、樓下有儒林館、延賓堂、形製並如清暑殿、土山釣池、冠於當世、斜峯入牖、曲沼環堂。樹響飛嚶、堦叢花藥、懌愛賓客、重文藻、海內才子莫不輻輳、府僚臣佐、並選儁民、至於清晨美景、騁望祖臺、珍奇具設、琴笙並奏、芳醴盈罍、嘉賓滿席、使梁王愧兔苑之游、陳思慚雀臺之讌。正光初、元義秉權、閉太后於後宮、薨懌於下省、孝昌元年、太后還總萬機、追贈懌太子太師大將軍、都督中外諸軍事、假黃鉞給九旒、鑾輅黃屋左纛、輼輬車、前後部羽葆、鼓吹虎賁班劍百人、挽歌二部、葬禮依晉安平王孚故事、諡曰文獻、圖懌像於建始殿、拔清河國郎中令韓子熙為黃門侍郎、徙王國卿為執戟者、近代所無也、為文獻追福、建五層浮圖一所、工作與瑤光寺相似也

宣忠寺、侍中司州牧城陽王徽所立也、在西陽門外一里御道南、永安中、北海入洛、莊帝北巡、自餘諸王各懷二望、惟徽獨從莊帝至長子城、大兵阻河、雌雄未決、徽願入洛陽捨宅為寺、及北海敗散、國道重暉、遂捨宅為永安末、莊帝謀殺爾朱榮、恐事不果、請計

於徽、徽曰、以生太子為辭、榮必入朝、因以斃之、莊帝曰、后懷孕未十月、今始九月、可爾以不、徽曰、婦人生產有延月者、有少月者、不足為怪、帝納其謀、遂唱生太子、遣徽馳詣至太原王第、告云皇儲誕育、值榮與上黨王天穆博戲、徽脫榮帽、歡舞盤旋、徽素大度量、喜怒不形於色、兼殿內外歡叫、榮遂信之、與穆並入朝、莊帝聞榮來、不覺失色、中書舍人溫子昇曰、陛下色變、帝索酒飲之、然後行事、榮穆既誅、拜徽太師司馬、餘官如故、典統禁兵、偏被委任、及爾朱兆擒莊帝、

徵投前洛陽令寇祖仁一門刺史皆是徵之將校以有舊恩往投之祖仁謂子弟等曰始聞爾朱兆募城陽王甚重擒獲者千戶侯今日富貴至矣遂斬送之徵初投祖仁家齎金一百斤馬五十疋祖仁利其財貨故行此事所得金馬緦親之內均分之所謂匹夫無罪懷璧其罪信矣哉兆得徵首亦不勲賞祖仁兆忽夢徵云我有金二百斤馬一百疋在祖仁家卿可取之兆悟覺卽自思量城陽位望隆重未聞淸貧常自入其家採跡本無金銀此夢或眞至曉掩祖仁徵

其金馬祖仁謂人密告望風款服云實得金一百斤馬五十疋兆疑其藏隱依夢徵之祖仁諸房素有金三十斤馬三十疋盡送兆猶不滿數兆乃發怒捉祖仁懸首高樹大石墜足鞭捶之以及於死時人以爲交報楊衒之云崇善之家必有餘慶積禍之門餘殃所集祖仁負恩反噬貪貨殺徵徵卽託夢增徵金馬假手於兆還以斃之使祖仁備經楚撻窮其塗炭雖魏其侯之笞田蚡秦主之刺姚萇以此論之不能加也

宣忠寺東王典御寺閹官王桃湯所立也時閹官伽藍皆爲尼寺惟桃湯獨造僧寺世人稱之英雄門有三層浮圖一所工踰昭儀宦者招提最爲入實至於六齋常擊鼓歌舞也

白馬寺漢明帝所立也佛入中國之始寺在西陽門外三里御道南帝夢金人長丈六項背日月光明胡神號曰佛遣使向西域求之乃得經像焉時白馬負經而來因以爲名明帝崩起祇洹於陵上自此以後百姓冢上或作浮圖焉寺上經函至今猶存常燒香

供養之經函時放光明耀於堂宇是以道俗禮敬之如仰眞容浮圖前柰林蒲萄異於餘處枝葉繁衍子實甚大柰林實重七斤蒲萄實偉於棗味竝殊美冠於中京帝至熟時常詣取之或復賜宮人宮人得之轉餉親戚以爲奇味得者不敢輒食乃歷數家京師語曰白馬甜榴一實直牛有沙門寶公者不知何處人也形貌醜陋心識通達過去未來預覩三世發言似讖不可解事過之後始驗其實胡太后聞之問以世事寶公曰把粟與雞呼朱朱時人莫之能解建

義元年后爲爾朱榮所害始驗其言時有洛人趙法
和請占早晚當有官爵寶公曰大竹箭不須羽東廂
屋急手作時不曉其意經月餘法和父喪大竹箭者杖
東廂屋者倚廬初造十二辰歌終其言也
光寶寺在西陽門外御道北有三層浮圖一所以石
爲基形製甚古畫工雕刻隱士趙逸見而歎曰晉朝
石塔寺今爲光寶寺也人問其故逸曰晉朝三十二
寺盡皆湮滅惟有此寺獨存指園中一處曰此是浴
堂前五步應有一井衆僧掘之果得屋及井焉井雖

伽藍記　卷四　五

填塞甎口如初浴堂下猶有石數十枚當時園地平
衍果菜葱青莫不歎息焉園中有一海號咸池葭菼
被岸菱荷覆水青松翠竹羅生其傍京邑士子至於
良辰美日休沐告歸徵友命朋來遊此寺雲車接軫
羽蓋成陰或置酒林泉題詩花圃折藕浮瓜以爲興
適普泰末雍州刺史隴西王爾朱天光總士馬於此
寺寺門無何都崩天光見而惡之其年天光戰敗斬
於東市也
法雲寺西域烏場國胡沙門曇摩羅所立也在光寶

寺西隔墻並門摩羅聰慧利根學窮釋氏至中國即
曉魏言隸書凡所聞見無不通解是以道俗貴賤同
歸仰之作祇洹一所工制甚精佛殿僧房皆爲胡飾
丹素發彩金碧垂輝摹寫真容似丈六之見鹿苑神
光壯麗若金剛之在雙林伽藍之內珍果蔚茂芳草
蔓合嘉木被庭京師沙門好胡法者皆就摩羅受持
之戒行真苦難可揄揚秘呪神驗閻浮所無也呪枯
樹能生枝葉呪人變爲驢馬見之莫不忻怖西域所
齎舍利骨及佛牙經像皆在此寺寺北有侍中尚書

伽藍記　卷四　六

臨淮王彧宅彧博通典籍辨慧清悟風儀詳審容止
可觀至三元肇慶萬國齊臻貂蟬曜首寶玉鳴腰負
荷執笏逶迤複道觀者忘疲莫不歎服彧性愛山林
又重賓客至於春風扇柳花樹如錦晨食南館夜遊
後園僚寀成羣俊民滿席絲桐發響羽觴流行詩賦
並陳清言乍起莫不領其玄奧忘其褊恡焉是以入
彧室者謂登仙也荊州秀才張裴裳爲五言有清
拔之句云異林花共色別樹鳥同聲彧以蛟龍錦賜
之亦有得緋紬緋綾者唯河東裴子明爲詩不工罰

酒一石子明八斗而醉眠時人譬之山濤及爾朱兆入京師或爲亂兵所害朝野痛惜焉出西陽門外四里御道南有洛陽大市周迴八里市東南有皇女臺漢大將軍梁冀所造猶高五尺餘景明中比邱道恒立靈仙於其上臺西有河陽縣臺中有侍中侯剛宅市西北有土山魚池亦冀之所造即漢書所謂採土築山十里九坂以象二崤者市東有通商達貨二里里內之人盡皆工巧屠販爲生資財巨萬有劉寳者最爲富室州郡都會之處皆立一宅各養馬一匹至

於鹽粟貴賤市價高下所在一例舟車所通人跡所履莫不商販焉是以海內之貨咸萃其庭產匹銅山家藏金穴宅宇踰制樓觀出雲車馬服飾擬於王者市南有調音樂律二里里內之人絲竹謳歌天下妙伎出焉有田僧超者善吹笳能爲壯士歌項羽吟征西將軍崔延伯甚愛之正光末高平失據虎吏充斥賊帥万俟醜奴寇暴涇岐之間朝廷爲之旰食延伯總步騎五萬討之延伯出師於洛陽城西張方橋即漢之夕陽亭也時公卿祖道車騎成列延伯危冠長

劒耀武於前僧超吹壯士笛歌曲於後聞之者懦夫成勇劒客思奮延伯膽略不羣威名卓著爲國展力三十餘年攻無堅城戰無橫陣是以朝廷傾心送之延伯每臨陣常令僧超爲壯士聲甲冑之士踴躍延伯單馬入陣傍若無人勇冠三軍威振戎豎二年之間獻捷相繼醜奴募善射者中僧超亡延伯悲惜哀慟左右謂伯牙之失鍾期不能過也後延伯爲流矢所中卒於軍中於是五萬之師一時潰散市西有退酤治觴二里里內之人多醞酒爲業河東人劉白墮

善能釀酒季夏六月時暑赫羲以甕貯酒曝於日中經一旬其酒不動飲之香美醉而經月不醒京師朝貴多出郡登藩遠相餉饋踰於千里以其遠至號曰鶴觴亦名騎驢酒永熙年中南青州刺史毛鴻賓齎酒之藩路逢劫賊盜飲之即醉皆被擒獲因此復爲擒奸酒游俠語曰不畏張弓拔刀唯畏白墮春醪市北慈孝奉終二里里內人以賣棺槨爲業賃輀車爲事有挽歌孫巖娶妻三年不脫衣而臥巖因怪之伺其睡陰解其衣有三毛長三尺似野狐尾巖懼而出

之妻臨去將刀截嚴髮、而走、鄰人追之、變成一狐、追之不得、其後京邑被截髮者一百三十餘人、初變婦人、衣服靚粧、行於道路、人見而悅之、近者被截髮、當時有婦人著綵衣者、人皆指其狐魅、熙平二年四月有至此、秋乃止、別有準財金肆二里、富人在焉、凡此十里、多諸工商貨殖之民、千金比屋、層樓對出、重門啓扇、閣道交通、迭相臨望、金銀緹繡、奴婢裳衣、五味八珍、僕隸畢口、神龜年中、以工商上僭、議不聽衣金銀緹繡、雖立此制、竟不施行、

準財里內有開善寺、京兆人韋英宅也、英早卒、其妻梁氏不治喪而嫁、更納河內人向子集爲夫、雖云改嫁、仍居英宅、英聞梁氏嫁、向日來歸、乘馬將數人至於庭前、呼曰、阿梁、卿忘我也、子集驚怖、張弓射之、應箭而倒、即變爲桃人、所騎之馬、亦化爲茅馬、從者數人盡化爲蒲人、梁氏惶懼、捨宅爲寺、南陽人侯慶有銅像一軀、可高丈餘、慶有牛一頭、擬爲金色、遇急事、遂以牛他用之、經二年、慶妻馬氏忽夢此像謂之曰、卿夫婦負我金色、久而不償、今取卿兒丑多以償色、

馬、覺悟、心不遑安、至曉丑多得病而亡、慶年五十、唯有一子、悲哀之聲感於行路、丑多亡日、像自有金色光照四鄰、一里之內、咸聞香氣、道俗長幼皆來觀覩、尚書右僕射元稹聞里內頻有怪異、遂改準財里爲齊諧里也、自退酤以西、張方溝水東、南臨洛水、北達芒山、其間東西二里、南北十五里、並名爲壽丘里、皇宗所立也、民間號爲王子坊、當時四海晏清、八荒率職、珠囊紀慶、玉燭調辰、百姓殷阜、年登俗樂、鰥寡不聞犬豕之食、煢獨不見牛羊之衣、於是帝族王侯、外

戚公主、擅山海之富、居川林之饒、爭修園宅、互相誇競、崇門豐室、洞戶連房、飛館生風、重樓起霧、高臺芳榭。家家而築、花林曲池。園園而有、桃李夏綠、竹柏冬青。而河間王琛最爲豪首、常與高陽爭衡、造文柏堂、形如徽音殿、置玉井金罐、以金五色績爲繩、妓女三百人、盡皆國色、有婢朝雲、善吹篪、能爲團扇歌、隴上聲、琛爲秦州刺史、諸羌外叛、屢討之不降、琛令朝雲假爲貧嫗、吹篪而乞、諸羌聞之、悉皆流涕、迭相謂曰、何爲棄墳井、在山谷爲寇也、即相率歸降、秦氏語曰、

快馬健兒不如老嫗吹篪琛在秦州多無政績遣使向西域求名馬遠至波斯國得千里馬號曰追風赤驥次有七百里馬十餘匹皆有名字以銀爲槽金爲鎖環諸王服其豪富琛常語人云晉室石崇乃是庶姓猶能雉頭狐腋畫卵雕薪況我大魏天王不爲華侈造迎風館於後園牕戶之上列錢青瑣玉鳳銜鈴金龍吐珮素柰朱李枝條入簷伎女樓上坐而摘食琛常會宗室陳諸寶器有水晶鉢瑪瑙琉璃碗赤玉巵數十枚作工奇妙中土所無皆是西域而來金瓶銀甕百

餘口甌檠盤合稱是自餘又陳女樂及諸名馬復引諸王按行府庫錦罽珠璣冰羅霧縠充積其內繡纈紬綾絲綵越葛錢絹等不可勝數琛忽謂章武王融曰不恨我不見石崇恨石崇不見我融立性貪暴志欲無限見之惋歎不覺生疾還家臥三日不起江陽王繼來省疾謂曰卿之財產應得抗衡何爲歎羨以至於此融曰常謂高陽一人寶貨多於融誰知河間瞻之在前繼笑曰卿欲作袁術之在淮南不知世間復有劉備也融乃蹶起置酒作樂于時國家殷富庫藏盈溢錢絹露於廊者不可校數及太后賜百官絹任意自取朝廷莫不稱力而去惟融與陳留侯李崇負絹過任蹶倒傷踝太后問侍中何少對曰臣有兩手唯堪兩匹所獲多矣朝貴服其清廉經河陰之役諸元殲盡王侯第宅多題爲寺壽丘里閭列刹相望祇洹鬱起寶塔高臨四月八日京師士女多至河間寺觀其殿廡綺麗無不歎息以爲蓬萊仙室亦不是過入其後園見溝瀆蹇產石磴嶕嶢朱荷出池綠萍浮水飛梁跨樹層閣出雲咸皆唧唧雖梁王兔苑想

之不如也

追光寺侍中尚書令東平王略之宅也略生而岐嶷幼則老成博洽群書好道不倦神龜中爲黃門侍郎元義專政虐加宰輔略密與其兄相州刺史中山王熙故起義兵問罪君側雄規不就釁起同謀略兄四人並罹塗炭惟略一身逃命江左蕭衍素聞略名見其器度寬雅文學優贍甚敬重之謂曰洛中如王者幾人略對曰臣本朝之日承乏攝官至於宗廟之美百官之富鴛鸞接翼杞梓成陰如臣之比趙咨所

云車載斗量不可數盡衍大笑乃封略爲中山王食邑千戶儀比皇子又除宣城太守給鼓吹一部劍卒千人略爲政清肅甚有治聲江東朝貢侈於務尚見略入朝莫不憚其進止尋遷信武將軍衡州刺史孝昌元年明帝宥吳人江革請略歸國江革者蕭衍之大將也蕭衍謂曰朕寧失江革不得無王略略曰臣遭家禍難白骨未收乞還本朝收錄存沒因即悲泣衍哀而遣之乃賜錢五百萬金二百斤銀五百斤錦繡寶玩之物不可稱數親帥百官送於江上作五言

伽藍記　八　卷四　十三

詩贈者百餘人凡見敬禮如此比略始濟淮明帝拜略侍中義陽王食邑千戶略至闕詔曰昔劉蒼好善利建東平曹植能文大啓陳國是用聲彪磐石義鬱維城侍中義陽王略體自藩華門勳夙著內潤外朗兄弟偉如既見義忘家捐生殉國永言忠烈何日忘之往雖弛擔爲梁今便言旋詣闕有志有節能始能終方傳美丹青懸諸日月略前未至之日即心立稱故封義陽王然國遙地僻食他邑求之二三未爲盡善宜比德均封追芳曩烈可改封東平王戶數如前

尋進尚書令儀同三司領國子祭酒侍中如故略從容閑雅本自天資出南入北轉復高邁言論動止朝野師模建義元年薨於河陰贈太保謚曰文貞嗣王景式捨宅爲此寺

融覺寺清河文獻王懌所立也在閶闔門外御道南有五層浮圖一所與沖覺寺齊等佛殿僧房充溢一里比丘曇謨最善於義學講涅槃華嚴僧徒千人天竺國胡沙門菩提流支見而禮之號爲菩薩流支解佛義知名西土諸夷號爲羅漢曉魏言及隸書翻十地

伽藍記　八　卷四　十四

楞伽及諸經論二十三部雖石室之寫金言草堂之傳真教不能過也流支讀曇謨最大乘義章每彈指讚歎唱言微妙即爲胡書寫之傳之於西域西域沙門常東向遙禮之號曇謨最爲東方聖人

大覺寺廣平王懷捨宅也在融覺寺西一里許北瞻芒嶺南眺洛汭東望宮闕西顧旗亭神皋顯敞實爲勝地是以溫子昇碑云面水背山左朝右市是也環所居之堂上置七佛林池飛閣比之景明至於春風動樹則蘭開紫葉秋霜降草則菊吐黃花名僧大德寂

以違煩。永熙年中平陽王即位造甎浮圖一所是土石之工窮精極麗詔中書舍人溫子昇以爲文也

永明寺宣武皇帝所立也在大覺寺東時佛法經像盛於洛陽異國沙門咸來輻輳負錫持經適茲洛土宣武故立此寺以憩之房廡連亘一千餘間庭列脩竹簷拂高松奇花異草駢闐堦砌百國沙門三千餘人西域遠者乃至大秦國盡天地之西陲績紡百姓野居邑房相望衣服車馬擬儀中國南中有歌營國去京師甚遠土風隔絕世不與中國交通雖二漢

及魏亦未嘗至也今始有沙門菩提拔陁自云北行一月至勾稚國北行十二日至孫典國從孫典國北行三十日至扶南國方五千里南夷之國最爲大民戶殷富多出明珠金玉及水晶珍異饒檳榔從扶南國北行一月至林邑國出林邑入蕭衍國拔陁至陽州歲餘隨揚州比邱法融來至京師京師沙門問其南方風俗拔陁云古有奴調國乘四輪馬爲車斯調國出火浣布以樹皮爲之其樹入火不燃凡南方諸國皆因城郭而居多饒珍麗民俗淳善質直好義亦與西域大秦安息身毒諸國交通往來或三方四方浮海乘風百日便至率奉佛教好生惡殺寺西有宜年里里內有陳留王景皓侍中安定公胡元吉性虛豁少有大度愛人好士待物無遺尤善玄言道家之業遂舍半宅安置僧徒演唱大乘數部並進京師大德超光暱藥四法師三藏胡沙門菩提流支等咸預其席諸方技術之士莫不歸赴有時奉朝請孟仲暉者武城人也父賓金城太守暉志性聰明學兼釋氏四諦之義窮其旨歸前來造第與沙門論議時

號爲玄宗先生暉遂造人中俠紵像一軀相好端嚴希世所有置皓前廳須臾彌寶座永安二年中此像每夜行遶其座四面腳跡隱地成文於是士庶異之咸來觀矚由是發心者亦復無量永熙三年秋忽然自去莫知所之其年冬京師遷鄴武定五年暉爲洛州開府長史重加採訪寥無影迹出閶闔門城外七里長分橋中朝時以穀水浚急注於城下多壞民家立石橋以限之長則分流入洛故名曰長分橋或云晉河間王在長安遣張方征長沙王營軍於此因爲

張方橋也未知孰是今民間語訛號爲張夫人橋朝士送迎多在此處長分橋西有千金堰計其水利日益千金因以爲名昔都水使者陳勰所造令備夫一千歲恒修之

伽藍記卷四終

伽藍記卷五

城北

禪虛寺在大夏門御道西寺前有閱武場歲終農隙甲士習戰千乘萬騎常在於此羽林馬僧相善觝角戲擲戟與百尺樹齊等虎賁張車渠擲刀出樓一丈帝亦觀戲在樓恒令二人對爲角戲中朝時宣武場在大夏門東北今爲光風園苜蓿在焉

凝玄寺閹官濟州刺史賈璨所立也在廣莫門外一里御道東所謂永平里也注即漢太上王廣處遷京之

初創居此里值母亡捨以爲寺地形高顯下臨城闕房廡麗精竹柏成林實是淨行息心之所也王公卿來遊觀爲五言者不可勝數洛陽城東北有上高里殷之頑民所居處也高祖名聞義里遷京之始朝士住其中迭相譏刺竟皆去之唯有造瓦者止其內京師瓦器出焉世人歌曰洛城東北上高里殷之頑民昔所止今日百姓造瓮子人皆棄去住者恥唯冠軍將軍郭文遠遊憩其中堂宇園林匹於邦君時隴西李元謙能雙聲語常經文遠宅前過見其門閥華美

乃曰是誰第宅過佾婢春風出曰郭冠軍家元謙曰此婢雙聲春風曰儜奴慢罵元謙服婢之能於是京邑翕然傳之聞義里有燉煌人宋雲宅與惠生向西域取經凡得一百七十部皆是大乘妙典初發京師西行四十日至赤嶺即國之西疆也皇魏關防正在於此赤嶺者不生草木因以爲名其山有鳥鼠同穴異種共數鳥雄鼠雌共爲陰陽即所謂鳥鼠同穴發赤嶺西行二十三日渡流沙至吐谷渾國路中甚寒多饒風雪飛沙走礫舉目皆滿唯吐谷渾城左右煖

於餘處其國有文字况同魏風俗治政多爲夷法從吐谷渾西行三千五百里鄯善城其城立王爲吐谷渾所居今城內主是吐谷渾第二息寧西將軍總部落三千以禦西胡從鄯善西行一千六百四十里至左末城城中居民可有百家土地無雨決水種麥不知用牛耒耜而田城中圖佛與菩薩乃無胡貌訪古老云是呂光伐胡所作從左末城西行一千二百七十五里至末城末城傍花果似洛陽唯土屋平頭爲異也從末城西行二十二里至捍麼城南十五里有

一大寺三百餘衆僧有金像一軀舉高丈六儀容超絕相好炳然面恒東立不肯西顧父老傳云此像本從南方騰空而來于闐國王親見禮拜像載歸中路夜宿忽然不見遣人尋之還來本處即起塔封四百戶供灑掃人戶有患以金箔貼像所患處得除愈後人於此像邊造丈六像者及諸像塔乃至數千懸綵幡蓋亦有萬計魏國之幡過半矣幡上隸書多云太和十九年景明二年延昌二年唯有一幡觀其年號是姚興時幡從捍麼城西行八百七十八里于闐國

王頭著金冠似雞幘頭後垂二尺生絹廣五寸以爲飾威儀有鼓角金鉦弓箭一具戟二枝槊五張左右帶刀不過百人其俗婦人袴衫束帶乘馬馳走與丈夫無異死者以火焚燒收骨葬之上起浮圖居喪者剪髮劈面以爲哀戚髮長五寸即就平常唯王死不燒置之棺中遠葬於野立廟祭祀以時思之于闐王不信佛法有商胡將一比丘石毘盧旃在城南杏樹下向王伏罪云今輒將異國沙門來在城南杏樹下王聞忽怒即往看毘盧旃旃語王曰如來遣我來令

王遠覆盆浮圖一軀、使王祚永隆、王言使我見佛、當即從命、昆盧旃鳴鐘聲告佛、即遣羅睺羅變形爲佛、從空而見眞容、王五體投地、即於杏樹下置立寺舍、畫作羅睺羅像、忽然自滅、于闐王更作精舍籠之、今之覆瓦之影、恒出屋外、見之者無不回向、其中有辟支佛靴、於今不爛、非皮綵、莫能審之、案于闐國境東西不過三千餘里、神龜二年七月二十九日、入朱駒波國、人民山居、五果甚豐、食則麥麪、不立屠殺、食肉者以自死肉、風俗言音與于闐相似、文字與婆羅門

同、其國疆界、可五日行遍、八月初入漢盤陀國界、西行六月、登葱嶺山、復西行三日、至鉢盂城、三日至不可依山、其處甚寒、冬夏積雪、山中有池、毒龍居之、昔有商人止宿池側、值龍忿怒、咒殺商人、盤陀王聞之、捨子向烏萇國、學婆羅門咒、四年之中、善得其術、還復王位、就池咒龍、龍變爲人、悔過向王、王即位徙之葱嶺山、去此池二十餘里、今日國王十三世祖、自此以西、山路欹側、危坂千里、懸崖萬仞、極天之阻、實在於斯。太行孟門匹茲匪險。崤關隴坂對此則夷。白發

華嶺、步步漸高、如此四日、乃得至嶺、依約中夏、實半天矣、漢盤陀國正在山頂、自葱嶺已西、水皆西流入西海、世人云是天地之中、人民決水而種、聞中國待雨而種、笑曰天何由可共期也、城東有孟津河東北流向沙勒、葱嶺高峻、不生草木、是時八月、天氣已寒、北風驅鴈。飛雪千里。九月中旬、入鉢和國、高山深谷、嶮道如常、國王所住、因山爲城、人民服飾、惟有氈衣、地土甚寒、窟穴而居、風雪勁切、人畜相依、國之南界有大雪山、朝融夕結、望若玉峯、十月初旬、入嚈噠

國、土田庶衍、山澤彌望、居無城郭、游軍而治、以氈爲衣、隨逐水草、夏則隨涼、冬則就溫、鄉土不識文字、禮教俱闕、陰陽運轉、莫知其度、年無盈閏、月無大小、用十二月一藏、受諸國貢獻、南至牒羅、北盡敕勤、東被于闐、西及波斯、四十餘國皆來朝貢、王居大氈帳、方四十步、周迴以氍毹爲壁、王著錦衣、坐金牀、以金鳳皇爲牀脚、見大魏使人、再拜跪受詔書、至于設會、一人唱則客前、後唱則罷會、唯有此法、不見音樂、嚈噠國王妃、亦著錦衣、垂地三尺、使人擎之、頭戴一角、長

八尺奇長三尺以玫瑰五色裝飾其上王妃出則輿之入坐金牀以六牙白象四獅子爲牀自餘大臣妻皆隨傘頭亦似有角團圓下垂狀似寶蓋觀其貴賤亦有服章四夷之中最爲强大不信佛法多事外神殺生血食器用七寶諸國奉獻甚饒珍異按嚈噠國去京二萬餘里十一月初入波斯國境甚狹七日行過人民山居資業窮煎風俗凶慢見王無禮國王出入從者數人其國有水昔日甚淺後山崩絕流變爲二池毒龍居之多有災異夏喜暴雨冬則積雪行人由之多致艱難雪有白光照耀人眼令人閉目茫然無見祭祀龍王然後平復十一月中旬入賒彌國漸出葱嶺土田嶢崅民多貧困峻路危道人馬僅通一直一道從鉢盧勒國向烏塲國鐵鎖爲橋懸虛爲度下不見底旁無挽捉倏忽之間投軀萬仞是以行者望風謝路十二月初入烏塲國北接葱嶺南連天竺土氣和暖地方數千民物殷阜匹臨淄之神洲原田膴膴等咸陽之上下鞞羅施兒之所薩埵投身之地舊俗雖遠大風猶從國王精進菜食長齋晨夜禮佛

擊鼓吹貝琵琶箜篌笙簫備有日中已後始治國事假有死罪不立殺刑唯徙空山任其飲啄事涉疑似以藥服之清濁則驗隨事輕重當時即決土田肥美人物豐饒百穀盡登五果繁熟夜聞鐘聲遍滿世界土饒異花冬夏相接道俗採之上佛供養國王見大魏使宋雲來拜受詔書語人問宋雲曰卿是日出人也宋雲答曰我國東界有大海水日出其中實如來旨王又問曰彼國出聖人否宋雲具說周孔莊老之德次序蓬萊山上銀闕金堂神仙聖人並在其上說管輅善卜華佗治病左慈方術如此之事分別說之王曰若如卿言即是佛國我當命終願生彼國宋雲於是與惠生出城外尋如來教跡水東有佛曬衣處初如來在烏塲國行化龍王瞋怒興大風雨佛僧伽梨表裏通濕雨止佛在石下東面而坐曬袈裟年歲雖久彪炳若新非直條縫明見至於細縷亦彰乍往觀之如似未徹假令刮削其文轉明佛坐處及曬衣所並有塔記水西有池龍王居之池邊有一寺五十餘僧龍王每作神變國王祈請以金玉珍寶投之池

穴在後洒山令僧取之此寺衣食待龍而濟世人名
曰龍王寺王城北十八里有如來履石之跡起塔籠
之履石之處若以蹤泥量之不定或長或短今立寺
可七十餘僧塔南二十步有泉石佛本清淨嚼楊枝
植地生即今成大樹胡名曰婆樓城北有陁羅寺佛
事最多浮圖高大僧房逼側周匝金像六十軀王年
常大會于此寺國內沙門咸來雲集宋雲惠生見彼
比丘戒行精苦觀其風範特加恭敬遂捨奴婢二人
以供灑掃去王城東南山行八日如來苦行投身餓

虎之處高山巃嵸危岫入雲嘉木靈芝叢生其上林
泉婉麗花綵曜目宋雲與惠生割捨行資於山頂造
浮圖一軀刻石隸書銘魏功德山有收骨寺三百餘
僧王城南一百餘里有如來昔作摩休國剝皮為紙
折骨為筆處阿育王起塔籠之舉高十丈折骨之處
髓流著石觀其脂色肥膩若新王城西南五百里有
善持山甘泉美果見於經記山谷和煖山木冬青當
時太簇御辰溫風已扇鳥鳴春樹蝶飛花叢宋雲遠
在絕域因矚此芳景歸懷之思獨軫中腸遂動舊疹

纏綿經月得婆羅門呪然後平善山頂東南有太子
石室一口兩房太子室前十步有大方石云太子常
坐其上阿育王起塔記之塔南一里太子草菴處去
塔一里東北下山五十步有太子男女遶樹不去婆
羅門以杖鞭之流血灑地處其樹猶存灑血之地今
為泉水室西三里天帝什化為師子當路蹲坐遮嫚
妘之處石上毛尾爪跡今悉炳然阿周陁窟及閃子
供養盲父母處皆有塔記山中有昔五百羅漢牀南
北兩行相向坐處其次第相有大寺僧徒二百人太

子所食泉水北有寺恒以驢數頭運糧上山無人驅
逐自然往還寅發午至每及中餐此是護塔神濕婆
仙使之然此寺昔日有沙彌常除灰因入神定維那
輓之不覺皮連骨離濕婆仙代沙彌除灰處國王與
濕婆仙立廟圖其形像以金箔貼之隔小嶺有婆奸
寺夜叉所造僧徒八十人云羅漢夜叉常來供養灑
掃取薪凡俗比邱不得在寺大魏沙門道榮至此禮
拜而去不敢留停至正光元年四月中旬入乾陀羅
國土地亦與烏場國相似本名業波羅國為嚈噠所

滅遂立敕懃爲王治國以來已經二世立性暴凶多行殺戮不信佛法好事鬼神國中人民悉是婆羅門種崇奉佛教好讀經典忽得此王深非情願自恃勇力與罽賓爭境連兵戰鬬已歷三年王有鬬象七百頭一負十人手捉刀揩象鼻縛刀與敵相擊王常停境山終日不歸師老民勞百姓嗟怨宋雲詣軍通詔書王凶慢無禮坐受詔書宋雲見其遠夷不可制任其倨傲未能責之王遣傳事謂宋雲曰卿涉諸國經過嶮路得無勞苦也宋雲曰我皇帝深味大乘遠求經論道路雖嶮未敢告疲大王親總三軍遠臨邊境寒暑驟移不無損敝王答曰不能降服小國愧卿此問宋雲初見王是夷人謂不可以禮責任其坐受詔書及親往復乃有人情遂責之曰山有高下水有大小人處世間亦有尊卑嚈噠烏場王並拜受詔書大王何獨不拜王答曰我親見魏主則拜得書坐讀有何可怪世人得父母書猶自坐讀大魏如我父母我亦坐讀書於理無失雲無以屈之遂將雲至一寺供給甚薄時跋提國送師子兒兩頭與乾陀羅王雲等見

之觀其意氣雄猛中國素畫莫參其儀於是西行五日至如來捨頭施人處亦有塔寺二十餘僧復西行三日至辛頭大河河西岸上有如來作摩竭大魚從河而出十二年中以肉濟人處起塔爲記石上猶有魚鱗紋復西行三日至佛沙伏城川原沃壤城郭端直民戶殷多林泉茂盛土饒珍寶風俗淳善其城内外凡有古寺名僧德衆道行高奇城北一里有白象宮寺内佛事皆是石像裝嚴極麗頭數甚多通身金箔眩曜人目寺前繫白象樹此寺之興實由茲焉花葉似棗季冬始熟父老傳云此樹滅佛法亦滅寺内圖太子夫妻以兒女乞婆羅門像胡人見之莫不悲泣復西行一日至如來挑眼施人處亦有塔寺石寺石上有伽葉佛跡復西行一日乘船渡一深水三百餘步復西南行六十里至乾陀羅城東南七里有雀離浮圖道藥傳云城東四里推其本源乃是如來在此之時與弟子遊化此土指城東曰我入涅槃後三百年有國王名迦尼迦色迦此處起浮圖佛入涅槃後二百年來果有國王字迦尼色迦出遊城東見四

童子累牛糞爲塔可高三尺、俄然即失、道藥傳云、童
子在虛空中向王說偈、王怪此童子、即此童子即作
塔籠之糞、塔漸高挺出於外、去地四百尺、然後王始
更廣塔基三百餘步、道藥傳云三百九十步、從此構
木始得齊等、道藥傳云、共高三丈、悉用文石爲階
砌、櫨拱上構、衆木凡十三級、上有鐵柱高三尺、金盤
十三重、合去地七百尺、道藥傳云、鐵柱八十八尺、八
十圍、金盤十五重、去地六十三丈二尺、施功既訖、糞
塔如初、在大塔南三步、婆羅門不信是糞、以手探看、

遂作一孔、年歲雖久、糞猶不爛、以香泥塡孔、不可充
滿、今天宮籠蓋之、雀離浮圖自作已來、三經天火所
燒、國王修之、還復如故、父老云、此浮圖天火所燒、佛
法當滅、道藥傳云、王修浮圖、木工既訖、猶有鐵柱無
由能上、王於四角起大高樓、多置金銀及諸寶物、王
與夫人及諸王子悉在樓上燒香散花、至心精神、然
後轆轤絞索、一舉便到、故胡人皆云、四天王助之、若
其不爾、實非人力所能舉、塔內佛事、悉是金玉、千變
萬化、難得而稱、旭日始升、則金盤晃朗、微風漸發、則

寶鐸和鳴、西域浮圖最爲第一、此塔初成、用珍珠爲
羅網覆其上、於後數年、王乃思量此珠網價值萬金、
我崩之後、恐人侵奪、復慮大塔破壞、無人修補、一解
珠網、以銅鑊盛之、在塔西北一百步掘地埋之、上種
樹、樹名菩提、枝條四布、密葉蔽天、樹下四面坐像各
高丈五、恒有四龍典掌此珠、若興心欲取、即有禍變、
刻石爲銘、囑語將來、若此塔壞、勞煩後賢出珠修治、
雀離浮圖南五十步、有一石塔、其形正圓、高二丈、甚
有神變、能與世人報吉凶、觸之若吉者、金鈴鳴應、若

凶者、假令人搖撼、亦不肯鳴、惠生既在遠國、恐不吉
反、遂禮神塔、乞求一驗、於是以指觸之、鈴即鳴應、得
此驗用慰私心、後果得吉反、惠生初發京師之日、皇
太后敕付五色百尺幡千口、錦香囊五百枚、王公卿
士幡二千口、惠生從于闐至乾陀、所有佛事處悉皆
流布、至此頓盡、唯留太后百尺幡一口、擬奉尸毘王
塔、宋雲以奴婢二人奉雀離浮圖、永充灑掃、惠生遂
減割行資、妙簡良匠、以鍮摹寫雀離浮圖儀一軀、及
什迦四塔變、於是西北行七日、渡一大水、至如來爲

尸毘王救鴿之處亦起塔寺昔尸毘王倉庫爲火所燒其中粳米燋然至今猶在若服一粒永無瘧患彼國人民須藥日取之道榮傳云至那迦羅訶國有佛頂骨方圓四寸黄白色下有孔受人手指悶然似仰蜂窠至耆賀濫寺有佛袈裟十三條以尺量之或短或長復有佛錫杖長丈七以木筩盛之金箔其上此杖輕重不定值有重時百人不舉值有輕時一人勝之那竭城中有佛牙佛髮並作寶函盛之朝夕供養至瞿羅羅鹿見佛影窟入山十五步四向戶遙望則

衆相炳然近看瞑然以手摩之唯有石壁漸漸却行始見其相容顏挺特世所希有窟前方石石上有佛跡窟西南百步有佛浣衣處窟北一里有目連窟窟北有山山下有大佛手作浮圖高十丈云此浮圖陷入地佛法當滅并爲七塔塔南石銘云如來手書胡字分明於今可識焉惠生在烏場國二年西胡風俗大同小異不能具錄至正光二年二月始還天闕衒之按惠生行記事多不盡錄今依道榮傳宋雲家記故並載之以備缺文京師東西二十里南北十五里戶十萬六千餘廟社宮室府曹以外方三百步爲一里里開四門門置里正二人吏四人門士八人合有二百二十里寺有一千三百六十七所天平元年遷都鄴城洛陽餘寺四百二十一所北芒山上有馮王寺齊獻武王寺京東石關有元領軍寺劉長秋嵩高中有閑居寺栖禪寺嵩陽寺道場寺上有中頂寺東有昇道寺栖禪寺京南關口有石窟寺靈巖寺京西瀍澗有白馬寺照樂寺如此之寺既郭外不在數與亦詳載之

三輔黃圖引

易曰上古穴居而野處後世聖人易之以宮室上棟下宇以待風雨蓋取諸大壯三代盛時未聞宮室過制秦穆公居西秦以境地多良材始大宮觀戎使由余適秦穆公示以宮觀由余曰使鬼爲之則勞神矣使人爲之則苦人矣是則穆公時秦之宮室已壯大矣惠文王初都咸陽取岐雍巨材新作宮室南臨渭北踰涇至於離宮三百復起阿房未成而亡始皇并滅六國憑藉富强益爲驕侈殫天下財力以事營繕

項羽入關燒宮闕三月火不滅漢高祖有天下始都長安寔曰西京欲其子孫長安都於此也長安本秦之鄉名高祖作都至孝武皇帝承文景菲薄之餘恃邦國阜繁之資土木之役倍秦越舊斤斧之聲舂鍾之勞歲月不息蓋騁其邪心以誇天下也昔孔子作春秋築一臺新一門必書於經謹其廢農時奪民力也今裒采秦漢以來宮殿門闕樓觀池苑在關輔者著於篇曰三輔黃圖云東都不與焉

三輔黃圖目錄

池沼

卷五

臺榭

辟廱

明堂

圜丘

太學

宗廟

三輔黄圖卷一

漢　亡名氏撰　浮梁鄧傳安校

三輔沿革

禹貢九州，舜置十二牧，雍其一也。古豐鎬之地。平王東遷，以岐豐之地賜秦襄公。至孝公始都咸陽。咸陽在九嵕山、渭水北，山水俱在南，故名咸陽。秦幷天下，置内史以領關中。項籍滅秦，分其地爲三，以章邯爲雍王，都廢丘；司馬欣爲塞王，都櫟陽；董翳爲翟王，都高奴，謂之三秦。漢高祖入關，定三秦。元年更爲渭南

郡，九年罷郡，復爲内史。五年，高帝在洛陽，婁敬說曰：夫秦地被山帶河，四塞以爲固，卒然有急，百萬衆可立具。因秦之故，資甚美膏腴之地，此所謂天府。陛下入關而都之，山東雖亂，秦故地可全而有也。又田肯賀高帝曰：陛下治秦中。秦，形勢之國，帶河阻山，持戟百萬，秦得百二焉。地勢便利，其以下兵於諸侯，猶居高屋之上建瓴水也。自是漢始都之。景帝分置左右内史，此爲右内史。武帝太初元年，改内史爲京兆尹，與左馮翊、右扶風謂之三輔。其輔俱在長安古城中。

三輔治所

京兆在故城南尚冠里。

馮翊在故城内太上皇廟西南。

扶風在夕陰街北。

三輔者，謂主爵中尉及左右内史。漢武帝改曰京兆尹、左馮翊、右扶風，共治長安城中，是爲三輔。三輔郡皆有都尉，如諸郡。京輔都尉治華陰，左輔都尉治高陵，右輔都尉治郿。王莽分長安城旁六鄉，置帥各一人。分三輔爲六都尉，渭城、安陵以西，北至栒邑、義渠

十縣屬京尉大夫，府居故長安寺。高陵以北十縣屬師尉大夫，府居故廷尉府。新豐以東至湖十縣屬翊尉大夫，府居城東。霸陵、杜陵以東至藍田，西至武功、郁夷十縣屬光祿大夫，府居城西。茂陵、槐里以西至汧十縣屬扶尉大夫，府居城西。長陵、池陽以北，祋祤十縣屬列尉大夫，府居後。漢光武之後，扶風出治槐里，馮翊出治高陵。

咸陽故城

自秦孝公至始皇帝、胡亥，並都此城。案孝公十二年，

作咸陽、築冀闕、徙都之。始皇二十六年徙天下高貲富豪於咸陽十二萬戶。諸廟及臺苑皆在渭南。秦每破諸侯。徹其宮室作之咸陽北坂上。南臨渭。自雍門以東至涇渭、殿屋複道、周閣相屬。所得諸侯美人鐘鼓以充之。二十七年、作信宮渭南。已而更命信宮爲極廟、象天極。自極廟道通驪山、作甘泉前殿、築甬道自咸陽屬之。始皇窮極奢侈。築咸陽宮、因北陵營殿。端門四達。以制紫宮象帝居。引渭水灌都、以象天漢。橫橋南渡、以法牽牛。橋廣六丈、南北二百八十步、六

十八間、八百五十柱、二百一十二梁。橋之南北隄、繳立石柱。咸陽北至九嵕甘泉、南至鄠杜、東至河、西至汧渭之交、東西八百里、南北四百里、離宮別館、相望聯屬。木衣綈繡、土被朱紫。宮人不移、樂不改懸、窮年忘歸。猶不能徧。

宮　馳道閣附

萯陽宮、秦文王所起、在今鄠縣西南二十三里、

棫陽宮、秦昭王所作、在今岐州扶風縣東北、

西垂宮、文公元年居西垂宮、

平陽封宮、武公元年伐彭戲氏、至于華山下、居於平陽封宮、

橐泉宮、皇覽曰、秦穆公冢在橐泉宮祈年觀下、

步高宮、在新豐縣、亦名市邱城、

步壽宮、在新豐縣、步高宮西、

虢宮、秦宣太后起、在今岐州虢縣界、

長楊宮、在今盩厔縣東南三十里、本秦舊宮、至漢修飾之以備行幸、宮中有垂楊數畝、因爲宮名、門曰射熊觀、秦漢游獵之所。

蘄年宮、穆公所造、廟記曰、蘄年宮在城外、秦始皇本紀、蘄年宮在雍、

梁山宮、始皇幸梁山在好畤、

信宮、亦曰咸陽宮、

興樂宮、秦始皇造、漢修飾之、周回二十餘里、漢太后常居之、

朝宮、始皇三十五年、以咸陽人多、先王之宮庭小。曰吾聞周文王都豐。武王都鎬、豐鎬之閒。帝王之都也。乃營朝宮於渭南上林苑庭中。可受十萬人。車行酒

騎行炙千人唱萬人和收天下兵聚之咸陽銷以為鍾鐻高三丈鐘小者皆千石也銷鋒鏑以為金人十二以弱天下之人立於宮門坐高三丈銘其後曰皇帝二十六年初兼天下改諸侯為郡縣一法律同度量大人來見臨洮其大五丈足跡六尺銘李斯篆蒙恬書董卓悉椎破銅人銅臺以為小錢英雄記曰昔大人見臨洮而銅人鑄臨洮生卓而銅人毀天下大亂卓身滅抑有以也餘二人魏明帝欲徙詣洛陽清明門裏載至霸城重不可致便留之

阿房宮亦曰阿城惠文王造宮未成而亡始皇廣其宮規恢三百餘里離宮別館彌山跨谷輦道相屬閣道通驪山八十餘里表南山之顛以為闕絡樊川以為池作阿房前殿東西五十步南北五十丈上可坐萬人下建五丈旗以木蘭為梁以磁石為門周馳為複道度渭屬之咸陽以象太極閣道抵營室也阿房宮未成欲更擇令名名之作宮阿基旁故天下謂之阿房宮隱宮徒刑者七十餘萬人乃分作阿房宮或作驪山蘭池宮始皇三十一年為微行咸陽與武士四人俱夜出逢盜蘭池注渭城縣有蘭池宮

鐘宮在鄠縣東北二十五里始皇收天下兵銷為鐘鐻此或其處也

馳道案秦本紀始皇二十七年治馳道注曰馳道天子道也蔡邕曰馳道天子所行道也今之中道然漢書賈山傳曰秦為馳道於天下東窮燕齊南極吳楚江湖之上瀕海之觀畢至道廣五十步三丈而樹厚築其外隱以金椎樹以青松漢令諸侯有制得行馳道中者行旁道無得行中央三丈也不如令沒入其

車馬

雲閣二世所造起雲閣欲與南山齊

望夷宮在涇陽縣界長平觀道東北臨涇水以望北夷以為宮名

林光宮胡亥所造從廣各五里在雲陽縣界

漢長安故城

漢之故都高祖七年方修長安宮城自櫟陽徙居此城本秦離宮也初置長安城本狹小至惠帝更築之按惠帝元年正月初成長安城三年春發長安六百

里內男女十四萬六千人三十日罷城高三丈五尺下濶一丈五尺六月發徒隸二萬人常役至五年復發十四萬五千人三十日乃罷九月城成高三丈五尺下濶一丈五尺上濶九尺雉高三坂周回六十五里城南爲南斗形北爲北斗形至今人呼漢京城爲斗城是也漢舊儀曰長安城中經緯各長三十二里十八步地九百七十三頃八街九陌三宮九府三廟十二門九市十六橋地皆黑壤今赤如火堅如石父老傳云盡鑿龍首山土爲城水泉深二十餘丈樹宜

槐與榆松柏茂盛焉城下有池周繞廣三丈深二丈石橋各六丈與街相直

秦漢風俗

漢志曰秦有四塞之固昔后稷封㰖公劉處豳太王徙岐文王作豐武王治鎬其民有先王遺風好稼穡本業故豳詩言農桑衣食之業甚備秦都咸陽徙天下富豪十二萬戶漢高帝都長安徙諸齊田楚屈昭景及諸功臣於長陵後世世徙吏二千石高貲富人及豪傑兼幷之家於諸陵强本弱末以制天下是故五方錯雜風俗不一貴者崇侈靡賤者薄仁義富强則商賈爲利貧窶則盜賊不禁閭里嫁娶尤尚財貨送死過度故漢之京輔號爲難理古今之所同也

都城十二門

長安城東出南頭第一門曰霸城門民見門色青名曰青城門或曰青門門外舊出佳瓜廣陵人邵平爲秦東陵侯秦破爲布衣種瓜青門外瓜美故時人謂之東陵瓜廟記曰霸城門亦曰青綺門漢書王莽天鳳三年霸城門災莽更霸城門曰仁壽門無疆亭

長安城東出第二門曰淸明門一曰籍田門以門內有籍田倉一曰凱門漢書平帝元始四年東風吹屋瓦且盡卽此門也漢宮殿疏曰第二門名城東門莽更名曰宣德門布恩亭

長安城東出北頭第一門曰宣平門民間所謂東都門漢書曰成帝建始元年有白蛾羣飛蔽日從東都門至枳道又疏廣太傅受少傅上疏乞骸骨歸公卿大夫爲設祖道供張東都門外卽此門也其郭門亦曰東都卽逢萌掛冠處也王莽更名春王門正月亭

東都門至外郭亭十三里、

長安城南出東頭第一門、曰覆盎門、一號杜門、廟記曰覆盎門與洛門相去十三里二百一十步、門外有魯班輸所造橋、工巧絕世。長樂宮在城中、近東直杜門、其南有下杜城、漢書集註云、故杜陵之下聚落也、故曰下門、又曰端門、北對長樂宮、漢書曰、戾太子所斫覆盎門出奔湖、王莽更名曰永清門、長茂亭、

長安城南出第二門、曰安門、亦曰鼎路門、北對武庫、王莽更名曰光禮門、顯樂亭、

長安城南出第三門、曰西安門、北對未央宮、一曰便門、即平門也、古者平便皆同字、武帝建元二年、初作便門橋、跨渡渭水上、以趨茂陵、其道易直、三輔決錄曰、長安城西門曰便橋、橋北與門對、因號便橋、王莽更名曰信平門、誠正亭、

長安城西出南頭第一門、曰章城門、漢宮殿疏曰章城門、漢城西面南頭第一門、三輔舊事曰章門、一曰光華門、又曰便門、漢書成帝元延元年、章城門牡自亡、王莽改曰萬秋門、億年亭、

長安城西出第二門、曰直城門、漢宮殿疏曰西出南頭第二門也、亦曰故龍樓門、門上有銅龍、本名直門、王莽更曰直道門、端路亭、

長安城西出北頭第一門、曰雍門、本名西城門、王莽改曰章義門、著義亭、其水北入有函里、民呼曰函里門、

長安城北出東頭第一門、曰洛城門、又曰高門、漢宮殿疏曰高門長安北門也、又名鵲雀臺門、外有漢武承露盤在臺上、

長安城北第二門、曰廚城門、長安廚在門內、因為門名、王莽更名建子門、廣世亭、

長安城北出西頭第一門、曰橫門、漢書應上小女陳持弓走入光門、即此門也、門外有橋曰橫橋、

漢城門皆有候、門候主候時、謹啓閉也、三輔決錄曰、長安城面三門、四面十二門、皆通達九逵、以相經緯、衢路平正、可並列車軌、十二門三塗洞闢、隱以金椎、周以林木、左右出入、為往來之徑、行者升降、有上下之別、班固西都賦云、披三條之廣路、立十二之通門、

又張衡西京賦云城郭之制則旁開三門參塗夷庭
方軌十二街衢相經是也

長安九市

廟記云長安市有九各方二百六十六步六市在道西三市在道東凡四里爲一市致九州之人在突門夾横橋大道市樓皆重屋又曰旗亭樓在杜門大道南又有當市樓有令署以察商賈貨財買賣貿易之事三輔都尉掌之直市在富平津西南二十五里即秦文公造物無二價故以直市爲名張衡西京賦云郭開九市通闤帶闠旗亭重立俯察百隧是也又案

郡國志長安大俠萬子夏居柳市司馬季主卜於東市晁錯朝服斬於東市西市在醴泉坊

長安八街九陌

有香室街夕陰街尚冠前街三輔舊事云長安城中八街九陌漢書劉屈氂妻梟首華陽街京兆尹張敞走馬章臺街陳湯斬郅支王首縣槀街張衡西京賦云參塗夷庭街衢相經廛里端直甍宇齊平是也

長安城中閭里

長安閭里一百六十室居櫛比門巷修直有宣明建

陽昌、陰尚冠、修城、黃棘、北焕、南平等里。漢書萬石君奮徙家長安戚里、宣帝在民間時常在尚冠里、劉向列女傳節女長安大昌里人也、

漢宮

長樂宮本秦之興樂宮也、高皇帝始居櫟陽、七年長樂宮成、徙居長安城、三輔舊事宮殿疏皆曰、興樂宮秦始皇造、漢修飾之、周回二十里、前殿東西四十九丈七尺、兩杼中三十五丈、深十二丈、長樂宮有鴻臺、有臨華殿、有溫室殿、有信宮、長秋、永壽、永寧四殿、高

帝居此宮、後太后常居之、孝惠至平帝皆居未央宮、漢書宣帝元康四年、神爵五采以萬數集長樂宮。五鳳三年、鸞鳳集長樂宮東闕中樹上、王莽改長樂宮爲長樂室、在長安中近東直杜門、

未央宮、漢書曰、高祖七年蕭何造未央宮、立東闕北闕前殿武庫太倉、上見其壯麗之甚、怒曰、天下匈匈、勞苦數歲、成敗未可知、是何治宮室過度也、何對曰、以天下未定、故可因以就宮室、且天子以四海爲家、非令壯麗無以重威、無令後世有以加也。上悅、自櫟陽徙居焉、未央宮周回二十八里、前殿東西五十丈、深十五丈、高三十五丈、營未央宮因龍首山以制前殿、至孝武以木蘭爲棼橑、文杏爲梁柱、金鋪玉戶、華榱壁璫、雕楹玉碣、重軒鏤檻、青瑣丹墀、左墄右平、黃金爲壁帶、間以和氏珍玉、風至其聲玲瓏然也、未央宮有宣室、麒麟、金華、承明、武臺、鉤弋等殿、又有殿閣三十有二、有壽成、萬歲、廣明、椒房、清涼、永延、玉堂、壽安、平就、宣德、東明、飛雨、鳳凰、通光、曲臺、白虎等殿、廟記云、未央宮有增城、昭陽殿、漢宮殿疏曰、未央宮有

麒麟閣、天祿閣、有金馬門、青瑣門、元武、蒼龍二闕、朱鳥堂、畫堂、甲觀、非常室、又有鈎盾署、弄田、三輔決錄曰、未央宮有延年殿、合歡殿、四車殿、又漢宮闕記云、未央宮有宣明、長年、溫室、昆德四殿、又有玉堂、增盤閣、宣室閣、三輔舊事云、武帝於未央宮起高門、武臺殿、漢武故事云、神明殿在未央宮、王莽改未央宮曰壽成室、前殿曰王路堂、如路寢也、按舊圖、漸臺、織室、凌室、皆在未央宮、

建章宮、武帝太初元年、栢梁殿災、粤巫勇之曰、粤俗

有火災、卽復起大屋以厭勝之、帝於是作建章宮、度爲千門萬戶、宮在未央宮西長安城外、帝於未央宮營造日廣、以城中爲小、乃於宮西跨城池作飛閣、通建章宮、構輦道以上下、宮之正門曰閶闔、高二十五丈、亦曰璧門、左鳳闕高二十五丈、右神明臺、門內北起別風闕、高五十丈、對峙井幹樓、高五十丈、輦道相屬焉、連閣皆有罘罳、前殿下視未央、其西則廣中殿、受萬人、三輔舊事云、建章周回三十里、東起別風闕、高二十五丈、乘高以望遠、又於宮門北起圓闕、高二

十五丈、上有銅鳳凰、赤眉賊壞之、西京賦云、圓闕聳以造天、若雙碣之相望是也。廟記云、建章宮北門高二十五丈、建章北闕門也、又有鳳凰闕、漢武帝造、高七十丈五尺、鳳凰闕亦名別風闕、又云嶕嶢闕、在圓闕門內二百步、繁欽建章序云、秦漢規模、廓然泯毀、惟建章鳳闕、聳然獨存、雖非象魏之制、亦一代之巨觀、古歌云、長安城西有雙闕。上有雙銅雀、一鳴五穀成。再鳴五穀熟。按銅雀卽銅鳳凰也、楊震關輔古語云、長安民俗謂鳳凰闕爲貞女樓、漢書曰、建章宮南有玉堂、壁門三層、臺高三十丈、玉堂內殿十二門、階陛皆玉爲之、鑄銅鳳高五尺、飾黃金棲屋上、下有轉樞、向風若翔、椽首薄以璧玉、因曰璧門、建章有駘蕩馺娑枍詣及天梁奇華鼓簧等宮、又有玉堂神明堂疏圃鳴鑾奇華銅柱函德二十六殿、太液池唐中池、

桂宮、漢武帝造、周回十餘里、漢書曰、桂宮有紫房複道通未央宮、關輔記云、桂宮在未央北、中有明光殿、土山複道、從宮中西上城、至建章神明臺蓬萊山、三秦記、未央宮漸臺西有桂宮、中有光明殿、皆金玉珠

璣爲簾箔。處處明月珠。金陛玉階。晝夜光明。又西京雜記云、武帝爲七寶牀雜寶案廁寶屏風列寶帳設於桂宮、時人謂爲四寶宮、

北宮在長安城中、近桂宮、俱在未央宮北、周回十里、高帝時制度草創、孝武增修之、中有前殿廣五十步、珠簾玉戶如桂宮、漢書曰、呂太后崩、孝惠皇帝廢處北宮、又曰哀帝崩、貶皇太后趙氏爲孝成皇后、退居北宮、皇后薄氏退居桂宮、

甘泉宮、一曰雲陽宮、史記秦始皇二十七年作甘泉

宫及前殿築甬道、自咸陽屬之關輔記曰林光宫一曰甘泉宫、秦所造、在今池陽縣西故甘泉山宫以山爲名、宫周匝十餘里、漢武帝建元中增廣之、周十九里、去長安三百里、望見長安城黄帝以來圜丘祭天處、遁甲開山圖云雲陽先生之墟也武帝造關於南以象方色、於甘泉宫更置前殿始造宫室、有芝生甘泉殿邊房中、漢舊儀云芝有九莖芝金色緑葉朱實夜有光、乃作芝房之歌、帝又起紫殿雕文刻鏤黼黻以玉飾之。成帝永始四年、行幸甘泉、郊泰畤神光降

於紫殿今按甘泉谷北岸有槐樹、今謂玉樹。根幹盤峙、三二百年木也、楊震關輔古語云、耆老相傳咸以謂此樹即楊雄甘泉賦所謂玉樹青葱也、甘泉有高光宫、又有林光宫有長定宫、竹宫通天臺通靈臺、武帝作迎風館於甘泉山、後加露寒儲胥二館、皆在雲陽甘泉中、西廂起彷徨觀、築甘泉苑、建元中作不關封巒鳷鵲觀於苑垣内、宫南有昆明池、苑南有棠梨宫、漢未央長樂甘泉宫、四面皆有公車、司馬門、凡言司馬者宫垣之内、兵衛所在、司馬主武事故謂宫之外門爲司馬、門按漢宫衛令諸出入殿門公車司馬門者皆下、不如令罰金四兩王莽改公車司馬門曰王路四門、分命諫大夫四人受章疏以通下情

三輔黄圖卷二終

長樂未央建章北宮甘泉宮中宮室臺殿

鴻臺秦始皇二十七年築高四十丈上起觀宇帝嘗射飛鴻于臺上故號鴻臺漢書惠帝四年長樂宮鴻臺災

臨華殿在長樂宮前殿後武帝建漢書成帝永始四年長樂宮臨華殿災

溫室殿按漢宮殿疏在長樂宮又漢宮闕記在未央宮

長信宮漢太后常居之按通靈記太后成帝母也后宮在西秋之象也秋主信故宮殿皆以長信長秋爲名又永壽永寧殿皆后所處也

右長樂宮

宣室溫室清涼皆在未央宮殿北宣明廣明皆在未央殿東昆德玉堂皆在未央殿西

宣室未央前殿正室也淮南子曰周武王殺紂於宣室漢取舊名也漢書曰文帝受釐宣室夜半前席賈生問鬼神之事即此也又王莽地皇四年城中少年朱弟張魚等燒宮莽避火宣室前殿火輒隨之

溫室殿武帝建冬處之溫煖也西京雜記曰溫室以椒塗壁被之文繡香桂爲柱設火齊屏風鴻羽帳規地以罽賓氍毹漢書曰孔光爲尚書令歸休與兄弟妻子燕語終不及朝省政事或問溫室省中樹何木光不應

清涼殿夏居之則清涼也亦曰延清室漢書曰清室則中夏含霜即此也董偃常臥延清之室以畫石爲牀文如錦紫琉璃帳以紫玉爲盤如屈龍皆用雜寶

飾之侍者於外扇偃偃曰玉石豈須扇而後涼邪又以玉晶爲盤貯冰於膝前玉晶與冰相潔侍者謂冰無盤必融濕席乃拂玉盤墜冰玉俱碎玉晶千塗國所貢也武帝以此賜偃

麒麟殿未央宮有麒麟殿漢書哀帝燕董賢父子於麒麟殿視賢曰吾欲法堯禪舜如何王閎曰天下乃高皇帝天下非陛下之天下也陛下承宗廟當傳之無窮安可妄有所授帝業至重天子無戲言上默然不悅

金華殿、未央宮有金華殿。漢書曰、成帝初方向學、召鄭寬中張禹說尚書論語於金華殿中

承明殿、未央宮有承明殿、著述之所也。班固西都賦序云、内有承明著作之庭、即此也。漢書武帝謂嚴助曰、君厭承明之廬。又成帝鴻嘉二年、雉飛集承明殿屋、

蒼龍白虎朱雀元武、天之四靈、以正四方、王者制宮闕殿閣取法焉。

掖庭宮、

椒房殿、在未央宮、以椒和泥塗、取其溫而芬芳也。武帝時、後宮八區、有昭陽、飛翔、增成、合歡、蘭林、披香、鳳凰、鴛鴦等殿、後有增修安處、常寧、茝若、椒風、發越、蕙草等殿、爲十四位。成帝趙皇后居昭陽殿、有女弟俱爲婕妤、貴傾後宮。昭陽舍蘭房椒壁、其中庭彤朱、而庭上髹漆、切皆銅沓、黃金塗、白玉階、壁帶往往爲黃金釭、函藍田璧、明珠翠羽飾之、自後宮未嘗有焉。班婕妤居增成舍。哀帝時、董賢女弟爲昭儀、居舍、號曰椒風。

高門殿、漢書曰、汲黯請見高門。注曰、未央宮高門殿也。又哀帝時、鮑宣諫曰、陛下擢臣巖穴、誠冀有益毫毛、豈欲臣美食大官、重高門之地。

非常室、漢書、成帝綏和二年、鄭通里人王褒絳衣小冠、帶劍、入北司馬門殿東門、上前殿、至非常室中、解帷組結佩之、召前殿署長業等曰、天帝令我居此。業等收縛考問、乃故公車大誰卒、病狂易、不自知入宮下獄死。

織室、在未央宮、又有東西織室、織作文繡郊廟之服、

有令史。

凌室、在未央宮、藏冰之所也。豳詩七月篇曰、納于凌陰。周官凌人職掌藏冰、大祭祀飲食則供冰。漢書、惠帝四年、織室、凌室災。

暴室、主掖庭織作染練之署、謂之暴室、取暴曬爲名耳。有嗇夫官屬。

弄田、在未央宮、弄田者、燕遊之田、天子所戲弄耳。漢書昭帝紀曰、始元元年、上耕于鉤盾弄田。應劭注云、帝時年九歲、未能親耕帝籍。鉤盾、宦者近署、故往

試耕爲戲弄成帝建始三年、小女陳持弓年九歲闌入尚方掖門至未央殿鉤盾禁中、

内謁者署在未央宮屬少府、續漢書云、掌宮中步帳褻物、丁孚漢官云、令秩千石、

金馬門宦者署、武帝時大宛馬以銅鑄像立於署門、因以爲名、東方朔主父偃嚴安徐樂、皆待詔金馬門即此。

路軨廄、在未央宮掌宮中輿馬、亦曰未央廄、漢書曰、武帝時期門郎、上官桀遷爲未央廄令、

右未央宮

騊駼宮、春時景物騊駼滿宮中也。

駁娑宮、駁娑馬行疾貌、馬行迅疾、一日之間遍宮中。言宮之大也

天梁宮、梁木至於天、言宮之高也、四宮皆在建章宮、

柃詣宮、柃詣木名、宮中美木茂盛也

奇華殿在建章宮旁、四海夷狄器服珍寶、火浣布、切玉刀、巨象大雀師子宮馬、充塞其中、

鼓簧宮、漢宮閣疏云、鼓簧宮周匝一百三十步、在建章宮西北、

神明臺、漢書曰、建章有神明臺、廟記曰、神明臺武帝造、祭仙人處、上有承露盤、有銅仙人舒掌捧銅盤玉杯、以承雲表之露、以露和玉屑服之、以求仙道、長安記、仙人掌大七圍、以銅爲之、魏文帝徙銅盤、折聲聞數十里、

右建章宮

壽宮、北宮有神仙宮、壽宮、張羽旗設供具、以禮神君、神君來則肅然風生、帷帳皆動、

明光宮、武帝太初四年秋、起在長樂宮後、南與長樂宮相連屬、漢書元后傳曰、成都侯商嘗病、欲避暑、從上借明光宮、蓋即此、王莽建國元年、改明光宮爲安館、安定太后居之、

太子宮甲觀、太子宮有甲觀畫堂、漢書曰、孝成皇帝元帝太子也、母曰王皇后、元帝在太子宮、生甲觀畫堂、元后傳曰、見於内殿、此其例也、畫堂謂宮殿中彩畫之堂、

右北宮

鈎弋宮、列仙傳曰、鈎弋夫人姓趙氏、河間人、少好酒病臥六年、右手鈎卷。飲食少、望氣者云東北有貴人推而得之、見召姿色佳麗、武帝及其手、得玉鈎而手展、有寵、生昭帝、姙娠十四月、上曰聞昔堯十四月而生、今鈎弋亦然、乃命所生門曰堯母門、所居曰鈎弋宮、自夫人爲婕妤、後得罪、掖庭獄死、及殯香一月、昭帝即位、追尊爲皇太后、更葬之、發六十二萬人起陽陵、其棺櫬但有彩履、王褒雲陽記曰、鈎弋夫人從至甘泉而卒、尸香聞十餘里、葬雲陽、武帝思之、起通靈

臺於甘泉宮、有一青鳥集臺上往來、至宣帝時乃不至。漢武故事曰、鈎弋宮在直門之南。

昭臺宮、在上林苑中、孝宣霍皇后立五年、廢處昭臺宮、後十二歲、徙雲林館、遂自殺。

長定宮、林光宮中有長定宮、三輔決錄曰、后從帝行幸於甘泉宮、居長定宮、孝成許皇后廢處昭臺宮、歲餘徙長定宮。

長門宮、離宮、在長安城、孝武陳皇后得幸、頗妬、居長門宮。

永信宮、孝哀帝尊恭太皇后帝太太后、稱永信宮。

中安宮、孝哀帝尊恭皇太后曰帝太后、稱中安宮

儲元宮、在長安城西、漢書外戚傳曰、信都太后與信都王俱居儲元宮

犬臺宮、在上林苑中、長安西二十八里、漢書江充召見犬臺宮

葡萄宮、在上林苑西、漢哀帝元壽三年、單于來朝、以太歲厭勝所舍之此宮也

步壽宮、秦亦有步壽宮、今按其地與秦異、則秦漢各

有步壽宮耳、漢殺栩宮、宣帝神爵二年、鳳凰集殺栩縣、鳳凰集處得玉寶、乃起步壽宮

梁山宮、梁山好時界、即禹貢云壺口治梁及岐、又古公踰梁山于岐下、及秦立梁山宮、皆此山下也、史記秦本紀始皇三十二年、幸梁山宮、即此也

黃山宮、在興平縣西三十里、武帝微行西至黃山宮即此也

回中宮、史記秦始皇二十七年、巡隴西北地、出雞頭過回中、漢書文帝十四年、匈奴入蕭關、殺都尉、燒回

中宮侯騎至雍武帝元狩四年幸雍通回中道遂北出蕭關又有三良宮相近

集靈宮集仙宮存仙殿存神殿望仙臺望仙觀俱在華陰縣界皆武帝宮觀名也華山記及三輔舊事云昔有太元真人茅盈內記始皇三十一年九月庚子盈曾祖父濛於華山乘雲駕龍白日昇天先是邑人謠曰神仙得者茅初成駕龍上昇入太清時下元洲戲赤城繼世而往在我盈帝若學之臘嘉平漢武帝內傳曰魯女生長樂人初餌胡麻乃求絕穀八十餘

年少壯色如桃華一日與親知故人別入華山後五十年先識者逢女於廟前乘白鹿從王母人因識之謝其鄉里而去又神仙傳曰中山衛叔卿常乘雲車駕白鹿見漢武帝將臣之叔卿不言而去武帝悔求得其子度令追其父登華岳見父與數人坐於石上敕度令還又華山記宏農鄧紹八月曉入華山見童子執五彩囊盛栢葉露食之武帝即其地造宮殿歲時祈禱焉漢書云華陰縣有集靈宮又有望仙觀在華陰縣

棠梨宮在甘泉苑垣外雲陽南三十里

竹宮甘泉祠宮也以竹爲宮天子居中漢舊儀云竹宮去壇三里

宜春宮本秦之離宮在長安城東南杜縣東近下杜

扶荔宮在上林苑中漢武帝元鼎六年破南越起扶荔宮以植所得奇草異木菖蒲百本山薑十本甘蕉十二本留求子十本桂百本蜜香指甲花百本龍眼荔枝檳榔橄欖千歲子甘橘皆百餘本上木南北異宜歲時多枯瘁荔枝自交趾移植百株于庭無一生

者連年猶移植不息後數歲偶一株稍茂終無華實帝亦珍惜之一旦萎死守吏坐誅者數十人遂不復蒔矣其實則歲貢焉郵傳者疲斃於道極爲生民之患至後漢安帝時交趾郡守極陳其弊遂罷其貢

五柞宮漢之離宮也在扶風盩厔宮中有五柞樹因以爲名五柞皆連抱上枝覆蔭數畝

宣曲宮在昆明池西孝宣帝曉音律常於此度曲因以爲名

鼎湖宮在湖城縣界昔黃帝採首山銅以鑄鼎鼎成

有龍下迎帝仙去小臣攀龍髯而上者七十二人漢武帝於此建宮

思子宮武帝竊戾太子無辜被殺作思子宮爲歸來望思之臺於湖

萬歲宮武帝造汾陰有萬歲宮宜帝元康四年幸萬歲宮神爵翔集以元康五年爲神爵紀元

首山宮漢武帝元封元年封禪後夢高祖坐明堂朝羣臣於是祀高祖於明堂以配天還作首山宮以爲高靈館

明光宮武帝求仙起明光宮發燕趙美女二千人充之率取二十以下十五以上年滿三十者出嫁之掖庭令總其籍時有死出者隨補之

池陽宮在池陽南上原之阪有長年坂去長安五十里

養德宮趙王如意年幼未能就外傅戚姬養之趙王內傅趙媪傅之號其室曰養德宮

右甘泉宮

日華宮河間獻王德築日華宮置客館二十餘區以待學士自奉養甚薄不踰賓客

曜華宮梁孝王好營宮室苑囿之樂作曜華宮築兎園園中有百靈山有膚寸石落猿巖栖龍岫又有鴈池池間有鶴洲鳧渚其諸宮觀相連延亘數十里奇果異樹珍禽怪獸畢有王日與宮人賓客弋釣其中

右日華曜華宮營搆不在三輔然皆漢之諸王所建以附宮室篇末

漢畿內千里並京兆治之內外宮館一百四十五所班固西都賦云前乘秦嶺後越九嵕東薄河華西涉

岐雍宮館所歷百有餘區秦離宮二百漢武帝往往修造之

三輔黃圖卷四

苑囿

周靈囿文王囿也詩曰王在靈囿麀鹿攸伏麀鹿濯濯白鳥翯翯毛萇註曰囿所以域養禽獸也天子百里諸侯四十里靈者言文王之有靈德也靈囿言道行於苑囿也孟子曰文王之囿方七十里芻蕘者往焉雉兔者往焉與民同其利也文王靈囿在長安縣西四十二里

漢上林苑即秦之舊苑也漢書云武帝建元三年開

上林苑東南至藍田宜春鼎湖御宿昆吾旁南山而西至長楊五柞北繞黃山瀕渭水而東周袤三百里離宮七十所皆容千乘萬騎漢宮殿疏云方三百四十里漢舊儀云上林苑方三百里苑中養百獸天子秋冬射獵取之帝初修上林苑羣臣遠方各獻名果異卉三千餘種植其中亦有製爲美名以標奇異茂陵富民袁廣漢藏鏹巨萬家僮八九百人於北邙山下築園東西四里南北五里激流水注其中構石爲山高十餘丈連延數里養白鸚鵡紫鴛鴦犛牛青兕奇獸珍禽委積其間積沙爲洲嶼激水爲波濤致江鷗海鶴孕雛產鷇延漫林池奇樹異草靡不培植屋皆徘徊連屬重閣修廊行之移晷不能徧也廣漢後有罪誅沒入爲官園鳥獸草木皆移入上林苑中上林苑有昆明觀武帝置又有繭觀平樂觀遠望觀燕昇觀觀象觀便門觀白鹿觀三爵觀陽祿觀陰德觀鼎郊觀樛木觀椒唐觀魚鳥觀元華觀走馬觀柘觀上蘭觀郎池觀當路觀皆在上林苑又舊儀曰上林有令有尉禽獸簿記其名數又有上林詔獄主治苑中

禽獸宮館之事屬水衡又上林苑中有六池市郭宮殿魚臺犬臺獸圈

甘泉苑武帝置緣山谷行至雲陽三百八十一里西入扶風凡周回五百四十里苑中起宮殿臺閣百餘所有仙人觀石闕觀封巒觀鳷鵲觀

御宿苑在長安城南御宿川中漢武帝爲離宮別館禁禦人不得入往來遊觀止宿其中故曰御宿三秦記云御宿園出栗十五枚一勝大梨如五勝落地則破其取梨先以布囊承之號曰含消此園梨也

思賢苑孝文帝爲太子立思賢苑以招賓客苑中有堂室六所客館皆廣廡高軒屏風幃褥甚麗廣陵王胥有勇力常於别囿學格熊後遂能空手搏之莫不絶脰後爲獸所傷陷腦而死

博望苑武帝立子據爲太子爲太子開博望苑以通賓客漢書曰武帝年二十九乃得太子甚喜太子冠爲立博望苑使之通賓客從其所好又云博望苑在長安城南杜門外五里有遺址

西郊苑漢西郊有苑囿林麓藪澤連亘繚以周垣四

百餘里離宫别館三百餘所

三十六苑漢儀注太僕牧師諸苑三十六所分布北邊西邊以郎爲苑監官奴婢三萬人養馬三十萬疋養鳥獸者通名爲苑故謂之牧馬處爲苑

樂遊苑在杜陵西北宣帝神爵三年春起

宜春下苑在京城東南隅

梨園雲陽宫記曰雲陽車箱坂下有梨園一頃梨數百株青翠繁密望之如車蓋

池沼

周文王靈沼在長安西三十里詩曰王在靈沼於牣魚躍

漢昆明池武帝元狩四年穿在長安西南周回四十里西南夷傳曰天子遣使求身毒國市竹而爲昆明所閉天子欲伐之越巂昆明國有滇池方三百里故作昆明池以象之以習水戰因名曰昆明池食貨志曰時越欲與漢用船戰逐乃大修昆明池也三輔舊事曰昆明池地三百三十二頃中有戈船各數十樓船百艘船上建戈矛四角悉垂幡旄葆麾蓋照燭涯涘

圖曰上林苑有昆明池周匝四十里廟記曰池中後作豫章大船可載萬人上起宫室因欲遊戲養魚以給諸陵祭祀餘付長安廚三輔故事又曰池中有豫章臺及石鯨刻石爲鯨魚長三丈每至雷雨常鳴吼鬣尾皆動一説甘泉宫南有昆明池池中有靈波殿皆以桂爲殿柱風來自香又曰池中有龍首船常令宫女泛舟池中張鳳蓋建華旗作櫂歌雜以鼓吹帝御豫章觀臨觀焉關輔古語曰昆明池中有二石人立牽牛織女於池之東西以象天河張衡西京賦曰

昆明靈沼黑水元址牽牛立其右織女居其左今有
石父石婆神祠在廢池疑此是也武帝初穿池得黑
土帝問東方朔東方朔曰西域胡人知乃問胡人胡
人曰劫燒之餘灰也三秦記曰昆明池中有靈沼名
神池云堯時治水嘗停船於此池通白鹿原原人釣
魚綸絕而去夢於武帝求去其鉤三日戲於池上見
大魚銜索帝曰豈不穀昨所夢耶乃取鉤放之間三
日帝復遊池池濱得明珠一雙帝曰豈昔魚之報耶
鎬池在昆明池之北即周之故都也廟記曰長安城

西有鎬池在昆明池北周匝二十二里溉地三十三
頃史記曰秦始皇帝三十六年使者從關東夜至華
陰縣平舒道有人持璧遮使者曰為吾遺鎬池君因
言曰今年祖龍死使者問其故忽不見置其璧去使
者奉璧具以聞始皇默然良久曰山鬼不過知一歲
事退言曰祖龍者人之先也使御府視璧乃二十八
年渡江所沈璧也
滄池在長安城中舊圖云未央宮有滄池言池水蒼
色故曰滄池

太液池在長安故城西建章宮北未央宮西南太液
者言其津潤所及廣也關輔記云建章宮北有池以
象北海刻石為鯨魚長三丈漢書曰建章宮北治大
池名曰太液池中起三山以象瀛洲蓬萊方丈刻金
石為魚龍奇禽異獸之屬廟記曰建章宮北池名太
液周回十頃有采蓮女鳴鶴之舟又按三輔舊事云
日出暘谷浴於咸池至虞淵即暮此池象之也昭帝
始元元年春黃鵠下建章宮太液池成帝常以秋日
與趙飛燕戲於太液池以沙棠木為舟以雲母飾於

鷁首一名雲舟又刻大桐木為虬龍彫飾如真夾雲
舟而行以紫桂為柂枻及觀雲棹之玩擷菱蕖帝每
憂輕蕩以驚飛燕命佽飛之士以金鎖纜雲舟於波
上每輕風時至飛燕殆欲隨風入水帝以翠纓結飛
燕之裾常恐曰妾微賤何復得預結纓裾之遊今太
液池尚有避風臺即飛燕結裾之處
唐中池周回十二里在建章宮太液池之南
百子池戚夫人侍兒賈佩蘭後出為扶風人段儒妻
說在宮內時見戚夫人侍高祖背以趙王如意為言

而高祖思之幾半日不言歎息悽愴而未知其術使夫人擊筑高祖歌大風以和之七月七日臨百子池作于闐樂樂闋以五色縷相羈謂之相連愛八月四日出雕房北戶竹下圍棊勝者終年有福負者終年疾病取絲縷就北斗星辰求長命乃免正月上辰出池邊盥濯食蓬餌以祓妖邪三月上巳張樂於池上

十池上林苑有初池糜池牛首池蒯池積艸池東陂池西陂池當路池大臺池郎池牛首池在上林苑中西頭蒯池生蒯草以織席西陂池郎池皆在古城南

上林苑中陂郎二水名因爲池積草池中有珊瑚樹高一丈二尺一本三柯上有四百六十二條南越王趙佗所獻號爲烽火樹至夜景常煥然

少府佽飛外池漢儀注佽飛具繒繳以射鳧鴈給祭祀故有池

秦酒池在長安故城中廟記曰長樂宮中有魚池酒池池上有肉炙樹秦始皇造漢武行舟於池中酒池北起臺天子於上觀牛飲者三千人又曰武帝常欲夸羌胡飲以鐵盃重不能舉皆抵牛飲西征賦云酒池監於商辛追覆車而不悟

影娥池武帝鑿池以翫月其旁起望鵠臺以眺月影入池中使宮人乘舟弄月影名影娥池亦曰眺蟾臺

琳池昭帝元始元年穿琳池廣千步池南起桂臺以望遠東引太液之水池中植分枝荷一莖四葉狀如駢蓋日照則葉低蔭根莖若葵之衛足名曰低光荷實如元珠可以飾佩花葉難萎芬馥之氣徹十餘里食之令人口氣常香益脉治病宮人貴之每遊讌出入必皆含嚼或剪以爲衣或折以障日以爲戲弄帝

時命水嬉遊燕永日士人進一豆槽帝曰桂楫松舟其猶重朴况乎此槽可得而乘耶乃命以文梓爲船木蘭爲柂刻飛燕翔鷁飾於船首隨風輕漾畢景忘歸起商臺於池上

鶴池在長安城西盤池在西北並廢

冰池在長安西舊圖云西有彪池亦名聖女泉鑿冰彪聲相近傳說之訛也

三輔黃圖卷四終

三輔黃圖卷五

臺榭

周文王靈臺、在長安西北四十里、

詩序曰、靈臺、民始附也、文王受命而人樂其有靈德、以及鳥獸昆蟲焉、鄭玄注云、天子有靈臺者、所以觀祲象察氣祥也、文王受命而作邑于豐、立靈臺、詩曰、經始靈臺、庶民子來、經之營之、不日成之、劉向新序云、周文王作靈臺、及為池沼、掘得死人之骨、吏以聞于文王、文王曰、更葬之、吏曰、此無主矣、文王曰、有天下者天下之主、有一國者一國之主。寡人者死人之主。又何求主。遂令吏以衣棺更葬之、天下聞之、皆曰文王賢矣、澤及枯骨、又況於人乎、

周靈臺高二丈、周回百二十步、

漢靈臺在長安西北八里、漢始曰清臺、本為候者觀陰陽天文之變。更名曰靈臺、

郭延生述征記曰、長安宮南有靈臺、高十五仞、上有渾儀、張衡所制、又有相風銅烏、遇風乃動、一曰長安靈臺上有相風銅烏、千里風至、此烏乃動、又有銅表高八尺、長一丈三尺、廣尺二寸、題云太初四年造、

柏梁臺、武帝元鼎二年春起此臺、在長安城中北門內、

三輔舊事云、以香柏為梁也、帝嘗置酒其上、詔群臣和詩、能七言詩者、乃得上、太初中臺災、

漸臺、在未央宮太液池中、高十丈、漸、浸也、言為池水所漸、又一說、漸臺星名、法星以為臺名、未央宮有滄池、池中有漸臺、王莽死於此、

神明臺、見建章宮、

通天臺、武帝元封二年作甘泉通天臺、

漢舊儀云、通天者、言此臺高通于天也、漢武故事、築通天臺於甘泉、去地百餘丈、望雲雨悉在其下、望見長安城、武帝時祭泰乙、上通天臺、舞八歲童女三百人、祠祀招仙人、祭泰乙云、令人升通天臺、以候天神、天神既下祭所、若大流星。乃舉烽火而就竹宮望拜、上有承露盤、仙人掌擎玉杯、以承雲表之露、元鳳間自毀、椽桷皆化為龍鳳、從風雨飛去。西京賦云、通天眇而竦峙、徑百常而莖擢。上辮華以交紛。下刻陗其若削、亦曰候神臺、又曰望仙臺、以候神明、望神仙也、

涼風臺、在長安故城西建章宮北、

關輔記曰、建章宮

北作涼風臺，積水爲樓。

長樂宮有魚池臺、酒池臺，秦始皇造。又有著室臺、鬬雞臺、走狗臺、壇臺，漢韓信射臺。又未央宮有果臺、東西山二臺。未央宮有鉤弋臺、通靈臺、望鵲臺、眺蟾臺、桂臺、商臺、避風臺。

長楊榭在長楊宮，秋冬較獵其下，命武士搏射禽獸，天子登此以觀焉。

辟廱

周文王辟廱，在長安西北四十里，亦曰璧廱，如璧之

圓，雍之以水，象教化流行也。詩云：於論鼓鐘，於樂辟廱。毛萇注云：論，思也。水旋丘如辟廱，以節觀者。鄭元注云：文王作靈臺而知人之歸附，作靈沼、靈囿而知鳥獸之得其所，以爲音聲之道與政通，故合樂以詳之。

漢辟廱，在長安西北七里。漢書河間獻王來朝，獻雅樂，武帝對之三雍宮，卽此。禮樂志曰：成帝時，犍爲郡水濱得古磬十六枚，劉向說帝宜興辟廱焉。

明堂

周明堂，明堂所以正四時，出教化，天子布政之宮也。黃帝曰合宮，堯曰衢室，舜曰總章，夏后曰世室，殷人曰陽館，周人曰明堂。先儒舊說其制不同，或曰明堂在國之陽。大戴禮云：明堂九室，一室有四戶八牖，凡三十六戶，七十二牖，以茅蓋屋，上圓下方。援神契曰：明堂上圓下方，八窗四闥。考工記云：明堂五室，稱九室者，取象陽數也；八牖者，陰數也，取象八風；三十六戶牖，取六甲之文，六六三十六也；上圓象天，下方法地；八窗卽八牖也；四闥者，象四時四方也；五室者，象

五行也。皆無明文，先儒以意釋之耳。禮記明堂位曰：朝諸侯于明堂之位，天子負斧扆南鄉而立。明堂也者，明諸侯之尊卑也，制禮作樂，頒度量而天下服。知明堂是布政之宮也。又孝經曰：宗祀文王於明堂，以配上帝。則周有明堂也明矣。

漢明堂，在長安西南七里。漢書曰：武帝初卽位，議儒術，以文學爲本，議立明堂於城南，以朝諸侯。應劭注云：漢武帝造明堂，王莽修飾令大。

圓丘

漢圜丘在昆明故渠南有漢故圜丘今按高二丈周回百二十步

太學

漢太學在長安西北七里董仲舒策曰太學賢士之關教化之本原也王莽作宰衡時建弟子舍萬區起市郭上林苑中三輔舊事云漢太學中有市有獄

宗廟

宗尊也廟貌也所以髣髴先人尊貌也漢立四廟祖宗廟異處不序昭穆太上皇廟在長安西北長安故

城中香室街南馮翊府北關輔記曰在酒池北

高祖廟在長安西北故城中關輔記曰秦廟中鍾四枚皆在漢高祖廟中三輔舊事云高廟鍾重十二萬斤漢舊儀云高祖廟鍾十枚各受十石撞之聲聞百里漢書文帝時盜取高廟玉環故事又云光武至長安宮闕以宗廟燒蕩爲墟乃徙都洛陽取十廟合於高廟作十二室太常卿一人別治長安主知高廟事高廟有便殿凡言便殿便室便坐者皆非正大之處所以就便安也

高園於陵上作之既有正寢以象平生正殿路寢也又立便殿於寢側以象休息閑宴之處也

孝惠更於渭北建高帝廟謂之原廟

惠帝廟在高帝廟後

文帝廟號顧成廟

景帝廟號德陽宮

武帝廟號龍淵今長安西茂陵東有其處作銅飛龍故以冠名

昭帝廟號徘徊

宣帝廟號樂遊

元帝廟號長壽

成帝廟號陽池

太上皇有寢廟園原廟昭靈后武哀王昭哀后皆有園孝惠皇帝有寢廟園孝文太后孝昭太后皆有寢園衛思后皇祖悼考皆有廟園廟曰奉明

元成之世祖宗廟在郡國者六十八合百六十七所京師自高祖至宣帝與太上皇悼皇考各自居陵旁立廟并爲百七十六又園中各有寢便殿日祭於寢

月祭於殿、時祭於便殿、寢日四上食、廟歲二十五祠、便殿四歲祠、又月一遊衣冠、四時祭宗廟用大牢、列侯皆獻酎金以助祭。漢儀、諸侯王歲以戶口酎黃金於漢廟、皇帝臨受獻金。金不如斤兩、色惡、王削縣、侯免國、注、云因八月嘗酎會諸侯廟中、出金助祭、謂之酎金。酎、正月旦作酒、八月成、三重釀醇酒也、味厚、故以薦宗廟。金、黃金也、不如法者奪爵、又冊封諸王必於祖廟、冊命之、示不敢專也、漢制封皇子爲王者、其實古諸侯也、周末諸侯或稱王、而漢天子自以皇帝

爲稱、故以王號加之、總名爲諸侯王、

新莽壞徹城西苑中建章、承光、包陽、大臺、儲元宮及平樂、當路、陽祿館凡十餘所、取其材瓦以起九廟、莽曰、予卜波水之北、郎池之南、惟玉食、予又卜金水之南、明堂之西、亦惟玉食、予將親築焉、於是遂營長安城南、提封百頃、莽又親舉築三下、九廟、一黃帝、二虞帝、三陳胡王、四齊敬王、五濟北愍王、六濟南悼王、七元成孺王、八陽平頃王、九新都顯王、殿皆重屋、太初祖廟、東西南北各四十丈、高十七丈、餘廟半之、爲銅欂櫨飾以金銀琱文、窮極百工之巧、帶高增下、功費數百鉅萬、卒徒死者數萬、

南北郊

天郊在長安城南、地郊在長安城北、所僞學治壇墠郊宮、歲時供張以奉郊祀、武帝定郊祀之事、祠太乙於甘泉圜丘、取象天形、就陽位也、祀后土於汾陰澤中方丘、取象地形、就陰位也、至成帝徙泰畤后土于京師、始祀上帝於長安南郊、祀后土於長安北郊、

社稷

漢初除秦社稷、立漢社稷、其後又立宮社、配以夏禹、而不立官稷。至平帝元始三年、始立宮稷於宮社之後、

觀

豫章觀、武帝造、在昆明池中、亦曰昆明觀、又一說曰上林苑中有昆明池觀、蓋武帝所置、桓譚新論云、元帝被疾、遠求方士、漢中送道士王仲都、詔問所能、對曰能忍寒、乃以隆冬盛寒日令袒載駟馬於上林昆明池上、環以冰而御駟者厚衣狐裘寒戰、而仲都無

變色臥於池上。曠然自若。卽此也。
飛廉觀在上林、武帝元封二年作、飛廉神禽能致風
氣者、身似鹿、頭如雀、有角而蛇尾、文如豹、武帝命以
銅鑄置觀上、因以爲名、班固漢武故事曰、公孫卿言
神人見於東萊山、欲見天子、上於是幸緱氏、登東萊、
留數日、無所見、惟見大人跡、上怒公孫卿之無應、卿
懼誅、乃因衛青白上云、仙人可見、而上往遽、以故不
相值、今陛下可爲觀於緱氏、則神人可致、且仙人好
樓居、不極高顯、神終不降也、於是上於長安作飛廉

觀、高四十丈、於甘泉作延壽觀、亦如之、後漢明帝永
平五年、至長安、悉取飛廉幷銅馬、置之西門外、爲平
樂觀、董卓悉銷以爲錢、
屬玉觀在扶風、屬玉水鳥、似鵁鶄、以名觀也、又曰屬
玉似鴨而大、長頸赤目、紫紺色、
青梧觀在五柞宮之西、觀亦有三梧桐樹、下有石麒
麟二枚、刊其脇文字、是秦始皇驪山墓上物也。頭高
一丈三尺、東邊者前左脚折、處有赤如血、父老謂其
有神、皆含血屬筋焉、

射熊觀在長楊宮、
石闕觀、封巒觀、竝甘泉宮、記云、宮東北有石門山、岡巒
糾紛、干霄秀出、有石巖容數百人、上起甘泉觀、甘泉
賦云、封巒石闕、弭迤乎延屬、
白楊觀在昆明池東、
長平觀在池陽宮、臨涇水、
龍臺觀在豐水西北、近渭、
涿木觀在上林苑、
細柳觀在長安西北、三輔舊事云、漢文帝大將軍周

亞夫軍於細柳、今呼古徼是也、
成山觀、成山在東萊不夜縣、於其上築宮闕以爲觀、
仙人觀、霸昌觀、蘭池觀、安臺觀、渝沮觀在城外、又有
禁觀、董賢觀、蒼龍觀、當市觀、旗亭樓、馬伯騫樓、在城
內、
麒麟、朱鳥、龍興、含章、皆館名、

三輔黃圖卷五終

三輔黃圖卷六

閣

石渠閣蕭何造其下礱石爲渠以導水若今御溝因爲閣名所藏入關所得秦之圖籍至於成帝又於此藏秘書焉

天祿閣藏典籍之所漢宮殿疏云天祿麒麟閣蕭何造以藏秘書處賢才也劉向於成帝之末校書天祿閣專精覃思夜有老人著黃衣植青藜杖叩閣而進見向暗中獨坐誦書老父乃吹杖端煙然因以見向

授五行洪範之文恐詞說繁廣忘之乃裂裳及紳以記其言至曙而去請問姓名云我是太乙之精天帝聞卯金之子有博學者下而觀焉乃出懷中竹牒有天文地圖之書曰余略授子焉至子歆從授其術向亦不悟此人焉

麒麟閣廟記云麒麟閣蕭何造、漢書宣帝思股肱之美、乃圖霍光等十一人於麒麟閣、

三秦記、云未央宮有堯閣、廟記云、未央宮有白虎閣、屬車閣、

署

虎威章溝皆署名漢有長水中壘屯騎虎賁越騎步兵射聲胡騎八營宿衛王宮周廬直宿處

庫

武庫在未央宮蕭何造以藏兵器

靈金內府太上皇微時佩一刀長三尺上有銘字難識傳云殷高宗伐鬼方時所作也上皇遊豐沛山中寓居窮谷有人冶鑄上皇息其旁問曰鑄何器工者笑曰爲天子鑄劍慎勿言曰得公佩劍雜而冶之即

成神器可克定天下昴星精爲輔佐木衰火盛此爲異兆上皇解匕首投爐中劍成殺三牲以釁祭之工問何時得此上皇曰秦昭襄王時余行陌上一野人授余云是殷時靈物工即持劍授上皇上皇以賜高祖高祖佩之斬白蛇是也及定天下藏於寶庫守藏者見白氣如雲出戶狀若龍蛇呂后改庫曰靈金藏惠帝即位以此庫貯禁兵器名曰靈金內府

倉

太倉蕭何造在長安城外東南文景節儉太倉之粟

紅腐而不可食、

細柳倉、嘉倉在長安西渭水北、古徼西有細柳倉城東有嘉倉、

廐

未央大廐在長安故城中、漢官儀曰未央宮六廐長樂承華等廐令皆秩六百石、

翠華廐大輅廐果馬廐騎馬廐大宛廐軛梁廐胡河廐騊駼廐皆在長安城外、

覇昌觀馬廐在長安城外、

栩廐天子車馬所在、

中廐皇后車馬所在、

圈

秦獸圈烈士傳云秦王召魏公子無忌不行使朱亥奉璧一雙詣秦秦王怒使置亥於獸圈中亥瞋目視獸眥血濺於獸面獸不敢動

漢獸圈九彘圈一在未央宮中文帝問上林尉及馮媛當熊皆此處獸圈上有樓觀、

橋

横橋三輔舊事云秦造横橋漢承秦制廣六丈三百八十步置都水令以掌之號爲石柱橋

渭橋秦始皇造渭橋重不能勝乃刻石作力士孟賁等像祭之乃可動今石人在

霸橋在長安東跨水作橋漢人送客至此橋折柳贈別王莽時霸橋災數千人以水沃救不滅更霸橋爲長存橋、

便門橋武帝建元二年初作橋在便門外跨渭水通茂陵

飲馬橋在宣平城門外

陵墓

漢太上皇陵高帝葬太上皇於櫟陽北原因置萬年縣於櫟陽大城內以爲奉陵邑其陵在東者太上皇西者昭靈后也

高祖長陵在渭水北去長安城三十五里按高祖本紀十二年四月甲辰崩于長樂宮五月葬長陵長陵山東西廣一百二十步高十三丈長陵城周七里百八十步因爲殿垣門四出及便殿掖庭諸官寺皆在

中

呂后陵在高祖陵東按史記外戚世家高后合葬長陵注云漢帝后同塋則爲合葬不合陵也

惠帝安陵去長陵十里按本紀惠帝七年八月戊寅崩于未央宮葬安陵在長安城北三十五里安陵有果園鹿苑云

文帝霸陵在長安城東七十里因山爲藏不復起墳就其水名因以爲陵號

景帝陽陵在長安城東北四十五里按景帝五年作

陽陵起邑陽陵山方百二十步高十丈

武帝茂陵在長安城西北八十里建元二年初置茂陵邑本槐里縣之茂鄉故曰茂陵周回三里三輔舊事云武帝於槐里茂鄉徙戶一萬六千置茂陵高一十四丈一百步茂陵園有鶴觀

昭帝平陵在長安西北七十里去茂陵十里帝初作壽陵令流水而已石槨廣一丈二尺長二丈五尺無得起墳陵東北作廡長三丈五步外爲小廚裁足祠祝萬年之後掃地而祭

宣帝杜陵在長安城南帝在民間時好遊鄠杜間故葬此

元帝渭陵在長安北五十六里

成帝延陵在扶風去長安六十二里王莽時遣使壞渭陵延陵園門罘罳曰毋使民復思也又以墨色洿其周垣

哀帝義陵在扶風渭城西北原上去長安四十六里

平帝康陵在長安北六十里興平原口

文帝母薄姬南陵在霸陵南故曰南陵

昭帝母趙婕妤雲陵在雲陽甘泉宮南今人呼爲女陵

李夫人墓東西五十步南北六十步高八丈在茂陵西北一里俗名英陵亦云集僊臺

王莽妻死葬渭陵長壽園僞謚曰孝穆皇后僭號億年陵

雜錄

漢宮中謂之禁中謂宮中門閤有禁非侍衛通籍之臣不得妄入行道豹尾中亦視禁中至孝元皇后父

名禁避之改曰省中省察也言出入禁中皆當省察不可妄也

鹵簿天子出車駕次第謂之鹵簿有大駕有法駕有小駕大駕則公卿奉引大將軍參乘太僕御屬車八十一乘作三行尚書御史乘之備千乘萬騎出長安出祠天於甘泉備之百官有其儀注名曰甘泉鹵簿法駕京兆尹奉引侍中參乘奉車郎御屬車三十六乘北郊明堂則省副車小駕祠宗廟用之

清道謂天子將出或有齋祠先令道路掃灑清淨

靜室天子出入警蹕舊典行幸所至必遣靜室令先按行清淨殿中以虞非常

離宮天子出遊之宮也

行在所天子以四海爲家不以京師宮室居處爲常則當乘車輿以行天下車輿所至奏事皆曰行在

陛下陛所由昇堂也天子必有近臣執兵陛陛以戒不虞臣下與天子言不敢指斥天子故呼在殿陛下以告之故稱陛下因卑達尊之意也上書亦如之如羣臣士庶相與語曰閣下足下之屬

繭館漢宮闕疏云上林苑有繭館蓋蠶繭之所也

蠶室行腐刑之所也司馬遷下蠶室

鍾室在長樂宮高祖縛韓信置鍾室中

作室上方工作之所

長安御溝謂之楊溝謂植高楊於其上也

闕觀也周置兩觀以表宮門其上可居登之可以遠觀故謂之觀人臣將朝至此則思其所闕

塾門舍也臣來朝君至門外當就舍更熟詳所應對之事塾之言熟

掖門在兩傍如人臂掖也

閨闥宮中小門也

永巷永長也宮中之長巷幽閉宮女之有罪者武帝時改爲掖庭置獄焉

蠻夷邸在長安城內藁街

關中八水皆出入上林苑　霸水出藍田谷西北入渭　滻水亦出藍田谷北至霸陵入霸　涇水出安定涇陽幵頭山東至陽陵入渭　渭水出隴西首陽縣鳥鼠同穴山東北至華陰入河　豐水出鄠南山

豐谷北入渭、鎬水在昆明池北、牢水出鄠縣西南入潏谷北流入渭、潏水在杜陵從皇子陂西北流經昆明池入渭、

三輔黃圖卷六終

水經總論

晁公武曰水經三卷漢桑欽撰欽成帝時人後魏酈道元注史稱道元好學歷覽奇書撰注水經行於世陳振孫曰欽邯鄲書目以爲漢人晁氏言成帝時人當有所據按唐志注或云郭璞撰又杜氏通典按水經晉郭璞注三卷後魏酈道元注四十卷皆不詳所撰者名氏亦不知何代之書佑謂二子博贍解釋固應精當然水經云濟水過壽張則前漢壽良縣光武更名又東北過臨濟則前漢狄縣安帝更名又云荷

水過湖陸則前漢湖陵縣章帝更名又云汾水過河東郡永安則前漢彘縣順帝更名故知順帝以後纂序也詳水經所作殊爲詭誕全無憑據按後漢郡國志濟水王莽末因旱渠塞不復截河南過統順帝時所撰都不詳悉其餘可知景純注解又甚疎略亦爲迂怪以其僻書人多不覩謂其審正未之精也

王伯厚曰水經引天下之水百三十七江河在焉酈氏注引枝流一千二百五十二通典謂晉郭璞注三卷後魏酈道元注四十卷皆不詳撰者名氏不知何

代之書云濟水過壽張則前漢壽良縣光武更名又東北過臨濟則狄縣安帝更名荷水過湖陸則湖陵縣章帝更名汾水過永安則彘縣順帝更名故知順帝以後纂序也愚按經云武侯壘又云魏興安陽縣注謂諸葛武侯所居魏分漢中立魏興郡又云改信都從長樂則晉太康五年也然則非後漢人所撰隋志云郭璞注而不著撰人舊唐志云郭璞撰愚謂所載及魏晉疑出於璞也新唐志始以爲桑欽而又云一作郭璞撰蓋疑之也經云河水又北薄骨律鎮城

注云赫連果城也乃後魏所置其鄭氏附益歟按前漢儒林傳古文尚書塗惲授河南桑欽君長晁氏讀書志謂欽成帝時人意者欽爲此書而後人附益如山海經禹益所記有長沙零陵桂陽諸暨之名本草神農所述有豫章朱崖趙國常山奉高眞定臨淄馮翊之稱爾雅作於周公而云張仲孝友蒼頡篇造於李斯而云漢兼天下皆非本文顔之推嘗論之矣通典又謂景純注解疎略多迂怪今郭注不傳

歐陽圭齋曰按隋經籍志有兩水經一本三卷郭璞注一本四十卷酈善長注善長卽道元也然皆不著撰人姓名唐杜佑作通典時尚見兩書言郭璞疎略於酈注無所言撰人則桑未之考也舊唐志云郭璞作宋崇文總目亦不言撰人爲誰但云酈注四十卷亡其五然未知兩水經之一在一亡已見於斯時否也新唐志乃謂漢桑欽作水經一云郭璞作今人言桑欽者本此也崇文總目作於宋景佑與新志皆同時又未知新志何所據以爲說也余嘗參訂之說者疑欽爲東漢順帝以後人以彘一縣疑之也今經言

江水東逕永安宮南永安宮昭烈託孤於孔明之地也今特著於斯又若因其人而重者得非蜀漢間人所爲也不寧惟是也其言北縣名多晉氏置南縣名多孫氏置余又未暇一二數也斯州近代宇文氏以爲經傳相淆者此說近之也然必作經作傳之人定而後可分也或者又曰豈非欽作於前二氏附益於其後也書或然也而此未必也西漢儒林傳言塗惲授河南桑欽君長尚書晁氏言欽成帝時人使古有兩桑欽則可欽爲成帝時欽則是書不當見遺於漢

藝文志也，

水經總目

卷上

卷下

水經卷上

漢　桑欽撰　　南昌許旭惠校

河水

崑崙墟在西北，去嵩高五萬里，地之中也，其高萬一千里。河水出其東北陬，屈從其東南流，入于渤海，又出海外，南至積石山下，有石門，河水冒以西南流。河水又南入葱嶺山，河水又西逕罽賓國北，河水又西逕月氏國南，又西逕安息南，河水與蜺羅跂禘水同注雷翥海，又西逕四大塔北，又西逕陀衛國北，河水又東逕皮山國北，其一源出于闐國南山，北流與葱嶺河合，東注蒲昌海，河水又東與于闐河合，又西北流注于河。南河又東逕于闐北，南河又東北逕扜彌國北，南河又東逕且末國北，北河又東北流，分為二水，枝流出焉，北河自疏勒逕流南河之北，北河又東逕莎車國南，北河之東南逕溫宿國北，河又東逕姑墨國南，河水又東逕注賓城南，又東逕樓蘭城南而東注，河水又東注于泑澤，又東入塞，過敦煌、酒泉、張掖郡，南河水又自東河曲逕西海郡，南河水又東逕允川而歷大榆小榆谷北、又東過隴西河關縣北、洮水從東南來流注之、河水又東北流入西平郡界、左合二川、南流入河、又東北濟川水注之、河水東又逕澆河故城北、河水又東北逕黃川城、河水又東逕石城南、左合北谷水、河水又東北逕黃河城南、河水又東北逕廣違城北、又合烏頭川水、河水又東逕邯川城南、河水又東臨津谿水注之、河水又東逕臨津城北白土城南、河水又東左會白土川水、河水又東北會兩川、右合二水、河水又東得野亭南、河水又東逕

鳳林北、河水又東與灕水合、河水又逕左南城南、大河又東逕赤岸北、河水又東洮水注之、又東過金城允吾縣北、河水又東逕石城南、又東過榆中縣北、又東過天水北界、又北過武威媼圍縣東北、又東北過天水勇士縣北、又東北過安定北界麥田山、河水東北流逕安定祖厲縣故城西北、河水又東北逕麥田城西、又北與麥田泉水合、河水又東北逕麥田山西河水又東北逕于黑城北、又東北高平川水注之、河水、又東北逕眴卷縣故城西、河水又北過北地富平

縣西、河水又北逕富平縣故城西、河水又北薄骨律鎮城、河水又逕典農城東、河水又北逕典農城東、河水又東北逕廉縣故城東、河水又與北枝津河水又東北逕渾懷鄣西、河水又東北歷石崖山西、又北過朔方臨戎縣西、河水又北逕臨戎縣故城西、河水又北有枝渠東出、謂之銅口、東逕沃野故城南、河水又北屈而爲南河出焉、河水又北迆西溢於窳渾縣故城東、河水又屈而東流爲北河、東逕高闕南、河水自臨河縣東逕陽山、南河水又南逕馬陰山西、河水又

東南逕朔方縣故城東北、河水自朔方東轉逕渠搜縣故城北、河水又東逕成宜縣故城南、河水又東逕原亭城南、河水又東逕宜梁縣之故城南、河水又東逕稒陽城南、又東過臨沃縣南、河水又東枝津出焉、河水又東流石門水南注之、河水又東逕稒陽縣故城南、河水又東逕塞泉城南而東注、又東過雲中楨陵縣南、又東過沙南縣北、從縣東屈南過沙陵縣西、河水屈而流白渠水注之、河水南入楨陵縣西北、又南過赤城東、又南過定襄桐過縣西、河水於二縣之

間濟有君子之名、河水又東南左合一水、河水又南
樹頹水注之、河水又南太難水注之、河水又左得湳
水口、又南過西河圜音銀陽縣東、河水又東端水入焉、
河水又南諸次之水入焉、河水又南湯水注之、又南
離石縣西、奢延水注之、河水又南陵水注之、河水又
南得離石水口、又南過中陽縣西、又南過土軍縣西、
河水又南合契水、河水又南得大蛇水、河水又南、又
納辱水、又南過上郡高奴縣東、河水又南蒲川石樓
山南逕蒲城東、河水又南過河東北屈縣西、河水又

南得鯉魚、河水又南羊求水入焉、河水又南爲採桑
津、又南過皮氏縣西、河水又南合蒲水、河水又南逕
丹水西南、河水又南黑水注之、河水又南至嚳谷傍、
河水又南洛水自猟山枝分東派、東南注于河、又南
出龍門口、汾水從東來注之、河水又南右合暢谷水、
河水又南逕梁山原東、河水又南崌谷水注之、河水
又南右合陶梁水、河水又西徐水注之、河水又南逕
子夏石室、又南過汾陰縣西、河水又逕郃陽城東、河
水又南逕陶城西、又南過蒲坂縣西、河水又南逕雷

首山西、又南涑水注之、又南至華陰潼關、渭水從西
來注之、河水歷船司空與渭水會、河水又東北玉澗
水注之、河水又東逕閿鄉俟河東、與全鳩澗水合、又
東過河北縣南、河水又東永樂澗水注之、河水自河
北城南東逕芮城、河水又會槃澗、河水又東逕湖縣
故城北、河水又東合柏谷水、河水又東右合門水、又
東過陝縣北、又西逕陝縣故城南、又東過大陽縣南、
河水又東逕大陽縣故城南、河水又東沙澗水注之、
又東過砥柱間、河之右則崤水注之、河水又東千崤

之水注焉、又東過平陰縣北、又東至鄧、清水從西北
來注之、河水又東與教水合、河水又與畛水合、河水
又東合庸庸之水、河水又東逕平陰縣之河水西會
濝水一作右會、河水又東過平陰縣北、湛水從北來注之、
河水又東逕河陽縣故城南、河水又逕臨平亭北、河
水又東逕洛陽縣北、河水又東逕平縣故城北、河水
又東湨水入焉、又東沛水注焉、又東過鞏縣北、洛水
從縣西北流注之、又東過成皋縣北、濟水從北來注
之、河水又逕黃馬坂北、河水又東逕旋門坂北、河水

東逕成臯大伾山下、河水南對玉門、河水又東合汜水、河水又東逕板城北、河水又東逕五龍塢北、又東過滎陽縣蒗蕩渠出焉、河水又東北逕卷之扈亭北、河水又東逕八激堤北、河水又東逕卷縣北、河水又東北逕赤岸固北、而東北注之、又東北過武德縣東、沁水從之、東至酸棗縣西、濮水東出焉、河水又東北通謂之延津、河水又逕東燕縣故城北、則有濟水自北來注之、河水又東淇水入焉、又東逕遮害亭南、河水又東右逕滑臺城、又東北過黎陽縣南、河水自津

東北逕凉城縣、河水又東北逕伍子胥廟南、河水又東北爲長壽津故瀆、東北逕戚城西故瀆、又逕繁陽縣故城東北、逕陰安縣故城西故瀆、又東北逕昌樂縣故城東故瀆、又東北逕平邑郭西、又東北逕元城縣故城西北、而至沙丘堰、至于大陸、北播于九河、河之故瀆自沙丘堰南分屯氏河出焉、河水故瀆東北逕發干縣北城西、又屈逕其北、大河故瀆又東逕貝丘縣故城南、大河故瀆、又東逕甘陵縣故城南、大河故瀆、又東逕平原縣故城西、而北絕屯氏三瀆、北逕

經幕縣故城東北、西流逕平原鬲縣故城西、大河故瀆、又北逕修縣故城東、又北逕安陵縣西、大河故瀆、北出爲屯氏河、逕館陶縣東、東北出左瀆、又北逕經城東繚城西、又逕南宮縣西北、注絳瀆右瀆、又東北逕廣宗縣故城南、又東北逕界城亭北、又東北逕長樂郡武彊縣故城東、又東北逕廣川縣、與水故道合、又東北逕廣川縣故城西、又東逕棘津亭南、張甲故瀆、又東北至修縣、東會清河、屯氏別河東枝津出焉、東逕信成城南、又東逕清陽縣故城南、清河郡北、又

東北逕陵鄉南、又東北逕東武城縣故城南、又東北逕東陽縣故城南、屯氏別瀆、又東北逕清河郡南、又東北逕清河故城西、屯氏別河北瀆、東逕繹幕縣故城南東邑大河故瀆、又東北逕平原縣枝津北、出至安陵縣、遂絕、屯氏別河北瀆、又東北逕重平縣故城南、屯氏別河北瀆又東入陽信縣、今無水、又東爲咸河東北流、逕陽信縣故城北、屯氏別河南瀆自平原東絕大河故瀆、又逕平原縣故城北、東北枝津、又出東北至安德縣界、東會商河、屯氏別河南瀆又東北

於平原界又有枝渠右出至安德縣遂絶屯氏別河南瀆自平原城北首受大河故瀆東出亦通謂之篤馬河東北逕安德縣故城西又東北逕臨齊城南始又屈逕其城東故瀆廣四十步又東北逕重丘縣故城西又東北逕西平昌縣故城北又逕般縣故城北東逕樂陵縣故城北又東北逕陽信縣故城南東北入海屯氏河故瀆自別河東逕甘陵之信鄉縣故城南屯氏故瀆又東逕甘陵縣故城北逕靈縣北又東北逕鄃縣與鳴犢河故瀆合上承大河故瀆於靈縣

南東北逕靈縣東東入鄃縣而北合屯氏瀆又東北右過衛國縣南又東北過濮陽縣北瓠子河出焉河水東逕鐵丘南河水東北流而逕濮陽縣北爲濮陽津河水又東北逕衛國縣南東爲郭口津河水又東逕鄄城縣北（一作闞名）河水又東北逕范縣之秦亭西河水又東北逕委粟津左會浮水故瀆故瀆東絶大河故瀆東逕五鹿之野浮水故瀆又東南逕闕邑又東逕衛國縣故城南古斟觀浮水故瀆又東逕河牧城而東北出又東北入東武陽縣東入河又有漯水出焉河水又東逕武陽縣東范縣西而東北流也又東北過東阿縣北河水於范縣東北流爲倉亭津河水又歷柯澤逕東阿縣故城西而東北出流注又東北過茌平縣西河自鄧里渠東北逕昌鄉亭北逕碻磝城西河水又與鄧里渠水上承大河於東阿縣西東逕東阿縣故城北又東北逕臨邑縣與將渠合又北逕茌平縣東臨邑縣故城西北流入於河河水又東北流逕四瀆津又東北過高唐縣界

漯水

漯水又東北逕清河縣故城北漯水又東北逕文鄉城東南又東北逕博平縣右與黄溝同注川澤又東逕文鄉城又東南逕王城北黄溝又東北逕左與漯水隱覆勢鎮河陸東出於高唐縣大河右迤東注漯水矣漯水又東北逕援縣故城西漯水又逕高唐縣故城東漯水又東北逕漯陰縣故城北漯水又東北逕著縣故城南又東北逕崔氏城北漯水東南逕東朝陽縣故城南漯水又東逕漢徵君伏生墓南漯水又東逕鄒平縣故城北又東北逕界東鄒城北漯水

又東北逕建信縣故城北漯水又東北逕千乘縣二城間又東北爲馬常坑又東北過楊墟縣東商河出焉商河又北逕平原縣東又逕安德縣故城南又東北逕昌平縣故城南又東逕般縣故城南又東逕樂陵縣故城南商河又東逕初鄉縣故城南沙溝水注之商河又東北流逕馬嶺城西北而流屈而東注南轉逕城東商河又東北逕富平縣故城北商河又分爲二水南水謂之長聚溝北水世又謂之白薄瀆大河又東北逕高唐縣故城西大河又北逕張公城臨

側河湄河水又北逕平原縣故城東大河右溢世謂之甘棗溝故瀆又東北歷長隄逕溫谷縣北河水又東北逕陽阿縣故城西又東北過漯陰縣北河水自平原左逕安德城東而北爲鹿角津東北逕般縣樂陵初鄉厭次縣故南厭次河河水又逕濕陽縣故城北一作右逕河水又東北爲漯沃津河水又東逕千乘城北又東北過黎城縣北又東北過甲下邑濟水從西來注之又東北入于海河水又東分爲二水枝津東逕甲下城南東南歷常沇沽瀆

汾水

汾水出太原汾陽縣北管涔山東南過晉陽縣東晉水從縣東南流注之又南洞渦水從東來注之又南過大陵縣東又南過平陶縣東文水從西來流注之又南過寇爵津一作冠又南入河東界又南過永安縣西又南過楊縣東西南過高梁邑西又南過平陽縣東又南過臨汾縣東又屈從縣南西流又西過長修縣南又西過皮氏縣南又西至汾陰縣北西注于河

澮水

澮水出河東絳縣東澮交東高山西過其縣南又西

南過虒祁宮南又西至王橋注于汾水

涑水

涑水出河東聞喜縣東山黍葭谷又西過周陽邑南又西南過其縣南又西南過安邑縣西又南過解縣東又西南注于張陽池

文水

文水出大陵縣西山文谷東到其縣屈南到平陶縣東北東入于汾

原公水

原公水出兹氏縣西羊頭山、東過其縣北、又東入于
汾、

洞過水

洞過水出沾縣北山、西過榆次縣南、又西到晉陽縣
南、西入于汾、出晉水下口者也、

晉水

晉水出晉陽縣西縣壅山、又東過其縣南、又東入于
汾水、

湛水

湛水出河內軹縣西北山、東過其縣北、又東過皮縣
之北、又東過毋辟邑南、又東南當平陰縣之東北、南
入于河、

濟水

濟水出河東垣縣東王屋山、爲沇水、又東至溫縣西
北、爲濟水、又東過其縣北、屈從縣東南流過隤城西、
又南當鞏縣北、南入于河、與河合流、又東過成皋縣
北、又東過滎陽縣北、又東至北濼谿南、東出過滎陽

北、濟水又東逕西廣武城北、濟水又東逕東廣武城
北、濟水又東逕敖山北、濟水又東合滎瀆、濟水又東
逕滎陽縣北、濟水又東南礫石溪水注之、濟水又東
索水注之、又東過陽武縣北、濟水又東北流、南濟也、
逕陽武縣故城南、濟水又東逕封丘縣南、濟水又東
逕東昏縣故城北、濟水又東逕濟陽縣故城南、又東
過封丘縣北、北濟也。濟水又東逕原武縣故城南、濟
瀆又東逕酸棗縣之烏巢澤北、又東過平丘縣南、北
濟也、濟水者又東過濟陽縣北、濟也、又東過冤朐縣

南、又東過定陶縣南、南濟也、濟水又東北荷水東出
焉、濟水又東逕秦相魏冉冢、濟水又東北逕定陶恭
王陵南、濟水又東北逕定陶縣故城南、又屈從縣東
北流、南濟也、濟水又東至乘氏縣西分爲二、南爲荷
水、北爲濟瀆、北濟又東北逕冤朐縣故城北、又東北
與濮水、濟水故瀆又北右合洪水、又東北過壽張縣
西界安民亭南、汶水從東北來注之、濟水又北逕須
朐城西、濟水又逕微鄉東、又北過須昌縣西、濟水又
北逕漁山東、左合馬頰水、濟水自魚山北逕清亭東、

又北過穀城縣西濟水又北逕周首亭西又北過臨邑縣東濟水又北逕平陰城西濟水又東北至垣苗城西又東北過盧縣北濟水又逕盧縣故城北濟水又東北與中川水合濟水又東北右會玉水濟水又東北濼水出焉濟水又東北華不注山又東北過臺縣北濟水又東北合芹溝水又東北過菅縣南又東過梁鄒縣北又東北過臨濟縣南濟水又東北逕爲淵渚謂之平州濟水又東北逕樂安縣故城南又東北過利縣西又東北過甲下邑入于河又東北入海

其一水東流者過乘氏縣南又東過昌邑縣北又東過金鄉縣南又東過東緡縣北濟水又東逕漢平狄將軍扶溝侯淮陽朱鮪冢又東過方與縣北爲菏水濟水東逕重鄉城南菏水又東過湖陸縣南東入於泗水又東南過沛縣東北又東南過留縣北又東過彭城縣北睢水從西來注之濟水又南逕彭城縣故城東又東南過徐縣北又東至下邳睢陵縣南入于淮

清水

清水出河內修武縣之北黑山東北過獲嘉縣北又東過汲縣北又東入于河

沁水

沁水出上黨湼縣謁戾山南過穀遠縣東又南過猗氏縣東又南過陽阿縣東又南出山過沁水縣北又東過野王縣北又東過周縣北又東過邢丘（一曰懷縣之北）又東過武德縣南又東南至滎陽縣北東入于河

洪水

洪水出河內隆慮縣西大號山又東過內黃縣南爲

白溝屈從縣東北與洹水合又東北過館陶縣北又東北過清淵縣西又東北過廣宗縣東爲清河又東北過東武城縣西又北過廣川縣東又東過修縣南又東北過東光縣西又東北過南皮縣西又東北逕浮陽縣西又東北過濊邑北又東北過鄉邑南又東北逕窮河邑南又東北過漂榆邑入于海

蕩水

蕩水出河內蕩陰縣西山東又東北至內黃縣入于黃澤

洹水

洹水出上黨泫氏縣東、過隆慮縣北、又東北出山、逕
鄴縣南、又東過內黃縣北、東入于白溝、

濁漳水

濁漳水出上黨長子縣西發鳩山之漳水焉、東過其
縣南、屈從縣東北流注、又東過壺關縣北、又東北過
屯留縣潞縣北、又東過武安縣、又東出山過鄴縣西、
又東過列人縣南、又東北過斥漳縣南、又東北過曲
周縣東、又東北過鉅鹿縣東、又北過堂陽縣西、又東

北過扶柳縣北、又東北過信都縣西、又東北過下博
縣之西、又東北過阜城縣北、又東北至昌亭與虖池
河會、又東北至樂成陵縣別出北、又東北過成平縣
南、合清河、又東北過章武縣西、又東北過平舒縣南、
東入海、

清漳水

清漳水出上黨沾縣西北少山大黽谷、南過縣西、又
從縣南屈東過涉縣西、屈從縣南、東至武安縣南黍
窖邑、入于濁漳、

易水

易水出涿郡故安縣閻鄉西山、東過范陽縣南、又東
過容城縣南、又東過安次縣南、又東過泉州縣南、東
入于海、

滱水

滱水出代郡靈丘縣高氏山、南過廣昌縣南、又東南
過中山上曲陽縣北、恒水從西來注之、又東過唐縣
南、又東過安喜縣南、又東過安國縣北、又東過博陵
縣南、又東北入于易、

聖水

聖水出上谷、東過良鄉縣南、又東過長鄉縣北、又東
過安次縣南、東入于海、

巨馬水

巨馬河出代郡廣昌縣淶山、東過迺縣北、又東南過
容城縣北、又東南至泉州縣西南、東入八丈溝、又南
又東過勃海東平舒縣北、東入于海

濕水

濕水出鴈門陰館縣、東北過代郡桑乾縣南、又東過

涿鹿縣北又東南出山過廣陽薊縣北又東至漁陽雍奴縣西入笥溝、

濕餘水

濕餘水出上谷居庸關東、又東流過軍都縣南又東流過薊縣北又北屈東南至狐奴縣西入于沽河、

沽水

沽河從塞外來、南過漁陽狐奴縣北、西南與濕餘水合爲沽河、又東南至雍奴縣西笥溝又東南至泉州縣與清河合東入于海、清河者泒河尾也、

鮑丘水

鮑丘水從塞外來、南過漁陽縣東、又南過潞縣西又南至雍奴縣北屈東入于海、

濡水

濡水從塞外來、東南過遼西令支縣北、又東南過海陽縣西南入于海、

大遼水

大遼水出塞外衛白平山、東南入塞過遼東襄平縣、又東南過房縣西又東過安市縣西南入于海又玄菟高句麗縣有遼山

小遼水

小遼水所出西南至遼隧縣、入于大遼水也、

浿水

浿水出樂浪鏤方縣、東南過於臨浿縣、東入于海、

洛水

洛水出京兆上洛縣讙舉山、洛水又東尸水注之、洛水又東得乳水、洛水又東會于龍餘之水、洛水又東門水出焉、洛水又東逕熊耳山北、東北過盧氏縣南、

洛水逕陽渠關北、洛水又東逕盧氏縣故城南、洛水東與高門水合、洛水又東松楊谿水注之、洛水又東庫谷水注之、又東北過蠡城邑之南、又東過陽市邑南、又東北過于父邑之南、洛水又東渠谷又東北過宜陽縣南、洛水又東逕宜陽縣故城南、又東北出散關南、洛水又東枝瀆左出焉又東北過河南縣南、又東過洛陽縣南、伊水從西來注之、又東過偃師縣南、洛水又北陽渠水注之、洛水又東逕訾城北、又東羅水注之、又東北過鞏縣東、又北入于河、洛水又東北

流入于河、

伊水

伊水出南陽縣西蔓渠山、東北過郭落山、又東北過陸渾縣南、又東北過新城縣南、又東北過伊闕中、又東北至洛陽縣南、北入于洛、

瀍水

瀍水出河南穀城縣北山、東與千金渠合、又東過洛陽縣南、又東過偃師縣、又東入于洛

澗水

澗水出新安縣南白石山、東南入於洛、

穀水

穀水出宏農黽池縣南墦冢林穀陽谷、東北過穀城縣北、又東過河南縣北、東南入于洛、

甘水

甘水出宏農宜陽縣鹿蹄山、東北至河南縣南、北入洛、

漆水

漆水出扶風杜陽縣俞山、東北入于渭、

滻水

滻水出京兆藍田谷、北入于灞、

沮水

沮水出北地直路縣、東過馮翊祋祤縣北、東入于洛、

渭水

渭水出隴西首陽縣渭谷亭南鳥鼠山、又北過襄武縣北、又東過獂道縣南、又東過冀縣北、又東過上邽縣、又東過陳倉縣西、又東逕武功縣北、又東芒水從南來流注之、渭水又東過槐里縣南、又東澇水從南來注之、渭水又東北逕黃山宮南、就水注之、渭水又

東合田谿水、渭水又東逕槐里縣故城南、渭水又東合甘水、又東豐水從南來注之、渭水又東北與鎬水合、渭水又東北逕渭城南、而洈水注之、又東過長安縣北、渭水又東與洈水枝津合、渭水又逕長安城北、又東過華陰縣北、又東過鄭縣北、又東過霸陵縣北、霸水從縣西北流注之、東入于河

漾水

漾水出隴西氐道縣嶓冢山、東至武都沮縣、爲漢水

又東南至廣魏白水縣西、又東南至葭萌縣東北、與羌水合、又東南過巴郡閬中縣、又東南入漢州江津縣東南入于江、

丹水

丹水出京兆上洛縣西北冢嶺山、東南過其縣南、又東南過商縣南、又東南至于丹水縣、入于汋、

汝水

汝水出河南梁縣勉鄉西天息山、東南過其縣北、又東南潁川郟縣南、又東南過定陵縣北、又東南過郾

縣北、又東南過汝南上蔡縣西、又東南過平輿縣南一作平輿又東至原鹿縣南、入于淮、

水經卷下

潁水

潁水出潁川陽城縣西北少室山、又東南過其縣南、又東南過陽翟縣北、又東南過潁陽縣西、又東南過潁陰縣西南、又東南至慎縣東南、入于淮、又東南過臨潁縣南、又東南汝南㶏強縣北、洧水從河南密縣東流注之、又東過西華縣北、又南過汝陽縣北、又東南過南頓縣北、㶏水從西來流注之、又東南至新陽縣北、蒗蕩渠水從西北來注之、

洧水

洧水出河南密縣西南馬領山、又東南過其縣南、又東過鄭縣南、鄫水從西北來注之、又東南過長社縣北、又東南過新汲縣東北、又東南過茅城邑之東北、又東過習陽城西、折入于潁、

潩水

潩水出河南密縣大騩山、東南入于潁、

滑水

滑水出鄭縣西北平地、東過其縣北、又東南過其縣

東又南入于洧水渠、出滎陽北河、東南過中牟縣之北、又東至浚儀縣又屈南至扶溝縣北其一者、東南過陳縣也、又東南至汝南新陽縣北、又東南過山桑縣北、又東南過龍亢縣南、又東南過義城縣西南入于淮、

陰溝水

陰溝水出河南陽武縣蒗蕩渠、東南至沛為過水、又東南至下邳淮陵縣入于淮、

汳水

汳水出陰溝于浚儀縣北、又東至梁郡蒙縣為濉水、餘波南入淮陽城中獲水、出汳水於梁郡蒙縣北、又東過蕭縣南又東至彭城縣北、東入于泗、

睢水

睢水出梁郡鄢縣又東過睢陽縣南、又東過相縣南、屈從城北、東流當蕭縣南入于睢、

瓠子水

瓠子河出東郡濮陽縣北、河東至濟陰句縣為新溝、又東北過廩丘縣為濮水、又北過東郡范縣東北為濟渠、與將渠合、又東北過東阿縣東、又東北過臨邑縣西、又東北過茌平縣東為鄧里渠、又東北過祝阿縣為濟渠、又東北至梁鄒縣西分為二、其東北者為濟河、其東者為時水、又東北至濟西、濟河東北入于海、時水東至臨淄縣西、屈南過太山華縣東、又南至費縣東入于沂、

汶水

汶水出太山萊蕪縣原山、西南過嬴縣南、又東南過奉高縣北、屈從縣西南流過博縣西北、又西南過蛇

丘縣南、又西南過剛縣北、又西南過平章縣南、又西南過無鹽縣南、又西南過壽張縣北、又西南至安民亭入于濟、

泗水

泗水出魯卞縣北山、西南過魯縣北、又西過瑕丘縣東、屈從縣東南流、漷水從東來注之、又南過平陽縣西、又南過高平縣西、洸水從北西來流注之、又南過方與縣東、荷水從西來注之、又屈東南過湖陸縣南、涓涓水從東北來流注之、又南過沛縣東、又東逕山

陽郡，又東南過彭城縣東北，又東南過呂縣南，又東南過下邳縣西，又東南入于淮。

沂水

沂水出泰山蓋縣艾山，南過琅邪臨沂縣東，又南過開陽縣東，又東過襄賁縣東，屈從縣南西流，又屈南過剡縣西，又南過良城縣西，又南過下邳縣西，南入于泗。

洙水

洙水出泰山蓋縣臨樂山，西南至卞縣入于泗。

沭水

沭水出琅邪東莞縣西北山，東南過其縣東，又東南過莒縣東，又南過陽都縣東，入于沂。

巨洋水

巨洋水出朱虛縣泰山，北過其縣西，又北過臨朐縣東，又北過劇縣西，又東北過壽光縣西，又東北入于海。

淄水

淄水出泰山萊蕪縣原山，又東北過臨淄縣東，又東過利縣東，又東北入于海。

汶水

汶水出朱虛縣泰山，北過其縣東，又北過淳于縣西，又東北入于濰。

濰水

濰水出琅邪箕縣東北，過東武縣西，又北過平昌縣東，又北過高密縣西，又北過淳于縣東，又東北逕都昌縣東，又東北入于海。

膠水

膠水出黔陬縣膠山，北過其縣西，又北過夷安縣東，又北過當利縣西北，入于海。

沔水

沔水出武都沮縣東狼谷中，沔水又東南逕沮水戍而東南流注漢，曰沮口。沔水又東逕白馬戍南，濜水入焉。沔水又東逕武侯壘南，又東逕沔陽故城南，沔水又東逕西樂城北，漢水又左得度口水，灙水又東黃沙水左注之，漢水又東合褒水，漢水又東逕漢廟堆下，又東過南鄭縣南，漢水又東得長柳渡，漢水又左會文水、漢水又東、黑水注之、又東過城固縣南、又東過魏興安陽縣南、涔水出自旱山北注之、漢水又東逕灙城南、與洛谷水合、漢水又東逕小城固南、漢水又東逕石門灘、漢水又東逕嫣墟爲灘、漢水又東逕猴經灘、漢水又東逕小大黃金南、漢水又東合灙蒢漢口、漢水又東右會洋水、漢水又東歷放頭、漢水又東合直水、漢水又東逕直城南、漢水又東逕晉昌郡之寧都縣南、漢水又東逕魚脯谿口、又東過西城縣南、漢水又東右得大勢、漢水右對月谷口、漢水又

東逕西城縣故城南、漢水又東爲鱣湍、漢水又東合旬水、漢水又東逕木蘭塞南、漢水又東左得育漢、漢水又東逕魏興郡之錫縣故城北、漢水又東歷姚方、沔水又東過襄陽縣北、沔水又東合檀谿水、沔水又逕平魯城南、又從縣東屈西南、淯水從北來注之、沔水中有魚梁洲、沔水又逕桃林亭東、沔水又東南逕蔡洲、沔水又東南邑城北、沔水又東合洞口、又東過中廬縣東、淮水自房陵縣淮山東流注之、沔水又東南流逕黎丘故城西、又南過邔縣東北、邔一作 沔水又

南得木里水會、又南過宜城縣東、夷水出自房陵縣東流注之、沔水又逕鄀縣故城南、沔水又東敖水注之、沔水又東南與白水合、沔水自荆城東南流逕當陽縣之章山東、沔水又東右會權口、沔水又東南與陽口合、又東南逕江夏雲杜縣東、夏水從西來注之、沔水又東逕左桑、沔水又東合巨亮水口、沔水又東得合驛口、沔水又東謂之橫桑、沔水又東謂之鄭灘、沔水又東得死沔、沔水又東與力口合、沔水又東南涢入水焉、沔水又東逕沌陽縣北、又南至江夏沙羨

縣北、南入于江、沔水與江合流、又東過彭蠡澤、又東北出居巢縣南、又東過牛渚縣南、又東至石城縣分爲二、其一東北流、其一又過毗陵縣北爲北江、南江又東與貴長池水合、南江又南東逕宜城之臨城縣南、南江又東與桐水合、南江又東逕寧國縣南、南江又東北爲長瀆、歷河口、東則松江出焉、江水奇分、謂之三江口、又東至會稽餘姚縣東入于海、江水又東逕黃橋下、江水又東逕餘姚縣故城南、江水又東注于海、又東過堵陽縣、堵水出焉、自上粉縣北流注之、

又東過鄖鄉縣南、漢水又東逕鄖鄉縣故城南、漢水又東逕琵琶谷口又東北流又屈東南過武當縣東北、漢水又東爲偃子潭、漢水又東南逕武當縣故城北、漢水又東平陽川水注之沔水又東南逕縣城東、沔水又東逕龍巢山下、又東南逕涉都縣東北又東南過鄀縣之西南又南逕穀城東、又南過陰縣之西、沔水又東南得洛谿口又南過筑陽東筑水出自房陵縣東、過其縣南流注之、又東逕學城南沔水又南逕筑陽縣東沔水又東爲漆灘又東過山都縣東北、

沔水又東逕樂山北沔水又東逕隆中

潛水

潛水出巴郡宕渠縣、又南入于江

湍水

湍水出酈縣北芬山、南流過其縣東、又南過冠軍縣東、又東過白牛邑南、又東南至新野縣東入于淯、

均水

均水出淅縣北山、南流過其縣之東、又南當涉都邑縣北、南入于沔、

粉水

粉水出房陵縣、東流過郢邑南、又東過穀邑南、東入于沔、

白水

白水出朝陽縣西、東流過其縣南、又東至新野縣西、東入于淯、

沘水

沘水出沘陽東北太胡山、東南流逕其縣南、泄水從南來注之、又西至新野縣南入于淯、

淮水

淮水出南陽平氏縣胎簪山、東北過桐柏山、淮水又東逕義陽縣、淮水又逕義陽縣故城南淮水又東得獅口水東過江夏平春縣北淮水又東油水注之淮水又東北與大木水合、淮水又東北流左會湖水淮水又東逕安陽縣故城南、又東逕新息縣南淮水又東逕浮光山北淮水又東右壑水淮水又東北申陂枝水注之、淮水又東逕淮陰亭北、又東逕白城南、淮水又東逕長陵戍南、又東青陂水注之、淮水又東北

合黃水、又東過期思縣北、淮水又東北浬水注之、一作渒東過原鹿縣南、汝水從西北來注之、又東過廬江安豐縣東北、決水從北來注之、淮水又東、谷水入焉、淮水又東北左會潤水、淮水又東北窮水入焉、又東北至九江壽春縣西、沘水洪水合北注之、又東、穎水從西北來流注之、淮水又東流、與穎口會東南逕倉陵北、又東北流逕壽春縣故城西、淮水又北左合椒水、又東過壽春縣北、肥水從縣東北流注之、淮水又北逕山硤中、謂之硤石、淮水又北逕莫耶山西、又東過當塗縣北、過水從西北來注之、淮水又東北濠水注之、淮水又北沙水注之、又東過鍾離縣北、淮水又東逕夏丘縣南、淮水又東逕浮山、淮水又東逕徐縣南、歷澗水注之、淮水又東、池水注之、淮水又東、蘄水注之、淮水又東歷客山、逕盱眙縣故城西、又東北至下邳淮陰縣西、泗水從西北來流注之、又東過淮陰縣北、中瀆水出白馬湖、東北注之、又東南小水流注之、又東至廣陵淮浦縣、入于海、

滍水

滍水出南陽魯陽縣西之堯山、東北過潁川定陵縣西北、又東過郾縣南、東入于汝、

淯水

淯水出宏農盧氏縣攻離山、東南過南陽西鄂縣西北、又東過宛縣南、又屈南過淯陽縣東、又南過新野縣西西過鄧縣東、南入于沔、

濦水

濦水出濦強縣南澤中、東入潁、

灈水

灈水出汝南吳房縣西北奧山、東過其縣北、入于汝、

瀙水

瀙水出潕陰縣東上界山、東過吳房縣南、又東過灈陽縣南、又東過上蔡縣南、東入汝、

潕水

潕水出潕陰縣西北扶予山、東過其縣南、又東過西平縣北、又東過郾縣南、又東過定潁縣北、東入于汝、

溳水

溳水出蔡陽縣、東南逕隨縣西、又南過江夏安陸縣

西、又東南入于夏、

漻水

漻水出江夏平春縣西南、過安陸、入于涓

蘄水

蘄水出江夏蘄春縣北山、南過其縣西、又南至蘄口、南入于江、

決水

決水出廬江雩婁縣南大別山、北過其縣東、又北過安豐縣東、又北入于淮、

泚水

泚水出廬江灊縣西南霍山東北、東北過六縣東北、入于淮、

泄水

泄水出博安縣北、過芍陂、西與泚水合、西北入于淮、

肥水

肥水出九江成德縣廣陽鄉西、肥水別北過其縣西、北入芍陂、又北過壽春縣東、北入于淮、

施水

施水亦從廣陽鄉東南入于湖

沮水

沮水出漢中房陵縣淮水、東南過臨沮縣界、又東南過枝江縣東南入于江、

漳水

漳水出臨沮縣東荆山、東南過蓼亭、又東過章鄉南、又南至枝江縣北烏扶邑入于沮

夏水

夏水出江流于江陵縣東南、又東過華容縣南、又東至江夏雲杜縣入于沔、

羌水

羌水出羌中參狼谷、又東南至廣魏白水縣、與漢水合、又東南過巴郡閬中縣、又南至墊江縣東南入于江

涪水

涪水出廣魏涪縣西北、南至小廣魏、與梓潼合

梓潼水

梓潼水出其縣北界、西南入于涪、又西南至小廣魏縣、南入于墊江、

涔水出漢中南縣東南旱山北至沔陽縣南入于沔

江水

岷山在蜀郡氐道縣大江所出東南過其縣北江水自天彭闕東逕汶關而歷氐道縣北又有湔水入焉江水又東別為沱江水又歷都安縣又東南過犍為武陽縣青衣水洙水從西南來合而注之又東南過僰道縣北若水淹水合從西來注之又東注水北流注江水又與符里水合又東過江陽縣南洛水從三

危山東過廣魏洛陽南東南注之江水逕漢安縣北江水東逕樊石灘又逕大附灘又東過符縣北邪東南鰼部水從符關東北注之又東北至巴郡江州縣東强水涪水漢水白水宕渠五水合南流注之又江水東至枳縣西延江從牂牁郡北流西屈注之又逕東望峽東歷平都江水又逕虎鬚灘江水又東逕臨江縣南江水又東得黃華水口左逕石城南又東至平洲又東逕壤塗而歷和灘又東逕界壇江水又東右得將龜谿口江水又東南會北集渠江水又右逕池谿口江水又東逕右龍又東逕羊腸虎臂灘江水又東彭水注之江水又東右逕朐忍縣故城南江水又東逕瞿巫灘江水又逕東陽灘江水又逕魚復縣之故陵江水又東為落牛灘逕故陵北江水又右逕夜清而東歷朝陽道口江水又東左逕新市里南江水又東右合陽元水口江水又東逕南鄉峽東逕永安宮南江水又東逕諸葛亮圖壘南江水又東南逕赤岬西江水又東逕魚復縣故城南江水又東逕廣谿峽西過鄧縣東江水自關東逕弱關捍關南入于

沔江水又東烏飛水注之江水又東逕巫縣故城南江水又東巫溪水注之江水又東逕巫峽江水歷峽東逕新崩灘江水又東逕石門灘又東過秭歸縣之南江水又東逕城北江水又東南逕夔城南江水又東逕歸鄉縣故城北江水又東逕信陵縣南江水又東過夷陵縣南江水歷峽東逕宜昌縣之埵竈下江水又東流頭灘江水又東逕宜昌縣北江水又東逕狼尾灘而歷人灘江水又東逕黃牛山江水又東逕西陵峽江水歷禹斷江江水出峽東南流逕城故州

江水又東逕故城北、江水又東逕白鹿巖江水又東
歷荆門虎牙之門、又東南過夷道縣北、夷水從佷山
縣南東北注之、江水又東逕上明城北、江水又東會
沮口、又南過江陵縣南、江水又東逕鷰尾洲、江水東
得馬牧口江水又東逕江陵縣故城南、江水又東逕
郢城南江水又東得豫章口、又東至華容縣西、夏水
出焉、又東南當華容縣南、涌水出焉、江水又東涌水
注之、江水又逕南平郡孱陵縣之樂鄉城北、又東南
油水從西南來注之、又東右合油口、又東逕公安縣

北、江水左會高口、江水又東得故市口、江水又右逕
楊岐北山、大江又東左合子夏口大江又東左得侯
臺水口、大江右得龍穴水口、江水自龍巢而東俞口、
又東得清揚土塢二口、大江右逕石首山北、又東逕
備安、江水左得飯筐上口、江水又右得上檀浦、江水
又東逕竹町南、又東至長沙下雋縣北、澧水沅水資
水合東流注之、湘水從南來注之、江水又東左得二
夏浦、又東逕彭城口、江水自彭城磯東逕如山北江
水又逕白螺山南、江水左逕止烏林南、江水又東

左得子練口、江水左得中陽水口、又東得白沙口、江
水東右得聶口、江水左逕百人山南、江水東逕大軍
山南、江水又東逕小軍山南、江水又東逕雞翅山北、
又東北至江夏沙羨縣西北、沔水從北來注之、江水
又東逕歎父山南、對歎州、江水又東逕魯山南、江水
左得湖口、水通太湖、又東合灄口、水上承沔水於安
陸縣而東逕灄陽縣北、東南注于江、江水又東湖水
自北南注、謂之嘉吳江、右岸頻得二夏浦、北對東城
洲、西浦側有雍伏戌、江之左岸東會龍驤水口、出北

山、蠻中江之有武口、水上通安陸之延頭、江水東逕
若城南、又東過邾縣南、江水右得黎磯北、江水又東
逕邾縣故城南、鄂縣北、江水右得樊口、江水又左逕
赤鼻山南、又東逕西陽郡南、郡治即西陽縣也、江之
右岸、有鄂縣故城、江水左則巴水注之、又東逕軑縣
故城南、東會希水口、出灊縣霍山西麓、山北有灊縣
故城、大江右岸有厭里口、安樂浦、江水左得赤水浦、
江水又東逕南陽山南、江水又東逕西陵縣故城南、
江水東歷孟家溠、江之右岸、有黄石山、水逕其北、又

東過蘄春縣南蘄水從北東注之又東過下雉縣北利水從東陵西南注之又東左得青林口

青衣水

青衣水出青衣縣西蒙山東與沫水合也至犍爲南安縣入于江

桓水

桓水出蜀郡岷山西南行羌中入于南海

若水

若水出蜀郡旄牛徼外東南至故關爲若水也南過

越嶲邛都縣西直南至會無縣淹水東南流注又東北至犍爲朱提縣西瀘江水又東北至僰道縣入于江

沬水

沬水出廣柔徼外東南過旄牛縣北又東至越嶲靈道縣出蒙山南東北與青衣水合東入于江

延江水

延江水出犍爲南廣縣又東至牂牁鄨縣東屈北流至巴郡涪陵縣注更始水又東南至武陵酉陽縣入于酉水

沅酉水

酉水東南至沅陵縣入于沅

存水

存水出犍爲郁鄢縣東南至鬱林定周縣爲周水又東北至潭中縣注于潭

温水

温水出牂牁夜郎縣又東至鬱林廣鬱縣爲鬱水又東至領方縣東與斤南水合東北入于鬱

淹水

淹水出越嶲遂久縣徼外東南至蜻蛉縣又東過姑復縣南東入于若水

葉榆水

益州葉榆河出其縣北界屈從縣東北流過不韋縣東南出益州界入牂牁郡西隨縣北爲西隨水又東出進桑關過交阯麋泠縣北分爲五水絡交阯郡中至東界復合爲三水東入海

夷水

夷水出巴郡魚復縣江東南過狼山縣南又東過夷道縣北東入于江

油水

油水出武陵孱陵縣西界又東北入于江

澧水

澧水出武陵充縣西歷山東過其縣南又東過零陽縣之北又東過作唐縣北又東至長沙下雋縣西北東入于江

沅水

沅水出牂牁且蘭縣爲旁溝水又東至鐔城縣爲沅又東北過臨沅縣南又東至長沙下雋縣西北入于江

泿水

泿水出武陵鐔城縣北界沅水谷南至鬱林潭中縣與鄰水合又東至蒼梧陵縣爲鬱溪又東至高要縣爲大水又東至南海番禺縣西分爲二其一南入于海其一又東過縣東南入于海貝水又東南一千五百里入南海

資水

資水出零陵都梁縣路山東北過夫夷縣東北過邵陵縣之北又東北過益陽縣北又東與沅水合於湖中東北入于江也

漣水

漣水出連道縣西資水之別東北過湘南縣南又東北至臨湘縣西南東入于湘

湘水

湘水出零陵始安縣陽海山東北過零陵縣東又東

北過洮陽縣東又東北過泉陵縣西又東北過重安縣東又東北過酃縣西泰水從東南來注之又東北過陰山縣西沬水從東南來注之又北過澧陵縣西漉水從東注之又北過臨湘縣西瀏水從縣西北流注又北潙水從西南來注之又北過羅縣西潤水從東來流注之又北過下雋縣西微水從東來流注之又北至巴丘山入于江

灕水

灕水亦出陽海山南過蒼梧荔浦縣又南至廣信縣

入于鬱水

溱水

溱水出桂陽臨武縣南繞城西北屈東流東至曲江縣安聶邑東屈西南流過湞陽縣出洭浦關與桂水合南入于海

洭水

洭水出桂陽縣盧聚東南過含洭縣南出洭浦關爲桂水

深水

深水出桂陽盧聚西北過零陵營道縣南又西北過營浦縣南又西北過泉陵縣西北七里至燕室邪入于湘

鍾水

鍾水出桂陽南平縣都山北過其縣東又東北過耒湝亭又北過鍾亭與雜水合又北過魏寧縣之東又東北入于湘

耒水

耒水出桂陽郴縣南山又北過其縣之西又北過便縣之西又西北過耒陽縣之東又北過酃縣東北入于湘

洣水

洣水出茶陵縣上鄉西北過其縣西又西北過攸縣南又西北過陰山縣南又西北入于湘

漉水

漉水出醴陵縣東漉山西過其縣南屈從縣西西北流至漉浦注入于湘

瀏水

瀏水出臨湘縣東南劉陽縣西北過其縣東北與撈溪水合西入于湘

潰水

潰水出豫章艾縣西過長沙羅縣西又西累石山入于湘水

贛水

贛水出豫章南野縣西北過贛縣東又西北過廬陵縣西又東北過石陽縣西又東北過漢平縣南又東北過新淦縣西又北過南昌縣西又北過彭澤縣西

北入于江、

廬水

廬江水出三天子都北過彭澤縣西北入于江、

漸江水

漸江水出三天子都北過餘杭東入于海、

斤江水

斤江水出交阯龍編縣東北至鬱林領方縣東注于鬱、容容夜緇湛乘牛渚須無無濡營進皋無地零侵黎無會重瀨夫省無變由蒲王都融勇外此皆出日南郡西東東入于海、

山澤

嵩高爲中嶽在潁川陽城縣西北、

泰山爲東嶽在泰山博縣西北、

霍山爲南嶽在廬江灊縣西南、

華山爲西嶽在宏農華陰縣西南、

雷首山在河東蒲坂縣東南、

砥柱在河東大陽縣東河中、

王屋山在河東垣曲縣東北、

太行山在河內野王縣西北、

恒山爲北嶽在中山上曲陽縣西北、

碣石山在遼西臨渝縣南水中、

析城山在河東濩澤縣西南、

太嶽山在河東永安縣、

壺中山在河東北屈縣東、

南龍門山在河東皮氏縣西、

梁山在馮翊夏陽縣西北河上、

荊山在馮翊懷德縣南、

岐山在扶風美陽縣西北、

閞山、在扶風汧縣之西

隴山、終南山、惇物山、在扶風武功縣西南

須山、在隴西臨洮縣西南、

嶓冢山、在隴西氐道縣之南、

鳥鼠同穴山在隴西首陽縣西南、

積石在隴西河關縣西南

都野澤在武威縣東北

合離山在酒泉會水縣東北、

流沙地在張掖居延縣東北、
三危山在燉煌縣南、
朱圉山在天水北冀縣南、
岷山在蜀郡湔氐道西、
嶓冢山在宏農盧氏縣南、
荆山在南郡臨沮縣東北、
内方山在江夏竟陵縣東北、
大别山在廬江安豐縣西南、
外方山嵩高是也、

桐柏山在南陽平氏縣東南、
陪尾山在江夏安陸縣東北、
衡山在長沙湘南縣南、
九江地在長沙下雋縣西北、雲夢澤在南郡華容縣之東、東陵地在廬江金蘭縣西北、敷淺原地在豫章歷陵縣西南、彭蠡澤在豫章彭澤縣北、中江在丹陽蕪湖縣南東至會稽陽羨縣入于海、震澤在吳縣南五十里、北江在毗陵北界東入于江、
嶧陽山在下邳縣之西、
羽山在東海祝其縣南、
陶丘在濟陰定陶縣之西南、
菏澤在定陶縣東、雷澤在濟陰成陽縣西北、菏水在山陽湖陸縣南、蒙山在太山蒙陰縣西南、大野澤在山陽鉅野縣東北、大邳地在河南成皋縣北、明都澤在梁郡睢陽縣東北、益州沲水在蜀郡汶江縣西南、其一在郫縣西南、皆還入江、荆州沲水在南郡枝江縣、三澨池之南在邛縣之北、右禹貢山水澤地所在凡六十、

星經目錄

卷上

目錄終

星經卷上

漢　甘公石申著　南昌李　溶校

原缺文一張

四輔
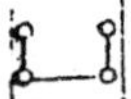

四輔四星，抱北極樞星，主君臣禮儀，主政萬機，輔弼佐理萬邦之象，輔佐北辰而出入授政也。

六甲
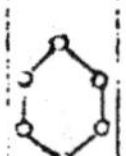

六甲六星在華蓋之下，杠星之旁，主分陰陽而配於節候出入，故在帝座旁所布政教而授農時也。

鉤陳
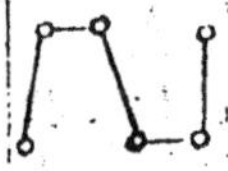

鉤陳六星在五帝下，爲後宮大帝正妃，又主天子六軍將軍，又主三公，若星暗，人主凶惡之象矣。

天皇　。

天皇大帝一星，在鉤陳中央也，不記數，皆是一星，在五帝前坐，萬神輔錄圖也，其神曰耀魄寶，主御羣靈也。

柱下　。

柱下史在北辰東、主左右史、記過事也。

尚書

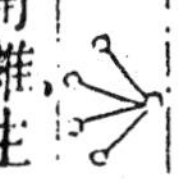

五尚書在東南維、主納言夙夜諮謀事也。

内厨

内厨二星在西北角、主六宫飲食、后妃第宴飲厨府也、

天床

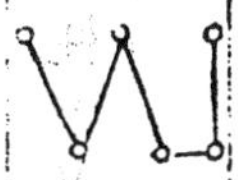

天床六星在宫門外聽政之前、亦主寢宴會讌息床

星傾、天子不安、失位也。訣曰、火入紫微宫中、天下大亂、帝王失位。

北斗

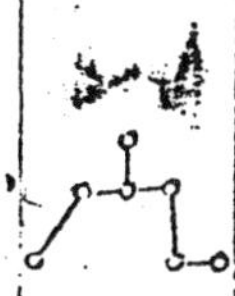

北斗星謂之七政、天之諸侯、亦爲帝車。魁四星爲琁璣、杓三星爲玉衡、齊七政、斗爲人君號令之主、出號施令、布政天中、臨制四方、第一名天樞、爲土星、主陽德、亦曰政星也、是太子像、星暗若經七日、則大災、第二名璇、主金刑、陰女主之位、主月及法、若星暗經六日、則月蝕、第三名璣、主木及禍、亦名令星、若天子不愛百姓、則暗也、第四名權、主火、爲伐、爲天理伐也、無道天子施令不依四時、則暗、第五名衡、主水、爲煞、助四時旁煞有罪、天子樂淫、則暗、第六名闓陽、主木及天下倉庫五穀、第七名瑶光、主金、亦爲應星、訣曰、王有德至天、則斗齊明、國昌、總暗則國有災起也、右斗中子星少、則人多婬亂、法令不行、木星守、貴人繫、天下亂也、火星守、兵起、人主災、人不聊生、棄宅走奔諸邑、守斗西、大饑、人相食、守斗南、五果不成、五星入斗

中、國易政、又易主、大亂也、彗孛入斗中、天下改主、有大戮、先舉兵者咎、後舉兵者昌、其國主大災、甚於彗之禍、右旁守之、咎重、細審之所守、樞入張一度、去北辰十八度也、衡去極十五度、去辰十一度、

華蓋

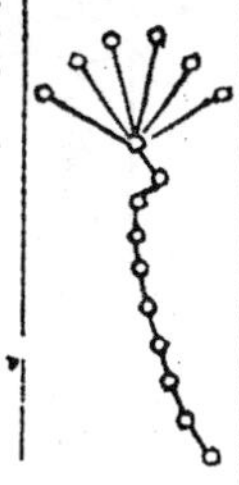

華蓋十六星、星在五帝座上、正吉、帝道昌、星傾邪、大凶、杠九星爲華蓋之柄也、上七星爲庶子之官、若星明、土匡天下、不明、主亂、期八年國無主也、

五帝座 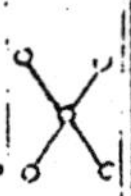
五帝內座、在華蓋下覆帝座也、五帝同座也正色上吉色變爲災凶也、

御女 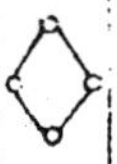
御女四星、在鉤陳北主天子八十一御女妃也、后之官明吉暗凶也

天柱 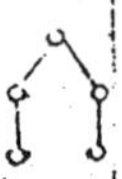
天柱五星、在紫微宮內、近東垣、主建教等二十四氣也、

女史 
女史一星在天柱下史北掌記禁中傳漏動靜、主時要事也、

陰德 
陰德二星、以太陰在尚書西、主天下綱紀陰德惠遺周給賑財之事、

大理 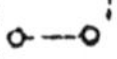
大理二星在宮門內、主刑獄事也。自北極已下五十星、並在紫微宮內外、占曰、彗孛入中宮、有異姓王火星入守北極臣下煞君木星入守北極國有大哀者、分守久有逆臣反亂土星犯乘之大人當之太子有罪五星聚在中宮改立帝王、五星及客犯守鉤陳者大臣凶所守犯之座皆受其殃咎也、

輔星
輔星像親近大臣、輔佐與而相明若明大如斗者則相奪政兵起若暗小則死免官若近斗一二寸爲臣迫脅主若五六四寸遠客及彗孛入斗中諸侯爭權逼天子、月暈斗大水入城兵起主有赦北斗第六七

損角、第四五六指南第一二指背二十有九星、

內階 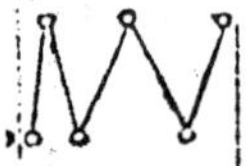
內階六星、在文昌北、階爲明堂頭、

文昌 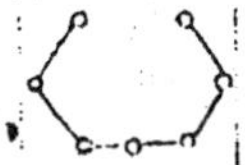
文昌七星、如半月形在北斗魁前、天府主營計天下事其六星各有名六司法大理色黃光潤則天下安、萬物成青黑及細微多所殘害搖動移處、三公被誅

不然皇后崩文昌與三公攝提軒轅共爲一體適占木土星守之天下安火星守國亂兵起金星守兵大起若彗孛流星入之大將返叛亂也

三公

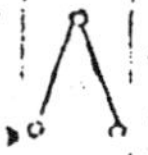

三公三星在斗柄東和陰陽齊七政以教天下人一星亾天下危二星亡天下亂三星亡天下不治也

天棓

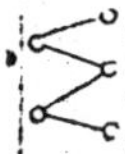

天棓五星不用明明則天下兵起斧鉞用棓棓八星皆以備非常也入氐一度去北辰二十八度

星經　卷上　六

天槍

天槍三星在北斗柄東主天鋒武備在紫微宫右以御也

傳舍

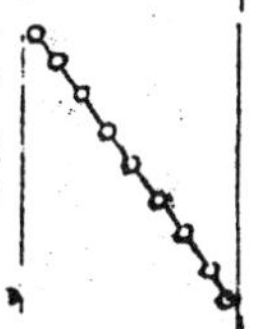

傳舍九星在華蓋衮仲北近天河主賓客之館客星守之兵起今四方館也

天厨

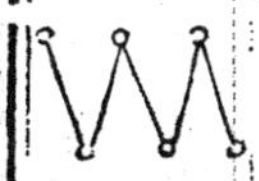

天厨六星在紫微宫東北維近傳舍北百官厨今光祿厨像之星亡君子賣衣民人賣妻子大饑客守之大饑荒

天一

天一星在紫微宫門外右星南爲天帝之神主戰鬬知吉凶星明吉暗凶若離本位而乘斗後九十日必兵大起也光明陰陽和也萬物盛天子吉星亡天下亂大凶也

太一

星經　卷上　七

太一星在天一南半度天帝神主使十六神知風雨水旱兵馬饑饉疾病災害之在其國也星明吉暗凶離本位而乘斗者九十日必兵大起也太一星入軫十度去北辰十五度半太一星去北辰十一度

天牢

天牢六星在北斗魁下貴人牢占與貫索同主禁忌暴亂志火星守入之人民相食之應有赦也

東方七宿三十三星七十五度并中外宫輔座等

角宿

角二星爲天門壽星金星春夏爲火秋冬爲水蒼龍
角也東方首宿南左角名天津蒼色爲列宿之長北
右角爲天門黃色中間名天關左主天田右主天祇
十三度八月日在北南去北辰九十一度比日月五
星皆從天關行此爲黃道入黃道爲旱其角南二度
爲太陽道入陰道爲水角宿北二度爲陰道角宿直
指辰卽是耕種火爲農官若明大王道太平若暗及
亡角搖動王者失政星微小國弱失政王道不行春
日月入角暈者王失政日月角中蝕者其邪不寧木

星守七日有赦忠臣用火星守忠臣賢相受誅縉帛
貴有鬭戰萬人兵起期以日宮中盜賊内亂火守角
宮道不通大環遶鉤巳者國大饑火犯之必戰火守
左角太尉死國危守右角五穀不熟大水災犯左右
角羣臣誅戰不成伏誅土守内主喜六十日國有忿
爭金守天下兵大盛國有爭事金火合守太白居後
被軍將殺水守王者刑罰急有水災疾疫客彗孛入
角色白者國有兵起及大喪亦軍敗城陷客守四十
五日旱五穀焦風雨不時蝗蟲起星流出角門天子
發使出外從他宿入角門外國使入中京或爲近臣
殺主戰死月蝕熒惑有亂臣在宮非賊而盜月入天
市及河而暈三重兵起天下道斷軍將失利

天理 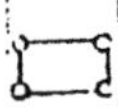

天理四星在北斗杓中主貴人牢爲執法官星不欲
明明則貴人被罪

執法 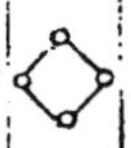

執法四星在太陽首西北主刑獄之人又爲刑政之
官助宣王命内常侍官也

太陽 。

太陽守在西北主大臣將備天下不虞事星明吉暗
凶星移天下兵起中國不安之應也入張十三度北
極四十五度

相 。

相星在北極斗南總領百司掌邦教以佐帝王安撫
國家集衆事參之佐星明吉暗凶亡相死不然流
出太陽入張十三度去北辰四十五度相入翼一度
去北辰三十一度

平道

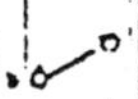

平道二星在角間主路道之官。

進賢

進賢一星在平道西主卿相薦舉逸士學官等之職也星明賢士用進暗小人用。

天門

天門二星在左角南主天門侍晏應對之所。

天田

天田二星在角北主天子畿內地左對疆界城邑邊塞。

周鼎

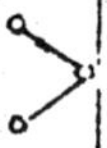

周鼎三星足狀云鼎足星在攝提大角西主神鼎。

庫樓

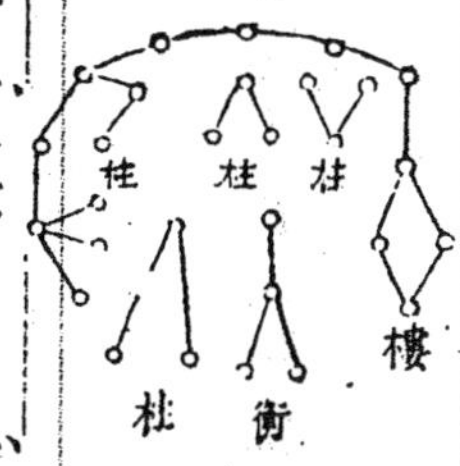

庫樓星二十九星庫樓十五柱十五星衡四星在角南軫東南次器府東一曰文陣兵車之府中繁衆則

大兵起庫中無星下臣逆誅兵盡出天下無安居者庫中柱動兵戈四出夷狄柱半不具天子自將半兵出木星守人饑米貴西入軫一度去北辰四十九度

昏中西去北辰八十九度。

左攝提

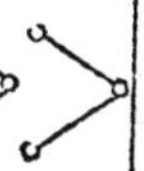

右攝提

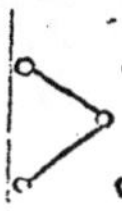

攝提六星在角亢東北主九卿爲甲兵攜紀綱建府節辭火星守天下更主金星守兵起。

大角

大角一星天棟在攝提中主帝座金星守兵大起月蝕王者惡忌之入亢三度半去北辰五十九度也

帝席

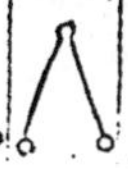

帝席三星在大角北星暗天下安星不欲明明則王公凶。

亢池

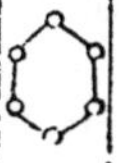

亢池六星在亢北主度送迎之事。

折威

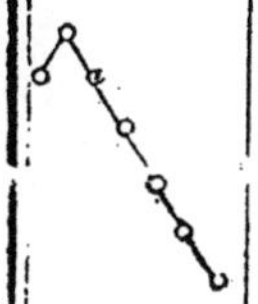

折威七星在亢南主詔獄斬殺邊將死事。

陽門

陽門二星在庫樓東北隘塞外寇盜之事

陣車

陣車三星在氐南主革車兵車

亢宿

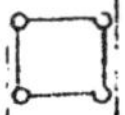

亢四星名天府一名天庭總領四海名火星春夏水秋冬金暗國內亂弱大明天下安寧日月蝕亢中國有事五星犯亢逆行君憂失國大臣不用木星守留

三十日已上有赦年豐久守其國米貴人多疾病水災木與火星同穀不成人死如草木水災火星守多雨天下兵盡返大起水星守共分米貴久守多病大水災也土星守萬物不成多病金星守天下道不通兵起盜賊水災傷人金星行入南上道五穀傷赤色旱人流走彗孛犯之其國兵起大臣作亂一年月暈圍光士卒自將百里不遂士卒死

梗河

梗河三星梗在大角帝座北主天子鋒又主胡兵及兵訣曰梗河去也相去吉相向兵起客守世亂危

騎官

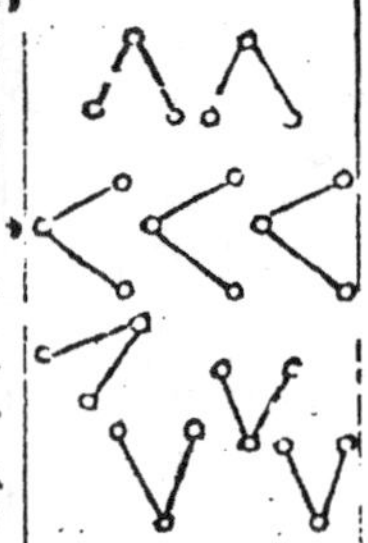

騎官二十七星在氐南主天子騎虎賁貴諸侯之族子弟宿衛天子令三衛之像星衆天下安星少兵起五星守之兵起西北入北辰一百十五度

車騎將軍

車騎將軍星在騎官東南主車騎將軍之官

車騎

車騎三星在騎官南總領車騎行軍之事

西咸

西咸四星在氐東主治淫佚南星入氐五度去北辰九十三度

七公

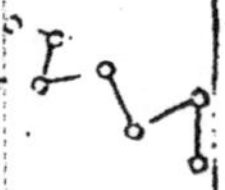

七公七星在招摇東氐北為天相主三公七政善惡星明則衆議詳審星入河中米貴人相食金星守天

下兵起亂西星入氐四度去北辰四十九度

積卒

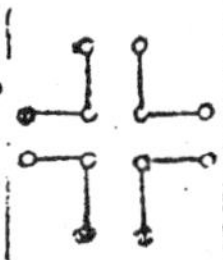

前下積卒星十二在氐東南星微小吉如大明及搖動主朝廷有兵微小吉一星亡兵半出二星亡兵大半出三星亡兵盡出五星守兵起星西入氐十三度去北辰一百二十四度

房宿

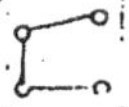

房四星名天府管四方一名天旗二名天駟三名天

龍四名天馬五名天衡六為明堂是火星春夏水秋冬火房為四表表三道日月五星常道也上第一星名為右服次將其名陽環上道二星名右驂上相其名中道三名左服次將其名下道四名左驂上相總四輔左驂左服云東方及南方可用兵右驂右服云西方北方不可用兵

玄戈

玄戈一星在招搖北一名臣戈五星守兵起星明動胡兵起入氐一度去北辰四十二度

招搖

招搖星在梗河北主胡兵芒角動兵革起行入氐二度去北辰四十一度

頓頑

頓頑二星在折威東南主治獄官拷囚情狀察眞僞也

氐宿

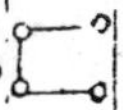

氐四星為天宿宮一名天根二名天符木星春夏木秋冬水主皇后妃嬪前二大星正妃後二左右大明

為臣奉事君寧暗失臣勢動臣出國日月氐中君犯惡之木星守之后喜守二十日有王者之所行不利疾則治遲行臣職主守必有諸侯並王火守大臣相譖逆行而赤色大臣亡久守六十日有大赦火星入之有賊臣為亂近期一年遠二年金星守者有兵起將軍有封爵者火之位水守有大水漂浸宮館萬物不成水入貴臣憂有獄事客守布帛貴土星守有立太子久守八十日已上國有兵起彗孛行入氐中後宮有與兵動不出一百八日內遭水東平月暈圍氐

六將軍缺人多疾病

鉤鈐

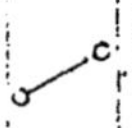

鉤鈐二星主法去房宿七寸第一名天健二名天宮管開藏若近大妻同心遠者夫妻不和大明則羣臣奉職天下道洽暗則羣臣亂政王道不行日月蝕房中王者亂昏大臣專權木星守天下和平留四十日五穀豐人安吉無疾病天子有令德期在四月火星守有兵起七月有大喪及旅十日守大夬災二十日不去必臣反及君子天子憂亂王者惡之天下兵旱

守止一日大臣亂土星守有妾王亦亂旱及地動久守其有兵金守陪勝君大有土功事國亂布帛貴久守人饑易主火守姦臣誅王大臣相譖暴詐臣佐天下乖離若出房心中間地動客守米貴十倍日月五星犯之色青國憂兵喪色白大兵相殺積尸如邱彗孛入房國危人亂相殘流星入房西行爲枉矢王殺忠臣臣殺主輔臣亡遠期三年常以三月候房日月出表南大旱喪出表北災及萬里兵亂陰雨若出中道太平許徐潁州月暈圍房心災疫凶五度九月日此上去北辰一百四度半

罰

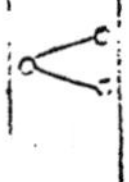

罰三星在東咸西下西北而列主受金罰贖市布租也

東咸

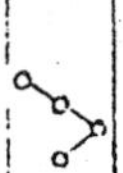

東咸四星在房東北主防淫佚木在北守而搖動天子淫佚過度星南入心二度去北辰一百三度也後則不過百八十日遠則不過三年起於宋汴等州

天乳

天乳星在氐北主甘露十五度十二中西南星去北辰九十六度此件屬前項天乳列

貫索

貫索九星在七公前爲賤人牢牢口一星爲門門欲開開則有赦若赦主人憂若牢門閉及口星入牢中有自絞死者以五子日夜候之一星亡有喜事二星亡有爵事三星亡有赦甲庚期八十日丙辛期七十日戊壬期六十日星入河中人相食若九星總見獄事煩水星守水災火星守米貴有大星出牢大赦小

星卽小曲恩降慮口舌右星入尾一度去北辰五十五度也

巫官

巫官二星在房西南主醫巫之職事也

天福

天福三星在房西主鑾駕乘輿之官也

鍵閉

鍵閉星在房東北主管籥星不欲明明則內亂門扉不禁姦淫至行於女也

心宿

心三星中天王前爲太子後爲庶子火星也春夏木秋冬水一名大火二名大辰三名鶉火中星明大赤爲照天子德行暗小失常色爲主微弱不能自辭星不欲直直則主失計動搖天子憂木星守天下安久守而絕犯者臣謀主大兵起火星守地動守二十日臣謀主色異主崩之像土守聖帝出謀臣天下太平有云國有赦久守不去憂賊天下大旱有金星守山崩四方兵起久守二十日已上去心三寸兵起鉤戰上殿期六十日亦有大蟲災人饑災也水星犯有水災及旱兵起布帛貴客守犯大旱赤地千里日月五星經心失積赤暈虹蜺背向蝕人饑兵起臣叛國易主喪大臣使客月貫心內亂彗孛入心主憂有喪大臣廢黜心變期急不過七日之應也

天市

天市垣五十六星在房心北主權衡一名天旗大明則米貴市中星衆則歲實五星入市門則兵起芒角色赤赤氣入大災火守米貴所守坐犯皆當之門左星入尾一度去北辰九十四度也

候

候星在市東主輔臣陰陽法官明則輔臣強小暗輔微弱入箕三度去北辰七十二度

宦官

宦官四星在帝座西南侍帝之傍入尾十二度

斗

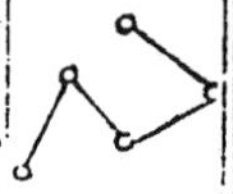

斗五星、在宦星西南、主稱量度。明斗西後則豐、若斗亡仰不熱、入尾十度、

宗人

宗人四星、在宗政東、主司享先人。星動、帝親致憂、

宗正

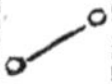

宗正二星、在帝座東南、主宗正卿大夫。暗、室位、室族事、

星經卷下

屠肆

屠肆二星、在帛度北、主屠煞之位也。

市樓

市樓六星、在市門中、主闤闠之司。今市曹官之職、

斛

斛四星、在北斗南、主斛食之事。已上諸星並在市中也。

女床

女床三星、在天紀北、主後宮生女事、侍帝及皇后。明則宮人自恣、入箕一度、去北辰五十三度、

帝座

帝座一星、在市中、神農所貴、色明潤、天子威令行。微小凶、凶大惡之、入尾十五度、去北辰七十一度、

宗星

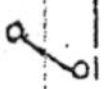

宗二星、在候東、主宗室、為帝血脉之臣、録呈宗親族等級、星明則族人有序、暗則族有憂、

列肆

列肆二星在斛西北，主貨珍寶金玉等也。

東肆

東肆二星在宮門門垣左星之西，主市易價直之官

帛度

帛度二星在宗星東北，主平量也。

天紀

天紀九星在貫索東，主九卿萬事綱紀，掌理怨訟，與貫相連有索，即地動，期二年。星不欲明，明即天下有怨

恨生，亡則國政壞。西入尾五度，去北辰五十一度。

天棓

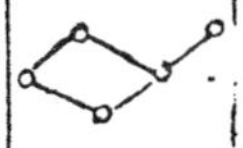

天棓五星在女床東北，主忿爭刑罰，以禦王難，備非常。明大有憂，微小吉，不用明。火星守，兵起。入箕八度，去北辰十二度。春夏火，秋冬水，主八風之始。一名析木

天雜

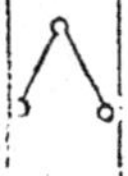

天雜三星在尾北斗杓後，若星微，則天下不復合也。

天江

天江四星在尾北，主太陰。明動，大水不禁，兵起，不具天下津梁不通。南星入尾六度，去北辰一百十一度。

天龜

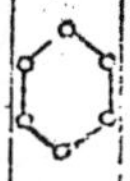

天龜六星在尾南漢中，主卜吉凶，明君臣。若火星守，旱澇災。入尾十二度，去北辰一百四十一度。

天魚

天魚一星在尾河中，主雲雨，理陰陽。明，河海出天魚，擒暴水災。火星守，南旱北水。

神宮

尾宿

龍尾九星，爲後宮，第一星后，次三夫人，次九嬪，次嬪妾。一名后族，水星也。二風后，三天鷄，四天狗，五太廟，皆欲明，大小相承，則宮多子孫。傅說一星在尾第二星東二寸，小者是其星。明則輔臣忠政，暗則庶臣亂邦。木星守尾，立太子。三十日，必后族逆兵，姦貴權臣亂國。火星守，兵相向，大臣憂。火與水合守箕尾，潤，名九江口，必有赦。若勝踊折絶者，天下亂及旱災。土星守，

多盜賊旱宮有廢黜土入魚鹽貴兵起大將出征土
火金星守淮土客合星入守人亂大臣變易失政水守
大天下水災江河決魚米貴客守賊暴貴客入天下
大饑荒亂人相食疾疫死亡他方不耕織君子貨衣
小人賣妻子日月蝕於尾貴臣中相刑反暈虹蜺背
向尾將相憂亂后有喪彗孛行犯貴臣誅內寵亂政
幽州定冀遼東等之應也

箕宿

箕四星主後別府二十七世婦八十一御女爲相天

子后也亦爲天漢九江口主梁在漢邊金星春夏金
秋冬土箕后動有風期三日也前二星爲后也箕入
河中大饑人相食箕前亦名糠星大明歲豐小歉天
下饑荒天下無米木守宮有口舌火星守天下饑久
守環遶成鉤已大臣被誅火守大水災平溢澤若十
月守之大水米倍饑土水二星守萬物不成饑久守
兵起或米貴或赦金星入守兵起有赦更主久守風
旱防內亂兵起攻政水星守穀不豐人大人憂客守
天下大饑米貴十倍人相食流亡他邑不耕織色赤

大風雨亂客在南旱計日月五星入之中天下兵起
滄州洛陽予兗廣陵等應之也

建星

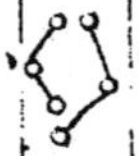

建大星在南斗北天之都關三光道也主司七耀行
得失十一月甲子冬至大應治政之宿所起也木星
守水災米貴多病金星守萬物不成久惡等守惡水
星守人饑西星入斗十七度去北辰一百十三度

天弁

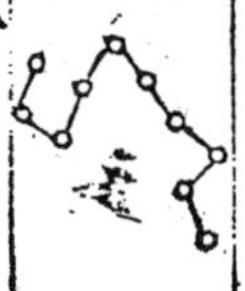

天弁九星在建北近河爲市官之長暗凶無萬物明大
萬物興衆主市易也

狗

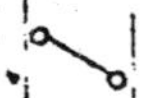

狗二星在斗魁前主卿臣被處卿臣爲亂

狗國

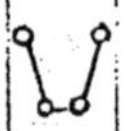

狗國四星在建東南主鮮卑烏丸明邊兵起也

天籥

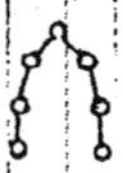

天籥七星在斗杓第二星西主鎖籥關閉明吉暗凶
災

鼈

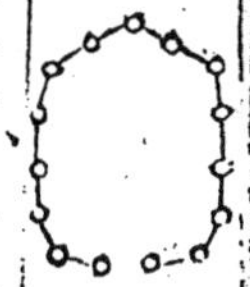

天鼈十五星、在斗南、主太陰水蟲、不在漢中、有水火災、白衣食星、大人喪、火守、旱、水星、即水災、右入斗十一度、去北辰一百二十七度、

漸臺

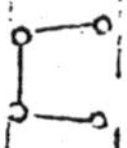

漸臺四星、屬織女東足、主晷漏律呂陰陽事

輦道

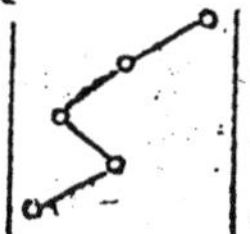

輦道五星、屬織女西足、主天子遊宮嬉樂之道也、

杵

杵三星、在箕南、主杵臼舂米事、星動、人失釜甑、修攢人饑荒、客守之、天下饑、北星入箕一度、去北辰一百四十三度、

農

農丈人一星、在斗南、主農官田政、司農卿等之職、

北方七宿、三十五星、九十八度、七十五分、五十秒、

斗宿

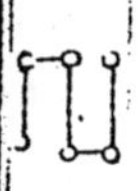

南斗六星、主天子壽命、亦云宰相爵祿之位、巫咸氏云、木星春夏、木秋冬水、一名天斧、二名天關、三名天機、大明、王道和平、將相同心、帝命壽、天下安、有大臣失位、天下驚、芒角動搖、國失忠臣、天下愁、木守、六十日、大臣增壽爵祿、木逆行、入魁中、大臣逆、久守、兵起、水災、大饑、人相食、火守、國有內變、相輔不安、兵起、火逆行順守者、及遶城鉤已、將相崩死、國災、火久守、國絕嗣、土星守、入斗中、有王者、不用兵、昇大位、守之九十日、兵起、水災、金星守、執法大臣作逆、國亂、兵起、有

赦、火金星俱入斗中、名曰鑠、必有臣子逆、久留逆、火經過速出者、禍難速平、水星守、水災、火入斗、兵起、於吳越、人大饑、守、客有兵、絕道、卒有大水、賊盜多、亂喪、弟攻兄、子殺父、或主崩、米貴、久守、國絕嗣、客守第二星、大水、人相食、客赤色入斗中、兵起、軍將死、日月入斗、大臣失位、或被戮、若斗中蝕者、日帝惡、月后惡、暈圍斗之分、入流千里、江池丹楊、越廬、洪地等應也、

天泉

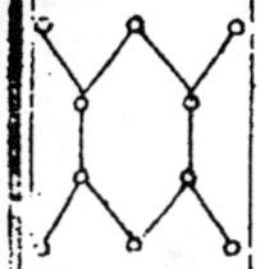

天泉十星在鼈東一百大海主灌溉溝渠之事也

織女

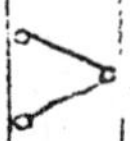

織女三星在天市東端天女主苽果絲帛收藏珍寶及女變明大天下平和常以七月一月六七日見東方色赤精明女功善一星主兵起女人爲役常向扶匡郎善不向則絲帛倍貴火星守布帛貴兵起十年乃息公主憂客守絲帛等貴入二十七度去北辰五十二度也

牽牛

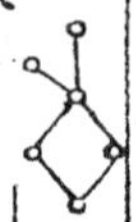

牽牛六星主關梁工星主道路中主牛木星春夏木秋冬火中央火星爲政始日月五星行起於此些携星遠漢天下牛貴明亦貴暗小賊入漢中牛疫死直米穀價平曲米貴失常色牛多死穀不成木星守天下和平久守水災人衆死米貴賣子虎害人臣謀主木逆久守有水道不通火星守老臣逆牛貴十倍人相食兵起將軍死大水災津梁不通土星守臣謀主君有央位臣金星守地氣泄兵起至城天下人多死水守辰星常以冬朝牽牛若不朝來年五穀不熟大水損害客守二十日兵起彗孛行牛中吳越有自王者彗出牛中七十日有政更像虹蜺出牛必有壞城臨淮月暈圍牛損小兒災變也八度八月昏中氐中去北辰一百十度

扶匡

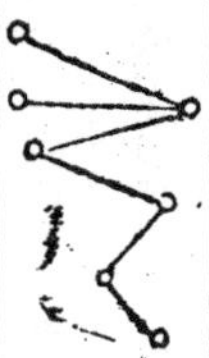

扶匡七星在天柱東主桑蠶之事

天鷄

天鷄二星在狗國北主異鳥火星守兵起土守人饑

食流亡

河鼓

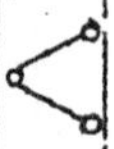

河鼓三星中大星爲大將軍左星爲左將軍右爲右將軍星直吉爲將軍幹能曲郎凶爲失計奪勢左右旗各九星並在牛北枕河主軍鼓達者聲音設守險以旗表亡動兵起左旗黑色主陰幽之處備警急之事河鼓有芒角爲將軍雄强百盛也

天桴

天桴四星在左旗南北列主漏刻天桴若暗漏刻失

時明則得所吉

九坎

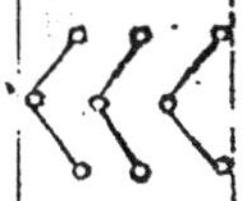

九坎九星在牛南主溝渠水泉流通明災起暗吉五星守及犯之水泛溢西入斗四度去北辰一百二十六度

天田

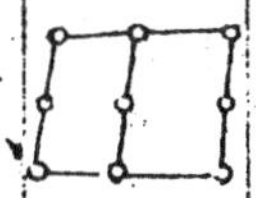

天田九星在牛東南主畿内田苗之職

羅堰

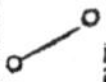

羅堰二星在牛東星不明暗吉大明馬被水淹浸

女宿

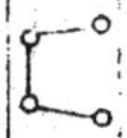

須女四星主布帛爲珍寶藏一名婺女天女水星春夏水秋冬火大明女功有就天下甚熟小暗天下不足庫藏空虛日月蝕女中天下女功不爲邦憂患木星守歲多水有喜女主人多凍死火星守產婦多死布帛貴蒙土星守人相嫉惡有錢人暴貴存女喪金星守臣下謀主兵起人多死女多寡府藏出珍帛水星守有水災萬物不成布帛貴客守諸侯進妓女布絹貴有女暴貴彗孛行犯國兵起女亂常海西郡婺州台州等月暈圍主女死也十二月日在此二月旦中西星去北辰一百六度

離珠

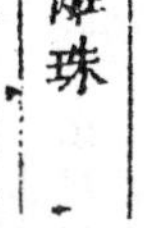

離珠五星在女北主藏府以御後宮移則亂西入女一度去北辰九十四度也

瓜瓠

瓜瓠五星在離珠北敗瓜五瓜南星明大熟主陰謀後宮天子果園星不具搖動有賊害人木水客星等守魚鹽貴瓜瓠入女一度去北辰七十一度

瑠瑜

瑠瑜三星在秦代東南列北主王侯衣服

虛宿

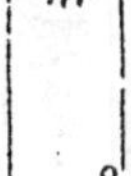

虛二星主廟堂哭泣金星春夏水秋冬金一名玄枵二名顓頊三名大卿亦曰臨官星欹枕斜上下不比則饗祀失禮木星守昭穆失序人饑多病木星與土合

守名陳陽盡爲大水災魚行人道民流亡不居其處
期三年當大旱赤地千里火星守赤地千里女子多
死萬物不成有土功役天子愁兵久守人饑米貴斗
倍土守風雨不時大旱冬風米貴金星守臣謀主國
政急兵起殺人流血水星守旱萬物不成客守其
分有災疫若淩犯環遶鉤巳國亂彗孛行犯久有兵
入相殺流血如川屍如丘大星如半月守名天賊爲
帝主者奉郊廟以銷災齊州日躔虛兵動人饑

越

越一星在婺女之南

鄭

鄭一星在越星南

趙 

趙二星在鄭之南

齊 

齊二星在越星南

周 

周二星在越星東

楚 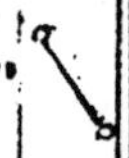

楚二星在魏星南

燕

燕一星在楚星南

秦 

秦二星在周星東南

魏 

魏二星在韓星北

韓

韓一星在晉星北

晉

晉一星在代星西北

代 

代二星在秦星南

右件星色黑變動流亡五星淩犯則其國各當咎也

司非　司危　司祿　司命

司命司祿司危司非各二星巳上在虛北司祿次司

命北司危次司祿北司非次司危北
名落主天下壽命爵祿安泰危敗是非之事

天津

天津九星在虛北河中主津瀆津梁知窮危通濟度之官星明動兵起參差米貴星大津不通三河水為害星移河溢覆赤氣入之旱災黃白氣入天子有令德火星守天下大亂及旱西入牛二度去北辰四十九度也

危宿

危三星主宮室祭祀土星春夏水秋冬火動而暗天子宮室土功事興

墳

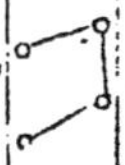

墳墓四星在危下主山陵悲慘事暗失本位小不見則山陵毀梓宮刳割事也日月蝕危中主宮殿崩陷大臣殺天下作逆木星守祀不敬天子別造宮室土火守人多役死不葬歲儉南方有兵久守東大兵逆國敗政人饑旱米貴十倍土星守土功起旱損急兵金星守罷兵將軍喜慶水星守臣下亂謀敗破被刑法官有憂國有水災日月五星入天下亂來年大饑客守王侯主國政乖米貴彗孛行犯國返兵起流星入天下不安近半年遠三年蔡州太原郡月當國色人多病

室宿

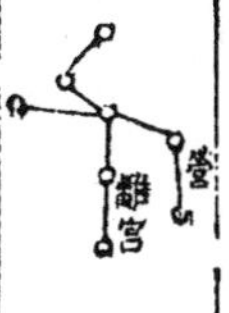

營室二星主軍糧離宮上六星主隱藏木星春夏火秋冬水一名宮二名室明國昌動搖兵出起日蝕室

中王自將出征不伏月蝕歲饑百姓絕種上六星名離宮主六宮妃后位為掖求卷若危乘守入城鉤已環遶左右逆行往來於宮者為妃后廢黜或主崩后黨被誅或宮女外通以時占之木星守在南東有善事北即憂西米貴火星守將軍凶久守成鉤已者主失官位大臣陰謀憂旱米貴十倍大臣作逆守經二十日已上至久九十日臣亂被君纂位天子惡之土星守主陰造宮室起土功將軍益封金星守兵革散久守軍兵滿野水星守水災民為主欲敗亡候之不

出四十客守有軍出失兵法主民得地人来貴人散
彗孛星出天下亂國易政卒爲續廣政彗孛犯之前
起兵者爲弱亦不守鬬戰必敗涇衛甘泰州月暈圍
室壁下人謀成起謀不成婦兒多病死者應之時敢
占之應也

奚仲

奚仲四星在天津北帝王東宫之官也

鉤

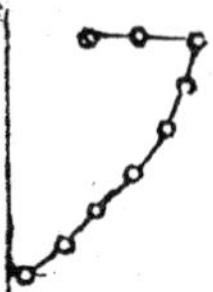

鉤九星在造父西河中星移主地動之應也

車府

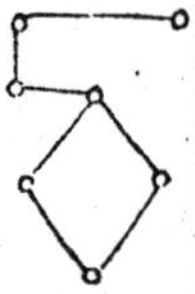

車府七星在天津東近河主官車之府也

哭

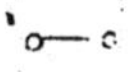

哭二星在虚南主死哭之事

泣

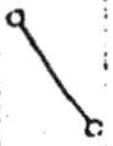

泣二星在哭星東已上並主死悲泣之事

造父

造父五星在傳舍南主御女之官則馮貴

蓋屋

蓋屋二星在危宿之南主宮室之事也

虚梁

虚梁四星在危南主國陵寢廟非人居處

天壘

天壘十三星如貫索狀在哭泣之南主北夷丁零匈
奴之事也

敗臼

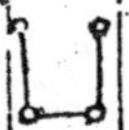

敗臼四星在虚危南主政治如哭泣亡人賣釜甑出
鄉宅客守人亂西南入女十三度去北辰一百三十
一度

人星

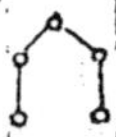

人五星在危北主天下百姓亡官有詐僞作詔勑之
人爲婦人凶亂者也

杵臼

杵臼星在人傍主舂軍糧臼四星在杵下若杵臼不
相當軍事饑臼仰歲熟豐傾覆大饑也

土吏

土吏三星在室西南主備設司過農事

天錢

天錢十星在虛梁南主錢財庫聚天下財物備調之輩司令左右庫藏是也

螣蛇

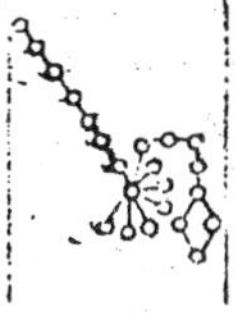

螣蛇二十三星在室北枕河主水蟲晴國安移南大旱移北大水客守水災頭入室二度去北辰五十度

也

天海

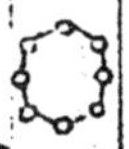

天海十星在壁西南五星及客守之水涌溢浸溺人邑

雷電

雷電六星在室西南主與雷電也

雲雨

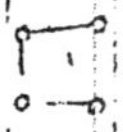

雲雨四星在雷電東主雨澤萬物成之

霹靂

霹靂五星在雲雨北主天威擊擘萬物

北落

北落師門一星在羽林軍西主候兵星明大而角軍兵安小暗天下兵五星犯兵起金水木星守尤甚木土犯吉火星守人兵羽不可固國滅朝亡入危九度去北辰一百二十度

天剛

天剛二星在北落西南主天繩張漫野宿所用也

八魁

八魁九星在北落東南主獸之官五星及客守之兵起金火星守尤凶甚

鈇鑕

鈇鑕三星在八魁西北一名斧鉞主斬刈亂行誅詐詐偽入暗吉移處兵起

壁宿

東壁二星主文章圖書也土星春夏金秋冬上一名天衍失色大小不同天子將封爵土而失之下過日蝕壁中國不用賢士失文字月蝕壁中大臣憂文者死

木星守五經仕人、被用朝廷與、火星守、大臣謀君、歲旱不熟、米貴、不顯內外勝政、兵起、上星守久、賢臣國用文章道術與行、國君延壽、天下豐熟太平、火星入中衡君崩五日則、相聽若不死則流散、土星守、逆行入壁萬物不成、守經九十日已上、火兵起、百姓有立王者、金星守、天下不通、王者急刑罰、有兵大臣憂、水守水災、道不通、客守多風雨、及水災、臣下賊王者政河事內明通明、有政事內清、月暈壁、其久國亂、彗孛行犯兵起、火守火災、太廟門、天下有兼并者、辟明王

道與、有君子在位、星暗王道衰、人得用武、蘭凉衛州等分也、

羽林

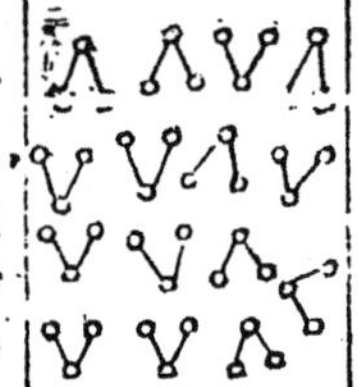

羽林軍星四十五星、壘壁十二星、並在室南、主翊衛天子之軍、入安飛將星、欲威明、天下安、星暗兵盡失、西入室五度、去北辰一百二十三度也、

王良

王良五星、在奎北河中、為御馬官、漢中四星天駟旁一星名王良、主疾及路、為天橋、主急兵也、星不具、津河不通、移向四方隨方有兵起也

策

策一星、在王良前、為天子僕、策御馬、占云、王良策馬、車騎滿野、大兵起、火守、良兵起、明則馬賤、暗即馬貴、西入壁半度、去北辰四十二度、

土公

土公二星、在壁南、主營造宮室起土之官等類也、

廄

天廄十星、在壁北、主天子馬坊廄苑之官也、

荆楚歲時記

晉　宗懍著　　金谿熊　澗校

正月一日、是三元之日也、春秋謂之端月。雞鳴而起、先於庭前爆竹、以辟山臊惡鬼、埠按御覽引作山魈

按神異經云、西方山中有人焉、其長尺餘、一足、性不畏人、犯之則令人寒熱、名曰山臊、以竹著火中、烞熚有聲、而山臊驚憚、元黃經所謂山𤢖鬼也、俗人以爲爆竹起於庭燎、家國不應濫於王者、

長幼悉正衣冠、以次拜賀、進椒柏酒、飲桃湯、進屠蘇酒、膠牙餳、下五辛盤、進敷于散、服却鬼丸、各進一雞子、造桃板著戶、謂之仙木、凡飲酒次第從小起、

按四民月令云、過臘一日、謂之小歲、拜賀君親、進椒酒、從小起、椒是玉衡星精、服之令人身輕能老、柏是仙藥、成公子安椒華銘、則曰肇惟歲首、月正元日、厥味惟珍、蠲除百疾、是知小歲則用之、漢朝元正則行之、桃者五行之精、厭伏邪氣、制百鬼也、董勛云、俗有歲首用椒酒、椒花芬香、故采花以貢樽、正月飲酒先小者、以小者得歲、先酒賀之、老者失歲、故後與酒、周處風土記曰、元日造五辛盤、正元日五薰鍊形、五辛所以發五藏之氣。莊子所謂春月飲酒茹蔥、以通五藏也、敷于散出葛洪煉化篇、方用柏子人、麻人、細辛、乾薑、附子等、分爲散、井華水服之、又方江夏劉次卿、以正旦至市、見一書生入市、衆鬼悉避、劉問書生曰、子有何術以至於此、書生言我本無術、出之日、家師以一丸藥絳囊裹之、令以繫臂、防惡氣耳、於是劉就書生借此藥、至所見鬼處、諸鬼悉走、所以世俗行之、其方用武都雄黃丹散二兩、蠟和、令調如彈丸、正月旦令男左女右帶之、周處風土記曰、正旦當生吞雞子一枚、謂之練形、膠牙者、蓋以使其牢固不動、今北人亦如之、熬麻子大豆兼糖散之、案練化篇云、正月旦吞雞子赤豆七枚、辟瘟氣、又肘後方云、旦及七日吞麻子小豆各二七枚、消疾疫、張仲景方云、歲有惡氣中人、不幸便死、取大豆二七枚、雞子白麻子酒吞之、然麻豆之設、當起於此、梁有天下不食葷、荆自此不復食雞子、以從常則、

帖畫雞戶上、懸葦索於其上、插桃符其傍、百鬼畏之、
按魏議郎董勛云、今正臘旦門前作烟火、桃神絞
索松栢、殺雞著門戶逐疫、禮也、括地圖曰、桃都山
有大桃樹、盤屈三千里、上有金雞、日照則鳴、下有
二神、一名鬱、一名壘、並執葦索、以伺不祥之鬼、得
則殺之、應劭風俗通曰、黃帝書稱上古之時兄弟
二人、曰荼與鬱、住度朔山上桃樹下、簡百鬼、鬼妄
搰人、援以葦索、執以食虎、於是縣官以臘除夕飾
桃人、垂葦索、虎畫於門、效前事也、

又以錢貫繫杖腳、廻以投糞掃上、云令如願、
按錄異記云、有商人區明者、過彭澤湖、有車馬出、
自稱青洪君、要明過厚禮之、問何所須、有人教明
但乞如願、及問以此言答、青洪君甚惜如願、不得
已許之、乃其婢也、既而送出、自稱商人或有所求、
如願並爲即得、後至正旦、如願起晚、乃打如願、如
願走入糞中、商人以杖打糞掃喚如願、竟不還也、
此如願故事、今北人正月十五日夜立于糞掃邊、
令人執杖打糞堆云云、以答假痛、意者亦爲如願
故事耳、
正月七日爲人日、以七種菜爲羹、翦綵爲人、或鏤金
箔爲人、以貼屏風、亦戴之頭鬢、又造華勝以相遺、登
高賦詩、
按董勛問禮俗曰、正月一日爲雞、二日爲狗、三日
爲羊、四日爲豬、五日爲牛、六日爲馬、七日爲人、正
旦畫雞於門、七日帖人於帳、今一日不殺雞、二日
不殺狗、三日不殺羊、四日不殺豬、五日不殺牛、六
日不殺馬、七日不行刑、亦此義也、古乃磔雞、今則不

殺、荆人於此日向辰門前呼牛馬雞畜、令來、乃置
粟豆於灰、散之宅內、云以招牛馬、未知所出、翦綵
人者、人入新年、形容改從新也、華勝起於晉代、見
賈充李夫人典戒云、像瑞圖金勝之形、又取像西
王母戴勝也、舊以正旦至七日諱食雞、故歲首唯
食新菜、又餘日不刻牛馬羊狗豬之像、而二日畫
施人雞、此則未喻、郭緣生述征記云、壽張縣安仁
山、宋東平王鑿山頂爲會人日望處、刻銘於壁、文
字猶在、老子云、衆人熙熙、如登春臺、楚詞云、目極

千里傷春心則春日登臨自古爲適但不知七日
竟起何代晉代桓温參軍張望亦有正月七日登
高詩近代以來南北同耳北人此日食煎餅於庭
中作之云薰火未知所出

立春之日悉翦綵爲鷰戴之帖宜春二字

按宜春二字傅咸鷰賦有其言矣賦曰四時代至
敬逆其始彼應運於東方乃設鷰以迎至翬輕翼
之岐岐若將飛而未起何夫人之功巧式儀形之
有似御靑書以贊時著宜春之嘉祉

正月十五日作豆糜加油膏其上以祠門戶先以楊
枝插門隨楊枝所指仍以酒脯飲食及豆粥插箸而
祭之

按續齊諧記曰吳縣張成夜起忽見一婦人立於
宅東南角謂成曰此地是君家蠶室我卽此地之
神明年正月半宜作白粥泛膏其上以祭我當令
君蠶桑百倍言絕而失之成如言作膏粥自此後
大得蠶世人正月半作粥禱之加肉覆其上登屋
食之呪曰登高糜挾鼠腦欲來不來待我三蠶老

則是爲蠶逐鼠矣石虎鄴中記正月十五日有登
高之會則登高又非今世而然者也

其夕迎紫姑以卜將來蠶桑并占衆事

按劉敬叔異苑云紫姑本人家妾爲大婦所妬正
月十五日感激而死故世人作其形迎之呪云子
胥不在云是其壻曹夫人已行云是其姑小姑可
出於廁邊或豬欄邊迎之捉之覺重是神來也平
原孟氏嘗以此日迎之遂穿屋而去自爾著以敗
衣蓋爲此也洞覽云帝嚳女將死云生平好樂至

正月可以見迎又其事也俗云溷廁之間必須靜
然後至紫姑雜五行書廁神名後帝異苑云陶侃
如廁見人自云後帝著單衣平上幘謂侃曰三年
莫說貴不可言將後帝之靈憑此姑而言乎

正月夜多鬼鳥度家家槌牀打戶捩狗耳滅燈燭以
禳之

按玄中記云此鳥名姑獲一名天地女一名隱飛
鳥一名夜行遊女好取人女子養之有小兒之家
卽以血點其衣以爲誌故世人名爲鬼鳥荊州彌

多斯言信矣

正月未日夜蘆苣火照井厠中則百鬼走

元日至於月晦並爲酺聚飲食士女泛舟或臨水宴樂

按每月皆有弦望晦朔以正月初年時俗重以爲節也玉燭寶典曰元日至月晦今並酺食度水士女悉湔裳酹酒於水湄以爲度厄今世人唯晦日臨河解除婦人或湔裙

春分日民並種戒火草於屋上有鳥如烏先雞而鳴

架架格格民候此鳥則入田以爲候

社日四鄰並結綜會社牲醪爲屋於樹下先祭神然後饗其胙

按鄭氏云百家共一社今百家所社綜即共立之社也

去冬節一百五日卽有疾風甚雨謂之寒食禁火三日造餳大麥粥

據歷合在清明前二日亦有去冬至一百六日者琴操曰晉文公與介子綏俱亡子綏割股以啖文公文公復國子綏獨無所得子綏作龍蛇之歌而隱文公求之不肯出乃燔左右木子綏抱木而死文公哀之令人五月五日不得舉火又周舉移書及魏武明罰令陸翽鄴中記並云寒食斷火起於子推琴操所云子綏卽推也又云五月五日與今有異皆因流俗所傳據左傳及史記並無介子推被焚之事案周書司烜氏仲春以木鐸循火禁于國中注云爲季春將出火也今寒食準節氣是仲春之末清明是三月之初然則禁火蓋周之舊制

陸翽鄴中記曰寒食三日醴酪又煑粳米及麥爲酪擣杏仁煑作粥玉燭寶典曰今人制爲大麥粥研杏仁爲酪引餳沃之孫楚祭子推文云干飯一盤醴酪二盂是其事也

鬬雞鏤雞子鬬雞子

按玉燭寶典曰此節城市尤多鬬雞卵之戲左傳有季郈鬬雞其來遠矣古之豪家食稱畫卵今代猶染藍茜雜色仍加雕鏤遞相餉遺或置盤俎管子曰彫卵然後瀹之所以發積藏散萬物張衡南

菰賦曰、春卵夏筍、秋韭冬菁、便是補益滋味、其關卵則莫知所出。董勛書云、心如宿卵爲體内藏、以據其剛髣髴闕望也、

打毬鞦韆施鈎之戲、

按劉向別錄曰、蹴鞠黄帝所造、本兵勢也、或云起於戰國、按鞠與毬同、古人蹋蹴以爲戲也、古今藝術圖云、鞦韆北方山戎之戲、以習輕趫者、施鈎之戲、以綆作篾纜相胃、綿亘數里、鳴鼓牽之、求諸外典、未有前事、公輸子遊楚、爲舟戰、其退則鈎之、進

則強之、名曰鈎強、遂以時越、以鈎爲戲、意起於此、涅槃經曰、闘輪骨輪索、其秋遷之戲乎、鞦韆亦施鈎之類也、

三月三日、士民竝出江渚池沼間、爲流杯曲水之飲、

按續齊諧記、晉武帝問尚書摯虞曰、三日曲水、其義何指、答曰、漢章帝時、平原徐肇以三月初生三女、而三日俱亡、一村以爲怪、乃相攜之水濱盥洗、遂因流水以濫觴、曲水起於此、帝曰、若此談、便非嘉事、尚書郎束晳曰、摯虞小生、不足以知此、臣請説其始、昔周公卜成洛邑、因流水以泛酒、故逸詩云、羽觴隨波流、又秦昭王三月上巳、置酒河曲、有金人自東而出、奉水心劍曰、令君制有西夏、及秦霸諸侯、乃因其處立爲曲水、二漢相沿、皆爲盛集、帝曰善、賜金十五斤、左遷摯虞爲陽城令、按韓詩云、唯溱與洧、方洹洹兮、唯士與女、方秉蕑兮、注謂今三月桃花水下、以招魂續魄、祓除歲穢、周禮女巫歲時祓除釁浴、鄭注云、今三月上巳水上之類、司馬彪禮儀志、三月上巳、官民并禊飲於東流水上、

彌驗此日、南岳記云、其山西曲水壇、水從石上行、士女臨河壇、三月三日所逍遥處、周處呉徵注呉地記、則又引郭虞三女、竝以元巳日死、故臨水以消災、所未詳也、張景陽洛禊賦、則洛水之遊、傅長虞神全文、乃圍池之宴、孔子云、暮春浴乎沂、則水濱禊祓由來遠矣、

是日、取鼠麴汁蜜和粉、謂之龍舌䉽、以厭時氣、

四月也、有鳥名穫穀、其名自呼、農人候此鳥、則犁杷上岸、

按爾雅云鳲鳩鵲鵴郭璞云今布穀也江東呼穫穀崔寔正論云夏扈趍耕鋤即竊脂元鳥鳴穫穀則其夏扈也

五月俗稱惡月多禁忌曝牀薦席及忌蓋屋

按異苑云新野庾寔嘗以五月曝席忽見一小兒死在席上俄失之其後寔子遂亡或始於此或問董勛曰俗五月不上屋云五月人或上屋見影覓便去勛答曰蓋秦始皇自爲之禁夏不得行漢魏未改按月令仲夏可以居高明可以遠眺望可以

升山陵可以處臺榭鄭元以爲順陽在上也今云不得上屋正與禮反敬叔云見小兒死而禁暴席何以異此乎俗人月諱何代無之但當矯之歸于正耳

五月五日四民並蹋百草又有鬬百草之戲採艾以爲人懸門戶上以禳毒氣

按宗測字文度嘗以五月五日雞未鳴時採艾見似人處攬而取之用灸有驗師曠占曰歲多病則艾先生

是日競渡採雜藥

按五月五日競渡俗爲屈原投汨羅日傷其死故並命舟檝以拯之舸舟取其輕利謂之飛鳧一自以爲水軍一自以爲水馬州將及土人悉臨水而觀之邯鄲淳曹娥碑云五月五日時迎伍君逆濤而上爲水所淹斯又東吳之俗事在子胥不關屈平也越地傳云起於越王勾踐不可詳矣是日競採雜藥夏小正此月蓄藥以蠲除毒氣

以五綵絲繫臂名曰辟兵令人不病瘟又有條達等織組雜物以相贈遺取鴝鵒教之語

按仲夏繭始出婦人染練咸有作務日月星辰鳥獸之狀文繡金縷貢獻所尊一名長命縷一名續命縷一名辟兵繒一名五色絲一名朱索名擬甚多青赤白黑以爲四方黃爲中央襞方綴於胸前以示婦人計功也此月鴝鵒子毛羽新成俗好登巢取養之以教其語也

夏至節日食糭

周處謂爲角黍人並以新竹爲筒糭楝葉插五綵

鞶膺、謂爲長命縷、
是日取菊爲灰以止小麥蠹、
按干寶變化論云朽稻爲蛬朽麥爲蛺蝶、此其驗
乎、
六月伏日並作湯餅名爲辟惡
按魏氏春秋何晏以伏日食湯餅、取巾拭汗面色
皎然乃知非傅粉則伏日湯餅自魏已來有之、
七月七日爲牽牛織女聚會之夜、
按戴德夏小正云是月織女東向蓋言星也春秋

斗運樞云牽牛神名畧、石氏星經云牽牛名天關、
佐助期云織女神名收陰史記天官書云是天帝
外孫傳元擬天問云七月七日牽牛織女會天河、
此則其事也河鼓黃姑牽牛也皆語之轉
是夕人家婦女結綵縷穿七孔鍼、或以金銀鍮石爲
鍼陳瓜果於庭中以乞巧、有喜子網於瓜上則以爲
符應
按世王傳曰竇后少小頭禿不爲家人所齒七月
七日夜人皆看織女、獨不許后出有光照室爲后

之瑞、
七月十五日、僧尼道俗悉營盆供諸佛
按盂蘭盆經云有七葉功德並幡花歌鼓果食送
之蓋由此也經云目連見其亡母在餓鬼中卽鉢
盛飯往餉其母食未入口化成火炭遂不得食目
連大叫馳還白佛佛言汝母罪重非汝一人奈何
當須十方衆僧威神之力至七月十五日當爲七
代父母厄難中者具百味五果以著盆中供養十
方大德佛勑衆僧皆爲施主祝願七代父母行禪

定意然後受食是時目連母得脫一切餓鬼之苦
目連白佛未來世佛弟子行孝順者亦應奉盂蘭
盆供養佛言大善故後人因此廣爲華飾乃至刻
木割竹飴蠟翦綵模花葉之形極工妙之巧
八月十四日民並以朱水點兒頭額名爲天灸以厭
疾又以錦綵爲眼明囊遞相餉遺
按述征記云八月一日作五明囊盛取百草頭露
洗眼令眼明也續齊諧記云宏農鄧紹嘗以八月
旦入華山採藥見一童子執五綵囊承柏葉上露、

皆如珠滿囊紹問用此何爲答曰赤松先生取以明目言終便失所在今世人八月旦作眼明袋此遺象也或以金薄爲之遞相餉焉

九月九日四民並籍野飲宴

按杜公瞻云九月九日宴會未知起於何代然自漢至宋未改今北人亦重此節佩茱萸食餌飲菊花酒云令人長壽近代皆宴設於臺榭又續齊諧記云汝南桓景隨費長房遊學長房謂之曰九月九日汝南當有大災厄急令家人縫囊盛茱萸繫

臂上登山飲菊花酒此禍可消景如言舉家登山夕還見雞犬牛羊一時暴死長房聞之曰此可代也今世人九日登高飲酒婦人帶茱萸囊蓋始於此

十月朔日黍臛俗謂之秦歲首

未詳黍臛之義今北人此日設麻羹豆飯當爲其始熟嘗新耳禰衡別傳云十月朝黃祖在艨艟上會設黍臛是也

仲冬之月采擷霜燕菁葵等雜菜乾之並爲鹹菹有得其和者並作金釵色今南人作鹹菹以糯米熬擣爲末并研胡麻汁和釀之石窄令熟菹既甜脆汁亦酸美其莖爲金釵股醒酒所宜也

十二月八日爲臘日諺語臘鼓鳴春草生村人並擊細腰鼓戴胡頭及作金剛力士以逐疫

按禮記云儺人所以逐厲鬼也呂氏春秋季冬紀注云今人臘前一日擊鼓驅疫謂之逐除晉陽秋王平子在荊州以軍圍逐除以鬪故也玄中記顓頊氏三子俱亡處人宮室善驚小兒漢世以五營

千騎自端門傳炬送疫棄洛水中故東京賦云卒歲大儺毆除羣厲方相秉鉞巫覡操茢侲子萬童丹首玄製桃弧棘矢所發無臬宣城記云洪矩吳時作廬陵郡載土船頭逐除人就矩乞矩指船頭云無所載土耳小說孫興公常着戲頭與逐除人共至桓宣武家宣武覺其應對不凡推問乃驗也金剛力士世謂佛家之神按河圖玉版云天立四極有金剛力士兵長三十丈此則其義

其日並以豚酒祭竈神

按禮器竈者老婦之祭尊於瓶盛於盆言以瓶爲罇盆盛饌也許愼五經異義云顓頊有子曰黎爲祝融火正祝融爲竈神姓蘇名吉利婦姓王名搏頰漢陰子方臘日見竈神以黃犬祭之謂爲黃羊陰氏世蒙其福俗人競尚以此故也

歲前又爲藏彄之戲

按周處風土記曰醇以告蜡竭恭敬于明祀乃有藏彄臘日之後叟嫗各隨其儕爲藏彄分二曹以校勝負辛氏三秦記以爲鉤弋夫人所起周處成

公綏並作彄字藝經庾闡則作鉤字其事同也俗云此戲令人生離有禁忌之家則廢而不脩

歲暮家家具肴蔌謂宿歲之位以迎新年相聚酣飲留宿歲飯至新年十二日則棄之街衢以爲去故納新也

歲時記終

南方草木狀總目

卷上

草類

目錄終

南方草木狀卷上

晉　譙國嵇含著　龍泉高日升校

南越交趾、植物有四裔最爲奇、周秦以前無稱焉。自漢武帝開拓封疆、搜求珍異、取其尤者充貢。中州之人、或昧其狀。乃以所聞詮叙、有裨子弟云爾。

草類

甘蕉

甘蕉望之如樹、株大者一圍餘、葉長一丈或七八尺、廣尺餘二尺許、花大如酒杯、形色如芙蓉、著莖末百

餘子、大名爲房、相連累、甜美、亦可密藏、根如芋魁、大者如車轂、實隨華、每華一闔、各有六子、先後相次、子不俱生、花不俱落、一名芭蕉、或曰巴苴、剝其子上皮、色黃白、味似蒲萄、甜而脆、亦療饑、此有三種、子大如拇指、長而銳、有類羊角、名羊角蕉、味最甘好、一種子大如雞卵、有類牛乳、名牛乳蕉、微減羊角、一種大如藕、子長六七寸、形正方、少甘、最下也、其莖解散如絲、以灰練之、可紡績爲絺綌、謂之蕉葛、雖脆而好、黃白不如葛赤色也、交廣俱有之、三輔黃圖曰、漢武帝元鼎六年、破南越、建扶荔宮、以植所得奇草異木、有甘蕉二本。

耶悉茗

耶悉茗花、末利花、皆胡人自西國移植於南海、南人憐其芳香、競植之、陸賈南越行紀曰、南越之境、五穀無味。百花不香、此二花特芳香者、緣自別國移至、不隨水土而變、與夫橘北爲枳異矣、彼之女子、以綵絲穿花心以爲首飾。

末利

末利花似薔薇之白者、香愈於耶悉茗。

豆蔻花

豆蔻花、其苗如蘆、其葉似薑、其花作穗、嫩葉卷之而生、花微紅、穗頭深色、葉漸舒、花漸出、舊說此花食之破氣消痰、進酒增倍、泰康二年、交州貢一篚、上試之有驗、以賜近臣、

山薑花

山薑花、莖葉即薑也、根不堪食、於葉間吐花作穗、如麥粒、軟紅色、煎服之、治冷氣甚效、出九真交趾、

鶴草

鶴草蔓生、其花麴塵色淺紫蔕、葉如柳而短、當夏開花、形如飛鶴、觜翅尾足、無所不備、出南海、云是媚草。上有蟲、老蛻爲蝶、赤黃色、女子藏之、謂之媚蝶、能致其夫憐愛、

甘藷

甘藷、蒸著蕷之類、或曰芋之類、根葉亦如芋、實如拳、有大如甌者、皮紫而肉白、蒸鬻食之、味如薯蕷、性不甚冷、舊珠崖之地、海中之人皆不業耕稼、惟掘地種

甘藷、秋熟收之、蒸曬切如米粒、倉圌貯之以充糧糗、是名藷糧、北方人至者、或盛具牛豕膾炙而末以甘藷薦之、若粳粟然、大抵南人二毛者百無一二、惟海中之人壽百餘歲者、由不食五穀而食甘藷故爾、

水蓮

花之美者有水蓮、如蓮而莖紫、柔而無刺

水蕉

水蕉如鹿葱、或紫或黃、吳永安中、孫休嘗遣使取二花、終不可致、但圖畫以進

蒟醬

蒟醬、蓽茇也、生於蕃國者大而紫、謂之蓽茇、生於番禺者小而青、謂之蒟焉、可以調食、故謂之醬焉、交趾九真人家多種、蔓生、

菖蒲

菖蒲、番禺東有澗、澗中生菖蒲、皆一寸九節、安期生採服仙去、但留玉舄焉、

留求子

留求子、形如梔子、稜瓣深而兩頭尖、似訶梨勒而輕、

及半黃已熟、中有肉白色、甘如棗、核大、治嬰孺之疾、南海交趾俱有之、

諸蔗

諸蔗、一曰甘蔗、交趾所生者、圍數寸、長丈餘、頗似竹、斷而食之甚甘、笮取其汁、曝數日成飴、入口消釋、彼人謂之石蜜、吳孫亮使黃門以銀椀并蓋、就中藏吏取交州所獻甘蔗餳、黃門先恨藏吏、以鼠屎投餳中、啟言吏不謹、亮呼吏持餳器入、問曰此器既蓋之、且有油覆、無緣有此、黃門將有恨汝、吏叩頭曰、嘗從臣

求羌席臣以席有數不敢與亮曰必是此問之具服
南人云甘蔗可消酒又名干蔗司馬相如樂歌曰太尊蔗漿析朝酲是其義也泰康六年扶南國貢諸蔗一丈三節

草麯

草麯南海多矣酒不用麯蘗但杵米粉雜以衆草葉冶葛汁滌溲之大如卵置蓬蒿中蔭蔽之經月而成用此合糯爲酒故劇飲之既醒猶頭熱涔涔以其有毒草故也南人有女數歲即大釀酒既漉候冬陂池

竭時寘酒罌中密固其上瘞陂中至春瀦水滿亦不復發矣女將嫁乃發陂取酒以供賓客謂之女酒其味絶美

芒茅

芒茅枯時瘴疫大作交廣皆有也土人呼曰黄茅瘴又曰黄芒瘴

肥馬草

南方冬無積藁瀕海郡邑多馬有草葉類梧桐而厚取以秣馬謂之肥馬草馬頗嗜而食果肥壯矣

冬葉

冬葉薑葉也苞苴物交廣皆用之南方地熱物易腐敗惟冬葉藏之乃可持久

蒲葵

蒲葵如栟櫚而柔薄可爲葵笠出龍川

乞力伽

藥有乞力伽术也瀕海所產一根有至數斤者劉涓子取以作煎令可丸餌之長生

赬桐

赬桐花嶺南處處有自初夏生至秋葢草也葉如桐其花連枝萼皆深紅之極者俗呼貞桐花貞音訛也

水葱

水葱花葉皆如鹿葱花色有紅黄紫三種出始興婦人懷妊佩其花生男者即此花非鹿葱也交廣人佩之極有驗然其土多男不厭女子故不常佩也

蕪菁

蕪菁嶺嶠已南俱無之偶有士人因官攜種就彼種之出地則變爲芥亦橘種江北爲枳之義也至曲江

方有菘彼人謂之蔡菘、

茄

茄樹交廣草木經冬不衰故蔬圃之中種茄宿根有三五年者漸長枝榦乃成大樹每夏秋盛熟則梯樹採之五年後樹老子稀卽伐去之別栽嫩者、

綽菜

綽菜夏生於池沼間葉類茨菰根如藕條南海人食之云令人思睡呼爲瞑菜、

蕹

蕹葉如落葵而小性冷味甘南人編葦爲筏作小孔浮於水上種子於水中則如萍根浮水面及長莖葉皆出於葦筏孔中隨水上下南方之奇蔬也冶葛有大毒以蕹汁滴其苗當時萎死世傳魏武能噉冶葛至一尺云先食此菜、

冶葛

冶葛毒草也蔓生葉如羅勒光而厚、一名胡蔓草寘毒者多雜以生蔬進之悟者速以藥解不爾半日輙死山羊食其苗卽肥而大亦如鳳食巴豆其大如㹠、蓋物類有相伏也、

吉利草

吉利草其莖如金釵股形類石斛根類芍藥交廣俚俗多蓄蠱毒惟此草解之極驗吳黃武中江夏李俁以罪徙合浦初入境遇毒其奴吉利者偶得是草與俁服遂解吉利卽遁去不知所之俁因此濟人不知其數遂以吉利爲名豈李俁者徙非其罪或俁自有隱德神明啟吉利者救之耶

良耀草

良耀草枝葉如麻黃秋結子如小粟煨食之解毒功不亞於吉利始昔有得是藥者梁氏之子耀亦以爲吉梁轉爲良爾花白似牛李出高涼

蕙

蕙草一名薰草葉如麻兩兩相對氣如蘼蕪可以止癘出南海

凡草木之華者春華者冬秀。夏華者春秀秋華者夏秀冬華者秋秀其華竟歲故婦女之首。四時未嘗無華也、

卷上終

南方草木狀卷中

木類

楓人

楓人五嶺之間多楓木歲久則生瘤癭一夕遇暴雷驟雨其樹贅暗長三五尺謂之楓人越巫取之作術有通神之驗取之不以法則能化去

楓香

楓香樹似白楊葉圓而岐分有脂而香其子大如鴨卵二月華發乃著實八九月熟曝乾可燒惟九真郡

有之

薰陸香

薰陸香出大秦在海邊有大樹枝葉正如古松生於沙中盛夏樹膠流出沙上方採

榕

榕樹南海桂林多植之葉如木麻實如冬青樹幹拳曲是不可以爲器也其本稜理而深是不可以爲材也燒之無焰是不可以爲薪也以其不材故能久而無傷其蔭十畝故人以爲息焉而又枝條既繁葉又茂細軟條如藤垂下漸漸及地藤稍入地便生根節或一大株有根四五處而横枝及鄰樹即連理南人以爲常不謂之瑞木

益智子

益智子如筆毫長七八分二月花色若蓮著實五六月熟味辛雜五味中芬芳亦可鹽曝出交阯合浦建安八年交州刺史張津嘗以益智子粽餉魏武帝

桂

桂出合浦生必以高山之巔冬夏常青其類自爲林

間無雜樹交阯置桂園桂有三種葉如柏葉皮赤者爲丹桂葉似柹葉者爲菌桂其葉似枇杷葉者爲牡桂三輔黄圖曰甘泉宮南有昆明池池中有靈波殿以桂爲柱風來自香

朱槿

朱槿花莖葉皆如桑葉光而厚樹高止四五尺而枝葉婆娑自二月開花至中冬即歇其花深紅色五出大如蜀葵有蕊一條長於花葉上綴金屑日光所爍疑若焰生一叢之上日開數百朶朝開暮落插枝即

活出高涼郡一名赤權一名日及

指甲花

指甲花其樹高五六尺枝條柔弱葉如嫩榆與耶悉茗末利花皆雪白而香不相上下亦胡人自大秦國移植于南海而此花極繁細纔如半米粒許彼人多折置襟袖間蓋資其芬馥爾一名散沫花

蜜香　沉香　雞骨香　黃熟香　雞舌香
棧香　青桂香　馬蹄香

案此八物同出於一樹也交趾有蜜香樹榦似拒柳

其花白而繁其葉如橘欲取香伐之經年其根榦枝節各有別色也木心與節堅黑沉水者爲沉香與水面平者爲雞骨香其根爲黃熟香其榦爲棧香細枝緊實未爛者爲青桂香其根節輕而大者爲馬蹄香其花不香成實乃香爲雞舌香珍異之木也

桄榔

桄榔樹似栟櫚實其皮可作綆得水則柔韌胡人以此聯木爲舟皮中有屑如麪多者至數斛食之與常麪無異木性如竹紫黑色有文理工人解之以製奕枰出九真交趾

訶梨勒

訶梨勒樹似木梡花白子形如橄欖六路皮肉相着可作飲變白髭髮令黑出九真

蘇枋

蘇枋樹類槐花黑子出九真南人以染絳漬以大庾之水則色愈深

水松

水松葉如檜而細長出南海土產衆香而此木不大

香故彼人無佩服者嶺北人極愛之然其香殊勝在南方時植物無情者也不香於彼而香於此豈屈於不知已而伸於知已者歟物理之難窮如此

刺桐

刺桐其木爲材三月三時布葉繁密後有花赤色間生葉間旁照他物皆朱殷然三五房凋則三五復發如是者竟歲九真有之

棹

棹樹榦葉俱似椿以其葉鬻汁漬果呼爲棹汁若以

棹汁雜彘肉食者即時爲雷震死、棹出高涼郡

杉

杉一名披煔、合浦東二百里有杉一樹、漢安帝永初五年春葉落隨風飄入洛陽城、其葉大常杉數十倍、術士廉盛曰合浦東杉葉也此休徵當出王者帝遣使驗之信然乃以千人伐樹役夫多死者其後三百人坐斷株上食過足相容、至今猶存、

荆

荆、寧浦有三種、金荆可作枕、紫荆堪作牀、白荆堪作

履、與他處牡荆蔓荆全異、又彼境有牡荆、指病自愈、節不相當者、月暈時刻之與病人身齊等、置牀下、雖危困亦愈、

紫藤

紫藤葉細長、莖如竹根、極堅實、重重有皮、花白子黑、置酒中、歷二三十年亦不腐敗、其莖截置煙炱中經時成紫香可以降神

榼藤

榼藤依樹蔓生、如通草藤也、其子紫黑色、一名象豆、三年方熟、其殼貯藥、歷年不壞、生南海、解諸藥毒

蜜香紙

蜜香紙以蜜香樹皮葉作之、微褐色、有紋如魚子、極香而堅韌、水漬之不潰爛、泰康五年大秦獻三萬幅、嘗以萬幅賜鎮南大將軍當陽侯杜預、令寫所撰春秋釋例及經傳集解以進、未至而預卒、詔賜其家令藏之、

抱香履

抱香履、抱木生於水松之旁、若寄生然、極柔弱不勝

刀鋸乘濕時刻而爲履、易如削瓜、既乾而韌不可理也、履雖猥大而輕者若通脫木、風至則隨飄而動、夏月納之、可禦蒸濕之氣、出扶南大秦諸國、泰康六年扶南貢百雙、帝深歎異、然哂其制作之陋、但置諸外府以備方物而已、按東方朔瑣語曰、木履起於晉文公時、介之推逃祿自隱、抱樹而死、公撫木哀歎、遂以爲履、每懷從亡之功、輒俯視其履曰、悲乎足下、足下之稱亦自此始也、

卷中終

南方草木狀卷下

果類

檳榔

檳榔樹高十餘丈皮似青銅節如桂竹下本不大上枝不小調直亭亭千萬若一森秀無柯端頂有葉葉似甘蕉條派開破仰望眇眇如插叢蕉於竹杪風至獨動似舉羽扇之掃天葉下繫數房房綴數十實實大如桃李天生棘重累其下所以禦衛其實也味苦澁剖其皮鬻其膚熟如貫之堅如乾棗以扶留藤古

賁灰并食則滑美下氣消穀出林邑彼人以爲貴婚族客必先進若邂逅不設用相嫌恨一名賓門藥餞

荔枝

荔枝樹高五六丈餘如桂樹綠葉蓬蓬冬夏榮茂青華朱實實大如雞子核黃黑似熟蓮實白如肪甘而多汁似安石榴有甜酢者至日將中翕然俱赤則可食也一樹下子百斛三輔黃圖曰漢武帝元鼎六年破南越建扶荔宮扶荔者以荔枝得名也自交趾移植百株於庭無一生者連年移植不息後數歲偶一株稍茂然終無華實帝亦珍惜之一旦忽萎死守吏坐誅死者數十遂不復茂矣其實則歲貢焉郵傳者疲斃於道極爲生民之患

椰

椰樹葉如栟櫚高六七丈無枝條其實大如寒瓜外有麤皮次有殼圓而且堅剖之有白膚厚半寸味似胡桃而極肥美有漿飲之得醉俗謂之越王頭云昔林邑王與越王有故怨遣俠客刺得其首懸之于樹俄化爲椰子林邑王憤之命剖以爲飲器南人至今

效之當刺時越王大醉故其漿猶如酒云

楊梅

楊梅其子如彈丸正赤五月中熟熟時似梅其味甜酸陸賈南越行紀曰羅浮山頂有胡楊梅山桃繞其際游人時登採拾止得於上飽啖不得持下東方朔林邑記曰林邑山楊梅其大如杯椀青時極酸既紅味如崖蜜以醞酒號梅香酎非貴人重客不得飲之

橘

橘白華赤實皮馨香有美味自漢武帝交趾有橘官

長一人秩二百石主貢御橘吳黃武中交阯太守士燮獻橘十七實同一蔕以為瑞異郡臣畢賀

柑

柑乃橘之屬滋味甘美特異者也有黃者有頳者頳者謂之壺柑交阯人以席囊貯蟻鬻於市者其窠如薄絮囊皆連枝葉蟻在其中并窠而賣蟻赤黃色大於常蟻南方柑樹若無此蟻則其實皆為群蠹所傷無復一完者矣今華林園有柑二株遇結實上命群臣宴飲于旁摘而分賜焉

橄欖

橄欖樹身聳枝皆高數丈其子深秋方熟味雖苦澁咀之芬馥勝含鷄骨香吳時歲貢以賜近侍本朝自泰康後亦如之

龍眼

龍眼樹如荔枝但枝葉稍小殼青黃色形圓如彈丸核如木梡子而不堅肉白而帶漿其甘如蜜一朶五六十顆作穗如蒲萄然荔枝過即龍眼熟故謂之荔枝奴言常隨其後也東觀漢記曰單于來朝賜橙橘龍眼荔枝魏文帝詔群臣曰南方果之珍異者有龍眼荔枝令歲貢焉出九真交阯

海棗

海棗樹身無閑枝直聳三四十丈樹頂四面共生十餘枝葉如栟櫚五年一實實甚大如杯盌核兩頭不尖雙卷而圓其味極甘美安邑御棗無以加也泰康五年林邑獻百枚昔李少君謂漢武帝曰臣嘗遊海上見安期生食巨棗大如瓜非誕說也

千歲子

千歲子有藤蔓出土子在根下鬚綠色交加如織其子一苞恒二百餘顆皮殼青黃色殼中有肉如栗味亦如之乾者殼肉相離撼之有聲似肉豆蔻出交阯

五斂子

五斂子大如木瓜黃色皮肉脆軟味極酸上有五稜如刻出南人呼稜為斂故以為名以蜜漬之甘酢而美出南海

鉤緣子

鉤緣子形如瓜皮似橙而金色胡人重之極芬香肉

甚厚白如蘆蓏女工競雕鏤花鳥漬以蜂蜜點燕檀巧麗妙絶無與爲比泰康五年大秦貢十奩帝以三奩賜王愷助其珍味夸示於石崇

海梧子

海梧子樹與中國松同但結實絶大形如小栗三角肥甘香味亦樽俎間佳果也出林邑

菴摩勒

菴摩勒樹葉細似合昏花黄實似李青黄色核圓作六七稜食之先苦後甘術士以變白鬚髮有驗出九

真

石栗

石栗樹與栗同但生於山石罅間花開三年方結實其殻厚而肉少其味似胡桃仁熟時或爲群鸚鵡至啄食略盡故彼人多珍貴之出日南

人面子

人面子樹似含桃結子如桃實無味其核正如人面故以爲名以蜜漬之稍可食以其核可玩於席間飣餖御客出南海

竹類

雲邱竹

雲邱竹一節爲船出扶南然今交廣有竹節長二丈其圍一二丈者往往有之

篻竻竹

篻竻竹皮薄而空多大者徑不過二寸皮麤澁以鎊犀象利勝於鐵出大秦

石林竹

石林竹似桂竹勁而利削爲切割象皮如刀竿出九

真交阯

思摩竹

思摩竹如竹大而筍生其節筍既成竹春而筍復生節焉交廣所在有之

箪竹

箪竹葉疎而大一節相去五六尺出九真彼人取嫩者硾浸紡績爲布謂之竹疎布

越王竹

越王竹根生石上若細荻高尺餘南海有之南人愛

其青色，用為酒醆，云越王棄餘算而竹生。

卷下終

竹譜

晉　戴凱之　撰　　南昌喻振聲　校

植類之中有物曰竹，不剛不柔，非草非木。山海經、爾雅皆言以竹為草，事經聖賢，未有改易。然則稱草良有難安，竹形類既自乖殊，且經中文說又自背詭。經云其草多族，復云其竹多篃，又云雲山有桂竹，若謂竹是草，不應稱竹，今既稱竹，則非草可知矣。竹是一族之總名，一形之偏稱也。植物之中有草木竹，猶動品之中有魚鳥獸也。年月

久遠，傳寫謬誤，今日之疑，或非古賢之過也。而此之學者謂事經前賢，不敢辯正，何異匈奴惡郅都之名而畏木偶之質耶。

小異空實，大同節目。

夫竹之大體多空中，而時有實，十或一耳，故曰小異。然雖有空實之異，而未有竹之無節者，故曰大同。

或茂沙水，或挺巖陸。

桃枝篔簹，多植水渚，篁篠之屬，必生高燥。

條暢紛敷青翠森肅質雖冬蒨性忌殊寒九河鮮育
五嶺實繁
九河即徒駭太史馬頰覆釜胡蘇簡絜鉤盤鬲津
禹所導也在平原郡五嶺之說互有異同余往交
州行路所見兼訪舊老考諸古志則今南康始安
臨賀爲北嶺臨漳寧浦爲南嶺五都界內各有一
嶺以隔南北之水俱通南越之地南康臨賀始安
三郡通廣州寧浦臨漳二郡在廣州西南通交州
或趙佗所通或馬援所併厥跡在焉故陸機請伐

鼓五嶺表道九眞也徐廣雜記以剡松陽建安康
樂爲五嶺其謬遠矣俞益期與韓康伯以晉興所
統南移大營九岡爲五嶺之數又其謬也九河鮮
育忌隆寒也五嶺實繁好殊溫也
萠筍苞籜夏多春鮮根榦將枯花復乃縣
竹生花實其年便枯死復竹實也復音福
箹必六十復亦六年
竹六十年亦易根易根輒結實而枯死其實落土
復生六年遂成町竹謂死爲箹箹音紂

籦龍之美爰自崑崙
籦龍竹名黃帝使伶倫伐之於崑崙之墟吹以應
律聲譜云籦龍大竹此言非大小之稱笛賦云籦
龍非也自一竹之名耳所生若是大竹豈中律管
與笛
員丘帝竹一節爲船巨細已聞形名未傳
員丘帝俊竹一節爲船郭注云一節爲船未詳其
義俊即舜字假借也
桂實一族同稱異源

桂竹高四五丈大者二尺圍闊節大葉狀如甘竹
而皮赤南康以南所饒也山海經云靈原桂竹傷
人則死是桂竹有二種名同實異其形未詳
篃尤勁薄博矢之賢
篃細竹也出蜀志薄肌而勁中三續射博箭篃音
衛見三蒼
筸任篙笛體特堅圓
筸竹堅而促節體圓而質堅皮白如霜扮大者宜
行船細者爲笛筸音皇見三蒼

棘竹駢深。一叢爲林。根如推輪。節若束針。亦曰笆竹。城固是任。篾笋既食。鬢髮則侵。

棘竹生交州諸郡、叢生有數十莖、大者二尺圍、肉至厚實中、夷人破以爲弓、枝節皆有刺、狄人種以爲城、卒不可攻、萬震異物志所種爲藩落、阻過層墉者也、或卒崩、根出大如十石物、縱橫相承、如繆車、一名笆竹、見三倉、笋味落人鬢髮、

單體虛長。各有所育。

單竹大者如腓、虛細長爽、嶺南夷人取其笋未及

竹者、灰煮績以爲布、其精者如穀焉、

苦實稱名。甘亦無目。

苦竹有白有紫、而味苦、甘竹似篁而茂、葉下節味甘、合湯用之、此處處亦有、

弓竹如藤。其節郄曲。生多臥土。立則依木。長幾百許。狀若相續。質雖含文。須膏乃縟。

弓竹出東垂諸山中、長數十丈、每節輒曲、既長且軟、不能自立、若遇木乃倚、質有文章、然要須膏塗火灼、然後出之、篾臥竹上出也、

厥族之中。蘇麻特奇。修幹平節。大葉繁枝。凌亭獨秀。蓊茸紛披。

蘇麻竹長數丈、大者尺餘圍、概節多枝、叢生四枝、葉大如履、竹中可愛者也、此五嶺左右徧有之、

篔簹射筒。箖箊桃枝。長爽纖葉。清肌薄皮。千百相亂。洪細有差。

數竹皮葉相似、篔簹最大、大者中甑、笋亦中射筒、薄肌而最長、節中貯箭、因以爲名、箖箊葉薄而廣、越女試劍竹是也、桃枝是其中最細者、並見方志

賦、桃枝皮赤、編之滑勁、可以爲席、顧命篇所謂篾席者也、爾雅釋草云、四寸一節爲桃枝、郭注云、竹四寸一節謂桃枝、余之所見、桃枝竹節短者不兼寸、長者或踰尺、豫章徧有之、其驗不遠也、恐爾雅所載、草族自別有桃枝、不必是竹、郭注加竹字、取之謬也、山海經云、其木有桃枝鉤端、又廣志草木篇云、桃枝出朱提郡、曹爽所用者也、詳察其形、寧近於木也、但未詳爾雅所云、復是何桃枝耳、經雅所說二族、決非作席者矣、廣志以藂爲竹、是誤、後

生學者往往有爲所誤者耳

相繇既戮厥土維腥三堙斯沮尋竹乃生物尤世遠略狀傳名

禹殺共工相繇二臣膏流爲水其處腥臊不植五穀禹三堙皆沮尋竹生焉在崑崙之北南嶽之山見大荒北經中

般腸實中與笆相類於用寡宜爲笥殊味

般腸竹生東郡緣海諸山中其笥最美云與笆竹相似出閩中並見沈志其形未詳

筋竹爲矛稱利海表槿仍其幹刃節其杪生於日南別名爲簕

筋竹長二丈許圍數寸至堅利南土以爲矛其笥未成竹時堪爲弩弦見徐忠南中奏劉淵林云夷人以史葉竹爲矛余之所聞即是筋竹豈非一物而二名者也

百葉參差生自南垂傷人則死醫莫能治亦曰篣竹厥毒若斯彼之同異余所未知

百葉竹生南垂界甚有毒傷人必死一枝百葉因以爲名沈志劉淵林云篣竹有毒夷人以刺虎豹中之輒死或有一物二名未詳其同異

䉐與由衙厥體俱洪圍或累尺䉐實衙空南越之居梁柱是洪

䉐實厚肥孔小幾於實中二竹皆大竹也土人用爲梁柱䉐竹安成以南有之其味苦俗號䉐由衙竹交州廣志云亦有生於永昌郡爲物叢生吳郡賦所謂由衙者篁䉐音雹性柔弱見三倉

竹之堪杖莫尚於笻磔砢不凡狀若人功豈必蜀壤

亦産餘邦一曰扶老名實縣同

笻竹高節實中狀若人刻爲杖之極廣志云出南廣邛都縣然則邛是地名猶高梁堇張騫傳云於大夏見之出身毒國始感邛杖終開越嶲越嶲則古身毒也張孟陽云邛竹出興古盤江縣山海經謂之扶竹生尋伏山去洞庭西北一千一百二十里黃圖云華林園有扶老三株如此則非一處賦者不得專爲蜀地之生也禮記曰五十杖於家六十杖於鄉者扶老之器也此竹實旣固杖又名扶

老故曰名實縣同也
篩簹二族亦甚相似杞髮苦竹促節薄齒束物體柔
殆同麻枲
　篩簹二種至似苦竹而細軟肌薄篩筍亦無味江
漢間謂之苦篩見沈志篩音聊簹音禮齒有文理
也
䈪竹所生大抵江東上密防露下疎來風連畝接町
竦散崗潭
　䈪竹亦大薄肌白色生江南深谷山中不聞人家

植之其族類動有頃畝典錄賀齊傳云討建安賊
洪明於䈪竹䈪竹以名地猶酸棗之名邑豫章之
名邦者類是也
雞脛似篁高而筍䑋稀葉梢杪類記黃細
　雞脛篁竹之類纖細大者不過如指疎葉黃皮彊
肌無所堪施筍美青班色綠沿江山崗所饒也
狗竹有毛出諸東裔物類衆詭千百不計
　狗竹生臨海山中節間有毛見沈志
有竹象蘆因以爲名東甌諸郡緣海所生肌理勻淨

筠色潤貞凡今之篾匪茲不鳴
　此竹膚象蘆出揚州東垂諸郡浙江以東爲甌越
故曰東甌蘇成公始作篾似於今篾故曰凡今之
篾
會稽之箭東南之美古人嘉之因以命矢
　箭竹高者不過一丈節間三尺堅勁中矢江南諸
山皆有之會稽所生最精好故爾雅云東南之美
者有會稽之竹箭焉非總言也大抵中矢者雖多
此箭爲最古人美之以首其目見方言是以楚俗

佰細箭五十跪加莊王之背明非矢者也
簵簬載籍貢名荆鄀
　簵簬二竹亦皆中矢皆出雲夢之澤禹貢篇出荆
州書云底貢厥名言其有美名故貢之也大較故
是會稽箭類耳皮特黑澁以此爲異呂氏春秋云
駱越之簵然則南越亦產不但荆也
筍亦簵徒概節而短江漢之間謂之䉂竹
　山海經云其竹名篃生非一處江南山谷所饒也
故是箭竹類一尺數節葉大如履可以作蓬亦中

作矢其筍冬生廣志云魏時漢中太守王國每冬獻筍俗謂之䈱笋䈱苦怪反

根深耐寒茂彼淇苑

北土寒冰至冬地凍竹根類淺故不能植唯䈱根深故能晚生淇園衛地殷紂竹箭園也見鮑彪志淮南子曰烏號之弓貫淇衛之箭也毛詩所謂瞻彼淇奧綠竹猗猗是也

䈪篠蒼蒼接町連篁性不卑植必也岩崗踰矢稱大出笋爲長物各有用掃之最良

䈪篠中掃箒細竹也特異他篠見廣志至大者不過如箭長者不出一丈根杪條等下節生惟高陰動有町畝盧山所饒也掃箒之選尋陽人往往取下都貨焉

又有族類爰挻嶧陽懸根百仞竦榦風生簫笙之選有聲四方質清氣亮衆管莫伉

魯郡鄒山有篠形色不殊質特堅潤宜爲笙管諸方莫及也笙賦云所謂鄒山大竹嶧陽孤桐此山竹特能貞絕也

亦有海篠生於島岑節大盈尺榦不滿尋形枯若筋色黃如金徒爲一異罔知所任

海中之山曰島山有此篠大者如筋內實外堅拔之不曲生旣危埆海又多風枝葉稀少狀若枯筋質雖小異無所堪施交州海石林中徧饒是也

赤白二竹還取其色白薄而曲赤厚而直沅澧所豐餘邦頗直

頗少也俗曰白鹿竹亦可作箄溽陽郡人呼爲白木竹燥時皮肉皆赤武陵溪中是所豐足也

肅肅䈽䉐叜叜攢植擢筍於秋冬乃成竹無大無小千萬修直豐幕內昌綉文外艳

䈽䉐竹大如腳指堅厚修直腹中白幕闌隔狀如濕麵生衣將成竹而筍皮未落輒有細蟲齧之隕籜之後蟲齧處往往成赤文頗似綉畫可愛南康所生見沈志也

䉤簗誕節內實外澤作貢漢陽以供輅篠

䉤簗竹生於漢陽時獻以爲輅馬策見南郡賦

浮竹亞節虛軟厚肉臨溪覆潦棲雲蔭木洪筍滋肥

可爲旨蓄。
浮竹長者六十尺肉厚而虛軟節潤而亞生水次、彭蠡以南大嶺以北徧有之其筍未出時掘取以甜糟藏之極甘脆南人所重旨蓄謂草萊甘美者、可蓄藏之以候冬詩曰我有旨蓄可以禦冬。

厥性異宜各有所育篁植于宛箬生于蜀。
篁竹見南郡賦箬竹見蜀都賦

細篠大簜。
書云篠簜既敷鄭元云篠箭簜大竹也。

竹之通目元名統體譬牛與犢人之所知事生軌躅。
車迹曰軌馬迹曰躅、

赤縣之外焉可詳録臆之必之匪邁伊矚。
鄒子云今四海謂之瀛海瀛海之內謂之赤縣瀛海之外如赤縣者復有八故謂之九州非禹貢所謂九州也天地無邊蒼生無量人所聞見因軌躅所及然後知耳蓋何足云若耳目所不知便斷以不然豈非囿近之徒者耶故孔子將聖無意無必莊生達適以人所知不若所不知豈非苞綮無窮、郄表羣生之謂乎

竹譜終

禽經

晉　張華注　　崇仁袁有桃校

予野曰鳥之屬三百六十鳳爲之長故始於此

鳳者羽族之長

鳳雄凰雌

鳳鴻前麟後蛇首魚尾龍文龜身鷰頷鷄喙駢翼首載德頂揭義背負仁心抱忠翼挾信足履正小音鍾大音鼓不啄生草五采備舉飛則羣鳥從出則王政平國有道

亦曰瑞鶠

景純注爾雅云瑞應鳥也鷄頭蛇頸鷰頷龜背魚尾五彩色高六尺許出爲王者之嘉瑞孝經援神契曰王者德及鳥獸則鳳鳥翔

亦曰鸑鷟

鳳之小者曰鸑鷟五彩之文三歲始備也

羽族之君長也鸞瑞鳥

鸞者鳳鳥之亞始生類鳳久則五彩變易故字從變省禮斗威儀曰天下太平安寧則見其音如鈴變鑾然也周之文物大備法車之上綴以大鈴如鸞之聲也後改爲鑾

一曰雞趣

顧野王符瑞圖曰雞趣王者有德則見

首翼赤曰丹鳳青曰羽翔白曰化翼元曰陰翥黃曰土符

別五采而爲名也

鳳翥鸞舉百羽從之

鸞鳳翔止百鳥皆從也以類化

鳳靡鸑吪百鳥瘞之

鳳亦曰靡鸑亦曰吪禽鳥啄土以瘞藏之

慈鳥反哺

慈鳥曰孝鳥長則反哺其母大嘴鳥否

白脰烏不祥

烏之白脰者西南人謂之鬼雀鳴則凶咎

巨喙烏善警

烏之巨嘴者善避矰弋彈射曰善警

孤鳥吟夜

鳥之失雄雌則夜啼

鷙鳥之善搏者曰鶚

鶚大人見而悚愕也

鸋元曰鷳

色淺黑而大者其羽蟲鳥毛也

鴘曰鵁

鷹色蒼黃謂之鴘廣雅曰鴘鷹二歲色也鷹生二

歲如縶也

骨曰鶻瞭曰鵃

能遠覰也瞭目明白晢了

鸇曰鷐

鸇鳳也向風搖翅其回迅疾狀類雛色青搏燕雀

食之左傳云若鷹鸇之逐鳥雀

奪曰鵽

如鶻而小者其脰上下亦取鳥雀如攘奪也

王鴡鴡鳩魚鷹也

毛詩曰王鴡鷙而有別多子江表人呼以爲魚鷹

雌雄相愛不同居處詩之國風始關雎也

亦曰白鷺

鷺之色白者

亦曰白鷺

狀如鷹尾上白也

雉介鳥也

善搏鬭也

亦曰奮

爾雅曰雉絶有力奮

五采備曰翬

爾雅曰伊洛而南素質五采皆備成章曰翬江淮

而南青質五采皆備成章曰鷂言其毛色光輝也

周禮后六服一曰翬衣取其雉性介而守以比后

德也

亦曰夏翟

書曰羽畎夏翟雉尾至夏則光鮮也

亦曰鷂雉

青質五采解見上說

采黃曰鷩雉

背毛黃腹毛　赤頸毛綠而鮮明周禮鷩冕取此

白曰韓雉

江南呼曰白雉

元曰海雉

羽色純黑亦善鬬生海中山島上

首有采毛曰山雉

山雉長尾尤珍護之林木之森鬱者不入恐觸其尾也雨則避於巖石之下恐濡濕也久雨亦不出而求食死者甚衆

頸有彩囊曰避株

雉屬出華嶽及盛山中晴暘則頸出彩色作囊遇樹木則避之故曰避株任昉曰亦名吐綬鳥

背有采羽曰翡翠

狀如鵁鶄而色正碧鮮縟可愛飲啄於澄瀾洄淵之側尤惜其羽日濯於水中今王公之家以爲婦人首飾其羽值千金

腹有采文曰錦鷄

狀如鵕鷃膺前五色如孔雀羽出南詔越山中歲採捕之爲王者冠服之飾

鳲鳩戴勝布穀也

揚雄曰鳲鳩戴勝生樹穴中不巢生爾雅曰鵓鴿戴鵀鵀即首上勝也頭上尾起故曰戴勝而農事方起此鳥飛鳴於桑間云五穀可布種也故曰布穀月令曰戴勝降於桑一名桑鳩仲春鷹所化也

亦曰鵲鵴

鳴自呼

亦曰穫穀

江東呼爲穫穀見揚雄方言

春耕候也

云此鳥鳴時耕事方作農人以爲候

倉鶊黧黃黃鳥也

今謂之黃鶯黃鸝是也野民曰黃栗留語聲囀耳其色黧黑而黃故名黧黃詩云黃鳥以色呼也

亦曰楚雀

北人呼爲楚雀

亦曰商庚夏蠶候也

云此鳥鳴時蠶事方興蠶婦以爲候對上文也

鶏鶯惡烏路反其類

鶏與山鵲惡其類相値則相搏鬥狀類鵲長尾丹觜

鴛鴦元鳥愛其類

鴛鴦匹鳥也元鳥鷙也二鳥朝奇而暮偶愛其類也

䲶以水言自北而南

䲶音鴈隨陽鳥也冬適南方集於江干之上故字從干

鳱以山言自南而北

鳱亦音鴈中春寒盡鴈始北嚮燕代尙寒猶集於山陸岸谷之間故字從斥

鶂以聲交而孕

雄鳴上風雌承下風則孕

鵲以音感而孕

鵲乾鵲也上下飛鳴則孕

白鷁相眡而孕

雄雌相視而孕

鵁鶄睛交而孕

狀類鳧而足高相視而睛不眩轉孕而生雛

鸛嶲周子規也啼必北嚮

爾雅曰嶲周甌越間曰怨鳥夜啼達旦血漬草木凡鳴皆北嚮也

江介曰子規

啼苦則倒懸於樹自呼曰謝豹

蜀右曰杜宇

望帝杜宇者蓋天精也李膺蜀志曰望帝稱王於蜀時荆州有一人化從井中出名曰鼈靈於楚身死屍反泝流上至汶山之陽忽復生乃見望帝立以爲相其後巫山龍鬭壅江不流蜀民墊溺鼈靈乃鑿巫山開三峽降丘宅土人得陸居蜀人住江南羌住城北始立木柵周三十里令鼈靈爲刺史號曰西州後數歲望帝以其功高禪位於鼈靈號日開明氏望帝修道處西山而隱化爲杜鵑鳥或云化爲杜宇鳥亦曰子規鳥至春則啼聞者悽惻

隨陽越雉鷓鴣也飛必南翥
廣志云鷓鴣似雌雉飛但徂南不北也
晉安曰懷南
異物記云鷓鴣白黑成文其鳴自呼象小雉其志
懷南不北徂也
江左曰逐隱
古今注曰南方有鳥名鷓鴣向南飛畏霜露早與
暮出稀有時夜棲則以樹葉覆其背燕人亦不知
有此鳥也

鶡毅鳥也毅不知死
狀類雞首有冠性敢於鬭死猶不置是不知死也
左傳鶡冠武士戴之象其勇也
鷗信鳥也信不知用
鷗水鳥如鴿鷓而小隨潮而翔迎浪蔽日曰信鷗
鷗之別類羣鳴啀啀優優隨大小潮來也食小魚
蝦蟆之屬雖潮至則翔水禦以爲信反爲鷙鳥所
擊是知信而不知所以自害也
鷸有文而貪
鷸狀類鷺紺色錯出有文於水際伺蚌出啄啄食
之反爲蚌所持死水中不知所食以爲害左傳曰
聚鷸爲冠是也
鳶不擊而貪
鳶鴟也不善搏擊貪於攫肉也詩云鳶飛戾天鴟
照日寒鴟嚇雛
鵜志在水
鵜鶘水鳥也似鶚而大喙長尺餘頷下有胡如大
囊受數升湖中取水以聚羣魚候其竭涸奄取食

之一名淘河詩曰維鵜在梁志在水也
鴷志在木
爾雅曰鴷斲木鳥巢木中觜如錐長數寸常斲樹
食蠹蟲啄振木蟲皆動也
鳩拙而安
鳩鳲鳩也方言云蜀謂之拙鳥不善營巢取鳥巢
居之雖拙而安處也雄呼晴雌鳴陰
鷦巧而危
鷦鷯桃雀也狀類黃雀而小燕人謂之巧婦亦謂

之女鴎關東人呼曰巧雀亦謂之巧女喙尖取茅秀爲巢刺以繼廡若紡績爲巢或一房或二房懸於蒲葦之上枝折巢敗巧而不知所託

鳧鶩之雜

鳧鶩鴨屬色不純正故曰雜矣

鷳鷺之潔

鷳曰鷳似山鷄而色白行止閑暇

鶗鴂鳴而草衰

爾雅謂之鵙鵙伯勞也狀類鶷鷱而大左傳謂之伯趙方言曰孤鷄鳴則草衰

澤雉啼而麥齊

澤雉如商庚春季之月始鳴麥平隴也

風翔則風

風禽鳶類越人謂之風伯飛翔則天大風

雨舞則雨

一足鳥一名商羊字統曰商羊一名雨天將雨則飛鳴孔子辯之於齊庭也

霜蜚則霜

鷫鷞鳥名其羽可爲裘以辟寒鷫鷞飛則隕霜

露翥則露

露禽鶴也古今注鶴千載變蒼又千載變黑所謂元鶴也子野鼓琴元鶴來舞露下則鶴鳴也鶴之馴養於家庭者飲露則飛去

林鳥朝嘲

林鳥朝之將翔也聚而噍明

水鳥夜唼山鳥巖棲

山巖之鳥多不巢

原鳥地處

鶉鷃鳥之屬是

靈鵲兆喜

鵲噪則喜生

恠鵬塞耳

一名休鶹廣雅曰江東呼爲恠鳥聞之多禍人惡之掩塞耳矣

鴽鵯野則義衆則搏

月令曰田鼠化爲鴽關東謂之鶉蜀隴謂之循在

田得食鳴相呼夜則羣飛晝則草伏馴養之久見
食相搏鬭也

水鶩澤則羣擾則逐

鶩野鴨也飛止大澤之中羣處既衆擾之惡其族
類而相逼逐也

鸚䳇摩背而瘖

鸚䳇出隴西能言鳥也人以手撫拭其背則瘖瘂
矣

鴝鵒剔舌而語

山海經謂之鸜鵒今人育其雛以竹刀剔舌本發
之言語謝尚能作鴝鵒舞之

扶老强力

古今注云扶老禿鶖也狀如鶴大者高七八尺善
與人鬬好啗蛇脯羞一作炙食之益人氣力走及奔
馬也

鶺鴒友悌

雀屬也爾雅曰鶺鴒䳭渠毛詩曰水鳥也大雀高
人尖尾長喙頸黑青灰色腹下正白飛則鳴行則
搖又曰鶺鴒在原兄弟急難鶺鴒共母者飛鳴不
相離詩人取以喻兄弟相友之道也

寀寮雝雝鴻儀鷺序

鴻鴈屬大曰鴻小曰鴈飛有行列也鷺白鷺也小
不踰大飛有次序百官縉紳之象詩以振鷺比百
寮雍容喻朝美易曰鴻漸于干于磐聖人皆以鴻
鷺之羣擬官師也

鷃雀啁啁下齊衆庶

鷃籬鷃也雀屬衆人之象言多也

鶉鶉雄鵲牝庳

鶉雀也鶉也二鳥皆雄者足高雌者足短

鳩鵽雌前雄後

鳩鳲鳩也鵽大如鴿生關西爲鳥慤急二鳥雌飛
則隨雌止則止雌常在前也

鷇將生子呼母應

鳥伏卵將成子鳴於鷇母應之

雛既生母呼子應

鳥既雛母呼則子應之

班鳩辨鵃
班次序也凡哺子朝從上下暮從下上他鳥皆否
梟鴟害母
梟在巢母哺之羽翼成啄母目翔去也
舒鴈鳴前後和
舒鴈飛成行也雌前呼雄後應也
羣棲獨警
夜棲川澤中千百爲羣有一鴈不暝以警衆也
覆卵則鸛入水

鸛水鳥也伏卵時數入水冷則不鮍取礜石周卵以助暖氣故方術家以鸛巢中礜石爲眞物也
鷩膸月
伏月卵則向月取其氣助卵也
霄鳫司夜行鳫主晝雄翼掩左雌羽掩右
雌
爾雅曰鳥雌雄不可別者以翼右掩左雄左掩右
物食長喙
食物之生者皆長喙水鳥之屬也

穀食短咮
鳥食五穀者喙皆短
搏則利觜
鳥善搏鬪者利觜
鳴則引吭
善啼鳴頸長也
毛協四時
春則毛弱夏則稀少而改易秋則刷理冬則更生
細毛自溫

色合五方
倉鷹之屬以象東方木行朱鳥之屬以象南方火行黃鳥之屬應土行以象季夏白鷺之屬以象西方金行元鳥以象北方水行
羽物變化轉於時令
仲春之節鷹化爲鳩季春之節田鼠化爲鴽仲秋之節鳩復化爲鷹季秋之節雀入大水化爲蛤孟冬之節雉入大水化爲蜃淮南子曰鳌化爲鶉鶉化爲鸇鸇化爲布穀布穀復爲鷂順節令以變形

也

乾道始終以成物性

生物者乾之始成物者乾之終隨時變化成就萬物之性也

附宋王楙補禽經說

章茂深嘗得其婦翁石林所書賀新郎詞首曰睡起啼鶯語章疑其誤頗詰之石林曰老夫嘗得之矣流鶯不解語啼鶯解語見禽經余因求之禽經止一卷不載所著人名自漢七略隋經籍志唐藝

文志本朝崇文書亦皆不載觀其洞究物理殆非常人所爲觀埤雅及諸書述禽經所載而今禽經無之尚數十條如鵲以怨望鴟以貪顧雞以嗔視鴨以怒睨雀以猜懼燕以狂斯鶯以喜囀烏以悲啼鳶以饑鳴鶴以潔唳梟以凶叫鴟以愁嘯鶩飛則蝣沉鵙鳴則蚓結鵲俯鳴則陰仰鳴則晴陸生之鳥味多銳而善啄水生之鳥味多圓而善唼短脚者多伏長脚者多立凡此在今書多所不聞疑禽經非全本此語得之鮑夷白余又觀之如鷺目成而受胎鶴影接而懷卵鴛鴦交頸野鵲傳枝此見變化論鴝以雛交鵲以意交鵁鶄以睛交而孕此見爾雅疏魚腹雞睨鳥無肺胃蜃無臟見崇有論此類甚多皆禽經所當收者鮑夷白謂禽經非後人作

古今刀劍錄

梁　陶宏景纂　金谿蔡愀階校

夫刀劍之由出已久、前王後帝、莫不鑄之、但以小事記注者不甚詳錄。遂使精奇挺異、空成埋沒。慨然有想、遂爲記云。

夏禹子帝啓在位十年、以庚戌八年鑄一銅劒、長三尺九寸、後藏之秦望山、腹上刻二十八宿、文有背面、面文爲星辰、背記山川日月。

啓子太康在位二十九年、歲在辛卯三月春、鑄一銅

劍、上有八方面、長三尺二寸、頭方。

孔甲在位三十一年、以九年歲次甲辰、採牛首山鐵鑄一劍、銘曰夾、古文篆書、長四尺一寸。

殷太甲在位三十二年、以四年歲次甲子、鑄一劍、長二尺、文曰定光。古文篆書。

武丁在位五十九年、以元年歲次戊午、鑄一劒、長三尺、銘曰照膽、古文篆書。

周昭王瑕在位五十一年、以二年歲次壬午、鑄五劍、各投五嶽、銘曰鎭嶽尚方、古文篆書、長五尺。

簡王兼在位十四年、以元年歲次癸酉、鑄一劍、長三尺、銘曰駿、大篆書。

秦昭王稷在位五十二年、以元年歲次丙午、鑄一劒、長三尺、銘曰誠、大篆書。

秦始皇在位三十七年、以三年歲次丁巳、採北祇銅鑄二劍、銘曰定秦、小篆書、李斯刻、埋在阿房宮閣下、一在觀臺下、長三尺六寸。

前漢劉季在位十二年、以始皇三十四年於南山得鐵劒、長三尺、銘曰赤霄、大篆書、及貴常服之、此即

斬蛇劍也。

文帝恒在位二十三年、以初元十六年歲次庚午、鑄三劍、長三尺六寸、銘曰神龜、多刻龜刑、以應大横之兆、帝崩、命入於武官。

武帝徹在位五十四年、以元光五年歲次乙巳、鑄八劍、長三尺六寸、銘曰八服、小篆書、嵩恒霍華太山五嶽皆埋之。

宣帝詢在位二十五年、以本始四年鑄二劍、長三尺、一曰毛、二曰貴、以足下有毛故爲之、皆小篆書。

平帝衎在位五年以元始元年歲次辛酉掘得一劍上有帝名因服之大篆書

王莽在僞位十七年以建國五年歲次庚午造威斗及神劍皆錬五色石爲之銘曰神勝萬里伏小篆書長三尺六寸

更始劉聖公在僞位二年自造一劍銘曰更國小篆書

後漢光武秀在位三十三年未貴時在南陽鄂山得一劍文曰秀霸小篆書帝常服之

明帝莊在位十八年以永平元年歲次戊午鑄一劒上作龍形沉之於洛水中水清時常有見之者

章帝炟在位十三年以建初八年鑄一金劍令投於伊水中以厭人膝之怪宏景按水經云伊水有一物如人膝頭有爪入浴輒没不復出

安帝祜在位十九年以元初六年鑄一劒藏峨嵋山疑山王也

順帝保在位十九年以永建元年鑄一劒長三尺四寸銘曰安漢小篆書後改年號

靈帝宏在位二十二年以建寧三年鑄四劒文曰中興一劒無故自失並小篆書

魏武帝曹操以建安二十年於幽谷得一劒長三尺六寸上有金字銘曰孟德王常服之

齊王芳以正始六年鑄一劒常服之無故自失但有空匣如故後有禪代之事兆始於此蓋爲司馬氏所廢

蜀主劉備以章武元年歲次辛丑採金牛山鐵鑄八劍各長三尺六寸一常自服一與太子禪一與梁王

理一與魯王永一與諸葛亮一與關羽一與張飛一與趙雲並是亮書皆作風角處所有令稱元造刀五萬口皆連環及刃口列七十二鍊柄中通之兼有二字房子容曰唐人尚書郎李章武本名方古貞元季年爲東平帥李師古判官因理第掘得一劒上有章武字方古博物亞張茂先亦曰蜀相諸葛孔明所佩劒也乃改名師古爲奏請爲章武焉蓋蜀主八劒之一也

後主禪延熙二年造一大劒長一丈二尺鎮劍口山

往往人見光輝後人求之不獲

吳王孫權以黃武五年採武昌銅鐵作千口劍萬口刀各長三尺九寸刀頭方皆是南銅越炭作之文曰大吳小篆書又赤烏年中有人得淮陰侯韓信劍帝以賜周瑜

孫亮以建興二年鑄一劍文曰流光小篆書

孫皓以建衡元年鑄一劍文曰皇帝吳王小篆書

晉武帝司馬炎以咸寧元年造八千口刀銘曰司馬

懷帝熾以永嘉元年造一劍長五尺銘曰步光小篆書

成帝衍以咸和元年造十三口刀銘曰興國

穆帝聃以永和五年於房山造五口劍銘曰五方單符隸書

孝武帝昌明以大元元年於華山頂埋一劍銘曰神劍隸書

宋武帝劉裕以永初元年鑄一刀銘其背曰定國小篆書長四尺後人於梁

少帝義符以景平元年造一刀銘曰五色小篆書

後廢帝昱以元徽二年於蔣山頂造一劍銘曰永昌篆書

順帝準以昇明元年掘得一刀銘曰上血其刀照一室帝奇之至二年七月帝使楊玉候織女玉候女不得懼死用以弑帝果如銘故知吉凶其徵先見矣

齊高帝蕭道成以建元二年造一刀銘曰定業長五尺篆書自制之

明帝鸞以建武二年造一刀銘曰朝儀長四尺小篆書

梁武帝蕭衍以天監二年即位至普通中歲在庚子命宏景造神劍十三口用金銀銅錫鐵五色合爲之長短各依劍術法文曰服之者永治四方並小篆書

諸小國刀劍總在此

前趙劉淵以元熙二年造一刀長三尺九寸文曰滅賊隸書

後趙石勒以建平二年造一刀用五百金工用萬人頭尖長三尺六寸銘曰建平隸書勒未貴時耕地得一刀銘曰石氏昌篆書

石季龍以建武十四年造一刀、長五尺、銘曰皇帝石氏隸書
後蜀李雄以晏平元年造刀五百口、文曰騰馬隸書
前凉張寔造刀百口無故刀盡失文曰霸
後魏昭成帝拓跋犍以建國元年於赤冶城鑄刺刀十口金鏤赤冶字
道武帝珪以登國元年於嵩阿鑄一劒、銘曰鎮山。隸書、
明元帝嗣以泰常元年造一劒、長四尺銘背曰太常、

至眞君元年、有道士繼天師白爲帝造劒、長三尺六寸、隸書因改元眞君、
宣武帝恪以景明元年於白鹿山造一刀文曰白鹿隸書、
前秦符堅以甘露四年造一刀、用五千工、銘曰神術。隸書
前燕慕容儁以元璽元年造二十八口刀銘曰二十八將隸書、
後燕慕容垂以建興元年造二刀、長七尺一雄一雌、隸書、若別處之則鳴、
後秦姚萇以建初元年造一刀銘曰中山長三尺七寸、隸書
西秦乞伏國仁以建義三年造一刀、銘曰建義隸書、
後凉呂光以麟嘉元年造一刀銘背曰麟嘉長三尺六寸、
南凉禿髮烏孤以太初三年造一刀、狹小長二尺五寸、青色匠人曰當作之時夢見一人被朱服云吾是太一神來看汝作云此刀有獻必鳴後落突厥可汗

所有也、
南燕慕容元明以建平元年作刀四口、文曰建平隸書、
西京李暠以永建元年造珠碧刀一口、銘曰百勝隸書、
北凉沮渠蒙遜以永安三年造刀百口、銘曰永安隸書、
夏州赫連勃勃以龍昇二年造五口刀、背刃有龍雀環、兼金縷作一龍形、長三尺九寸、銘曰古之利器吳

楚湛盧大夏龍雀名冠神都可以懷遠可以柔邇如風靡草威服九區宋王劉裕破長安得此刀後入於梁

吳將刀

周瑜作南郡太守造一刀背上有盪寇將軍字八分書

蔣欽拜列郡司馬造一刀文曰司馬隸書

周幼平擊曹公勝拜平虜將軍因造一刀銘背曰幼平

董元成少果勇自打鐵作一刀後討黃祖於棠衡河元成引刀斷衡頭爲二流拜大司馬號斷棠刀

潘文拜偏將軍爲擒關羽拜固陵太守因造一刀銘曰固陵

朱理君少受征討黃武中累功拜安國將軍作一佩刀文曰安國

關羽爲先主所重不惜身命自採都山鐵爲二刀銘曰萬人及羽敗羽惜刀投之水中

張飛初拜新亭侯自命匠錬赤朱山鐵爲一刀銘曰新亭侯蜀大將也後被范強殺強將此刀入於吳

諸葛亮定黔中從青石祠過遂抽刀刺山投刀不拔而去行人莫測

黃忠漢先主定南郡得一刀赤如血於漢中擊夏侯軍一日之中手刃百數

魏將刀

鍾會克蜀於成都土中得一刀文曰太一會死入帳下王伯昇伯昇後渡江刀遂飛入水

鄧艾年十二曾讀陳太邱碑碑下掘得一刀黑如漆

長三尺餘刀上常有氣淒淒然時人以爲神物

董卓少時耕野得一刀無文字四面隱起作山雲文斵玉如泥及卓貴示五官郎將蔡邕邕曰此項羽之刀也

袁紹在黎陽夢有一神受一寶刀及覺果在卧所銘曰思召紹解之曰思召紹字也

郭維於太原得一刀文曰宜爲將後遂爲將軍及與蜀將戰敗失此刀

王雙曾於市中買得一刀賣人曰得之者貴因不見

雙後佩之爲魏將後與曹真一刀換也

古今刀劍錄終

鼎錄

梁　虞荔纂　　金谿蔡映恩校

昔虞夏之盛遠方皆至使九牧貢九金鑄九鼎於荆山之下于昆吾氏之墟自若甘攙之地圖其山川奇怪百物而爲之備使人知神姦不逢其害以定其祥鼎成三足而方不炊而自沸不舉而自藏不遷而自行九鼎旣成定之國都桀有亂德鼎遷于殷載祀六百殷紂暴虐鼎遷于周成王定鼎於郟鄏卜世三十卜年七百天所命也及顯王姬德大衰鼎淪入泗水秦始皇之初見於彭城大發徒出之不能得焉

金華山皇帝作一鼎高一丈三尺大如十石甕像龍騰雲百神螭獸滿其中文曰真金作鼎百神率服復篆書三足

漢孝景帝鑄一鼎名曰食鼎高二尺銅金銀雜爲之形若瓦甑無足中元六年造其文曰五熟是滋君王膳之小篆書

武帝登泰山鑄一鼎高四尺銅銀爲之其形如甕有

三足、太始四年造、其文曰、登于泰山。萬壽無疆、四海寧謐。神鼎傳芳。大篆書、

元鼎元年、汾陽得寶鼎、即吾丘壽王所識之鼎、高一丈二尺、受十二石、雜金銀銅錫爲之、四面蛟龍、兩耳能鳴、三足馬蹄、刻山雲奇怪之象、紀靈圖未然之狀、其文曰、壽考天地、百祥臻侍、山伏其靈、海伏其異。此銘在底下、又別有銘、或浮或沉、皆古文複篆、此上古之鑄造也、總有九枚、

昭帝元平元年、於藍田覆車山鑄一鼎、高三尺、受五

斗、刻其文曰、宜君王。和四方。調滋味。去腥傷。小篆書、三足、

廢帝賀以天鳳六年登位、廢爲海昏侯、鑄一小鼎、貯酒、其形若甕、四足、受二斗、其文曰長滿上、小篆書、

宣帝甘露元年、於華山仙掌鑄一鼎、高五尺、受四斗、擬承甘露、刻其文曰、萬國伏、貽長久、鑄神鼎。承天酒。三足、小篆書、又建章宮銅人生毛、以爲美祥、作一金鼎埋之本宮、

元帝初元二年、鑄一鼎、大如甕、無足、其文曰、寶帝膳

鼎、小篆書、

成帝綏和元年、匈奴平、鑄一鼎、其文曰寇盜平、黃河清、八分書、三足、高五尺六寸、

哀帝元壽元年、鑄一鼎、貯酒、高四尺、三足、其文曰、舉臣元日、用醴鼎、小篆書、

平帝元始五年、鑄一鼎、受二斗、其文曰、棄鼎、三足、八分書、

王莽建國元年、鑄一大鼎、高一丈、其文曰建國鼎、莽自書、埋之漸臺、又作一鼎、其文曰君臣之鼎、並小篆書、三足、

後漢光武建元元年、鑄一鼎、其文曰定天下、萬物伏。小篆書、三足、高九尺、

明帝永平十年、鑄一鼎、於洛水、高六尺、其文曰蛟龍伏、大篆書、三足、又鑄一鼎、於穀水、高五尺、其文曰穀洛、小篆書、四足、

章帝元和二年、於北嶽鑄一鼎、高四尺、無足、其文曰鎮地鼎、小篆書、

安帝延光四年、鑄一鼎、於少室山、其文曰承露鼎。小

篆書四足

順帝永建六年鑄一鼎於伊水名曰魚鼎高四尺三足

靈帝熹平元年鑄一大鼎埋之鴻都門其文曰儒鼎古書三足

漢官儀曰開陽門夜直樓上帝因作一鼎其文曰柱鼎一足如馬蹄

蜀先主章武二年於漢川鑄一鼎名曰克漢鼎埋之丙穴中八分書三足又鑄一鼎沉於永安水中紀行

軍奇變又於成都武擔山埋一鼎名曰受禪鼎又埋一鼎於劒口山名曰劒山鼎並小篆書皆武侯迹又時龍見武陽之水九日因鑄一鼎像龍形沉水中

蜀章武三年先主作二鼎一與魯王文曰富貴昌宜侯王一與梁王文曰大吉祥宜公王並古隸書高二尺

魏武帝鑄一鼎於白鹿山高一丈紀征伐戰陣之能古文篆書四足更作鼎於太子名曰孝鼎畫刻古來孝子姓名小篆書

文帝黃初元年鑄受禪鼎其文曰受祚鼎小篆書

明帝太和六年鑄一鼎三足名曰萬壽鼎小篆書

吳孫權黃武元年於彭蠡水沉一鼎其文曰百神助陽侯伏三足大篆書又獵於樊山見一姥問得何獸答曰得一豹曰何不截尾遂爲姥立廟并作一鼎文曰豹尾鼎

孫亮建興元年於武昌鑄一鼎其文曰鎮山鼎小篆書三足

孫皓鑄一鼎於蔣山紀吳之歷數八分書

晉懷帝永嘉六年鑄一鼎沉於瓜步江中無文字鼎似龜形

宋王劉裕晉永初三年從泰中還紀功鑄一鼎於九江其文曰沸泰洛伏大漢古篆書

宋文帝得鰕魚遂作一鼎其文曰鰕魚四足

順帝昇明元年有人於宮亭湖得一鼎上有古文洵漢二字

齊高祖諱道成於齊中池內見龍聞簫鼓聲遂埋一鼎其文曰龍鼎篆書三足

梁武帝大通元年、於蔣山埋一鼎、文曰大通、眞書、又鑄一鼎、書老子五千言、沉之九江中、並蕭子雲書、又天監二年、安豐得一角靈龜、武帝遂作一鼎、投得龜處、

陳武帝卽位、鑄一鼎、文曰元勳鼎。沉于浙江、

陳宣帝於太極殿中鑄一鼎、文曰忠烈、常侍丁初正書、

太公於渭水得玉璜、鑄一鼎、刻其文曰璜鼎、

秦丞相樗里子作一鼎、文曰智囊、獨足、古文大篆書、

荀況在崙溪作一鼎、大如五石甕、表裏皆紀兵法、大篆書、四足、

張儀伐蜀、鑄一鼎、高三尺、文曰定蜀、大篆書、

李斯爲丞相、鑄一鼎、其文曰上丞相鼎、埋於上蔡東門、

蕭何爲丞相、鑄一鼎、大如三石甕、自表己功、其文曰紀功鼎。亦是何自作署書體、四足、

張陵在雲臺山得仙、作一鼎、寫丹經、埋於雲臺山下、

車千秋爲丞相、鑄一鼎、文曰車丞相鼎、八分書、

司馬遷字子長、南遊探禹穴、作一鼎而小、記年月日、埋之秦望山、

黄霸爲潁川守、神雀集、遂刻鼎記之、

孔光拜丞相、鑄一鼎、文曰丞相博山侯、大篆書、

王商爲單于所畏、遂令鑄一鼎、刻記其功、以勸功臣、

楊震爲太尉、作一鼎、其文曰太尉鼎、古隸書、

胡廣鑄一鼎、其文曰孝子鼎、八分書、

陳太邱鑄一鼎、藏于陘山、

王允字子師、郭林宗見而器之、允自鑄一鼎、曰千里。

八分書、

王仲子爲大司徒、鑄一鼎、其文曰司徒鼎、大篆書、

王朗爲司空、鑄一鼎、其文曰司空鼎、複篆書、

董卓爲太師、鑄一鼎、其文曰太師鼎、古隸書、

蔡伯喈爲侍中、封高陽侯、作一鼎、記漢家歷數、邕自書、藏于泰山、

諸葛亮殺王雙、還定軍山、作一鼎、埋於漢川、其文曰定軍鼎、又作八陣鼎、沉之永安水中、皆大篆書、又於元武郡金山作二鼎、一大一小、並無文、時亮行軍見

此山勢以有王者故鎮之

鍾繇魏文帝賜五熟鼎

與顧邑鑄一鼎文曰頤元凱之鼎八分書三足

陸遜破劉備軍鑄一鼎紀功其文曰破備鼎

孔愉獲龜放之遂作一鼎刻其文曰孔敬康鼎沉之於水

張衡制地動圖記之於鼎沉於西鄂水中

王羲之於九江作書鼎高五尺四面周匝書遍刻之沉於水中眞隸書

天祿閣外史序

黃叔度所著外史八卷議論醇雅氣象明裕寡而蘊奧婉而成章待國語左氏之體而無其艷擬子長孟堅之雄而無其陋皆孔氏之遺言逸論而書史之所不載者也試讀一過誠有令人毛髮冷冷凜然透骨精神爽逵樂而忘倦者春華明而秋雲敷江濤雄而蛟龍鳴一造化自然之昭著豈人之所能與其工哉考之當時與叔度並舉孝廉如周子居艾伯堅郅伯當封武典盛孔叔此五人者皆產於

汝南而文章事業寥寥無聞而叔度獨有仲尼作春秋之志扶世教植人紀眞漢世隱君子之出類者矣宜其見推於林宗受式於元禮而一時諸君子咸高讓之也然此書不恒有於世僅出於晉後藏於唐之田宏萬卷

樓復流散不傳至宋韓洎學士乃得之祕閣典籍中加之以論贊豈斯文之絕續果有數乎世又有疑之者以范曄不立傳必其未見此書而當時諸侯王所封之國不免有一二之舛況叔度之高駕又非漢之諸侯王所

能聘者其文多自述之辭雖或出於弟子之所記而事不徵諸列國似或類於左氏之誣未可知也晉謝安直褒此書而不辨其同異何耶意者晉時隱君子値晉室之末運忠憤激裂而不敢言託爲此書引類屬諷言之

者無辠聞之者足以勸其或然與初予承乏翰林三山林公手授是編曰此其三世家藏也吳中亦得見此不耶後二十餘年乞歸休去日與仲山徐公論文林下因檢出以示人僉曰是不傳之祕也一時學者爭手抄而

私寶之余恐其未知所從得也故書之簡端嘉靖二年乞恩致仕姑蘇守溪王鏊撰

外史目錄

卷一　實韓文二十一篇

外史目錄終

外史總評

晉謝安曰桓帝初政朝野咸望其中興賢士濟濟于國黃憲爲安帝時名儒隱居不仕樂道于愼陽之野帝幼時聞其名及即位屢聘不就故天下號爲徵君帝後荒於政權移閹人黨錮蒙難海內騷然徵君寓遊息國有感於輿駕乃歷聘諸侯以輿漢室爲已任退與子弟陸續之徒著外史五萬餘言厥志微矣

唐田宏曰東原黃叔度所著天祿閣外史一書實繼春秋而作者也其文章奇古典雅有先秦以上之體

非劉向揚雄輩可及此史流于晉桓溫惡其諷時譏世而焚之故此史往往不傳梁昭明太子慕其文以千金搆於天下竟無所獲迄於聖唐此史稍出予素嗜經史百家之書嘗築樓以藏天下遺籍及得此史乃歎曰天祿石渠承明著作之庭何先此史而剙乎今讀其文誠古之良史也竊又疑之當時諸侯封建之國考之漢書所載又有不盡合者如東漢都於大梁即魏國也而此史有說魏王之文十餘篇詎有天子降而爲王乎况叔度本一含光藏秀之士其抑安帝之聘而不就孝廉之辟所謂不事王侯高尚其志叔度有焉豈辭君聘而苟就諸侯之遇又必不然也大抵此史之作率多寓言憂國者非徒翫其文惟取其志而已矣

陸贄曰外史一書世所罕有其議論皆經濟之學王佐之才或以爲晉初竹林諸賢所作未可知也

翼聖江氏曰史稱申屠蟠超然免於評論而黨錮之禍有至鬻身爲傭苟免誅署者且修爲幾先獨黃叔度歷聘諸侯王若建標而樹招焉卒以無虞此所以

加人數等也當時諸賢固以顏子况之而宋儒亦以是科居用之則行舍之則藏叔度無愧色矣獨其文字稍有時詮不類東京至其忠國悱世即事納牖有子輿氏之風晉人脫而疏于事必非所及

漢　汝南黄憲著　金谿羅嗣忠校

賓韓文

巡幸

天皇幸于蒼梧，楊秉諫曰：臣聞聖辟不徼政而玩世，哲主不輕權而荒體。非有碩功駿烈銘諸人心，而可以觀諸侯也。昔禹治水平壤，區畫萬國，以鎮民神，故巡狩諸侯，百姓若捧太陽之餘光，瞻候雲之潤氣。故臨九河而頌禹烈，躡會稽而懷禹功。夫先王之於巡

狩，亦不得已。驅馳車鑾，經越山川，祀之以歲月者，豈荒於遊觀哉？陛下龍飛，初躬勤于政，天下想太平之風。日食則赦，地震則省，此初政之勤是矣。安順之朝，貴戚怙寵，以賣威福于天下，延及今日，海内愁困，相尋以兵，市無商賈，陛下則以爲清淨之治；饑民號泣，陛下則以爲雞犬之鳴。由此觀之，奸臣之壅也亦衆矣。陛下不悟其奸，而高拱無爲以聽其亂，又爲巡幸之舉，駐蹕蒼梧，輕玩萬乘，涉不測之地，匿遊國之財，通奸臣之隙，而宮闈若壘。臣恐蒼梧之雲向陛下而增悲也。請聖駕還宮，以慰郡邑臣民之望。天皇納其言。是歲京師三輔地震。

洎曰：危言激論，可爲諫君之法。

燕言

徵君遊古息國，寄慨而吟，有燕憩于枯榆而言曰：息國無君，吾子奚爲此遊也？徵君聞而怪之，乃叩曰：汝燕也，何以能言？對曰：吾乃桓靈之鬼也，是爲幽厲，炎炎之室，其將頹乎，汝其輔諸侯。言畢而泣，遂飛於冀州之墟。徵君語弟子曰：其怪也若是，此亡國之象也，

小子其識之哉。乃以杯酒酹地而誓曰：漢室不靖，奈倉黔何？燕言息國枌榆之柯，負君之靈，曰吾乃幽厲，炎炎者傾，汝其輔之。憲也狷介，不敢以徵天道。悠悠物有信然，其怪也耶？其靈也耶？若天假于言，靈假于物，憲敢不唯命，竭股肱之力，以報所天。徵君既作息而歸，見郭泰立于庭。郭泰問曰：子焉適而至暮也？曰：甫釣于汝水之濱，樂而忘歸，是以暮也。曰：然則子何爲而有憂色耶？曰：不得魚則樂，得魚則憂。曰：子何以不得魚爲樂乎？曰：甫亦樂魚之樂，而亦憂魚之憂也。

不得則縱得之則烹魚樂于縱而憂于烹今吾之憂是魚得其餌而吾得其魚也故憂然則今之爲士者皆得餌之魚乎郭泰笑曰子其縱矣窺子之意將王室以爲壑諸侯以爲池洋然縱之而赴于壑是子以王室爲憂乎曰徵子不吾知也子且休矣乃取琴而歌郭泰渭然曰子之琴于斯也其箕子麥秀之歌而託諸琴乎遂合榻移日而去

交情

李膺訪徵君於衡門雪甚道遇郭泰而問曰予得見

叔度邪曰泰也以布衣交安得不見子以軒冕交亦軒冕者謁之耳安得見李膺有慚色乃稅駕于野與郭泰乘蹇驢而造焉有樵者臨溪浣足而歌曰衡門之雪霏霏兮有客縕袍寒谿澹而無聲兮木落遠皋二子聞而淒然時童子候門見二子來振衣長嘯而入徵君及階迎之復見郭泰而喜謂李膺曰甫久不見元禮也李膺再拜而道曰膺以羈故不能仰挹清範戾也久處僻壤每聞令音私自暢滌往歲發使者賫以咫尺之書以不腆之饋亦惟是夢寐以相達也子何辭吾以饋而報吾以書乎徵君答曰憲也聞之貧者不報人以幣故辭于使猶報也夫饋甫以幣分君祿也以君之祿而饋人故亦以君之祿而完也完祿而報書均無得焉憲之卜廬于斯也春秋之期有牲醪足以供祭一日之餐有蔬食足以爲甘晝則杜門有琴籍足以爲娛夜則寄臥有蒲榻足以爲安豈復餘乎夫受而不報恥也不能報而受之亦恥也故君臣以全義兄弟以全愛夫婦以全禮朋友以全恥古之道也李膺曰膺也陋不能測子之度若漢室

結難雖整步之儒咸効驅馳之勞章句之士咸奮鉛刀之力而況子之偉乎郭泰隱几而臥徵君謂曰林宗已卜車于夢寐中泰應之曰聖軌賢轍一行一藏時哉各努力也是歲梁冀作亂

兵法

有巨盜攻寘陘之關一郡大恐居民遁逃而無所歸賊有名司馬龍者力敵三軍勇冠百萬懸千錢于百步之外箭九發而九破以此搖磬時羣盜將陷關司馬龍曰吾聞郡有黃叔度未可攻也乃結營於關外

有司聞之、匍匐詣於徵君之廬、以綺輿迎之、徵君辭曰、憲汝南鄙人也、未嘗入黌、書之室、遊刑罰之庭、是以不詣國家大議、盍訪諸侯、高乎、有司詣曰、徵君王佐才也、何足辟讓、賊令不職、不能靖安土壤、使男女愁歎、父老奔走、羣盜以殺掠爲名、屯於寘陒、聞徵君之賢、故未敢驟攻、而勢已破矣、誓不往、是絕百姓以乘寇也、徵君奚安乎、遂行、徵君以綸巾元服、乘輿至關下、謂諸將曰、聞賊中有司馬龍、其人勇而能射、所向無不殘滅者、必誅之爲利、若以計却之、猶開道而

放熊、終爲人患、夫靖一郡而貽患于他、胡可忍也、且以動王室。故以計死之者安、以計禦之者半、有司及諸將謝曰、民之福也。敢問計安所出、徵君曰、敵善射、則不可輕用其將、敵負勇、則不可輕用其卒、故兵家設機于虛實之間、是以決勝、夫敵之所謀者在內、而不在外、吾之所謀者在外、而不在內。此兵之所緣、而虛實也、諸將曰、何謂謀在外而不在內、徵君曰、試之、乃令壯士百人。執戟守關、以文武四臣攝之。諭以兵情、間道而出、遠近埋伏、騎卒遊其間、令關吏登堠舉烽、關外鳥雀皆驚、使賊衆不疑伏兵在外、又令關下勿擊柝、示以懈禁。徵君鼓琴帳中、司馬龍聞之、笑曰、此必叔度作閨態也、吾知其弱矣。遂急攻關門、賊衆曰、關不擊柝而鼓琴、此詐也、內必有伏、且勿攻、司馬龍曰、吾聞黃君多謀而默、以六經爲文、六韜爲武、今吾衆臨關、彼優然鼓琴而戲敵、計誠詐也、且待某畔、徵君謂諸將曰、賊中矣、擒之何有、復令壯士舉烽火後隊伏兵亦舉火應之、大呼曰救至、賊衆駭。亦舉火以視。延燒空舍。火光燭雲、徵君令關內勿舉烽煙氣

昏慘、壯士守關者皆寂杳不諠、成列而不敢動。司馬龍曰、救至而內不應、吾料伏兵疲矣、救必懼而不逼、遂躍馬彎弓而前、擊之其後、隊步卒且進且退、火遥不相接、欲勒馬而歸營、前隊伏兵鼓之而起、司馬龍橫戈馬前、向衆呼曰、得火尚可戰也、賊衆亂、步卒與騎馳其後而襲之、司馬龍失火不能戰、自刎而死、賊衆追及、見纓汙血中、哭曰、司馬將軍死矣、吾輩何以生爲、皆自殺、一郡悉平、徵君之是舉也、不傷一民。不匱一庫、而措汝南於枕席之上。可謂奇矣。君子曰、逝

籌帷幄決勝千里其叔度之謂乎

祝頌

天皇封徵君以愼陽之田又以蒲輪束帛聘之徵君上表辭曰臣昧死言芻者狂夫之勞奚補于社稷哉以天皇之明不察臣之非劣而聽左右之譽賜臣以愼陽之田寵臣以蒲輪榮臣以束帛竊以爲禮遇之過也昔者許由抗志於唐堯務光執節於殷湯二子者亦遭際聖世而蒙隆禮殊錫之光竟辭而不就以窮困其身天下不以堯湯爲棄賢也且有令名臣賢非許由智非務光而有堯湯之遇極寵錫之榮以嘉菲臣故草木落于待黃之秋而衡門之蒿獨茂塵襟沸于會風之候而寒谷之雲不飛亦以休風之宣暢而聖情之凝鬱也臣實恧焉是以荷日月之餘輝而流汗交襟惕然而怖慄者有以也臣自揣不能從事於輔弼之列而廁于吁咈之廷矣臣願天皇聖明愼刑罰躬節儉禮儒臣放佞人以疏骨鯁忠言之路容臣于草恭歌詠鼓琴以揚仁風擊壤以鳴聖澤此臣之所以仰祝于天皇也臣北面稽顙彌增感激待命

草間無所逃遁謹上表以聞天皇深允其奏然卒不能用也是歲命丞相以下講老子於太清殿匈奴寇雍冀二州南人叛

去惡

梁冀之誅徵君謂袁閎曰甫聞去惡木者易去惡根者難袁閎曰子何不效斧斤之力而去其根乎徵君曰聞者國家多故典刑蕩然得意而遷善雖忠而必賞失意而渝怨雖寵佞而必誅薄賞厥忠故厚誅之薄誅厥佞故厚賞之與賞而同誅殊勞而同辱是賢不肖淆也夫淆不可以致士淆則賢者難爲淸不肖者難爲濁故賢者死于憂患而不肖者死于安樂也淆其臣卒以自淆淆主在上則潔士在下孰可致也夫上林之材非無惡木淸淯之流非無濁波有道之朝非無佞臣顧明王之馭耳是以舜誅四凶賢類顯焉紂戮比干佞臣用焉此皆不淆之主也戮賢而近不肖其過也闇猶可悔也以賢不肖而淆之其過也辭不可理也故秦以淆而亡愼到曰得馭者調其駁失馭者逸其驥其是之謂乎

韓洎曰梁氏既誅單超徐璜左悺唐衡貝瑗等嗣亂其後曹節王甫之徒惡淫於梁冀五邪流衍朝廷而黨錮之難作梁氏之誅果何益于漢室哉

機論

韓王見徵君徵君方耕而歸埜韓王之軒至棄鋤而隱之韓王返國他日又見親以幣將於庭徵君乃就載以歸謀甫王室之策徵君是以不能辭於諸侯韓人有善奕者以奕說徵君曰子知奕之道乎徵君曰不知也奕者曰吾與子奕之可乎曰夫奕以機勝以不

機敗吾不能機何奕之爲曰子惡機而不奕不知子之機過于奕乎曰何爲其然也曰奕之機虛實是已實而張之以虛故能先其勢虛而擊之以實故能制其形是機也具而神詭而變故善奕者能出其機而不散能藏其機而不貪先機而後戰是以勢完而難制雖然此特奕之道耳若機之流于衆妙也肆而淵乎羲皇得之而畫其卦神農得之而藝其稼軒轅得之而負其兵勳華得之而闡其器夏禹得之而驅其澤殷湯得之而陳其綱周武得之而奮其鉞蒼頡得之而演其文女媧得之而煉其石許由得之而洗其耳儀狄得之而制其酒造父得之而御其御后羿得之而精其射伊尹得之而負其鼎公輸得之而雲其梯甯戚得之而扣其角伯牙得之而鼓其琴老聃得之而守其谷孔子得之而擊其磬昔有抱甕者惡桔槔之機而不用然烏知抱甕之爲機乎由此觀之天地萬物皆機也機其運于應物之所動于無形之源乎今子之出也將以仁義爲機而運諸侯于掌上鎔兆民于軌物經之綸之弛之張之吹之噓之若噫氣

之雄風而解駭乎萬竅其機也如是奕何有哉夫聖人以仁義爲機賢者以禮信爲機謀士以術數爲機辯士以縱橫爲機此機者皆利于諸侯而顯名者也吾子其擬聖人之機以游說諸侯則漢室可興矣當今之時得機者類得聖賢之機者貴不可限子翕而不張亦何取于機也盍奮而張之噫仁義之氣而解衆庶之鬱哉徵君曰吾將機乎

形勢

徵君說韓王曰夫諸侯之國有爲天下樞者莫如韓

韓固戰國也宛穰襟其東大乘峙其南武關亘其西成皋鎭其北韓之形勢足以扞四面之敵通諸侯之盟而中臨天下呼則諸侯應招則諸侯來若長江盤紆於中而九派之流爲之爭赴而下注也以韓之壤地視諸侯之疆孰廣焉韓之人民視諸侯之衆孰勇焉以諸侯之譽望視賢王之聲孰美焉是三者皆無出于王之右矣自大禹創業于夏申伯受封於周楚子設險于方城秦人用武於南陽故韓之國實英雄致王定霸之壤也漢興凡南陽之勢遠控乎西京以

爲羽翼新室篡漢二雄割據光武倚舂陵而發跡更始臨淯水而建號皆韓之南陽也賢王承九葉之運當天下之樞昭之以令德修之以文武暢之以禮樂可以會盟諸侯而光濟王室夫南陽智士之所出也賢王能折節下士而選豪俊于南陽之衆與之謀國而靖民以顯其業無使百里奚之事于秦而范蠡之謀于越也賢王據此而不圖臣恐天下之形替矣夫擁成皋之固以爲金湯探析邑之鐵以爲劍戟登晉門之關以揮勁戈遏淮水之流以飲疲馬臣固知賢王之無功也夫王室之盈虛係于韓王室之强弱係于韓王室之安危係于韓王若不修德則王室必虛必危必弱王若修德則王室必盈必强必安自然之勢也賢王欲輔王室而不修德是猶大舟之濟江河而焚其楫也其不能濟亦明矣此臣所以爲賢王計也臣布韋之士蒙賢王二顧之殷遇臣以不次之禮是以披素露膽于賢王之前也王其圖之

韓泊曰此篇乃徵君說諸侯王第一策忠義之氣激揚慨切藹然於言外其視戰國蘇秦張儀之輩

眞霄壤矣乎

災異

桐栢山崩淮水潰決棗場之民死者大半韓王憂命左右告於徵君曰桐栢韓之巨鎭也今崩王室必有難其若之何徵君不答左右返見韓王曰臣以君之命告于黃徵君傲而不應是無禮于君也請逐之韓王曰國有大咎而又逐士寡人之戾益矣是寡人不能恭而使左右以寄命誰無傲乎遂命駕而見徵君徵君方鼓琴韓王詣其館而謂曰叔度其涼哉何不

弔寡人而乃鼓琴以娛也徵君對曰臣聞之國之脩
短吉凶卜于龜士之兆卜于琴瑟今臣之鼓琴也始
彈白駒其聲戾以殺繼而彈關雎其聲婉以和臣故
得禮於賢主也請問何憂韓王曰寡人不德不能舉
職于山川遺戚王室寡人是懼敝邑三歲無稔邑將
爲墟今桐柏告崩淮水潰決以溺我人民蕩我禾黍
傾我廬舍寡人雖象不能施號於敝邑亦先君所封
也寡人是以徼福敝邑之山川而天賜之以禍何以
示民茲賴徵君之明德以庥寡人幸毋棄也徵君曰

有是乎哉憲也未之信也請與王觀焉遂涉淮而登
桐柏水溢于境者方數百里林不露巢城不見堞男
女之尸矯如巨魚被髮而浮於波瀾之莽王歎曰自
孔子觀呂梁以來未有此水也徵君歛容而對曰彼
猶得蹈水之術今之蹈者其無術乎不然何傷之多
也豈惟韓國之禍王室其必有難乎是歲何奴寇邊
黑霧三日如夜君子曰幽厲之氣彰矣

問兵

韓王問兵于徵君徵君辭曰臣禮樂之士也不能以
軍旅對韓王曰寡人聞之治世則用文亂世則用武
用武之世奚事禮樂哉徵君對曰夫君子修文德于
用武之世寓陽道也故百姓和而易霸修武德于用
文之世寓陰道也故王室備而易隆今以用武之世
而不修文則諸侯皆雄鄰國無釁何以樹伯王之功
哉若以武雖强弱殊效而百姓之殘均也王何緩禮
樂而急戎事乎臣是以不敢對也韓王曰昔齊桓陳
師於召陵以聲楚而遂建九合之績秦王出兵于函
谷以迎敵而足收六嵎之形孰非用武之明效哉春

秋戰國以迄於今談兵者雲集角武者熛舉上則折
衝于帷幄下則覆軍而殺將當此之時禮樂無有也
夫制敵者非揖讓之化强國者非威儀之容故禮樂
不可治于用武之世也明矣徵君奚隱厥術而不以
誨寡人歟是使寡人無奮也徵君對曰禮兵之紀也
樂兵之精也其紀如梯其精如醴故禮以制其容樂
以導其氣列之以行伍作之以金鼓飾之以旌旗明
之以弓劍節而後舉利而後動故能克敵而定戮桓
文之兵昧禮樂而猶足以節制是以霸其身而天下

謂齊晉能諸侯若兼之禮樂而節制奚翅乎霸且賢王不聞有苗之格乎虞廷之舞聞其干羽矣而未聞以共兵也豈有苗之悍不若今之胡虜哉亦干羽者乃有虞之所以爲兵也至春秋戰國之君以百姓爲蟣蠓以刀鋸爲金帛苟有匹夫高枕而寐者天下皆以爲祥其殘也如此臣願賢王之勿效也韓王曰昔晉文之伯不以兵車而爲諸侯之盟主又納天子以示義伐原以示信大蒐以示禮曹衛楚宋不勞而歸服是晉文亦禮讓之主而不黷於武特未能樂焉由此觀之豈惟節制之師哉徵君對曰召襄王于河陽者誰乎臣而召君非義也淩諸侯之盟非信也以此而號諸侯非禮也一舉而三非春秋責之若桓公其庶乎以韓之疆以賢王之風馭之伯不足圖也乘是時而僻禮樂雖用力十年臣固知王之止于伯而已矣且以後于晉文夫晉文之伯猶節制而當之以權也今賢王之權在天皐于王何有若淵默而修德則賢王之權歸矣韓王曰善

寵幸

韓王有王壺紫英二姬寵冠于宮二姬聞徵君之賢也求韓王聘之徵君見韓王于黃翼之樓二姬隱于雕屏窺而巧笑徵君謂韓王曰隱屏者誰與韓王曰此寡人寵姬也慕徵君之令名故隱屏而窺耳徵君曰笑臣者誰與韓王曰即隱屏之姬也徵君作色而對曰臣雖猥士不能笑諸侯而乃爲二姬笑臣何以賓於王乎韓王曰徵君何固之甚也寡人之愚妾不以一笑而辱徵君夫笑妾婦之庸態也徵君以妾婦之庸態而罪寡人之姬何弗裕也徵君默韓王乃命二姬出見徵君二姬又隱袖而笑徵君曰夫以王之二姬猶能辱憲況諸侯乎臣敢辭矣二姬窘其意乃向屏而泣徵君曰二姬尚弱是笑也不以臣累臣于其泣而見也韓王解容置醴酒以宴之命二姬奏樂於屏五舉觴而樂不奏韓王又命之二姬對曰妾恐辱徵君也樂之音重于笑徵君之辱亦重于笑是妾有笑罪君不命妾之贖而又重之妾以爲徵君無所報于韓矣徵君曰嗟乎二姬之用智臣不若也王能馭之則韓國必强不然王其荒乎何以能國韓王曰

寡人命二妾奏樂，以徵君無命，故罷而弗樂也。爲用智哉。徵君對曰：昔者周幽王之姬曰褒姒，美而不笑，然國之危也，卒由於笑。故諸侯之不可笑，猶士也。今二姬之笑，有褒姒之所不爲者，而反無周之危，故笑而知其侮。泣而知其弱。辭樂而知其智。韓王曰：寡人命之樂而罰之以逢，且何智之敢用也。於是玉壺汎瑟，紫英彈箜篌，以觴奉徵君。酒激于地，徵君曰：臣不敢飲。韓王曰：何以不敢。曰：以賢王之尊，不能使二姬觴，反代二姬以觴臣，何王之自卑而崇寵也。臣故不

飲。韓王曰：寡人命二姬觴徵君，疑而不飲，寡人是以觴之。意者寡人取二姬之觴，徵君又疑耶，取觴而飲。寡人亦唯是解疑於徵君耳，豈崇寵而自卑乎。寡人得二姬，實美而貞淑，又飾之以音，寡人是寵，非以偕樂也。而徵君疑之，且以難使二姬懟寡人，是徵君之捐過矣。徵君避席而對曰：噫，王之二姬，臣實不知其美也。臣之所美與王不類，有名曰仁，狀若慶雲，容若幽蘭，藹若陽春，使之輔諸侯，則百姓懷之，而頌音作。九夷八蠻皆來朝。有名曰義，狀若凝霜，容若青松，厲若秋守，使之輔諸侯，則禁淫慝，誅暴亂，使盜跖可化爲伯夷。此二姬者，臣之所美也。若王之姬，朝不過絲竹之奏，夜不過枕席之安，弛庶政，棄百姓，禍足以亡國。故珠玉爲塵，錦練爲灰，綺幕鏤床，棲于浮雲，寶瑟箜篌，散于煙露，富貴之樂，于王何有哉。王不寵仁義而昵冶容，臣竊以爲賢王之蠹也。韓王有慚色。徵君辭酒，下階而出，韓王送於宮門，顧左右曰：寡人今日得聞仁義之美也。二姬怨而讒之。

智論

徵君憂二姬之讒，復說韓王曰：夫尺蠖蜉蝤，同出于陽，而不爲尺蠖之鳴。黄雀青蜓，同翔于空，而不爲黄雀之舉。鯤魚蝮虯，同潛于水，而不爲鯤魚之化。若此者，豈限于物力，其氣使然也。故蜉蝤之安于默，蜻蜓之限于飛，蝮虯之困于遊者。彼亦烏知尺蠖之鳴，黄雀之舉，而鯤魚之化也。惟不知，故以類聚而不爭。是萬物之淑慝，皆以無所知而能相安也。使其有所知則必慕，慕則必傾焉。惟人靈覺于物，故無大愚亦無大智。無大智，故有知而不慕，有慕而不傾，有傾而不

殆有殆而不窮。窮則必復。若乎王素主之於凡庶惟無所大知。是以賤而莫知其所以貴。貧而莫知其所以富。陋而莫知其所以揚。勞而莫知其所以逸。困而莫知其所以亨。變化若神。動靜若運。凡庶惟羣處。囂囂然以顯之。爾矣。昔傲象之於重華也。無大智故得以靖而不夷。雕虎之於仲尼也。無大智故得以康而不隕。項籍之於高祖也。無大智故得以與而不復。雖德與智合。以光耀于天下。而銘偉功。亦命使之然也。豈惟乎王素主之異于凡庶哉。今有愚夫老於田野。

與子孫守十金之產。而盜賊不攘其室者。亦盜賊無大智也。況於受命之主乎。今賢王居必伯之國。受世昌之封。膏腴之沃壤七百餘里。雖周之中伯鄧侯未有若賢王之隆也。夫南陽雖封於先王。而實天之所賜賢王。欲乘而興之甚易也。以賢王之明。而失可伯之時。是使齊桓晉文笑於前。秦孝公齊威王譏于後。無乃棄天之賜而削先王之封乎。願王恭禮天下之士以結其心。遠內嬖之讒以清其志。則天下士必奮然樂爲之用。而賢王之名尊矣。此鄙臣所以姚奕而長歎也。王其熟慮焉。韓王曰善。

讒說

二姬以計去徵君。讒于韓王曰。妾聞諸侯皆寧。則不可畜士以養。發百姓皆贍。則不可逞志以求危。今王室無東遷之弱。藩籬無犬戎之儆。君何慮之過也。以君之賢而安享大國。天皇之寵賜日盈于君身。雖河間東平之寵。不能加於君也。君之倉廩蓄以百萬。宮室之麗積以蜀青。玩好之器來自絕國。鐘鼓簫瑟之聲畢陳於前。妾得侍于君之掌下。以供娛樂。是諸侯

之安富尊榮。亦莫有加于君者也。君享千歲之蘇而爲終身之樂。以昌後嗣。不亦善乎。今遊說之士。不顧君之後嗣。而取擢于目前。非忠也。不憂王室之亂。而勸王以圖伯。謀不測之功。非義也。而且不智。是以磨舌於諸侯。以要顯譽。釣空業而爲賢。進而若憫。退而若憂。得齊之情而泄于楚。得楚之計而通于秦。在路則御者爭之而不恥。在國則順者揖之而不顧。吐譚縱橫。乍喜乍怒。似蘇秦蔡澤之詭行也。以妾料之。不過假諸侯之顏色。而求餌于四方。豈能益人之國家

哉君速布令于國中、以屏遊士之跡、且無潛於鄰壤、
是絕嬖也、逐說而絕嬖、則君與妾均是禍也、幸無怨
焉、韓王曰、予素不昵、故說士不遊于國、向者徵君謁
予而諷以汝二姬、故汝不忘疇昔之泣而加惡耶、夫
徵君非口舌之士也、其德足以馨於天子、其才足以
賓於諸侯、其志足以潤於百姓、其謀足以安于社稷、
不可惡也、予其亮於是、汝二姬毋佞、明年、韓王遊雲
夢之山、與徵君同車、二姬怨王、作別鸞之歌、歌曰、雙
鸞遊兮紫庭、朝雝雝兮春陽、鳳皇兮雲夢。悵寂寞兮

哀鳴、歌竟、遂縊于宮樹而死、

愛憎

韓王與徵君遊雲夢之山、將遊鹿臺、韓王聞二姬死、
謂徵君曰、咨、乃命左右旋駕、徵君因問韓王曰、王之
歸爲二姬乎、不然、何返駕而罷鹿臺之遊也、王若歸
則二姬生矣、臣不能從王以歸、而待王于鹿臺可乎、
韓王流涕而道曰、寡人不敢匿所愛也、寡人處宮、二
姬不疎于側、宴則忘酣、臥則忘夢、是二姬之事寡人、
若影之附于形也。今寡人之出不謀二姬、以寡人是
懟、遂哀歌而死、是寡人若行陰霧中而不覺形影之
離也。徵君對曰、王爲雲夢之遊也、何不含臣而携二
姬乎、臣以爲王之忍也、韓王曰、寡人辟暑乎豐山、二
姬進清冷之泉、寡人遊丹水之上、二姬進丹魚、寡人
泛于伊洛、二姬進魴鯉、寡人田于狼皐、二姬進雉羹、
是寡人與二姬、亦嘗爲此樂也、今雲夢之遊、寡人以
徵君在、故二姬不得侍、二姬死、寡人雖有畫眉之妾
五七、卷髻之女二八、亦無以爲也、徵君對曰、王以二
姬之死、猶鬱而戚而縊之以涕、今有賢者爲飯牛之

歌而不得君。死于國門之内。王聞其士之死。亦戚然
而垂涕乎、韓王曰、然、徵君曰、使王之遊、既無從士、又
無寵姬、王荒而弗返、士與姬怨、姬死于宮、士死于境。
王聞之、將憂士乎、抑憂姬乎。韓王曰、士與姬、皆寡人
之腹心也、其生也偕樂、其死也偕戚、寡人奚擇焉、徵
君曰、夫從事于王者、内則姬焉、外則士焉、士必懼其
讒、姬必憎其猾、由此觀之、王之左右、士與姬不能並
也。王命駕而遊。姬在、爲士者憤而死之。苟達於王、王
亦能以寵士之情懟于姬而垂涕乎、王雖憂士之死、

必不向素憎之姬而涕也。夫涕哀之跡也小哀則感。大哀則涕不可僞也。王之于姬臣以哀而知王之感以涕而知王之信何王之寵士不如姬乎臣今從遊于雲夢之山王以臣之故而舍姬姬亦以臣之故而怨王是二姬爲臣而死也不然何王向臣而涕有悔用臣之心臣其危乎韓王默然良久而言曰寡人豈以二姬之死而遂謝天下士乎徵君其無疑寡人也遂遊鹿臺而還

論學

韓王好淮南之學問于徵君曰淮南之學其博于孔子乎徵君曰臣未之敢聞也韓王曰昔有東方之客曰無閭生七歲而雋讀書于無閭之岳容若處女東人皆以爲玉鬼也。寡人覯之問以學其言曰臣有淮南之學而去其智則善矣是以寡人好之夫無閭生學於無閭必其以孔子爲師也而乃稱淮南之學可謂不博於孔子乎徵君對曰無閭生卽臣之弟子李乎也今從臣于王之國臣聞其以庖希之學孔子之道而宗之若淮南則固蔑之矣何取于博韓王軒然仰笑而墮冠曰徵君果以無閭生爲弟子耶寡人覯聘之以論古學徵君曰王雖得無閭生不能用也韓王於是益遇無閭生無閭生謂韓王曰王何忘臣之言乎韓王曰何爲其然也無閭生曰昔者王以淮南之事問臣臣曰淮南漢之宗室也讀書三壁文如貫虹然卒以滅身而亡國此非君臣之義不明也由學博而貪生智陋而昧時勢也若淮南之學博而約于衷騁而歸于性成章而潤于質則令名昭揚而可以帝漢矣。不然亦足以延子孫而光輔乎漢室。于今猶

賴焉此臣之昔日之論也而王忘之非所謂善用其言者也昔有越人行舟而遇低梁望之乃石梁也溢于潮梁不沒者三尺舟不得進越人鑿其梁力竭而斃頃之潮涸後有涉梁者又待潮而不進有漁者曰子何不踰梁而待潮乎若不踰梁而待是使越人矣于梁烏得爲善用其舟乎今王用臣之言而復爲越人鑿梁之計謂其賢于鴟夷而忽漁者之論也臣竊惑焉韓王拊髀歎曰善乎子之諷也寡人將委心於子矣無閭生曰臣師徵君以二姬故而王諫之何也

韓王曰寡人何敢疎徵君哉二姬失亡實戚寡人子事徵君寡人亦不以子諒又不能以子而諒徵君故寡人三陳醮而徵君不享也子幸教寡人敢不勉矣是歲日食既君子曰易明式微

難進

徵君七日不見韓王王謂左右曰徵君以二姬之故七日不臨何捐棄也左右告徵君徵君答曰甫欲見王竊恐王之心未解也夫人之所交其易合者必易絕故孔子去衛其難合者必不易絕故甯戚曲干乎

齊而後相難易在君士因之而潔名以保身焉爾矣雖然夫賢士行一志也亦視其所向而爲之舉夔樂者吾道之門也故愛其士則不輕用其道樂其士則不睽違其志不輕用其道則士益尊不睽違其志則士益忠士益尊故寵有所不能移也士益忠故讒有所不能間也甫見王之蠱於前而哀於後是耗氣狥志之端也耗氣而未絕者必乍明而乍惛狥志而未闔者必乍强而乍弱此之謂失經失經則政事不平刑罰不當天下士豈復有樂爲之用哉所以鼓琴七日而杜跡于王之庭也夫君子虛以照物宏以納機倜以出滯公以應化故能保其國家今王之心度實有梲焉召而後見時或舉二姬於心況不召而往見胡可暢也得無惡乎左右以其言復于韓王王以牢享之待而問政朞月而韓國無寃民有司廉道不拾遺楚人進羅氏之女倚風于王王立爲姬而寵之

妖孽

徵君遊崆峒之山見一老者祭一古塚祝曰炎炎之室其棟將頹田爲戰場奸雄啼徵君聞而怪之命從

者訊其故時陰風南來黃雲夕暝二老號哭遂化爲鴆飛于嚴木之顛從者匍匐而告曰此何異也徵君曰吾聞國將亡聽于神今二老之謠非人之言也又鴆有利口是傾國之象也由是觀之王室其將亂乎化而爲鴆其恠也甚矣夫九陽之窮也依鳥而爲鴆今外戚盛而主柄移羌虜獗而皇威伏賦歛急而頌聲息災異虐而德音乖雲擾之禍釀于朝夕可坐而待也諸侯之賢者及是時布德而施惠招賢而下士分祿帛于無告之衆以固懷其心窺王室之動靜而

陰鎮之弱則單力而扶危則倚名而舉誅戮愛臣蒯滅汙吏攘外夷而冏中原盟諸侯而定雄業此誠一時之策也今以韓國之勢乘而舉之若飄雲之遇風奔流之赴壑孰能禦之哉此二老所以號哭而寒心也言未卒二鳩長鳴而逝徵君顧從者曰昔子房受書于圯上之老人而知漢賴以興余聞謠于崆峒之二老而知漢因以亡小子其識之乎

世子

韓王世子卒徵君哀其賢而哭之左權周岑曰子哭

世子也爲其賢乎徵君曰然曰子之賓於韓世子未有重焉又弱而好音色日與左右鬭鷄走犬以爲遊狎之樂此薄德也子奚賢之曰韓王暑而求凍饌世子以私財作氷室取羮饌而藏之旣凍乃進于王韓王說爲之賦懷氷美世子也及世子卒倚風去氷室而命築鏡妝之臺甫是以悲爾周岑曰子何不諫曰乎也其在乎乎也其在乎

賢妃

韓王夢二姬與之遊王驚倚風侍寢而撫曰君寐弗寧何謂也王曰吾方與玉壺紫英遊於香圃臨翠華之池二姬乘舟采荷而墮吾是以驚嗟乎二姬死矣猶與夢寐何姚孌也倚風出幃秉燭而諫曰妾以爲君之夢商巖也而君云云是二姬旣死猶不愛君況其生乎妾亦臣僕也不敢以色誤君生不願爲二姬佞死不願爲二姬遊君之明德胡可障也妾今得幸於君苟不自善則天下亦必以妾之故而笑君猶二姬也妾聞二姬有固寵之過有毀善之愆而又有怨君之戾以怨而死何德焉今又蠱君于夢寐妾以爲

君之思必深也以是心而思士其高宗乎妾昧死賚否君其念之王笑曰吾有汝以佐內徵君以佐外夫奚憂乎倚風曰妾聞關雎之詩何義也王與之曰汝聞殆及此乎吾聞徵君云夫風始于關雎基風化也哀窈窕而不淫其色思賢才而不傷乎善以之風諸民而民化以之和諸樂而樂隆周之王業原始要終罔非善也是故關雎者禮樂之原也文王以懿睿之德猶不自聖惟后妃是求以佐陽政故正王宮而風天下則文王之爲也吾誦關雎而思文王乎事殷之

心不渝於夫婦而化洽中國此所以爲文王也夫是之謂關雎倚風曰君奚不哀窈窕而思賢才乎王怒曰汝烏知吾之不哀而思也倚風頓足而言曰二姬怨于君而君哀之共死也負于君而君思之妾是以測君未能也王乃歎曰吾不穀天賜以諍姬是吾福也遂置酒作樂命左右歌關雎之章雝雝堂下韓王與倚風撫瑟而和之王謂左右曰寡人無句踐之恥而竊有志焉乃酹酒于楹左右皆觴之謝曰臣不敢盡命也是歲韓國大稔諸侯聞韓王得懿姬咸以千

金搆於四方如韓之倚風者于是國人薦于市農舉于野布令累月傀美女者乘載于路韓王聞之笑謂左右曰寡人得羅氏之女方諸二姬何如左右皆曰二姬美而未仁若倚風則仁美兼之豈惟傾韓之宮哉雖吳越燕趙之產不能匹也故諸侯咸以千金索其姬必欲如君之倚風而後爲美是以國鄙之女有一目一眉之麗者悉進于宮雖然如倚風者臣未之聞焉夫倚風天下之寶也而君得之諸侯流聞皆慕君之咏關雎也君亦惟是儀刑于宮闈毋荒其色毋

耽其宴毋淹其鄭聲以勤樹公室不亦顯乎且徵君有顏回墨翟之賢寘于茲國諸侯若失重負由此觀之雌雄之形決矣況諸侯之富皆埒王室求如倚風者易而求如徵君者難君勿忽焉何以明其然也昔者文王拘羑之時凡迎紂之欲以釋文王者豈皆后妃之力耶賢佐之謀不可誣也君得倚風而委以宮若國之大議必賢者佐于外然後可今君之得徵君也不能虛腹以下之委政以隆之坐謀以詢之使諸侯倚藩籬而觀笑此臣等所以不忘君之誓而瀝肝

膽於前也君有其國而無其土壤不可謂完有諸侯之爵而無其人民不可謂貴是勢不在君君安得而守之王室將有累卵之危苟一日謝于天下又何所恃乎周公之攝非篡也成王弱也桓文之典非逆也周室替也故聖人權時而體運豈能與繩墨之士同哉君不可不熟計也王不聽是歲楚人求睦于韓韓王問于徵君將以辭使以楚書有盟意也徵君對韓王曰諸侯相睦禮也禮不可失于諸侯失則隣國之使不入于韓之疆矣不入則韓必孤奈諸侯何韓王

乃享其使而報之、

嫡庶

韓王欲以倚風爲夫人莊白諫曰不可夫先王因名以定分使尊卑貴賤無相瀆也是故内有后妃嬪御以佐内政宣陰鬱也外有公卿大夫郎官之屬以贊外務暢陽蔚也故天子以諸侯爲級有級而後有序有序而後有則和斯交焉故天子之于后猶諸侯之于夫人也聘以示禮宴以示好居正以示位告廟以示宗親蠶以示勤故能爲天下母諸侯亦然禮有之

曰諸侯耕助以供粢盛夫人蠶繅以爲衣服唯齊體於君是以光佐於内而致享於神祇也由此觀之嫡庶者禮之經也不可亂也故嫡有庶而無降庶有寵而無隆寵之以色則不可踰於恩寵之以賢則不可瀆於禮夫禮名之防也天子以禮防兆民諸侯以禮防國卿大夫以禮防家士庶人以禮防身皆所以防乎名也瀆禮則名瀆名瀆則不尊不尊則悖悖則淫淫則狎侮刑罰而爲天下辱此國家危亡之形色也昔桓公葵丘之會只以妾爲妻則伐之非私典也所以尊王禁也今倚風處君之宮執庶之職賢聞諸侯君之明亦孚矣倚風美而有娠君之寵亦孚矣夫美而賢端也執庶恭也君欲一朝而隆之無乃不可乎執是名也不足以爲君重而隆是名也亦不足以爲姬重且以玷姬之名累姬之美而返譽于諸侯即臣見韓國之日卑也君其愼之王不聽乃訪于徵君對曰臣何必言韓王曰何謂也曰臣聞莊子諫王是也臣故不言韓王曰然則寡人爲何如也曰以王之所爲子其晉文乎王悟而悔之

奪嫡

徵君見韓王坐而論政乃設五喻以動王王喜而飲酒倚風鼓琴于宮學關雎之音徵君聞之叱曰是琴也始作有仁鶚之聲繼而有鴟鵂捕物之聲誰其鼓之誰其鼓之韓王笑曰此寡人之寵姬倚風也徵君曰然則何爲而琴關雎之詩乎曰此其所嗜也徵君曰不可夫關雎之詩詠后妃也亦惟后妃得而琴之若倚風雖賢妾也妾何得而琴關雎乎下凌上卑越尊不可謂順臣聞倚風之好爲關雎久矣王以爲賢

臣竊以爲憂也夫瑟以發音音以昭志志伏于內則瑟之音平以和志戰于外則瑟之音激以乖今姬也有戰志王之夫人其將殆乎以姬之淑而播釁於瑟非祥之徵也夫釁不可長以寵而長釁是玩百姓而瀆諸侯且以倍盟背王何利焉王若從其所誓則四鄙之諸侯皆欲無禮於王而天下之謀士去矣昔周之東遷也猶依晉鄭以爲固今王室微弱所望而依者諸侯也以韓之强王將修政之不暇而繫以一寵隳其紀綱則千歲後王室卒不能向韓而依矣何韓

之大國而不晉鄭也臣不佞寄食于諸侯亦覦王之此舉以爲去就弗敢阿也倚風聞之歎曰事不立矣徵君出有變人讒于倚風曰以夫人之賢而處卑位雖有懿德婉行不能範于國竊爲夫人惜之今乘君之寵幸而弗自圖恐華落不再榮而婕妤之怨踵矣徵君固賤士也聞夫人之鼓琴而驟諫彼將以二姬待夫人恥孰孔焉夫人欲得志于宮必去徵君而後可倚風曰君今聽其計爲之奈何變人曰夫人尚可爲也君嘗與夫人宴碧華之池夫人是時宜竊君之

酣而泣于前曰妾處幽獨被日月之末光得奉箕帚之役舉宮無間言妾何幸有此譽也君亦不以妾之賤而薄其寵欲舉妾有不次之恩以爲君重妾實菲薄不敢仰手而承也側聞徵君短妾於前而結君之左右君信以爲讜是妾罪也然以君之明不能照妾而使爲士者謗于道路以傷君之明君何以一妾而自累也願君賜妾以死無使賢士顯于市朝以爲君辱昔二姬之死愛君也不可謂怨妾欲與二姬遊于泉下以觀多士之集韓國也夫人以此說君君必啓

前之心而去之此堅寵壅愛之計也倚風曰然計其中矣明日王果與倚風宴遊碧華池倚風如變人之言以愬倚風泣王亦泣遂議立倚風爲夫人是歲徵君行

天祿閣外史卷二

賓魯文

辭受

徵君去韓魯聘先諸侯而至乃不入魏而之魯宿于濟陰有盜者竊其笈從者曰子窮矣徵君曰是何足以窮我哉夫君子達于內而窮于外樂于心而困于跡此負道者之爲也如是甫焉往而不窮故游諸侯而不得志是吾窮也頃有韓使至饋百金以爲贐徵君不受從者曰若子其嬌者也予欲以忠信爲笈仁

義爲贐則弟子之從子也安能食子之忠信飲子之仁義而免其饑餓耶吾聞君子出而不行其素則寄口于諸侯以爲資身之策故仲尼有絕糧之窮孟子有受贐之義窮則執餽則受禮也子奚狷介而自困其身乎智者不爲也徵君曰噫是何言之陋也汝不能食甫以忠信飲甫以仁義而欲寄口于諸侯以免死于道是從遊者皆乞人之徒也乞人一日不得食則餓死溝壑是欲寄口而不可得也汝必爲乞人之計則箪食豆羹之間殆有甚于乞者汝亦畏死而取之耶充以乞人之心則盜跖之貪爲是而伯夷之廉爲非是盜跖何智而伯夷何愚也今有伯夷爲師而盜跖爲弟子可乎汝以仲尼之絕糧爲窮孟軻之受贐爲義而病甫也不知仲尼獲麟出涕曰吾道窮矣又曰欲仁而得仁又焉貪孟軻曰萬鍾于我何加焉由是觀之仲尼亦未嘗以絕糧爲窮而孟軻未嘗以受贐爲義也且孟軻之受贐于宋蓋有故矣當是時宋之君于孟軻未疏也在國無嬖人之讒去國非簡賢之故是以受宋之贐而不辭也不然何却齊之兼

金辭齊之萬鍾而綽綽乎有餘裕哉今韓之遇甫也以好色之心好士而無悃誠內蔽于讒外障于佞若之何就之甫是以去韓而賓魯不幸遇盜日中無餐僕有饑色車不接轝空笈而往韓王適餽甫以金此稱義之禍壑也甫之不受又何疑焉夫失志于韓而受其餽是猶魚之失水于淵而又吞其餌也受餽者傷于義吞餌者傷于舌其食均也汝欲甫受韓王之餽而自同于吞餌之魚死則免矣其如義何韓使爲之於邑乃棄馬而還魯人聞而餽衆徵君受之曰義

也、

闢邪

天皇祀老子于宮中自謂紫微玉真帝君羣臣上表稱賀李固諫曰臣聞陛下以聖德自崇而仰建乎極此不可以爲號也昔我孝武皇帝誕求神仙肆興土木六經表章而未旌是以方遊之士踵跡而進以師事之及其徂落天下稱武而不稱真者以天子無遠民以自崇也陛下即位以來國無寧歲匈奴諸種厲行而入寇雨雹日食地震太白熒惑水旱之變不及

奏宮廟陵闕之火不及聞負比干之忠者或幽于請室張如簧之巧者或臥于廟堂臣竊思之可爲寒心哉陛下誠宜恢裕德化振肅綱紀以消汙穢鬱濁之氣朝夕儆惕居之以恭敬無怠然猶未能挽漢室之隆也今又崇禮老子表立乎號情萬幾之憂易百姓之望非所以熙光于祖宗而垂聲于後世臣以非劣之才忝列三朝顧無尺忠寸直以報陛下亦無諛媚之行以爲陛下辱然臣隱忍于質帝之秋而欲效忠於陛下之朝者亦有待也臣今吐心裂腹以覺悟陛下陛下不以爲然老子不能爲陛下忠陛下反屈膝而師之以重爲權奸之竊笑此微臣所以憤懣而流涕也使老子有知必以臣言爲是而亦不享陛下之祠矣夫陛下疎周孔之道而親老氏之術臣恐天下搢紳之士翕然嚮風皆舍儒而崇老以賁朝廷此非陛下之福也書奏帝不納徵君聞之謂李乎曰嗟乎難日至矣、

洎曰李乎此疏考之漢書皆無所據若爲漢之遺史則范蔚宗失之多矣大抵外史所載往往不可

考陸宣公獨謂此史疑晉人所記而述者不無見也然李公此疏較諸漢書諸議文更雄雅

時勢

徵君見魯王魯王築五丈之臺以延賓客賓客聞而來者揚眉洗舌各負霸王之策持長短之譚而求得志于魯魯王大酺賓客奏樂于臺下賓客以卮爲魯王壽而言曰今日之會臣等何幸而厠于大王之末也王以爲天下之勢孰强孰弱天下之國孰大孰小天下之士孰智孰愚天下之民孰衆孰寡魯王默然

久之乃答曰寡人處蕞爾之國不能揣天下之形情我先君封于魯非周公之子孫而享其茅土然先王之化至今賴之寡人是以修過於四方之士借光於藩封之列宣揚文武以夾衛王室無使豪傑之譏其後爲天下僇笑此寡人之願也今者築臺以延士而天下士歸焉不以寡人是棄寡人辱以五鼎之宴而天下士樂焉不以寡人是謀以魯之民人寄於不穀之一人亦惟朝夕懼慄而求四方之規寡人也先王其若之何客曰大王知食葉之虫乎有數仞之木其

葉扶疎油然而陰人皆以爲値寒而凋待黃而落也方其五六月之間虫生其下以枯葉綢繆而爲巢附緣于枝上潛飲朝露以爲無傷其木也不知旬日之內其葉稀稀其木濯濯向也扶疎而成陰今則頹然而無葉矣其所傷者卽其所棲而爲蔭者也夫虫依乎木而亦傷乎木豈其心哉所食在此固不能舍木而求食也然則一虫之微非能傷乎數仞之木一木之傷亦非一虫之力也木之質不彊而所蔭之葉徒足以資餓虫耳故葉欲榮則虫益附葉欲凋則虫益

食其勢然也豈惟食葉之虫乎有三寸之魚畜乎方渚憑依乎茂藻之間蕩漾乎回瀾之際以爲是魚之所遊而息也不知苑囿潰于淫雨而方渚之波通於川瀆而魚皆掉尾而去遐逝乎江湖旁泛乎藪澤而東躍乎滄海若鯤之變化而飛翔焉雲行雨施周流八埏而鼓動宇內之萬物是其在渚也安于渚而不知海其在海也又安于海而忘渚也亦其勢然也吾聞聖人觀魚虫之所靜而知其所動故一弛一張或柔或剛伸縮無迹動靜無方亂世則爲魚虫治世則

爲侯王吸而爲秋陰呼而爲春陽其變化也莫知其涯故聖人之顯烈無窮焉王何不爲聖烈之跡而忍魚虫之舉也夫天下之勢皆强而吾獨弱則弱者恃其勝天下之國皆大而吾獨小則小者固其患天下之士皆智而吾獨愚則愚者保其各天下之民皆衆而吾獨寡則寡者守其要魯小國也勢弱而民寡有君子而無智士不能起釁於大國大國方以藩屏之職是效而無事于攻伐乘此而修德何民不服乘此而畜衆何民不强乘此而治旅何兵不銳不於此時

國自後之策陰修仁義非乘時之雄也大王其熟慮焉魯王曰昔齊桓有葵丘之會晉文有踐土之盟彼二君者皆尊周而攘夷遂爲霸王寡人欲修桓文之絕業不亦可乎客曰夫以大王之賢附天子之光擁魯國之地有徐兗之饒河濟之利龜蒙之限以爲固修德而舉桓文不足爲也其奈大王何魯王不能對徵君拂纓而前曰何爲其然也昔周室既卑封建之國皆爲戰場商鞅范睢儀秦之徒相踵而入弄轉圜之舌以遊說諸侯天下莫當焉彼得行其說者亦時

也今天下烏可比肩而語哉子欲以儀秦之術行於成康之世猶鷹隼之羣而爭於鸞鳳之林其不然亦明矣且憲也聞之識時者不先乎衆成事者不謀于家此豪傑之用心也以若所云不足以重魯而適足以重斃又何賴焉魯王稽首再拜曰都寡人今日得與先生之誨敢忘厥志矣

樂論

魯王享徵君於南宮陳六佾之樂魯王問曰今日之宴得無欣乎徵君謝曰可以娛臣之耳矣徵君乃命樂工舞於階其儀蹌蹌其羽揚揚魯君曰韶舞何加焉徵君謝曰可以娛臣之目矣夫樂至于娛心而後和和而後化干羽格苗鳳凰儀韶淫魚聽瑟孟嘗泣琴豈耳目所能感哉今王以耳目之樂爲心娛臣是以不敢隱也魯王曰敢問娛心之樂徵君避席而對曰駿哉王之問也夫王人者營政三年而作禮積德十年而作樂樂也者禮之極也形于舞蹈而合乎性和于上下而合乎治雍容而合乎德無言而合乎化使歌者忘其聲舞者忘其態觀者忘其揖讓和而不

淫怡而不縱故禮極而樂隆是故郊社之樂所以和神祇也宗廟之樂所以和昭穆也宴饗之樂所以和諸侯而洽賓旅也和之以心暢之以八音如春陽之鼓萌糵時雨之沐萬物此之謂娛心之樂魯王曰善

士論

魯王疑士問於左權曰士之遊於諸侯利歟否歟左權對曰得其士則利不得其士則替故諸侯之不可失士猶嬰兒之不可失乳也失乳而生者有矣未有失士而利者也臣聞陳軫云夫諸侯以士爲體故動

無異形以士爲心故謀無異慮好士者如飲甘藥擇
士者如調亂絃此言士之重于諸侯也魯王曰士不
同與曰雖可以利諸侯者亦不同焉臣聞得賢士者
興得謀士者固得辯士者達得勇士者強得藝士者
揚五者可以定利諸侯之士也昔孔子以道游諸侯
墨翟以仁遊諸侯管仲季札端木賜孟軻荀卿以禮
義遊諸侯范文子趙衰晏嬰范蠡樂毅魯仲連以智
遊諸侯商鞅毛遂荆軻藺相如之徒以信術遊諸侯
廉頗趙奢孫臏吳起司馬穰苴李牧養由基孫武子

之徒以兵術遊諸侯蘇秦張儀公孫衍蔡澤陳軫代
厲之徒以縱横遊諸侯以道遊諸侯者諸侯師之以
縱横遊諸侯者諸侯役之士役于諸侯則馳辨無端
策發慮無忠謀故曰一激之怒炎于火三寸之舌芒
於劒是以身危而功不成夫焉利于諸侯哉魯王曰
寡人得徵君果利于魯乎曰徵君師也臣不敢譽曰
荀奕何如曰奕臣之甥也使之轄賢王可以膺一面
之寄盜賊不敢棲蒙山而窺魯王其聘之魯王歎曰
舉不諱親忠也不譽其師敦也子之器足以輔寡人

矣是歲魯王田于曹南獲貙以歸

玉論

魯王愛玉有楚人持玉瑞以進曰此荆山之美玉也
君能愛乎魯王笑曰寡人聞荆山之玉卞和得之而
獻楚王其後也秦人復得之奚其爲荆山乎夫地不
再產胡能復得耶楚人曰夫荆山之所生者非特和
氏之一璧也君何以荆山爲無玉乎荆玉之瑞楚產
也而君疑之若夫璵出于魯昔有倚頓得之以爲鳧
杯其妾視之誤毀諸地是魯璵無倚頓之杯久矣今

有人持璞璵以進君亦以爲魯無璵璧可乎夫地之
所產不盡出王之所藏不盡用也豈惟荆魯之玉爲
然哉若魯國賢士之藪也今君以爲地不再產則展
禽之後魯無孔子孔子之後魯無顏淵顏淵之後魯
無閔損閔損之後魯無子羽子羽之後魯無秦非秦
非之後魯無曾點曾點之後魯無子思子思之後魯
無孟軻孟軻之後魯無叔孫通戚麟高堂生孔安國
韋賢疏廣匡衡曹褒之屬矣是今之生於魯國者皆
魯璵之沙也遊于魯國者皆荆山之石也奚玉之爲

臣請完冉而返楚無使魯庭有刖足之刑而荊山有泣玉之士也魯王慚乃命左右以千金償之左右曰昔者燕昭王以千金致士今君以千金致玉臣恐天下懷寶之士皆倚昭王之臺而笑矣致玉而笑士圖何利焉王不聽

洎曰此等文章全是戰國策其一篇主意又絕類李斯上秦皇書更出一機局便覺文氣奇逸但內有展貪之後一段文字頗類滑稽體學古者當自識之

重賢

魯王得楚人之玉謂張裘曰昔卞和獻玉于楚王楚王刖又刖其足以示衆夫刖玉不明也刖士不仁也今寡人好玉楚人以荊山之玉進寡人賞以千金是卞和不幸而遇楚王也由此觀之寡人其優乎張裘對曰王不如也魯王曰何爲不如曰臣以爲楚王之明也故不如夫得玉不足以强國王知之乎知强國者不以玉則楚王之刖不可謂不明也刖士而絕佞人不可謂不仁也當是時使和氏進一荊山之士王楚王則亦不待三獻而三刖也況刖之乎今魯國之士抱器而進于王非特楚人之玉也而王不賞之獨何與王自以爲遇玉之禮過於楚王待楚人之禮過於和氏而不知王之戮于天下士也有甚于刖足士之抱器而歎亦有甚于和氏者乎何王之明于玉而闇于士也故曰臣以爲王不如也魯王勃然變色而言曰子何以寡人訕也寡人好士築五丈之臺而延賓客叔虔不至寡人聘之叔虔至寡人饗之何謂不遇哉曰王之遇叔虔特楚人之遇耳遇楚人而猶寵

共玉今遇叔虔而不能寵其道可謂遇乎哉臣竊謂賢王不取也魯王曰子不誨寡人終沒沒矣遂以楚玉賜之

論易

徵君將見魯王驟雨至居而讀易周岑左權朱儁孔紹祖侍坐朱儁曰儁聞之古之豪傑不以章句而媚時故有志者往往得奮其策而樹功于天下刊名於竹帛此豪傑之所爲也夫子賓于魯魯王師之出不爲窮戚之窮進不爲馮讙之乞動不爲子方之驕語

不爲韓非之激、濕俗足以寧其人民、忠恕足以逢其政事。貞亮足以光其社稷。而値多難之朝。遭悖餓之世。此誠豪傑得志之秋也。今夫子踈踈然闇而若拙、默而若愚、終日端居而讀周易、不亦鈍乎、徵君曰、汝惡知哉、昔者吳起以兵機見魏文侯。得顯其身。而卒以自斃。商鞅以刑名說秦孝公、秦國治强、封商於之地、秦是以有窺周室之心、蘇秦以縱衡說六國諸侯、得相其身、然二子卒蹈車裂之禍、民無思焉、至于韓非李斯劉淮南之徒、皆明智而通達、博文而延譽、然

猶不免于顯戮、此由昧易之道也。故知易者善爲巧拙愚智之問。隨時而動。緣機而流。宜柔宜剛。宜弛宜張。宜行宜藏。宜圓宜方。此之謂知易。故曰知變化之道者、其知神之所爲乎。朱儁出周岑左權孔紹祖疑而問曰、子之論易于小子不識所謂也、敢問今何時哉、曰蠱。曰、今漢室雖亂、其于孫猶蕃、於有商皆據必爭之國、守膏腴之壤、相與而輔佐之、猶可濟也。何謂蠱哉、曰是則然矣、汝獨不見蛛之結綱于屋梁之隅中坐而待食、自以爲安。及棟梁朽而榱題傾。蛛乎雖欲寄一絲以聊適。不可獲矣。當今之世、何異斯夫、

洎曰讀此可與論易理且文思不羈、

嶧山

嶧山崩、魯王問徵君曰、天禍敝邑、嶧山崩焉、此何祭也、徵君對曰、昔者秦始皇東遊鄒嶧、刻石頌功意者天惡其侈乎、魯王曰、自秦以來幾數百載、何及于寡人之身、嶧山始崩、寡人唯是請罪于天皇以求附庸、除顓臾之垣而棲也、徵君對曰、昔者伯禽之爲魯公也、有民鬪于莘、魯公不能理、周公聞之而憂以書誡

魯公曰、我先王之末造也、有狄之難、去邠邑岐、履涉艱阻、及我文考、宣揚令德、以受休命、作邑西土、猶北侯職、汝伯考嗣休奄有天下、恢祖宗之烈、耿光被于民神、實汝文祖伯考之績也、鎬人曰予輔之、自汝封于魯邑、予夙夜憂懼、汝亦無怠厥德、以忝我先王、及汝文祖伯考、汝叔父在部、其封不遐、汝亦式之、以毋貽叔父戚、洛邑既營、遂荒鎬豐、予又受汝伯考之命、至于今不復以汝有髦志、委汝以魯之社稷、以及其故舊人民、汝其念前言。今莘土之人不靖、舍其桑業。

弛其禮讓流言于國。無乃故舊不親、大臣不以、求備
于一人以致是咎。予日念茲若隕深淵汝惟克勤毋
怠。以鎮綏華土之人。予言不再魯公罔是以修其禮
讓、裕其桑業、故舊益親、大臣益遇、薄刑而弛禁、信民
而文俗、行之三年而魯國化、山不崩坼、水不濫溢、若
此者以國之政、魯公出之、國之民、魯公治之、國之官
魯公用之、以魯公之賢、當周室之盛、而委國之責、不
辭、魯焉得而不治哉、若今之諸侯有祿而無壤、有壤
而無民、政有司出也、民有司治也、臣天皇之命也、三

者王不得而權之。是諸侯寄於國也。非寄于諸侯者
也。寄于國則魯之安危。王無與焉。間者嶧山之崩。豈
王之有戾政于國。而欲任其責與。此臣之所未喻也。
夫古者諸侯有罪。則削其壤地以暴過于鄰國。民亦
懟之。今王畏漢室之必削而求附庸之褒。苟與之以
顓臾。亦漢室之自削耳。何足為賢。王辱無壤而求附
無民而惡辱。臣以為賢王之計過矣。漢室昏亂、山崩
川竭之災。無諸侯之國無之。豈惟一魯國之嶧山乎。
王若請罪而求削。不可以示諸侯。王其圖之。魯王曰、
嗟乎寡人小心、是以請耳
洎曰此篇有周公誡百禽書、與經之訓誥何異、然
乃不見于尚書、豈秦火之失與、若失于秦火、則外
史又何自而述也、竊為後學擬之、

君賜

魯王以鹿羹餽徵君、徵君謂使者曰、憲有疾不能陳
謝、亦不敢辭、使者曰、君有羹惠于子、豈辭一謝乎、徵
君曰、子知羹之為重、而惡知有重于羹者哉、夫鹿羹
雖美、固獸也、魯王烹而薦之以鼎、非士不餽、餽士而

使士不及嘗、奔走詣庭而謝、何王之待士、不如待一
獸乎、使者出、明日使孔紹祖謝魯王、魯王曰、子之師
奚不悅寡人也、寡人餽以鹿羹之鼎、受而不報、又辱
其使、是以寡人之餽為非禮也、孔紹祖對曰、臣之師
也有疾、適過鼎餽之榮、愛欣交洽、敢不拜嘉、特以疾
故、令臣代詣于賢王之庭而陳謝焉、王毋以為簡也、
魯王解容而道曰、叔度無深恙乎、對曰、襲王之羹、疾
瘳其十之五、嘗王之羹、疾瘳其十之九、其一未瘳、是
以不克履也、魯王喜曰、鼎之馨香、足以瘳疾與、對曰、

豈惟瘳疾哉、臣聞之、天子諸侯以士爲鼎、以仁義爲羹、其馨香足以薦之上帝、逵之祖考、蒸之社稷、布之民人、夫鼎之有羹也、猶士之有仁義也、鼎之馨香、則王知之、何仁義之爲美、不如羹乎、是羹也、惟王與臣之師嘗之矣、魯國之民、不聞其美也、若仁義之美。烹一心而暢百順。調太和而育庶物。若湝淵泉之洋沛。而渴者不及飲。觀五穀之豐茂。而饑者不及爨也。賢王何不徹其鼎而舉其士。舍其獸味而陶仁義之羹乎。魯王歎曰、吾聞聖人之後、必有賢者繼焉、其子之謂矣、

出處

魯王田于穀成、微君謂大夫韓韜曰、魯王二田矣、甫其歸乎、韓韜對曰、子之遊豈爲一魯王哉、是以二田棄諸侯之望也、乎其幾矣、微君曰、今諸侯好田其不爲魯王者亦寡矣、盍歸乎哉、吾有先人塚廬、隣于勢族、將以我侵乎、有桑田十畝、災沴不時、酣政不息、將以我傷乎、衡宇其幽蘭蕙扶疎、蔭庭之阜、椎桂與槐蔚然而林、將以我伐乎、風雅典謨、左右陳之、以琴以瑟。左右張之。將以我毀乎。南望中山、實馳所心。盍歸來乎。曰、噫、子何戚之孔也、且子何莫爲仲尼之遊乎、畏于匡、阨于蔡、微服于宋、擊磬于衛、接淅于齊、絕糧于陳、故在陳歎曰、歸與歸與、夫仲尼之歸志、必無所遇而作也、今子一蹴于魯、魯王以國士遇之、是子未有在陳之阨、而動歸與之歎、非仲尼志也、子欲辭魯而行、請復遊于諸侯、可乎、苟漢室分崩、諸侯不輔、相尋以兵、肥磽之壤、皆爲戰場、老者赴深壑、壯者流四方、當是時也、子將奚歸乎、此羇戍之所爲而老馬之

所以悵望而流嘶者也、吾子勉矣、微君曰、不然、吾聞聖人達權、賢者執經、子徒淹子之歸、勉子之遊、而不知明哲者之議其後乎、昔殷將滅、而微子逝、周既衰而接輿狂、秦世虐而四皓棲、新室亂而薛方遁、易曰不事王侯、高尚其事、此之謂歟、今王室有新之漸、而無方之舉、吾恐老馬亦掩嘶而竊笑矣、嗟乎、東京爲諸侯憂、韓韜喟曰、子固矣、夫昔酒傭負羹而殷舉眉叟漁渭而周獵、五羖投秦而繆霸、甯子干齊而桓與、孫卿遨遊于楚趙。子輿馳騖于梁滕、范公顯越而鴟

臾張郎佐漢而辟穀此數子者豈無塚廬之思躬耕之樂哉誠知立功爲不朽也諺曰荷鋤候雨不如決渚言時不可緩也徵君顧其弟子曰知權乎知權乎

天文

徐淵遊于蜀山見倉禽集西岡之坡順風而交鳴徐淵異之歸而問諸徵君曰此何禽也曰其蒼鵾乎鵾之孕不精而感不交而生其感也以風其生也以睨此之謂氣化其鳥載于爾雅者也子不聞邛竹之荒有鳥曰鵾翼生于股熒惑見則孕是以禽而感于星

也嘉陵之墟有鳥曰鷦鷯臨溪而啄影則孕吐子口而生是感于水也扶桑之野有鳥曰摇光感日之精千歲一孕其形如龜是感于日也此三禽者爾雅不得而載焉由此觀之凡海外之荒國其不名之禽無稱之獸惡可窮哉是地無窮而物亦無窮也曰然則天地果有涯乎曰日月之出入者其涯也日月之外則吾不知焉曰日月附于天乎曰天外也日月内也内則以日月爲涯故躔度不易而四時成外則以大虛爲涯其涯也不睹日月之光不測躔度之流不察四時之成是無日月也無躔度也無四時也同歸于虛虛則無涯是以日月之外聖人不能範圍之而作歷日月之内聖人不能損益之而成歲故歷者循其迹而作者也曰天之旋也左耶右耶曰淸明不動之謂天動也者其日月星辰之運乎是故言天之旋非也規天而作歷猶非也驗諸運焉云爾已矣曰何謂分野曰上古之典壤地無紀不貢不賦穴居而野處後聖爲之經畫九州以鎭其民人奠其山川頒其貢賦地于是乎有紀由此觀之聖人别九州而紀地所

以配天之文也非緣星而紀也夫星辰之芒昧亦未嘗屑屑然而爲之分是故象緯者天之文也九州者地之施也天地異位而合化故聖人之烈照于天若分野之所謂則六經之未述者吾奚徵曰淵也聞魯王好天文譚星之士四方輻輳而進子何隱厥藝哉曰憐人紀而貪天文惑孰甚吾未之學不敢進也

涓曰此外史之天文志也

名器

徵君將如齊魯王賜以黃金百斤徵君謝而不受乃

以所乘之輿賜之。徵君出魯之疆、對魯使而言曰。憲聞先王辯物以章軌。光耀一世。故車服有等。爵賞有度。使諸侯士庶無相瀆也。今魯王之輿。諸侯之器也。而賜布衣之士。瀆也大矣。夫禮以防瀆。瀆則僭。僭則淫。淫則亂。亂則滅。春秋之鑒固不遠也。諸侯之欲親士。豈無彝器而必以輿乎。焉可瀆也。昔我漢祖翦強秦之緒而光有天下、封建同姓、割土而諸侯之。魯得以微福于周公伯禽。以庇其子孫、保其宗廟、而恒有其國。朝覲以懷之。宴享以親之。錫命以榮之。此天子

所以寵綏諸侯者也。然諸侯不能有其民人。食其廣土。以述其職事。有封建之形業而無其權命。以魯國之弱、不于此時躬修仁義以懷其民神、則百歲之後、魯其爲墟乎。而況瀆其器以自同於徒行之旅。是失其所載。神弗祐也。夫爲士者猶策驢以代勞。況于諸侯乎。今去魯而出疆、朝歷山川、夕犯霜露、士之勞也。若乘魯王之輿而見齊王。則齊王之輿猶魯也。齊王以爲魯不能禮而瀆之以器。士不能貞而瀆之以躬。是輕鄰國而匪士。又何逵焉。夫天子以輿載命。諸侯以輿載職。士以輿載道。今以載職者而載道、弗可行於諸侯也。子爲我辭魯使。返其輿而告魯王。魯王歎曰。齊其得士乎。是歲魯王俘其弟妻。以寵妾易之。君子是以知魯之不能禮也。

天祿閣外史卷二終

天祿閣外史卷三

賓齊文

待士

齊王饗徵君以牢次及李元爲其齊國之東鄙賢士也次及孔紹祖魯猾爲其魯爲齊之一聚也左權獨耻之乃據楹而嘯謂齊王曰昔者楚趙會兵之際有按劍絕羣一言而定楚趙之盟者王以爲誰乎齊王笑曰此非平原之食客毛遂也曰毛遂爲趙之長城而王輕之何也曰寡人聞之醜女不能冶時盛則變

醜士不能忠恩盛則激若毛遂者特激于恩之所感耳故曰戰國無嘿嘿之士亂世無優優之臣其是之謂乎曰噫何王之懷抱不明也夫口舌長短之士使之在定國則嘿矣爭利怨感之臣使之在治世則優矣孰謂士有不易之行哉宜王之席臣于末光而不能激也且夫以齊魯之士則親之非齊魯之士則疏之是臣之後于三子宜矣苟有士産于絕國者聞王之風而歸之其視臣猶臣之視齊王之士也王將何以待之乎臣與徐淵張裴朱儁四臣者皆食客之徒無重于齊國悉一辱之後天下之賢俊必以臣之故而逝矣由此觀之臣雖食客未嘗不爲齊重也齊王有慚色自是宴饗齊王獨加禮焉

齊姬

齊有閹者通于齊王之姬姬譽其閹者于王乃使人代其閹職以閹者能歌舞而美故得昵于左右在王之宮歲餘閹者畏誅而避于市姬以婢索之謀潰于宮齊王方與姬飲酒命姬鼓瑟姬以目窺于庭瑟音不和齊王撫髀而咤曰汝有瑟技而寵于前今鼓瑟

而音不和汝何爲者姬跪而進曰妾之幸于君王猶魚之狎于江海也江海不爲一魚而深其流君王不爲一妾而深其恩妾之寵寄於瑟妾之戾亦以瑟驗也君以瑟之故而戾妾妾自以爲必誅而無悔雖然吾君負伯王之器操英雄之柄何明于鼓瑟而闇于謀國耶今全齊之民其不爲瑟者亦寡矣苟鼓瑟可以和民是罪戾在妾也不和于民而和于瑟瑟何利於國哉和瑟之音在妾和民之性在君君誠以妾之寵寵于衆以瑟之和和于民則妾雖就鼎鑊之戮而

諸侯皆以明歸君也、王曰、汝欲吾以和民、亦猶汝之和琴、與吾雖爲東藩王、民無責焉、治撫全齊之民、皆天子有司也、吾是以朝則耽宴、夜則井寢、無憂于心、無勞于力、故飲酒而鼓瑟、無事于民、吾欲汝相諧而彼于音樂、其寵祿以終吾天年、而況天下一統。海内一王。禮樂雖未暢洽。而典刑尚存焉、故諸侯藉天皇以行樂、雖空其國中、而外無敵國之釁、内無大臣之爭、此吾所以樂也、若齊民之弗和、固有司責也。今之諸侯、朝覲則不得逃其職。交隣則不得尋其盟。雖夷

狄作難而諸侯之兵不徵。亦以靖諸侯也。吾何爲哉姬因泣于王曰、妾聞諸侯接壤光輔王室。千秋之後安知不爲戰國乎。今亦季世也。權降于下。國無綱紀。災異紛挐。苛網横鶩。鄰國之諸侯。豈無勞心焦思而謀其國者哉。是以周室側而桓文伯。二世暴而高祖興。故智者不失時而守黙。伯者不逆民而從欲。願君熟計而勿與俗羣也。微君聞之曰、吾聞智婦多淫。淫婦多藻。其齊姬之謂乎。

將才

有燕將亡于齊、能爲雲梯之術、善舞戟以好鬬殺、一人于燕市、逐奔齊、齊人畱之、因進于王、王曰、寡人非用將之秋也、請卻之、次日復進于王、歷試其藝、王曰寡人非任將之才也、請舍之、燕將恥不得見于齊王、乃訪微君于會亭、載拜而告曰、僕燕之鄙人也、以薄技遊于齊、一見齊王而不能用、僕是以進不得揚于國、退不得耕于野、年二十而無所成名、固薄技之累也、先生以仁義之策干諸侯、齊王禮事之以爲上賓、光被鄰國、而天下士趍風焉、僕以亡命之徒、不能自

飾、竊欲謬附于青雲之末、苟得以片時假譽于王、僕之榮也、昔鮑叔薦管仲而霸桓公、蕭何進韓生而興高祖、今先、生有鮑蕭之明、而僕無管韓之畧、所以屢黜而不悔也、僕聞大厦之朽棟、以之側而爲椽。則不知其爲朽也、高岡之枯竹。以之織而爲籠、則不知其爲枯也、藪澤之賤士、以之汲而爲臣、則不知其爲賤也。僕雖抱朽棟枯竹之資、亦可以爲良工之一用、願先生其汲之、苟有小裨于國家、無忘報也、微君對曰、先生之言善矣、如得用于齊、則何如哉、燕將曰、僕將

以兵術說也。今漢祚不振，夷狄內侵，國無良輔，郡無循吏，重賦歛十室而九空，熾刑罰十夫而九怨，何岌岌也。得一賢王而圖之，起桓文之絕業，盟會諸侯，以誅姦爲名，而尊王室，安兆民。衰則扶而翼之，危則繼而興之，此霸王之權也。今爲諸侯患者無他，有國而無土，有位而無民。無土則不能闢其國，無民則不能尊其位。諸侯晏然以爲百世不易姓而化也，故無事于富彊其國，不知異姓之夫提劒而步剪諸侯如決囊。當此之時，雖欲求一錐之壤以爲安，亦不得已，而

況舉桓文之業耶。此僕所以荷戟而寒心也。昔子產圖鄭而晉不慮其彊，范蠡謀越而吳不知其霸。弱不忘耻，小不忘釁，故能保社稷而懾諸侯。今齊國地方千里，限之以岱嶽，經之以漯河，南有濟兗之利，北有德景之饒，堂邑之戰場足以講武，三面而臨馭諸侯，又多智謀之士，皆擬于盼子，機變之儒，皆侔于晏嬰。若齊王樹德而懷仁，務農而講武，委僕以攻戰之任，隆先生以帷幄之責，而國之權在齊王。誅一不軌，曰天皇誅之；討一淫國，曰天皇討之。應運而舉，王霸不足爲也。徵君喟然歎曰：憲聞之，天下有道，則英雄偃跡而高卧；天下無道，則英雄吐氣而齊聲。由今觀之，王室其將卑乎。燕將曰：昔我漢祖虎變於前，而創不拔之業；光武龍翔於後，而建中興之功。劉氏之天下，二祖豈能自爲哉。謀臣猛將雲合而標舉，彼見失策，神僵而鬼驚，故二祖一朝而成帝業。今齊王失士而求諸侯，是何異于失網而求魚乎。夫王室將卑謂之隆，諸侯無權謂之雄，僕誠所未諭也。何則王室隆而諸侯謀權者必危其身，王室卑而諸侯無權者必絕

其統。今齊王之權何有哉。僕是以知諸侯之不能扶漢也。徵君曰：先生有良將之才，苟得志于齊，二年而修武，五年而積聚，齊其霸乎。

封禪

齊王將遊泰山，問于徵君曰：敝邑有封禪之山，非天子不能舉也。泰始以諸侯之國而舉之，非僭與。徵君對曰：憲也聞之，古者天子巡狩，朝諸侯于明堂，祀羣神于岱岳，觀民風以布王政，未聞有封禪之舉也。不經孰甚矣。天子一日有萬務，其勤惕也如是，豈能擲

其萬務卒之以臣庶曠之以時月而後心于封禪勒功德于無知之石哉自古迄于秦好爲封禪者七十有二然泯泯而不可述大抵皆後心之主也炎漢重離我二祖光耀前後豐功令德不能殫紀其盛然亦未嘗蹈前王之陋規而舉封禪文景紹厥休烈海內幾刑措之風固盛王素主也至于封禪則耻之及孝武卽極玩武佳兵傾海內之命運府庫之積而肆伐匈奴使百姓去家室之樂而身顯功烈之名致符瑞求神仙茂舉封禪以建綵號是以漢祚中替卒不能

休隆于前也歷至于今譚封禪之事者猶昌而未熄豈非貽謀之慮與若秦之始皇又何道哉今以大王之賢而光濟王室可以跨秦而登周也誠能偃泰山之碑摧梁父之碣毀雲夢之銘修明堂之典以臨天皇而招八國之諸侯先王之顯功踰于桓文也何必暴征秦之後心追七十二君之陋軌哉齊王曰先生幸教不穀美矣駿矣雅矣卒矣乃命左右紀之

覃賢

齊王盤色不能恭禮賢士微君將行關吏聞于王王使五臣留行姬侍于王之前以紈掩面而問曰君命五臣留行者誰耶豈非微君爲乎齊王曰然姬乃叩頭而諫曰君能愛士而不能與之謀若以妾故是妾得戾於齊之社稷妾雖菲薄不敢以色傲士夫微君志士也何君之愛士不如愛色耶請賜妾以死無使爲諸侯笑齊王曰汝且休矣吾將禮而用之明日謂左右曰寡人將築臺以拜士可乎左右曰吾聞築臺以積民怨何士之爲昔高祖拜韓信而與漢未聞築臺也君今傾心于愛士而驟爲築臺之役吾恐天下

之豪傑解襟而怠也若不得已或醮之以醴酒而賓之未爲簡士也君其醮焉齊王哂曰然已寡人其醴乎左右曰今齊民已聞築臺之命而不聞醴酒士聞此言亦展心而慕若也昔楚威王有寵姬通于閽人楚王不知也而庭有鸜鵒窺于王此事雖鄙可以諭理故于言之出不可不密也微君聞之遺齊王曰夫士爲天下靖紛排難而立功于國家者豈徒受人之爵謀人之祿而利其子孫乎哉忠不可隱道不可沒故去一壑之樂而歸於斯也以士之初心得天下之

賢王而建明之何功之不成然士之所以必俟賢王之禮貌而定去就者豈飾戒于世哉士之委身于君猶女之結髮于夫也禮不具而求嬪則女恥之恭不祟而求遇則士恥之孟子曰君子豈不欲仕哉又惡不由其道夫士國之幹也木無幹則根抵朽壞而葉無所依國無士則綱紀陵夷政教蕩然而民無所附故賢王之待士不可苟也臣聞之聖哲之處巖穴也諷以詩書陶以禮樂被褐而不慼茹藜藿而不悔故四皓有采芝之歌楚狂有鳳兮之詠彼豈樂于遺

世耶亦其所處之然也賢王知其然隆之以禮貌養之以厚祿聲色不蠱于其志讒佞不奸于其心則天下士亦傾肝膽以報于上效牛馬之勞履難死節而不辭也臣雖不才數奉謁于王之左右矣今左右無椒蘭之讒而臣蒙不禮之辱雖結髮于賢王而朝夕以心事之悲四方之諸侯皆以妾婦畜臣也畜臣以妾婦其如賢王何此臣所以必行而不可留也漢室告季王知之乎權姦弄柄王聞之乎臣行之後願王其留意焉無以臣言忘也臣將遊秦楚魏晉以告諸

侯諫王室之故請諸侯戮力而輔王室臣之願也王其圖之是歲徵君入衛

天祿閣外史卷三終

天祿閣外史卷四

賓魏文

入梁

徵君入大梁說魏王曰今天下之義士皆高賢王之
名賢王何脩而致此哉夫以王之賢而據大梁以爲
固大梁天下之衝也地盤乎中原勢臨乎四鄙虎牢
以爲關河洛以爲渠嵩山龍蟠二崤虎踞名山巨川
高臺麗苑不可勝數四民之務悉會於此誠哉帝王
之業也周以此營漢以此興諸侯雖强可以四面而

制故大梁之國天下莫盛焉今王之賢過於信陵大
梁之士優於劇孟廣武之場足以練衆葵丘之地足
以盟諸侯乘此而興霸功必倍之夫賢王固漢室之
親王也再傳之後必歸賢王坐享富貴之樂以待其
授不亦美與臣聞王之宴也楚姬舞於前吳妹歌於
後趙女鼓瑟於左秦娥泛箏於右賢王之樂埒於天
子而又有仁義之高名此諸侯之所宗也雖然臣以
爲當今之勢不如中葉之盛亦明矣夫得時者勿怠
得士者勿失故智者料于必然仁者謀于無形願王

先必然之料決無形之謀而後享富貴之樂則漢室
復隆于賢王也王何默然而揖讓于諸侯哉魏王變
色而言曰噫嘻此寡人之所諱也徵君對曰王何諱
之爲也今漢室有周赧之漸齊民有倒懸之危老氏
講于宮禁胡馬牧于王畿賞僭而刑濫民凋而師疲
盜賊已相呼於州郡而英雄未奮者亦畏吾王之賢
明也王何諱焉宜急脩守戰之具復葵丘之盟以爭
雄天下則上足以扶漢室下足以立桓文之功此諸
侯之盛節也今秦晉楚三國之諸侯其樹霸之心久

矣彼皆大梁之雄隣也此時一失則王不能掩帷而
臥雖孟門太行之險奚足恃乎魏王曰先生以佐皇
之器臨于敝邑幸辱寡人寡人蒙鈍怖慄而不審所
謂也及茲暇日請交榻而譚可乎徵君對曰臣聞謀
密者事無釁名完者身不戮臣願王密焉魏王曰寡
人行此謀也苟諸侯不從奈何徵君對曰今爲王計
亦不過尊王而已矣以尊王之名而勸諸侯何諸侯
之不盟以尊王之名而誅匪臣何匪臣之不靖以尊
王之名而刈夷狄何夷狄之不賓以尊王之名而綏

黔黎何黔黎之不懷此一動而名實歸也王盍圖之

圖霸

魏王觴徵君于平臺魏王問曰寡人之邑與秦晉何如徵君對曰臣方遊齊魯而未及秦晉不敢以虛辭奉王也魏王曰然則齊魯與寡人之邑何如徵君對曰齊魯地方千里猶大梁之國也齊魯之山川猶大梁之山川也齊魯以吳楚幽燕爲鄰猶大梁以韓秦三楚爲鄰也周召之所封世有餘澤亦猶大梁之所造也四者無弗均焉然則王奚不問臣曰諸侯之脩

德與寡人何如而乃以國問也且大梁之國賢王得而封之賢王不得而號也大梁之衆賢王得而安之賢王不得而役也何則以有國而無權也無權則政令不出賦稅不貢是寄之以藩封而實與祿食之臣一也昔周之封諸侯不過百里皆得以有其民神出其政令貢其稅賦而逃職焉今諸侯無職之逃故封國之制過于周而實不及否則天子之于伯子男令皆去其壤地而何獨優裕于諸侯也夫諸侯以祿故國雖大而不能惠諸侯無權故民雖衆而不能威此

諸侯之所宜恐也諸侯宜恐而不恐宜憂而不憂如是非王室之治安則不可王室危而諸侯不憂何也今之爲諸侯者未有若王之賢而愈懈厥德賢王之足以爲盟主天下士皆已決之矣賢王誠能陰施仁義延天下智謀之士而充其庭練兵於講武屯衆于故山而盟會諸侯以翊王室揚義聲於海內建丕業于無窮也以王之賢豈能倚覬王室之傾乎夫賢王爲宗國謀也雖握之以權而不爲畔臨之以勢而不爲僭張之以形而不爲逆何則使其治亂而爲之詘

伸也治而不順則諸侯之舉也必蒙天子之典刑亂而不圖則王室之繼也必在異姓之豪傑此時運與人謀同而順之者昌逆之者殃不可忽也臣今得侍賢王於平臺之宴幸無以一觴之寵而忘天下計遂叩頭陳謝魏王避席亦叩頭而謝酒酣歌鹿鳴之章君子是以知魏之必霸

辭爵

徵君居大梁三月國中絃歌而治有司欲聞于天皇而爵之徵君謂國人曰予向也舉以孝廉辭而不就

今遊茲國豈復求仕耶苟有仕進予惡不以孝廉就也今朝廷之賢佐有陳寶張李之屬巖穴之潔士有郭徐袁周之徒皆予善也吾欲進則必違其志退則必樂其身而享其名是進退無累於憲也而又何眷眷乎然所以踽桓而不就者以朝廷之權寵盛而名幹衰憲紀弛而刑辱濫不數年而王室之難將日至矣吾寧蹈海避世而潔名於漢廷以免龍逢比干之辱不亦可乎今憲也遊譚諸侯諸侯折節而賓之不可謂辱也抱伊管之志非押非闔非從非衡非堅非

白非刑非名不可謂術也勸諸侯以奬王室不可謂諂也苟王室大壞而諸侯不扶羈名者爲河陽之召滅義者爲秦政之吞則予當結居于南山之坡被褐鼓琴以詠先王之遺風使諸侯鼓鼙之聲無相聞也昔者周道末仲尼歷說諸侯而不遇伐木削迹其困甚矣今予智不及仲尼而無伐木削迹之困是以私自揣度而信吾志之必有亮也若軒冕之榮何足以瞀予哉國人曰自徵君之入國也農不怠耕女不怠織有司刑平而不貪徵君之風一何淑也今欲捐我而往必有憤志一國之衆將投命于徵君矣其若之何徵君曰予憲也何以重于魏哉國多溫民故俗易化上多靖吏故刑易平非憲之力也言未終國人爲之作康歌是歲魏饑首山崩黃河無風而波徵君歎曰民作康歌奈山川何區區大梁其無以爲漢室乎

繼立

徵君入見魏王長揖而言曰魏[illegible]天下之中原也人民以守之山川以鎮之自先王以[illegible]無大警而生民之業日饒固鼎地也今國凶于饑饉民無所賴山

崩而河震民無所寧其憂在王乎魏王曰寡人王室之叔父也社稷之安危寡人共之今天既敝國寡人之戾也寡人雖處中土不能脩德蹈義徼福于社稷之神明以恐王室然寡人亦惟是泣血之故實無有愆于羣臣百姓天不賜寡人以刑乃饑饉我人民崩溢我山川憂患我社稷蕩搖我王室寡人之顯戾不可拯也寡人有母結髮于先君而生寡人先君之側室生寡人伯兄先君曰側室之子雖長非嫡也寡人是命先君之側室亦舍長子伯兄而拾寡人告我先

君曰君無以妾之子爲長而命以國使妾有他釁唯嫡子仲氏立妾之福也先君曰立嫡之命出吾意也而議未布于外內以汝長子之故今汝以一婦而能禮讓且智吾之內釁由汝熄矣遂議立寡人先君之侍臣謂寡人曰公子可以避矣如不避必有內言是難基也公子其圖之寡人對曰此吾君之側室意也何難之爲侍臣曰公子誤矣側室之請惡知其不以心測君也君若謝國於宗廟千歲之後彼將挾其長子而與公子爭則何如是挾長以爲名而爭公子以

爲釁也若讓而後受雖有釁而附令譽焉且公子不聞伯夷叔齊之事乎孤竹君以愛易長而命立叔齊國人疑之伯夷怨慕而逃遁國人哀之叔齊若可以倖國者乃遜而不與天下稱仁焉今公子先爲叔齊之舉而後伯夷之心奚不可乎有變人曰不然伯夷叔齊皆嫡產也故能相遜其國而有令名于後今舍庶而立嫡其能遜乎夫公子有申生之賢而君無獻公之惑側室無驪姬之讒公子宴然而居之至順也又奚慮哉侍臣曰不然昔丹朱之于舜商均之于禹

彼皆異姓也而猶避焉今公子雖以嫡庶固同姓也豈必皆嫡子而後爲夷齊之事乎若驪姬以讒而禍晉國則獻公之爲也當是時驪姬非特亂嫡也以弟而僭其兄而況驪姬之讒得濟者獻公在也使獻公死而申生立雖百驪姬豈能亂嫡庶之名而致新城之難乎今君之側室其子雖庶兄也公子雖嫡弟也其名不完故有後釁公子以嫡則不可避以弟而遜人孰不然是公子有遜兄之名而不失得國之利且無釁于後名全于叔齊而智高于申生也寡人是以

行先君之側室聞之而憂告先君曰夫人之公子行矣君何不聞妾之子不可奪也意者君以妾之故而遷其前言乎不然何公子捐國而行也若公子罪妾妾將攜其子而假君子所以賜妾與子也妾與國孰重妾與宗廟孰重妾與公子孰重妾在而公子行妾安能一日求活耶願君亟反之非爲妾也爲公子也爲國與宗廟人民也不然妾雖萬死而不足贖君之心胡可明也先君遂返寡人于國寡人之母不能亮先君之心又不能以寡人之返國而亮側室告先君

之心以爲中讒也而側室死焉先君有疾寡人之兄亦不食而死先君將薨執寡人之手而命曰汝毋悖戾禍莫大焉雖及黃泉無相見也吾子勉之寡人是以朝夕泣血一目玷明固寡人之惡也今天之爲敝國禍小心畏忌無敢諱也若王室討敝國之罪奈辱宗廟何徵君對曰王之是心也足以察庶物而和諸侯乎雖然今之菑害其王室之憂也憂在王室則饑饉崩溢豈惟降于王之一國哉臣爲王道之夫今之諸侯朝而不貢無壤也故山川之崩溢不必懼焉貴

而不親無民也故百姓之饑饉不必咎焉王無是職又何以爲宗廟辱臣故曰王室之憂也魏王曰然則列國之壤地人民苟有饑饉崩溢之禍亦不足以爲諸侯憂乎曰四方有難則王室憂王室有難則諸侯憂由此觀之諸侯雖無職亦安得而無憂也唯賢王密厥志而已諺有之曰農勤於朝女勤于宵宵必顧杼朝必望雨言得時毋忘也王其圖之

桃林

徵君以桃林之事說王曰臣遊夸父之山瞰桃林之野每喟然歎息曰武王商之諸侯也一舉而移商命非篡也以有道而易無道也及紂死武王仗黃鉞而不誅祭以天子之禮諸侯稱臣焉乃偃文脩武放牛于桃林之墟歸馬於華山之谷桃林者其在于茲乎夫以武王之賢當紂之厲從而奮之是猶水之赴絕壑石之下崇岡孰能禦哉當是時紂雖欲爲一旅而不可得至于牛馬反畜而縱之何紂以天子而不如牛馬也魏王不答徵君曰賢王以臣言爲過乎魏王曰非也寡人之於王室媿不能效牛馬之勞是以不

答夫牛馬之賤勞于人而必思愛畜之紂以天子之貴讐于兆民而不如牛馬之畜乎寡人而今而後知天子之勞與牛馬同故能守其貴也徵君曰王之一言可以能國矣夫爲天子而有牛馬之勞則天子益尊爲諸侯而有牛馬之勞則諸侯益強爲大夫而有牛馬之勞則大夫益顯爲庶人而有牛馬之勞則庶人益義此臣所以有桃林之感也昔虞舜殛鯀而誅有苗伯禹掘壤而疏洪水伊尹負鼎而干湯周公吐哺而求士甯戚飯牛而興齊句踐臥薪而霸越墨翟

九拒而存宋、曹沫三敗而復魯、毛遂歃血而楚動、藺生完璧而秦靡、夫以聖賢而有牛馬心、故動德流于海內、馨香覆于民神、而民至於今不替、是皆效牛馬之勞者也、王其勞之、魏王曰、寡人何勞、曰、賢王欲固諸侯而強公室。豈必獨運其勞哉、尊賢而撫衆。寬明而仁恕、不遺牛馬。使君子勞心。小人勞力、故君子小人投肝膽於中原、而慷慨談笑而不辭也。昔秦穆公舉百里奚牛口之下、勞不坐乘、暑不張蓋、是以樹聲于諸侯而伯其國、非牛馬之力乎哉、夫君視士如腹

心、故能顯其德、士自視如牛馬。故能盡其心、此百里奚所以勞于秦而逸于虞也、今之士豈無牛馬之心乎。顧其君之任與不任耳。賢王有強公室之志、而使士無牛馬之心、何哉、爲賢王計、誠宜以腹心結天下英雄之士、不時舉之牛口而已也、如是則士孰不盡心而奔走于殿下哉、魏王慚而謝曰、於此寡人之責也、

諫獵

魏王獵于圃田之澤、徵君聞而追之、見魏王曰、賢王欲公室之彊乎、魏王曰、寡人欲強公室、奈諸侯何、徵君曰、是賢王畏諸侯之張羅而獵其後也、雖然、賢王不欲公室之強則已、苟得奮其志、諸侯何畏焉、今賢王既不能強其公室、而又以微行蔽諸侯何也、竊聞之山林藪澤。士之與鳥獸羣而棲者也、故獵士則強獵禽則荒、惟賢王能得其士、而失其禽、庸王能得其禽而失其士。夫士國之雄也、其潛隱於藪澤之間、亦欲望賢王之獵也、今王輕千乘而爲此遊、將欲獵士乎。抑欲獵禽乎。獵士則士必振羽翼而爭投于王之

羅、獵禽雖鸞鳳騶虞不能益于國也。王何不念賢士之藪澤、張仁義之網羅而田獵哉、昔文王獵于渭、國人皆以文王爲獵禽也、而不知惟士之獵、故一獵而得呂尚、天下偁明焉、今以王之賢而不效文王之獵、宜士之不遊於國也、魏王乃止其田而還、

受餽

魏王使人餽徵君以桑落之酒。徵君受而不拜、使人曰、君以敬先生之故而餽之以醴酒、潤先生之令德且欲先生之無忘君也、今受而不拜、豈君之有簡於

先生、而踝其默耶、僕恐君之敬自玆弛矣、殆不可乎、夫先生四方之英賓也。不得於玆國則之于他。然諸侯敬先生之心一也。先生事諸侯之心亦一也。苟諸侯之餽。先生亦受而不拜。是敬弛于諸侯。而先生卒無所遇矣。夫諸侯之餽士禮也、餽而不拜是忽君也、士而忽君、不可以鬭隣國、且以暴君之過于諸侯、諸侯亦以士之忽而笑吾君、其若之何、徵君乃鼓琴歌簡兮之詩、孌人不悅曰、先生以王人之佐、不擇吾君、館諸敝國、今傲君之餽而及使、先生其不能禮矣、何

以行道于諸侯乎、徵君笑曰居、吾語汝、夫古諸侯之待士也、宴之以太牢、崇之以師禮、故不以爵祿而責士。晝則同席、與之肆而議。夜則合榻、與之密而謀。必行其志。無疏之以讒。無曠之以迹。故士能竭其肝膽以忠于公室。憲聞之、天子之萬乘。可以屈臣庶而不可以屈士。況于諸侯乎。周之興也、賢才輻輳于朝。諸侯星拱于位。故周室強。則諸侯述職而覲天子。周室弱。則天子下堂而見諸侯。夫士之係於國家如是。而可以犬豕畜哉。此憲之所以受而不敢拜也。且魏王之譽于隣國者。以得士之心也。今以犬豕畜士。諸侯孰譽焉。是長釁也。無譽則孤。長釁則亂。公室其危乎。夫長釁而危公室。士孰輔之。士不輔而求霸。猶病者不用醫而求愈也。以憲之猥劣。不能勉事賢王以至於簡。憲何戚焉。子以忽而罪憲。非所以爲辭也。請以憲言達于王乎。是歲也、魏王復獵於圃田之澤、徵君去魏如秦、

卜諫

徵君去魏、魏王方田于圃田、命虞人卜之、虞人三卜

其卦而告曰。君之田也。小獲而大損。魏王曰、既獲而損何也、對曰、是卜也、得兌之三。其辭曰、田獲三狐得黃矢。再卜、得漸之上。其辭曰、鴻漸于逵。其羽可用爲儀吉。今臣之卜田也。有獲狐之功。而非羽儀之美。有漸鴻之逸。而蒙得矢之名。夫黃矢賢士之象也。鴻既舉矣。何以羽儀於國。狐雖獲矣。何以黃矢爲功。由是言之、君之賢士失矣。將無田乎。左右曰、嚮也君遊於圃田之澤、徵君以田諫、今君復田于玆、徵君不諫、是徵君去矣、意者黃矢即黃憲乎、夫憲也以直辭動于

諸侯、言必符則、行必蹈素、不臣天子而賓諸侯、不求榮爵而安韋布、不諆爵祿而甘薇藿、懷廣裕之度、負清皭之風、遇于時則揚眉若飄雲、不遇于時則拂衣若振葉。此許務之耿光而顏蘧之淑節也。君幸而得之以爲賓、國人私慶于市三月、而盜不欺、商旅不爭價、郡無暴吏、野無啼民、此皆徵君之隱績也。而君以田故諫而不從、臣慮其必行矣。君得禽于囘而失士于田、其利孰重。若徵君未行、君猶可圖也。魏王不聽。

是歲魏王觀甘露于譙、明年魏王薨。

取謗

初徵君去魏、魏人怨王、流言道路、左右告王曰、國人有辱君者、請誅之可乎。魏王曰、何爲辱寡人也。左右曰、辱君以遠士、毀而謗者千人、怨而譏者一國、國有謗聲、君何以結諸侯。魏王悔曰、辱寡人之故、其黃憲乎。寡人雖無令聲于國、亦諸侯爵也。失一士而辱寡人、寡人其不勝辱矣。寡人有失士之過、有惠寡人者速諫而返之、寡人唯是嘉其能諫、賞其鑒賢、且以績譽于諸侯。今不諫而遂謗、以寡人是辱、無乃不可乎。寡人聞之、衆口歸譽、不勝一夫之毀。今毀寡人者徧于國中、而又使寡人誅之、免遠士之謗、而先誅謗之刑、不亦悖哉。嗟乎、寡人老矣。王室告難、而諸侯不輔、非寡人之憾也。君子曰、悔而遁、其無終乎。

去就

徵君過魏國之疆、周舉邂逅於道、而問曰、自吾子之入魏也、諸侯咸傾耳以納令聲、是子有殊遇于魏王、而海內之士悉欲負策而入魏、此誠展志之秋也。今吾子出魏疆而託于一旅、衣之以敝褐、乘之以蹇驢、

弟子七人、童僕二人、執御者三人、蕭然于國門之外、何淪落如此哉。意者魏王之器不足以輔飭、與今漢祚遭季、權雄角立、賢者屛迹於草莽、以痛王室而觀望諸侯、若徐穉砥節於豫章、吾子高步于汝南、周璆守操于樂安、吾子振美於漢庭、今之賢士、子其卓矣、而猶皇皇不遇、況繩墨中之數子、豈能學邯鄲之步耶。嗟乎嗟乎、吾子行矣、何國之如。徵君莞爾笑曰、甫之所如者、子之所去、子之所去者、亦甫之所如也。又何問乎。乃揚綏而刷、周舉挽其袂、悵而不言、從者曰、

夫子將如秦、

去魏

徵君旣去魏、魏人告王曰、徵君却魏而奔秦、必有無禮于魏、請行間于秦王以疑其心、可乎不可乎、魏王曰可、寡人欲執其所主而後間彼賓於敝國、不告寡人而私縱之、不惟有納賂之辜、且以導纍于隣藩、而笑同列、刑在先王之明典、不可宥也、乃命左右執之、館人懼而赴秦、告徵君曰、君以夫子去魏之故、不聞于君、君將戾僕、以僕爲夫子賂也、又導纍于隣、以爲

諸侯笑、欲聲我以罪戾、加我以典刑、僕其若之何、夫子之令德英誼、日夜結于君心、若返駕于魏、陳以去故、豈惟宥僕、而君亦以棄賢是悔、且無惡于諸侯、夫子亦可以往來於其國、而車馬之從、繽紛于秦魏之郊、夫奚不可乎、吾聞之、聖哲之出、將以仁諸侯而撫百姓、今以一館人而不能使其庇、僕死之後、恐夫子無所主矣。夫賢者之于諸侯、先所主也。無所主而賓諸侯、人孰信之、徵君答曰、魏王之賓也、素無國士之遇、甫之館于魏也、亦無待人之辱、可以去而不就、是吾裕也、魏王何爲、雖然、諸侯之懈德、未有甚于魏王也、色荒于宮、禽荒于田、吾數諫而不聽、是竊效宮奇之愚而不爲百里奚之智也、幸而魏王無逐客之令、以戮天下士、憲也得以翱翔而逝焉。吾子義不輔矣、子欲吾返駕而就、吾亦何聲以辭秦之聘哉、若不得已、唯是奉尺簡于魏王、陳吾所以去之故、明吾所以不返之故、宜吾所以假館無妨于子之故、子必免矣、乃遺魏王書、館人歸魏、是歲魏人求盟于秦、

天祿閣外史卷五

賓秦文

遇樵

徵君入秦、倚歌於渭橋。有負薪者過而問曰。子何人斯、倚歌於渭水之梁乎、徵君對曰、甫漢室之徵君也。弔古於秦。悲而倚歌。非汝所測也。負薪者曰。今游秦之士、接跡於渭橋、不徒游觀以為樂也。皆挾策懷珍以干秦王。而士無遺於鄰國、秦號為得士。子以漢室徵君、下臨藩壤、使一見秦王、秦王必以子為上國之

賓、富貴可立而俟也、子奚洋洋然倚渭橋而悲歌乎、徵君曰、非甫之志也、故慷慨悲歌以自激耳。寔也豈寗戚之流乎。負薪者曰、吾秦人也、以負薪為職。凡秦之名山廣谷遺基故苑。吾皆得而樵焉。予欲弔古于秦以釋厥志。吾為子肆言可乎。徵君𥈭然而仰笑曰、出于機。入于機。同游于機。浩浩乎旁礴于機而忘于機。負薪者曰。吾惡知人忘于機乎。機忘于人乎。人與機相忘乎。夫機發于無極之原。智者覺之。愚者忘焉。故萬物緣機而生。緣機而動。天地如之。而况于物乎。

吾與子遇機也。吾與子言機也。子以吾為忘于機而不知吾以子為忘于人乎。徵君不能對、既而曰、子言秦之狀也。憲也願聞之。負薪者曰。吾忘于機、子忘于人、而奚不忘負薪之子乎。徵君曰、吾始知忘于機者化于機。覺于機者忘于人乎。雖然。吾以仁義為機而得其名。子以斧斤為機而得其薪。薪者得於斧斤而不得於子。是亦忘于子也。而子亦豈忘于機者。負薪者曰。噫嗟乎、吾與子之爭于機乎。鑽焉鑿焉而不得其源乎。吾已矣哉。今日暮重關。渭水東流。秦嶺蒼然

烏棲雲木。有處在焉。請與子偕歸。以薪為榻。舉瓦觴飡鬼草。聊以娛子懷也。負薪者曰。子如不言。吾請言其略。以竦子之游。夫秦四塞之壤也。雖偏鎮于西隅而國之形勢。實為天下雄。固帝霸之業也。若夫盤亙而秀于南者。則終南太乙焉。巃嵸乎陰于西極而東望潼關者。則華嶽焉。東注乎咸陽。則灃水之所導也。其境有蘭池阿房之宮。咸陽之南。周之鎬京也。茫茫四陵。南北相望。秦宮所營。灃其鬱焉。豈惟涇水之望陵哉。西北臨乎幽國而奕奕者。其梁山也。絪縕而蒼

蒼內有離宮別館昆明西陂輦道紆曲而相屬者秦之上林也鬱然起于鄠之東南者有紫閣峰焉其周之靈臺廢也久矣橫亘乎藍田者有秦嶺焉霸水之所出嶢關之所鎮也絕于西域而嫖姚之所開者其玉門之關乎環于漢陽而微茫者其鳥鼠乎限於北漠之陲匈奴倚垣而窺者此秦之長城紫塞也扞蔽乎朔方而胡笳戰馬之所集者其賀蘭之山乎聲下龍門景入太華而浩蕩者黃河也積雪千里而瀑布之滂漾者則太白焉荊山峙于河則大禹鑄鼎之墟

也若夫太液曲江之池樂遊細柳之原驪山之溫泉新豐之枌社隴山之九坂長安之章臺又有博望西郊芙蓉未央長樂建章甘泉之宮不可勝數其近而羅列者皆鍾秀于雍州其遠而環帶者皆隱耀于關中也子之游秦其知已乎微君謝曰幸教甫矣今王室多事而秦晏然一日不能藉雖薄籬四塞吾恐胡人整步而過藍關之險平于九衢太華之限踏于戰場則秦人安得而峙乎所以慷慨而悲歌也負薪者永嘯而去微君歎曰國有隱士甫已知秦王之不能好賢也

洧曰此入秦第一篇文勢錯綜變化不可彷彿中兼賦體讀之令人手舞足蹈太史公後罕見此文

待樵

微君復游于渭橋待負薪者來左權不悅曰昔者夫子倚歌于渭上遇負薪者與之鄙談今又俟其至何褻身于野人而失期于諸侯哉竊以爲夫子不穀也微君曰汝未之達乎吾如秦三日矣而秦王不聞是左右之佞者衆也秦王招我以禮蔽我以佞則賢士

之負薪者衆也吾欲去秦是揣佞于左右而忽禮于秦王議者必曰無故而驟去非孟氏三宿之意也吾是以寄傲于斯乎乃假爲漁者倚梁而釣于渭水之流有漢使翟酺過而訊曰僕久不見叔度何落魄如此耶微君對曰夫貧賤者士之素也用之則爲春陽不用則爲秋陰達則萬鍾而不加喜窮則一瓢而不加憂故仲尼聖矣不能爲夷吾之霸齊孟軻賢矣不能爲子產之興鄭何則遇與不遇耳今漢室將蔽賢士淪落黨錮之釁方殷權奸之謀已奮矣有志者其

憂患乎秦以千乘之國當世叔之季桓文之功烈可一舉而樹也然而乎謀深識之士不集于國潛韜縕策之雄卷跡于路者豈秦之利祿不足以供天下之賢才乎亦以左右之讒使之然也夫秦王帝室之同葉而宗盟之首系不以此時富彊其國陰結諸侯而扶漢室之危吾恐天之歷數必授於異姓之手以帝海內則秦王安得以藩封之爵而傳諸子孫耶吾之游諸侯爲漢室也使秦王晏然而不顧其後則士亦拂塵而往矣吾之不去尚冀秦王之遇也三日而無

聞吾豈咎于秦王哉寔也不仕天子而游諸侯亦仲尼之衛之陳之宋之所爲也終不獲志則卜居于山林以諷先王之典謨而已矣豈自同于羈旅之徒乎翟酺曰夫秦恃百二之固以輕賢士其不能爲漢室賴也亦明矣以子之才上不臣于天子下不交于諸侯而猶偃仰當世是洗巢由之耳而負伊尹之鼎也今漢室之難發于鉤黨此亦諸君子之激也制羣小而自制不亦悲乎夫陳仲舉竇游平李元禮郭林宗范孟博之屬皆子友也今天子方高子之名意亦就清輪之聘清朝廷之路而解諸君子之憂乎奚必以意氣賓侯王譁笑輕爵祿而若是恝也且吾聞之鱣鯉游于百川不如江海之深逝朱鳥游于山澤不如雲漢之高飛賢俊游于諸侯不如一王之殊遇子其愼所游也徵君答曰是則然矣先生獨不聞江海之逝者不能棲遲於芳藻雲漢之飛者不能飲啄于清流一王之遇者不能詘伸于爵綱名羈之外乎鉤黨之議非諸君之憂也王道壞而重臣危不可以濟先生其行矣乎遂送別于茂陵道翟酺登車憫然遙謂徵君曰時哉各努力也予其豈矣

誅賞

秦王聞徵君入秦三日不得謁誅左右之蔽者五人令國中絃歌以逆徵君秦王侍于宮門軍武執戟庶人執旂車馬輜輧觀者慰曰今日得見徵君也徵君至秦宮秦王欲爵之授以冠舄徵君辭曰不可受也夫先王之爵祿自畿甸而頒于侯國太宰掌之天子不得而私其臣諸侯不得而私其士故詔爵以德詔祿以功皆天子之明制也至于衰世庸王廢滅先王

先法爵祿無紀軌物不經挾權據寵之家珠玉以爲淵丹青以爲谷羅綺絲竹之樂交陳於前亘以長夜若此者豈皆君之賜乎賣寵幸于士庶借威福于人主無德者爵無功者祿百姓怨困于下而國病矣人主疑而不能悟惛也悟而不能振弱也主弱則臣強強則侵侵則毒臣毒于內則諸侯毒于外其始殭也亦以爵祿而私士遂至浸淫而不可救故勢合則戰勢分則盟力合則戰力分則盟謀合則戰謀分則盟此七雄之所以椎持其勝也而況當是時以爵祿役

天下之士者皆有國之諸侯其權可得而爵其地可得而役其民可得而兵其士可得而臣也然帝秦而爲民魯仲連猶恥之是士非不欲臣于諸侯也無道之國安得而臣哉今諸侯有位而無國其勢又難矣無國是無民也而遽爵其士士必蒙戮況諸侯乎夫漢室雖弱未有周赧之窮宜以扶漢室爲名而謀其國則諸侯之業光矣賢王封千乘之爵而有萬乘之勢士之日夜望秦而驅馳者亦欲以漢室之故而陳于王也若賢王有其國而國之人民土壤皆奉職于王則士亦不必至矣士至而爵之亦不辭也賢王惟無國故不可爵一士而使之謀秦何則漢室之君臣猶議禮于庭而攬天下之地圖頒諸侯之爵祿建榮號于海內行賞罰于郡縣而一統之形未剪也賢王欲謀秦而扶漢室豈必爵一士乎故曰得民之心者不以威武得士之心者不以爵祿得諸侯之心者不以山川亦自得其心而已矣臣之入秦也月始受餽而臣之見王也月已幾望賢王以爲左右之蔽而誅之求士誠急矣奈漢室之典刑何也誅一人已猶不

可況其餘者耶夫蔽士不可以爲律也蔽而誅之使有讒於王者則如之何不達於王而殺其士於秦國之境者又如之何賢王誅左右以蔽戾榮臣以爵祿賞臣以冠舄皆非典也臣故不受夫死五人而得一士賢王何利焉是以一誅賞而動漢室也且以迫秦後不可以爲盟主王其圖之秦王憮然曰然則寡人爲之奈何對曰雖然猶可爲也今秦之有司天子之臣也王宜以爲情告于天子之有司辟以私進美女之逮蓋其罪與蔽均也令有司亦以其情達于天子

則王之慮必釋。而親親之恩堅矣。粲人史綱曰何必、然則君之計宜以誅左右之威、而收秦民乘士之歸秦而速伯功、秦國四塞之險、而會諸侯當漢室累卵之危、而布文德、此一時之顯名盛舉也、五伯之功、皆謀于速而鑽于機、故名顯而功集、今天下初啓難也、以誅賞之小瑕、而詭掩曲飾以求媚于時、臣恐天下事謝矣、何以達聖哲之權、昭鴻駿之業、竊爲君不取也、秦王笑曰、何言之易何言之易、寡人方與徵君游禮樂中、惡及茲也。是歲少徵見於秦、

盟會

韓臣將尋盟、秦王問于徵君曰、韓將與寡人盟、何謂也、徵君對曰、夫諸侯親睦、以寧其社稷、以懷其人民、使軍旅之士不相加也、於是乎有盟之禮、夫盟信之輿也、諸侯盟會以示好、宴享以示睦、故諸侯貴盟而賤役、大國盟而不役、小國役而不盟、弗信則盟必潰、弗盟則無以彰信也。盟以彰信。故潰盟者春秋惡之。求盟而不直者、春秋恥之。夫求盟者信詐之機也。是故諸侯未盟而戰。將以養其戰也。既戰而盟。將以防其救也。故怠則乘之。釁則動之。窺怠而乘。是吾以盟怠也。觀釁而動。是吾以盟釁也。以盟怠者敵必乘之、以盟釁者敵必動之。故曰信詐之機也。必欲盟故樹之以信。必欲潰盟故寓之以詐。盟而守信者、若葵丘之會是也、盟而守詐者、若河陽之會是已、夫天子與諸侯不言盟、而河陽之會、則晉文之守詐於諸侯、以使周室、孔子曰、晉文公譎而不正、齊桓公正而不譎、此之謂也、今王欲爲葵丘之會而樹信于天下、則韓之首盟不可辭也、受韓之盟、則諸侯皆嚮應而盟秦、

齊桓之盛、復轉于今矣、不然、則諸侯背秦之心、猶韓之盟于秦之心也、韓之土壤、秦不能過、韓之山川、秦不能過、韓之謀士、秦不能過、韓之人民、秦不能過韓之精兵、秦不能過、韓之車馬器械、秦不能過、夫以不能過之韓而求盟于秦、固天以葵丘之烈賜賢王也、王共盟之、秦王悅、遂與韓人盟于錫谷、

琴論

徵君燕居、中夜鼓琴而歌幽風、秦王使左右伺之、通于館人、館人覺、私告于從者曰、予之師也、鼓琴詠歌、

其聲鏗鏗然、是歌也、果無心乎、從者對曰、夫心以生聲、聲以成歌、歌以暢志。若夫子之歌也、何謂無心、館人曰、然則所謂歌者何詩也、對曰、幽風、曰奚取幽風也、曰幽風王化之紀也。夫子思周室之隆治而詠歌焉、泰其望矣。曰無刺乎、曰鼓琴而音婉以和、歌幽風而聲嘽以舒。又何刺焉。館人謂泰王之左右曰、先生無勞竊也、請復于君可乎、左右返、徵君理琴、顧從者而言曰、吾鼓琴至幽風之亂。琴不起。必有疑者感之其泰王乎、從者對曰、館人哉、徵君曰、館人何爲而疑

也、對曰、館人聞夫子鼓琴而歌、卒爾問曰、鏗鏗者歌其有心乎、弟子應之以心、又問曰何國之風、弟子告之以幽、又問曰有刺乎、弟子告之曰美、是以知館人之疑也、徵君曰、甫有心而鼓琴。君無心而疑琴。琴亦應吾以疑、滯吾以情、何感而至此哉。嗟乎夫人寄于幻化。有有心者、有無心者、有有心而無心者。有無心而有心者。無其所無而未嘗無、有其所有而未嘗有、無亦疑也、有亦疑也、疑則機也、機則感于機而應于機、機之流于物也、無一無萬、無巨無杪、無遠無迩、無陰無陽。鼓舞化育、若知其存、若風之噫嘘、而物竅皆鳴、日之照臨而物狀皆朗。不行而赴、不疾而馳、此之謂機、故禹產于石、英契產于燕卵、頡皇悟于鳥跡、傅說報于夢寐、乞人哀而感申喜、介子歌而泣文公、瓠巴鼓瑟而魚出、魯陽揮戈而日反、其有心乎、其無心乎、其感于機乎、其應于機乎、今吾鼓琴而館人疑館人知也、吾弗知也、館人疑而琴蹇。吾知也、館人弗知也。吾是以有感乎物機之變易。如館人之疑而觸者亦多矣。小子識之。從者出、告于館人、館人異其所云、

人曰、夫子鼓琴于堂而有琴玷、以爲僕疑也、夫子殆得其疑而失其人乎、徵君曰、此弟子之言也、館人曰、否、頃有泰王之左右二人、何夫子于牖外、以犯夫子之琴、此左右之疑也、從者其謀矣夫、徵君撫琴而哂曰、左右之伺、王命也、則疑在泰王也、於左右何疑、夫疑鬼之門也、明神之庭也。吾聞君子去疑而存明、未聞汩明而畜疑也。故君子遵禮樂以昭明其心、遠淫邪以昭明其性、躬政事以昭明其動、辯忠佞以昭明其志、濟煢獨無告之民以昭明其德、猶懼其未廣也、

察誹謗以昭明其過納諫諍以昭明其虛修蒸嘗以昭明其敬光庇國家以格于上下神祇是以世享其業子孫必興此后稷文王之所以光裕也秦王以漢室之子孫貴而無輔富而無民恃大而不修德疑士而不謀政後有興者亦始皇二世之爲也惜乎吾不得見左右而論于王館人出從者侍而問曰夫子何肎與之論大道也曰吾聞君子無傲以傲而陵人人亦侮之以傲而陵君君亦賤之以傲而陵長長亦擊之以傲而陵弟弟亦狎之以傲而陵友友亦遠之是以替名而扞善身必戮焉吾知免於今矣

燕居

微君燕居與七子講業七子問曰孟軻孫況之後出道者可得而聞乎微君曰道人之路也愚夫愚婦皆由之孔子盜跖皆由之何謂無道曰是路也非道也以路而爲道則可以道而爲路可乎以道而爲路則亦指仁義而爲塵埃乎曰汝何以道爲道以路爲路乎吾觀其由于人者云爾夫路也者緣仁義而名者也非緣路而名仁義也汝知仁義之非路而孰知塵埃之爲道乎知塵埃之爲塵埃而孰知仁義之爲塵埃乎天地庶物皆塵埃也則皆路也安得不謂之道故君子仁義以爲路是亦仁義以爲塵埃也仁義以爲塵埃是亦塵埃以爲道也道衰于春秋亦隆于春秋若孔子及顏淵曾參子貢蘧瑗季札子產是已道熄于戰國亦鳴于戰國若孔伋孟軻墨翟列禦寇莊周荀卿是已其餘啾然噓其術于當時以立一家之言者殆不可紀若鄒衍虞卿慎到田駢關尹喜庚桑之徒皆顯名諸侯而列儒者之林使孔子出必取而

裁之以納于道雖商鞅蘇秦張儀公孫衍申不害韓非之流其學不出于縱則入于横不入于刑則出于名馳其辭濫議以傾諸侯而坑天下之民然數子者亦皆辯慧博聞之士使其游於孔子之門孔子必不拒蓋辯慧者考業之資博聞者達性之塗也如是則儀秦無縱横而韓商無刑名矣夫人之性不相遠也其質婗以慾而文之以詩書開之以禮義則性成焉故性猶璞也不琢則不成今夫野藪之人多鄙市井之人多媚非理也其習使然也性固無間于野藪市

井之人也故循其習之謂情守其情之謂性因性而導之謂學不因性而學是助傲而飾巧也何取于學故博學而無禮君子以爲求性之泛禮者所以規厥性也學而禮則令名昭焉名昭而辱遠矣故居上而能靖居下而能默世有述墨氏者則以爲陋有慕莊生者則以爲僻有譚荀卿者則以爲曲噫三子者無盜跖之行遵仁而處遵智而達遵禮而動孔子之所必取也互鄉之童子無異於市井之人孔子猶與其進而況于三子哉故曰世俗不可與論古拘儒不可

與論道其是之謂乎

僊論

秦王好僊將築臺于宮以望終南徵君諫曰不可夫有國者將以遠欲而親民也故封建一國則一國之民賴焉不敢棄也民亦不能棄其所牧而求治於隣故天子遠欲以親兆民諸侯遠欲以親百姓百姓懷之是以能有其國昔者周公封于齊而齊民頌召公封于魯而魯民說以齊魯之民獲其所賴也今賢王受先王之遺業而爲秦之諸侯幾三百載而百姓日

蕃田野日闢死難效節而無離心者豈民性之本然哉亦爲人牧者有以扞城其民也臣始入秦之境野無肥民市無豐賈乞者載道倉廩不發臣疑以爲無諸侯也及賢王得臣百姓歡悅咸望臣之吐忠而諫也臣媿不能有益于秦而賢王亦亮臣之不能忠於前也故欲築臺以求僊窮觀于華嶽騁望于終南而爲遠民之舉以彰其欲何賢王之勤勞若此哉臣竊以爲過矣昔燕昭王欲致天下士歛民力以築千金之臺燕民猶病之況築臺以求神僊乎夫僊者非臣

非民潛于山澤之間垢衣癯形飲水食草得山澤之精以延年保身窮莫甚焉黃綺曰爵祿不及而竊呼吸之術以自榮者世之所謂眞人也雖臥薪不足以喻其窮嘗膽不足以喻其苦左無吹簫之妾右無鼓瑟之姬珍羞異膳不得陳于前文武侍從不得列于後播棄父母割絕子孫不表于鄉黨宗族此海島之鬼辠也由此觀之綺隱于商山以皓爲名其論神僊則恥之故當時避秦之士往往皆明忠信樹廉恥識君臣之分審出處之節如黃綺者亦良可述也彼豈

淪于神傀哉。今賢王捐千乘之樂而爲此遊以自悴其身。孰爲利乎。夫爲百姓而築其臺。雖勞而不怨。棄百姓而勞民。民孰勞之。是築怨也。社稷之神不福焉。昔我先王建國。伯子男皆無封壤。唯諸侯是親。今秦以如繩之國。自賢王而絕之。無乃不可乎。嗟乎賢王特不寤云爾。崇爵豐祿。亞于天子。雄藩沃壤。據四塞而誰何。賢子孫世守其業。雖值亂世而不與王室同危。且足以樹霸。若王逝在。又可以與其延年也。如是。何希乎喬松。何慕乎韓羡。寂寞而枯槁哉。彼且惜之

矣。賢王復希慕而爲之。是使松喬韓羡延頸于窮谷。而笑賢王之不智也。臣願王罷築臺之役。以爲人民社稷計。王不聽。是歲秦饑。匈奴寇潼關。天王使中尉採金于秦。

黨錮

曹節亂王室。秦王問于徵君曰。王室有黨錮之難。何爲其然也。徵君對曰。仁哉問乎。夫豪傑結難。禍及于國家者。豈一朝之故。當其負天下之駿望。則人主倚之以社稷。孰不以爲豪傑慶。而不知發難之端。亦萌于兹矣。自甘陵之黨興。天下已知今日之禍。若陳蕃李膺竇武張儉郭泰范滂之屬。一時號爲三君八俊。名莫盛焉。而竇武陳蕃以執政爲朝廷重譏。合如應響。忠謀奮如疾雷。然諾相許。確如太山。其自負也如此。而竟不就。故名顯而望隆。君子之幸也。小人因其名而乘之。其難愈激而不可解。以至于危國家。可畏也。愚聞之豪傑之出。必有英毅明懿之君以成其志。則謀裕而不激。功順而不挫。以輯定社稷。民人以寧。故舜不遇堯。則驩兜不能放。周公不遇成王。

則飛廉不能戮。今數子者無舜與周公之遇。而爲此謀。不亦哀乎。夫治世則陽明開而小人爲泥沙。亂世則陰濁濫。而君子爲魚肉。今王室無綱紀文章。使豪傑弄于羣奸之手。海內塗炭者十有餘年。是威福移于下。而王權不明也。故豪傑錮而爲黨。罪以危社稷之名。豈天道也哉。若數子不死。猶可以鎮王室。不然。諸侯不能高枕於藩籬之內矣。夫彼以小忿而搆大難。鉤黨之變。臣其寒心。天如祚漢。錮賢者必誅。讐民者必戮。正其典刑。以旌直亮忠貞之士。則王室之隆

若振翼也何爲而使其幽憤哉自李固李喬不得伸於前致黨議不得明于後臣以消息之勢觀之必不免矣悲夫以王之賢偉當千乘之國而失高枕之安此臣所以爲賢王患也王宜以誅節等爲名盟集諸侯肅清王室培植善類甦活蒼生段尤以新天下若主上不從則周公伊尹之舉在賢王也臣竊念安帝之世內戚用事于朝諸羌橫馳于郡國天下咸怨然帝有好賢之明常以禮幣徵天下孝廉之士臣亦與爲猶以爲未可仕也故辭而不就淹詣于今王昧臣

虐國命大謬善類盈朝而無尺寸之功徒以清譽激揚而問晝者蓋寡竟罹禍難臣實痛之今黨錮紛紜之際猶可援也賢王爲王室計奮然速舉以延漢祚則臣雖不得仕漢亦足以報矣王共圖之秦王感慨泣數行下左權劒歌以挑秦王歌曰西濱有劒其離照之可以熏黔黎秦王於邑而言曰寡人窘矣徵君寡人師之子寡人友之將協謀以輔王室不敢避也左權對曰徵君入秦二年以心奉於王久矣而王方僭耶今天下之諸侯皆欲以首盟爲功以靖禍爲榮以得士爲彊以收民望爲張而王不聞何也秦王謝曰繄子之幸敎寡人其利普哉左權出語秦人曰吾數諷秦王而王不諫雖得徵君亦不足乎

兒幾

陸續追師至秦謁徵君而喜曰續也得師矣願終身受業焉徵君問曰子見元禮乎陸續答曰嗟與元禮去國矣曰黨難解乎曰霍子之力也徵君歎曰雖然閹寺執政直臣必危元禮之去其能久乎吾嘗與林宗論漢室之事憂形于色移榻不寤獨何心哉是以

堅不仕之意遂山藪之樂林宗與吾皆是心也彼猶擇交而獎訓故及于黨若憲也無譽無毀潛葆厥素躬耕以養妻子鼓琴讀書以訓來學有兒伯庸哭母失明而亡吾獨廬塚三年遭漢不靖佞臣竊權匈奴梗命惠政不需于民歛術結網于國吾是以堅志而避世及讀孔氏春秋嘗曰仲尼之道至作春秋而鮮也知周無盛王不可以輔乃歷說諸侯以行其道得志則攝相事而誅正卯不得志則權褒貶而作春秋吾亦樂仲尼之道周漢之東皆季世也故考風于列

國聞政于諸侯。諸侯不以爲賤而賓之。豈爵祿以臣而凝滯于進退哉。吾始遊齊魯韓魏之諸侯也。四君皆愛士而不能謀。盟會而不能信。將如晉而國有警。乃遥涉于秦。秦王明毅而好問。分祿而養賢。積秦之粟。盟諸侯而扶漢室。疏黨錮而清王塗。誅讒佞而撫黎庶。却匈奴而歆社稷。則穆公孝公之業不足爲也。今門寺執政者二世矣。黨錮雖釋而主疑未愈。何以熄釁。若數子不爲逢梅之舉。必爲後憂。孔子曰。邦無道。危行言遜。數子其未從事於斯乎。是歲秦國地震。大雨雹。

上林

有五色鳥集于上林。秦王喜而問曰。寡人享西土之祿。未有功德于敝邑之百姓。而致珍禽。寡人以爲鳳也。不然則太液之池非無鳧鴈鵁鶄之鳥。上林之苑非無鷞鷫翡翠之禽。奚五章之若斯也。寡人聞之。西方之鳳曰鷫鷞。意者其鷞乎。若以爲然。寡人將發私廩。致百匠以修上林。則何如。徵君對曰。吾聞淮南有鳥。其名曰鷄。南越有鳥。其名曰翬。皆五色也。昔者文王爲西伯。修德行仁。澤被南海。是時也。有鳥鳴于岐。名曰鳳凰。百姓陳路而歌。羣臣埋庭而頌。文王曰。奚爲鳳乎。是爾臣庶飾其所聞。以重予過。夫以文王之懿而讓岐山之鳴。却臣庶之頌。慎懈德之愆。是以光昭于西土。恩懷乎諸侯。而爲受命之主。世載厥休。以茂有天下。則文王之爲也。今王之心度不類。然臣恐指鹿爲馬之臣。復覥面于秦庭矣。夫上林苑。秦之廣囿也。我漢祖滅秦入關中。三望上林之苑而不入。豈復畏秦之餘威哉。亦項氏以爲憂也。至孝武皇帝。始

鑿昆明之池以習水戰。民不得休息。而天下大困矣。然猶賴文景之遺澤也。及世祖遷于東京以來。上林遂爲廢苑。今欲興之。非帝王之業不可。雖然。歛四海之財。發百年之廩。竭百姓之力。以脩亡國之規。仁者不爲也。且以供子孫盤遊之樂。爲二世竊笑。是秦之民又黔首也。不亦悲哉。願王察臣之言。毋忽焉。秦王乃止上林之役。左右因是以嫉徵君。

觀雪

秦王與徵君飲。觀雪于庭。有姬臥貂帷。賦白雪之歌。

起而琵琶不得倚帷而詠之、聲繞殿閣、積雪倒飛、秦王甚異之、乃鼓缶而和、命左右以觴進徵君、徵君曰、王亦止缶乎、秦王曰、何謂也、曰、夫物不可過盛、音不可過揚、過盛則亢、過揚則淫、今王之缶淫矣、不可鼓也、臣是以請止之、秦王曰、嗟乎、先生欲以寡人之姬喻、是寡人有淫姬也、于缶何有焉、遂不悅而罷酒、左右附秦王之耳、告曰、王請烹之、秦王曰、烹一士而動諸侯、不可謂武、徵君佯醉而出、秦王解白狐裘賜之以禦寒、徵君謂李斗曰、秦未可去也。

汙吏

宏農太守金垣虐、郡人怨之、訟于秦王曰、金垣之守宏農也、殘虐日甚、陽廉而陰貪、嬖者五人嘘于左右、借威行奸、貧富有訟、必以賂而後達、有未達者、則以聲劫于訟。幸而訟理、則曰是予力也、夫一室而樹私門者百出。一守而舞文墨者千人。故民有立錐以為安。則倍其地而結訟。貨殖以為贍、則隱其田而獨役、貧益貧、富益富、雖積尸於囹圄、委命于溝壑而不聞也、是以飲憤懷冤赴君之門而愬左右以求直、如是者三矣、君之仁恕、戴之如慈父、君之明懿、仰之如日月、西土之民咸賴焉、豈惟一郡哉、我皇天命有司撫攝西土、將以稱君之勞。詢民之欲、以自靖也、今虐下而譬衆、素祿而養位。寵嬖而行私、貨緣而納、與不受君之明仁而肆然為民牧、是茂君也、君奄有西土而威不加于一郡。以剪虐除殘、竊恐遠邇雷同、國如空舍而君其孤矣。何以示疆于鄰國耶、為宏農之民而愬其父母、固罪也、然隱忍而不言者亦多矣。君其先循良之察而後誹謗之誅、無悔也。是以朝夕待死于

殿下、賤臣唯命焉、秦王得其訟而憐之、乃命左右援其郡太守金垣、坐贓下獄、其妻素淫、乃詐為嬖女、以千金賂秦王之左右、左右有通之者、是以得入宮闈、有寵於秦王、王欲釋之、不知其為太守妻也、是時有漢使至秦、秦不禮、漢使以其事聞于朝、罰秦王之祿二千石、事竟不釋、太守及左右犯法者、皆徙于邊郡、無赦、是歲紫微山崩而移、君子曰、漢室不久、天下其方崩乎、

三軍

秦初作三軍、徵君上秦王書曰、臣聞王之作三軍、竊以爲殆矣、夫諸侯撫千乘之國也、五年而脩德、三年而勤政、二年而修武、故功流有漸而民不勞、今百姓未寧而遽作之、諸侯未盟而先動之、釁必蘊于秦、昔者文王以百里之壤、修令德而創王業、況千乘之大國哉、夫文王之撫岐邑也、薄其賦稅、弛其刑罰、矜恤鰥寡、懷保孤獨、扶植韓聾、寧輯離散、必典之役、不及貧弱、無赦之罪、不及子孫、仕有賢嗣則祿之、山澤之利、有不貢則疏之、安則同其樂、患則同其憂、是以王

業隆而頌聲作、獄室空而不閉、出野密而相聞、市無啼老、道無闕氏。和氣昭而四時寧、諸侯歸仁焉、今賢王治秦也、分祿于宗、解裘于士、賜食于左右、威暢于宏農、罷築臺之役、納遠人之諫、慈惠而毅恭、彰彰甚矣、然仁澤未霑于四境、紀法未布于一國、能使宏農之民負堅荷銳于前而不使舉秦之民抱饑寒之困而驅馳也、是三軍之作其三釁乎、昔晉文公納襄王于周以示民義、伐原以示民信、大蒐于被廬以示民禮、然後作三軍、伐曹衛、出穀戍、釋宋圍、敗楚師于城

濮、遂霸諸侯、今欲用其民而去禮信、何三軍之作也、賢王若修德而勤政、以保乂王室、苟王室可輔、則委力以事之而不爲諂、王室之難成、則據秦以圖之而不爲篡。何則、以同姓之賢王而假臂于途人、使諸侯乘于蕃林之上、蟬飲饑食、向西枝而流嘅也、當此之時、秦之三軍、徒足以爲諸侯資耳、安能重于秦哉、臣之在秦無所匡益、夙夜憂懼、懸心如鐘、進不得盡言以規王、退不能豫謀而越衆臣、竊恥之、雖然、賢王親草莽之疏、加不次之遇、臣敢不殫厥心以報賢王乎、

夫秦之所欲盟者晉也、以晉之彊而盟于秦、併力以樹之、則諸侯之雄。固已在秦矣。秦不盟晉、是失諸侯之雄也。臣聞之、諸侯同盟則聽于士。諸侯同勞則聽于民、諸侯同德則聽于天、欲晉之盟秦、非臣不可也、晉警方戢、臣將說其賢王以結秦之心、王勿以臣爲縱橫之士也、王室凋薄、不能以德庇諸侯、諸侯亦不能以力輔王室、故歷說四君而及秦晉也、秦晉能相結以信、相樹以德、儼爾于文武成康、及我商文武宣之明烈、如是而作三軍、綏百姓、制諸侯、一海內、其孰

祭之顧王追治岐之政紹居鎬之業則漢之天下非特卜年八百而已賢王其熟計焉秦王感悟遂罷三軍

去秦

秦王送徵君于渭橋冠蓋載陌秦王觴而言曰徵君之交盟于秦晋之郤若嫘之導于嫌姻乎晋若不禮徵君其無遑寡人也徵君曰臣不能以報秦而在晋則可以報秦在晋而不報臣亦不能以秦而報晋是臣之復與不復在此遊耳臣有弟子八人皆能顯諸

侯而鎮國家固霸佐之才也王如惑臣臣弟子有陸續者使之事王則何如秦王默然久之曰寡人將聘之對曰續也今日在王之左右而又聘之何也秦王笑曰寡人所欲者誠在徵君耳徵君不自用而進陸續何重于晋而輕于秦耶徵君不悅曰惡也乞食于秦二年未嘗重秦也今又進陸續于王亦未嘗輕秦也王必欲得臣以爲秦重則王之左右賢于臣者衆矣而王以爲輕何也臣如入秦有負薪者覯于渭之梁臣與之議如探九淵其際無有夫以一負薪之士王不能屈而用之而況臣不如負薪者反欲重于秦恐秦人之竊笑非特負薪者而已且王不聞陸續之賢乎續也嘗以孝廉之名爲諸侯重豈輕於一秦國哉愛士而不能用重士地而不能謀是徒知士之重於國而不知國與士之均重也士懷珍而待價修名而待聘不亦重乎唯自重其器而後可以重人之國王必欲用臣是不亮士之所重也雖然王不以士之所重者重而士不以王之所重者輕由此觀之士不能輕重于秦也亦唯是信與不信耳故伊尹在夏則

輕在商則重百里奚在虞則輕在秦則重今秦之輕重在王也臣與陸續何有哉徵君遂行

天祿閣外史卷六

賓晉文

適晉

徵君適晉國之疆四驢小車四乘徵君驅驢左權御之七人以車周岑陸績後有寇追績謂岑曰前無塵不能及矣過寇吾與子何周岑曰命也既而寇至欲攀車而取笈陸績告曰笈無贐有夫子敝裘在也曰何謂夫子曰汝南叔度曰非黃徵君與曰然曰則吾不忍捋也反以橐金一斤為贐以餽之受而陳謝寇

去周岑謂曰受之義乎受而謝之禮乎曰顛沛之間不能辨禮義也姑受之以謝暮造于關徵君待而問曰來何遲曰遇寇曰無傷乎曰賴子不傷也且有饋寇饋不可謂贐女受之乎曰非所殖而饋受奚不為贐也曰然是誠非殖也朱儁曰吾聞寇以禦人未嘗以餽若寇者餽人是不禦也雖然充禦人之心二子其不免乎彼以是心而猶饋豈以為非殖也且其所饋者以子饋乎以名饋乎抑饋以義乎饋以義焉往而不受饋以名胡可受也若以子餽而受之子亦無報之云乎受則必謝子亦無捋之云乎不報則受之心不如饋也不報而謝之是感子以信而應若以僞也殆不可與陸績曰於斯時也彼以其餽至亦惡測其禦人之心乎孔子曰人潔己以進與其潔也焉保其往也今寇也不禦而饋是以餽潔奚而不受却餽而受其潔無乃自傷乎受而報禮也受餽于寇而報之非禮也不可報而謝之夫奚僞徵君曰儁乎言厲而矯可以揚乎治世績乎言婉而恕可以免于亂邦吾共試矣

逆旅

徵君過河曲晉人不識為徵君有酒徒數十人偶語于市曰皇皇九旅一何寒也左權謂晉人曰夫子假道於此有司不問汝莫以告偶語者何也晉人曰何夫子為關吏猛而容入是若之幸也豈復聞于有司乎有司不能待寒旅也讓我以偶語酒徒之性亦將肆矣左權叱曰汝以百夫之衆挾酒徒之名而擾亂一市何有司不汝戮也晉人怒而捕有解衣而求鬬者數人呼于市曰先捕驢上之子乎左權以身翼之

乃與左權鬬。左權舉商人之棟木二丈。償行於晉人之閭。晉人皆辟。遂分道而去。有司已聞。徵君至。出郭迫之。徵君使左權謝曰。夫子遠矣。不可淹也。以晉王有敦聘。故遥涉乎蘡壤。假道于令邑。夫子欲下車而禮以微服。故是以不敢相違。且無費明宰之膴惠也。有司曰。其之守是土也。無令譽于百姓。是以聚爲酒黨以暴吾惡也。徵君其無警乎。乃再拜謝罪。餽黄金百斤爲贈。左權辭曰。夫子有命。請復之。權不敢專也。遂不顧而行。以其情告于徵君。徵君喜曰。才大而不

仕于亂。智也。從遊而忘勞。恭也。力舉梁木而不鬪。淑也。權乎可以使蠻貊矣。

傷時

徵君見晉王。王曰。寡人掃敝國以待夫子久矣。千里而至。得無勞乎。徵君對曰。臣聞賢王之求士也。内有側枕之思。則外有載贄之勤。内有岌岌之憂。則外有皇皇之望。其相求之殷然也。豈惟士之勞乎。今賢王五聘臣而臣始至。是賢王之思士甚于側枕也。臣之在秦。聞晉鄙有彊胡之難而士不至。是賢王之憂甚于岌岌也。王若以晉難既輯而未暇用士。則臣之勞又甚于王矣。雖然。晉猶未靖也。長城若頹。堵雄關若敝。雍雖以四塞爲襟。而烽煙之警。毎舉衽席之上。歲無暇日。且地瘠于蕪莽而不知屯。兵弱于私役而不知戰。馬疲于驅馳而不知畜。將委于執政而不知廉。財困于空幣而不知信。武玩于餌虜而不知馭。是故以晉國之强臨之。以賢王之略鎮之。而不能安乎四境之外。亦以漢室有此六蠹也。夫六蠹在漢室。而獨爲晉憂者。亦胡虜爲之衝也。其次則秦及之。秦人是

以日夜登垣而窺晉。由此觀之。秦晉固脣齒之國也。脣亡則齒寒。齒寒則脣壓。今秦方以晉爲脣也。而先有寒齒之心。故諳練梟驁之士。招延千國。而謀晉以備胡。秦王一夜而三起。若如覓遺臣。嘗與秦王卧懸燭殿中。秦王以衾擁臣而起。失其一襪。欲資其左右及索之。二襪貫于一足。其急也如此。是皆晉之所宜用心也。而秦先之。晉又嘗然而不備。臣恐秦將取其脣而護其齒。無乃爲王之慧而百世之辱乎。爲晉之計。亦唯以秦之心謀于晉。則晉可鼎足而定也。而又

有扶漢室之名、則晉文之功烈由此來矣、王其圖之、

晉王曰善、

諜國

匈奴寇鴈門、晉王憂、問策于微君曰、晉邑荒矣、其何能抒、且不可守也、先生何以教不穀、對曰、臣聞大國無備。雖聖人不能樹功。諸侯無權、雖謀士不能定難。今晉國之壞地、臣以為賢王未有也、晉國之人民、臣以為賢王未有也、晉國之守令、臣以為賢王未有也、此三者王皆無之、而又為晉之諸侯何也、如是則賢

士雖欲強國而防胡患、不可得也、夫鴈門晉國之巨關也。而王不能閉匈奴之患、則共之三軍之衆職于晉之鄙也、而王不能制匈奴之患、則共之、三軍之倘運于晉之邊也、而王不能頒匈奴之患則共之、是名附而實離、誠晉之所獨憂也、臣何策焉。或者其盟于秦乎。王若修政、亦何盟之為、然盟亦諸侯之所賴也、王欲謀晉而親秦者無他、尊漢室而已矣、秦晉既盟、則以身荷其國而陳情于天皇、以塞佞臣之路。求庶民之託、乞備邊之權、而陳以必然之故、然後陰惠可

民則民樂為用也。崇禮於有司。則有司樂為譽也、向士而省膳。則士樂為謀也、臨軍而分士則軍樂為役也、墾其蕪壤而使之耕、鑿其重池而使之濟、收其死而使之齋、聚其商賈而使之業。飾其兵甲而使之震。熟其戰陳而使之脩、舍其老弱而使之安、拔其銳卒而使之厲。尊其謀士而使之忠、以漢室為之倚而謀晉國。以秦為之應而制匈奴、比翼而治、則晉國皆王之有矣。又何憂乎。晉王再拜稽首曰、寡人聞命、皆乎力不勝也、曰王餒于是乎、王勿餒也、臣觀天今、胡

逆必興、悠悠漢室、將為墟乎、麥秀之歌、臣又聞箕子矣、晉王憮然而泣曰、漢移。斧柯奈寡人何、是歲黃巾亂、

洎曰、黃叔度與晉王論經國大體、雖伊管之志不過是也、借其生于漢季紛紛之秋、雖嘗以孝廉舉而經濟之學。曾不少見於世、徒託諸空言、當世諸侯王皆坐視漢室之亂、亦莫能展叔度之志、悲夫。

防胡

晉王與微君宴于平胡樓、晉王歎曰、茫茫胡壞。黃河

其波翔風舉彌當關者何寡人守此敝邑能不悲乎徵君避席而對曰臣竊以爲王之徒悲耳昔太王居邠狄人寇之事以皮幣犬馬猶不得免今賢王無以事敵而欲免其患臣見晉國之日蹙也夫胡虜入寇寇王室也而實有寇晉之名賢王亦何辭焉且王不見夫鷂之追雀乎翔薄于霄際而下視其雀雀仰視其鷂之追也而伏于岩垣之側鷂乃垂翼而下之有蛛網張于岩垣涉之而敝是鷂欲捕其雀也非爲其蛛網也而因涉焉是鷂也實有捕蛛之名鷂又何辭

乎由此觀之胡虜鷂也王室雀也晉國蛛網也寇王室而及晉不猶捕雀而及蛛乎臣是以勸王之爲也晉王不荅頃之晉王問曰國人有黨錮之難何爲其然哉對曰臣聞明仁之主國無錮忠幽厲之主國無錮佞今主昏於上忠錮于下外則烏孫之種驕而入寇內則黃巾之屬叛而不寧又甚于竇憲梁冀之世矣自西京以來未有此難也天下之侯王皆南面而待敝于藩屏之内臣痛心焉願王審處而熟計可也晉王酒酣擊劒而歌命徵君和之對曰臣不能和臣

有左權者善劒有陸續者善歌有周岑者善辯有張裴者善策有孔紹祖者善藝有朱儁者善守有徐淵者善矢有李矛者善天文王能用數子以謀國其庶矣乎晉王曰寡人將謀諸父兄伯叔父而從夫子之明誨可乎對曰不可謀出于臣故臣亦與焉若是謀不出于臣則臣亦不可用也今屏左右而與王謀者豈不善于王乎吾聞古之豪傑議天下事也機密而謀獨故能奮其功謀未定于心而先卜于口是召釁也故曰謀難盡者設其喻機難達者張其形今日之

寡臣之謀不能盡于王也王其密之晉王曰善

一難

徵君設五難說晉王一難曰今有穀生于千仞之岡其葉如雲其榦如虹蔭乎春夏不知秋冬沐之以芳雨暢之以薰風受天澤之寵而根蒙茸乎一壑其青松朱桂之樹不得雨露而槁悴者三匝下有萬草凋零在陰其孤蘭與衆英皆不得被乎陽春有牧者頓足于北陵之坡而盻之欲繫則無修繩欲伐則無斧斤使山之草木離披偃蹇垂縈而待于幽焦萌而聽

于穀當是之時臣不知牧者之何所解也晉王曰是穀也必洞于歲寒奈春夏何意者其伐之乎牧者無斧柯請謀于樵蘇

洎曰第一難喻漢室黨錮之禍以牧者諷晉王也

二難

今有宗族巨室子孫保之西疇千畝百農耕之以衡門爲闕以堤堰爲垣以溝澮爲池溉彼千畝深耕穫而塋菑畬若無患也一夕北風拂塵驟雨衝界侵犯我疆埸崩潰我隄堰播蕩我藩籬浸淫我溝澮汙濁

我妻孥傾覆我廬舍此巨室之憂也出守者可爲寒心哉當是之時農夫荷鋤而流歎結笠而增哀如欲修其疆扞其災以鎮撫其巨室阜豐其民財培沃其土膏疏導其津泉使西疇耆然允茂嘉禾優游于樂歲恬熺于康塗頌巨室之託者得無策乎晉王曰風雨之虐冈災沴之厲農也禦則巨室安玩則巨室危雖出守之責而爲巨室者其亦不能豫患哉

洎曰第二難言漢封晉王以爲西北宗藩每歲受胡虜之患漢室重寄何以副之晉王又歸咎巨室此亦漢誠失計

三難

今有妖狐成羣遊于大苑之中憩于金穴之内其容足以媚太陽之光其氣足以侵雷霆之聲貪如鼫鼠矯若雄鷹狀如狒狒巧若猩猩其突如豝其蠱如兼倏忽萬態莫知厥機足躡乎魑魅之域跡風乎魍魎之墟飾之以冶容粲之以文皮能禮北辰而弗惠乎黔黎何以爲黨其名曰貍此皆獸苑之所不畜者也今肆然而馳據以要路使麒麟不遊于郊騶虞不躡

于囿羣豝憑威以噬人肉而入苑者不可勝數肝腦積丘陵膏腊致淵藪誠欲彎弓而射狐設網而驅豝以廓清其苑囿豢畜其騶虞若此者果何術以制哉晉王曰狐也養禰于苑藏窟于穴何忍肆也欲亟制之子其問諸虞人

洎曰第三難語意較顯

四難

今有採不死之藥者五遊方嶽十涉濵洲窮合靈之壑掘産秀之兵披羽服而履赤舃譚兵訣而煉丹砂

或呼吸而漱精或假仰而食霞自以爲安期羨門之倫松子王喬之屬天子不能爵諸侯不能祿寢跡于草野寄傲于流俗與浮圖並軌老子同谷趍而尊之者若攀軒轅之逸駕徼彭聃之遐福也其名孰美焉然周穆馳而犬戎叛秦始遊而二世亡此二主者寧無利于民而愛身之不壽于羲黃寧無利于子孫而恥國之不延于陶唐卒有替羲黃之憂後陶唐之恥意者力之不逮乎或虛詞詭術無徵于世無稗于身國乎何嗜之而不疲也晉王曰夫周之鑒秦所觀也

而始皇不鑒秦之鑒漢所觀也而武王又不鑒是以海內淫于方術而棄力穡者三十餘年然則予奚益於國哉

洎曰第四難意顯而辭激是時桓帝好浮圖老子之學故此篇專諷漢室而實欲感悟晉王

五難

今有酒徒十人羣居而飲有客請曰今日之宴毋隱厥技以爲劇可乎其一人進曰吾善于簫有二人曰吾善于歌又有二人曰吾善于舞二人善于奕二人善于壺客曰若之藝咸聽于酒謂簫者曰吾忽焉舉觴而簫不應者罰忽焉投觴而簫不節者罰項之簫者醉而不能罰矣又謂歌者曰吾忽焉舉觴而歌不應者罰忽焉投觴而歌不節者罰項之歌者又醉而不能罰矣至于舞者亦然奕者壺者亦然客笑而喜曰吾一觴而困九人其亦善罰矣乎何取于藝也九人曰何子之能忽于罰而不能忽于賞也無亦罰吾以酒而罰子以名乎夫酒可以罰可以賞是酒不爲厲也人猶惡醉而辱之今有司罰人以錢穀刑人以

刀鋸是猶簫既罰而斷其指歌不賞而鉗其唇不亦甚乎若是而訟于諸侯以昭漢室之典刑則何如晉王欽容而長歎曰嗟乎豈惟敝國爲然若不出敝邑之境亦無待寡人治之寡人欲告于天皇則畿內之有司亦是罰也布於朝列則鄰國之有司亦是罰也寡人耄矣先生其輔寡人之子以與漢室無爲社稷憂是歲有蝬蚝數千自參井而出墮于鄴城黃巾破南郡殺方伯及令

洎曰第五難發論甚怪

修德

徵君遊于呂梁、左權從之、徵君喟然曰、壯哉大禹之治也。治于唐崩于春秋。壞禹之功、亦晉邑之辱也、今晉無大爨、諸侯不役、然而有晉之憂者、其漢室乎、夫諸侯之傳國也、山不崩水不涸、是謂載德之國、山不再崩水不再涸、是謂修德之國、水涸山崩而繼焉、是謂載厲之國、山始崩水始涸、是謂替德之國、此山川之徵也、晉王明惠而愛士、可以興業、然短于籌略、拙于宏毅、故天下之士不能盡心于晉、晉又後矣、雖然

吾豈求辱於晉王乎、夫晉天下之強國也、以晉王之明、而國尚儉、無鄭之寵族、故士亦樂爲之用也、苟晉王不于此時奮劒于叢臺之上、以諜晉、則雖有恒山大河之阻、井陘鴈門之固、亦烏足以強罷倣之晉哉、夫明而不能籌者、難以料遠。惠而不能毅者、難以舉大。是吾所以憂晉王也、吾嘗五難晉王、晉王五對而無沮、以此而籌、則晉必爲盟主、而王室亦有利焉、利于室而主盟、七國之諸侯、共晉文之業乎、是載德之國、由今而始、由晉而興、東制齊魯、西威秦蜀、南服三楚、中綏韓魏、諸侯其誰不盟、是吾之所以望晉王也、

左權問曰、黃巾之亂、孰能制之、曰古之得天下而帝者、其謀于草莽之初、猶盜也、及其得一郡、收一邑、傾一城、秋毫無所攘、美女無所淫、從善而納策、順如崩石、疾如厥流、然後知其爲帝王之器也、今黃巾之衆、淫毒海內、殘虐生民、天下共逐之、此特犬彘之雄耳、孰不能制哉、權也有烏獲田儋之勇、是三軍之隆也、有孫武穰苴之略、是三軍之帥也、必五倍之敵而後禦之、若黃巾者、敢當于子乎、曰陸續何如、曰續也使遊于孔氏之門、其閔子騫之儔乎、吾使之仕、則黃巾

之亂、吾知免夫、

董卓

董卓謀篡、晉人告王曰、漢室將授于董氏矣、爲之柰何、晉王關之懼、謂徵君曰、董卓造亂、將傾我王室、鴛其大臣。芥其百姓、彊其天子。意者董氏之亂、其浮於黃巾乎、對曰、黨錮之去國、臣已知漢室之無臣矣、董氏之亂、不亦宜乎、曰王允執政、安謂無臣、曰允也名起于布衣。而業墮于鐘鼎。是以執政而無權、苟容于

朝與羣小浮沉其子賣爵于市日累千金是允也積毀于家養禍于國而民失望焉故董氏乘而竊之謀篡漢室允爲不戾其何能輔相耶若黨錮而死奈漢室何晉王出涕曰嗟乎以亂臣一人天皇不能討大臣不能抒寡人亦何有于敝邑將赴王室而抱祭器藏于原陵是寡人之願也天祚王室則天皇討之天饑敝邑則寡人討之是討亂在天也寡人敢不勤于王室因漢祚若昝則諸侯不能驟復諸侯弗盟則一晉不能獨舉王何疏諸侯而懈德業乎及是時也修

德而飾政樹盟而固援必靖厥難夫以王之賢而棄諸侯之盟其殆失時乎晉王不答徵君出謂弟子曰晉其殆哉非天遠于晉王唯王遠于百姓非天棄于晉邑唯晉棄于諸侯晉其殆哉

蟾臺

晉人築蟾臺以居徵君周岑進曰蟾臺非晉王之所築也而子居之何乃自簡若是哉徵君曰是臺也晉人得而築之若諸侯者豈能下交于士乎諸侯而下交則失其勢故諸侯以勢交者也非交以德也士無勢亦安得而交諸侯乎曰昔者朱儁之行也問臨民之道于子子告之曰守而無智不可以保身威而匪仁不可以臨民陸績之行也問臨民之道于子子告之曰績乎孝可以勸百辟智可以安諸侯仁可以懷百姓張裘之行也問臨民之道于子子告之曰汝盍醫乎曰何謂也曰世將無道則天子有虛眩之疾諸侯有怠荒之疾百姓有饑餒之疾大臣有貪蔽之疾有司有貪緣侵漁之疾受黜之臣有要君附權沽衆之疾夫國家如寄也而有上下之險疾擾而攻之國

焉不危子欲臨民醫是而已矣曰何以醫也曰子能以仁義爲藥以政教爲湯先瘳乎主疾而後瘳乎諸侯臣庶不亦善乎曰此夫子之醫也弟子何敢逮曰畏然吾將醫諸侯若諸侯瘳國亦不危諸侯不瘳豈惟藩籬之禍亦國之災也由此觀之士之交乎諸侯猶醫者之交乎疾不能離也而夫子云云無欲以晉人之故而自釋與曰子何以爲士交于諸侯乎昔鄭人有膏肓之疾三年而不出戶或告之曰子之疾危矣求良醫以瘳之可乎曰市無良醫何以求焉曰有

良醫者在于楚子以百金致之彼必不遠千里而赴鄭人果得楚之良醫以瘳其疾是醫者未嘗求疾而治也醫在而疾者求之耳然則爲士者亦諸侯之求之也豈求諸侯而交與吾受晉王之聘猶楚醫受鄭人之金也鄭人得之而瘳疾晉王得之而不瘳吾豈不若楚人之醫乎亦信與不信也今黨錮又告難于朝王室之疾殆甚于晉吾已矣哉

貽書

陸續歸吳貽徵君書曰續也佩先生之訓竊榮一職

私激所心欲試于當時而效犬馬之勞也不圖漢室罷散諸賢錮戮董氏造亂肆謀不軌海内囂喁有新室之風此豪傑之所以怨慕而盤桓也續賴先範得奉諸賢之清塵每與元禮接論稱先生以王佐之才續實望焉若内難不復諸賢盈朝濟濟戮力以樹中興之功挽季世之威則先生奚舍蒲輪而就衡柵去王國而賓藩籬乎續嘗負笈從游觀風壤以志之蹈山川以祀之八馳孔轍九遊禹川續之願也及館于漆邑將執洒掃辱主上以孝廉之舉先生命續曰仕

遂許身于漢室亦唯先生是賴嗟乎漢室已矣自竇憲梁冀之徒制其命侯覽單超左悺唐衡王甫曹節趙忠張讓之屬玩其權南單于西羌北匈奴之鼻削其勢黄巾張角之衆殘其民而又刼之以董氏禍亂相仍國家塗炭内無比干之忠外有箕子之歎天地災沴宗廟社稷宮闈之禍慘于春秋夫漢室之敵也若是何能輔之續是以逃祿避難家于吳中與鴟夷于游濯纓五湖之濱流憩長洲之野漁釣而歌以畢吾志是亦先生之訓也續去國以來寒暑二謝每念

漢室多故未嘗不慷慨而赴之以泣也先生在晉今德日彰垂聲于九夷八蠻諸侯賓之百姓懷之此隱功于漢者也其奈國家何哉夫先生之出爲漢室也而漢室不能自爲殺戮豪傑分立鉤黨而國無社稷之臣則先生亦卷道而弛志可乎以先生之明哲固已亮矣而又淹驅馳之踵理必亡之緒動諸侯而持漢室誅奸雄而安海内屏左道而正朝廷皆欲望諸侯而爲之雖桓繆復興亦不獲已然而先生之淹于此遊者無亦以負鼎爲心而罝其利鈍耶然則仲尼

栖栖于宋衛子輿濡遲于齊梁信乎大賢之爲也續也復欲從事於末辨菲薄之軀而不敢以吳晉爲遠朝夕講德恭敬無怠此續之所以事先生之心也奈婚姻未畢疾痛久作又無餘粟以養老母躬耕薄疇聊以卒日邇來東南告饑而吏不加卹稅役繁興而民不加供盜賊充路闕市唯識是吳之危甚于晉續又安能舍父母之邦而遊也往歲歸吳假道于汝南廬塚有司守之春秋有司祀之義陽之田耕而不賦麒山之臺藏琴而不毀雀巢于衛慎陽之人皆不弋

草蕪于徑慎陽之人皆不樵此耕桑之所揖讓也是以元禮竭忠林宗潔身公偉不渝節蔚卿不辱命其仲舉游平子幹孟博公孝元節光有皆附德音而興者也續不敏進無毛焦之諫而忠于主退無陳蔡之從而信于師不自砥礪以遠令名而厚爲天下戮笑所以中夜感激長歎而不寐也道里遼阻朔風其寒行者歌授衣居者歎蟋蟀時云暮矣君子悠悠悠悠無期抗情于辭不盡種種徵君以書示李元曰傷哉中原之書遠矣是歲徵君去晉

洎曰此篇文氣慷慨情意懇惻

天祿閣外史卷六終

天祿閣外史卷七

賓蜀文

至關

徵君如蜀踰棧道至關關吏譏而不納從者愠徵君曰國有禁是也乃館于國門之外子高私與之贍徵君覺而徉卧關吏請入子高喜以告徵君曰國無禁吾不入矣子高曰先生未至蜀之關驅馳于道路將以赴也既至將以入也關吏譏則曰有禁關吏請入則曰無禁岑也惑焉徵君笑曰子惡知哉夫先王之

設關也以戒不虞故負關擊柝皆以其職而事于王四民非關不由非譏不入此先王之明禁也今吏曰不可入則止吏曰請入則行是由吏也非由禁也吾聞先王以禁爲關未聞以吏爲關也出入于吏之口乞人猶惡之况賢士乎夫賢士國家之巨關也捍不軏而過佞人驅瞶民而制淫族鎮百姓而寧諸侯不倚爵而貴不恃祿而富其尊莊而顯厚也如是故徒見諸侯之關而不見賢士之關乎子高曰夫賢士之顯于時也必先出諸侯之關而後使諸侯由其關不

然雖厲敬義之禁擊仁智之柝諸侯不閑焉不閑于諸侯何關之爲昔仲尼以仁義爲關周流列國然猶絕糧于陳削迹于宋而不能扼諸侯之關故退而設關于六經以防名教老子以道德爲關猶騎青牛而過函谷以避周亂史之文曰周太史耳西出函谷關遇關令尹喜曰周將亡乎蘇秦張儀以縱横爲關而顯諸侯諸侯役之如妾婦商鞅申不害以刑名爲關而制黔首諸侯待之如雞豚夫蘇張申商之徒皆干謁于諸侯而後能騁其術也緊先王之道術陋蘇張

而黜申商諸侯慕之若酷火之求濟于水危疾之求瘳于扁鵲也使先生不由諸侯之關而資左右以流譽則雖欲效蘇張之揚眉而談笑于傾蓋之際不可得也今士庶之遠涉者皆擁于關關吏拒之以待先生恭亦甚矣先生以爲悍而不入何弗恕也抑且以爲園弟子不遠千里而從游爲道計也今過國不入宿于關外是輕身而賤道也賤道則曲輕身則褻先生其若之何徵君曰是則然矣使爲士者懷道而見諸侯諸侯拒而不見士將去諸侯又求之于斯時也

士亦復見耶吾之游于諸侯非無交也曾招以玉晉聘以纁魏招以駿馬韓招以方圭秦聘以幣及蜀晉聘以白貂其交也殷矣故去巖穴之樂而與諸侯游也今蜀招我以寶劍其文曰利用之器吾入蜀之疆與羇旅羣蜀使過而不識故不待返命韓王遂不出郭而逆吾亦唯是好游而不相聞恐棲其土地走其耆老是以潛至于蜀國之關而關吏辱我以不納噴我以無信逆其所爲諸侯聞之必罪焉後有治關者必以吾一人之故而怠其譏無乃亂禁乎所以待

而不入也子高不能對徵君曰吾將就駕棲于太白之岡以觀蜀國之政待漢室之清不亦可乎汝愛其師而不愛義吾其没身已哉館人以其情通于關吏關吏匍匐叩頭而告曰僕賤吏也不能旌大賢之履實以不恭久淹高駕且獲戾于左右賤吏唯命蜀王若聞之以爲小人敝抒賢者于外罪無宥賤吏亦唯命若夫子忘賤吏則生不忘則死是賤吏之禍福在夫子也徵君笑而不應關吏知從者之私賂也出謂子高曰僕命寄旦夕不敢荷子之惠以重罪戾乃反

之時蜀王將田出關過徵君之館徵君鼓琴而歌蜀王聞之曰吾國有賢者至乎遂獲徵君以歸

招賢

徵君疾使徐淵説蜀王曰今天下之王蜀爲雄矣而士不至于國者豈賢王有遺行與蜀王怫然曰蜀國有名山廣川賢豪明智之士悉萃于茲矣待天下士乎徐淵曰賢王欲以蜀之士爲士乎哉此秦始皇逐客之意而李斯所以强諫而難者也夫蜀之士其賢于淵者或衆矣然天下士豈無有賢于蜀者乎以淵

之不才而棄天下士何賢王之待蜀重而待天下輕乎此言非所以安蜀褱而匡漢室也賢王爲宗室之首祿倍于三公爵貳于天子勢埒于諸王據蜀之雄藩以爲固而不能當天下之一面扶漢室之危弱其故何與董氏以胸厠之夫登廟堂之上陵劫天子號令臣庶汙濁社稷輕蔑王侯漢室之形譬如垂危扶則暫安不扶則速危不告難于諸侯傳檄于天下坐使漢賊陰謀以竊神器是以農不暇耕女不暇織皆拱手以聽董氏之命若此時倚望而不舉臣竊謂賢

王無輔漢之目矣夫漢室之于賢王不可謂薄也宜以此時傳檄天下告難諸侯發私廪之財收英雄之士先誅漢賊之黨以靖東南則西北之陲不勞而定矣然後洗甲于二川流凱于三峽倒戈于棧道功孰踰焉漢室之安可倚婦而待也王其圖之

問疾

蜀王得徵君而喜聞有疾忽焉而慼乃以單車造其門徵君知蜀王至掩帷而卧命李丞候于階蜀王見李丞而問曰徵君不能出與曰不能曰寡人入以見

可乎曰既卧矣俟寤然後請入曰徵君得無瘨乎曰瘨不為疾也曰然則何為曰丞聞之天以薄蝕為疾地以崩溢為疾天子以幽厲為疾王侯以驕泰為疾士以貧蹇為疾大夫以酷佞為疾庶人以饑寒為疾今徵君之疾蹇也國不舉賢使士有蹇疾羇于道路軒冕者多豺狼之羣膏粱者多犬豕之輩由此觀之士安得而無疾也夫疾以薄蝕崩溢故天地以聖人為醫疾以幽厲驕泰故天子王侯以賢士為醫疾以貧蹇故士以夔北為醫疾以酷佞故大夫以明王為

醫疾以饑寒故庶人以循吏為醫然則徵君之疾藥石有所不制鬼神有所不虐衆醫有所不侵徵子色而不見其橋動于聲而不見其戚歌于鼓琴而不見其樂歎于臨川而不見其憂此徵君之所以為疾也蜀王頓足而嗟曰寡人處西海之僻壤奚敢當徵君乎得子足以安矣曰得臣蜀可以霸得徵君蜀可以王漢室其隆乎王若欲安蜀則賢有司職也奚必得臣哉蜀王慚顧謂左右曰寡人得徵君若桓公得夷吾也寡人得仲默若桓公得甯戚也周末而齊霸其

二子之功乎

尊王

蜀王問興國之策李丞曰昔我光武皇帝之中造也以天下封諸侯功臣皆固守藩鎮之地而寧社稷是故其功臣之先戮力草莽之際驅馳險阻以立百戰之功而定大業子孫嗣武世守丕基進可以輔漢退可以全國何謀而不成何功而不立哉邇來國步多艱內變陳而外釁作謀將戮而諫臣刑左道倡而王政熄百姓離散有思亂之心此誠明侯效忠輸悃之

秋也今天下同姓之諸侯皆欲抗憤以報漢室修會盟之典徵君是賓此其志不末矣明侯此時不以誕告諸侯靖寧國步以為功首至于肝腦塗函谷麋鹿棲銅駝乘輿蒙沙而中原流于左衽然後圖之是猶火既及薪而後覓井以救不亦鈍乎臣不敢以詭術說明侯也亦以漢室無必亡之勢而明侯有可為之資耳昔者西京亂于王莽當是時非特諸侯弱也雖異姓之功臣亦莫有效忠而輸悃者豈背漢哉由高帝以殺戮為武而不留功臣于子孫故王莽之亂不

待雲擾而新室立矣此皆養亂之禍也使當時有藩封之臣皆韓彭之後必能感激功臣之心以忠于社稷則西京至于今而延也我光武皇帝以寬仁易殺戮故二十八將皆裂土而封世守而不替者亦憤西京之覆轍劇新室之禍鑒是以全功臣之名與諸侯並翊皇漢而永業也今漢室紛紛權臣荷鼎威炙蒼生王察而好戮使諫臣結舌而不敢言危亡之禍固已形矣而功臣之救不至抑何與明侯自以為宗室之疏而土壤之僻無效于漢室也獨不念先皇之恩

乎今主上之遇明侯未疏也宗室之諸侯王莫加焉巴蜀之地以秦楚為羽翼而棧道達于中原未斛也諸侯之土壤莫加焉爰因富貴之樂而忘社稷計耶

蜀王曰善

洎曰蜀侯以與國之策問李孚而孚之對無一言及于所問者其經綸天下之志又隱然于事辭之外故全篇要意大抵述西京之故事反覆論之而引諷當時以尊漢室勞諸侯為要又假功臣以激發當時之諸侯此外史傳心之法也唐之藩鎮其未識此義者乎

目强

蜀王以太牢饗徵君徵君問曰巴蜀之國接壤于關中者也而民不知戰巴蜀之民齊風于中原者也而國不知禮豈有司之過與抑賢侯之不遑于斯也蜀王避席而對曰夫爵寡人受之邑有司藏之不敢董也徵君曰然夫有司所以導禮而敎戰也今之為有司者諂酷不廉而急于名故不能導民以禮循苟簡而樂安佚故不能教民以戰夫今之成都古之蠶叢

也。賢侯以成都爲幕。山川之固。雄于秦晉。而守無民之爵禮也。然有司不能靖其土壤。訓其民人。以弱西藩之勢。賢侯坐而不告。何爲其然也。蜀王不能對。徵君曰。今王室弱矣。王室弱。則藩鎮亦弱。因其弱而强者。謂之勇毅之傑。因其强而弱者。謂之柔恭之臣。弱而不强。非毅也。强而不弱。非恭也。今王室既弱。諸侯又守之以恭。而待其敝。民何賴焉。臣聞之。牛牧于農而役于農。故效並耕之勞。馬畜于人而乘于人。故收並戰之績。諸侯爵祿于國。而不能扞于國。何歟。今天

下諸侯之富者。莫如賢侯。積聚成林。委珠成淵。有數百萬之餘業。若養兵而待戰。賙民而待勢。可以供十年之費。則江南之賦不盡斂。百姓之脂不盡剝。山澤之利不盡出也。且以茂賢侯之功。而長享其爵祿。不亦善乎哉。易曰。利用爲大作。願賢侯作之無怠焉。蜀王曰。先生其社稷之士乎。寡人將傾心以事而幸教之。蜀之民唯先生所用。蜀之士唯先生所舉。寡人遠讓以安賢士。無使爲諸侯笑。是先生與寡人百執事咸有錫也。是歲天皇使郎中令採丹青于蜀。

平刑

蜀王問徵君曰。今廷尉平乎。徵君對曰。夫平刑者。必先平其心。是以刑清而人說。今之爲廷尉者。刑不當其罪。罰不當其過。以貨爲權衡。而折刑于民。民以輕過而受重刑。微罪而得厚罰。故笞者多桎梏。不赦者多無刑。禁弛而暴者多縱逸。囹圄成市。强弱相欺。暇則群酺淫戲以爲樂。讞則垢衣穢面而乞憐。累之以日月。淪之以年歲。而終莫之平也。自廷尉不平。而郡縣之有司。皆效其刑罰。亦以貨爲權衡。是故刑之不

平。以貪致也。貪則餧而詖。廉則剛而直。故貪者若明。廉者若愚。此刑之所緣而疑聯也。是故郡縣之失刑于民者。其起于廷尉之不平乎。雖然。廷尉之不平。亦視乎國之誅賞黜陟焉爾矣。今無罪者誅。無功者賞。無過者黜。有過者陟。由此觀之。廷尉安得而平哉。龔勝曰。人主正而廷尉平。廷尉平而郡縣理。郡縣理而萬民治。刑措之風。其庶矣乎。蜀王曰。善。

洎曰。此外史刑法志也。

黜陟

蜀王問微君曰今有司寡廉而多貪將誅之乎抑黜之乎微君對曰黜而不誅則貪者希進而忘其恥誅而不黜則貪者希退而忘其忠既黜而賞非以勸廉也既陟而誅非以勸能也宜黜者黜宜陟者陟宜賞者賞宜誅者誅然後貪鄙化而廉能勸典刑明于上政教暢于下則黎民乂安而優于唯正之供故農者樂爲農工者樂爲工商賈者樂爲商賈無流徙之患無稱貸之憂無愁歎之悴而信讓行焉夫君者大臣之表也故明王有擊壤之歌則大臣有輿人之誦上

有畫一之謗則下有五袴之謠此表樹而影必從者也楚人有言曰大臣無貂裘則有司寒大臣無異饌則有司瘠大臣無私門則有司廉今之大臣好畫一之謗而惡聞楚人之言寔也其惑乎蜀王曰功臣與大臣異與曰內則大臣外則功臣大臣在內猶在外也功臣在外猶在內也近君則榮近民則泰其勢均也雖諸侯亦然王請無泰可乎蜀王有恧色微君出謂胥猾曰蜀王耄而富弛而亢民其玩矣哉

洎曰此外史百官志也

請金

蜀民赴幕請金蜀王發五十萬鎰蜀民請幣蜀王命左右告曰勿以爲貸爾衆其克勤于利越蜀之境若搏而狎以播吾財者刑罰之爾衆毋惰哉蜀民皆唯唯而去左右問曰獨也發庫廩以賑蜀民君皆倍之今何以無倍蜀王笑曰邑有賢者吾方式之不敢以爭于民故賑而不倍所以修吾譽也左右曰君所謂賢者其微君乎夫微君叔度一羈士耳其寓蜀也亦欲乞丐于幕與蜀民羣也豈足爲賢者與蜀王曰不

然吾聞士非孝廉不徵非賢良不舉其高蹈而不爲臣者夫是之謂微君今天下公侯者仕伯而微君者奇不亦尊乎懷土室而激諸侯不亦賢乎故賢者有無爵而爵無祿而祿不恃軒冕而貴不待鐘鼎而富不以國存而安不以國亡而危其微君之謂乎吾幕無士一獲而驕諸侯師惜乎吾耄矣吾將讓爵于微君以利巴蜀王室亦猶爲吾雖不恭亦世載厥譽知吾之能侯而好賢也微君避爵而徙吾又有令名于時今將亭世也王室若混時無靖寧則諸侯僭不忍

侵蜀，是吾一舉而安全蜀之民，不亦可乎。左右曰，臣蜀之鄙人，不識徵君之賢，若是，雖然，為諸侯師，其志必淳。君安得而淹之。宜厚為之禮以謝徵君。天下高君之義者亦多矣，豈必讓爵乎。夫棄先皇之澤以替其業，不可謂仁。以爵而縻賢，不可謂義。悖明典以自殖，不可謂恭。徵君誠賢者，則君之所舉賓矣，賓賢以干名，臣竊惑焉。

辭爵

蜀王蠢蜀人，迎徵君于幕，徵君避青城。左權曰，子以萬言說諸侯，孰若享益州之富哉。今蜀之父老皆杖策而迎，民心歸矣。予固辭之，智者不為也。徵君曰，吾聞之，行一不義，君子所憂，況天皇之爵祿，所以寵諸侯者，而士受之，不義孰甚焉。昔介推辭祿，仲連避爵。是皆諸侯之賜，猶未至于讓國也，而二子却而不受。吾以不命之爵受之，是使介推仲連攘臂而笑于地下。誠不能一朝攝也，且有不次之戮。夫士不遇于時，而佯狂以自樂，則蔬食飲水，甘于八珍，敝裘麻屨，逸于五乘，何則，義與不義也。易曰，舍車而徒。信乎，徒不

為恥已。左權曰，奈蜀人之望何哉。曰，汝不聞莒人有狗人而忘身者乎。以千金遊于天下，必求其悅己者，有不悅者，則分金而惠之。悅己者不盈千人，而金竭，遂憾而死。今吾潔其躬而失蜀人之望，非固也，竊慮莒人之金不足以勝悅己之眾耳。故曰，愚者不謀聚，若立智者決策，朝不得食。由此觀之，蜀人之望易成而群易合也，何足眷眷哉。左權曰，權也陋，敢予啓之弗京。

火災

李乎觀象于軒轅之臺，有星數丈，流于冀州，其光如日。李乎喟然曰，胡運其興乎。又有宮闈之災，內外樹難，漢室其將為周之東乎。越明年，夷人寇玉壘之關，洛陽乎真宮災，天皇與太乙真人方祠浮圖老子，火圍宮苑，煙焰蔽空，宮女悲泣，相枕而焚，天皇幾不得脫。太乙真人猶以符咒祝之，火迫，亦奔而出。見百官擁列于銅駝，陌惶懼掩面，京師為之語曰，乎宮火，不得出，太乙真人焦頭爛額。又訛言董氏以兵權劫天皇。天皇發德問于相國王允，允對曰，臣聞老子善用

兵雖有匪臣老子必爲陛下却之矣陛下益宜躬修矛默勿以爲憂又問曰朕之敬神可謂露心矣何以致灾允對曰宮闈之火實陛下輝光之德所致況聖澤以火德王此中興之象也天子大悅王允少有雅望善屬文時輩皆以允有國士之風及爲相舉動偎陋唯與時浮沉外飾體貌而內懷奸姤又交通宦官以固寵祿百官有司進士皆倚其門有稱允爲父令妻妾問寢饋養一如家人禮以此樹富凡考績所去者皆夤緣而進天下士大夫始壞廉恥而鼓舞于聲

利矣故一時寵渥者若太乙眞人次及董氏其次及相國王允權勢黨類分爲三穴楷閩蠻夷是以豪傑益解體而議漢室匈奴累歲紛擾邊境以誅一邪二佞爲名東南處匿海內罷敝雖桓帝荒于游畋國步多艱未有極于此者也是歲太子驟疾中外頗疑天皇乃殺閹宦七人以塞其咎

洎曰此篇如史臣紀事之體其所述漢廷時政考之漢書往往不合至于所云太乙眞人又漢書所不載者故外史疑晉時文云

避難

益州守徐嵩坐賍繫獄有武陽令文龜齡亦坐賍下獄中乃相國王允門人以孝廉舉高第時御史按獄以死論益州守搞額乞憐寄以千金賂之乃免刑遂問戍雲中武陽令以中倚之故獨揚聲抗辭于前其獄竟釋蜀人爲之語曰益州太守徐仲高坐賍論死克嫖姚武陽令尹文壽伯坐賍譚笑挾相國後龜齡遷爲左馮翊又與相國王允之子橫掠良家女婦百人充于閫室爲鄭衛之聲以奉相國京師醜之雖髫

童輩皆呼爲糞中郎以其汙濁士林爲淸論所鄙及董卓暴虐相國王允亦俯仰其門每與卓論國家機務必以御俯口侍側供唯諾無敢疑者文龜齡亦耻相國奴于董氏私謂相國之子曰董氏懷趙盾之謀久矣若一舉而敗必及令公吾屬安所附乎曰何爲其然也曰令公以相國之尊負海內之望權侔天子富埒王公此人臣之滿者也又奚枉迹于董氏之門乎董氏弄柄淫惡日彰其禍可抱足而待令公宜潔名于廟堂之上效李杜之忠而寄之以諫鑒陳實之

敵而濟之以才使國家無虞而同享封祿不亦可乎
曰吾翁必有見汝勿復言文龜齡還家謂妻子曰吾
受相國之恩無及報矣遂謝病免爵歛金玉斗乘以
歸客于荊州董氏果作難君子曰傳云至貪者明至
佞者殺其文龜齡之謂乎

洎曰此亦記事之體也其文絕類史記

岷山

徵君登岷山望汶江思禹之績而歎曰浩乎汶江岷
山鎮之茫茫禹功險于梁岐孔紹祖曰吾聞王國有

難則諸侯告于山川今漢室難矣而諸侯不告何以
徵福徵君曰夫諸侯修德則告于山川社稷之靈以
肅其民人民人于是乎休恩而不敢侮可以動事而
扞難其山川社稷之靈亦庇焉故旱溢之沴不侵崩
竭之災不虐癘厲之戾不淫嘉穀豐而民人洽故君
子入其國也觀風于山川而料民人之豐阜凋悴以
因革其政觀氣于社稷而知土壤之堙鬱昭明以節
制其宜是以民無爭心俗無悖志王道成焉然後知
先王之報勳德于社稷之神也故生則爵祿以榮之

韋服以錫之宴饗以親之賞賚以勞之死則褒之以
嘉謚祀之以五鼎養之以世祿紀之以文章其耿光
懿鑠耶乎上下際乎山川以主其陰騭而降休咎于
民也是以駿顯之烈與江漢同流詩云荷天之貞德
音振振垂厥景福君子神明此之謂也

龜山

徵君遊龜山道遇猛虎徵君倚磬而坐謂左權徐淵
曰猛虎當道吾死矣夫頃之虎近于磬左權以背當
之虎懸尾叫嘯左權執其尾而倒馳踰龜山之岡徐

淵挾弓矢追之見巨壑中羣虎食一樵者徐淵臨穴
而發矢弦絕徐淵以弓擊虎傷臂趍伏于蘩林左權
負虎皮以救徐淵曰徵君安在曰鼓琴于磬吾子搏
一虎而羣虎皆出吾以矢射之其弓不揚爲虎所噬
而傷其臂子雖勇不能制羣虎之猛也左權莞爾而
笑曰制之何有昔者與客涉瞿塘之峽即徵君欲之
楚遊道也舟覆得橛而渡有猛虎羣飲于峽一搏而
獲斃者二客曰吾與子將赴于峽下之流得一橛而
俱免又搏羣虎于峽上如制嬰兒是渡二峽也虎不

制則後游者或免于峽而烏能免峽上之虎乎若子之勇可以倒峽而西矣今之所遇奚足恩哉遂歷巉山之壑而援之彝虎皆斃徵君頷謂二子曰汝其奮于巉山乎夫猛虎憑威于山猶猛臣憑威于國不可逸也故猛虎在山勇者制之猛臣在國仁者制之昔虞有猛臣曰驩兜虞舜驅之周有猛臣曰飛廉周公戮之魯有猛臣曰少正卯孔子誅之此皆制于仁者也嗟乎今國之猛虎逸矣而仁者不制豈無仁者與抑仁者在下位而不能制與吾是以鼓琴于磬而悲

狀也小子其勉乎哉左權曰巉山之虎苟無以制夫子尚能倚磬而鼓琴乎曰仁可恃也勇則敵不可以恃故曰柔能制剛弱能制強故不善勇者制于勇善勇者制于仁遇虎而倚磬鼓琴汝徒見吾弱也而不知仁者有無聲之威有無形之兵乎左權曰唯唯吾今而知善勇之術也

去蜀

漢錮范滂李膺陳蕃竇武劉叔殺之徵君歎曰漢室死難之士有五人焉李予曰昔者三仁戮而殷滅今五仁錮而漢存猶未若紂之當罪也意者尚有待于繼乎徵君曰何以測其然也曰執命之臣虐而未播畏主察也竊民之臣貪而未弛希主祿也畏察者謀必疑希祿者志必弱弱者懷榮恩疑者懷刑戮是以張角黃巾之衆提劍于郡邑而卒無全踵以懷刑戮者之未附也故漢室之形必繼統而後亡詩云雖無老成人尚有典刑其是之謂乎吾聞過盛之朝災沴不消以憂其過也臨亡之國災沴亦熄以無庸于警也故災沴之象恒集于過盛將亡之際由此觀之漢

宗其隣于亡乎徵君曰誠哉是言也夫機將潰則不可與綱罟之夫謀國將亡則不可與章句之徒議今漢室之形危矣而章句之徒猶執簡以從事掩牖而呻吟弄文墨以求一帛之賞而飾譽于流俗機巧鶩愚志意駭衆自以為儒林之雅蹈也距知測危睹形之士已慷慨于巖壑懷鷹揚之具蓄淵默之謀而天下調如也李予問曰自黨錮既戮漢室無主董氏乘之總百官而制朝廷殫徭賦以荼毒天下諫者輒誅而陳尸于市朝盧子幹以八尺之軀而任社稷之重

夫豈守章句者哉然而不能制董氏之柄是以抗議于漢廷而無所建白何謂也徵君曰予幹欲以抔土而塞潏淫以握石而補崩山其不戮也幸矣使予幹有林宗之風則翻然而去誰不善之自桓帝不君荒怠無度政移中官天下貢獻者先入私窟而後以羨餘貢于廷天子爲塗旅犀象熊鹿棲于乘輿是以宗室不靖江漢雲擾咸以圖漢室爲名然而未亡者以刑未及于諫臣而忠憤者鱗次而出猶不能起塗炭之禍以濫觴于今濟之以殺戮困之以徵輸何奴隸

于雍冀之境而內外之勢成故漢室虛弊而天下無綱紀文章甚矣所以豪傑奮庸之士寧没齒于溝壑而不忍盡言也今以一予幹而欲挽漢室之危不可得已是歲徵君去蜀

天祿閣外史卷七終

天祿閣外史卷八

賓楚文

去就

徵君之楚陽守逆于雲門拜而道曰僕守桂陽土壤日曠三載匪績竊聞徵君之風鄙心浹暢沐拔拂之餘謦遂爾弛箠書輟錢穀洗訟庭以胥溪之波潔陋室以韶山之石爲徵君淹也仁篤義執執得無暫税乎僕從長者之後而行矣徵君曰伊爾喃喃與瘴瘴與時不可以止與甫是以征也將南謝楚王以歸來

與曰徵君何鬱伊而弗摶也愚聞聖人之規曲世者火之規曲竹治其節而削其枝類其幹而栽其根然後商販而爲利工斷而爲器今漢室之形若曲竹何不倚而規之以匡輔其傾乎坐而策之以宜裕其業乎爲之禮樂以順導其民乎夫物曲則棄人曲則弊世曲則傾唯智者視形而知影是以規其所曲而全其所直遊乎自然之原此仲尼之志度而管孟之爲也徵君方效乎孔孟而有捐時之慜既信于諸侯而流歸與之歎是徵君之奮草莽而就聘意者欲揚

空名而不顧其實耶。何落落而不羣也。如此曰子徒知曲竹之可䙅而烏知曲棟不可以使之直乎。知幽世之可規而不知曲主不可使之庭乎。鷹隼爲鳳。狐狸爲麟。葭菼爲蘅。蕵藜爲蘭。故賢士之處世。明主求焉。常主忽焉。是故放勳以之讓。后羿以之棄。高宗以之夢。帝辛以之剖。周公以之握。穆公以之殉。句踐以之謀。祖龍以之坑。由此觀之。賢士之顯戮時也。故負鼎而干湯。伊尹不知其爲顯。及授之以阿衡而伐夏。則顯矣。歷說十二諸侯。孔子不知其爲戮。及絕糧而削迹。行不稅晃則戮矣。若甯之所遇。不可謂不戮也。憲惟楚聘就而未報。故爲此遊以待其戮。胡可淹也。憲也非敢傲子之命。實惟不憚苟處而淹吾參譽也。亦何功之爲。遂不入桂陽郡。南郵于長沙。

時勢

微君見楚。楚王曰。今王室卑而諸侯弱。何策以待之。對曰。天下勢也。合策者順。合謀者成。合意者固。以縱橫之策合者。事成而名敗。以縱橫詭詐之意合者。機固而業頹。是以齊桓之霸。策于信義而已矣。守信而文于禮。執義而通于智。守信以盟。執義以聲。故能尊周室而雄諸侯。道路無惢。旅中原無臆。當是時。桓公爲五伯首功。而號令可以一海內者也。然猶以服事周。得顯承厥業而不替。終桓公之身。而齊無有干戈于境上者。故諸侯稱義焉。夫信義者。王伯之門也。求策術而棄信義。不可以爲諸侯。楚王欣然而言曰。微君不穀之管仲也。唯幸教而輔相之。微君因難曰。楚之山河與楚之人民孰固。楚王曰。不穀聞之。國以山河城郭爲固。家以垣籬棖閾爲固。未聞以人民

也。曰。山河之固孰與守之。曰信義哉。曰守信義者王也。王何欲委諸山河乎。抑委諸人民乎。楚王無以對。曰王何以山河爲固也。苟無人民之衆。則楚之山河其爲猿雁之棲乎。楚王問曰。昔者齊桓公陳師于召陵以伐楚。屈完諫曰。君若以德綏諸侯。誰敢不服。君若以力。楚國方城以爲城。漢水以爲池。雖衆無所用之。然則楚之所以爲固者。方城漢水也。是以能輕齊之衆。可爲固國之勢。非山河矣乎。微君對曰。夫齊之陳召陵之師也。豈不開楚有方城漢水之險者。嘗覿兵之際。

屈完以德動桓公。而又及諸侯會盟。以示信。故全齊之衆。遂卷師以旋。而不欲耀武于南海之陸。豈方城漢水足以却齊而存楚乎。使屈完不盟。則齊楚之得失。未可知也。楚王有慚色。微君曰。賢王以宗室之英。而楚國之民不懷。又靖安而無外忠。宜賢王之以山河爲固也。王亦不熟慮乎。今天下舉貢者一室。漕運者一繫皇圖之籍。尚負于畿甸征討之命。尚係于天皇。故諸侯未爲戰國而得以靖安無虞也。雖然諸侯將勞矣。誠宜布信而宜義。以懷楚國之民。而告王室

之難于諸侯。結之以盟誓。飫之以宴享。使四隣親睦。而同姓答于婚姻。然後告諸天皇。代其誅罰。驅過戎騎。翦滅奸雄。烹豕貪虐。顯巖穴之士。與之謀國。雖無會稽之耻。而有嘗膽之心。無報吳之舉。而有霸越之績。是謀策之徽聲。而文武之烈光也。王其圖之。

田獵

楚王問微君以田曰。古之諸侯好田何爲也。微君對曰。臣聞諸侯之田。所以靖民。非以禽荒也。故祉以示之禮。振旅以示之威。文章以示之武。蒐于春。宣陽氣也。苗于夏。拤萌也。獮于秋。順休令也。狩于冬。導陰滯也。四時之田獵。皆所以廣仁也。禮曰。諸侯既田。則齊明盛服。告于宗廟。惴惴翼翼。若有臨鑒。而不敢淫縱其身。有獲狐者。則命之曰制爾以猛。有獲梟者。則命之曰制爾以媚。有獲虎豹者。則命之曰制爾以道。使百官皆懼而奉職不懈。然後論其田功。虞人等而多獲者賞之。獲而失其髮者罰之。私養而不獻于廷者杖之。玩田而傷物。相格而屬弱者刑之。又爲之譏以勞其考。爲之揖讓周旋之禮。以平其志。爲之歌詠

舞蹈之樂。以飫其氣。于是乎知先王講武之有紀也。至于春秋戰國之諸侯。淫荒傾于酒色。殺戮極于臣民。以田之心。行田之事。布田之政。畋游而無厭。縱欲而不武。蒐狩而失時。出不治兵。入不振旅。是焉取于田哉。如是而爲諸侯者。國必亡。夫先王以殺一不辜之心而田獵。故仁照而業顯。後世之君以用獵之心而驅百姓。故身戮而國亡。此無他。敬逸之塗異也。今王欲田。亦舉先王之心而已矣。

耻辱

楚王問曰賢士之處貧賤也富貴者可以辱乎徵君對曰昔者仲尼之釣于沂也季孫過其車耕者皆遯男女不得有從者引仲尼之衣而叱之仲尼揚竿而行從者撫其竿曰勿揚仲尼乃負竿而歌從者裂竿而擊之魯人曰此孔丘也從者曰吾知孔丘故擊之耳以魯國之衆辱一賤士奚足道哉及孔丘攝相于魯魯人與其從者鬬從者將死季孫聞而怒遂捕從者百人桎梏以見孔子當是時魯人皆相率而往以觀孔子之政爲從者之有怨季氏之執魯命也既而

從者死孔子曰吾聞訟之室者折于天刑君子之幸也罪未成而桎梏小人之幸也由此觀之貧賤者奚辱于富貴哉夫貧賤而不辱則進而無黨出而無求獨行其志而盡天者乎故舜不以耕稼爲辱禹不以誅鯀爲辱文王不以拘羑爲辱周公不以流言爲辱仲尼不以裂竿爲辱聖人之心盡于天而奚迹之爲楚王曰善

漁論

徵君自以不得志于諸侯燕居而歎客有諷徵君曰以子之智何不如楚磯之漁乎徵君曰奚爲不若哉客曰夫楚磯之漁也擊竿而歌隱笠而卧自謂無懷子棲于洞庭之渚磯于七澤之畔吞雲吸霞浩浩乎與太虛同流羨魚而無心于鈎倚磯而無迹于物臨洞庭而望瀟湘窺九谿而瞰七澤旁矚乎武陵之源和飲乎滄浪之水終日坐而得魚大鈞無空綱小鈞無空鈎雖五溪三澨之魚皆慕餌而投其鈎故能爲魚之司命今漢之七國猶楚之七澤也七國之封建乎諸侯猶七澤之棲息乎魚也七澤倚洞庭而爲固

不猶七國倚漢室而爲藩離乎子何不以洞庭之渚爲棲以七澤之畔爲磯坐而得諸侯以顯其業使國賓乎何必遠漢室而棲藩離辭王命而就侯聘濡七國之路而終爲匹夫之羣乎徵君撫琴而釋諷曰甫聞聖人達權賢者完節故士欲奮而無君則進夷狄而替諸夏時既嫐而懷忠則釋耒耜而負鼎俎是以旁擇乎諸侯歷聘乎四方譚笑而策功烈布韋而歸故鄉此士夙夜之願也昔務光遯而伊尹干伯夷隱

而呂尚出接輿狂而孔子遊介推蹈而狐偃翔非周
疏而孟軻毅四皓棲而毛焦激此皆得志于諸侯者
也子徒見無懷于漁傲于楚磯而烏知有心氏擊磬
于衛國是猶覩山雞之垂翰于樊籠而烏覩鳳凰之
翱翔于霄漢乎何所規之不廣也客曰夫知興者疏
其津知亡者閉其名知亡知興與時偕行知興知亡
與時偕藏故聖人不能背時而違權賢者不能失時
而完節今漢室蕪穢王運頹湮賢士蹇蹇佞臣煎煎
國之頑民勝我厯數以歸所天懷瑮之儒屠釣而棲

巖貞亮明哲之臣佯狂而去國是伊尹為務光而呂
尚為伯夷也故太史出函谷以避周魯連蹈東海以
避秦彼一聖一賢者豈不能輔衰周之諸侯理亡秦
之亂政而樹功業于無窮哉亦時不可處也且子不
聞乎國將興聽于民國將亡聽于神今之時又替于
周秦矣子顧恭伊尹之干而怨太史之出不亦戮乎
微君曰然是或一道也子又不聞鄴人之歌乎其辭
曰故履將顛兮奈良工何榱題嫚兮斲而為簫昔周
室顛而榱題嫚者齊晉也斲齊晉之榱題而治公室

者則管仲鮑叔牙甯戚狐偃趙衰叔向皆良工也是
以能伯諸侯而强公室夫齊晉不以周衰而失其伯
管狐不以時危而失其材故賢士之嫁也非刑戮之
國則就之非篡弑之朝則就之若是而蹇必內有讒
姬外有譖臣二網張國仁者潔身不待塵而舉不待
逐而行引之不浮垂之不沈君子時屯一經一綸補
前覺之明職馳予同之令軌鼓晉儒之名翁翁焉子
何泥聖賢之鄙迹而病厥心乎客慙而謝

色荒

楚王田于雲夢得野女為姬微君追而諫曰臣聞國
有六慎者興有六荒者亡今王日載其荒國焉不亡
楚王曰咨何言之厲也微君曰臣不能佞是以厲于
王乎楚王曰何謂六荒曰獸而無度則荒色而無度
則荒味而無度則荒役而無度則荒音而無度則荒
棄賢而事凫則荒慎此六者國其不亡楚王曰寡人
兼乎曰兼夫王輕身遊于雲夢之藪春不振旅而蒐
秋不治兵而獮九月不返國荒于獸也王之宮綵姬
盈幕融如陽春今又得野女而狎之荒于色也酣以

香茅之醴。飽以湘波之魚。文羞珍饌。鬱乎穰穰。日夜沉湎而不知疲。荒于味也。歌姬倚瑟。舞姝臨簫。鐘鼓鍠鍠、管籥嚶嚶。長夜不輟。荒于音也。築倒景之臺。而眺衡岳、望祝融。臺高九壘。猶以爲望而淺也。又襲其土木。標其棟宇、渥其丹青。雕其錦石。懸十年之廩、一朝而虛之。荒于役也。崇臺之下、繪以浮圖列仙。師事遊方乞食之徒。採藥以煉之。巫覡以淫之。而無變楚之俗。荒于鬼也。此六者。皆諸侯之敗德也。而王兼之。其何以存國。昔后羿荒于田而有窮亡。太康荒于酒

而下返國。孔甲荒于鬼而諸侯畔。紂荒于靡靡之樂而殷亡。幽王荒于褒姒而周亡。始皇荒于土木兵革之役而秦亡。夫帝有天下者。以荒而亡國。況諸侯哉。有一其荒。亦不免于亂亡之禍。況其兼哉。臣不敢謗王也。俘女于雲夢。楚國之民。皆以王爲色荒。而又見襄王之故事矣。臣今日諫而王不聽。則王之追遊于田罪也。臣欲解佩而行諸侯方。以臣爲得志于楚。故至不命臣而王追之。使無以雲夢之遊爲諸侯笑。是亦臣之勞于楚也。王姑惡焉。楚王憮而言曰。此不穀之戾也。乃命左右刖其女。徵君諫曰。不可。夫雲夢之女。不求于王。而王寵之。不愆于王。而王刖之。是以臣之諫而寄戮于色也。王欲刖一女以示遠。則王之宮有歌舞之姬百人。王亦豈能盡刖乎。王不能刖。則雲夢之女。刖之何爲。楚王乃逐雲夢之女而作田誓。

消曰。楚王淫荒于田。因徵君之諫而作田誓。此亦諸侯之賢者也。惜其不克奮厥志。以匡扶漢室。而田誓一作之後。竟無聞焉。且田誓不載其文。豈文不如其誓。抑外史失之與。

晉使

晉使如楚。聘徵君也。抱關者告楚王。楚王問曰。非聞乎。曰非也。曰徵君聞乎。曰賤臣不察君意。未敢以聞也。楚王喜而勞之。乃密令左右醉晉使以酒。與之卧。竊晉王書進于楚王。其文曰。徵君麾下。不穀處北海之側。日麻令音。昔者蒙以黼黻臨照敝邑。不穀無感于徵君。戮以亞賓之禮。凡我同列。以爲不穀躋咸踰瀟而弔之。徵君是以播棄不穀。益殞假志。至于今是咎。徵君其税前之愆。以返我敝邑。偕我宴好。使不穀

徼福于敝邑之社稷。而新譽于諸侯。不亦善乎。由徼君之別塞樹五霸朝聘將繼。不穀毎南望楚甸。慜慜我心。繼以夢寐。彌不自抑。敝邑之民。若荷耒望時雨。有司賦懷徼而詠之。一何悃也。徼君其亮哉。昔聞徼君自蜀之楚。楚人鑿嶺以平其道路。作錦繡之流蓋三十餘里。坐以雕乘。賓于陽春之宮。時嶓巒稱亂。徼君與李乎左權之徒。殫智陳力。有五羖大夫之勞。而功之舉猶遜。是徼君固楚望也。夫楚以徼難。其勞也若是。敝邑猶楚也。匈奴之警甚于嶓巒。上壤之饒不

及荊楚。而又有巡狩之遺烈。徼君何重楚而輕敝邑哉。敝邑若脅。雖爲不穀辟。徼君無亦忍敝邑之民人而置諸溝壑。且以𥊍望于鄰國。仁者能無儆惕乎。今胡馬秋勁。寇我井陘。又寇我雁門。又寇我郎嶺。郎嶺戰却。折我銳兒五千。又寇我鐵關。餘種皆起。遂寇我雲中。擄獲婦女數十餘萬。而淫我邊境。師憤空填。而戰。又折我銳兒萬餘。僅獲黃犧二千。又寇我上黨。破馬陵之關。獵火通九京。敝邑之危若垂石。其勢莫當是以藉徼君之怒而勦滅之。則名垂汾沁。功銘恒霍。義顯于介山。風高于首陽。此不世之休烈也。願徼君就余駕。毋俾千里不穀。率敝邑之有司候于境上。命使以符狥于鄰國之壤。而逆其鬪。使毋有識者發壯士三百護乘于道。使毋有妨者。若徼君與不穀均是心度。勉撫敝邑。肅揚仁風。以化狠跋。薦社稷之馨香。不穀唯是剖心而索報。及茲臣庶。無忘德也。徼君其深惟無忽焉。楚王旣得書。命左右曰。有洩之者誅。晉使鏑。檢而不獲。其旅十人與館人鬬。楚王鬬而囚之。晉使遣徼君告以晉難。徼君曰。奚爲不覺。曰。館人盜

哉。聞于王。王不罪館而戮其鄰僕。非以修睦也。意者其王之計乎。徼君謂李乎曰。楚與晉隙矣。盍日謁王。王料徼君以晉使之故而謁也。請至日昃。徼君不及晉故。楚王疑之。問于徼君曰。先生知晉之聘乎。對曰。聘而不書。晉難必遜。臣將赴矣。若聘臣以書。是飾難也。臣何就焉。是以憂其無書也。楚王有愠色。謂信乎晉之飾難也。聘以書。晉使失酒。誤投于寡人。寡人誦之。有不利于王室。故囚其使。不敢以聞徼君。寡人陰宇得無疑乎。對曰。晉果不利于王室。而有使于楚。雖

不犯王亦楚之累也豈惟臣之罪禍王其釋晉之使而歸之夫晉之謀寄于臣臣不就聘則晉之謀謝矣又何囚乎楚王乃釋晉使徵君因辭曰王釋晉使而歸之楚必有釁楚王曰何哉曰鄰國之使不可戮也既戮而歸晉人必報之臣是以知其釁也楚王曰然則爲之奈何曰晉之聘殷矣王若修戮于晉使而臣不就亦釁也臣請爲王聘晉可以督晉使之讒而臣亦無辱于晉且以善楚王其虞之楚王曰戮使而客士釁在敝邑如晉而淹釁亦在晉是鄰國交釁胡可

盟也若不得已則徐淵亦足以當晉徵君其命之行曰王不可以輕鄰也徐淵亦義豈能就不聘之國哉夫晉無釁于楚則臣之行爲晉也晉與楚釁則臣之行爲楚非爲晉也遠也閒之難而不援不可謂仁援難而解釁又爽信于賢王不可謂義故臣援晉之難必以王爲歸矣不然釁其發乎徵君遂行與晉使出楚之關左權李乎孔紹祖皆猾從之楚王使二壯士要境執晉使以質徵君怫然曰憲也韓國之士楚王若疑是在韓人也何以晉人是執憲有徐淵周岑二于佐王之側是有二質于楚夫奚患乎乃以書報楚王楚人返命徵君是以得諸侯之心

龜丘

初徵君宿于龜丘李乎曰有客南流犯客星甚迫其在楚分乎難將至矣及晉人與蜀人盟練刺士以報楚王假爲謁者以進楚王據床而問曰汝何國之陪臣也謁者曰君閒鄰國之交不可辱以陪臣諸侯之交不可疎以床下今君處雕牙之床而疎諸侯之交擲陪臣之禮而辱諸侯之命君何不疑臣爲刺客而

固如此也楚王懼而避席命左右搏之以驗其匕首謁者疾馳而上將短刀刺之楚王傷其面左右護王遂搏謁者曳于殿下知其爲晉人許也于是楚王始疑晉人之離楚頃之徵君書至楚王怒曰此必黃憲設刺客詐也不然書奚値哉遂殺其謁者及二壯士又收徐淵周岑于獄亦大招刺客以報晉徵君聞之謂從者曰嗟乎乎之言徵矣將未及晉而晉爲之詭謀不足以復晉恥而又導釁于楚其無已乎若漢室既替則晉楚二國不能爲盟主矣夫報楚王而値晉

羇命之阨也甚。市將避難以歸故邦、豈復就晉耶、胥猾曰、子之歸善矣、其如岑淵何、晉難戢、莫若返楚、以調二國之釁、而又釋楚王之疑、如是而歸至完也、子若畏于楚、則猾也能死之、而左生之武。又足以耀楚于掌上。夫何患焉、徵君曰、汝不見出穴之蟻。上垣籬而扛百足之蟲。有稚子臨穴而憎蟻。以泥覆其上。雖欲返穴而安之、亦不得已。今楚之疑。非特稚子之憎也。疑覆于國。而距後至之士。非特覆穴之泥也。而欲返楚以求鳴、是何异蟻之沸若乎。汝又不見遊魚之

逝于淵之藪而無患者。以其能與水相信也。故浮泳得揚其意。出入得暢其情。是水益深則魚益逝。君益信則士益歸。而况士之于諸侯哉。使游魚遇無水之壑。則偃蹇而困于泥。求咫尺之游。亦不可得已。今楚無水之壑也。欲以藪澤之魚而游之、必蹇矣。故魚不厭深。士不厭信。或止或行。其知幾乎。胥猾曰、楚不可返、以疑故也、無疑于晉矣。爲而不就哉、徵君曰、晉國不待士而忿諜。又以培釁。雖士至其國、亦何所奮也。夫疑志者難與决策。忿諜者難與定交。楚疑而晉忿

二難也。士焉得而就乎。昔趙殺鳴犢而孔子去、楚其似矣、南望郢闕、長虹蔽之、痛乎、蒼天、其斯人歟、

遇漁

徐淵獄中上書暴楚王之過、楚王焚其書而殺之、周岑放、浮于湘江、有漁者韭識而問曰、子何方上國之士而浮于斯乎、周岑曰、吾叔度氏之徒也、寄客于楚、瀟瀟是浮。以濯以漁。棹彼中流。懷我君子。湘水悠悠。漁者曰、子奚不追師而爲此游也、周岑喟然歎曰、師安所追乎、漢道其亡、王業其茫、奸雄攘臂。賢者無廬。

流于四方。之晉者浮河。之楚者浮湘。吾將逝洞庭而憩雲夢。窺九嶷而望衡陽。撫雄劍以嘯荊門。濯長纓以歌滄浪。吾進與子而偕釣。退與子而偕狂、幽吾于鷗鳧之渚。棲吾于蘭杜之鄉。羌邂逅而猜予。迷聖賢之弛張、信不可乎、漁者曰、吾聞無巢之林。其下必廬。無漁之藪。其上必磯。予乃洋洋然悲歌慷慨。浮而不歸、敝褐垢體爲時所疑。之楚游者能不懷噫。是子之智不如魚之遠磯而虛其藪。鳥之畏廬而廢其巢乎。何子之不能廣也、周岑曰、昔者箕子仁而蒙難。文子

順而拘羑展禽和而魯黜子胥毅而吳嬈仲尼能而陳阨墨翟智而求四史魚直而晋辱屈平忠而楚流古之聖哲賢彥之士豈不欲避憂患而潔身哉心有所激則諤而不綏心有所憤則矯而不懟心有所慌則慨而不暢心有所惕則鬱而不曠其逸樂足以育其眾庶其憂患足以哀其民人渥以鐘鼎之祿而不爲富擁以環堵之室而不爲貧其羣也跡化其獨也道榮一毀一耀而天下蒙如也予徒見夫魚不潛緣礙之數以爲能逝也而時遇漁人之罟又逆鱗而入

鳥不巢覆廬之林以爲能舉也而時遇獵者之網又解翅而投乎漁者仰笠而歌曰蕭湘秋兮水沄沄芙蓉落兮雁南賓期美人兮江渚歲暮兮蒼梧雲如是者三闋周岑愍而聽之曰噫嘻乎噫嘻乎何楚聲之婉孌也是歲楚王索徵君于晋徵君奔秦秦人納之

陽山

陽山崩楚王問于左右曰昔人有數于楚國夙夜憂惴況徵君不復徐淵四而死周岑乞食于楚市乘桴于湘江不知其所矣是以海內賢士皆棄楚而賓鄰國無以南扞寡人奈何今陽山告崩楚國無所鎮是寡人之禍彰矣無亦詭于晋者或不得求與抑王室之故也左右對曰君以晋釁而日夜求徵君用心疑之是君之勞過矣夫徵君游諸侯諸侯皆信之而楚獨疑使楚國不能爲盟主以光耀王室陽山之崩不其宜乎楚王長息而言曰寡人將修好于晋而聘徵君則楚之禍庶乎弭衆爲寡人畫之左右對曰鄰國之好可以修也若徵君之聘夫奚就乎死其弟子而困其師露其詭計而飾其聘不可爲也楚王遂修好

于晋晋人殺楚使懸其首于關門之木楚王聞晋人無禮于楚謀諸左右曰梟鄰不睦賊我使臣何以報之左右稽顙而謝曰釁其分矣又何報焉願君毋忘讐于晋也楚王怒寵姬陽華諫曰不可妾聞之箝口之言若羨寤心之言若冰今左右之諫雖不甘君之口其亦寒心哉夫箝口者求譽而養禍寤心者忍耻而奮功是以明君樂聞寤心之言而去箝口之士故功施昭明而令聞廣譽也君若誅左右而攄其心無乃嗜甘之疾乎楚之使晋人戮之罪也君誠怒矣君

獨不思晉之使猶楚也不告于天皇而私戮之亦與晉均也而君則欲晉之不怒何君之遠恕耶楚王懸而釋之遂田于四望明年楚王飲毒而卒

歸韓

徵君歸韓張儉策杖而訪徵君餞之張儉問曰子之譽溥矣而功不白漢室諸侯一何拙也徵君對曰寵聞之智失則求之巧信失則求之拙巧者亂拙者矩今諸侯雖蔑智而寡信亦足以圖若漢室不替諸侯其無戰乎張儉曰儉也聞晉楚有釁子何以靖之徵

君曰晉之爲諸侯也詭楚之爲諸侯也暴其世子又淫如是而釁不可靖也甫是以浣褐而歸得與子餞情乎元禮林宗逝也哲人不作王室其凶吾道之寄微子誰與乃臨風鼓琴而弔之張儉曰夫道欲行寄于人道欲廢寄于天當三代之盛王是道也寄于君臣而偕暢之若舜之于禹稷湯之于伊尹文武之于周公冀子君臣一德共道流行身履休烈是以能永厥治三代既沒春秋紛拏是道也寄于臣而不寄于君若孔仲尼歷干諸侯而不遇乃述經于泗水之濱身不履盛而世載其烈故春秋亂而不治是亦寄于天者也及春秋毀戰國嗣亂以縱衡爲賢是道也亦寄于臣而不寄于君若孟軻荀況譚王道濟之以辯游說于梁楚之間而無所合故戰國亂而不治其猶寄于天乎夫周東之後寄于人者何窮而寄于天者何嗇也西京而來若董子亦寄之矣今天下左道亂厥內夷狄亂厥外大臣貪小臣諂民無廬士無禮名器淆混蕩之以綱紀賁之以文章諸侯驕侈而無戮于王室由此觀之道何所寄哉儉也從薦紳之末不

能輔導以至于錮爲國玷焉天之戮民又不能死而苟淹于草莽溝壑之中若吾子者名隆而志高道完而形趣固天之所厚者耶而子之道又若有寄于天者然悲夫北門之詩昔人所哀世道交傾天其鑒乎是歲恆山崩君子曰其幽厲哉

感時

初徵君將歸韓出疆哭林宗于野曾猾問曰猾也聞之聖人不私故應物而能化智者不累故抑情而能達子是之哭其有私乎其無私乎徵君曰甫之遊也

不覺蕁矣。遠託七國、假返南甸、彥人澗泚、誰與抰植、是以感而欲也、魯猾曰、漢室其終畢乎、曰今逝者士人、惟爾與甫猶路也。黃巾亂。朱儁死之、陸績隱于長洲。李乎隱于華嶽、張裘隱于天台。周岑隱于雲夢。左權蹈海。徐澗死于楚。孔紹袒俘于秦。猾乎、甫與爾歸矣。乃據地而歌薤露。魯猾和之、既而曰、吳越之聘予兆報乎、曰昔者林宗與甫言曰、今諸侯王敖憒而不知禮。大夫汙濁而不知義。有司貪殘而不知仁。士虛濫而不知恥。民巧詐而不知信。吳越之士民有司殆甚焉。又多淫疾。胡可華也。夫聖人不易素習之性、不化至頑之俗。詩云、匪我則頑、僻猾則端、此之謂與、魯猾遂從徵君于韓而返魯、徵君曰、嗟乎、禮樂東矣、

天祿閣外史卷八終